D1869670

AtV DOKUMENT UND ESSAY

Wohl kein Ereignis in der 27jährigen Geschichte des Verbandes deutscher Schriftsteller (VS) war ähnlich folgenreich wie der Kongreß 1984 in Saarbrücken. In den Streit um verschiedene Politik- und Kunstauffassungen sowie den Versuch, einen politischen Kurswechsel des VS herbeizuführen, waren fast alle namhaften bundesdeutschen Autoren involviert. Eine Folge war das Scheitern der für den Vorsitz des VS prädestinierten Kandidatin Ingeborg Drewitz. Die damals entstandenen Verletzungen und Risse führten zu einem weitgehenden Abbruch des Dialoges zwischen den Vertretern der »Lager«. Da die Argumentationsmuster in den seit 1989 geführten unversöhnlichen Debatten wiederkehren, suchte die Geschichtskommission des VS die Vorgänge zu rekonstruieren. Die im März 1994 in Springen abgehaltene Tagung »Frieden oder Menschenrechte« bildet *eine* Grundlage für die in diesen Band aufgenommenen Aufsätze sowie die dokumentierte Diskussion. Diese Beiträge, aktuelle Gespräche sowie ausgewählte Archivmaterialien zeigen, daß bei allem subjektiven Bemühungen um Objektivität »Tricks der Erinnerung« einen selbstkritischen Umgang mit der Vergangenheit erschweren.

Die Entstehung und Drucklegung des Bandes wurde großzügig gefördert durch den Hauptvorstand der IG Medien und die Hans Böckler Stiftung.

Renate Chotjewitz-Häfner, geboren 1937, Autorin und literarische Übersetzerin aus dem Italienischen, 1984–1986 Mitglied des Bundesvorstandes des VS, 1988–1991 Vorsitzende des Hessischen VS.

Carsten Gansel, geboren 1955, aufgewachsen in Güstrow (Mecklenburg), Literaturwissenschaftler, Universitätsprofessor, seit 1995 Professor am Fachbereich 09 Germanistik der Justus-Liebig-Universität Gießen.

Verfeindete Einzelgänger

Schriftsteller streiten über Politik und Moral

Herausgegeben
von Renate Chotjewitz-Häfner
und Carsten Gansel

Aufbau Taschenbuch Verlag

Mit 8 Faksimiles

ISBN 3-7466-8023-9

1. Auflage 1997

Umschlaggestaltung Bernd Hülpüsch unter Verwendung
eines Fotos von Julius C. Schmidt
Satz LVD GmbH, Berlin
Druck Clausen & Bosse, Leck
Printed in Germany

Inhalt

Vorbemerkung

Auf dem Schriftstellerkongreß 1984 in Saarbrücken zerbrach die »Einigkeit« von Autoren verschiedener literarischer und politischer Provenienz endgültig. Eine Gruppe um Bernt Engelmann und Dieter Lattmann plädierte für diplomatische Kontakte mit Kollegen und hochrangigen Funktionären aus der DDR. Die damit verbundene Zurückhaltung gegenüber offensichtlichen Menschenrechtsverletzungen in den Ländern des Realsozialismus wurde u. a. von Heinrich Böll und Günter Grass als amoralisch zurückgewiesen. Die einen sahen auch für sich als Schriftsteller die Dringlichkeit, die politischen Realitäten in Europa zu akzeptieren und auf dieser Grundlage Gespräche mit Vertretern des anderen Systems zu führen. Die anderen sahen es als notwendig an, auf Verletzungen demokratischer Grundrechte in den »realsozialistischen Ländern« öffentlich aufmerksam zu machen. Fast alle namhaften bundesdeutschen Schriftsteller waren in den Streit involviert, in dem letztlich immer auch das Selbstverständnis der Autorinnen und Autoren wie des Schriftstellerverbandes diskutiert wurde.

Wohl kein Ereignis in der 27jährigen Geschichte des Verbandes deutscher Schriftsteller hat daher ähnliche Wellen geschlagen wie der Kongreß 1984 in Saarbrücken. Die damals entstandenen Verletzungen und Risse wirken bis heute und führten in der Folgezeit zu einem weitgehenden Abbruch des Dialoges zwischen den Vertretern der »Lager«. Bei den Auseinandersetzungen unter den westdeutschen Autoren ging es letzten Endes um verschiedene Politik- und Kunstauffassungen und um den Versuch, einen politischen Kurswechsel des Schriftstellerverbandes in Gang zu bringen. Auch die Tatsache, daß die damals mit Schärfe geführte Debatte vor dem Hintergrund eines Aufbrechens der Systemkonfrontation stattfand, verleiht dem Streit exemplarischen Charakter.

Eben weil damalige Argumentationsmuster in den seit 1989 geführten Debatten um Täter und Opfer, Dissidenten und Mitläufer, Literatur, Politik und Moral wiederkehren, suchte die Geschichtskommission des Verbandes deutscher Schriftsteller (VS) die Vorgänge zu rekonstruieren. Eine Tagung unter dem Titel »Frieden oder Menschenrechte« im März 1994 in Springen bildete *eine* Grundlage für die in diesen Band aufgenommenen Aufsätze sowie die dokumentierte Diskussion. Insofern sind die artikulierten Stimmen durchaus repräsentativ für gegenwärtige Haltungen einer Reihe deutscher Autorinnen und Autoren. Gleichzeitig wird offenbar, daß bei allem subjektiven Bemühen um Objektivität »Tricks der Erinnerung« (Uwe Johnson) einen selbstkritischen Umgang mit dem Vergangenen erschweren. Erich Loest hat in seiner Biographie »Der Zorn des Schafes« (1990) gegen diese »Tricks der Erinnerung« angeschrieben. Unter der Überschrift »Schlammschlacht« werden die Auseinandersetzungen im Verband deutscher Schriftsteller als offene Enden der Geschichte benannt:

»Es existieren keine Zusammenfassung, keine Analyse und kein Roman über diese Bolzereien. Zur Darstellung im Roman drängt dieser Wust am meisten, und so viele Romanciers waren doch beteiligt, Böll, Grass, Lenz und Walser. Auch der Sachbuchschreiber Engelmann hat keineswegs auf seine Weise dokumentiert. Lattmann und Zwerenz haben keine Fabel dicht an den Fakten entlang entworfen, wir sahen kein Bühnenstück von Kroetz oder Kipphardt mit dieser Thematik. Nun sind manche Eisen kalt und einige der Beteiligten tot.«

Auch damit sind Gründe gegeben, die den Versuch rechtfertigen, Licht in das Dunkel der Vorgänge zu bringen. Der Band versucht über Beiträge, Diskussionen, aktuelle Gespräche, Zeitdokumente sowie interne Berichte des Ministeriums für Staatssicherheit (MfS) Einblicke in eine Phase der 80er Jahre zu geben, die inzwischen Geschichte ist. – Im Hinblick auf die Kontrolle des Verbandes deutscher Schriftsteller (VS) durch das MfS ist davon auszugehen, daß neben der Hauptverwaltung XX/7 vor allem die Hauptverwaltung Aufklärung (HVA) zuständig war. Gerade in diesem Bereich wurden nach 1989 in großem Ausmaß Akten vernichtet, so daß bislang keine Einsichtnahme möglich war.

Die Aufsätze und Gespräche, die von 1993 und bis 1995 entstanden, werden ergänzt durch Reden, Polemiken, Berichte, Dokumente aus verschiedenen Archiven, die Aufschluß über den Zeitgeist und eine Rekonstruktion damaliger wie heutiger Diskurslinien ermöglichen. Die Dokumente sind zur besseren Orientierung fortlaufend numeriert und erscheinen jeweils am Ende der thematischen Schwerpunkte. Sie werden in ihrer archivierten Fassung abgedruckt. Ein- und Auslassungen der Herausgeber sind durch eckige Klammern kenntlich gemacht.

Bei Verstößen gegen die Orthographie und bei offensichtlichen Schreibfehlern erfolgte eine stillschweigende Korrektur.

Die Dokumente sind insbesondere dem Archiv des Verbandes deutscher Schriftsteller in der IG Medien (Stuttgart), dem Archiv des Deutschen Schriftstellerverbandes in der Stiftung Archiv der Akademie der Künste, Berlin, der Stiftung Archiv der Parteien- und Massenorganisationen der DDR im Bundesarchiv Berlin (SAPMO-BArch), dem Archiv des Bundesbeauftragten für die Unterlagen des Staatssicherheitsdienstes der ehemaligen Deutschen Demokratischen Republik (BStU) sowie einzelnen Privatarchiven entnommen. Für die Abdruckgenehmigung ist den Archiven sowie allen Rechtsinhabern zu danken.

Die Geschichtskommission des Verbandes deutscher Schriftsteller in der IG Medien dankt dem Hauptvorstand der IG Medien für die finanzielle Unterstützung der Tagung in Springen und den Druckkostenzuschuß sowie der Hans-Böckler-Stiftung für die Unterstützung der Publikation.

Carsten Gansel   Renate Chotjewitz-Häfner

I Einleitung

Carsten Gansel

»Vereinigungskrisen«

Schriftsteller zwischen neuer Wahrheitssuche und alten Gewißheiten

> »Aber ich kenne verschiedene Seiten der deutschen Wirklichkeit, verschiedene Möglichkeiten, sie zu beurteilen oder sie zu untersuchen, und ich halte es für einen Vorteil, wenn man die andere Seite mit ihren eigenen Augen sehen kann.«
>
> *(Uwe Johnson)*

Das Vergehen der DDR und des Realsozialismus hat eine neue Auseinandersetzung um deutsche Geschichte im 20. Jahrhundert in Gang gesetzt. Dabei stellt sich der Umbruch des Jahres 1989/90 als einschneidendste Zäsur nach 1945 dar. Das kurzzeitige Hochgefühl der Wende- und Nachwendezeit ist zunehmend verblaßt, und an seine Stelle sind bei vielen Enttäuschungen getreten. Inzwischen ist von einer »Vereinigungskrise« die Rede.[1]

Die mit der Wende einsetzenden intellektuellen Debatten werden bis heute leidenschaftlich und kontrovers geführt. Das ist erklärlich, denn die Diskussionen über das Verhältnis von Struktur und Ereignis wie über die DDR-Geschichte überhaupt werden durch persönliche Betroffenheit, Sozialisation, Erinnerung, Erfahrung ebenso bestimmt wie durch praktische Orientierungs- und Aufarbeitungsbedürfnisse, die wiederum moralisch und politisch motiviert sein können.[2] In Abhängigkeit von der persönlichen Betroffenheit oder dem politischen Selbstverständnis gibt es erklärliche Wünsche nach Abrechnung, Anklage, Sühne, Rechtfertigung, Versöhnung oder Vergebung. Ein solches Gewirr von unterschiedlichen Intentionen, Blick-Punkten, die die jeweiligen Wertungen bestimmen, ist für zeitgeschichtliche Diskussionen nicht neu, denn hier existiert ohnehin ein besonderes Verhältnis von Vergangenheit und Erinnerung, Geschichte und Zeitgenossenschaft, Distanz und Betroffenheit. Erich Loest brachte das auf dem 12. Schriftstellerkongreß 1994 in Aachen auf die schöne Metapher: »Die Geschichte dampft noch.«[3]

Blickwechsel und Grenz-Überschreitung

Zu dem notwendigen Prozeß der (Re-)konstruktion von deutscher Geschichte nach 1945 gehört die Beschäftigung mit der Rolle von Literatur in Ost und West wie der Historie beider Schriftstellerverbände. Dabei werden durch das Dokumentieren bislang unbekannter, verschwiegener, verdrängter, vergessener Zusammenhänge wie auch durch das positivistische Sammeln von Fakten, Zeitstimmen, Erinnerungen *alte* Kontexte *neu* zu sichten sein. Es geht um nichts Geringeres als den Versuch, »die Geschichte, an der wir beteiligt waren neu [zu] buchstabieren«, und dazu gehört freilich auch jene, die »wir als unsere Vorgeschichte angeeignet haben« (Ursula Heukenkamp).[4] Diese nach 1989 im Osten formulierte Maxime hat nichts an Gültigkeit verloren, und es wäre fatal, würde sie nur für jene Entwicklung gelten, die die vergangene DDR beträfe. Freilich verlangt der Blick zurück eine *Grenz-Überschreitung*, und dies meint nicht zuletzt das Bemühen um einen Blick-Wechsel. Westliche Beobachter stehen dabei vor der Aufgabe, den Zerfall der realsozialistischen Konkurrenzgesellschaften nicht als simple Bestätigung der eigenen Art zu leben anzusehen und nunmehr in eine platte Idealisierung des eigenen Bezugssystems einzustimmen. Östliche Beteiligte haben mit dem komplizierteren Problem zu tun, überhaupt erst ein Bezugssystem zu finden, auch, weil sie sich ins Verhältnis zu einer »historisch objektiv entwerteten Vergangenheit« (Wolfgang Engler) zu setzen haben.[5] Reaktionen hierauf können sich zwischen zwei Polen bewegen: das eine Extrem besteht in der absoluten Verdammung der Ost-Vergangenheit und damit auch jener, die sich dort – wie auch immer – ein- und angepaßt haben, das andere Extrem im romantisch verklärten und moralisierenden Blick auf das untergegangene Land. Was in diesem Falle einsetzt, ist eine seltsame Mischung aus Trotz und Gegenwehr, der als notwendiger Schutz vor der Entwertung des eigenen, mitunter sehr wohl auch »gebremsten Lebens« funktioniert. Damit kann eine Art »Atlantiseffekt« verbunden sein, denn das unwiderrufliche Ende der DDR wird zur Grundlage für ihre einsetzende Mythisierung. Dies mag im Einzelfall mental sogar zu Gemeinsamkeiten zwischen dem systemkritischen DDR-Oppositionellen und dem dogmatischen DDR-Hardliner in dem Fall führen, da die Dominanz westdeutscher Wertungsraster als Entmündigung empfunden wird.

Auch und gerade darum war und ist das Vorhaben des Verbandes deutscher Schriftsteller, selbständig der Geschichte der Schriftstellerverbände in der Bundesrepublik und der DDR nach 1945 nachzugehen, zumindest ein redlicher Versuch, sich der eigenen Vergangenheit zu nähern. Die Bildung der Kommission gehörte zu den entscheidenden Ergebnissen auf dem ersten Gesamtdeutschen Schriftstellerkongreß vom Mai 1991 in Lübeck-Travemünde. Mit dem Auftrag wurde an Bemühungen angeknüpft, die im DDR-Schriftstellerverband begonnen hatten. Während der Wende-Zeit 1989/90 entstand auf Vorschlag von Heinz Kahlau eine Arbeitsgruppe, die sich den Namen »Kommission zur Aufarbeitung der Geschichte des DDR-Schriftstellerverbandes« gab. Es war dies ein überfälliger Schritt, der helfen sollte, Opfer zu rehabilitieren, Entscheidungsfindungen im DDR-Schriftstellerverband durchschaubar zu machen und seine Rolle in den DDR-Strukturen präziser zu bestimmen. Das Interesse, diese Aktivitäten fortzusetzen, wurde in Lübeck-Travemünde von verschiedenen Seiten auch deshalb hervorgehoben, weil man die *selbstkritische* Auseinandersetzung mit der eigenen Geschichte als einzige Möglichkeit ansah, wieder eine gemeinsame Sprache unter deutschen Autoren zu finden. Uwe Friesel als damaliger Vorsitzender des Verbandes deutscher Schriftsteller traf die Meinung des größeren Teils von Autorinnen und Autoren, wenn er den Antrag für die Einrichtung einer solchen Kommission als den »wichtigsten Antrag nicht nur für das Weiterarbeiten, sondern auch für das Selbstverständnis dieses Verbandes« empfand.[6]

Vermischungen

In der Geschichtskommission als einem autonomen Gebilde brachen sich in der Folgezeit modellhaft deutsch-deutsche Konflikte, und dies allein schon deshalb, weil ganz unterschiedliche Biographien, Generationen, Sozialisationen, Literatur- und Politikauffassungen aufeinanderprallten. Hinzu kam die Notwendigkeit, einen Modus für die Sichtung und Bewertung jener Ereignisse nach 1945 zu finden, in die beide Schriftstellerverbände einbezogen waren. Daß hier von einem Schriftstellerverband ein noch nicht hinreichend abgestecktes Feld betreten wurde, war den Beteiligten bald klar, denn weder besteht Einigkeit in der Beantwortung der Frage, mit welchen Methoden *heute* Geschichtsschreibung betrieben werden soll, noch darin, mit welchen Kategorien dies in Hinblick auf die deutsche Geschichte nach 1945 zu geschehen hat.[7] Die Kommission mußte also außerhalb der direkten Anbindung an wissenschaftliche Institutionen nach einem Weg suchen, der es ermöglichte, Ereignisse und Strukturen sowie ost- und westdeutsche Biographien und Schicksale zusammenzudenken. Von daher war es verständlich, wenn *Ereignisse* ausgewählt wurden, die gewissermaßen als Knotenpunkte zwischen Ost und West funktioniert hatten, und zunächst über die interne Befragung von Zeitzeugen eine Näherung erfolgte. Als Vorgang von einschneidender Bedeutung für Intellektuelle in Ost und West wurde die Ausbürgerung von Wolf Biermann 1976 empfunden. Als ein zweites Problem stellte sich das widersprüchliche Verhältnis einer Reihe bundesdeutscher Literaten zu jenen Autoren in der DDR dar, die dort kompromißlos die »gestockten Widersprüche« öffentlich benannten, dafür Repressionen erfuhren und schließlich – meist gegen ihren Willen – die DDR verlassen mußten. Im Westen eingetroffen, stießen sie nicht selten unter Intellektuellen auf Unverständnis, wenn sie – wie Reiner Kunze, Hans-Joachim Schädlich, Jürgen Fuchs oder Ulrich Schacht – ihre Erfahrungen mit dem, was sich Sozialismus in der DDR nannte, ungeschminkt zur Sprache brachten.[8] Allein die Tatsache, daß die Geschichtskommission sich vornahm, auch diesen Fragen nachzugehen, wurde von einigen westdeutschen Autoren scharf kritisiert, vor allem von jenen, die in die damaligen Debatten verwickelt waren.[9] Der Verband deutscher Schriftsteller Bayern sah in dem Bemühen, Vorgänge der 70er und 80er Jahre zu beleuchten, allem Anschein nach den Versuch einer Entwertung eigener Anschauungen, Aktivitäten, Ideale, Biographien. In einem von Dieter Lattmann formulierten Antrag zur Einstellung der Arbeit der Geschichtskommission hieß es: »Uns ging es mehrheitlich darum, zu garantieren, daß die Geschichte der beiden Schriftstellerverbände, BRD und DDR, ihren Kategorien entsprechend unter folgenden Gesichtspunkten *erneut verdeutlicht würde*. In Ost und West gab es mit kurzen zeitlichen Ausnahmen fast durchweg eine Reibungselektrizität zwischen Geist und Macht. Die Spannung stand unter Wechselstrom.«[10]

Das Denkmuster erscheint allein deshalb problematisch, weil von dem Anspruch ausgegangen wird, »Kategorien«, nach denen Geschichte zu sichten ist, ein für allemal vorgeben zu können, und das Ziel letztlich in einer »erneuten« Verdeutlichung gesehen wird. Eine Kommission, die sich an diese Vorgaben hielte, würde in der Tat zu einem »Geschichtskondom« (Liane Dirks) mutieren, das Schutz vor allen eruptiven Fragen bietet: Denkmalschutz statt Denken und Verfestigung *einer* Sicht auf Vergangenes durch Musealisierung!? Abgesehen davon, ist es mehr als fragwürdig, wenn »Geschichtsaufarbeitung« immer nur so lange toleriert und erprobt wird, wie es um ostdeutsche Entwicklungen und Biographien geht. Dabei hat es einen Vorgang der »Delegitimierung von Biographien«, den Wolf Lepenies für den Osten als typisch empfindet, im Westen nach 1989 gar nicht gegeben.[11] Was mit dem Ende der DDR einsetzte, war der Verlust von moralischen wie finanziellen Zuwendungen für jene Gruppen und Autoren, die in der DDR als »Bündnispartner« galten.

Dieter Lattmann geht in seinem Statement von der Auffassung aus, es habe in Ost und West gleichermaßen ein Spannungsverhältnis zwischen Geist und Macht gegeben. Für den Westen erinnert er an das Verbot der Zeitschrift »Der Ruf« (1947), die »lange Kette der Diffamierungen« mit den Signalwörtern wie von der »angeblich ›neuen Reichsschrifttumskammer‹ (Gruppe 47) über die ›ganz kleinen Pinscher‹ (Kanzler Erhard) bis zur Beschimpfung als ›Ratten und Schmeißfliegen‹«.[12] Nun steht außer Frage, daß Geist und Macht in einem widerspruchsvollen Verhältnis stehen, nur kann dies nicht dazu führen, auf eine *strukturelle Analogie* in Ost und West, also in »geschlossenen« und »offenen« Systemen zu schließen. Die von Lattmann zitierten rüden Angriffe einzelner Politiker auf Literaten sind ein für offene Gesellschaften nicht auszuschließender Vorgang. Der einzelne kann sich gegen derartige Beschimpfungen mit rechtsstaatlichen Mitteln zur Wehr setzen. Ganz abgesehen davon steigerten die gegen die Gruppe 47 vorgebrachten Unterstellungen sowohl ihr öffentliches Ansehen als auch ihre innere Homogenisierung. Die Politiker indes desavouierten sich, und ihre Äußerungen brachten ihnen frühzeitig die Aufnahme in (literatur)geschichtliche Darstellungen ein. Es verbietet sich, die verbalen Attacken bundesdeutscher Politiker mit den Eingriffen der DDR-Staatsmacht in die Literatur zu vergleichen, weil damit der graduelle Unterschied zum Schicksal derjenigen aufgehoben wird, die in der DDR Opfer von Repressalien wurden. Als der damalige CDU-Generalsekretär Hermann Josef Dufhues 1963 unterstellte, die Gruppe 47 sei eine »geheime Reichsschrifttumskammer« (!), saß Erich Loest seit 1957 im Zuchthaus Bautzen!

Zwischen Geist und Macht

Dieter Lattmanns aktuelle Sicht auf das Gegensatzpaar von Geist und Macht ist aber auch deshalb von Interesse, weil damit ein Problemfeld berührt wird, das in den 80er Jahren im Verband deutscher Schriftsteller immer virulent war, nämlich den unter westdeutschen Autoren heftig geführten Streit über Politik und Moral. Daß diese Debatte gerade nach dem Ende der DDR und des Realsozialismus mit Verbissenheit geführt wird, kann nicht verwundern, schon gar nicht, wenn

Vermutungen über eine mögliche Lenkung des Verbandes deutscher Schriftsteller angestellt werden.[13] Mit Blick auf den Realsozialismus wird heute gefragt, warum Intellektuelle sich von der Macht hätten korrumpieren lassen und welche Gründe es gab, sich Formen von Zensur- und Selbstzensur zu unterwerfen. Wie ist es zu erklären, daß auch kritische Geister das Führerprinzip beschworen und nicht nur zeitweise den sozialistischen Personenkult in Texten verherrlichten? Der Diskurs führt bis zu jener Frage, was einzelne bewogen hat, persönlichste Informationen über Kollegen an Dienststellen der Staatssicherheit weiterzugeben. Doch auch für den Westen geht es um eine kritische Sichtung des Vergangenen. Der VS hat unter Bedingungen einer offenen Gesellschaft existiert – vieles, was in der DDR, in Polen oder der Sowjetunion geschah, war bekannt – und betrieb dennoch eine Art von politischer Geheimdiplomatie.[14] Schon allein deshalb wäre es einseitig, wollte man die Debatte über Geist und Macht wie über Politik und Moral auf die DDR und ihre Intellektuellen reduzieren.[15] Die allgemeine Rede vom Versagen oder vom Verrat der Intellektuellen fällt um so leichter, je konsequenter man die konkret historischen Bedingungen ihrer Existenz- und Äußerungsmöglichkeiten unterschlägt. Unter Verhältnissen, die weder institutionellen Rückhalt, Öffentlichkeit, Rechtssicherheit noch wirklichen geistigen Austausch ermöglichen, stellt sich die Rolle von Intellektuellen anders dar als in Gesellschaften mit ausdifferenzierten gesellschaftlichen Handlungsfeldern. Würde dies bedacht, könnte man die Behauptung, in der DDR habe es gar keine Intellektuellen gegeben, ebensowenig aufrechterhalten wie jene von der gleichen »Reibungselektrizität« zwischen Geist und Macht in Ost wie West. Etwas anderes ist es, wenn man beim Blick auf die Geschichte zum Ergebnis kommt, daß jeder Herrscher, jeder Staat, auch der totalitäre, Intellektuelle fand, die ihn legitimierten. Immer aber gab es auch Denker, die sich nicht anpaßten und nach Artikulationsräumen suchten. Bereits die biblischen Propheten erteilten der stillen Affirmation eine Absage und wollten nicht mehr länger nur intellektuelle Gefolgsmänner sein. Sie klagten in Gottes Namen Verderbtheit der Reichen und Mächtigen an. Damit gehörten sie zu den ersten Intellektuellen, die, nur ihrem Gewissen folgend, in die Politik eingriffen. Auf eben diesen Umstand hat gerade Manès Sperber aufmerksam gemacht, der 1983 im Verband deutscher Schriftsteller durch seine Äußerungen über die Notwendigkeit der Nachrüstung im Westen eine scharfe Kontroverse auslöste. Sperber ging in seinen Überlegungen zur Rolle der Intellektuellen davon aus, daß die spätestens seit Jesaia eine bedeutende Aufgabe erfüllen müssen: sie haben »Mahner und Erinnerer zu sein im Kampfe gegen die Drohungen und gegen die Lockungen der Macht und ebenso gegen die Borniertheit der sogenannten Realpolitik«.[16]

Wilhelm von Sternburg sieht in Lion Feuchtwangers umstrittenem Büchlein »Moskau 1937 – Ein Reisebericht für meine Freunde« ein prototypisches Beispiel für Blindheiten wie Eitelkeiten eines ansonsten kritischen Intellektuellen: Feuchtwanger reist im November 1936 nach Moskau und ist dort ein geehrter Gast. Er trifft exilierte deutsche Autoren wie Johannes R. Becher, Friedrich Wolf, Willi Bredel, geht ins Theater, besichtigt Betriebe, Schulen, Clubs, nimmt an Diskussionen teil, gibt Interviews, trifft schließlich Stalin und ist von ihm beeindruckt. Letztlich liefert Feuchtwanger – die von seinen Gastgebern erwartete Lobpreisung des Sowjetlandes. Und dies 1937! Rosa Luxemburg hatte 1918 mit Blick auf die von Intellektuellen euphorisch begrüßte Oktoberrevolution gefragt: Sozialismus – »vom grünen Tisch eines Dutzends Intellektueller dekretiert, oktroiert«, Freiheit? – »nur für die Anhänger der Regierung«, – Diktatur des Proletariats? »Diktatur einer Handvoll Politiker?« Feuchtwanger beobachtet fast 20 Jahre später, im Januar 1937, die Schauprozesse gegen kommunistische Führer wie Karl Radek und Georgij Pjatakow, und er billigt sie – trotz der unmenschlichen Urteile! Von Sternburg spricht mit Recht davon, daß der kritische Schriftsteller zum »ideologischen Nachbeter« verkommt. Freilich – und das ist das Verallgemeinerbare – bildete Feuchtwanger keine Ausnahme, geistige Parallelen lassen sich bis in die späten 80er Jahre ziehen. Wirklichkeitskonstruktion ersetzte wirkliche Analyse! Und im Fall von Feuchtwanger kann es keine Entschuldigung sein, daß auch andere bekannte Dichter und Intellektuelle blind gegenüber dem Terror in der Sowjetunion blieben oder Lobeshymnen auf Stalin schrieben: Henry Barbusse, Romain Rolland, Louis Aragon, Johannes R. Becher, Bert Brecht, Pablo Picasso, Heinrich Mann, Stephan Hermlin … Für einen Teil dieser Intellektuellen mag zutreffen, daß sie wie Feuchtwanger in diesen Jahren »die Welt an einem für die Völker existentiellen Scheidepunkt« wähnten. Wilhelm von Sternburg merkt an, Feuchtwanger »sah – keineswegs zu Unrecht – den moralisch-politischen Niedergang der westlichen Demokratien – und so wurde er denn einäugig«.[17] Eben dies könnte auch für manchen westlichen Intellektuellen am Beginn der 80er Jahre im Kontext der Friedensbewegung eine Rolle gespielt haben. Aber hier wie da fragt sich, um welchen Preis das Schweigen zu Verletzungen von Menschenrechten erkauft wurde. Freilich ist das »Kungeln« mit den jeweils Mächtigen kein Phänomen, das erst im 20. Jahrhundert nachweisbar ist. Es hat in der Geschichte immer Geister von hohem Rang gegeben, die sich mit politischen Parteien verbanden oder sich sogar von der offenen Tyrannis anziehen ließen. Was hat sie dazu bewogen? Die Antwort scheint profaner als angenommen: Es ist Konsequenz der literarischen, philosophischen oder wissenschaftlichen Analyse und Kritik, daß derjenige, der seine Vorstellungen verwirklichen will, *Instrumente* zu dessen Realisierung benötigt, er braucht den Staat und die Politik! Platon wollte einen Fürsten so erziehen, daß er eine weise Staatsordnung errichtet; Goethe wurde Weimarer Minister, Martin Heidegger Mitglied der NSDAP, um »den Führer zu führen«, Johannes R. Becher Kulturminister und andere Autoren Mitglied des ZK der SED. Hinter diesen Entscheidungen von Intellektuellen steht zumindest auch der Gedanke, den Fortschritt durch ihren *sittlichen Einfluß* auf die Herrschenden zu befördern. Das »Prinzip Fürstenerziehung« galt keineswegs nur in »geschlossenen Gesellschaften« wie etwa der DDR. Dieter Lattmanns Argumentation zeigt, in welchem Maße auch linke Intellektuelle in der Bundesrepublik dieser Überlegung verbunden sind. In seiner Darstellung zur Geschichte des westdeutschen Schriftstellerverbandes stellt er mit Blick auf die sozialliberale Koalition der 70er Jahre um Willy Brandt bedauernd fest: »Damals haben Schriftsteller in Westdeutschland für eine kurze Zeit unmittelbar Zugang zur Politik gehabt, und sie haben an den Denkbegriffen, den Wörtern, an der Sprache Anteil gehabt.«[18]

Es bleibt zu fragen, ob es das Ziel von Schriftstellern sein kann und soll, in diesem Sinne aktiv in politische Belange einzugreifen. Für Manès Sperber jedenfalls ist der von Dieter Lattmann anvisierte Typus des Intellektuellen chancenlos. Selbst in dem Fall, da er wirklich im Namen überzeitlicher humaner Werte und Ideen in die Politik eintreten sollte, kann es nach Sperber nur darum gehen, ihn rechtzeitig zu besiegen. Ansonsten wäre sein Ende als Intellektueller vorgezeichnet, weil er – ob er es will oder nicht – zum Politiker, zum privilegierten Diener der Macht oder selbst zum Machthaber würde. Auch für Hans-Peter Krüger bringen Intellektuelle sich um jeden Kredit, »wenn sie Kultur nicht als Zwecksetzung und Maßstab der Kritik verwenden, sondern nur als Ressource, um eine politische Pragmatik zu legitimieren«. Sie wechseln dann – so Krüger – »von der intellektuellen in die ideologische oder politische Wirkungsart«[19]. Sperber favorisiert eine zweite Art des intellektuellen Engagements, und dies verkörpern für ihn jene, die grundsätzlich in Opposition stehen und weder zur Machtergreifung noch zur Teilhabe an der Macht drängen. Bei aller Vereinfachung Sperbers läßt sich sagen, daß die genannten Varianten intellektuellen Engagements bis heute existieren, und es gibt plausible Gründe, sich für die eine oder andere Variante zu entscheiden. Nur eines ist nach den Erfahrungen im 20. Jahrhundert für Intellektuelle nicht mehr möglich: so zu tun, als habe man die Konsequenzen eigenen Handelns – wie immer es ausfällt – nicht absehen können!

Renate Chotjewitz-Häfner
Zwischen den Stühlen

Die Vorgeschichte zum Themenschwerpunkt Verbandskrise, jener Krise, die in der ersten Hälfte der achtziger Jahre den westdeutschen Verband deutscher Schriftsteller in der IG Druck und Papier erschütterte, ist eine unendliche Geschichte. Noch heute verwundert mich, daß schließlich zu diesem historischen Streitfall ein Gesprächsforum der Geschichtskommission zustande kam.

Seit der Definition des Auftrags der 1991 von den Delegierten des Schriftstellerkongresses in Travemünde beschlossenen Einsetzung einer Geschichtskommission (GK) lag das brisante Thema unter dem Teppich. Wenn ansatzweise die Vergangenheit der beiden Schriftstellerverbände in Deutschland Ost und West erhellt werden sollte, unter Berücksichtigung ihrer wechselseitigen Beziehungen, dann mußte dieser Zeitabschnitt, in dem die Identitätskrise des westdeutschen VS wurzelt, irgendwann auf den Tisch.

Es fehlte nicht viel, und die Kommission wäre an diesem ehrenhaften Vorhaben gescheitert. Aber nicht deshalb, weil das Aufgreifen jener Problematik, wie Heinrich Graf Einsiedel vermutete, der kurze Zeit Mitglied war, ein neuerlicher »Selbstmordversuch des VS« wäre und die Geschichtskommission an sich nur eine »Mißgeburt«, die »beerdigt werden« müsse[20], sondern weil sich der Erhellung eines gerade erst vergangenen Zeitabschnittes besondere Hindernisse in den Weg legen. Dazu zählt auch der wiederholte Ruf nach Einstellung der Kommission. Erich Loest hat beim Schriftstellerkongreß in Aachen 1994 für einige Schwierigkeiten in diesem Kontext eine trefflich-deftige Formulierung gefunden: Zeitgeschichte ist Geschichte, die qualmt.

Damit befinden wir uns unversehens mitten im hin- und herwogenden doppeldeutschen Streit, wie er sich zwischen den beiden deutschen P.E.N.- Zentren ereignet, wie er sich seit dem politischen Umbau in der Um- und Neubewertung der kaum vergangenen Vergangenheiten manifestierte oder in den gesamtdeutschen Versuchen, politische Prägungen, Erbschaften auszuschlagen, die doch felsenfest in den Köpfen sitzen.

Selbst der P.E.N. kommt bei der langsamen Annäherung der beiden P.E.N.-Clubs um die Einsetzung einer gemeinsamen »Kommission« nicht mehr herum, die sich »um die Aufklärung der Vergangenheit bemüht, Vorwürfe klären und zugleich einem Klima der Inquisition vorbeugen soll, indem sie sich mit beiden Zentren befaßt.«[21] Vor diesem Problem stand der Schriftstellerverband ein paar Jahre eher, unter anderem weil sich der SV (der Schriftstellerverband der DDR) seit 1990 in Liquidation befand und den ostdeutschen KollegInnen, die im Dschungel der Vereinigung einen Beitritt in den VS erwogen, ein Weg geebnet werden mußte. Im nachhinein scheint sich am Beispiel des P.E.N. zu zeigen, daß die Absicht, die Aufarbeitung der Geschichte beider deutscher Zentren einem Universitätsinstitut als historisches Forschungsprojekt anzuvertrauen, allein nicht ausreicht, um die besonderen politischen Verwicklungen der deutschen Autoren in das jeweilige politische System zu erforschen und dem aktuellen Diskussions- und Informationsbedarf zu genügen.

In diesem Zusammenhang fällt auf, daß die Schriftsteller der Bundesrepublik ihren Streit um den Verschleiß der Ideologien in den achtziger Jahren in voller Schärfe im Verband deutscher Schriftsteller austrugen, obgleich sie sich in ähnlicher Zusammensetzung bei der Jahrestagung des P.E.N. trafen, das »Polen-Telegramm«, von dem in diesem Band die Rede sein wird, 1983 gemeinsam vom Vorsitzenden des Schriftstellerverbandes wie dem Generalsekretär des P.E.N. unterzeichnet worden war und die Antipoden der VS-Auseinandersetzung (wie Ingeborg Drewitz und Bernt Engelmann) gleichzeitig in beiden Vorständen amtierten. Derweil der Schriftstellerverband damals als Diskussionsforum und als Organisation unausweichlich in die Krise schlitterte, blieb zur gleichen Zeit die Stabilität des westdeutschen P.E.N. unangetastet, wurde die Krise dort ausgesessen, was letztendlich zu einer Stärkung des P.E.N. führte, während viele seiner Mitglieder dem VS den Rücken kehrten. Dies könnte einer der Gründe dafür sein, daß heute in den P.E.N.-Zentren die damals versäumte Ost-West-Diskussion mit um so größerer Intransingenz geführt wird, geführt werden muß.

Es wäre jedoch vermessen, zu behaupten, daß bestimmte Ereignisse in der Geschichte des VS mittlerweile abschließend und endgültig aufgeklärt wären, etwa, um sie ad acta zu legen, einordnen, bewerten zu können. Das ist zu diesem Zeitpunkt nicht gut möglich. In einigen

Jahren wird sicher anderes Material, werden mehr Akten oder Tagebücher, die uns noch nicht zugänglich sind, zur Verfügung stehen. Die Gruppe legt mit diesem Band keine historisch-kritische Arbeit vor, sondern versucht lediglich, mit Hilfe von Erinnerung, Diskussion, Stellungnahmen, Dokumenten (darunter ein gut Teil für die GK verfaßte Memoirenliteratur) verfügbare Materialien zu veröffentlichen, durch die unbekannte oder vergessene Zusammenhänge ins Bewußtsein gehoben werden und einer Beurteilung zugänglich gemacht werden können. Sicher hat dieses Häkelwerk Löcher.

Bei den Lesern und bei vielen der Beteiligten besteht häufig der Wunsch nach einem moralischen Urteil. Dieses Bedürfnis halte ich für wenig fruchtbar. Vor einer Urteilsbildung sollte eine möglichst genaue Rekonstruktion der Ereignisse stattfinden. Das schließt einander widersprechende Zeugnisse nicht aus. Wir liefern Argumente, auch Analysen, die zur Wahrheitsfindung beitragen können. Den Wahrheitsgehalt von Dokumenten, beispielsweise aus der Gauck-Behörde, zu überprüfen sei den LeserInnen überlassen; der Wahrheitsgehalt von Erinnerung, die höchst subjektiv eingefärbt ist, bleibt an sich kaum überprüfbar. Trotzdem haben wir nachgefragt, wo sich die Gelegenheit bot.

Die Aufgabe hieß ja nicht, eine Erfolgsbilanz zu ziehen und darzustellen, was der Verband deutscher Schriftsteller in der IG Druck und Papier (VS) in den achtziger Jahren für die beruflichen Interessen seiner Mitglieder bewirken konnte. Das Erkenntnisinteresse der Geschichtsgruppe galt vielmehr dem wohl konfliktreichsten Zeitabschnitt der Verbandsgeschichte, der dem wenig zufriedenstellenden Jetztzustand zugrunde liegt. Entsprechend dornenvoll war die zurückzulegende Wegstrecke.

Alte Linke und neue Rechte

Eine der Kernfragen war zu beantworten, die K. H. Jakobs 1990 in Hannover beim ersten Treffen west- und ostdeutscher SchriftstellerInnen nach der »Wende« stellte: »Weshalb haben so viele ehemalige DDR-Schriftsteller, die in die Bundesrepublik übergesiedelt waren, und in Solidarität zu ihnen auch westdeutsche Kollegen in den achtziger Jahren den VS verlassen?« Eine eher rhetorisch gemeinte Frage. Jakobs, seit 1981 im Westen und im Verband, hat als Dissident die Ausgrenzung seinesgleichen bei den gemeinsamen Friedensveranstaltungen, die zur Hoch-Zeit der Friedensbewegung, zwischen SS-20- und Pershing-Raketen, mit dem SV zusammen stattfanden, miterlebt. Jürgen Fuchs gab, stellvertretend für andere, beim Mainzer Kongreß 1983 eine Antwort: »Westeuropäische Intellektuelle werden durch uns an einen Irrtum, einen Verrat erinnert: den Irrtum, daß die staatliche Herrschaft von Einheitsparteien ein möglicher Weg in eine bessere Zukunft ist. Und den Verrat, mit dieser neuen Rechten paktiert, zumindest nicht offen gegen sie polemisiert zu haben.«[22]

Die Frage ist inhaltlich verknüpft mit dem Thema »Dissidenten im Westen«[23], das die zweite Tagung der Geschichtskommission aufgriff. Bei aller Kritik besaß die von uns organisierte Veranstaltung in der Kölner Universität, bei der Schlesinger, Faust, Zwerenz, Reinhard Kuhnert und Klaus Stiller auf dem Podium saßen, Anstoßcharakter. Im Rahmen einer Veranstaltung des Verbands waren zum ersten Mal einige Tabus an- und ausgesprochen worden. Die geladenen Autoren hatten die Geschichte ihrer Dissidenz, ihrer Fremdheit nach der Ankunft im Westen Deutschlands berichtet, und das Publikum, darunter die Mitglieder des Bundesvorstandes, die Landesvorsitzenden, Detlef Hensche und eine Reihe von VS-Veteranen hatten sich eingemischt. Diese Diskussion war bis dato im westdeutschen Schriftstellerverband nicht möglich gewesen.

Allein darin, daß die aus der DDR ausgebürgerten oder gegangenen Dissidenten die ersten waren, die zu Beginn der achtziger Jahre ihren Unmut über bestimmte deutschlandpolitische Positionen des VS und der Gewerkschaft IG Druck und Papier oft lauthals öffentlich machten, als Wanderer von einer (deutschen) politischen Welt in die entgegengesetzte, zeigt sich die Dimension der damaligen Krise und zugleich ihre Aktualität. Aber dies war nicht der einzige Konfliktpunkt. De facto wurde auch eine Diskussion über Für und Wider der Gewerkschaftszugehörigkeit geführt, wenn in den Landesbezirken über die politische Gängelung des VS bei allgemeinpolitischen Stellungnahmen diskutiert, der paternalistische Führungsstil Engelmanns kritisiert oder der Mangel an Literatur beklagt wurde. Für Engelmann hingegen war die Gewerkschaftszugehörigkeit des VS kein Diskussionsthema.[24] Die politische Differenzierung, die Heterogenität der Mitgliederschaft fand in den politischen Statements seines Bundesvorstandes kaum Berücksichtigung. Mit der Kritik ging man fahrlässig um oder sah in ihr gar einen Spaltungsversuch.

Die Priorität, die seit 1981 den ost-westlichen Friedensbegegnungen von Schriftstellern eingeräumt wurde, bestärkte den inneren Konflikt noch, statt ihn zu besänftigen, denn dies setzte den Schulterschluß des VS mit dem SV, von Bernt Engelmann mit Hermann Kant voraus, dem auch viele westdeutsche SchriftstellerInnen mißtrauten. »Kritisiert habe ich«, schreibt Günter Grass im September 1982, »daß ein so wichtiges Gespräch wie die in Ostberlin begonnene Friedensdiskussion verschlissen wird, wenn im Verlauf eines Jahres vier Kongresse stattfinden, Thesen nur noch wiederholt werden, keine Methode entwikkelt wird, die wichtigsten Themen und Streitpunkte zu präzisieren, ja, sogar deutlich wird, daß (wie in Scheveningen) Strittiges um des lieben Friedens willen – etwa das Problem: Kriegsrecht in Polen – ausgeklammert wird. Diese Kongreßhuberei finde ich in der Tat ärgerlich, weil sie zu wenig klärt.« [25]

Die Dissidenten hingegen hatten das Problem, nun den langen Arm des SV, dessen Einflußgebiet sie mit Not entronnen waren, im Westen über die erwähnte »Kongreßhuberei« beim Kontakt von VS und DDR-Verband erneut zu spüren. »Diese Schriftsteller haben das Land, an dem sie eigentlich hingen, verlassen müssen und sind nun, mit oft Jahrzehnte währenden Anpassungsschwierigkeiten (siehe Zwerenz und Johnson) als Kollegen im VS abermals umstritten, bilden einen neuralgischen Punkt, glauben, wie ich meine zu Recht, bei den Verhandlungen zwischen den Schriftstellerverbänden der beiden deutschen Staaten noch immer Hermann Kants Macht und Einfluß zu spüren und müssen sich wie illegitime, d. h., zu versteckende Kinder vorkommen, wenn man sie bei den anstehenden Ost-West-Gesprächen um des lieben Friedens willen nicht ausreichend zu Wort kommen läßt und auch ihr Standpunkt, der ein beachtlicher ist, kaum noch öffentlich vertreten wird.«

Dieser Konflikt bildet das Leitmotiv der Krise im westdeutschen Schriftstellerverband und führt später – beim VS-Kongreß 1983 in Mainz und der wegen des Rücktritts des Engelmann-Vorstandes für 1984 anberaumten Bundesdelegiertenkonferenz in Saarbrücken – zu einer Polarisierung. Der Streit wird im rüden westdeutschen Diskussionsstil der achtziger Jahre ausgetragen.

»Saarbrücken«

Nach der Tagung »Dissidenten im Westen« erschien es folgerichtig, in einem größeren Zusammenhang auch den Saarbrücker Kongreß unter die Lupe zu nehmen. Der Bundesvorstand und die IG Medien sagten zu, das Projekt zu unterstützen.

Saarbrücken 1984 – das Thema brannte unter den Nägeln. Die Saarbrücker Bundesdelegiertenkonferenz war im Lauf eines Jahrzehntes in der Geschichte des VS zur legendenumwobenen Schnittstelle mutiert. Zu erfahren, um welche Fragen die damalige Diskussion kreiste, wofür, wogegen oder für wen weshalb gestimmt wurde, warum damals Ingeborg Drewitz als favorisierte Nachfolgerin des zurückgetretenen Bernt Engelmann dann doch nicht gewählt wurde – dies herauszufinden lag im Interesse von Gewerkschaft, Schriftstellerverband und Geschichtskommission.

Der VS war nach 1989 und nach der Öffnung der DDR-Archive wieder in die Schlagzeilen geraten. 1992 im April hatte Bernt Engelmann bei einer vom VS Bayern angesetzten Veranstaltung »Der Verband deutscher Schriftsteller und die Stasi«[26] Auskunft gegeben über den mit Hermann Kant 1981 unterzeichneten »Friedensappell europäischer Schriftsteller« und ähnliche umstrittene Phasen seiner Amtszeit als Bundesvorsitzender. Im Vorfeld waren Erinnerungsberichte aus der Feder von Peter Schütt erschienen,[27] die er später auf Anfrage der Geschichtskommission konkretisierte. Die von Jürgen Fuchs und Peter Schütt geäußerte Vermutung, das ZK der SED selbst habe versucht, mit geheimdienstlichen Mitteln den Wahlausgang in Saarbrücken 1984 zu beeinflussen, setzte VS und Geschichtskommission unter Handlungsdruck. [28] Eine Rolle im Hintergrund spielte dabei der näher rükkende Aachener Kongreß zum 25jährigen Jubiläum des Verbandes. [29]

Die Mühen der Ebene

In der Vorbereitungsphase verwirrten sich verschiedene Handlungsstränge. Die Publikation über die Ausbürgerung Wolf Biermanns und die Reaktion der Schriftsteller und ihrer Verbände wurde vorbereitet.[30] Einige Mitglieder verließen die Geschichtskommission: unter ihnen Ralph Schock (Saarbrücken). Damit stand ein wichtiges Dokument, die in Auftrag gegebene Abschrift der Tonbandprotokolle der Saarbrücker Bundesdelegiertenkonferenz 1984, nicht mehr zur Verfügung. Andere beklagten die Priorität, die den Problemen des West-VS in der Aufgabenstellung eingeräumt wurde. Die Thematik löste auch intern Berührungsängste aus.

Die Konzeption sah vor, mit einem Gesprächsforum im nachhinein Öffentlichkeit herzustellen, eine Diskussion in Gang zu bringen, die zur Tatzeit im VS nicht möglich war. Diesmal also keine interne Tagung, auch um den Vorwurf der Abschottung nach außen zu entkräften. Während bei früheren Zeitzeugenbefragungen Journalisten außen vor bleiben mußten, sollten 1994 explizit diejenigen dazu geladen werden, die in den Feuilletons der großen Zeitungen oder im Funk den VS über die Jahre kritisch begleitet hatten.

Der Plan, die Wortführer der einst zerstrittenen Fraktionen im Schriftstellerverband an einen Tisch zu bringen, erwies sich bald als nicht realisierbar. Er setzte erst einmal einen Konsens der Beteiligten voraus, daß ein Disput der politischen Kontrahenten von damals eine notwendige und sinnvolle Aufgabe sei. Einige der damaligen Wortführer wollen jedoch bis heute nicht recht wahrhaben, daß eine Krise des VS überhaupt stattgefunden hat. Sie verweigern das Gespräch oder reagieren aggressiv bis resignativ. Viele verharren weiterhin auf ihren Positionen der achtziger Jahre. Andere haben sich mittlerweile entfernt, dem Verband entfremdet oder sind im Groll geschieden. Sie haben das Interesse verloren oder mißtrauen den neuen und alten Strukturen und Gesichtern.

Die Einladung, einige damals umstrittene Positionen und Erfahrungen zur Ostpolitik des VS oder zur Menschenrechtsfrage zu reflektieren, löste heftige, emotional besetzte Abwehr und Angriffe aus. Andere erteilten den Sprecherinnen[31], die die Tagung organisierten, eine freundliche Absage. Die Widerstände äußerten sich daneben in dem Antrag des VS Bayern, die Arbeit der Geschichtskommission einzustellen, auch durch Ansetzen des finanziellen Hebels[32], wie in dem zeitgleich zum Gesprächsforum verbreiteten Gerücht, die GK veranstalte »öffentliche Anhörungen, [die] gezielte Inszenierungen des Rufmords [darstellten], nicht der historischen Wahrheitsfindung [dienten, sondern] den Boden bereiten für alte Lügen, Vorurteile, Ressentiments und Haß«[33].

Entlarvt

Ein Zeitabschnitt, der gerade erst vergangen ist, wie die erste Hälfte der achtziger Jahre, scheint einer objektiven Betrachtung kaum zugänglich zu sein. Welches sind die Gründe? Ist die zeitliche Distanz an sich schon eine objektivierende Kraft? Ist es vielleicht Gesetz, daß die Rekonstruktion von Zeitgeschichte erst möglich wird, wenn, um bei Erich Loests Bild zu bleiben, das Feuer ausgetreten, der Brand gelöscht ist? Aber wann ist die Vergangenheit denn lange genug vergangen, um sie zur Diskussion stellen zu können?

Für einen Teil der alten (bundesrepublikanischen) Linken scheint es zu früh zu sein für einen selbstkritischen Blick auf frühere Positionen. Da mag die unangenehme Ahnung eine Rolle spielen, daß man in den achtziger Jahren einem historischen Irrtum aufgesessen ist.

Andererseits ist nicht einzusehen, daß mit zweierlei Maßstäben gemessen wird. Wenn es seit 1989 in Deutschland selbstverständliche Praxis geworden ist, die politische, moralische, professionelle Kompetenz der ehemaligen DDR-Autorenschaft zu hinterfragen, dann muß es erlaubt sein, sich auch an diejenigen Autoren zu wenden, die zeitgleich im Westen agiert haben. Es kann doch nicht sein, daß der Kollaps des Realsozialismus ganz ohne Auswirkung auf die Geschichtsschreibung der ehedem in der besseren, schöneren, demokratischeren Bonner Republik lebenden SchriftstellerInnen bleiben soll.

Es bot sich an, »Saarbrücken« als d a s Negativereignis der VS-Geschichte nicht isoliert aufzuarbeiten, sondern darzustellen als den Höhepunkt einer Kette von politischen Entscheidungen, Auseinandersetzungen, Stellungnahmen und Polemiken, die wir benannten: »Frieden oder Menschenrechte? Die Krise des VS zu Beginn der achtziger Jahre«[34]. Nur dann, wenn den vorangegangenen Schritten noch einmal nachgegangen wird, werden die Mechanismen begreiflich, die die Konferenz in Saarbrücken steuerten. Die Schritte heißen: »Der Streit um die Ostpolitik des VS-Vorstands« und »Frieden *oder* Menschenrechte?«. Es folgt »Der Streit um das Selbstverständnis des VS« und damit um die Frage auch der Gewerkschaftszugehörigkeit von Schriftstellern. Im dritten Teil wird der Versuch gemacht, den Einfluß von Parteien auf den VS zu benennen und zu analysieren. Den Schluß bilden Berichte über den »Kampfkongreß« von Saarbrücken, der die Krise augenfällig machte. Zur Ergänzung wurden »Gespräche mit Abwesenden« (wie Loest, Rathenow, Buch) geführt und weitere Autoren um Beiträge gebeten.

Das erwähnte Gesprächsforum hätte, wie anfangs gesagt, beinahe nicht stattgefunden. Doch dann ereignete sich in bedrohlicher zeitlicher Nähe zum 12. Schriftstellerkongreß in Aachen ein Rauschen im Blätterwald. Durch der Presse zugespielte Akten aus dem ehemaligen MfS, Teilen eines Gutachtens des »Forschungsverbundes SED-Staat« an der FU, über ein Treffen von Engelmann, Lattmann, Kant und anderen im Vorfeld der Saarbrücker Bundesdelegiertenkonferenz geriet just das anvisierte Thema in die Schlagzeilen. Am Freitag, dem 11. Februar, titelte die FAZ[35] »Entlarvt. Schriftstellerverband ließ sich von Ostberlin lenken«. Wir wollten es etwas genauer wissen. In der überregionalen Presse erschien eine Flut von Artikeln und Leserbriefen zur Vergangenheit des VS, in denen auch der Dissens um die Daseinsberechtigung der Geschichtskommission auftauchte.[36] Durch den Druck der Öffentlichkeit wuchs die Gesprächsbereitschaft. Soviel stand fest, die achtziger Jahre waren keineswegs vergessen und vergraben, sondern brandaktuell. »Es ist mutig und unerläßlich«, schrieb Peter Schneider, »daß sich auch der westdeutsche Schriftstellerverband mit seinen Verstrickungen und ideologischen Blindstellen auseinandersetzt. Dabei geht es nicht um Rechthaberei, sondern um die Wiederherstellung der Wahrnehmungs- und Erkenntnisfähigkeit. Solange die alten Irrtümer nicht benannt sind, regieren sie unerkannt in die gegenwärtigen Wahrnehmungen und Positionen hinein.«[37]

II Der Streit um die »Ostpolitik« des Verbandes deutscher Schriftsteller (VS)[38]

Der Blick von West nach Ost und vice versa

Michael Schneider

Was hat den linken Blick nach Osten getrübt?

Die Klage über die mangelnde Literarisierung des Verbandes deutscher Schriftsteller und die Forderung nach einer Re-Literarisierung des Verbandes ist so alt wie dieser selbst. Es entbehrt daher nicht der Ironie, daß sich die historische Debatte bzw. Schlammschlacht der VS-Mitglieder beim Saarbrücker Kongreß von 1984, der zum Rücktritt des alten Vorstandes und zum Austritt vieler Schriftsteller führte, just an einer literarischen bzw. grammatikalischen Frage entzündet hat: Ob in dem berühmten Telegramm des damaligen Bundesvorstandes an die polnische Militärregierung der bestimmte oder unbestimmte Artikel gesetzt werden solle; ob man die Wiederzulassung »des« oder »eines« polnischen Schriftstellerverbandes fordern müsse. Der Streit um dieses »Jota«, an dem sich die Geister schieden, eskalierte allerdings sehr rasch zu einem Politikum, ja zum *Streit um das Selbstverständnis des VS* und der in ihm organisierten Schriftsteller; ging es doch um das Verhältnis des VS gegenüber den Schriftstellerverbänden der osteuropäischen Staaten, insbesondere dem der DDR. Es ging aber auch und vor allem um die Frage, ob in der speziellen historischen Situation von 1984, da die beiden atomaren Supermächte eine neue Nachrüstungsrunde eingeleitet hatten und eine atomare Konfrontation drohte, die Friedens- und Verständigungspolitik mit dem Systemgegner (und seinen Schriftstellerverbänden) oder die Einforderung der Menschenrechte Priorität hatte. Was der Debatte erst ihre Heftigkeit, Virulenz und Gehässigkeit verlieh, das war ihr *ideologischer Hintergrund:* Es ging nämlich auch und vor allem um die Verteidigung bestimmter und – leider Gottes! – recht getrübter Weltbilder.

Bevor wir uns dem speziellen Thema dieser Tagung zuwenden, scheint es mir nützlich zu sein, die allgemeinere Frage zu stellen: *Was hat den linken Blick von West nach Ost getrübt?* und was hat die westdeutsche Nachkriegslinke, auch viele ihrer Schriftsteller und Publizisten dazu gebracht, sich nicht nur mit dem Sozialismus als Utopie und Wissenschaft, sondern auch mit dessen vermeintlichen Realisierungsformen im Osten ganz oder teilweise zu identifizieren?

Im Bann der NS-Vergangenheit und negativer Patriotismus

Das prägende Erlebnis meiner, der 68er-Generation war nicht der Stalinismus (und dessen Verbrechen), sondern *das Schweigen der NS-Vätergeneration über die von ihr kollektiv begangenen Verbrechen an Juden, Slawen und Kommunisten.* Nachdem wir Anno 68 aus einem zwanzigjährigen Dornröschenschlaf erwacht waren, begannen wir, stellvertretend für unsere Altvorderen, jene NS-Vergangenheit aufzuarbeiten, die unsere Erzieher, Lehrer und Professoren manisch vor uns abgeschirmt hatten. Da fielen wir natürlich aus allen Wolken und begannen, nicht nur unsere eigenen Väter und Verwandten, sondern das Bürgertum und die von ihm getragene Nachkriegsordnung mit neuen, argwöhnischen Augen zu betrachten.

Schließlich hatte sich dieses Bürgertum durch seine Komplizenschaft mit dem Nationalsozialismus zutiefst kompromittiert. Aus Angst vor der Arbeiterbewegung trat es 1933 die politische Macht an die extreme, die faschistische Rechte ab und wurde dem Nationalsozialismus ein willkommener Geschäftspartner. Wurde Hitler und seine Partei zum Architekten der größten Katastrophe der deutschen Geschichte und zum Vollstrecker eines doppelten Genozids an den (ost)europäischen Juden und an den slawischen und sowjetischen Völkern, so waren die wirtschaftlichen, akademischen, juristischen und Verwaltungseliten des Dritten Reiches hierbei seine dienstbaren Geister und Erfüllungsgehilfen gewesen.

Diese – von der offiziellen (bundesdeutschen) Geschichtswissenschaft bis heute bagatellisierte und verdrängte – Komplizenschaft der bürgerlichen Eliten mit dem Nationalsozialismus und die Tatsache, daß diese Eliten nach 1945 nicht (bzw. nur in Einzelfällen) zur Rechenschaft gezogen wurden, waren die Hauptgründe dafür, daß sich die antifaschistischen Arbeiter, Gewerkschafter und Intellektuellen, auch die junge 68er-Linke, mit der nach dem Krieg wieder restaurierten bürgerlichen Ordnung, die ja das Werk der ehemaligen Mitläufer und Mittäter war, *nicht oder nur teilweise identifizieren konnten.* Nach Auschwitz – schließlich trugen zwei von drei KZ-Kommandanten den Doktortitel! – war der Argwohn gegen die bürgerlichen Oberklassen und gegen die von ihnen getragene politische Nachkriegsordnung nur allzu berechtigt.

Der nachträgliche Schock über die Verbrechen, die im deutschen Namen geschehen waren, und die Ablehnung der belasteten Väter-Generation, die ihre Mittäterschaft und ihr Mitläufertum hinter einer Mauer des Schweigens verbarg, hatten gerade bei dem nachdenklichen und kritischen Teil der Nachkriegsjugend eine kollektive Identitätslosigkeit zur Folge. Dieses ideelle Vakuum konnte weder mit dem Hurrapatriotismus des deutschen Wirtschaftswunders noch mit den aus den USA importierten Ideologiesurrogaten ausgefüllt werden. Es löste bei den Nachgeborenen einen regelrechten Hunger nach glaubwürdigen Orientierungen und alternativen Wertvorstellungen aus, für die es sich einzusetzen und zu kämpfen lohnte. Für jenen Teil meiner Generation, der 1968 auf die Straße ging, um gegen Notstandsgesetze und die feudale Ordinarienuniversität, gegen den amerikanischen Napalmkrieg in Vietnam und das Folterregime in Persien zu protestieren, war das neue, Sinn und Identität stiftende Vorbild: der Sozialismus und dessen wissenschaftliche Theorie, der Marxismus! Gerade in dessen Namen und mit dessen Methode kritisierten wir jungen SDS-Intellektuellen auch entschieden den »Sowjetrevisionismus« (in damaliger Terminologie) und seinen Ableger auf deutschem Boden, die DDR. Spätestens nach der Niederschlagung des Prager Frühlings durch die Sowjetpanzer setzte auch eine intensive Beschäftigung mit dem Stalinismus ein, die allerdings meist noch ideologisch befangen und daher ungenügend und oft halbherzig blieb. Die frischgebackenen Maoisten buchten die Verbrechen des Stalinismus, die in ihrer Dimension denen des Nationalsozialismus durchaus vergleichbar sind, unter der Rubrik »falsche Behandlung der Widersprüche im Volk« ab.

Die Solidarität mit den Befreiungsbewegungen der dritten Welt beförderte die Identifikation mit »dem« Sozialismus ebenso wie die völlig unverhältnismäßigen Repressionen (Polizeiterror, drakonische Gerichtsurteile, Berufsverbote u. a.), mit denen der bundesrepublikanische Staatsapparat auf den – zunächst friedlichen – Protest der Studenten reagierte. Gerade die Generation der ehemaligen Mitläufer und Mittäter verfolgte den Aufstand ihrer Söhne und Töchter mit einem fast paranoiden Haß. Man vergleiche nur die schonenden und milden Gerichtsurteile, mit denen die NS-Täter, vielfache Massen- und Schreibtischmörder, davonkamen, mit den drakonischen, fast immer lebenslänglichen Zuchthausstrafen, die über die RAF-Desperados in den siebziger Jahren verhängt worden sind.

So entstand zwischen der belasteten Väter- und Gründergeneration der Bundesrepublik und ihrer kritischen (Links-) Intelligenz eine fatale und pathogene Arbeitsteilung. Da jene die NS-Vergangenheit stets zu verdrängen, zu leugnen oder zu bagatellisieren suchte, wurde diese desto beharrlicher von ihr eingeholt und beunruhigt. Da erstere ihr stets auszuweichen suchte oder sie längst als »erledigt« betrachtete, befürchtete letztere immer deren mögliche Wiederkehr. Vielen 68er-Linken erging es dabei ähnlich wie jenen verwunschenen Prinzen in den alten Mythen und Märchen: Sie schauten zurück und versteinerten. Auch die bundesrepublikanische Gegenwart konnten sie nur mehr durch die Brille der Vergangenheit sehen und in deren Mustern interpretieren.

»In der Revolte der späten sechziger und frühen siebziger Jahre«, schreibt Reinhard Mohr, »hat der ›negative Patriotismus‹ seinen Ursprung, der sich in den antiimperialistischen Internationalismus stürzte. Die ›Dialektik‹ zwischen dem ›weltweiten Befreiungskampf‹ und dem Widerstand im ›Herzen der Bestie‹ war nirgends so ausgeprägt wie in der Bundesrepublik. Auch hier war der Begriff der Utopie stets wörtlich zu nehmen: Deutschland als Un-Ort. ›BRD‹ als Chiffre für das kapitalistische, subkutan faschistoide System und die Parlamentarische Demokratie als formale Fassade.«

Ihr »negativer Patriotismus« hatte zur Folge, daß sich die BRD-Linken mit den Befreiungsbewegungen in den entlegensten Erdteilen auch dann noch identifizierten, wenn diese – wie im Fernen oder Mittleren Osten oder in manchen afrikanischen Staaten – in obskure und despotische Regime einmündeten. Lieber alles andere sein als ein Deutscher, geschweige denn ein »Bundesbürger«, hieß die Devise. Der linke Internationalismus entsprang nicht nur der Solidarität mit den »Erniedrigten und Beleidigten«; er war auch eine geborgte Ersatz-Identität, welche die Nicht-Identität als Deutscher kompensieren mußte.

Die Rote Fahne und der Marxismus hatten gleichwohl für die westdeutsche Linke eine völlig andere Funktion und Bedeutung als für die Genossen in der DDR. Dort war letzterer, in seiner Gestalt als »Marxismus-Leninismus«, die offizielle Staatsreligion und Legitimationswissenschaft, die von allen Mitläufern des Regimes als Lippenbekenntnis benutzt wurde. Hier war er eine offiziell verpönte und institutionell ausgegrenzte kryptische Lehre. Wer sich zu ihr bekannte oder mit ihr operierte, hatte mit ernsthaften Sanktionen oder Verfolgungen zu rechnen und riskierte allemal seine bürgerliche Karriere (wenn er nicht rechtzeitig Assistent oder Hochschullehrer an einer der akademischen Hochburgen der Studentenbewegung geworden war). Dagegen stellte das Bekenntnis zum Marxismus-Leninismus in den staatssozialistischen Gesellschaften den eigenen Konformismus unter Beweis und war geradezu Bedingung des eigenen Aufstiegserfolgs. Sozialist oder Kommunist zu sein hieß drüben, das System zu bejahen und mitzuschwimmen, hüben hieß es, im Widerstand gegen die eigene Gesellschaft zu leben und zum Außenseiter zu werden.

Diesen Unterschied sollten auch jene DDR-Intellektuellen und Schriftsteller im Auge behalten, die jetzt ihren linken Kollegen im Westen vorwerfen, sie hätten durch Schweigen über die chronischen Menschenrechtsverletzungen und den Stasi-Terror in der DDR sich zu ideologischen Komplizen des SED-Regimes gemacht. Es bleibt jedenfalls abzuwarten, ob diejenigen, die innerhalb der DDR-Gesellschaft das Risiko der Dissidenz und die entsprechenden Sanktionen auf sich genommen haben, bereit sind, auch im neuvereinigten Großdeutschland gegen den nationalistischen Strom zu schwimmen. Ich sehe derzeit mehr Fische, tote Fische, die mit dem Strom schwimmen.

Die Aura des Antifaschismus und die deutsch-deutsche Zwickmühle

Dissidenten, egal ob es sich hierbei um religiöse, weltanschauliche oder politische Dissidenz handelt, pflegen an der Gegenordnung, mit der sie sich identifiziert haben, um so rigider festzuhalten, je größer der Ausgrenzungs- und Diskriminierungsdruck ist, der auf ihnen lastet. Unter diesem Syndrom litten am stärksten die westdeutschen Kommunisten. Da ich das Glück hatte, durch die analytische Denkschule Rudi Dutschkes gegangen zu sein, habe ich die Mystifikationen des Sowjetkommunismus schon früh durchschaut, stand deshalb auch dem westdeutschen Ableger der SED stets distanziert gegenüber. Gleichwohl hatte und habe ich großen Respekt vor jenen älteren deutschen Antifaschisten und Kommunisten, die erst unter Hitler verfolgt und ins KZ gesteckt, dann unter Adenauer wieder verfolgt wurden und – nicht selten – die Gefängniszellen mit den gerade entlassenen PGs und amnestierten Kriegsverbrechern tauschen mußten! Wiedergutmachung wurde den Juden angeboten, nicht aber den deutschen Kommunisten, die die größten Opfer im Kampf gegen Hitler gebracht hatten. Daß ihnen im Grunde recht geschehe, war stillschweigender Konsens der Wiederaufbau-Epoche. Und da sich die antifaschistischen Überlebenden und kommunistischen Kämpfer im Osten versammelt hatten, um das »bessere Deutschland« aufzubauen, galt ihnen, galt auch mir wie vielen linken Publizisten und Schriftstellern der 68er-Generation, die DDR als legitime Erbin jenes Sieges, der über den Faschismus errungen worden war.

Im Gegensatz zur DKP-Linken, die um so krampfhafter die Übereinstimmung mit ihrer ostdeutschen Schwesterpartei suchte, je mehr sie hierzulande isoliert wurde (und sich selbst isolierte), waren die Bezüge der antiautoritären 68er-Linken zum anderen Deutschland sehr eingeschränkt. Sofern es nicht verwandtschaftliche Beziehungen gab, war für uns die DDR eine »black box« geblieben. Jedes andere Land der Welt, in dem sich Befreiungsprozesse regten, erweckte größere Anteilnahme und Aufmerksamkeit als die DDR. Nur deren Regimekritiker und Dissidenten wie Robert Havemann, Wolf Biermann und Rudolf Bahro hatten uns eigentlich etwas zu sagen. Und natürlich interessierte uns die DDR-Literatur.

Auch wenn wir stets zwischen der DDR und dem »wahren Sozialismus« unterschieden, den wir eher in der Karibik oder im Fernen Osten als vor der deutschen Haustüre zu finden glaubten, vor den einheimischen Kalten Kriegern nahmen wir die DDR dennoch in Schutz. Auf die alltägliche Infamie »Geht doch nach drüben« reagierte man reflexhaft mit Verteidigungsstrategien. Eben weil man nicht mit den Wölfen des Kalten Krieges heulen wollte, verteidigte man dieses ungeliebte Staatswesen auch noch dort, wo es längst nicht mehr zu verteidigen war. Als wäre es – Springer, Löwenthal und Strauß zum Trotz! – eben doch eine Hoffnung und in manchem ein Vorbild. Es war vor allem die reflexhafte Opposition gegen den herrschenden Antikommunismus und Antisowjetismus, die auch die 68er-Linke daran gehindert hat, die Perversionen und Verbrechen des Stalinismus und des Stasinismus in der DDR in ihrem ganzen Umfang wahrzunehmen.

Dieser Verteidigungsreflex entsprang der deutsch-deutschen Zwickmühle, in der auch die linke Intelligenz gefangen war. »Anders als beispielsweise Österreich und die Bundesrepublik«, schreibt Ulrich Beck, »sind die beiden Deutschländer eine Art gegenstaatlicher Opposition füreinander. Ihre Gemeinsamkeiten liegen nicht nur in Sprache, Geschichte und Kultur, sondern eben auch in der beiderseitigen Angewiesenheit auf den Geburtsgegensatz Kapitalismus – Kommunismus ... Ist die DDR auf Antikapitalismus aufgebaut, so beruht die BRD auf Antikommunismus. Das spiegelt sich in der Parteiengeschichte, in der politischen Bildung und so weiter, im vorgezeichneten Gegeneinander der Positionen.«

Die zerstrittenen Staaten benötigten einander, um jeweils mit dem Feindbild des anderen den eigenen innenpolitischen Feind zu bekämpfen und zu zähmen. Die wechselseitige Paranoia einer geteilten Kulturnation führte dazu, daß auch die Schriftsteller und Künstler hüben wie drüben vornehmlich als Stellvertreter im ideologischen Grabenkampf instrumentalisiert wurden.

Die BRD hat zudem die staatliche Existenz der DDR nie anerkannt;

und zum Komplizen des bundesdeutschen Alleinvertretungsanspruches, hinter dem letztlich der Wunsch stand, die DDR als Staat zu liquidieren, wollte sich die westdeutsche Linke, auch die DDR-kritische Linke, nicht machen lassen. Diese Rücksicht hat ihr, gerade in der Menschenrechtsfrage, in den Jahren des Kalten Krieges oftmals die Zunge gelähmt und mußte langfristig auch ihren kritischen Blick nach Osten trüben.

Unsere Kritik am »Realsozialismus« blieb denn auch zumeist systemimmanent. Diese galt nicht dem Machtmonopol der KPdSU oder der SED, sondern nur ihrem Machtmißbrauch. Die Forderung nach mehr Demokratie zielte nicht auf freie Wahlen, sondern auf die Abschaffung der Zensur, auf eine größere Meinungsvielfalt innerhalb der kommunistischen Machtstrukturen.

Im Zeichen der sozialdemokratischen Ostpolitik forderten auch die linken Intellektuellen und Schriftsteller die Anerkennung der DDR und ihrer Staatsbürgerschaft. Daß der Staat jenseits der Elbe, bei aller Kritik an seinen stalinistischen »Deformationen«, die »moralisch bessere Hälfte« Deutschlands verkörpere, zumal er eine durchaus friedfertige Außenpolitik betrieb, und gewisse soziale Errungenschaften vorzuweisen hatte (sichere Arbeitsplätze, billige Mieten, niedrige Tarife für Energie und öffentliche Transportmittel, kostenlose medizinische Versorgung, eine relativ hohe Qualität der schulischen und beruflichen Ausbildung u. a. mehr) – an dieser Überzeugung konnte man um so leichter festhalten, als man selbst in relativ saturierten und freiheitlichen Umständen lebte und den »realsozialistischen« Alltag nicht am eigenen Leibe erfuhr.

Wo die »realsozialistische« Alltagsmisere wahrgenommen wurde, wurde sie zumeist beschönigt, bagatellisiert oder gegen die »sozialistischen Errungenschaften« verrechnet. Vom ganzen Ausmaß dieser Misere und von der tiefen Krise und Stagnation, in die die Gesellschaften des Ostblocks schon in den späten siebziger Jahren geraten waren, hatte die westliche Linke kaum einen zureichenden Begriff. Da ihr Bewußtsein seit langem dem »realsozialistischen« Sein hinterherhinkte, wurde sie auch von den revolutionären Umbrüchen des Jahres 1989 kalt erwischt.

Als ich im Fernsehen zum ersten Mal Leipziger Demonstranten mit Plakaten sah, die den gestürzten Staatsratsvorsitzenden in KZ-Uniform präsentierten, fuhr mir der Schock in die Glieder. Schien doch die Botschaft dieser Plakate zu lauten: Da, wo er unter Hitler gesessen hat, gehört er wieder hin! Nicht daß ich zu diesem Zeitpunkt noch die geringste Sympathie mit diesem »verdorbenen Greis« (Wolf Biermann) gehabt hätte, der ja nicht weit davon entfernt war, die Nationale Volksarmee und die Betriebskampfgruppen gegen das demonstrierende Volk einzusetzen; doch den Antifaschisten Honecker, der unter den Nazis im KZ gesessen hatte, mochte ich nicht dem gesammelten Volkszorn preisgegeben wissen. Im Grunde entsprang mein Schock einer sentimentalen Parteinahme für einen Mann, der ja längst nicht mehr der moralisch integre Antifaschist war, der er vor vierzig Jahren einmal gewesen ist. Offenbar war auch ich noch geblendet von der antifaschistischen Aura, die die führenden Männer der SED vierzig Jahre lang vor der notwendigen Kritik ihrer Untertanen geschützt hatte und die diese jetzt, respektlos und ohne einen Anflug von Pietät, zerstörten.

Nicht nur an dieser Reaktion wurde mir klar, daß ich mich – aller Distanzierung zum Trotz – eben doch ein Stück weit mit dem Staat jenseits der Elbe als dem »moralisch besseren« Teil von Deutschland identifiziert hatte, ohne ihn und seine alltägliche Realität wirklich zu kennen. Die paar Blitzbesuche in Ostberlin und eine längere Reise durch die DDR vor 10 Jahren, über die ich eine kritische Reportage geschrieben hatte (sie trug mir den Zorn einiger SED-Größen und die Feindschaft mancher DKPler ein), vermochten diesen Erfahrungsmangel auch nicht wettzumachen. Bei denen aber, die über authentische DDR-Erfahrung verfügten, den »Dissidenten«, konnte man nie sicher sein, ob ihr Bild des Staates, der sie ausgebürgert oder abgeschoben hatte oder aus dem sie abgehauen waren, nicht arg von Ressentiments verzeichnet und verzerrt war, zumal die Anti-DDR-Propaganda für einen »Dissi« geradezu die Vorbedingung dafür war, daß er das Augenmerk der westdeutschen Medien auf sich zog und hierzulande etwas werden konnte. Als dann der rosarote Propagandaschleier zerriß, der das ganze Ausmaß der Misere dieses Landes so lange verhüllt hatte, da waren nicht nur die DDR-Bürger schockiert, sondern auch die meisten Sozialisten, Sozialdemokraten, Grünen und Friedensbewegten in der BRD, die bislang geglaubt hatten, sich keine Illusionen über den anderen deutschen Staat zu machen. So schlimm, wie sie waren bzw. geworden waren, hatte man sich die Verhältnisse jenseits der Mauer eben doch nicht vorgestellt.

Neue Inquisition und grenzenloser Opportunismus der Nachwende-Zeit

Eigentlich gibt es keine besseren Lehrmeister als verlorene Illusionen und enttäuschte Hoffnungen. Erkannte und eingestandene Irrtümer waren schon immer, ob in den Natur- oder Sozialwissenschaften, die beste Grundlage für neue Einsichten und Lernprozesse. Nach einem Satz des Philosophen Karl R. Popper gibt es für Intellektuelle nur ein Verbrechen: nämlich erkannte Irrtümer nicht weiterzugeben. An diesem Satz werden auch jene Intellektuellen und Schriftsteller hierzulande zu messen sein, die zu den gläubigen Parteigängern des »real existierenden Sozialismus« gehörten und sich, durch Schweigen über seine Verbrechen und Perversitäten, dem Verdacht der Kumpanei mit den dort Herrschenden ausgesetzt haben. Mancher ehemalige Parteigänger sucht sich die unvermeidliche Identitätskrise durch trotzige Selbstbehauptung und durch Einmauern in der ideologischen Wagenburg zu ersparen, als habe das Erdbeben von 1989 gar nicht stattgefunden.

Es gibt allerdings – so möchte ich Poppers Satz ergänzen – für Intellektuelle noch ein anderes »Verbrechen«, das derzeit Hochkonjunktur hat: nämlich aus schierem Opportunismus erworbenes Wissen abzuwerfen und mit fliegenden Fahnen zu den vermeintlichen Siegern der Geschichte überzulaufen, um ja zu den publizistischen Mitgewinnern zu gehören. Viele ehemalige Linksintellektuelle und Schriftsteller, die sich Anno 68 und danach als geistige und aufklärerische Avantgarde begriffen haben, verleugnen derzeit, zum Teil in schamlosester Weise, ihre eigenen Biographien, und nachdem sie ihr kritisches und analytisches Rüstzeug verramscht haben, überbieten sie einander förmlich beim Nachtreten auf die verwesende »realsozialistische Leiche«.

Aus den Ketzerverfolgungen des Mittelalters ist bekannt, daß die skrupellosesten und fanatischsten Inquisitoren selbst ehemalige Ketzer waren. Dies hat seine innere Logik: Indem sie fanatisch das bekämpfen, woran sie selbst früher einmal geglaubt haben, beweisen sie den siegreichen Herren (auch denen des Kulturbetriebes) nicht nur ihre Ergebenheit, sondern suchen sich auch vom Vorwurf des Selbstverrates zu entlasten, der sie wie ein Schatten begleitet. So bekämpfen derzeit etliche ehemals sozialistische Intellektuelle und Schriftsteller ihren eigenen Schatten, indem sie sich in der Öffentlichkeit mit Vorliebe als Inquisitoren ihrer früheren »Genossen« und als Denunzianten derer betätigen, die in den billigen, europaweiten Chorus »Marx ade,

Markt juchhe!« und in die Lobhudelei, die kritiklose Affirmation des scheinbar siegreichen Systems nicht einstimmen.

Keiner der Schriftsteller – und ich rede hier auch von den Mitgliedern des Berliner Landesverbandes –, die damals auf dem Saarbrücker Kongreß die Menschenrechts- und Dissidentenfrage zur Gretchenfrage für den VS erhoben haben, keiner – mit Ausnahme von Günter Grass! – hat seine Stimme erhoben, als sich abzeichnete, was die »Einheit« zu Bonner Konditionen und der sofortige Einzug der DM bedeutete: nämlich nicht nur das Ende der DDR, sondern auch das Ende ihrer Demokratiebewegung, die politische Kolonialisierung ihrer Parteienlandschaft, die Zerschlagung ihrer gesamten kulturellen Infrastruktur, den Konkurs der »volkseigenen« Wirtschaft, die Entindustrialisierung ehemals traditionsreicher Industriereviere, die Massenarbeitslosigkeit und die Pauperisierung großer Bevölkerungsteile. Keiner von denen, die vorher so lautstark die »Menschenrechte« im Munde führten – von Hannes Schwenger bis Hans Christoph Buch und Anna Jonas –, auch keiner von den mediengewaltigen Literaten und Publizisten, die sich bis vor kurzem noch der Linken zurechneten – von Hans Magnus Enzensberger bis Martin Walser, von Wolf Biermann bis Rudolf Augstein –, hat protestiert gegen die *flagrante Verletzung der sozialen Grundrechte, der Eigentums- und Berufsrechte von Hunderttausenden Ostdeutschen im Zuge und nach der ökonomischen Blitzvereinnahmung.*

Keiner – außer Günter Grass! – hat öffentlich die Politik der Treuhand angeprangert, die das ostdeutsche Volksvermögen und die Immobilienwerte der Ex-DDR zu Schleuderpreisen, oft für einen Appel und ein Ei, an das westdeutsche (und ausländische) Kapital verhökert und es den Altjunkern gestattet, sich jetzt ihre ehemaligen Rittergüter auf Kosten der enteigneten LPG-Bauern wieder zurückzuholen, wobei der Staat, also der Steuerzahler, ca. 60 Prozent des Rückkaufpreises subventioniert. Daß Deutschland Ost brüderlich an Deutschland West verteilt wird und den Ostdeutschen der Grund und Boden buchstäblich unter den Füßen weggezogen wird, darüber schweigen die Intellektuellen und Feuilletonisten hierzulande. Für die soziale Frage, die nicht nur im Osten Deutschlands wieder virulent geworden ist, haben sie nur ein müdes Achselzucken übrig: Schnee vom vergangenen Jahrzehnt! Auch die Bonner Kahlschlag- und Abwicklungspolitik, die in ihrer Radikalität ohne Beispiel in der deutschen Geschichte ist, ist ihnen keine öffentliche Intervention wert. Abgewickelt wurden nämlich nicht nur die Stasi-Oberste und Stasi-Richter, sondern auch die Putzfrauen und Gebäudereiniger des MfS, nicht nur die SED-Professoren, sondern auch der gesamte akademische Mittelbau der Hochschulen und Fachhochschulen; nicht nur die »IMs« des Lehrpersonals, sondern auch viele Zehntausende von unbescholtenen Lehrern, die meist nicht einmal Parteimitglieder waren, und, und, und ... Es hat den Anschein, als ob die Bonner Behörden an der ostdeutschen Bevölkerung jetzt stellvertretend jene Säuberung exekutieren, die sie nach dem Krieg gegenüber der eigenen, der westdeutschen Bevölkerung versäumt haben: eine radikale EntSEDisierung als späte Kompensation für die damals vorzeitig abgebrochene Entnazifizierung.

Vielleicht erinnert man sich noch: Es gab in den siebziger Jahren hierzulande einmal eine mächtige Protestbewegung gegen die Praxis der »Berufsverbote«. Das faktische Berufsverbot jedoch, das die Bonner Abwicklungspolitik über Hunderttausende von ehemaligen DDR-Bürgern verhängt hat, löst heute keinen Aufschrei, geschweige denn Protestmärsche mehr aus. Die neue Berufsverbotspraxis im Osten, die ganz andere Dimensionen hat als die alte im Westen, bringt keinen der Intellektuellen, die sich früher so oft und so gerne als »Anwälte der Menschenrechte« profilierten, mehr hinter seinem Kamin hervor. Aber an der Aburteilung der literarischen DDR-Prominenz an der Stasi-Debatte, die ja gerade zur rechten Zeit kam, um vom sichtbaren Fiasko der Blitzvereinigung abzulenken und den Ostdeutschen nachgerade eine neue Kollektivschuld zu suggerieren, haben sich nahezu alle namhaften Intellektuellen des Landes beteiligt. Diese Debatte war auch Teil der Abrechnung mit dem gegnerischen System; und es ist natürlich viel risikoloser, übrigens auch einträglicher, die Menschenrechtsverletzungen des gegnerischen Systems (auch wenn dieses gar nicht mehr existiert) und die »Regierungskriminalität« der ehemals staatstragenden Partei wieder und wieder anzuprangern als die legalisierte »Regierungskriminalität« der bundesdeutschen Treuhand und die massenhafte Berufsverbotspraxis im Osten des Landes. Nein! Sich lieber nicht mit der eigenen politischen Klasse, den siegreichen Herren, anlegen! Lieber nicht die sozialen Skandale, Zynismen und Brutalitäten des eigenen Systems beim Namen nennen, mit dem man als wendiger und reuiger (Links-)Intellektueller gerade seinen Frieden gemacht hat! Das könnte einem die Reputation und Stellung als intellektueller Meinungsführer kosten, die man sich durch rechtzeitige Widerrufe (bis hin zur Segnung der Waffen der Golfkriegspartei) erkauft hat. In Günter Grass (der zu den wenigen literarischen Intellektuellen zählt, vor denen ich noch Respekt habe) hat man ja ein abschreckendes Beispiel vor Augen, wie sehr man von den Medien geprügelt und als »vaterlandsloser Geselle« diffamiert wird, wenn man es heute wagt, gegen den nationalen Konsens zu verstoßen und den Vereinigungsgewinnlern, Kahlschlagspolitikern und Generalabwicklern den kritischen Spiegel vorzuhalten! Noch nie war die intellektuelle Kultur dieses Landes so liebedienerisch, opportunistisch, zynisch und korrupt wie in dieser Nachwende-Zeit! Es ist, als ob Brechts Stück über den »Kongreß der Weißwäscher« derzeit en suite auf der deutsch-deutschen Medienbühne gespielt wird.

Ich weiß nicht, ob in diesem Klima überhaupt so etwas wie eine historische Wahrheitsfindung möglich ist. Ich wünsche mir gleichwohl von diesem Gesprächsforum, daß es sich um die kritische Diskussion und Analyse geschichtlicher Zusammenhänge bemüht und daß es nicht – wie ich in den letzten Monaten auf manchen Symposien erlebt habe – zur Bühne für die Begleichung alter Rechnungen und zur Plattform der neuesten intellektuellen Wendemanöver wird.

Till Sailer

Blick von Ost nach West – eine Begegnung beim IX. Kongreß des DDR-Schriftstellerverbandes[39]

1983 nahm ich am IX. Kongreß des DDR-Schriftstellerverbandes (SV) in der Ostberliner Kongreßhalle teil. Ich durchlief damals die im SV obligatorische fünfjährige Kandidatenzeit und war Delegierter der Berliner Kandidatengruppe. Der Kongreß war von der Verbandsspitze als »Friedenskongreß« deklariert worden. Bei jenen Mitgliedern, an denen ich als Neuling mich orientierte – etwa Günter de Bruyn, Alfred Wellm, Werner Heiduczek, Eva Strittmatter oder Franz Fühmann –, bemerkte ich eine nur mühsam gezügelte Empörung. Für sie war die Fixierung des Generalthemas Frieden für den gesamten Kongreß eine moralische Nötigung, vor allem eine Ablenkung von aktuellen Problemen innerhalb des Verbandes. So sehe ich noch das vor Zorn hochrote Gesicht von Eva Strittmatter vor mir. Sie sprach in Andeutungen, denn wir standen inmitten von Mit-Hörern. Aber geschult im Zwischen-den-Zeilen-Verstehen, begriff ich plötzlich, daß ein Thema unbedingt auf die Tagesordnung gehört hätte, nämlich jener Ausschluß von neun Verbandsmitgliedern im Jahr 1979, der seither im Untergrund schwelte. Offensichtlich war die Furcht vor Diskussionen über dieses und andere heiße Eisen – etwa die Entwicklung in Polen – so groß, daß innenpolitische und innerverbandliche Themen vorsorglich aus dem Kongreßprogramm verbannt wurden. Wenn man so will, gab es für viele SV-Mitglieder auch die Fragestellung »Frieden oder Menschenrechte?«. Unterordnung unter ein vorgegebenes Ritual von Statements zur Friedenserhaltung oder Ausbrechen aus der Disziplinierung und Vorstoß zum Generalthema kritischer und selbständig denkender Autoren, nämlich zur Frage nach der Bewegungsfreiheit des einzelnen, nicht zuletzt der geistigen Bewegungsfreiheit. Bekanntlich blieb es, nicht nur bei diesem Kongreß, bei der Unterordnung – um des Friedens willen.

Am Rande des Kongresses hatte ich ein kleines Erlebnis, das geeignet ist, das damalige Verhältnis zwischen den Autorenverbänden Ost und West in Erinnerung zu rufen. In der Pause kam ich mit dem offiziellen Beobachter des VS ins Gespräch. Er stellte sich mir als Jugendbuchautor aus der Schwarzwaldgegend vor. Wie ich heute weiß, war es Jürgen Lodemann[40], der morgen hier sprechen wird. Damals war mir nicht einmal bewußt, daß mit ihm zum ersten Mal ein offizieller Vertreter des westdeutschen Verbandes an einem ostdeutschen Schriftstellerkongreß teilnahm. Schon gar nicht ahnte ich, daß Lodemann als Stellvertreter von Bernt Engelmann und als Mitglied des Engelmann-Vorstandes, der ein halbes Jahr später geschlossen zurücktrat, im Kreuzfeuer der Kritik im eigenen Land und in den eigenen Reihen stand. Ich hatte nur den Eindruck, daß der Kollege aus dem Westen irgendwie isoliert war. Vielleicht fürchtete man im Ostverband, mit ihm gesehen zu werden, was von anderen »Beobachtern« sicher aufmerksam registriert wurde. Hinzu kam, daß jener westdeutsche Autor bei der Manifestation im Maxim-Gorki-Theater am Vorabend aus der Reihe getanzt war, indem er in seinem Redebeitrag klarmachte, daß er sich nicht nur von amerikanischen, sondern gleichermaßen von sowjetischen Atomwaffen bedroht fühle. Das war, man kann es heute kaum noch nachvollziehen, sehr couragiert und mit einer großen inneren Anspannung verbunden. Wir standen zusammen, und ich erinnere mich deutlich, daß ich Angst hatte und mich – bis in die Wortwahl hinein – genau kontrollierte. Ich bemühte mich, nur das zu sagen, was ich jederzeit verantworten konnte. Ich tastete mich langsam vor, wollte ihm zu erkennen geben, daß ich sehr an Gesprächen mit westdeutschen Kollegen interessiert sei, aber eben nicht an dem, was zwischen den Verbänden vorgesehen sei, das unverbindliche diplomatische Zeremoniell von Verbandsfunktionären. Plötzlich stand leibhaftig der Verbandspräsident neben uns, der mich das einzige Mal in meiner zehnjährigen Zugehörigkeit zum DDR-Verband eines Blickes würdigte und mir, wie selbstverständlich, die Hand drückte. Er versicherte sich, daß der Gast gut behandelt würde, sich frei bewegen könne, keine Beanstandungen habe. Ich begriff erst im nachhinein, worum es ging. Bei der erwähnten Manifestation war an einer Stelle in Lodemanns Beitrag, einem Nietzsche-Zitat, gebuht worden. Nun zeigte sich Hermann Kant, als Verbandspräsident, besorgt, daß der VS-Vertreter den Eindruck mitnähme, er hätte in der DDR nicht frei und offen sprechen können. (Wie hätte Lodemann bei einem solchen, bis ins letzte vorprogrammierten Kongreß auf die Idee kommen können, man könne in der DDR frei und offen reden?) Der kurze Wortwechsel vollzog sich in aller Eile und war geprägt von Suggestivfragen. Lodemanns Antworten waren kurz und höflich. Schon war Kant wieder weg. Der Gast deutete an: Eigentlich ließe sich das alles nicht so schnell beantworten. Da müßte eine ganze Menge dazu gesagt werden.

Was Lodemann gern alles dazu gesagt hätte, erfuhr ich viel später aus seinem »Deutsch-deutschen Vier-Tage-Buch« (in: »Im Deutschen Urwald«, Diogenes Taschenbuch, 1984). Er schildert dort besagten DDR-Kongreß ganz ähnlich, wie Klaus Mann in »Wendepunkt« seine Eindrücke vom Schriftstellerkongreß 1935 in Moskau dargestellt hatte. Klaus Mann verglich jenen Kongreß mit einer weihevollen, religiösen Veranstaltung und vermerkte sarkastisch, das Problem sei, er gehöre nicht zu dieser Kirche. Lodemann schreibt in seinem Bericht:

»›Ernst‹, ›aufrichtig‹, ›solidarisch‹, ›sozialistisch‹ – die Stimmung in diesem Kuppelsaal ist die bei einer mäßigen protestantischen Predigt ... Auch hier sehe ich einige Genossen schlafen. Es fehlt nur das ›Amen‹, sonst ist alles puritanische Kirche.«

Ich wollte die Gelegenheit nutzen und dem Westdeutschen einige Fragen stellen. Über den Namen Engelmann drang in diesen Jahren der westdeutsche Schriftstellerverband (VS) gelegentlich in die Zeitungsspalten der DDR vor. Das hat Bernt Engelmann jedenfalls durch seine Kontakte mit der SV-Spitze erreicht! Aber mir, der sich für die politische und künstlerische Sicht der VS-Kollegen sehr interessierte, gefiel überhaupt nicht, daß die Kontakte ausschließlich mit Kant und Co. stattfanden. Die mußten da drüben doch wohl nicht durchsehen. Warum drängten sie nicht darauf, an die Basis unseres Verbandes zu kommen, an die Leute, die nicht durch Funktionen und die damit verbundenen Bindungen und Zwänge in ihrem Realitätssinn eingeengt wurden? Welche Ideen gab es, aus dem Teufelskreis von Scheingesprächen zwischen ost- und westdeutschen Autoren herauszukommen? Mein Gegenüber wiederholte, das ließe sich alles nicht so leicht beantworten, gab aber zu bedenken, daß man den zweiten Schritt nicht vor dem ersten machen könne. Das klang einleuchtend, wenn auch etwas ausweichend. (Tatsächlich konnte ich später von einem zweiten

Schritt nie etwas bemerken.) Der VS-Vertreter wollte mir klarmachen, daß wir auf beiden Seiten immer den anderen der Aggressivität beschuldigen und uns mit diesen gegenseitigen Schuldzuweisungen in den Abgrund manövrieren. Wie er nicht recht auf mein Anliegen eingehen wollte, so ging es mir mit seiner beschwörenden Argumentation. Wir, beides deutschsprachige Autoren, hatten die größte Mühe, uns zu verständigen und auch nur annähernd zu verstehen. Soweit diese Episode.

Wenn nun heute davon gesprochen wird, daß die Verbandsspitzen Ost und West damals miteinander gekungelt hätten, habe ich meine Zweifel. Wenn sich Kant und Engelmann trafen, im Beisein etwa von Lattmann und Hitzer auf der einen und von Gerhard Henniger auf der anderen Seite, dann muß man dieses Grundgefühl mitdenken: Der gegenüber gehört zu einer »anderen Kirche«. Die Kluft war sehr beträchtlich, und Nähe war immer nur eine etwas geringere Ferne. Um so mehr wurde nach Schritten gesucht, die, bei aller Verschiedenheit der Auffassungen, in Übereinstimmung gebracht werden konnten. Jede Seite war ängstlich darauf bedacht, die eigene Position nicht zu verlassen oder zu verraten. Wenn wir heute Berichten vom Ministerium für Staatssicherheit mehr Glauben schenken als den Äußerungen Beteiligter, halte ich das für fatal. Jedenfalls sollten wir zugleich nach glaubwürdigeren Quellen suchen und Berichte wie das erwähnte Tagebuch von Jürgen Lodemann genauestens untersuchen. Nur im Vergleich verschiedener Zeitzeugenberichte läßt sich die deutsch-deutsche Wirklichkeit der Jahre 1982 bis 1984 einigermaßen wahrhaftig rekonstruieren.

Silvia Morawetz
Eine Anmerkung

Im Augenblick bin ich offen gesagt ein wenig überfordert durch drei Dinge. Erstens durch die Tatsache, daß Lutz Rathenow tatsächlich nicht gekommen ist und daß ich quasi einen Part übernehmen soll, den ich gar nicht übernehmen kann. Zweitens bin ich einigermaßen erschlagen durch das lange Eingangsreferat von Michael Schneider, das für mich, als jemand, der im Osten aufgewachsen ist, dermaßen typisch für einen westlichen linken Intellektuellen ist, daß es mich, obwohl ich selber jetzt seit fünf Jahren im Westen lebe, nicht zu eigenen Gedanken beflügelt, sondern eher lähmt und erschlägt. Die dritte Schwierigkeit, die ich habe, ist die, daß ich über keinerlei interne Erfahrungen aus dem Schriftstellerverband der DDR verfüge. Ich war dort nicht Mitglied, das habe ich schon bei verschiedenen anderen Gelegenheiten innerhalb der Geschichtskommission gesagt. Mich z. B. hat es absolut befremdet, wie jemand Mitte der achtziger Jahre noch Mitglied in dem Verband sein konnte. Um ein bißchen was zu erklären, müßte ich ein, zwei Worte über meine Biographie sagen. Ich kann selbstverständlich nicht für Lutz Rathenow sprechen, ich habe keine Ahnung, was er heute gesagt haben könnte [...]

Ich gehöre zu denen, die der DDR-Lyriker Uwe Kolbe einmal als die »Hineingeborenen« bezeichnet hat.[41] Ich bin Jahrgang 1954. Unglücklicherweise in der DDR geboren. Ich habe dort die Schule besucht, bis 1984 studiert und bin 1988 nach langen Kämpfen mit mir selbst, ob ich mich zu diesem Schritt durchringen soll, aus der DDR mit einem Ausreise-Antrag ausgereist. Dafür hat es verschiedene Gründe gegeben, die sich im Lauf der Jahre so summiert hatten, daß ich fast keine andere Wahl mehr hatte, als diesen Schritt zu tun. Und der wichtigste Grund war der, daß ich, nicht Schriftstellerin, sondern frischgebackene Absolventin von der Hochschule, in die Arbeitslosigkeit gegangen bin, daß ich keine Stelle bekommen habe, weil ich mich geweigert habe, in den DDR-Schuldienst einzutreten, für den ich meiner Ausbildung nach qualifiziert gewesen bin. Ich habe diese mißliche Situation dann mit Gelegenheitsarbeiten über vier Jahre hinweg bestanden und Kontakt gehabt zu Autoren, die eher zu den Kreisen zu zählen sind, die unter dem Begriff »Prenzlauer Berg« sich einen Namen gemacht haben, obwohl nicht alle unbedingt Berliner waren und sind[42] [...]

Lutz Rathenow war ja innerhalb dieser Gruppierung von jungen Literaten in Berlin auch insofern eine Ausnahme, als er mit seinen ästhetischen Positionen als Schriftsteller in starkem Kontrast stand zu anderen, prominenteren Autoren des Prenzlauer Bergs. Er blieb nach wie vor einem satirisch-kritischen Realismus verpflichtet, währenddem sich die selbsternannte Avantgarde des Prenzlauer Bergs spätestens seit Anfang der achtziger Jahre auf ganz anderen literarischen Feldern bewegte, stark von der französischen neuen Philosophie beeinflußt war und in ähnlicher Form auch zu schreiben versuchte. Ich war in all diesen Gruppierungen bestenfalls eine Randfigur, die gelegentlich zwar an der Herstellung von unabhängigen Zeitschriften mitgearbeitet hat, aber ansonsten nur über private Beziehungen da hineinverwoben war.

Für diesen Zeitraum würde ich auch aus dem Rückblick von zehn

Jahren noch sagen, daß ich persönlich permanent enttäuscht gewesen bin darüber, wie wenig Solidarität und Unterstützung gerade jene Autoren erfahren haben, von denen Michael Schneider vorhin gesprochen hat. Ich habe es immer als befremdlich empfunden, daß westdeutsche linke Intellektuelle ihre Solidarität in alle Erdteile der Welt verstreut haben, um es mal so zu sagen, und ganz offensichtlich für die DDR-Leute dann nichts mehr von dem Solidaritätspotential übrigblieb. Es war offenbar dann schon erschöpft. Ich kann auch nur meinen persönlichen Eindruck wiedergeben, der im wesentlichen durch Fernsehinformationen und gelegentliche Zeitungslektüre und durch Gespräche geprägt ist.

Ich habe auch sehr damit zu kämpfen gehabt, daß wir, die wir im Osten gelebt haben und spätestens seit der Wende in den achtziger Jahren sehnsuchtsvoll gen Westen geblickt haben, die Illusion gehegt haben, daß über die Grenze hinweg die anderen zu uns zurückblicken. Und seit fünf Jahren hören wir immer wieder, wie heute auch: daß westdeutschen linken Intellektuellen oder Westdeutschen, die heute vielleicht zwanzig Jahre alt sind, alle möglichen Länder näher sind als die DDR, daß sie tatsächlich eine blackbox war. Und für mein Gefühl stimmt die Einschätzung völlig, daß, je weiter man vom real existierenden Sozialismus entfernt gelebt hat, man ihn um so trefflicher idealisieren konnte.

Wenn ich mich erinnere, wie wir Westdeutsche vielleicht Mitte der achtziger Jahre erlebt haben, wenn die in die DDR reisten, dann sahen wir von denen zwei- oder dreierlei. Erstens, sie frequentierten die Buchhandlungen und kauften die Rosa-Luxemburg- und Marx/Engels-Ausgaben, worüber wir insgeheim gelächelt haben, weil wir mit Marxismus-Leninismus derartig überfüttert waren, daß ich noch heute diese Wörter niemals ausschreibe, sondern nur schreibe: ML. Wir haben auch gelächelt, wenn die in Leipzig im Café Corso saßen und uns erzählen wollten, bei welcher nächsten Gelegenheit die DDR nun zusammenbricht, weil dies der letzte Tropfen sein muß, der die Sache zum Umkippen bringt. Und wir haben uns schon damals von der rhetorischen Übermacht westlicher junger Intellektueller eher beschwert denn beflügelt gefühlt. – Ich mache das ja niemandem zum Vorwurf, ich stelle das nur fest.

Frieden oder Menschenrechte?

Dieter Lattmann
Grenzgänger in der Landessprache

Jeder kennt die Fragwürdigkeit persönlicher Erinnerung. Was mehrere Jahre zurückliegt, kann ich aus meinem Gedächtnis nicht ungeprüft übernehmen. Und die eigene Wahrnehmung erscheint mir nicht glaubwürdig, wenn sie nicht Raum für die Wahrnehmung anderer in meinem Denken schafft. Aus der Nähe sahen viele Dinge anders aus als heute aus der Distanz. Manchmal finde ich es schwierig zu erklären, was war: Es kommt vor, daß ich fünfzehn Sätze Vorlauf für eine Aussage brauche, weil Jüngere den Zusammenhang nicht mehr kennen. Ich halte das nicht für einen Grund zur Klage, vielmehr zur Klärung. Ich war als Schriftsteller acht Jahre absolut im Beruf der Politik, und ich bin freiwillig in die Ausschließlichkeit des Schreibens zurückgekehrt. Da die öffentliche Ansicht solchen Wechsel nicht mitmacht, hängen mir Schalen des Verbandssprechers und des Abgeordneten an. Ich war immer ein Grenzgänger.

In meinem Kalender 1984 findet sich am Mittwoch, dem 7. März, der Eintrag: »Essen mit Kant, Picasso, Hiltensperger 32, 13.30 Uhr.« Dies war für mich ein kurzfristig vereinbartes Treffen anläßlich einer Lesung Hermann Kants in München. Anwesend waren 9 Personen, außer Bernt Engelmann, Kant und Henniger auch Lore Schultz-Wild und Friedrich Hitzer, der mich eingeladen hatte und das Gespräch leitete, dazu drei weitere aus dem Umkreis der Redaktion »kürbiskern«. Es wurde hauptsächlich über die Friedensinitiativen von Schriftstellern gesprochen, wobei die Vorstellungen Engelmanns nach meiner Erinnerung weit über das von Kant Unterschreibbare hinausgingen. Wie man dem Autor von »Ihr da oben, wir da unten« (zusammen mit Wallraff) eine Bereitschaft zur Unterwürfigkeit andichten konnte, habe ich nie verstanden.

Der bevorstehende Schriftstellerkongreß des VS in Saarbrücken hat in dieser Runde keine vorrangige Rolle gespielt. Engelmann wie ich erwähnten gegenüber Kant, nach unserer Einschätzung werde, auch mit den bayerischen Stimmen, Ingeborg Drewitz zur Vorsitzenden gewählt. Erich Loest im Vorstand werde Gewicht haben. Hätte Kant versucht, unsere Wahl zu beeinflussen, hätte ich ihn gefragt, was er denn davon hielte, wenn wir die nächsten Wahlen beim Schriftstellerverband der DDR mitbestimmten. Engelmann und ich haben uns damals getäuscht. Das geht selbst aus jener SED-internen Hausmitteilung hervor, auf deren Formulierung Henniger einen mir fernliegenden Ehrgeiz verwandte.

Am 11. Februar 1994 hat die Frankfurter Allgemeine Zeitung in einer Überschrift auf Seite 1 behauptet: »Schriftstellerverband ließ sich von Ost-Berlin lenken.« Ich bedaure, daß die FAZ meine ihr sofort übersandte Erklärung nicht veröffentlicht hat; sie begann mit den Worten: »Eine Nähe zur Realität kann ich darin nicht erkennen ...« Da gab es nichts zu »entlarven«. Nicht, daß so etwas in Wahlkampfzeiten und vor einem neuen Schriftstellerkongreß gedruckt wird, wundert mich. Erstaunlich finde ich, daß es geglaubt wird. Mir scheint, da ist eine Bereitschaft zur Vorverurteilung vorhanden, die im anderen – ohne ihn zu fragen – einen möglichen Lumpen sieht. Die Wucht solcher Einseitigkeit ist erheblich. In den beiden folgenden Wochen hat sie sich von Saarbrücken bis Halle fortgesetzt. Weil Bernt Engelmann sich von einer Intensivstation aus nicht mehr wehren konnte, gingen die meisten Vorhaltungen an mich. Meine Identität ist über SED-Akten nicht zu ermitteln.

Zum Zeitpunkt des Treffens in München gehörte ich seit acht Jahren keinem VS-Vorstand mehr an. Ich war ein einzelner Autor, der für sich sprach. Ich hatte mich aus allen Gremien zurückgezogen und war nur noch im Präsidium des Goethe-Instituts, mit Klaus von Bismarck, Eschenburg, Everding und Wapnewski. Meine Verbindung zum Schriftstellerverband der DDR war zu der Zeit von anderer Natur. Auf der Tagung einer Schriftsteller-Geschichtskommission erscheint es sinnvoll, mit einem Buch zu argumentieren, zumal wenn es sich um einen historisch-dokumentarischen Roman über die deutsche Teilung handelt.

In den Jahren 1982 bis 1984, die hier zur Rede stehen, gab es für mich nichts Wichtigeres als dieses Projekt. Mir schien, das Thema war von westdeutschen Autoren vernachlässigt worden. Zahlreiche Schriftsteller in und aus der DDR hatten darüber geschrieben. Mein Roman nahm das Wort von den »Brüdern« ernst. Ich habe meine Klausur damals nur selten unterbrochen. Ich arbeitete mit Material und Ratschlägen aus dem Münchner Institut für Zeitgeschichte und Veröffentlichungen aus dem gleichnamigen Institut in Innsbruck. Um die Kapitel, die in der DDR handelten, authentisch schreiben zu können, benötigte ich als gebürtiger Potsdamer viele Gespräche mit Verwandten, Freunden, unterschiedlich Denkenden in dem abgeteilten Land. Wegen langfristiger Visa schrieb ich wiederholt an Hermann Kant, ich erhielt eine Reihe von Möglichkeiten. Ich kam nicht ins Haus der Ministerien, wo ein Bruder meines Vaters eine Abteilung für Schwermaschinenbau geleitet hatte. Ich kam nicht in einen volkseigenen Betrieb, in dem eine seiner Töchter als Ärztin arbeitete. Sonst konnte ich mich von der Uckermark bis zur Lausitz und von Weimar bis Dresden nach meinem Plan umtun. Auf diesen Reisen habe ich viele Schriftsteller besucht.

Kant traf ich mehrfach. Ich hatte ihn, so schwierig Kontakte zu Anfang ohne Kulturabkommen waren, als VS-Vorsitzender wie als kulturpolitischer Sprecher der SPD-Bundestagsfraktion zum Gegenüber. Das war öffentlich geschehen, während der Frankfurter Buchmesse, in einer Fernsehdiskussion im NDR. Danach hatten wir uns auf der »Berliner Begegnung« Mitte Dezember 1981 im Hotel »Stadt Berlin« hoch über dem Alexanderplatz wiedergetroffen. Meine Frau und ich hatten ein Lied der »bots« auf einer Platte mitgebracht. Hundert Teilnehmer hörten den Refrain: »Das weiche Wasser bricht den Stein, es reißt die stärksten Mauern ein ...« Ost und West sahen einander dabei schweigend an.

1985 hat der S. Fischer Verlag Frankfurt mit dem Verlag der Nation für die DDR die Lizenz abgeschlossen. »Die Brüder« erschienen wortgleich in beiden deutschen Staaten, in beiden habe ich öffentlich daraus gelesen und mit Zuhörenden diskutiert. Es ging um den Versuch, die andere Meinung auszuhalten. Einer der Brüder im Roman wird zum Grenzgänger in der Landessprache. Er predigt als Pfarrer in der Lukkauer Nikolaikirche und fragt: Wie stehen wir Deutschen zueinander? Sind Ost und West wie Kain und Abel? Wird einer den anderen erschlagen? Oder wird es für uns Versöhnung geben? Mein Motiv war: Solange die Wiedervereinigung im großen mißlingt, muß die Wiedervereinigung im kleinen von den einzelnen versucht werden. Damals schrieb ich: »Die Mauer war in den Köpfen längst fertig, bevor sie gebaut wurde, auf beiden Seiten. Sie kann auch nur von beiden Seiten wieder abgebaut werden.« Jahre danach wurde die »Mauer in den Köpfen« zum geflügelten Wort.

Das war mein Ost-Bemühen. Ich sah einen Zusammenhang mit der Öffnung nach Osten im VS, der sich durch Mehrheitsbeschluß auch in Saarbrücken als Teil der Friedensinitiativen zu erkennen gab. Diese Öffnung hatte in der Bevölkerung der Bundesrepublik am 19. November 1972 in der Bundestagswahl für die neue Ostpolitik eine eindrucksvolle Mehrheit erhalten. Es war die Zeit der Ostverträge, die jede Regierung von Brandt und Scheel bis zum Tag, an dem die Einheit begann, auf – so wörtlich: »gutnachbarliche Beziehungen zueinander auf der Grundlage der Gleichberechtigung« verpflichtet haben. Das Verhalten des VS und die Konflikte, die daraus entstanden, sind in meinen Augen nur aus diesem Zeitgeist zu erklären.

Jede historische Zäsur hat ihren Vorlauf und ihren Fortgang. Ich kann nur aus meiner Erfahrung sprechen. Ich habe als Kind in der Weimarer Republik noch gesehen, wie sich Nazis und Kommunisten in der Kasseler Altstadt prügelten. Ich gehöre zu dem Teil der Kriegsgeneration, zu dem die meisten in der Gruppe 47 zählten. Wir wollten aus unserem falschen Gehorsam in der Diktatur für immer die Lehre ziehen. Mein Land war ein gemeinsames Land. Ich hatte nicht geglaubt, in zwei Teilen so bald wieder Uniformen zu sehen.

Als Heinrich Böll uns Autoren zum »Ende der Bescheidenheit«[43] aufrief, als der erste VS-Vorstand die »Einigkeit der Einzelgänger« zum Motto des Stuttgarter Schriftstellerkongresses Ende November 1970 erklärte, hatten wir rings um uns die Empörung der Studentenbewegung und der Außerparlamentarischen Opposition. Daraus schlug das Feuer in Martin Walsers Vision der »IG Kultur«. Auch Willy Brandt hatte eine Vision, als er in der überfüllten Liederhalle zu uns sagte: »Geist und Macht, das angeblich strenge Gegensatzpaar, üben oft und gerne Rollentausch. Denn so mächtig der Einfluß der Politik auf die Gesellschaft sein mag, längst hat sie ihre Macht teilen müssen: gerade Sie als Schriftsteller sollten Ihren Einfluß nicht unterschätzen.«

Das war in unserem Land nie gehört worden, schon gar nicht aus dem Mund eines Kanzlers. Es war eine schöne Versuchung. Ohne sie wäre ich wohl kaum auf die Idee gekommen, nach einer Kurzfassung der Ochsentour für das Haus der Redner am Rhein zu kandidieren. Es waren nicht unsere beruflichen Programmpunkte – ich nahm sie mit nach Bonn –, auch nicht unsere so unterschiedlichen Bücher, es waren weltanschauliche Gegensätze, die uns auseinanderbrachten, und wir ließen zu, daß sie uns weitere Erfolge verbauten.

Die außerordentliche Publizität des VS beruhte auf der Tatsache, daß in ihm die Prominenten für die weniger Namhaften mitsprachen. Gerade das machte den VS seit seinem zweiten Schriftstellerkongreß im November 1974 in Frankfurt zu einem stellvertretenden Austragungsort: ausgetragen wurden innere Auseinandersetzungen um Grundrechte in der Bundesrepublik und gleichzeitig Konflikte um Menschenrechte im Äußeren, hauptsächlich auf dem Spannungsfeld zwischen Ost und West. Unverziehen war uns in einem Teil der Öffentlichkeit, daß Schriftsteller sich individuell und in so großer Zahl der IG Druck und Papier angeschlossen hatten und auf die IG Medien zustrebten, so nüchtern das zur Verstärkung unserer gesetzgeberischen Forderungen geschehen war.

Tradition und Zukunft stießen hart aufeinander. Die ideologische Konfrontation übertrug sich mit der Schriftstellern eigenen Vehemenz und Chaotik auf die Versammlung der Autoren. Das drohte sie zu sprengen. Wenn die Organisation dennoch durchhielt, verdanken wir das mehr dem gewerkschaftlichen Beharrungsdrang als dem eigenen Schlichtungsvermögen.

Frankfurt wurde zum ersten Wendepunkt.[44] Ich kandidierte nicht noch einmal zum Vorsitz, weil andere und auch mich die Doppelrolle mit dem Bundestagsmandat störte. Von den Straßen kam die Zerreißprobe um den Terrorismus zu uns in den Saal herein, wo Bundespräsident Scheel sprach. Gewählt wurde als Vorsitzender, überraschend wie zehn Jahre später in Saarbrücken, nicht der aus der DDR stammende, öffentlich favorisierte Martin Gregor-Dellin, vielmehr Horst Bingel[45]. Die unterlegene Minderheit respektierte ihn.

Vierzehn Monate später wurde im Bundestag über den neuen Paragraphen 88 a für das Strafgesetzbuch abgestimmt, der angebliche Verherrlichung von Gewalt in Schriften verfolgen sollte. Ich sprach im Plenum dagegen und stimmte, weil zwei Tage zuvor im Niedersächsischen Landtag die Sozialliberale Koalition gestürzt wurde, dennoch mit der Fraktion. Kurz darauf war ich auf einer Delegiertenkonferenz des VS in Stuttgart die meistgescholtene Person. Damals nahm mich die FAZ in Schutz. Die Entschiedenheit, nein zu sagen und gegen öffentlichen Druck auch mit Nein abzustimmen, brachte ich erst in zwei weiteren elenden Debatten auf. Inzwischen waren Heinrich Böll, Günter Grass, Luise Rinser, Thaddäus Troll und andere Schriftsteller im Bundestag als »geistige Urheber des Terrorismus« diffamiert worden. Das war 1977 und 1978.

Oft ging in jenen Jahren der Streit um Frieden »oder« Menschenrechte, als wäre das ein Gegensatz. Die paradoxe Entsprechung könnte nur lauten: Menschenrechte durch Krieg. Für mich sind Menschenrechte unteilbar, sie setzen Frieden voraus. Das größte Menschenunrecht ist der Krieg. Dieser Überzeugung diente der Friedensappell der Schriftsteller, dessen Initiator Bernt Engelmann als VS-Vorsitzender im Jahr 1981 war. Entgegen dem öffentlichen Dafürhalten war er es, der jener Erwartung aus Ostberlin, wir würden den Appell einseitig gegen die Reagan-Administration richten, am entschiedensten widersprach und sich damit auch durchsetzte. Anders hätten ihn nicht mehr als tausend Schriftsteller, darunter ein Großteil der namhaftesten in Ost und West, unterschrieben.

Soweit ich es beurteilen kann, hat der VS gleichzeitig viel für vertriebene und unterdrückte Schriftsteller getan. Allerdings machte jeder, der damit zu tun hatte, wie Böll, Amery, Engelmann, auch die Erfahrung, auf die sich z. B. der amtierende Außenminister der Bundesrepublik bei seiner abschließenden Pressekonferenz nach dem Peking-Besuch am 2. November 1992 berief. Kinkel erklärte wörtlich: »Durch stille Hilfe ist in Einzelfällen mehr möglich als durch lautes Tönen nach draußen.« Natürlich ist das fragwürdig. Nur, wieso ist für Politiker eben das selbstverständlich und gilt als pragmatisch, was sie Schriftstellern vorwerfen, wenn die bei ihren Bemühungen östlich der Teilung das gleiche getan haben, um Gefährdeten und Drangsalierten zu helfen?

Unsicher bin ich bei manchen Autoren, die aus der DDR ausgebürgert wurden. Diejenigen, die ich kenne, haben in der Regel vom VS mitgeschaffene Möglichkeiten genutzt: den Literaturfonds, das Autorenversorgungswerk bei der VG Wort, später auch die Künstlersozialversicherung. Viele haben zu Anfang nicht gewußt, wie schwach unser Schriftstellerverband ökonomisch und politisch im Vergleich zum SV der DDR war und ist. Sie konnten kaum glauben, daß z. B. unsere Vorsitzenden ihre Verbandsarbeit im wesentlichen mit dem eigenen Schreiben verdienen. Biermann habe ich aus dem Bundestag mit einer Gruppe von Abgeordneten sofort Hilfe angeboten. Bei Verlagen und in den Medien gab es zu der Zeit für Autoren aus der DDR eine besondere Bereitschaft. Jenseits der Grenze geschehenes Unrecht konnte niemand dadurch wiedergutmachen. In nicht wenigen Fällen konnte es helfen, die persönliche Situation und die Arbeitsmöglichkeiten zu verbessern. Der pauschale Vorwurf, das wäre ohne den VS geschehen, erscheint mir ungerecht.

Gleichzeitig hat die Regierung Kohl-Genscher nach jahrelangen Verhandlungen 1986 das Kulturabkommen mit der DDR abgeschlossen. Es forderte Künstler und Autoren auf, über ihre Institutionen regen Austausch zu praktizieren, auch mit Delegationen und Informationen. Das Abkommen wurde im September 1987 beim offiziellen Besuch des Staatsratsvorsitzenden Honecker in Bonn öffentlich präsentiert und bekräftigt. Das war zwei Jahre vor dem Fall der Mauer. Wie sollte die Bevölkerung der DDR damals angesichts der Fernsehbilder nicht denken, ihre Regierung und ihr Staat seien in der Bundesrepublik als Partner respektiert. Das alles hat es widersprüchlich nebeneinander gegeben. Wir sollten das nicht vergessen. Seitdem sind sieben Jahre vergangen. Es gelten für uns alle andere Voraussetzungen. Eine Unschärfe bedrängender Eindrücke hält die meisten von uns noch in der Nähe fest und versagt den einzelnen die Distanz. Die Literatur hält den Atem an. Wenn wir die Einheit im VS als Teil der so schwierigen Einheit unseres Landes nicht verlieren wollen, müssen wir alles daransetzen, unser Gespräch untereinander auf eine andere Ebene zu bringen.

Olav Münzberg

Der VS und die Menschenrechte

Einige Bemerkungen

Daß die Sicherung der Menschenrechte bzw. deren Verteidigung, sobald und vor allem bevor sie verletzt werden, zu den Aufgabenstellungen eines Schriftstellers gehören, setze ich voraus. Inwieweit Schriftstellerverbände dieser Aufgabe genügen, daran müssen sie sich von einer demokratischen Öffentlichkeit messen lassen. Daß der VS mit Schriftstellern wie Böll und Grass über deren Werke mit humanistischem Gehalt Exponenten der Verteidigung der Menschenrechte auf internationaler Ebene hatte, ehrte ihn. Böll, parteilos, konnte hierbei besser agieren als Grass, dessen Parteibindung seine Öffentlichkeitswirkung zum Teil einschränkte. Die Rolle des moralischen und auch rechtlichen Gewissens der ›Nation‹, was immer auch das heißen mag, wuchs ihnen zusätzlich durch die Zielsetzung und die institutionellen Möglichkeiten des VS zu, die sie mit entwickelten.

Die erste große Herausforderung für den VS, der sich in seinem Binnenleben mit FDP-, SPD-, Grünen- und DKP- bzw. SEW-Positionen, im Außenverhältnis stärker mit CDU/CSU-Positionen auseinanderzusetzen hatte, war der Kampf Alexander Solschenizyns um Publikations- und Menschenrechte in der Sowjetunion. Im November 1962, fast ein Jahr nach dem XXII. Parteitag der KPdSU, veröffentlichte er in Nowij Mir die Erzählung »Schtsch – 854«, auf Druck der Redaktion unter dem Titel »Ein Tag im Leben des Iwan Denissowitsch«, eine Beschreibung seines Lagerlebens. Eine Publikation nach dem Plazet von Chruschtschow. Dies ein erster literarischer Ansatz zur Enttabuisierung und Entstalinisierung.

Im Telegrammstil:

1967 Beendigung des „Archipel Gulag«. Im Brief vom 16. 5. 1967 an den IV. sowjetischen Schriftstellerkongreß die mutige Forderung nach Aufhebung der offenen und versteckten Zensur.

1969 Ausschluß aus dem sowjetischen Schriftstellerverband.

1970 Nobelpreis für Literatur. Die berechtigte Furcht der Ablehnung einer Wiedereinreise verhinderte eine persönliche Empfangnahme.

1974 Veröffentlichung des 1. Teils des »Archipel Gulag« im Westen. Die Folge: Ausbürgerung und Abschiebung in die Bundesrepublik.

1975 »Die Eiche und das Kalb«, Solschenizyns Erlebnisse der letzten 14 Jahre, und gleichzeitig das Jahr der Schlußakte von Helsinki. Im folgenden die Veröffentlichung von Teil 2 und 3 des »Archipel Gulag«.

Rudi Dutschke und Manfred Wilke, letzterer heute Mitträger des »Forschungsverbundes SED-Staat« an der FU Berlin und Gutachter bei der Bundesenquêtekommission, reagierten auf die Veröffentlichung als Herausgeber mit dem roro-Band »Die Sowjetunion, Solschenizyn und die westliche Linke«, indem sie den »Archipel Gulag« »einen wichtigen Beitrag zur tendenziellen Entstalinisierung« nannten und Solschenizyn für einen »ehrlich moralisierenden Literaten« bzw. »religiös-moralisierenden Kritiker« erklärten, dessen Bücher »im Sinne des Antikommunismus« »benutzbar« seien. Er wäre dies nicht, wenn er die historisch-materialistische Vermittlung erkennte. Die Reaktion des VS auf solche Vorkommnisse war meines Wissens im Außenverhältnis unbefriedigend. Sie war offenbar kein herausragendes Thema von Veranstaltungen und Kongressen des VS. Mögliche innere Auseinandersetzungen vermag ich nicht zu beurteilen, weil ich erst seit August 1984 Mitglied des Verbandes bin. Hier mögen sich andere dazu äußern.

Die zweite Herausforderung waren die Ausbürgerung Biermanns 1976 und die Ausschlüsse von neun Schriftstellern aus dem DDR-Schriftstellerverband 1979. Im ersten Fall unterstützte der VS anfangs Biermann, aber zu Hause fühlte sich dieser unbequeme Liedermacher im VS im weiteren nicht. Engagierte man sich noch bei Biermann, war der Verband gegenüber den Ausschlüssen passiv und schon zurückhaltender bei der Unterstützung von DDR-Schriftstellern und -Liedermachern, die gegen die Ausbürgerung Biermanns protestierten. Im Verhältnis zu Jürgen Fuchs u. a. spiegelt sich das zukünftige, ambivalente Verhältnis zu den Dissidenten, die nach und nach die DDR unter erniedrigenden und demütigenden Bedingungen verließen oder verlassen mußten. Hier begann eine Fraktionierung und Polarisierung im VS, die verdeckt zu einer Auseinandersetzung zwischen Belletristen auf der einen und Sachbuchautoren auf der anderen Seite führte.

Der Berliner Landesverband hat das Verdienst, 1976 durch Gründung eines Schutzkomitees für bedrohte DDR-Bürger, offiziell »Schutzkomitee Freiheit und Sozialismus« genannt, exponiert die Menschenrechtsfrage vertreten zu haben. Er durchlebte die Herausforderung der Dissidenten in besonderer Weise ohne größere Unterstützung des Bundesvorstandes, dessen Energien sich in bundesrepublikanischen Abwehrkämpfen von Einschränkungen der Presse- und Meinungsfreiheit und öffentlichen Diskriminierungen von Schriftstellern erschöpfte, insbesondere im schwierigen Jahr 1977. Aber das war weder Arbeitsteilung zwischen Berlin und Stuttgart noch ein energetisches Problem. Spätestens 1979 entpuppte sich die Haltung des Bundesvorstandes als eigene Strategie, nicht durch öffentliche Proteste sich anbahnende ›Spitzengespräche‹ über Friedenspolitik zu belasten. Es ist nicht nur merkwürdig, sondern schon ein wirkliches Defizit, daß der VS nicht gegen die Ausschlüsse von neun Schriftstellern protestierte, wie der Dokumentationsband »Protokoll eines Tribunals« von Joachim Walther aus dem Jahre 1991 ergibt. Nur der Schweizer und der Schwedische Schriftstellerverband, das dänische P.E.N.-Zentrum und der VS-Landesverband Baden-Württemberg haben protestiert und das Ansehen westlicher Verbände stellvertretend gerettet, insbesondere dann, wenn man weiß, daß Ausschlüsse im Osten Existenzeinschränkungen besonderer Art und nicht bloß einen Vereinsausschluß westlicher Provenienz bedeuteten. Berief sich der Berliner Landesverband schon bei der Gründung des Schutzkomitees auf die Schlußakte von Helsinki, so war diese offenbar im Bundesvorstand und auch in den Landesverbänden kein Thema.

Die dritte große Herausforderung für den VS war die Frage des Friedens. Hier war in der Tat eine bedrohliche Situation Anfang der 80er Jahre durch die Stationierung der SS 20 in der DDR und der Pershing-Raketen in Westeuropa einschließlich der Bundesrepublik entstanden. Wer die Diskussionen über die Frage, ob 40 oder 45 Sekunden Zeit zur Reaktion auf einen gewollten oder ungewollten Abschuß besteht und ob ein begrenzter Atomkrieg geführt werden kann, noch im Ohr hat, wird die reale Angst der Menschen und auch der Schriftsteller in beiden deutschen Staaten, aber auch in ganz Europa begreifen. Sosehr die Grenzen durch die Friedensgespräche aller Schichten, d. h. der Eiserne Vorhang vorübergehend löchrig wurde, so sehr durfte die Frage der Menschenrechte nicht zum Pausen- oder Nebenthema oder bloßem Gegenstand hinter den Kulissen herabsinken. *Pragmatismus in Sachen der Menschenrechte läuft Gefahr, die Pragmatiker selbst zu beschädigen*, weil sie sich der Grundlagen humaner Existenz nicht mehr zureichend erinnern. Ein Primat des Friedens gegenüber den Menschenrechten kann es nicht geben, nur ein gleichzeitiges Einklagen. Ein Frieden ohne Menschenrechte: was ist das? Eine Entqualifizierung des Lebens.

Wie sah die Entwicklung in der DDR aus? Die Erzählung »Ein Tag im Leben des Iwan Denissowitsch« erschien in der DDR nicht, aber in Polen und Ungarn. Im Jahre 1975 mußte im »Neuen Deutschland« die Schlußakte von Helsinki, um den Ansprüchen eines Teilnehmerstaates wenigstens minimal zu genügen, nolens volens veröffentlicht werden. Dies hatte eine erste Welle von Ausreiseanträgen zur Folge, die in der Regel in der Sackgasse von Verhaftungen mündeten. Aber die Berufung auf Korb 3 führte zu neuen Anspruchshaltungen der Bevölkerung. Die DDR war im Verhältnis zu kritischen Intellektuellen in Ungarn, Polen und der ČSSR relativ isoliert. Führte die Niederschlagung des Prager Frühlings im Jahre 1968 in Ungarn zur Spaltung der Opposition, indem die einen den vorhandenen Sozialismus für nicht mehr reformierbar hielten und die anderen daran glaubten, so kam die These von der Nichtreformierbarkeit bei der DDR-Opposition erst nach der Wende an und führte erst da zur Spaltung.

Die Gefährdung des Friedens Anfang der 80er Jahre führte in der Bundesrepublik zur Entstehung der Friedensbewegung, in der DDR zu weiteren Wellen von Ausreiseanträgen und zur Entstehung von Initiativen für Frieden und Menschenrechte, die anfangs in kleinen Zirkeln – trotz Versammlungsverboten auch in der Privatsphäre – teils privat, teils halböffentlich unter der Drohung des Eingriffs der Staatssicherheit stattfanden. Noch 1984/85 scheiterte der Versuch eines Treffens der Gruppen aus allen Teilen der DDR an staatlicher Repression. Die DDR duldete keine gesellschaftlichen Kräfte autonomer Art, und die Bindung der Menschenrechte an eigene ökonomische Strukturen erweiterten nicht die Menschenrechte, wie es das Programm des Sozialismus nach Marx eigentlich vorsah, sondern schränkten sie ein. Das Defizit des DDR-Schriftstellerverbandes besteht darin, daß er sich bis auf Einzelkämpfer wie Stefan Heym, der andererseits zu diesem Zeitpunkt dem Verband nicht mehr angehörte, zwar in Friedensgespräche, aber nicht in Initiativen für die Menschenrechte einband. Dieser Makel haftet ihm strukturell und substantiell an.

Die Einbußen, die der VS einschließlich des bekannten Polen-Telegrammes bis zum Rücktritt Engelmanns öffentlich erlitten hatte, konnte er auch nicht durch Nachfolger wie Peter Bleuel zurückgewinnen. Die Kandidatur Bleuels in Saarbrücken 1984 gegen Ingeborg Drewitz war zwar verfahrensrechtlich möglich, aber naturrechtlich anstößig und zugleich stillos. Damit war die besondere Atmosphäre, die die Öffentlichkeit von einem Umgang unter Schriftstellern erwartet, endgültig hin. Von dieser Entscheidung hat sich der VS bis heute nicht erholt. Und sollten noch andere Kräfte am Werk gewesen sein, dann steht der VS wirklich im Wasser.

Die letzte Herausforderung war die Wende, der Fall der Mauer, die Frage der Dissidenten heute und die der Einheit Deutschlands. Selbstkritisch melde ich Zweifel an, selbst in die unvorhergesehenen Prozesse involviert. Täte es nicht gut, oder anders gesagt, wäre es nicht redlich, wenn sich der Kongreß in Aachen gegenüber der mangelnden Wahrnehmung der Leidensgeschichten der Menschen und von Schriftstellern in der UdSSR und Osteuropa und der DDR einmal entschuldigt?[46] Das mag nur symbolisch sein und symbolisch bleiben. Aber es ist mehr als gar nichts. Die Geschichtskommission vermochte nur einige Themen anzusprechen, aber ein Kongreß müßte sich aufraffen, mehr zu leisten.

Anne Dorn
Die Schriftstellertreffen in Berlin, Den Haag und Köln

Zu Beginn der 80er Jahre gab es für alle Mitteleuropäer ein großes Thema. Es hieß: Wie erhalten wir den Frieden? In der BRD bildete sich eine starke Friedensbewegung – gegen die Aufstellung der Cruise Missiles. Selbstverständlich waren diese Tatsachen Thema für alle Schreibenden. Logisch auch, daß die Schriftsteller und Schriftstellerinnen in beiden deutschen Teilstaaten betroffen waren, grenzten doch die einander ausschließenden Hemisphären in unserem Land aneinander. Ein von Stephan Hermlin im Dezember 1981 initiiertes, gesamtdeutsches Schriftstellertreffen »Für den Frieden« hatte also Berechtigung. Doch hatte dieses Treffen von west- und ostdeutschen Autoren am 13. und 14. Dezember 1981 in Ostberlin für mich eine doppelte Vorgeschichte:

Im März 1977 suchte ich im Rahmen des Autoren-Austauschs zwischen der UdSSR und der BRD durch die Rheinisch-Westfälische Auslandsgesellschaft abweichend vom offiziellen Programm und im Auftrag von Heinrich Böll Lew Kopelew in Moskau auf. Lew Kopelew hatte zu dieser Zeit Lehrverbot, Publikationsverbot und Verbot, sich öffentlich zu äußern. Er verstand sich jedoch n i c h t als Dissident, sondern als kritischer, verantwortlicher Bürger der Sowjetunion. Sein

Ausschluß aus dem Schriftstellerverband der UdSSR während meines Aufenthaltes in Moskau sollte für mich zum plausiblen Exempel kommunistischen Umgangs mit autonom verantwortlichen, kritischen Literaten werden. Lew Kopelews Antwort auf eine Vorladung des Vorstands des Schriftstellerverbandes in Moskau lautete so:

»Ich habe keinen Zweifel darüber, wie diese Sitzung schließen muß und kann mir gut vorstellen, was manche Redner zu sagen haben. Alles, was damals geschah, als solche populären, von vielen geliebten Autoren wie Lydia Tschukowskaja, Wladimir Woinowitsch und Wladimir Kornilow ausgeschlossen wurden, zeugt von einer standardisierten, routinierten, beleidigenden Prozedur. Das Ritual meines Ausschlusses ist aber dazu berufen, offiziell das zu krönen, was tatsächlich schon seit zehn Jahren geschieht – meine Entfernung von jeglicher literarischer Arbeit. Ich kann nicht um Gnade bitten, denn alles, was mir als Schuld vorgeworfen wird, ist durch meine Vorstellung von moralischen, bürgerlichen Pflichten bestimmt: Und zwar, daß ich für die Menschen eintrete, die da ungerecht verfolgt werden, und gegen die Versuche, die Stalinisten zu rehabilitieren, protestiere.« Lew Kopelew wurde im März 1977 aus dem Schriftstellerverband der UdSSR ausgeschlossen. Im November 1980 konnte er – gemeinsam mit seiner Frau Raissa Orlowa – eine lange zuvor beantragte Besuchsreise zu Heinrich Böll antreten. Obwohl man ihnen die Rückkehr zugesichert hatte, wurden beide im Januar 1981 ausgebürgert.

Ein Jahr nach meinem Aufenthalt in Moskau, am 27. Mai 1978, nahm ich in New York an der Großdemonstration der nordamerikanischen Friedensbewegung gegen den Bau der Neutronenbombe teil. Bedeutende Autoren wie Grace Paley und Kurt Vonnegut waren wesentlich beteiligt und zugleich integriert in eine starke Basisbewegung, die sich aus allen Teilen der nordamerikanischen Bevölkerung rekrutierte. 600 000 Demonstranten bewegten sich zum UNO-Gebäude. Der Appell der Menge und vor allem der Schriftsteller richtete sich in erster Linie gegen die Hochrüstung im eigenen Land, aber auch gegen die Nutzung von Atomkraft überhaupt, zivil oder militärisch und überall auf der Welt. Da ich zu jener Zeit in Aktivitäten von Grasroots Movements, der Graswurzel-Bewegung, einbezogen war, hatte ich Gelegenheit, auch nach der Demonstration an praxisbezogener Friedensarbeit teilzunehmen. Sydney Brown und Robert MacAffy hatten in San Franzisco ein Center of New Work gegründet und längere Zeit begleitet, um nun das gleiche in New York aufzubauen. Eine Grundüberlegung dieser beiden Friedensnobelpreisträger war, Produktionen zu stützen, die weder direkt noch vermittelt dem Militär dienten. Alle Arbeit, alle Pläne wurden daran gemessen, inwieweit sie dem eigentlichen Problem, der Anhäufung von Macht in den Händen einiger weniger und der daraus entstehenden Rigorosität entgegenwirken konnten, und zweitens, inwieweit die aus der normalen nordamerikanischen Wirtschaft ausgegrenzten Menschen an der neuen Arbeit teilhatten.

1979, wieder in Köln, sah ich am 1.9. im ARD-Fernsehprogramm ein Gespräch zwischen Heinrich Böll und Lew Kopelew. Sie sprachen im ARD-Studio Moskau über die Entstehung von Feindbildern. Der Titel der Sendung lautete: »Warum wir aufeinander geschossen haben?« Auch heute noch kann ich mir keinen besseren Appell von Schriftstellern für den Frieden vorstellen.[47]

Im Februar 1981 trafen sich in der Nähe von München Bernt Engelmann und Hermann Kant, um eine Friedensinitiative der Schriftsteller aus beiden deutschen Teilstaaten ins Leben zu rufen. Drei weitere Aktionen innerhalb eines kurzen Zeitraumes sind festzuhalten. Am 13. und 14. Dezember 1981 fand in Ostberlin das sogenannte Berliner Treffen statt. Es folgte vom 24. bis 26. Mai 1982 in Den Haag das Haager Treffen und kurz darauf, vom 18.6. bis 24.6.1982, die Großveranstaltung »Interlit« in Köln.

Zur Zeit des Berliner Treffens war ich bereits zehn Jahre Mitglied des Verbandes deutscher Schriftsteller. Von dem, was unter den nach Berlin Geladenen besprochen wurde, landete in den Landes- und Ortsverbänden so gut wie nichts. Da ich regelmäßig meine im Landkreis Dresden verbliebene Familie besuchte, war mir die Neuigkeit, daß der VS und der DSV sich gemeinsam für die Sache des Friedens engagierten, keine Verheißung. Ich mußte, wenn Schriftstellerkollegen – besonders die in der DKP organisierten – den Friedenswillen der sozialistisch regierten Länder rühmten, an meinen Vetter denken, der mir 1981 sehr niedergeschlagen berichtet hatte, daß eine beginnende kritische Auseinandersetzung der DDR-Bevölkerung mit der Regierung anders als in Polen mit deutscher Gründlichkeit schon im Keim erstickt würde. Wenn wir von meinem Heimatdörfchen aus über den Heller nach Dresden fuhren, zeigte er mir die nun mit beweglichen Raketenbasen ausstaffierten sowjetischen Streitkräfte. Sie waren, nach offizieller Verlautbarung, bereit, für den Frieden zu kämpfen. Überhaupt wurde in meinem alten Zuhause »für« oder »gegen« alles gekämpft: für die Völkerfreundschaft, für die bessere Zukunft, für den Frieden und gegen den Kapitalismus, Imperialismus und Materialismus. Spontanes, eigenständiges Engagement, wie ich es aus der westdeutschen Friedensbewegung, aus der Graswurzel-Bewegung in New York und von einzelnen Menschen wie Heinrich Böll, den beiden Kopelews und auch Dorothee Soelle kannte, lebte in meiner sächsischen Familie und unter meinen Freunden im alten Zuhause nur versteckt. Es war wohl gefährlich. Was war von den gemeinsamen Aktionen von offiziellen Vertretern östlicher Schriftstellerverbände und jenen des westlichen VS zu erwarten?

Auf jedem der verschiedenen Treffen gab es vor allem von Vertretern der östlichen Verbände schöne Fensterreden. So schlug Sergej Michalkow auf dem Haager Treffen vor, man müsse die Auflösung der beiden Militärblöcke NATO und Warschauer Pakt gleichzeitig und vorbehaltlos fordern. Dem stand die kluge, desillusionierende Antwort etwa von Hylke Tromp aus den Niederlanden, dem Leiter des Instituts für Friedensforschung der Universität Utrecht, entgegen, der darauf hinwies, daß das Problem »multidimensional«[48] (S. 123) sei. Tromp forderte die Schriftsteller auf, mit ihren Büchern die enormen Erkenntnislücken über den Hergang von Kriegen zu füllen. Was von diesen Treffen zwischen ost- und westdeutschen Autoren im Namen des Friedens heute noch interessant ist, ist die im nachhinein durchschaubare Taktik des einen und andern im Umgang miteinander. Welche Zielsetzung gab es auf der einen und der anderen Seite?

Bei der Eröffnung des Berliner Treffens sprach Bernt Engelmann von beidseitigem Verzicht auf Schuldzuweisung und betonte, »daß wir uns endgültig trennen sollten von allem, was auf den Wunsch nach Wiederherstellung eines deutschen Nationalstaates hinausläuft« (S. 21). Keinesfalls wolle er Verzicht auf die Zugehörigkeit zu dem einen und anderen Gesellschaftssystem anregen.

Die damals äußerst gespannte Lage in Polen – am 13. Dezember 1981 wurde dort das Kriegsrecht verhängt – berührten die Veranstalter nicht. Jedoch griffen Günter Grass, Stefan Heym und Adolf Muschg das Problem auf. Stefan Heym sprach davon, »daß ein paar Kilometer entfernt von uns bereits die Lunte brennt« (S. 35), und Adolf Muschg meinte: »Und ich glaube, wir können alle Resultate, auch die unwägbaren, unserer Zusammenkunft vergessen, wenn in Polen interveniert wird.« (S. 38) Er forderte eine größere Breite der Diskussion. Heinar Kipphardt sprach vom Verfolgungswahn auf der Seite des real existierenden Sozialismus und nannte als Beispiel die Moskauer Schauprozesse. Dieter Lattmann sprach vom abhanden gekommenen Wirklichkeitssinn der Politiker, der übergegangen sei auf die Sprecher der Friedensbewegung.

Ein zweites, von den Veranstaltern zunächst bewußt ausgespartes Thema kam dennoch zur Sprache. Günter de Bruyn wies darauf hin, daß die Unterstützung der westeuropäischen Friedensbewegung durch die DDR fragwürdig bleibe, wenn das drüben Bejubelte hüben unerwünscht sei (S. 41 ff.). Franz Fühmann hielt eine spontan aus der Bevölkerung hervorgehende Friedensbewegung für durch nichts ersetzbar (S. 54 ff.).

Bei meinen Besuchen im Landkreis Dresden war zunächst nichts von einer Friedensbewegung der »normalen Bürger« zu sehen. Im nachhinein weiß ich, daß schon zur Zeit des Berliner Treffens Menschen unter dem Dach der Kirche sich gegenseitig Mitteilung gaben von Menschenrechtsverletzungen im eigenen Land und Rechtsverletzungen überhaupt. Obwohl ich immer von meinen Erfahrungen in Bürgerinitiativen offen berichtet habe, dauerte es mehrere Jahre, bis ich im alten Zuhause von kritisch denkenden Freunden ins Vertrauen gezogen wurde und auch helfen konnte, z. B. mit einem Gutachten von Greenpeace über den östlichen Atomreaktortyp, das für praxisbezogene Mitteilungen unter den Bürgerrechtlern genutzt wurde. Was wäre gewesen, wenn die Initiatoren der Aktion ›Schriftsteller für den Frieden‹ auf dem Berliner Treffen die Bürgerbewegung in der DDR wenigstens akzeptiert hätten?

Man trennte sich in Berlin ohne abschließende Erklärung.

Auf westlicher Seite nahm Heinrich Böll gemeinsam mit anderen Schriftstellern innerhalb der allgemeinen Friedensbewegung an der Blockade des Pershing-Raketen-Standorts Mutlangen teil. Er war der Meinung, daß man außerparlamentarisch eine Menge in Bewegung setzen kann. Die Friedensbewegung in der BRD hatte mit totaler Diffamierung und Denunzierung durch das Parlament begonnen – bei der Abstimmung über die Raketenaufrüstung waren schon 44 Prozent der Abgeordneten auf ihrer Seite.

Zum Treffen in Den Haag vom 24. bis 26. Mai 1982 luden holländische und bundesdeutsche Schriftsteller – an der Spitze Bernt Engelmann – erneut einzelne Personen namentlich ein. Im Zentrum der Gespräche stand wiederum der Aufruf, Schriftsteller sollten sich engagieren für den Erhalt des Friedens. Bernt Engelmann rief auf zum Offen-miteinander-Denken. Martin Gregor Dellin forderte als Ziel das militärische Auseinanderrücken b e i d e r Blöcke durch atomwaffenfreie Zonen. In Polen herrschte seit fünf Monaten Kriegsrecht. Carl Amery wurde direkter und sprach von seinen Privilegien. Er dürfe ungestraft peinliche Fragen an die Machthaber richten, andere jedoch nicht. Er bezog sich damit auf Ereignisse um die Friedensbewegung in der DDR. Ein Brief von ihm und Günter Grass an Erich Honecker mit der Bitte um Auskunft sei ihm indirekt über Stephan

Hermlin beantwortet worden. Es habe da geheißen, daß selbstverständlich niemand in der DDR aufgrund solcher Aktivitäten Nachteile erleide. Carl Amery reagierte darauf: »Die Nachrichtenlage ist, um es kurz und brutal zu sagen, anders.« (S. 77)

Stefan Heym bohrte tiefer: »Eine Friedensbewegung aber, scheint mir, ist eine echte Friedensbewegung nur dann, wenn sie sich auch mit den Atomwaffen der eigenen Regierung befaßt und mit denen des Bündnissystems, in welches diese Regierung einzementiert ist.« (S. 87) Stephan Hermlin suchte korrigierend einzugreifen, worauf Günter Grass bedauerte, »daß wir nicht Meinung gegen Meinung stehen lassen«. (S. 91)

Offenbar ging es nicht. Noch einmal entzündete sich eine Kontroverse an dem Thema Bürgerbewegung in der DDR. Günter Grass: »Es ist ja gut, wenn es in der DDR noch zusätzlich eine Friedensbewegung von seiten der Regierung gibt und wenn die Schriftsteller, die mit der Regierung übereinstimmen, diese unterstützen. [...] Vielleicht findet man in kürzerer Zeit dann auch mal eine gewisse Übereinstimmung zwischen den beiden Friedensbewegungen und muß die eine nicht unterdrücken.« Grass schlug vor, ein Büro zu eröffnen »mit dem wir eine Art Rechtsschutz leisten können für die, die Verfolgung erleiden«. (S. 116) Hermann Kant widersprach und polemisierte gegen den Vorschlag, »daß als erste konkrete Maßnahme, die hier vorgeschlagen wird, ein Büro installiert werden soll. Nachdem man zunächst einmal ein Phantom in diesen Raum gejagt hat, soll jetzt ein Büro zur Registrierung der Opfer dieses Phantoms errichtet werden.« (S. 117)

Zu einem Konsens zwischen den Vorständen der beiden deutschen Schriftstellerverbände kam es nicht. Ich kann aus meiner damaligen Erfahrung im Landesverband Nordrhein-Westfalen ableiten, daß der DSV in seiner Geschlossenheit und Macht eine gewisse Faszination auf die Vorstände des zwar gewerkschaftlich organisierten, aber keineswegs im gesellschaftlichen Leben irgendwie befugten VS ausübte. Die Diffamierung von Schriftstellern als »Ratten und Schmeißfliegen« saß wohl so tief, daß ein Modell, in dem der Schriftsteller als »Ingenieur der menschlichen Seele« galt, sehr unkritisch bewundert wurde. Den wahren reform- und friedenswilligen Autoren in der DDR erwies der VS mit dieser Haltung einen Bärendienst. Während in Polen die sogenannte »Friedensbewegung« als Fiktion, die politischen Zwekken diente, erkennbar blieb, konnte sich die ebenso regierungstreue Friedensbewegung der Schriftsteller des DSV auf die Zustimmung des westlichen VS berufen.

Als dritte und größte Veranstaltung der Schriftsteller für den Frieden folgte »Interlit« vom 18.6.82 bis 24.6.82 in Köln. Diese Veranstaltung befand sich bereits in der Vorbereitungsphase, als das Haager Treffen stattfand. Da ich in Köln lebe, konnte ich Vorbereitung und Verlauf dieses Treffens gut verfolgen. Zum ersten Mal lud ein Verband ein – der VS in der IG Druck und Papier – mit dem Vorsitzenden Bernt Engelmann. Verbände aus fünf Kontinenten sollten sich treffen. Es erwies sich, daß Schriftstellerverbände vor allem in den Ostblockstaaten und in den sozialistisch orientierten afrikanischen Staaten zu finden waren. Um echte Internationalität zu sichern, wurden entsprechend aus westlich orientierten oder unabhängigen Staaten auch einzelne Autoren angesprochen. Die in der Friedensbewegung und in den Möglichkeiten der Einflußnahme auf Politiker praktisch erfahrenen nordamerikanischen Autoren wurden n i c h t geladen. Auf meine Frage hin erhielt ich von Gerd E. Hoffmann und Angelika Mechtel, die Organisations- und Tagungsleiter von »Interlit I« waren, zunächst die Antwort, man habe keine Adressen. Als ich die Adressen brachte, verwies man auf das Konzept, nur Verbände einzuladen. Von diesem Augenblick an war meine Mitarbeit und Teilhabe an »Interlit« – so sehe ich es – wohl nicht mehr erwünscht.

Zwei namhafte Autoren, die sowohl auf dem Berliner Treffen als auch beim Treffen in Den Haag engagiert und präzise ihre Standpunkte vertreten hatten, waren bei »Interlit« nicht dabei: Günter Grass und Stefan Heym. Die Dissidenten waren gebeten worden, auf eine Teilnahme zu verzichten, obwohl gerade ihre Erfahrung wichtig gewesen wäre zur Frage des inneren Friedens im jeweiligen Land.[49] Mit dieser Verfahrensweise bei den Einladungen zu »Interlit« war dann auch die Übereinstimmung eines Teils der VS-Mitglieder mit der Politik ihres Vorstandes verloren. Günter Grass hat das so formuliert: »Bernt Engelmann hat die Interessen der Schriftsteller der BRD einer falsch verstandenen Diplomatie untergeordnet.«

Die Gelegenheit für die beiden bedeutenden Schriftsteller Heinrich Böll und Lew Kopelew, ihr Gespräch von Moskau, »Warum wir aufeinander geschossen haben?«, in Köln fortzusetzen, wurde verpaßt. Lew Kopelew wie seine Frau Raissa Orlowa Kopelew lebten zwar ausgebürgert seit Januar 1982 in Köln, aber sie nahmen lediglich an der privaten Einladung des Verlegers Neven du Mont am Rande der »Interlit«-Tagung teil. Beiden blieb so erspart, die mit Eifer vorgetragenen Ausführungen über die Friedenswilligkeit der UdSSR des Alexander Tschakowski auch noch anzuhören.

Es war daher auch der in Köln lebende Heinrich Böll, der am 21.6.82 wieder über Feindbilder sprach und dabei auch auf die deutsche Situation einging. Böll sprach auch von sich als Rheinländer, der in den östlichen Provinzen als »mißglückter« Deutscher gälte, und davon, daß Machtpolitiker mit Vorliebe Konfessionen als Vehikel für das benötigte Feindbild genutzt haben. Böll benannte auch d i e Reizworte aus dem Anfang der 80er Jahre: Kommunismus und Antikommunismus.

»Wenn ich jetzt über ein ernstes, heftig propagiertes, interregional und international bedenkliches, oft angewendetes Feindbild, das des Kommunismus, spreche, das innen- und außenpolitisch anwendbar ist, muß vorausgesetzt sein (für mich ist das vorausgesetzt, ich weiß nicht, ob Sie das akzeptieren), daß die Hauptbrutstätte für den Antikommunismus die Sowjetunion ist, in ihrer Innen- und ihrer Außenpolitik. Sie gibt diesem Wort, das als Feindbild gebraucht werden kann, einen Geruch der Verdächtigung, weil sie dieses Wort besetzt hält.« Und weiter: »Ich frage mich nur, ob eine Macht, die nach außen imperialistisch, nach innen feudalistisch ist, die bedrohlich ist, nicht nur durch ihre Bewaffnung, auch durch ihre Unüberschaubarkeit, ihre Willkür, ihre Zufälle, die möglicherweise, wenn man gewissen Andeutungen, gewissen Zeichen glauben kann, durch Korruption von einem inneren Chaos bedroht ist, ob diese Machtmassierung richtig bezeichnet ist, wenn sie als kommunistische Bedrohung bezeichnet wird. So, wie man sich fragen müßte, ob die Staaten und Mächte, die sich christlich nennen, die sich mit dieser selbst gewählten Definition kampfbereit machen, wirklich christlich sind.« Und es folgte die Frage: »Ist alles Schreckliche und Entsetzliche, das im Namen des Kommunismus geschehen ist, nicht möglicherweise aus anderen, rein machtpolitischen Intentionen geschehen, war es möglicherweise nur ein Vorwand, ein Vehikel für etwas, das eben deutlicher mit imperialistisch, feudalistisch bezeichnet wäre?« (S. 190 ff.)

Alexander Tschakowski als Vorsitzender des Schriftstellerverbandes der UdSSR versuchte es noch einmal mit einer historischen Schuldzuweisung: »Ich weiß, daß viele Leute die Vereinigten Staaten und die Sowjetunion gleichermaßen für das Rüstungswettrennen verantwortlich machen. Der Schriftsteller aber kann sich nicht darauf beschränken, einfach den berühmten Satz ›Pest und Verderbnis diesen beiden Häusern!‹ zu paraphrasieren. Muß er sich nicht die folgende Frage stellen: Wer war der erste, der die Atombombe gebaut und benutzt hat, die Sowjetunion oder die Vereinigten Staaten?« (S. 209)

Kurz nach Tschakowski ging Michael Scammell auf den Zusammenhang von »Schriftsteller, Zensur, Gefängnis und die Sache des Friedens« ein:

»In kommunistischen Ländern ist die Zensur umfassend, würgt sie vieles ab und gängelt die Schriftsteller an allen Ecken und Enden, was alles gerechtfertigt wird dadurch, daß man sich scheinbar auf den Marxismus beruft. In weiten Teilen Mittel- und Südamerikas wird die Zensur durch Mord, Folter und Entführung erzwungen, was hier gerechtfertigt wird dadurch, daß man sich auf scheinbar sogenannte christliche Werte beruft.«

Scammell nannte Wege, auf welche Weise man sich in welchen Ländern um inhaftierte Schriftsteller kümmern kann, und nannte als Wichtigstes die Veröffentlichung ihrer im eigenen Land verbotenen Texte. »Ich möchte die Wichtigkeit des Friedens zwischen den Völkern auf internationaler Ebene nicht abwerten, doch was nutzen schon Friedensbeteuerungen von Regierungen, die Krieg gegen ihre eigenen Bürger führen? Kann man bei ihnen sicher sein, daß sie sich an internationale Abmachungen halten, wo ihre eigenen Bürger ihnen schon nicht trauen?« (S. 220)

Die »Interlit«-Tagung in Köln endete mit einem internationalen Schriftsteller-Appell. Die »Interlit«-Impulse setzten sich in der Arbeit der Landesverbände des SV fort. Die Kritiker der Verbandspolitik beantragten, Kontakte zu den oppositionellen Kräften in den Ostblockländern aufzunehmen und weitere gemeinsame Aktivitäten mit den Verbänden des sozialistischen Lagers zu unterlassen.[50] Im Gegenzug forderten die Befürworter der Verbandspolitik eine Untersuchung, wie der VS mit kommunistischen Kollegen im VS und anderen Schriftstellerverbänden umgehe.[51] Es gab – meines Wissens – in keinem Landesverband offiziell Fragen nach den Erfahrungen der aus der DDR ausgebürgerten Kollegen, die Opfer der kommunistischen Parteipolitik waren und Mitteilungsbedürfnis hatten. Sie fanden Gehör von Person zu Person, ebenso Hilfe persönlicher Art, aber auf den Verbandssitzungen war ihre Situation, waren ihre Erfahrungen und Probleme ausgeklammert.

Nach diesen Aktionen des Verbandes haben sich sehr viele Kollegen von der Verbandsspitze nicht mehr vertreten gesehen. Der praktizierten Ostpolitik wegen sind viele ausgetreten. Darunter auch Carola Stern und Dieter Kühn. Andere waren nur noch nominell Mitglieder. Ich persönlich habe ab 1985 Kontakt aufgenommen zu einer Bürgerinitiative unter dem Dach der Kirche im Landkreis Dresden. Das war mir aufgrund meiner familiären Bindungen möglich. Regelmäßig brachte ich Texte mit über die Grenze und sorgte im Westen für Verbreitung. So 1987 den bemerkenswerten Aufsatz von Ludwig Drees: »Gedanken wider die Resignation«. Dabei mußte äußerst vorsichtig vorgegangen werden. Autorennamen und Adressen mußten gelöscht und im Gedächtnis behalten werden. Zweimal mußte ich mich am Grenzübergangspunkt einer sehr rigorosen Leibesvisitation stellen. Immer wurde mein gesamtes Gepäck durchwühlt und zum Glück nie etwas gefunden. Heute weiß ich, daß meine Freunde aus dem Landkreis Dresden namentlich auf der Liste derer aufgeführt waren, für die Ende 1989 ein Internierungslager vorgesehen war.

Jan Garéwicz

Die Männer des Wortes in Polen

Als ich zur Teilnahme an Ihrem Treffen eingeladen wurde, habe ich mir überlegt, womit ich zu Ihrer Diskussion beitragen könnte. Eigentlich ist das einzige, was ich Ihnen hier liefern kann, ein Zeugnis. Ein Zeugnis nicht von den Geschehnissen in Polen, denn das wäre ein riesengroßes Thema, sondern vielmehr von der Bedeutung der Intellektuellen und ganz besonders der Schriftsteller. Ich muß dazu sagen, ich selbst bin kein Schriftsteller, ich bin Wissenschaftler und Übersetzer, Übersetzer wissenschaftlicher Werke, bin zwar Mitglied des polnischen PEN und auch eines Autorenverbandes, aber nicht des Schriftstellerverbandes und bin es auch nie gewesen. Über offizielle Beziehungen zwischen dem polnischen Schriftstellerverband oder den Verbänden und dem deutschen kann ich also kaum etwas sagen. Das wäre zu allgemein.

Was mich betrifft – ich bin Jahrgang 1921. Das bedeutet, daß ich den ganzen Krieg schon als erwachsener Mann mitgemacht habe. Das bedeutet auch, daß ich in der Zeit nach dem Krieg schon tätig war im öffentlichen Leben und selbstverständlich auch als Privatmann. Dabei bin ich erzogen worden in der deutschen Kultur, und die Sache der Annäherung von Polen und Deutschen lag mir immer am Herzen.

Und jetzt zu dem, was die besondere Bedeutung der *Männer des Wortes* – denn so sollte man es nennen – in Polen im Verhältnis zu anderen Ländern betrifft. Ihre Bedeutung war wirklich ganz außerordentlich. Ich glaube, es gibt nur ein Analogon dazu: Das war die Bedeutung der jiddischen Propheten und jiddischen Männer des Wortes. Übrigens hat man sich in Polen auch darauf berufen. In der Situation der Teilung des Landes und der drei Großmächte, verschiedener Religion, verschiedener Sprache, wo die polnische Sprache zu manchen Zeiten völlig verboten wurde, mußten selbstverständlich die Männer des Wortes eine ganz besondere Rolle spielen.[52] Sie waren das einzige allgemein anerkannte Band. Ein Beispiel, wie das in der Praxis aussah: In den 60er Jahren des 19. Jahrhunderts gab es in Warschau 115 oder 117 Ärzte, ungefähr die gleiche Anzahl Geistliche und 400 Schauspieler. Die Kirche und das Theater waren die einzigen Orte, wo öffentlich polnisch gesprochen wurde. Das gibt Ihnen eine Vorstellung, wie groß die Bedeutung der Sprache war. Und damit hing die Bedeutung der Schriftsteller zusammen.

Als der polnische Staat 1918 wieder entstand, gab es in Polen eigentlich nur zwei große moralische, geistige Autoritäten: Marschall Piłsudski[53] und der Schriftsteller Zeromski[54]. Das waren die größten Autoritäten des Landes. Selbstverständlich gab und gibt es auch in Polen sehr unterschiedliche Leute unter den Schriftstellern, aber diese Situation, die den Schriftsteller eigentlich zum Führer der Nation machte – man sprach in der Zeit der Teilung von der *»unsichtbaren Regierung«* –, bedeutete Druck. Einen solchen Druck, daß die Leute schließlich immer auf die eine oder andere Weise diesem Druck entsprachen. Das gleiche gab es zu Zeiten des Kommunismus.

Das soll nicht bedeuten, daß es nicht auch Zeiten gab, wo die Schriftsteller mit der Regierung liebäugelten. Es gab auch eine Zeit, wo der Verband der Schriftsteller stark unter Parteieinfluß stand. Aber die Emanzipation kam ganz rasch. Die ersten Regungen des sogenannten »Tauwetters« fallen in das Jahr 1954, damals erschien das Buch von Ehrenburg, und von dem Titel des Buches stammt ja die Benennung der ganzen Bewegung.[55] In demselben Jahr erschien in Polen – geschrieben übrigens von einem Mann, der vor dem Kriege den Kommunisten verbunden war, Adam Wazyk – ein Gedicht, »Poem für Erwachsene«; das war der Anfang des Tauwetters in Polen. Und auch als es 1956 in Polen zu einem Durchbruch kam – einem Durchbruch, der unglaublich bedeutend war, obwohl Gomulka selbst, der damals zur Macht kam, später eigentlich ein konservativer Mann gewesen ist –, waren es die Schriftsteller, die hier eine ganz wichtige Rolle spielten. Als dann seitens der Partei diese Möglichkeiten gebremst wurden, waren es wieder die Schriftsteller, die als erste die Partei verließen. Schon im Jahre 1957 gab es in Polen eine ziemlich große Gruppe, vielleicht zwanzig Personen, aber alles bekannte Leute, die die Parteilegitimation zurückgaben. Und das war deswegen nötig, weil – als die Bewegung begann, aus der die *Solidarität* entstanden ist, und die Bewegung begann schon 1970 – darin wieder die Intellektuellen, Schriftsteller, Wissenschaftler eine bedeutende Rolle, die entscheidende Rolle spielten. Es entstand damals zum einen das sogenannte »Komitee zur Verteidigung der Arbeiter« (KOR), eine Bürgerinitiative, die sich gegen die Verfolgung der Arbeiter wandte, die 1976 am Streik und den Unruhen in Radom und Ursus beteiligt waren. Die Gründer dieses Komitees waren lauter Intellektuelle. Damals entstand auch eine Institution, in der meine Frau Mitglied war: Die »Gesellschaft der wissenschaftlichen Kurse«, was übrigens die Regierung unglaublich empörte, weil so eine Geheimorganisation in der Zeit der Teilung hieß. Also auch damals waren es Schriftsteller, Schauspieler, auch Wissenschaftler (obwohl die Wissenschaftler sich der Opposition zum großen Teil viel später anschlossen), auch ein angesehener Geistlicher war mit dabei, der hier eine führende Rolle spielte. 1978 kam es auch zu einem ersten Durchbruch im Verband der Schriftsteller. Dieser hatte sich zwar gegenüber der Partei eine gewisse Unabhängigkeit bewahrt, aber es gab auch dort einige Opportunisten, oder besser Pragmatiker, wenn auch bekannte Schriftsteller an der Spitze standen. Jetzt kam es zu einem Durchbruch, und in den neuen Vorstand wurden zum großen Teil Oppositionelle gewählt. 1980, nach dem Tode des Vorsitzenden Jarosław Iwaszkiewicz[56], eines hervorragenden Schriftstellers, jedoch gegenüber der Regierung fügsam, wurde Jan-Józef Szczepanski[57] gewählt, und das war für die Regierung nicht tragbar. Als dann der Kriegszustand erklärt wurde,[58] wurden alle Verbände und Organisationen – mit Ausnahme der Partei selbstverständlich – verboten, nur zwei Zeitschriften durften erscheinen: Die Parteizeitschrift und die Zeitschrift der Armee. Schritt für Schritt wurden dann verschiedene Verbände wieder zugelassen, mit wenigen Ausnahmen. Eine dieser Ausnahmen war der Verband der polnischen Schriftsteller.

Es gab lange Gespräche darüber, lange Verhandlungen, immer wieder aber tauchte die Bedingung auf, der aktuelle Vorstand müsse abtreten, statt dessen müßten Leute in den Vorstand kommen, die der Partei ergeben sind. Das wurde abgelehnt. Schließlich wurde der Verband am 30. Juni 1983 aufgelöst und ein paar Tage später ein neuer Verband gegründet, an dessen Spitze Leute standen, die gegen den früheren Verband auftraten.[59] Einer derjenigen, der in dem neuen Verband eine wichtige Rolle spielte, später wurde er Vorsitzender, Wojciech Zukrowski, hat seinerzeit ein viel gelesenes Buch veröffentlicht, »Die steinernen Tafeln«. Überhaupt war in Polen die Situation der Literatur in einem bestimmten Sinn vielleicht besser als im Westen. Als ich Schopenhauers »Aphorismen zur Lebensweisheit« übersetzt hatte, kam gerade Günter Grass nach Polen. Er sah in den Schaufenstern auch mein kleines Buch über Schopenhauer und sagte in einem Interview: »Merkwürdig, in Deutschland interessiert man sich nur für

Hegel, und hier in Polen schreibt man über Schopenhauer.« Tatsächlich erschienen diese Aphorismen in zwei Auflagen (1970 und 1974) von 25 000 Exemplaren und waren schnell vergriffen. Der Grund war selbstverständlich, daß so wenig Gutes erschien. Aber das zeigt, wie groß die Gier war, wie man diese Literatur brauchte. »Ulysses« erschien in 40 000 Exemplaren und war an einem Tag ausverkauft. »Ulysses« von James Joyce, jawohl. Ich glaube kaum, daß die 40 000 Leute das Buch gelesen haben, das ist eine andere Frage ...

Soviel zur Auflösung des Verbandes und der Entstehung des neuen Verbandes. Die beiden Verbände existieren bis heute. Ich bin sowohl zu dem einen wie zu dem anderen hingegangen, um u. a. zu fragen, wer momentan in den Vorständen ist. Übrigens sind in jedem ungefähr gleich viele Mitglieder, 800 Mitglieder hier, 800 dort, nur daß die Namen hier und die Namen dort unterschiedliches Gewicht haben. In dem neuen Verband wurden mir im Präsidium fünf Namen genannt, davon hatte ich zwei schon einmal gehört, und die waren nicht sehr bedeutend. Ich bin zwar kein Schriftsteller, aber man weiß doch Bescheid.

Die herausragende Rolle, die die Schriftsteller spielten, war mit einer Besonderheit verbunden, und das steht vielleicht im Zusammenhang mit Ihrer Diskussion. Immer, wenn die polnischen Schriftsteller auftraten, kam der Vorwurf: Ihr macht hier ein Politikum; was die Schriftsteller bestritten. Sie traten wirklich nicht auf aus politischen, sondern aus rein moralischen Gründen, und eben diese verliehen den Schriftstellern den hohen Rang. Gerade deswegen konnte der Schriftstellerverband, als er verfolgt wurde, damit rechnen, daß zumindest alle Intellektuellen, aber nicht nur diese, sich hinter ihn stellten und für seine Sache das Wort ergriffen.

In der Diskussion war viel von Menschenrechten und Friedensbewegung die Rede. Dazu zwei Bemerkungen: Erstens, die Friedensbewegung. Meine Herrschaften, ich weiß nicht, ob damals zu diesem Kongreß polnische Schriftsteller eingeladen wurden, ich glaube kaum, daß von dem aufgelösten Verband jemand gekommen wäre. Aber nicht etwa, weil sie gegen den Frieden wären. Sondern, wenn es in einem Land einen Ministerpräsidenten gibt, der 23 Jahre lang als Ministerpräsident amtiert und für das Massaker in Posen im Jahr 1956 verantwortlich ist, und wenn er schließlich abgelöst wird, weggeschoben und dann »gewählt« wird zum Vorsitzenden der Friedensbewegung – verlangen Sie nicht, daß wir dann in Polen die Friedensbewegung ernst nehmen. Das mag in anderen Ländern anders ausgesehen haben. Aber bei uns war völlig klar, daß diese Bewegung in *unseren* Ländern eine reine Fiktion ist, die politischen Zwecken dienen sollte.

Und als zweites: Die beiden Worte, die hier ständig fielen, waren Friedensbewegung, Menschenrechte. Na ja, mit abstrakten Begriffen läßt sich jede Manipulation durchführen. Ich glaube, daß das wichtigste Wort hier nicht gefallen ist, nämlich das Wort Wahrheit. Es geht doch darum – und das ist die Aufgabe sowohl der Schriftsteller wie auch der Wissenschaftler –, über die Welt zu berichten, so wie sie ist, also die Wahrheit über die Welt sagen. Auch die Wahrheit über die Friedensbewegung, auch die Wahrheit über die Menschenrechte. Ja, das kann kompliziert sein – einverstanden, wenn mir Herr Lattmann das vorwirft ... Wahrscheinlich trifft es zu, daß wir in den Ostländern die Verbrechen gegen die Menschenrechte in anderen Ländern nicht genügend einsehen. Das ist möglich. Aber daß hier das Problem die Wahrheit ist und daß gerade die Wahrheit fehlte – das war es, was die Leute besonders empörte. Es gab ständig Lüge, Lüge und Lüge. Die Leute waren mehr gegen die Lüge als gegen die Schwierigkeiten, die mit dem Regime verbunden waren.

Uwe Grüning
Freiheit als Freiheit von Wert und Sinn

Es fällt mir schwer, über die Friedensbewegung zu schreiben, da der Krieg, spätestens seit dem 19. Jahrhundert nicht mehr der Vater, sondern der Zerstörer aller Dinge, zu keiner Zeit mehr förderte als vernichtete, auch wenn er am Ausgang und im Zenit von Hochkulturen stand. Konnte er noch zu Anfang des vergangenen Jahrhunderts als Fortsetzung der Politik mit anderen Mitteln verstanden oder auch mißverstanden werden, so hat ihm ein neues Lebensverständnis im Bündnis mit einer Vervollkommnung der Vernichtungsmaschinerie die Maske eines Gründers und Erneuerers entrissen. Seit nicht allein die Vernichtung des Gegners, sondern die der bewohnbaren Erde droht, verbietet es sich jedem rational Denkenden, den Krieg ins politische Kalkül zu ziehen.

Hat es jedoch nach dem Wendezeichen Hiroshima weniger Kriege gegeben?

Mitnichten. Krieg und Militärgewalt sind für die meisten Staaten Mittel der Selbstbehauptung und Expansion geblieben, nur wurden bewaffnete Konflikte zwischen den Atommächten vermieden: ihre Stellvertreter aber drangen von Ostasien bis Angola gegeneinander und ließen verwüstete Ländereien und zerrüttete Staatswesen zurück.

Weit davon entfernt, Gewalt und kriegerisches Gegeneinander schlechthin zu verwerfen, sympathisierten viele Friedenskünder mit Revolutionen, Guerillakämpfern und Kriegen gegen archaische Regime und nichtsozialistische Diktaturen: verständlicherweise, denn wer sich wie ein Großteil der Intellektuellen dem Marxismus verbunden fühlte, der konnte die Gewalt, die mächtige Geburtshelferin der Geschichte, nicht zurückweisen, wenn es galt, eine neue Erde und einen neuen Himmel über der Erde zu schaffen.

Aus diesem Zwiespalt entsprang die spezifische Unaufrichtigkeit, die aus nahezu allen Dokumenten der Friedenskonferenzen sprach, und zwar nicht, weil bewußt gelogen wurde – auch das geschah in einigen Fällen, und die Zahl der von den Geheimdiensten zu den Versammlungen Entsandten ist nicht gering –, vielmehr, weil man sich mühte, an den Grenzlinien der Globalmächte aufrichtig zu sein, ohne doch seine revolutionären Überzeugungen preiszugeben. Als ich einen nachmals berühmten Friedensstreiter darauf hinwies, daß es kaum legitim sei, in der Bundesrepublik Deutschland aus Gewissensgründen den Dienst mit der Waffe zu verweigern, jedoch in Nikaragua mit der Maschinenpistole Lager gegen antisandinistische Angriffe zu verteidigen, widersprach er mir aufs heftigste. Der Gewissensentscheid entsprach für ihn nicht einer konsequenten Auslegung des fünften Gebots: »Du sollst nicht töten«, sondern richtete sich gegen das Ansinnen, dort Waffen zu führen, wo ein globaler Krieg und mit ihm die Vernichtung der Erde drohte. Etwas im Großen zu verurteilen, was man im Kleinen nicht nur billigt, sondern fördert, ist immer mißlich. Es nährt den Verdacht, daß man auch einem globalen Feldzug wohlwollend gegenüberstünde, wäre er nur mit überschaubaren Opfern zu führen.

Über die Friedensbewegung zu sprechen fällt mir schwer, weil sie mit der Revolution von 1989 aufs engste verbunden bleibt. Sie führte nicht, wie ich fürchtete, zur Destabilisierung der westeuropäischen Staaten, sondern stärkte, auf das östliche Deutschland übergreifend, die Zentrifugalkräfte, welche das dortige Staatswesen zersprengten. Es hatte die Geister zwar nicht gerufen, sie aber, da sie erschienen, kräftig genährt und wurde sie am Ende nicht los. Die Friedensbewegung nahm den Staat DDR beim Wort, obgleich jeder wußte, daß dieses ein Unwort war. Kennzeichnend für ihre Zwiespältigkeit blieb, daß sie Verbündete suchte, ohne darauf zu sehen, mit wem sie im Bündnis stand. Der Zweck, den Frieden zu erhalten, rechtfertigte jedwedes Mittel. Wie hätte da der Verdacht aufkommen können, manchen gehe es nicht um den Frieden, sondern einzig darum, den Nachrüstungsbeschluß der NATO aufzuheben? Worum sonst hätte es beispielsweise einem Hermann Kant gehen wollen, der niemals Anstoß am zunehmenden, von seiner Regierung verordneten, Militarismus nahm, der wußte, daß die an allen Schulen und in allen Bataillonen verkündete Doktrin lautete: Ein künftiger Krieg werde, wiewohl von ihm ungewollt, mit dem Sieg des sozialistischen Weltsystems enden?

Frieden und Sozialismus – dieses behauptete Synonympaar, die uneingestandene Grundlage vieler Zusammenkünfte, war für die einen ein Mittel zur Täuschung, für die anderen zur Selbsttäuschung. Den Anspruch, notfalls mit Gewalt die Welt nach seinem Bilde zu formen, hat der Leninismus nie aufgegeben. Daran ändert nichts, daß er, wie alle alternden Ideologien, in Selbstzweifel fiel. Zudem verdeckte die Sucht, Europa im Spiegel der Systeme – hier Kapitalismus, da Sozialismus – zu sehen, den Blick auf weit ältere Entwicklungslinien, die, wie schon Tocqueville erkannte, durch Revolutionen nicht unterbrochen, sondern entschieden fortgesetzt werden.

Nur wenige Intellektuelle hätten zur Blütezeit der Friedensbewegung gewagt, an Hermann Brochs berühmten Brief an Bodo Uhse zu erinnern, in dem er den Atlantik als natürliche Verteidigungslinie eines imperial fortschreitenden Rußlands sieht. Aber Stärke und Schwäche der Friedensbewegung beruhten auf ihrer Geschichtslosigkeit und der bewußten Verschattung vieler Traditionsstränge.

Die Friedensstimmen erheben sich immer in denjenigen Ländern am stärksten, die selbst weder Macht noch Möglichkeit besitzen, den Verlauf der politischen oder kriegsbestimmenden Ereignisse entscheidend zu beeinflussen. Wer durch die politischen Konstellationen zur Passivität verurteilt ist, wird Passivität zur allgemeinen Lebensmaxime verklären.

Deutschland, vor 1990 unter zwei Militärblöcken geteilt, wäre in einem künftigen Krieg nicht nur in Schutt und Asche gefallen, sondern, wie sich sowjetische Politiker nicht scheuten, drohend auszusprechen, »von der Landkarte verschwunden«.

Deutschland in einer Mittellage zwischen zwei Mächten – das ist keine neue Konstellation, und Rapallo ist zum Stichwort für den Versuch geworden, einen Sonderweg zu beschreiten und, als eigenständige Macht, die Balance zwischen den Mächten zu halten.

Frieden blieb die einzige Existenzmöglichkeit für Deutschland. Das machte die Friedensbewegung trotz ihrer Einseitigkeit unwiderlegbar. Dennoch weckte sie in Westeuropa das alte Mißtrauen gegen ein Deutschland, das sich zweimal in diesem Jahrhundert gegen die westeuropäische Demokratie entschieden hatte und in den Augen vieler dabei war, diese Fehlentscheidung ein drittes Mal zu verklären. Denn von der gigantischen Rüstungsmaschinerie der Breshnewära, in der Rußland mehr und mehr als imperiale Macht auf fast allen Kontinenten auftrat, war selten die Rede. Man forderte die Bewahrung oder gar Sicherung des Friedens und sprach damit bestenfalls eine Halbwahrheit aus: Denn zur gleichen Zeit tobten Kriege in Laos, Kampuchea, Äthiopien, Mosambique, Angola, Mittelamerika. Die öffentliche Meinung in Europa nahm davon kaum Notiz:

Wenn hinten, weit, in der Türkei,
Die Völker aufeinanderschlagen.

Wichtig war nicht der Friede – an sich, sondern das eigene Wohlergehen. Auch wandte man sich mit Entschiedenheit dorthin, wo der geringste Widerstand erwartet wurde: Nicht der Abzug der SS 20 wurde vehement gefordert, obwohl diese Raketen, da sie Amerika nicht erreichen, nur den Zweck verfolgen konnten, Westeuropa einzuschüchtern, es womöglich aus dem Einflußbereich der USA zu lösen und hernach zu finnlandisieren.

Nicht gegen die SS-20-Installation, deren ganzes unsinniges Ausmaß erst nach 1990 sichtbar wurde, richtete sich der Hauptprotest.

Daß sich die SPD dem in ihrer Mehrheit anschloß, ist ein Grund für ihre gegenwärtige Krise, die nur sehr wenig mit der Person Scharpings oder Schröders zu tun hat.

In der Wahl zwischen Demokratie und Frieden – in meinen Augen eine Scheinalternative – war man bereit, notfalls auf die Demokratie zu verzichten in der unwiderlegbaren Überzeugung, daß es nach einem Atomkrieg weder Demokratie noch Leben geben werde. Dieser nicht öffentlich deklarierte, aber implizit geforderte Verzicht setzte das zur Phrase gewordene »Gleichgewicht des Schreckens«, das Europa dennoch die längste Friedensperiode seiner Geschichte gewährt hatte, außer Kraft. Die Abschreckung wurde unglaubhaft. Damit entfiel die bisherige Voraussetzung für den Nicht-Krieg zwischen den Großmächten. Konnte das dem Frieden dienlich sein?

Die Mehrheit der Friedensstreiter zweifelte einerseits an der Humanität und einer weiteren humanen Entwicklung der westlichen Demokratien und besaß andererseits ein Grundvertrauen auf die kommunistische Gesellschaft. Der »Archipel Gulag« hat im deutschen intellektuellen Diskurs, anders als im französischen, nie eine Bedeutung gewonnen. Er wurde verdrängt, bagatellisiert, durch soziologische und historische Einwände relativiert oder als ideologisch geprägte

Schrift entwertet. Indem man einen Autor als Gottesnarren belächelte, überließ man sein Werk einer wohlwollenden Ignoranz. Daran hat sich bis heute nichts geändert. Wenige Linksintellektuelle leugneten die stalinistischen Verbrechen, einige rechtfertigten sie als notwendige Irrgänge auf dem Weg zum Heil der Gesellschaft, die überwiegende Schar jedoch sah einen grundsätzlichen Wandel von der Stalinzeit bis zur Andropow-Ära und vertraute darauf, daß der östliche Sozialismus das humane Gesicht gewinnen werde, das er von Anfang an in seinen Selbstporträts gezeichnet hatte. Auch meinten viele, die bislang verzerrten Züge folgerten aus der Feindschaft, die ihm entgegengebracht werde. Fiele dieser Widerstand, so zeige sich endlich die ihm innewohnende Harmonie.

Ich konnte eine solche Überzeugung nie teilen. Zweifellos trennten zahlreiche Gräben die Ären Breshnews oder Andropows vom Zeitalter Stalins. Eine der grauenvollsten Herrschaften der Geschichte hatte sich zu einem Unrechtsstaat gewandelt, wie es ihn mit vergleichbarer Willkür oft gegeben hat und gibt: Wer nicht aufsässig war, konnte in ihm leben. Jedoch der Gulag war keine zufällige, sondern eine folgerichtige Erscheinung: Wer sich als Vollstrecker der Geschichte weiß, wer, geadelt von deren Auftrag, eine einmal erreichte Stufe der Menschheit um keinen Preis aufgeben darf, wer zugunsten der Menschheit den Einzelnen bedingungslos opfern muß, der wird, in Bedrängnis geratend, auch vor einem Archipel Gulag und dessen Derivaten nicht zurückschrecken.

Was in Peking auf dem Platz des Friedens geschah, verdeutlicht den Willen, Macht um jeden Preis zu erhalten. Noch ist der öffentliche Jubel von Egon Krenz darüber, ist das freudige Echo seiner Mitgenossen nicht verhallt. Die für 1989 geplanten Internierungslager in der DDR waren keine Legende. Was man über sie weiß, läßt erschrecken. Daß die erste Montagsdemonstration nach dem 7. Oktober 1989 in Leipzig friedlich verlief, grenzt noch heute an ein Wunder. Vorkehrungen waren getroffen, den Protestzug der Hunderttausende mit Gewalt zu beenden.

Was spricht dagegen, daß ein schlechtes System, einmal zur Weltherrschaft gelangt und sich keinem ernstlichen Feind gegenübersehend, human werde und wenigstens einen Teil von dem einlöse, was es von Anfang an versprochen hatte? Dagegen spricht etwas, dessen Existenz durch Lenins Nachfolger geleugnet wird: die menschliche Natur. Nicht der Terror, der nur knapp zwei Jahrzehnte in der Sowjetunion jedes Maß überschritt, weckt ein Entsetzen, das nur noch von dem über den Nationalsozialismus übertroffen wird, sondern die abgründige Verachtung jeder Tradition und jedes Gewordenseins. Der Mensch, nur von den jeweiligen Umständen bestimmt, erscheint als Tabula rasa, die man beliebig beschreiben, als roher Ton, den man willkürlich formen kann. Mit der Vernichtung des Bürgertums, wie sie Pasternak beschrieben hat, hat es begonnen, mit der Auflösung von Dörfern und der Bildung von Agrarstädten in Rumänien nahm es seinen Fortgang und gipfelte im Versuch Pol Pots, den Kommunismus auf einer Kulturstufe zu erreichen, welche der frühesten Bronzezeit in einigem ähnelte, nur nicht in ihren Waffen, die bezeichnenderweise aus dem 20. Jahrhundert stammten. Wie einfach wäre die Entscheidung zwischen einem konsequenten Pazifismus und dem Willen, sich und sein Gemeinwesen auch in der Gefahr, vernichtet zu werden, zu verteidigen, teilte einer zweifelsfrei die Überzeugung, daß der Mensch sich als Individuum und Gemeinwesen einer Kultur denke, außerhalb derer sein Leben Sinn, Würde und Glück verlöre.

Allein eine solche Überzeugung ist brüchig geworden, und die Zeiten, da Schiller, auf die Antike schauend, schreiben konnte: *»Das Leben ist der Güter höchstes nicht«,* sind unwiederbringlich vorüber. Das Leben ist für den modernen Menschen ohne Wenn und Aber das höchste Gut, nämlich der Grund für das individuelle Wohlergehen, die einzige Sinnmöglichkeit, die sich, wenn auch nur rudimentär, erhalten hat. Daß damit zugleich das Leben des Einzelnen in der Gattung aufhört, daß all die Selbstverwirklichung kein Selbst mehr kennt – denn das Selbst ist immer die unverwechselbare Ausprägung von Tradition *und* Individuum –, wird nicht mehr gesehen.

Was Hannah Arendt in den 70er Jahren schrieb, bleibt unreflektiert:

»Wäre der neuzeitliche Egoismus wirklich das rücksichtslose Streben nach Lust, das zu sein er vorgibt, so könnte er unmöglich das entbehren, was in allen echt hedonistischen Weltanschauungen ein unerläßliches Kernstück der Argumentation bildet, nämlich eine radikale Rechtfertigung des Selbstmordes. Ein solcher aber findet sich in keinem dieser Systeme, und dies allein weist bereits darauf hin, daß wir es hier in Wahrheit mit einer Art Lebensphilosophie zu tun haben, nämlich mit der Lebensphilosophie in ihrer vulgärsten und unkritischsten Form. Letztlich ist es immer wieder das Leben selbst, auf das als höchsten ›Wert‹ und Maßstab alles andere bezogen ist, insofern nämlich die Interessen der Individuen wie das Interesse des Menschengeschlechts mit den Forderungen des individuellen Lebens oder des Gattungslebens gleichgesetzt werden, als sei es nur selbstverständlich, daß das Leben der Güter höchstes ist, als könnte es prinzipiell kein Leben geben, dem der Tod vorzuziehen ist.«

Die Friedensbewegung, der ich mit größter Skepsis gegenüberstand, hat in allem gegen mich recht behalten. Die Metaphysik, auf der das abendländische Kulturgefüge ruhte, ist versunken, abgelöst von der inhaltslosen Metaphysik des Menschen: der Mensch als das höchste Wesen, der Produzent, der Konsument Mensch, sein eigener Schöpfer im weltlosen Raum.

Gezeigt hat 1989 das, über dessen Rang Ost und West sich einig waren: eine metaphysikfreie, traditionslose Gesellschaft, welche die Kultur aufs trefflichste pflegt, jedoch nur als museale Erscheinung. Alles ist in ihr museal und von keiner lebendigen, erneuerungsoffenen Tradition mehr getragen: Christentum, Kunst, Ethik, Staatsverständnis und Menschenbild. Alles ist beliebig, nur zusammengehalten von riesigen Bürokratien, die wiederum nur durch ständige Produktion, Reproduktion und Konsumtion existieren.

Nur manchmal scheint mir, als wären wir alle, ohne es zu merken, in das Bergwerk von Falun geraten und müßten eines Tages, erfahrungslos und dafür auf das schlechteste ausgerüstet, wieder in die Welt treten.

Diskussion 1[60]

Bernd Ulbrich: Wenn wir noch einige Bemerkungen zum Schriftstellerverband der DDR machen sollen, dann würde ich in einem Punkt widersprechen. Kant war keine Integrationsfigur. Er hat auch nicht eine Tendenz des Auseinanderfallens der Schriftsteller oder des SV verhindert, verhindern können oder verhindern wollen. Die Tendenz gab es von vornherein gar nicht. Ich muß dazu sagen, ich war von 1980 bis Ende 1988 Mitglied im Berliner Vorstand des SV und hatte schon in ein paar Interna Einblick, auch in Bemühungen um junge Autoren aus der Prenzlauer-Berg-Szene. Die Leute, die unabhängig gedacht haben, sind entweder sowieso nicht in den Verband gekommen und haben sich innerhalb des Verbandes auch von Kant nichts vorschreiben lassen. Der Verband als solcher war eine reine Zweckvereinigung. Er war schon, was Gerd Henniger eigentlich nie wollte, ein Reiseverband. Wir sind mehr oder weniger da reingegangen, weil wir entweder uns Vorteile erhofften in Sachen Reisenkönnen oder mal ein Stipendium oder sowas. Es war kaum einer drin, der sich literarische Vorteile erhoffte oder sie auch bekommen hat. Dafür spricht mein eigenes Beispiel: Ich durfte seit 1983 nicht mehr veröffentlichen. Ich hatte also überhaupt nichts literarisch vom Verband. Das zu dieser Rolle von Kant, den in der Eigenschaft keiner ernstgenommen hat. Gefürchtet haben wir ihn schon. Das stimmt. Wegen seiner Demagogie. [...]

Renate Chotjewitz-Häfner: Till Sailer sagte, das Thema »Frieden« sei ein vorgegebenes Thema gewesen auf dem Schriftstellerkongreß 1983 in Ost-Berlin, gewissermaßen eine Ablenkung. Und ich habe mir einige Kommentare angeschaut aus jener Zeit im Westen, da ist mir ein Kommentar aufgefallen von Chotjewitz in der UZ, zu den Austritten von Zwerenz und Kunze aus dem VS 1982.[61] In diesem Artikel bezieht er sich ausdrücklich nur auf diese beiden.[62] Er schreibt: »Das, was wir am nötigsten brauchen heute, sind friedenssichernde Maßnahmen.« Aber auf das scheinbar abgehandelte Problem der Austritte und der Frage des Verhältnisses des VS zum Schriftstellerverband der DDR, was ja von Zwerenz und Kunze u. a. als Begründung für den Austritt angeführt worden war, wird da überhaupt nicht eingegangen. Es wird als psychologisches Problem der beiden Genannten charakterisiert. Beim Lesen hatte ich das Gefühl, die Sache mit dem Frieden, das ist ein so gewaltiges Thema, damit kann man eigentlich alles andere an den Rand drücken und minimalisieren. [...]

[...]

Till Sailer: [...] Der Obertitel dieses Forums heißt: »Frieden oder Menschenrechte?« Also mindestens das »oder« ist als eine Provokation gedacht.

[...]

E. Endres[63]*:* E. E. erwidert, das »oder« in »Frieden oder Menschenrechte« könne man »bös dialektisch« sogar durch ein »und« ersetzen. Beiden Begriffen sei gemeinsam, daß man sie vollkommen mißbraucht und instrumentalisiert habe. Sie habe bereits lange vor 1989 zu denjenigen gehört, die West und Ost nicht spiegelbildlich gleichsetzten. Der Unterschied zwischen Stalin und McCarthy sei ihr immer bewußt gewesen. Die Begriffe »Frieden oder Menschenrechte« seien »in einem orwellschen Sprachgebrauch verwendet« worden. Frieden habe gemeint, die Sowjetunion nicht zu kritisieren, »Frieden zu machen mit der Kritik an der Sowjetunion«. Der historische Beginn der Sowjetunion, fährt E. Endres fort, habe mit einer großen Friedensbewegung am Schluß des 1. Weltkrieges zusammengehangen. Dies sei dann mißbraucht worden, so daß Frieden z. T. eine Leerformel geworden sei. In den ersten Jahrzehnten nach dem 2. Weltkrieg habe ein massiver Antikommunismus geherrscht, so daß auch Menschenrechte zu Leerformeln wurden, »wo man nicht Verletzungen aufgriff, um den Menschen zu helfen, sondern um, vereinfacht gesagt, gewerkschaftliche Forderungen abzublocken«. Dabei wären beide, der Friede wie die

Menschenrechte, ein unendlich hohes Gut. »Wir könnten über die Affaire Rushdie heute nicht so reden, wenn es noch die Spannung zwischen Ost und West gäbe.« Irgend jemand würde dann die Rechte um Rushdie manipulieren. Dies verbinde beide Begriffe: »Sie sind beide der Manipulation ausgesetzt gewesen.«

Till Sailer: Ich bin sehr dankbar für das Einbringen dieses Gedankens »Instrumentalisierung«. Dieser Begriff ist, glaube ich, ganz wichtig.

[...]

Michael Schneider: [...] Ich möchte auf das Thema zu sprechen kommen und vielleicht daran anknüpfen, was Frau Endres sagte. Ich finde, wir sollten uns schon noch einmal der Frage, dem Konflikt, der Konfrontation stellen, die damals auf dem Saarbrücker Kongreß gegeben war. Ich möchte die Frage an die Mitglieder der Geschichtskommission stellen, die hat sich ja nun intensiv mit den Materialien beschäftigt. Man muß ja die Position von Engelmann charakterisieren. Ich würde sie als typisch sozialdemokratische Position bezeichnen. Er hat sozusagen die Position der sozialdemokratischen Ost-Politik zur Politik auch dieses Verbandes gemacht, daß man, indem die Spitzen der Verbände sich gut verstehen und gut kooperieren, dann auch etwas für die unterdrückten, verfolgten Schriftsteller in der DDR, also für einzelne tun kann. Die Berliner Fraktion hat uns dann vorgeworfen, hat der Engelmann-Fraktion vorgeworfen, das sei sozusagen eine Anbiederung und sei ein Ausverkauf der Interessen der Dissidenten, und der anderen diskriminierten, unterdrückten und verfolgten Schriftsteller in der DDR, und sie hat gefordert, daß der Verband, der Vorstand sich schärfer distanziert, einen schärferen Konfrontationskurs fährt gegenüber dem Schriftstellerverband der DDR, auch gegenüber dem polnischen Verband. Es wurde gefordert, die Menschenrechtsfrage offensiv zu vertreten. Jetzt würde mich mal interessieren, und zwar aus eurer Arbeit der Geschichtskommission: Hat denn nicht bis zu einem gewissen Grade das Konzept von Engelmann auch funktioniert? Daß er tatsächlich über die Zusammenarbeit, die Spitzengespräche mit den Spitzenfunktionären, auch was erreichen konnte und erreicht hat für einzelne in der DDR verfolgte, diskriminierte Autoren? Welche Belege gibt es dafür? Was ist das Ergebnis eurer Recherche in dieser Hinsicht? [...] Denn ich finde, wenn wir diese Debatte führen, dann müssen wir auch mal von der Empirie ausgehen.

[...]

Bernd Ulbrich: Mir ist aus meinem Erfahrungsbereich nichts bekannt, was zu einer Hilfe für einen DDR-Autoren geführt hätte.

[...]

Silvia Morawetz: Ganz im Gegenteil. Durch die Zusammenarbeit der Offiziellen West mit den Offiziellen Ost ist eine nachträgliche Diskreditierung bestimmter Autoren herausgekommen, die beschimpft wurden als »Nullen«, als »Kriminelle«[64]. Es war also keine Hilfe, sondern sogar noch eine aktive Diskreditierung. Ich habe in den Materialien einen Brief von Hilde Domin vom 9. 2. 83 gefunden[65], in dem sie ihren Austritt aus dem VS u. a. damit begründet, daß bei einer Veranstaltung, an der sie teilnahm, Lutz Rathenow hätte kommen sollen. Der war aber gerade in der DDR verhaftet worden. Gegen die Verhaftung protestierten: Novak, Zwerenz und andere, aber von Protesten aus der Spitze des VS habe sie nichts gehört. Das war für Hilde Domin einer der wichtigen Gründe, aus dem VS auszutreten.

Till Sailer: Vielleicht ist eine kurze Zwischenbemerkung zum Selbstverständnis der Geschichtskommission nützlich. Eine eindeutige Antwort aus der Kommission zu erhalten ist schwierig. Wir sind zwölf Persönlichkeiten mit zwölf verschiedenen, sehr verschiedenen Biographien. [...] So eine Frage wird von der Geschichtskommission des VS als Ganzes hier nicht beantwortbar sein, sondern es wird verschiedene Auffassungen dazu geben. Ich stimme z. B. nicht mit dem überein, was Silvia Morawetz gesagt hat.

Monika Helmecke: Ich persönlich habe auch niemals gehört, daß es durch diese Zusammenarbeit irgendwelche Hilfen gab. Ich bin erst 1987 in den Schriftstellerverband eingetreten. 1979 hätte ich eintreten können, aber da lag mir noch die Biermann-Sache zu sehr auf der Seele. Wenn ich von diesen Kontakten VS/SV hörte, über die man nur wenig wußte, war ich eigentlich immer stinksauer. Ich habe immer das Gefühl gehabt, daß man wirklich verraten wurde. Ich wäre für ein klärendes Wort, auch wenn es hart wäre, immer sehr dankbar gewesen.

Anne Dorn: Sicher ist das Wort, der Begriff »Frieden« benutzt worden, um sozusagen einen Aufhänger für die Annäherung der beiden Verbände zu haben oder besser Vorstände und Verbandsspitzen. Es ist ja gar nicht der ganze westliche VS gewesen, der danach gedrängt hat, nun mit dem SV in der DDR Kontakte zu schließen. Es haben diese drei Veranstaltungen in Berlin, Den Haag und Köln stattgefunden. Auf dem Haager Treffen hat ein türkischer Autor gebeten, bei der türkischen Militärregierung für vier türkische inhaftierte Schriftstellerkollegen zu intervenieren. Daraufhin forderte Günter Grass, sich in dieser Weise auch für polnische Autoren einzusetzen. Und daraufhin sagte Herr Engelmann, daß es hierfür keinen Konsens gebe. Und so möchte ich jetzt fragen: War das sinnvoll, diese Annäherung?

Andreas Kalckhoff: [...] Beispiele dafür, ob Engelmann etwas für

DDR-Autoren bewirkt hat, sind namentlich nicht bekannt. Aber Engelmann sagte, er hätte.

Uwe Friesel: Dann muß man das präziser sagen. In einem Fall, bei Udo Steinke, war es eben ein Autor, der aus der DDR gekommen war und der unter den normalen politischen Umständen in der damaligen Zeit nicht hätte in die DDR einreisen können.[66] Und da funktionierte diese kurze Linie Engelmann/Kant, und er konnte einreisen. Steinke selber hat das als sehr wohltuend und gut empfunden. Die Frage, die mich dabei beschäftigt, ist aber nicht, ob wir nun eine Liste von Namen beibringen könnten, wo diese Politik funktioniert hat, sondern ob das denn die Politik war, die zwischen den beiden Verbänden hätte stattfinden sollen. Das ist ja das, was hier in Rede steht. Es gibt ganz allgemein im politischen Raum die Meinung bei Häftlingsfreikauf z. B., wenn es darum geht, Menschenleben zu retten, dann verhandele ich selbst mit dem Teufel, dann ist mir jedes Mittel recht. Dies kann man in der Tat gut verteidigen. Die Frage, die uns beschäftigt, ist ja: Kann sich die Politik zwischen zwei Schriftstellerverbänden darin erschöpfen und damit das Thema »Menschenrechte« ad acta legen?

Konstanze Radziwill: [...] Ich meine mich zu erinnern, daß Dieter Lattmann 1984, vielleicht war es auch 1983, am Podium in einem Redebeitrag gesagt hat: Zu diesem politischen Zeitpunkt ist es unmöglich und politisch falsch, die Friedenspolitik offiziell mit der Frage der Menschenrechte zu verquicken. Das muß man jetzt trennen.

[...]

Till Sailer: Ich möchte auf die Frage von Michael Schneider aus meiner Sicht antworten: Hat das Konzept von Engelmann in bestimmter Hinsicht nicht auch funktioniert? Ich würde das mit einem klaren »Ja« beantworten. Diese Kongresse in Den Haag, Interlit, die Zweite Berliner Begegnung, der Kongreß in Sofia. Diese Veranstaltungen, das möchte ich doch für unseren Berufsstand in Anspruch nehmen, gereichen uns nicht zur Schande. Da haben wir unsere Stimme an einem wichtigen Punkt zu erheben versucht. Und solche Dinge sind nicht abrechenbar. Aber eines ist doch geleistet worden, nämlich daß das, was wir jetzt nach dem Fall der Mauer versuchen, das Gespräch zwischen Menschen mit verschiedenen biographischen Verläufen, daß das eben nicht 1989 oder 1990 aus dem Nichts, sondern tatsächlich schon 1981 angefangen hat. Und wenn man diese Materialien liest, was dort für Gespräche geführt wurden, gut, dann schüttelt man über dieses und jenes auch den Kopf, aber da sind doch auch ganz hervorragende, ausgezeichnete Stellen, die man heute fast zitieren kann, weil es kaum besser zu sagen ist. Das ist doch mehr als nichts. Ich kann das nicht so sehen, daß man diese Frage einfach mit »Nein« beantwortet. Das hat jetzt wirklich nichts mit der Person Engelmann zu tun. Wir wollen doch nicht vergessen, daß es da einen Vorstand gab. Selbst wenn Engelmann manches zur Chefsache erklärt hat, dann kann ich darüber keine Bewertung machen. Aber ich bin ziemlich sicher, daß in diesem Vorstand gearbeitet wurde, daß da abgestimmt wurde. [...]

Bernd Ulbrich: Die Frage, die sich mir in diesem Zusammenhang aufdrängt, ist doch: Bei bester Absicht des VS-Vorstandes damals – war diese Politik ein Mosaiksteinchen zu einer Liberalisierung der Kulturpolitik der DDR? [...] Mein Gefühl ist: Ich sehe kein solches Mosaiksteinchen.

Anne Dorn: Die Frage war, ob denn vielleicht privat etwas gelaufen ist. Soweit ich weiß, wurde im Landesverband Nordrhein-Westfalen 1982 eine Kontonummer bekanntgegeben, auf die man privat Hilfe geben, spenden konnte für die polnischen inhaftierten Kollegen und auch für deren Familien. Aber es war nicht der Verbandswille.[67] [...]

Detlef Hensche: Ich meine, man sollte nicht aus dem Auge verlieren, in welchem politischen und geschichtlichen Umfeld das alles geschah. Es ist ja nicht nur der VS gewesen, der Kontakte zum SV hatte. Ich will jetzt von Franz Josef Strauß und von Schalck-Golodkowski gar nicht reden. Es gab eine breite Bewegung in der Sozialdemokratie, daß man durch Kontakte, auch gewerkschaftliche Kontakte, Brücken schlagen, Schritte der Aussöhnung, der Verständigung und des Abbaus von Feindbildern leisten müsse. Dazu haben wir uns auch gegenseitig ermuntert. Das fing in den 60er Jahren bereits an. Später kam der Begriff des »*Wandels durch Annäherung*« auf. Das heißt, die Erwartung von Bahr und anderen, durch möglichst viele Kontakte zur Entkrampfung beizutragen und damit zur Liberalisierung. Aber das war ein Politikverständnis in Zeiten des Kalten Krieges. Es gab ja nun mal die Gefährdung des Friedens. Es gab den Kalten Krieg, es gab Aufrüstung. Es gab Kreise im Westen, die den sozialistischen Ländern den Exitus bereiten wollten, und zwar auf eine Art und Weise, die schlimmer gewesen wäre als das, was Michael Schneider als »Einigungsverbrechen« etikettiert hat. Es gab eine reale Gefährdung des Friedens. Und ich glaube, das war auch der primäre Auslöser für die Kontakte zwischen dem damaligen Bundesvorstand des VS und dem SV. Ich kann mich lebhaft daran erinnern, lange Zeit vor Engelmann gab es auf Initiative und Einladung von Gaus, dem damaligen Bevollmächtigten der Bundesregierung in der DDR, ein Gespräch mit Carl Amery, unter der empfehlenden Fragestellung, im Rahmen des sich allmählich anbahnenden Kulturaustausches und eines Abkommens zwischen DDR und BRD Kontakte zum Schriftstellerverband aufzunehmen[68] – was damals nicht geschah. Aber das lag in der Linie der damaligen Politik, und ich muß gestehen: Gäbe es eine ähnliche Situation der Spaltung und Spannung, ich würde heute dasselbe wieder machen.

Eine ganz andere Frage ist, welche Preise da womöglich gezahlt worden sind. Es gab natürlich die Tendenz, vieles abzuschirmen, nicht in den Chor von Springer und anderen einzufallen und dem galoppierenden Antikommunismus nicht noch zusätzliche Nahrung zu liefern, unter dem wir im Westen alle zu leiden hatten. Deshalb nicht an jeder Stelle für Menschenrechte einzutreten, nicht Kontakte auch zu Dissidenten zu suchen, halte ich für ein Versäumnis, für einen bitteren Tatbestand, über den man selbstkritisch nachdenken und auch öffentlich debattieren muß. Hier hat sich mancher etwas vorzuwerfen, ich schließe mich da ein. In einem Punkt ist nochmals nachzuforschen, mag sein, daß Ursula Brackmann[69] das weiß. Ich kann mich lebhaft an Berichte Bernt Engelmanns erinnern, daß er in Einzelfällen, z. B. Reiseerleichterungen, Erfolge gehabt hat. Da man ihn selbst jetzt nicht mehr befragen kann, gilt es andere Zeugen zu befragen. Aber das waren eher Begleiterfolge, um den Stellenwert deutlich zu machen. Der primäre Zweck der Kontakte war auch auf der Ebene der Schriftstellerverbände, ein Stückchen zur Normalisierung und zum Abbau der Feindbilder im Westen beispielsweise beizutragen.

Diskussion 2[70]

Silvia Morawetz: [...] Ich möchte nicht mit großartigen Thesen, sondern mit einigen persönlichen Eindrücken beginnen, die ich aus dem Studium der Dokumente gewonnen habe, die uns im Laufe der Arbeit zugewachsen sind, wie die Berichte aus dem »kürbiskern«. [...] Ich habe den Eindruck gewonnen, daß, je globaler der Friedens*anspruch* war, wie er von VS und SV vertreten wurde, desto enger der Friedens*begriff* war, der dabei angelegt wurde. Das erscheint zwar paradox, weil der Friedensbegriff letztendlich, angesichts von fünfzigtausend Kernwaffen, auf das Überleben der Menschheit gerichtet war. Darauf wurde ja in einem Papier zur Berliner Begegnung hingewiesen. Dennoch, ich finde, das war ein sehr enger Friedensbegriff. Den weitesten Friedensbegriff hatten aus meiner Sicht die Friedensaktivisten in den Basisgruppen, sowohl im Westen als auch in den sich entwickelnden Basisgruppen im Osten.

[...]

Olav Münzberg: Wenn man die KSZE als einen gewichtigen Faktor im europäischen Prozeß berücksichtigt, dann ist die große Frage für mich, inwieweit galt bis Breshnew die Doktrin des Status Quo innerhalb des Westens, nämlich die Prämisse: wenn es eine Revolte in einem dieser Länder gibt, in Osteuropa oder in der UdSSR, gibt es einen Krieg. Und erst mit Gorbatschow scheint diese Prämisse weggefallen zu sein. Wenn diese stimmt, dann war es gerechtfertigt, auch auf der Basis der KSZE, daß Dialog-Politik betrieben wurde. Es gibt heute Interpretationen, die sagen, ohne diese Dialog-Politik wäre es gar nicht zum Zusammenbruch dieser sozialistischen Staatengemeinschaft gekommen. Denn es gibt nach Herbert Marcuse eine Geschichtsgewißheit, daß, wenn diejenigen, die an der Macht sind, und gleichzeitig soviel Waffenpotential in einer Hand vereinigen, diese nur dann bereit sind, sie an andere gesellschaftliche Gruppen und an die Opposition herzugeben, wenn sie die Gewißheit haben, daß sie nicht am nächsten Baum hängen, wenn sie die Macht abgeben. Das ist eine ganz substantielle, existentielle Geschichte, die sich in der Realität immer wiederholt. Die Dialog-Politik hat da, aus meiner Sicht, etwas Spezielles geleistet. Welchen Preis sie in den Fragen der Menschenrechte dafür gezahlt hat, das muß jeder vor sich verantworten.

[...]

Bernd Ulbrich: Nur ein kleiner Einwand zum Referat von Olav Münzberg. Es bedurfte nicht des Ausschlusses aus dem Schriftstellerverband der DDR, um wirtschaftliche oder künstlerische Nachteile zu erleiden. Man konnte durchaus auch drin sein und gleichermaßen wirtschaftlich und künstlerisch benachteiligt sein. Es war eine reine Formalie.

Dieter Lattmann[71]*:* D. L. antwortet auf die Frage von Konstanze Radziwill[72]dahingehend, daß er sich in jenen Jahren wiederholt öffentlich zu der Problematik Friedenspolitik sowie der Unmöglichkeit oder Möglichkeit von Frieden und Menschenrechten geäußert habe. Für ihn seien Menschenrechte »unteilbar« gewesen und er habe »den Westen heuchlerisch« gefunden, »wenn er Menschenrechte einseitig von West nach Ost forderte«. Insofern habe er sich »gegen die Instrumentalisierung des Friedens- und des Menschenrechtsbegriffs als Waffe im kalten Krieg gewehrt«. D. L. fragt, wie es angehe, daß »die sieben mächtigsten Länder der Welt, die jeden Wert und alles auf der Welt gegenwärtig bestimmen«, die damit fast identisch mit jenen Mächten seien, die in der UNO das Vetorecht ausüben und zu den größten Waffenlieferanten gehören, sich gleichzeitig »als Urheber oder Verteidiger der Menschenrechte auf(zu)spielen« und »als die Erfinder des Friedens«. Für ihn wird der Westen angeführt »durch die einzige Macht in der Welt …, die bisher ohne Not Atomwaffen auf Menschen, auf die Zivilbevölkerung, geworfen hat«. Wenn man dies öffentlich äußere, bekomme man im allgemeinen das »Totschlag-Wort« vom »Anti-Amerikanismus« um die Ohren gehauen. D. L. wehrt sich gegen »jede Instrumentalisierung der Begriffe Menschenrechte und Frieden«. Für ihn sei der Westen »nicht erhaben«. Es sei zudem beweisbar, daß die Bundesrepublik Deutschland als »dritter Rhein-Bund-Staat« gegründet wurde, sozusagen »rheinischer Weststaat«. Auch die Gründung der NATO am 6. April 1949 und die Verabschiedung des Grundgesetzes am 23. Mai 1949 lägen so dicht beieinander, daß sich für ihn, der Soldat im 2. Weltkrieg gewesen sei, bestätigt habe, »was wir schon in der Kriegsgefangenschaft als Gerücht erfuhren, und was sich ja später auch in Churchills Memoiren als tatsächlicher Plan erwiesen hat, uns eventuell und sofort wieder zu bewaffnen und gegen den Osten zu kehren«. Insofern habe man versucht, das »eine Feindbild, das jüdische«, durch ein anderes zu ersetzen. Auch dies könne man historisch nachweisen. Dieses Feindbild zöge sich durch: »von dem Kirchentag 1848 in Wittenberg, wo die Diakonie der Evangelischen Kirche als Waffe gegen den aufkommenden Sozialismus gebraucht wurde«. Eine Instrumentalisierung dieser Problematik durchziehe das »deutsche Bürgertum« seit über 150 Jahren. Für D. L. sei es problematisch, wenn die eine Seite Begriffe wie Frieden oder Menschenrechte für sich gepachtet habe. Das wäre – so L. – durch »Geschichte nicht gedeckt«. In eben diesem Sinne habe er sich »oft geäußert« und werde es weiter tun. So beteilige er sich gegenwärtig auch an »Bürgerinitiativen gegen neues Unrecht in den für mich nicht neuen Ländern«.

Jan Garéwicz: Nur eine kleine Bemerkung zu der Äußerung von Herrn Lattmann. Sie haben gesagt, Sie sind gegen die Instrumentalisierung der Menschenrechte in Ost und West. Gut, ich bin damit einverstanden, aber der Verstoß gegen diese Menschenrechte in Ost und West war doch nicht gleich. Und in einer solchen Formulierung wird er gleichgesetzt.

Dieter Lattmann: D. L. finde es nicht fair, wenn ihm unterstellt würde, daß er »Menschenrechtsbehandlungen und -fragen in Ost und West gleichsetze«. Für ihn seien die Menschenrechtsverletzungen »durch die reichsten Länder der Welt … seit dem 2. Weltkrieg millionenfach bewiesen«, und dennoch gäbe es »kein Aufrechnen«. Man könne nicht sagen, »weil es dort noch schlimmer ist, darf ich Menschenrechtsverletzungen im eigenen Land nicht angreifen«. In der

Wahrnehmung des Westens sei die Verletzung der Menschenrechte »in den osteuropäischen Ländern, die DDR eingeschlossen, unendlich viel schwerer sichtbar gewesen«. Wenn er aber seine Lebenszeit hinzunähme, dann müsse er an »den Vietnam-Krieg, die Vorgänge in Panama usw.« denken. Auch die »aberwitzige, von Schriftstellern vorgetragene Forderung, man könnte mit Bombardements auf die Höhen von Sarajevo die Zivilbevölkerung schonen«, gehöre dazu. Dies könne nur jemand sagen, der von militärischen Einzelheiten offenbar nicht viel versteht. D. L. müsse davor warnen, denn jede Gewalt träfe »zuerst und in größter Zahl die Zivilbevölkerung«.

Für D. L. als »Bürger des Westens« gelte die Devise, »da wo ich lebe und wo die größere Freiheit wächst, habe ich die größere Pflicht, gegen Verletzungen, die meine Länder verüben, anzugehen« …

Renate Chotjewitz-Häfner: Dieter Lattmann, Anlaß, daß du hier und heute teilnimmst, war ja die Veröffentlichung vor vier Wochen in der FAZ[73], der ja noch eine Reihe anderer Presseveröffentlichungen zum gleichen Thema folgte. Und wir kennen nun nur diesen Stasi-Bericht von Henniger, also nur diese Seite. Nun gibt es etwas, was der Historiker als Gegenüberlieferung bezeichnet. Das heißt also, die Sache wird von einer Seite her geschildert, aber die Teilnehmer der anderen Seite haben sich ebenfalls Notizen gemacht. Was ist bei diesem Treffen deiner Erinnerung nach besprochen worden? Und Lore Schultz-Wild, höre ich, war auch dabei. Einiges scheint ja den Tatsachen zu entsprechen. Auf jeden Fall ist dort eine Art Friedensappell[74] erneuert worden von Kant und Engelmann, und zwar gemeinsam formuliert oder wie auch immer. Und dies unmittelbar vor dem Saarbrücker Kongreß: das Treffen war Anfang März, vierzehn Tage später der Kongreß. Daher die Frage: Ist denn wirklich überhaupt nicht über die Krise im VS geredet worden, und wenn doch, in welchem Sinne?

Dieter Lattmann: D. L. betont, daß es so etwas gebe wie »Selbstrespekt«. Er kenne Engelmann sehr genau, und obwohl es schwierig war, mit ihm befreundet zu sein, habe es Augenblicke gegeben, »in denen wir befreundet waren«. Es hätte sich keiner von beiden »jemals dazu hergegeben, eine Krise seines Verbandes mit dem Vorsitzenden eines Verbandes, der unter den schwierigen Bedingungen arbeitete, die in der DDR galten, zu diskutieren«. Dies sei eine »falsche Vorstellung« sowohl von Engelmann wie auch Lattmann. […]

Diskussion 3[75]

Uwe Friesel: [...] Herr Garéwicz, ich hätte gerne noch einen Kommentar zu dem, was Sie so beiläufig sagten: 1978, sagen Sie, habe sich auch der Verband der Schriftsteller sozusagen zu regen begonnen. Und Sie sagten in so einem Nebensatz: in diesem Verband gab es viele Opportunisten und Pragmatiker, er war eigentlich recht regierungsnah. Oder habe ich das falsch verstanden?

Jan Garéwicz: Es gab selbstverständlich Opportunisten und Pragmatiker, es gab Parteileute im Verband, aber nicht nur, selbstverständlich. Die Mehrheit bildeten doch andere Leute. Und diese anderen haben es doch geschafft, 1978, daß sie schon die Leitung übernahmen. So, das will ich nur sagen.

Carsten Gansel: Ich möchte an dieser Stelle nur einige Thesen in die Diskussion bringen, die weniger moralisierend sein sollten denn vielleicht ansatzweise analytisch. Um Erklärungen für das zu finden, was bisher besprochen wurde, scheint mir eine Überlegung von Michel Foucault hilfreich. Er spricht mit Blick auf die Literatur davon, daß sie eine Sonderstellung in den Diskursen hat, weil sie als einzige einen *Gegendiskurs zum Leitdiskurs* einer bestimmten gesellschaftlichen Ordnung herstellt. Wenn man diesen Gedanken in Anwendung auf unser Thema bringt, wäre denkbar, die Geschichte der Literatur in der DDR wie in der Bundesrepublik unter diesem Axiom zu sehen. Bei der Sichtung der Entwicklung in der DDR braucht man sich nur einige Geschichtszahlen zu vergegenwärtigen. Man könnte nämlich fragen, wann Literatur als Gegendiskurs funktioniert hat und wann sie auf den Leitdiskurs eingegangen bzw. selbst einer gewesen ist. Ich nenne einige Daten, die als »Einschnitte« gelten können: 1953, 1956, 1961, 1965, 1968, 1973 oder 1976. Im Umfeld mit dem 17. Juni 1953 hat es keine großen Reaktionen von Intellektuellen gegen die Entscheidungen der DDR-Regierung gegeben, im Gegenteil, die größere Zahl der Autoren verband eine zaghafte Kritik mit einem eindeutigen Bekenntnis zur DDR. 1956 war das dann schon anders. Die Ereignisse in Ungarn waren von Bedeutung, und in der DDR versuchte eine kleine Zahl von Autoren einen Gegendiskurs zu beginnen. Es ist zu erinnern an die Aktivitäten im Aufbau-Verlag – man denke an Janka oder Harich – in der Zeitschrift des Kulturbundes »Sonntag« – man denke an Just oder Zöger. Zu nennen sind Autoren wie Erich Loest oder Gerhard Zwerenz. Erich Loest wurde verurteilt und kam für 8 Jahre nach Bautzen. Was dies für ihn bedeutet haben muß, ist rational nur schwer beschreibbar. Danach war es relativ lange ruhig. Aber Mitte der 60er Jahre setzten dann weitere gegendiskursive Elemente – so möchte ich es nennen – ein. Den entscheidenden Einschnitt brachte dann die Biermann-Ausbürgerung. Damit zerbrach das bis dahin immer wieder beschworene Bündnis von Literatur und Staat offensichtlich und war nicht mehr zu kitten. Es hängt dies auch damit zusammen, daß eine neue Generation in die Literatur drängte, die sogenannten »Hineingeborenen«, von denen zu Beginn die Rede war. Man könnte, wie Biermann, von den »unvermischten DDR-Produkten« sprechen, die bereits in der DDR geboren wurden und sich nicht mehr an den alten Diskurs binden ließen. Es ist nicht abwertend gemeint, wenn man ein Element des »alten Diskurses« mit dem Stichwort »Antifaschismus« fixiert. In dem Maße wie Autoren alte Konsensbildungen aufkündigten, wurde der Blick frei auf die »wirkliche Wirklichkeit«, von der Anna Seghers einmal sprach. Man könnte nunmehr diese Denkfigur mit Blick auf die DDR-Verhältnisse weitertreiben. Statt dessen sei eine daran gebundene Überlegung in die Diskussion gebracht: Wenn Literaten Politik machen, wird es dann nicht möglicherweise problematisch? In diesem Falle verlassen sie – Foucault folgend – ihre Öffentlichkeit bzw. ihre Diskursebene. Sie wechseln nämlich vom literarischen Diskurs, von der Literatur, nicht in ein anderes »Genre«, sondern in eine andere Öffentlichkeit, nämlich in die politische! Auf dieser Diskursebene sind Literaten notwendigerweise gezwungen, den Konsens mit anderen Meinungen zu suchen, das kleinste gemeinsame Vielfache, und dabei müssen Kompromisse gemacht werden. Aber Kompromisse zu machen, dies ist nicht Sache von Literatur, der es um Wahrheit bzw. Wahrhaftigkeit gehen muß. In dem Augenblick also, wo Literaten Politik machen, nimmt das Problem seinen Anfang, zumindest kommt es zur Aufspaltung in »Politiker-Literaten« und solche, die sich einzig ihrem Gewissen verantwortlich fühlen. Eben weil in der DDR Dichtung immer auch ein Politikum gewesen ist und weil Literatur sich als eine eingreifende Instanz verstand, hatten Intellektuelle keine große Sensibilität, wenn es um Menschen- und Bürgerrechte ging. Vor dem Hintergrund der großen Utopie von einer neuen Gesellschaft wurden derartige Fragen lange verdrängt bzw. wegdelegiert. Für die Literaten in der Bundesrepublik oder zumindest für diejenigen, die Politik gemacht haben, könnte man diese mangelnde Sensibilität, sich für Menschen- und Bürgerrechte einzusetzen, sicher auch in Anschlag bringen. Zumindest ist zu vermuten: Wenn Schriftsteller versuchten »mitzuspielen«, bewegten sie sich notgedrungen auf einer politischen Bühne, und die machte es für sie notwendig, sich auf Konsensbildungen einzulassen und Kompromisse zu schließen. Und eben dies ist, rückblickend betrachtet, der Punkt, der heute als problematisch gesehen wird. Möglicherweise ist in der Bundesrepublik auch deswegen der wiederholt benannte Gegensatz entstanden zwischen sogenannten »Sachbuch-Autoren« und »Belletristen«. Die einen – die »Sachbuch-Autoren« – neigten allein wegen ihrer Profession, ihrer Gegenstände und Themen entscheidend mehr zu Kompromissen auf der Ebene der »großen Politik«, als das bei den sogenannten Belletristen der Fall war, die sich nur ihrem Gewissen verpflichtet fühlten und Literatur als autonomes Gebilde verteidigten. Und der so wenig ausgeprägte kulturelle Bezug zur Freiheit hat hier einen, ich betone *einen* Grund. Das gilt auch für die DDR bis 1989. Allein mit dem Stichwort »Zensur«, das ja erst 1987 von Christoph Hein auf dem X. Schriftstellerkongreß zum Thema gemacht wurde, läßt sich erahnen, in welchem Maße lange Zeit auf die geltenden Spielregeln eingegangen wurde. Daß dies keineswegs nur Schriftsteller betrifft, sondern Intellektuelle insgesamt, steht außer Frage. Es gilt also für alle Berufsgruppen in der DDR, daß sie sich an eine paradoxe Situation gewöhnt hatten. Nur hatten natürlich Künstler Privilegien, über die andere nicht verfügten, wenn man an das Reisen denkt. Wenn man also noch einmal das Stichwort »Kulturelle Freiheit« gebraucht, dann läßt sich zugespitzt sagen: Normalerweise hätten Autoren – auch andere DDR-Bürger –, die reisen konnten, dagegen protestieren müssen, *daß* sie reisen durften, und nicht dagegen, daß sie nicht soviel reisen durften! Insofern wurden von Teilen sehr wohl im Rahmen des Systems bestimmte Möglichkeiten genutzt, und die Frage war nur bedingt, wie ist das mit den 17 Millionen anderen, die auch noch da sind. Damit ich nicht falsch verstanden werde, es geht nicht darum, Autoren im nachhinein den »Schwarzen Peter« zuzuschieben, meine Aussage ist gänzlich unmoralisierend gemeint, sie soll nur die Problematik ins Bewußtsein bringen, um die es auch geht. Um auf die Ausgangsebene zurückzukommen: Es steht nach wie vor die Frage, ob und wie gut es ist, wenn Schriftsteller Politik mit anderen – sagen wir – Mächtigen betreiben und ihre Diskursebene verlassen. In dem Augenblick, da es um Verhandlungen mit Vertretern von »geschlossenen Systemen« geht, darf zudem nicht vergessen werden, unter welchen Spielregeln eben diese Systeme funktionieren und inwieweit die Gespräche eben vielleicht doch nur ein politisches Feigenblatt darstellen.

Erasmus Schöfer: Ich glaube, Carsten Gansel ist da auf einen sehr wichtigen Punkt gekommen. Diese Frage der zwei Diskurse, des politischen und des andererseits literarisch-moralischen. Kann es nicht sein, daß die Schriftsteller sich schon als Künstler, in diesem einen literarischen Diskurs bewegen, aber gleichzeitig sind sie Bürger einer Gesellschaft mit Interessen ganz konkreter Art. Und aus diesen Interessen heraus schaffen sie sich Organisationen, in denen sie sich engagieren, seien es Parteien, sei es ein Schriftstellerverband. Und dieser Schriftstellerverband ist eben kein moralisch-ästhetischer Organismus, so haben wir das immer von Anfang an verstanden, sondern ein politisch-gewerkschaftlicher. Als Schriftsteller sind wir in diesem Verband ständig in einer Schizophrenie oder auf einer Gratwanderung zwischen dem moralisch-ästhetischen Anspruch, den wir als einzelne Autoren haben, und dem politischen, mit dem wir in unserem Verband und mit dem Verband nach außen wirken wollen? Und wenn es so wäre, dann wäre das natürlich für die Gegner dieses Verbandes immer sehr einfach gewesen, und vielleicht war das ihre Strategie, nicht unbedingt bewußt. Immer dann, wenn der Verband politisch in einer Weise handelte, wie es den Mächtigeren in dieser Gesellschaft nicht recht war, konnten sie ihn mit moralischen Ansprüchen schlagen und herausfordern. Wir haben uns diese Doppelgesichtigkeit, die Autoren vielleicht notwendigerweise in einem Verband haben, nie so richtig klargemacht. Und entsprechend agierten wir mal auf der einen, mal auf der anderen Seite.

Dann wollte ich Herrn Garéwicz noch fragen: Sie haben gesagt, daß die Autoren, die in dem ersten Schriftstellerverband waren, früh anfingen, auch aus der Partei auszutreten. Hat es nicht bei polnischen Schriftstellern zumindest zu Anfang eine weitgehende Identifizierung mit der Kommunistischen Partei gegeben?

Jan Garéwicz: Ja. Das gab es, besonders bei jüngeren Autoren.

Erasmus Schöfer: War es auch für Sie immer klar, daß es gar keine Chance gibt für dieses sozialistische Modell?

Jan Garéwicz: Nein. Ich bin 1956 in die Partei eingetreten, weil ich meinte, daß es diese Chance gibt. Ich bin 1967 aus ihr ausgetreten.

Noch eine Bemerkung zu dem, was Sie gesagt haben über den Schriftstellerverband. Ich meine, daß der Verband der Schriftsteller nur dann Sinn hat, wenn er sich als Verband nicht mit politischen Fragen beschäftigt. Denn die Schriftsteller dürfen und können und sollen selbstverständlich am politischen Leben teilnehmen, aber nicht im Verband, sondern in den Parteien, die dazu da sind. Der Schriftstellerverband sollte sich nur mit rein literarischen oder moralischen Fragen beschäftigen, aber nicht mit Politik. Denn das bedeutet immer die Notwendigkeit der Kompromisse, der Anpassung. Anders geht es nicht. Und dann ist die Schizophrenie schon da.

Olav Münzberg: Ich habe eine Frage an Herrn Garéwicz. Ist Ihnen irgendeine Reaktion in Polen auf das Telegramm von Engelmann und dem P.E.N.[76] bekannt? Ist der spätere Disput, der in Westdeutschland, in Westberlin über dieses Telegramm stattgefunden hat, in irgendeiner Weise in Polen rezipiert worden? [...]

Jan Garéwicz: Keiner von denen, die ich gesprochen habe, der Vorsitzende des P.E.N.-Club usw., hat sich an das Telegramm erinnert. Das hat damals keinen großen Widerhall gefunden. Dagegen haben die Aussagen von Böll und Grass gegen den Kriegszustand großen Widerhall gefunden. Es gab einen offenen Brief von Adam Michnik[77] an sie usw. Man hat viel mehr darauf geachtet, was hier *für* diese Bewegung als *gegen* sie geschrieben wird.

[...]

Uwe Friesel: Wenn ich mir die Entgegensetzung zwischen dem moralischen und subjektiven Absolutheitsanspruch des einzelnen Schreibers auf der einen und des sozusagen immer nach einem Konsens und Kompromiß strebenden Verbandes auf der anderen Seite, der notwendig von diesem Absolutheitsanspruch abweichen muß, ansehe, dann komme ich natürlich zwangsläufig zu dem, was Herr Garéwicz sagt: Ein Schriftstellerverband sollte sich tunlichst enthalten, überhaupt politisch tätig zu werden. Das ist für mich sehr paradox, muß ich ehrlich sagen. Denn, was ist ein Schriftstellerverband, und ich rede jetzt von einem Schriftstellerverband, der nicht machtgeschützt ist, der nicht regierungsnah ist, der danach strebt, unabhängig zu sein, und der auf die Freiheit des Wortes bedacht ist, denn wert als Verband, als etwas, in dem der einzelne sich aufgehoben fühlt, wenn er dann sich jeglicher Politik enthält?

Till Sailer: Ich möchte an die Bemerkung von Carsten Gansel anknüpfen, daß sozusagen die Erbsünde für den Schriftsteller beginnt, wenn er sich in die Politik begibt. Diese Idee hat schon, gerade aus der Erfahrung heraus, die wir in Deutschland Ost und in Deutschland West gemacht haben, viel Bedrückendes. Aber ich glaube, sie ist auch nicht der Kompaß, dem man sich anvertrauen kann. Wenn ich z. B. meine Erfahrungen in der DDR bedenke, dann wuchs einigen prominenten Autoren eine Verantwortung zu, die ich nur als politische Verantwortung bezeichnen kann. Wenn Christa Wolf und andere tagtäglich Briefe erhielten, in denen ganz persönliche Schicksale dargestellt wurden, die unter Umständen mit den Büchern gar nichts zu tun hatten, das ist nicht mehr eine rein literarische Tätigkeit zu nennen. Und da beginnt ja diese Eisfläche, woran viele DDR-Kollegen heute gemessen werden. Durch diese ihnen zugewachsene Verantwortung hatten sie in der Hierarchiepyramide in der DDR eine Außenseiterrolle. Sie konnten

Dinge bewegen, die andere nicht bewegen konnten. Anders ausgedrückt, ihnen wuchs auch die Pflicht zu, sich für Dinge außerhalb ihres literarischen Bereichs einzusetzen. Diese Grenze zu ziehen, das ist eine ganz theoretische Angelegenheit.

Eine andere Sache. Herr Garéwicz hat den Wunsch nach einem Schriftstellerverband geäußert, der sich um ästhetische und moralische Fragen bemüht und sich nicht um Politik kümmert. Ich glaube, so eine Äußerung ist nur zu verstehen aus einer Gesellschaft heraus, die rundum politisiert ist, und aus der Erfahrung in Verbänden, ob das nun Schriftstellerverbände oder andere sind, die rundum ideologisiert und politisiert sind. Da, und das kann ich ganz gut verstehen, kann dieser Wunsch aufkommen.

Dann möchte ich noch eine Bemerkung im Zusammenhang mit dem Referat von Anne Dorn machen. Da wurde gesagt, Engelmann habe vorgeschlagen, er selbst und andere Kollegen sollten sich privat um Bürgerrechtsfragen kümmern und nicht der Verband. Und dann wurde Grass zitiert, auch das nicht wörtlich, Engelmann hat seine moralischen Pflichten der Diplomatie geopfert – so ähnlich. Aber eine Sache möchte ich dabei bedenken, und das hat mit Politik sehr viel zu tun: Ich habe in meinem Leben nie besonders große Verantwortung getragen. Ich war nie etwa der Leiter einer Arbeitsgruppe oder eines Verbandes. Ich war in dieser Etage nie tätig. Und doch reichen meine Phantasie und Erfahrung aus, um die Erfahrungen von anderen Menschen nachvollziehen zu können, die sich zwar davor über Sachfragen so und so geäußert haben, dann aber in eine Funktion kamen, wo sie sich plötzlich anders äußerten. Es war in der DDR eine stehende Redewendung: Wenn jemand eine Funktion hat, dann kippt er um, ist also sozusagen verloren. Ich glaube, daß man in einer Leitungsfunktion gleich welcher Art zum Diplomat wird, ob man das nun will oder nicht, und daß man sich diplomatisch verhalten muß. Dies ist immer mitzudenken bei solchen Äußerungen wie der hier von Engelmann zitierten. Und ich glaube, die diplomatischen Fähigkeiten von Engelmann waren außerordentlich. Wenn er so etwas gesagt hat, man solle sich privat um Bürgerrechtsfragen kümmern und nicht als Verband, dann unterstelle ich mal, daß da sehr viel Erfahrung dahintersteckt und daß man das nicht von vornherein als Autokratie denunzieren sollte.

Erasmus Schöfer: Er hat dann vielleicht ohne Öffentlichkeit, aber als Vorsitzender des VS gesprochen. Der Verband stand als öffentliche Kraft hinter ihm.

Elisabeth Endres: E. E. nimmt Stellung zur gegenwärtigen westlichen Situation. Sie bemerkt dazu, daß sich sowohl der VS wie der

P.E.N. zu häufig zu Wort meldeten, was eine Entwertung zur Folge habe. Deshalb unterstütze sie eine Zurückhaltung. Andererseits sei es sehr wichtig gewesen, daß sich der P.E.N. 1933/34 in Dubrovnik offen gegen die Nazi-Kulturpolitik gewandt habe. [78] [...]

Jan Garéwicz: Ja, ich bin mit Ihnen einverstanden. Ich möchte nicht, daß Sie es so verstehen, daß ich überhaupt gegen jede Art politischer Äußerung bin. Ich glaube, daß diese Äußerung nur dann erlaubt ist, wenn es eine rein moralische Äußerung ist, nicht eingestellt auf eine bestimmte Situation, als eine Antwort: wir sprechen jetzt im Namen von diesen und diesem über diese Begebenheit. Solange es im Namen der ganzen Problematik ist, dann muß man es tun, aber das ist etwas ganz anderes, als wenn der Verband als Organisation in Fragen der Politik der Gegenwart redet.

Konstanze Radziwill: Mich bewegt nach den Ausführungen von Dieter Lattmann die Frage: kann es eigentlich die gesellschaftlich-politische Aufgabe von Autoren sein, die Berufspolitiker an Diplomatie und Geheimdiplomatie zu übertreffen? Haben Autoren nicht politisch eine andere Aufgabe, und zwar auch über die Länder und politischen Grenzen hinweg, die, wie schon von Herrn Gansel gesagt, tabuisierten Themen aufzugreifen und zu benennen; quer zum Politikerkonsens und auch zu Politiker-Sprach-Regelungen. Diese Furcht unserer bundesdeutschen linken Autoren, sich mit den hiesigen Mächtigen gemein zu machen, hat dazu geführt, die zeitweilig Schwächsten in der Kette, nämlich die Dissidenten der anderen Seite, hier aus dem Diskurs auszugrenzen.

Diesen Eindruck habe ich auf den Kongressen gewonnen. Es wurden keineswegs alle mit offenen Armen empfangen. In dem Fall, da sie eine gewisse Reputation mitbrachten und einen Namen hatten, war dies kein Problem. Aber das waren Leute, die hier zum Teil wirklich untergegangen sind, die hatten vielleicht auch Neurosen, die etwas mit ihrer Biographie zu tun hatten. Und ich denke, daß es da auch eine Ausgrenzung bestimmter Autoren aus der DDR gab, die fatal ist. Wir haben diese Autoren bitter enttäuscht. [...]

[...]

Andreas Kalckhoff: Ich will nochmals auf diesen Konflikt zwischen Politik und Moral zurückkommen, zumal es mit dem Thema »Selbstverständnis des VS« zusammenhängt. Ich gehe jetzt davon aus, daß mit Politik Parteipolitik gemeint ist. Nun haben wir natürlich folgende Schwierigkeit in der Beschreibung dessen, was damals im VS passiert ist. Denn bei der Frage »Menschenrechte und Frieden« ging es ja in beiden Fällen um Moralfragen. Zumindest konnten dies beide Parteien, diejenigen, die für Menschenrechte eingetreten sind, wie auch diejenigen, die für den Weltfrieden eintraten, für sich reklamieren. Das waren ja keine parteipolitischen, sondern moralische Fragen. Es war aber auch gleichzeitig eine parteipolitische Frage. Denn der Schriftstellerverband, der Vorstand, ist ja von Konservativen angegriffen worden, weil diese Politik zugleich die Politik der SPD war. Da liegt m. E. die Schwierigkeit, diese rein theoretische Trennung von Politik und Moral in der Praxis auseinanderzuhalten.

[...]

Carsten Gansel: Ich wollte ganz kurz auf den Einwand von Till Sailer eingehen, weil ich glaube, daß man die Ebenen nicht vertauschen sollte. Wir bewegen uns nämlich in der Diskussion auf sehr unterschiedlichen Ebenen. Ich habe nicht moralisiert, sondern nur versucht, eine *Erklärung* zu finden für etwas, was in der Vergangenheit geschehen ist. Ich wollte auch nicht den Anspruch erheben, eine Analyse geboten zu haben, es ging mir aber wohl um einen Analyse*ansatz*, und genau dies verstehe ich als eine maßgebliche Funktion, die Intellektuelle – egal welcher Profession – haben. Unter diesem Blickwinkel könnte man fragen: Wie haben Intellektuelle in Ost und West es geschafft, wirklich Analyse zu betreiben und gedanklich zu den Strukturen vorzustoßen? Dabei sollten wir unterscheiden zwischen modernen, man könnte auch sagen »offenen Gesellschaften« und solchen, in denen vormoderne Regularitäten wirken, wie das in der DDR der Fall war. Daß die Kulturpolitik ein vormodernes Regulierungsinstrument darstellte, steht für mich außer Frage. Natürlich läßt sich dies jetzt, nachdem das Ende da ist, recht einfach ausdrücken. Offensichtlich ist doch – und dies ist erneut für unseren Gegenstand von Bedeutung –, daß Literatur in einer »offenen Gesellschaft« eine viel geringere Bedeutung hat als in einer »geschlossenen«. Genau das müssen ja im Endeffekt Autorinnen und Autoren aus der vergangenen DDR im Wechsel von eben dieser DDR zur größer gewordenen Bundesrepublik feststellen. Und wenn Herr Garéwicz von der Situation in Polen sprach und das Stichwort vom Dichter als dem Sprecher der Nation fiel, dann ist ja eben dies ein Indiz für eine Gesellschaft, die sich in einem bestimmten Zustand der Vormodernität befunden hat. Dort bedurfte es der Autoren in ganz besonderem Maße, um einen Gegendiskurs zu formulieren! *Darum* ging es mir bei meinem Hinweis, und er war gänzlich ohne moralisierenden Anstrich gemeint. An dieser Stelle ein ergänzender Aspekt: Es läßt sich wohl sagen, daß in dem Maße, wie die Offenheit einer Gesellschaft zunimmt, die Rolle der Literatur abnimmt.

In eben diesem Rahmen ist von mir mit Blick auf bundesdeutsche Autoren zu bedenken gegeben worden: Nach innen haben bundesdeutsche Autoren einen Gegendiskurs geführt, aber, und genau das ist die Frage, über die man erneut nicht moralisierend, sondern im Bemühen um Analyse streiten kann: Nach außen haben sie den Leitdiskurs einer anderen Gesellschaft dadurch, daß sie sich auf eine Politikebene begeben haben, bestätigt, zumindest nicht in Frage gestellt. Dieser Spagat, und um den geht es im Endeffekt, ist der praktikabel und wenn ja, wo liegt die Grenze? Das ist eine Frage, und die muß erlaubt sein, ohne daß gleich eine unergiebige Gegenpolemik und Abwehrhaltung die Folge ist. Dabei dürfte klar sein, es kann nicht um das Gebot gehen, daß Autoren sich nicht politisch äußern sollen.

Renate Chotjewitz-Häfner: Ich mache es mal ganz kurz. Wir hatten im Dezember 1992 Gerhard Zwerenz zu Gast.[79] Zwerenz hat ausführlich über die Konflikte um »Interlit«, die auch Anne Dorn angesprochen hat, berichtet, und er sagte, daß die Konflikte zwischen den Westintellektuellen in dem Moment aufbrachen, da im Osten, in Polen, in der ČSSR, Ende der siebziger Jahre die Bürgerrechtsbewegungen entstanden. Wir reden hier ja »nur« von den Dissidenten, also einer sehr kleinen Gruppe, die im übrigen damals noch kaum so genannt wurden. Was dann später im VS zu beobachten war, schon 1983 in Mainz und 1984 dann in Saarbrücken, und dann regelrecht als Fraktionierung im VS wirkte, das hat sich genau an dieser Frage entzündet. Es ging nämlich um die Sicht der BRD-Linken auf die DDR, die von einigen für das bessere Deutschland gehalten wurde. Die anderen, die Dissidenten, störten das von uns gewollte Wahrnehmungsbild permanent. Die Folge war, daß die Abwesenheit der Dissidenten bei »Interlit« von der VS-Spitze damit begründet wurde, die deutsch-deutschen Zänkereien würden die internationalen Gäste stören. Insofern wurde die wirkliche Problematik heruntergespielt und eben nicht als Auseinandersetzung zwischen zwei Weltanschauungen gewertet.

Gerhard Beier: [...] Ich möchte etwas zum Stichwort »Diplomatie« sagen. Mir scheint, wir müssen den Begriff »Diplomatie« in diesem Zusammenhang differenzieren. Es gibt da sehr unterschiedliche Ebenen und Formen. Einmal, im Zusammenhang mit »Interlit«, ist der Verdacht aufgekommen, daß über den Einladungsmodus sozusagen den kommunistisch stärker beeinflußten oder von der Sowjetunion aus stärker beeinflußten Schriftstellerverbänden ein formales Vorrecht geschaffen wurde, so daß sie einen stärkeren Einfluß haben konnten, als ihnen eigentlich zukam. Das ist ein Verdacht, den ich hier aus der Diskussion herausgehört habe und der auch immer wieder von anderer

Seite ausgesprochen worden ist, auch bei der Wiederholung von »Interlit« immer wieder problematisiert wurde. Ich sehe mich außerstande, es zu beantworten. Aber ich wüßte einen Weg, wie es zu beantworten wäre. Das sind nicht die Akten in Ost-Berlin, sondern das sind die Akten in Moskau. Und es ist schlichtweg eine Frage des Geldes, an diese Akten ranzukommen. Im Zusammenhang mit meinen Studien bin ich mehrfach in diesen Moskauer Archiven gewesen.

Die Frage nach der Diplomatie lautet erstens, ob »Interlit« nun der verlängerte Arm einer informell auch nach Auflösung der Komintern unter Stalin 1943 noch weiter bestehenden Kominform-Konstellation gewesen sei. Ich dämonisiere das jetzt etwas, um es auf den Punkt zu bringen. Die zweite Frage im Zusammenhang mit dieser »Diplomatie« heißt, ob ein diplomatisches Parkett gesucht wurde, um sich einen gewissen diplomatischen Glanz zu verleihen, seiner Eitelkeit als Verbandsvorsitzender zu genügen, was ich ja ganz verständlich finde. Ein Schriftstellerverbandsvorsitzender darf sich so eine Gelegenheit nicht entgehen lassen, er darf dabei natürlich nicht seine politischen Prinzipien oder die seines Verbandes über Bord werfen.

Und der dritte Punkt, in dem ich die Diplomatie hier besonders wichtig finde, das ist das Problem im 20. Jahrhundert, nämlich die Frage: Verrat im 20. Jahrhundert. Ich erinnere an Margret Boveri. Die konventionelle Diplomatie, die klassische Diplomatie, auch Geheimdiplomatie, wie sie aus dem Renaissancezeitalter dann über das 19. Jahrhundert auf uns überkommen ist, hat sich offenbar außerstande gezeigt, die Konfliktsituationen miteinander streitender Massendemokratien und Großstaaten, imperialistischer Staaten, zu lösen. Ein Versagen, das sich im ersten Weltkrieg verhängnisvoll zeigte, das dann z. B. von den Wilsonian Socialists[80] auf der Gewerkschaftsebene versucht wurde zu unterlaufen. Wir finden im 20. Jahrhundert diese neue Erscheinung von Diplomatie, die ich für ganz wichtig halte, um große kriegerische Konflikte zu vermeiden, und zwar aus dieser Geschichte der Wilsonian Socialists heraus: Es ist die Labor Diplomacy. Man hat festgestellt, daß die ausgebildete Diplomatie mit ihren Militärattachés und diesem konservativen Typus von Diplomaten nicht in der Lage war, die notwendige Verständigung zwischen den großen Mächten zustande zu bringen. Man hat dann die Kanäle über die Gewerkschaften gesucht. Das war mit ein Unterpfand für den Erfolg der Ost-Politik Ende der sechziger, Anfang der siebziger Jahre. Es waren ja Gewerkschaftsführer, die da gereist sind. Es waren nicht die alten Knockstiefel und Gamaschenträger, Diplomaten aus der wilhelminischen Tradition, wie sie in Bonn 1949 auch wieder eingestellt worden sind, sondern man suchte neue Menschen, die da herangingen. Das waren Heinz Kluncker[81], der Hans Mayr[82] von der IG Metall, Hein Bruhns[83] von der Spitze der damaligen IG Druck und Papier und Harald Koch[84] aus Dortmund. Und ich möchte die Protokolle, die über diese Reisen irgendwo liegen, um Gottes willen nicht veröffentlicht finden, denn es gehört eben auch zum Geheimnis dieser diplomatischen Erfolge, daß man miteinander gesoffen hat und sonstwas, nicht nur in der Sauna zusammengesessen, sich gegenseitig Witze erzählt hat, wobei das jeweils eigene System am schlechtesten wegkam; das gehörte zum Gesprächsgeheimnis. Man mußte erst einmal etwas anbieten, damit der andere bereit war, mit einem zu sprechen. Es war eine Geheimdiplomatie unterhalb der Ebene der offiziellen, professionellen Diplomatie, an der selbstverständlich auch Schriftstellerverbandsvorsitzende quasi als Gewerkschaftsvorsitzende teilgenommen haben, was ich für ausgesprochen legitim halte. Meines Erachtens war das eine Voraussetzung dafür, daß die Friedenspolitik überhaupt gelingen konnte. Ich bitte darum, diese Frage der Diplomatie sehr differenziert zu betrachten. Ich habe verschiedene Aspekte dazu genannt; es gibt negative, es gibt positive. Wir sollten daran nicht Gut und Böse scheiden, ob diese Art Diplomatie gemacht wurde oder nicht. Nebenbei meine literarische Arbeit: Ich arbeite an einer Biographie Herbert Wehners.[85] Das ganze Problem Herbert Wehner »Verrat, Verrat« von Karl Wienand[86] ist auch ein Problem des Verständnisses für diese neue Form von Geheimdiplomatie, mit der die normalen Botschaften, Konsulate usw., auch Außenministerien und Militärattachés nichts anfangen können, die aber notwendig war für den Erfolg dieser Verständigungsarbeit.

Michael Schneider: Das war eigentlich ein schönes Schlußwort, dieses kleine Extra-Colleg über die neue gewerkschaftliche Diplomatie. Ich möchte noch einen kleinen Appendix zu dem vorhergehenden Thema Dissidenten anfügen. Ich stimme dir bis zu einem gewissen Teil zu, Renate (Chotjewitz-Häfner). Es gab sicherlich diese Ausgrenzungserscheinungen, die du analysiert hast, die etwas damit zu tun hatten, daß die Dissidenten unsere noch ungetrübten Bilder vom Osten störten und wir manchmal Mühe hatten, überhaupt die Geduld aufzubringen, ihnen zuzuhören, sie glaubwürdig zu finden. Allerdings muß man auch unterscheiden zwischen Dissidenten und Dissidenten.

Es gab Dissidenten, die wirklich als Diskriminierte, als Opfer eines totalitären Sozialismus hier herüberkamen, die ziemlich verloren und auf unsere Hilfe angewiesen waren und die wir vielleicht nicht immer genügend unterstützt haben. Dann gab es aber einen anderen Typus von

Dissidenten, meist schon prominentere Autoren, die sehr genau verstanden hatten, was der Westen hier von ihnen erwartet; nämlich eine ganz bestimmte Rolle: daß sie sich selbst auch ganz klar instrumentalisieren lassen im ideologischen Grabenkampf gegen das andere System, und sie haben diese Rolle mit gutem Instinkt dann sehr schnell und gut wahrgenommen. Nur ein Beispiel: Reiner Kunze. Meine Solidarität mit dem Dissidenten in Anführungszeichen Reiner Kunze war begrenzt, nachdem ich sah, wie er eine unglaublich steile Karriere über die CSU gemacht hat, für die er Vorträge gehalten hat, gereist ist. Jeder Vortrag wurde mit dreistelligem Honorar bedacht.[87] Das sagt nichts über die literarische Qualität des Autors. Er mag ein guter Autor sein. Also, es gab verschiedene Kategorien von Dissidenten.

Das letzte, was ich zum Thema Dissidenz sagen möchte: Ich glaube, daß ein Teil der Enttäuschung der Dissidenten hier auch mit falschen Erwartungen zu tun hatte. Sie kamen ja aus einem Schriftstellerverband, aus einem Kulturbetrieb, der völlig anders strukturiert war als der unsere. Sie wurden ausgegrenzt oder mußten den Schriftstellerverband verlassen, der drüben natürlich eine enorme Potenz darstellte, der die Schriftsteller auch mit unglaublichen Privilegien versah, der organisatorisch eine enorme Macht hatte, der ganze Karrieren lancieren konnte. Dieser Schriftstellerverband der DDR war allein organisatorisch ein Verband, der etwa 80 Angestellte hatte. Unser Verband hat einen. Diese Dissidenten kamen her mit Erwartungen, daß es hier ein Äquivalent gibt, einen Schriftstellerverband, der auch sozusagen literarische Karrieren lancieren kann, der Einfluß hat auf Preisvergaben, auf Durchsetzung von Büchern bei Verlagen usw.. Und dann sahen sie, daß wir eigentlich ein recht kleiner, schwacher, gewerkschaftlicher Verband sind, der kaum Geld, der keinen Einfluß auf Preisvergaben hat, auf Verlage, der keine literarischen Karrieren kreieren kann. Diese Enttäuschung haben sehr viele der Dissidenten hier erlebt. Es hatte nicht immer nur zu tun damit, daß sie von uns ausgegrenzt wurden, sondern hat auch zu tun mit falschen Erwartungen.

Renate Chotjewitz-Häfner: Ein Zwischenruf: Zum Beispiel der Dissident Gerhard Zwerenz hat in der Bundesrepublik nie einen Preis gekriegt, mal abgesehen vom ›alternativen Büchnerpreis‹; und hat dies auch nie vom VS erwartet. Bezogen auf das, was Michael Schneider eben sagte: Dieser Diskurs kam mir sehr bekannt vor, den kennen wir so nun schon seit fünfzehn Jahren.

Gespräch mit Lutz Rathenow: »Es hätten Signale gereicht, Signale von Solidarität«

Carsten Gansel: Dein erster Band mit Geschichten erschien 1980 beim Ullstein-Verlag in der Bundesrepublik – nicht in der DDR – und trug den Titel »Mit dem Schlimmsten wurde schon gerechnet«. Wie kam es dazu?

Lutz Rathenow: Ich hatte 1976 bis 1979 einen Vertrag mit dem Buchverlag »Der Morgen« über einen Band mit Satiren. Nach der Biermann-Ausbürgerung wurde das in einen Band »Geschichten« umgeändert. Es war eine interessante Zeit der Zusammenarbeit mit dem Lektor Joachim Walther, der sich sehr um das Buch bemühte. Auch der Cheflektor, Heinfried Henniger, wollte das Buch. Dann gab es einen Wechsel im Cheflektorat – ich glaube wegen seiner Kontakte zu Stefan Heym mußte er den Verlag verlassen, und mit dem neuen Cheflektor gab es dann Probleme. In einem Gespräch meinte der, daß zwar jede Geschichte für sich druckbar wäre, aber es als Buch zu einer Anhäufung von »negativen Stimmungen« kommen würde. Er machte dann den Vorschlag, doch vier bis fünf »positive Erzählungen« zu schreiben und eine davon an den Anfang zu stellen, zur Ablenkung für die Hauptverwaltung Verlage gewissermaßen. Es gab sogar Tips für mögliche Themen, über die ich schreiben könne, etwa über einen Raucher, der sich das Rauchen abgewöhnt.

C. G.: Das ist sicher ein Beispiel für die im Literatursystem DDR gängige Art von Zensur schon während des Schreibprozesses. Aber es ging ja weiter. Als der Text dann in der Bundesrepublik erschien, wurdest du verhaftet. Und dies, obwohl du nach Gesprächen im Büro für Urheberrechte davon ausgehen konntest, daß es unterderhand geduldet würde.

L. R.: Ich ging aus dem Büro in dem Glauben weg, daß alles in Ordnung sei, und mir wurde auch versichert, ich könne das entsprechende Honorar 1:1 einführen, stillschweigend sozusagen. Darüber gibt es ein Protokoll. Es erschien 1982 in der »Zeit«.

C. G.: Das war aber ein Irrtum?

L. R.: Ich war überrascht, als ich im November 1979 wegen eben dieses Buches verhaftet wurde. Paragraph 218, Verbreitung von staatsfeindlichen Texten und Materialien. Es war dies eine Klausel, die man erst 1978 eingeführt hatte. Und man sagte mir dann bei der Vernehmung direkt, man müsse mal die Gesetze testen, man müsse sehen, wie das so funktioniert. Frank-Wolf Matthies wurde zur selben Stunde verhaftet. Es gab eine lange Eingangsvernehmung, in der es nur um mein Buch ging.

C. G.: Wie fühltest du dich während dieser ersten Vernehmung bei der Staatssicherheit?

L. R.: Ich hatte Angst und empfand die Situation gleichzeitig als komisch: der Vernehmer hatte mein Buch, das war voll mit Anstreichungen, und am Rande stand überall etwas … Und er fragte, »was meinen Sie jetzt mit diesem Satz«, oder »dieser Satz hier z. B. ›konspirativer Hauptschlupfwinkel der Vögel‹, was bedeutet dies. Versuchen Sie die DDR zu verleumden, oder wollen Sie Repräsentanten des Staates angreifen, indem Sie hier von ›Regierer‹ reden?« Das Gespräch erinnerte mich an Zeiten, wie es im »unaufgeklärten Stalinismus« gewesen sein mußte, ich konnte nicht verstehen, wie sie wegen eines Buches so einen Aufriß machten.

C. G.: Aber das war ja gerade das Besondere in der DDR. Literatur, dem Wort überhaupt wurde eine entscheidende Bedeutung beigemessen und scharf darüber gewacht, was da für Gedanken in die Öffentlichkeit kamen.

L. R.: Stimmt. Aber das Buch war im Westen erschienen. Es war auch nicht der alleinige Grund für die Reaktionen.

C. G.: Welche anderen Hintergründe für die Verhaftung gab es?

L. R.: Der Grund lag in beginnenden Aktivitäten, z.B. Wohnungslesungen, politischen Diskussionskreisen, die eine Vorstufe von dem bildeten, was zur späteren Friedensbewegung führte. Eine Wohnungslesung bei Frank-Wolf Matthies wurde sehr negativ gesehen. Günter Grass und Johano Strasser traten da auf, und es gab dann eine Diskussion, wie man in der DDR polnische Zustände herstellen könne. Eine Äußerung dieses Vernehmers, eines Hauptmannes, lautete: »Wir lassen es nicht zu, wie in Polen, wir verhaften rechtzeitig, wir wollen nicht mit Leuten wie Ihnen in drei Jahren über die Zensur diskutieren.« […]

C. G.: Du wurdest letztlich nach 9 Tagen der Isolation und Ungewißheit entlassen. Aber damit war die Sache nicht erledigt?

L. R.: Das Verfahren ging drei Monate weiter, d. h., ich mußte ein- bis zweimal in der Woche in die Magdalenenstraße zu so etwas wie einer Vernehmung. Das war ein sehr merkwürdiger Zustand. Zur selben

Zeit hatte ich auch Kontakt zum Anwalt, Gregor Gysi, und mit ihm auch Gespräche über die Vernehmungen. Das war sehr unüblich für die DDR, ein politisches Verfahren und Gespräche mit dem Anwalt. Das Verfahren wurde nach drei Monaten eingestellt. Damit waren ich und das Buch straffrei geworden. Der Staat hatte da etwas gemacht, was er eigentlich nicht wollte, er hatte mir verstärkte öffentliche Aufmerksamkeit durch die Verhaftung geschaffen.

C. G.: Kommen wir auf deine Anfänge zurück, du kennst diese alte Frage: Was hat dich eigentlich zum Schreiben gebracht? Aber mit Blick auf die DDR halte ich diese Frage für unerläßlich.

L. R.: Für mich hatte und hat das Schreiben zwei Impulse: Es gibt ein Zu-sich-hin-Schreiben, Schreiben als Überwindung von Widerständen, als existentielle Notwendigkeit und es gibt, glaube ich, auch ein Von-sich-weg-Schreiben, in Sprachhülsen schlüpfen, um etwas zu bewirken. Das macht man in der Regel in Schreiben an Ämter, bei Schulaufsätzen, um Erwartungen zu erfüllen. Schreiben war für mich ziemlich früh etwas, das mir leichtfiel, es machte Spaß. Und das hängt sicher mit der Unfähigkeit zusammen, manch anderes zu tun. Ich konnte nicht gut singen, ich konnte nicht gut zeichnen, Sport hat mich nicht interessiert … Es haben sich also viele Energien ins Schreiben verlagert.

C. G.: Du warst nach deiner Armeezeit der Gründer eines »Arbeitskreises Literatur und Lyrik« in Jena. Wie lief das?

L. R.: Wir schrieben Texte, die mein Vater in seinem Betrieb vervielfältigte. Darüber, daß so etwas eigentlich verboten war, machten wir uns keine Gedanken. Die Texte verschickten wir auch an alle Zeitungen, das »Forum«, also die Studentenzeitung, die »Tribüne«, die Zeitung der Gewerkschaft. Und es wurden dann einige veröffentlicht. Ich selbst wurde als Leiter des Arbeitskreises sogar bezahlt. Das war so eine Art Aufbruchphase, es kamen die Weltfestspiele 1973 in Berlin und eine größere Offenheit.

C. G.: War euer Literaturkreis vergleichbar mit den Literaturzentren? Die wurden ja ab Beginn der 70er Jahre als nachgeordnete Einrichtungen der Räte der Bezirke gegründet und sollten sich um junge Schreibende kümmern?

L. R.: Nein. Diese Einrichtungen hatten ja auch noch andere Aufgaben als literarische … Die Leute bei uns kamen fast nur aus einem bestimmten Freundeskreis. Wir hatten alles in der Hand, bis Partei, FDJ und die Stadt immer mehr Beobachter hinschickten.

C. G.: Aber insgesamt hast du die beginnenden 70er Jahre als offener und als eine Aufbruchsphase empfunden?

L. R.: Das sah ich damals so, und ich habe davon profitiert. Man trat uns aufgeschlossener gegenüber, man wollte uns fördern, wir machten Lesungen, Jürgen Fuchs, Rainer Kirsch, Bettina Wegner traten auf. Da waren auch Leute wie Robert Havemann zu Gast, Jürgen Fuchs brachte ihn mit, Biermann war häufiger in Jena, Reiner Kunzes Tochter arbeitete dort. Also es war ein für DDR-Verhältnisse recht brisantes Gemisch. Ich empfand das als normal.

C. G.: Die anwachsenden politischen Debatten hatten auch Auswirkungen auf dein Schreiben.

L. R.: Zu einem starken Widerspruch kam es mit dem Studium. Das Schreiben wurde da fast zeitgleich aus unterschiedlichen Antrieben gespeist. Der eine war, in Ruhe Dinge für sich zu gestalten, zu Hause zu sitzen, mit Sprache zu basteln, sich meditativ zu versenken. Das ließ eine rasche Außenwirkung nicht zu. Da entstanden Texte, von denen ich heute noch sagen würde, die waren eigentlich ganz gut. Dazu gehörten auch Prosaentwürfe. Zum Beispiel »Der Hampelmann«, der sich im neuen Erzählungsband »Sisyphos« wiederfindet. Den ersten Entwurf zu einem Stück machte ich übrigens mit zwölf auf den Tod von Jimi Hendrix. Gleichzeitig gab es den Versuch, sich einzumischen, Ärger zu machen, anzuecken, zu reizen, zu provozieren.

C. G.: Du sprichst von »Ärger machen« oder »reizen«. Wie würdest du deine damalige politische Position kennzeichnen?

L. R.: Das ist nicht einfach. Es war eine eher linksradikale Haltung, man kann sie als maoistisch geprägt bezeichnen. Zunehmend gab es dann starke Zertrümmerungen von ideologischen Prämissen und die Suche nach einem reformfähigen sozialistischen Weg. Ich weiß noch, wie ich Solschenizyn las, den »Archipel Gulag«. Ich habe ihm nicht jeden Satz abgenommen, aber es war soviel an Fakten, an Bewegungen, an Motiven darin, daß ich das als Schock erlebte.

C. G.: Wann hast du Solschenizyn gelesen, und welche Autoren waren für dich zu diesem Zeitpunkt wichtig?

L. R.: Das war 1973/1974. Stanisław Lem, Miroslav Holub, Mrozek und Zbignew Herbert aus Polen. Vaslo Popa aus Jugoslawien. Osteuropäische Autoren waren wichtig, zum Teil las ich da schon Westausgaben. Und natürlich Volker Brauns leidenschaftliche Verse und Günter Kunerts skeptische Weltsicht. Volker Braun machte Mut zu einem gewissen Sich-Einmischen. Ich weiß, daß ich mich immer mit Volker Braun-Zitaten verteidigte an der Universität.

C. G.: Du wurdest dann kurz vor Abschluß des Studiums exmatrikuliert, aus politischen Gründen. Das war ein Höhe- und Endpunkt.

L. R.: Ja. Ich hatte manchmal in der Woche vier bis fünf Aussprachen. Das ging immer abwechselnd Universitätsparteileitung, Kreisleitung, Bezirksleitung, alle wollten wissen, auf welcher »Seite der Barrikade« ich stehe. Das hing auch mit der ČSSR zusammen. »Jetzt schreiben Sie ein Kafka-Gedicht«, hieß es, »was soll das? Wir werden keinen Jenaer Frühling zulassen.« Das hat natürlich einen gewissen Größenwahn geschürt, weil man das Gefühl hatte, man ist eine wichtige Person. Und es hat einem gleichzeitig Komplexe bereitet. Denn ich war ja nach wie vor nicht unbedingt ein Draufgänger. Ich versuchte mich da durchaus hinauszureden, es gab immer zwei, drei Leute um mich herum, die viel radikaler waren.

C. G.: Einen Einschnitt bedeutete für euch in Jena die Ausbürgerung von Wolf Biermann. Ich frage, weil Biermann ja keineswegs in allen Kreisen jüngerer Leute bekannt war. Seit Mitte der 60er Jahre hatte er Auftrittsverbot, und publiziert wurde er nicht.

L. R.: Biermann war in meinen Kreisen sehr bekannt. Gedichte wurden mit der Hand abgeschrieben und verbreitet. Seine Ausbürgerung hatte in Jena sehr heftige Folgen. Es gab zahlreiche Gespräche, Gegenaktionen, also Unterschriftensammlungen auch von Arbeitern gegen diese Ausbürgerung, und als ich gerade etwas mit der Schreibmaschine tippen wollte, klingelte es um 12.00 Uhr am Sonnabend an der Tür, und da standen zum erstenmal Genossen von der Staatssicherheit dort. Sie wollten eine Wohnungsdurchsuchung machen und nahmen mich 30 Stunden fest. Das war ein 30stündiges Dauerverhör. Und es war für mich ein Schock.

C. G.: Erinnerst du dich daran, worum es in dem Gespräch ging? Was wollte man von dir?

L. R.: Ich war völlig sprachlos, als man mir am Schluß anbot, ich könne die DDR verlassen. Es sei jetzt ein günstiger Zeitpunkt. Die sagten wirklich, sie könnten etwas in der Hinsicht für mich tun. Man muß sich das überlegen, ich war damals Student …

C. G.: Für dich war dieses »Angebot« ein Schock. Hier kam es gewissermaßen zum Umschlagen in eine – sagen wir – neue »Qualität«. Aus dem ehrlichen Bemühen um Veränderung, was das Austesten von Grenzen einschloß, wurde urplötzlich bitterer Ernst?

L. R.: Wenn ich einen Einschnitt in meiner Entwicklung benennen müßte, dann war es dieses Verhör. Mit dieser Verhaftung und der Vernehmung zerbrachen sehr viele Bindungen. Ich hatte die DDR bis dahin als durchaus normal empfunden. Ich bin in dieses Land hineingewachsen. Zwar habe ich mich nie vollständig damit identifiziert, ich hatte immer irgend etwas, was mir nicht gefiel. Wahrscheinlich bin ich sowieso ein nörgelnder Charakter. Aber die Kritik von mir kam eindeutig von links. Mir war das alles nicht kommunistisch genug, nicht gerecht genug, nicht gleich genug. Und nun dachte ich: »Erst hast du den ›Archipel Gulag‹ gelesen, und nun bist du selbst drin. Du lebst noch in dem System, das Solschenizyn beschrieb.«

C. G.: Das, was du schilderst, scheint mir charakteristisch zu sein für viele in der DDR – vielleicht gerade auch jene, die ab 1950 geboren wurden: linke Positionen, die die Vision einer sozialistischen Gesellschaft in der DDR ernst nahmen, darauf pochten und sie wirklich umgesetzt sehen wollten. Ich schließe mich da ein. In diesem Denken funktionierte die DDR als das bessere Deutschland. Und die BRD nahm man lange Zeit nur als »faulender« und »parasitärer« Kapitalismus wahr. Eben dies führte dann freilich auch zu Blindheiten. Sie wurden durch die Bedingungen einer »geschlossenen Gesellschaft« noch verstärkt. Die sich links verstehenden Kräfte in der Bundesrepublik hatten ja immerhin die Möglichkeit, alle jene zu lesen, die in der DDR als Renegaten galten. Leider gaben sich viele unserer Generation zu lange mit den eingelernten Thesen zufrieden und fragten nicht weiter, zunächst zumindest nicht. Aber kommen wir zu deiner Verhaftung zurück. Wurde da eigentlich auch versucht, dich umzustimmen oder gar zu einer Mitarbeit zu gewinnen?

L. R.: Es gab mehrere Vernehmungen, die langsam zu Werbegesprächen wurden. Bei ein oder zwei Gesprächen sagte ich wenig, ich saß da, und in mir war das Gefühl des Ekels, einfach nur des körperlichen Ekels. Und ich sagte ihnen, wenn ich da mit ihnen reden würde, müßte ich darüber schreiben, müßte das anderen vorlesen. Das wäre für mich eine psychische Notwendigkeit. Sie versuchten mir dann weiszumachen, daß sie mir ein Treppchen für den literarischen Erfolg bereiten könnten. »Sie wollen doch mal was gelten in der Literatur«, sagten sie. Sie haben mich in dieser Weise einige Jahre zu spät angesprochen. Das muß ich ganz klar sagen, weil zu diesem Zeitpunkt die Überzeugung, daß man mit der Staatssicherheit gute Literatur schreiben könnte, für mich ein Witz war. Aber ich habe trotzdem zuviel gesagt, jedes Wort konnte mißbraucht werden. [...]

C. G.: Du hast dir dann jede weitere Kontaktaufnahme verbeten. Es läßt sich denken, daß du in diesen Jahren permanent unter psychischer Hochspannung standest. Immerhin standen einige wenige und noch dazu öffentlich kaum bekannte junge Autoren gegen ein ganzes System!? Was dies letztlich bedeutet, können – so glaube ich – nur jene nachvollziehen, die in der DDR gelebt haben.

L. R.: Das könnte so sein. Im nachhinein betrachtet, war das für mein

Leben die schwierigste Zeit, so 1977/78. Denn hinzu kam, daß ich zur gleichen Zeit, in der diese Vernehmungsgespräche liefen, Kontakt zu dem »Komitee für Freiheit und Sozialismus« in Westberlin aufgenommen hatte und illegal versuchte, Materialien und Berichte über die Situation in Jena nach Westberlin zu schmuggeln. Diese Gleichzeitigkeit, also fast noch Student sein, von der Stasi bedrängt werden, gleichzeitig sozusagen konspirativ mit dem »westlichen Feind« gegen sie zu arbeiten, hat mich psychisch unter große Spannungen gesetzt.

C. G.: Du hast also versucht, Informationen nach Westberlin zu bringen. Hattest du Ansprechpartner im Westen?

L. R.: Es war im August 1978, die Stasi-Geschichte war vorbei. Da wollte ich einige entscheidende Berichte an einen Westberliner Schauspieler übergeben. Der hatte mich zweimal besucht. Es ging u. a. um Hinweise, was die im Westen machen könnten für uns. Das alles sollte im Restaurant »Ganymed« in Ostberlin laufen. Ich kam eine halbe Stunde zu früh durch die Weidendammer Brücke, und da konnte man durch die Metallpfeiler der S-Bahn-Überführung, die über den Fluß führt, zur anderen Seite auf das »Ganymed« durchschauen. Da sah ich nun diesen Schauspieler mit ca. acht, neun Leuten im Gespräch, die sich dann in Zweier- und Dreiergruppen verteilten. Drei Angler, zwei Parkbankbesucher, zwei Autoputzer, es war also eindeutig, der wies seine Stasileute ein. Ich habe in den Stasi-Akten dann ein Indiz, nicht den Beweis, dafür gefunden, daß er ein Agent war. Hannes Schwenger fand dann in seinen Akten und den Akten über das »Schutzkomitee Freiheit und Sozialismus« den Beweis. Ich wüßte gern, was die mit mir gemacht hätten. Ich bin damals also umgedreht und schnellstens verschwunden.

C. G.: Wie sah zu diesem Zeitpunkt deine Verbindung zu westdeutschen Autoren oder dem westdeutschen Schriftstellerverband, dem VS, aus?

L. R.: Ich hatte losen Kontakt auch zu VS-Mitgliedern. Uwe Friesel z. B. hat 1978 eine erste Anthologie mit Ost-Autoren herausgegeben, in der ich mit dabei war. Und es gab dann den Versuch, sich selektiv an bestimmten Aktivitäten vielleicht des West-VS zu beteiligen. Das ist 1982 in der Friedensfibel des Hessischen VS gelungen. Die haben uns dann auch eingeladen zu einer Lesung. Die Einladung wurde aber nicht genehmigt.

C. G.: Du hast also Kontakt aufgenommen zum Verband deutscher Schriftsteller. War er für dich wichtig?

L. R.: Ich will es mal so sagen. Ich habe in den 80er Jahren häufig Briefe verschickt, an das P.E.N.-Zentrum und an den VS. Und ich habe über Probleme in der DDR berichtet. Also es ging nicht nur um Fragen, die mich betrafen. Der P.E.N. hat reger reagiert. Der P.E.N. war also wacher, so mein Eindruck. Aber es sind vielleicht manche Dinge auch untergegangen. Das ist verständlich, vielleicht haben die gefragt, wer kennt einen Rathenow, welche Kompetenz hat der überhaupt. Der schreibt da irgendeinen Brief. Das war sicher nicht so einfach. Und die VS-Vertreter, die ich in Ostberlin kurz kennenlernte, Engelmann und Lattmann z. B., da hatte ich nicht das Gefühl, daß die sehr aufgeschlossen gegenüber den Problemen sind. Das muß ich schon sagen. Da war bereits der Streit durch die ehemaligen DDR-Schriftsteller, und es bestand wohl immer die Gefahr, daß man als einer angesehen wurde, der letztlich auf jener Seite steht, die den VS in Frage stellt. So würde ich das ganz grob sagen.

C. G.: Hatte der Verband deutscher Schriftsteller nach deinem Eindruck grundsätzlich Interesse an dem, was sich innerhalb der DDR an Bürgerbewegung, an Gegendenken, an Versuchen der Veränderung auch unter Autoren entwickelte? Oder ging es wirklich eher nach der Abfolge zuerst der Frieden, dann Menschenrechte?

L. R.: Es gibt sicher Unterschiede zwischen dem Interesse des einzelnen Autors und dem Zusammenschluß als Verband. Bei einzelnen Autoren hatte ich schon das Gefühl, daß es sie sehr bewegte, was in der DDR geschieht. Dabei fällt es mir bis heute schwer, wirklich zu sagen, wie repräsentativ eigentlich der VS jemals für alle Gruppen von Schriftstellern war. Ich weiß, daß z. B. Claudio Lange ein sehr engagierter Autor in Westberlin war und gar nicht genug Kontakt bekommen konnte. Wir haben auch ein paar Lesungen vermittelt. Hans Christoph Buch ist z. B. mal aufgetreten, Anna Jonas durfte nicht rüber an dem Abend. Der VS war also nie gleich der VS, an den verschiedenen Orten ist er unterschiedlich aufgetreten. Ich habe gemerkt, daß jemand wie Engelmann und noch bestimmte Leute aus dem bayrischen VS wahrscheinlich aufgrund der politischen Verhältnisse dort eine relativ einfache linke Abwehrhaltung gegenüber der West-Gesellschaft aufgebaut hatten.

C. G.: Kannst du das präzisieren?

L. R.: Zum Beispiel Bernt Engelmann. Ich erinnere mich an ein Gespräch anläßlich des Geburtstages von Stefan Heym. Ich hatte das Gefühl, daß er eher davon ausging, ein kritisches Denken in der DDR innerhalb des Apparates zu finden oder bei den bekannten Autoren. Einzig dort wurde es verortet, und entsprechend groß waren die Erwartungen an Stephan Hermlin. Dem entsprach dann das Konzept der Schriftstellertreffen. Ich halte diese Treffen nicht für sinnlos, wenn man nicht zu viele Erwartungen an sie hat und wenn man gewisse präzise Fragen stellt. Als das erste Schriftstellertreffen 1981 in Berlin stattfand, war es unter dem Eindruck der Solidarność-Niederschlagung. Und es hatte etwas Gespenstisches. Gleichzeitig würde ich heute sagen, wir hätten uns deutlicher vernehmbar machen müssen, klare Erwartungen äußern und Leute direkt ansprechen sollen. Mir scheint, so richtig angesprochen worden ist der VS aus der DDR heraus relativ selten. Es gab allerdings einmal von mir einen offenen Brief an den P.E.N. und den VS, das war 1983. Ich schrieb darin von einer Reihe von Verhaftungen. Vom VS kam keine Reaktion. Vom P.E.N. gab es eine.

C. G.: Wie findest du das Ansinnen, heute genauer die damalige Situation zu beleuchten. Sind dir Erinnerung und kritische Selbstanalyse wichtig?

L. R.: Natürlich. Es wäre jetzt die Gelegenheit, die Akten und Erinnerungen daraufhin durchzugehen. Da sollte ganz minutiös festgestellt werden können, was war. Also, wo gab es Berührungspunkte, welche, wie ist hier und da reagiert worden. Wo gab es Förderungen? Das gehört einfach zur Geschichte der beiden Schriftstellerverbände und zur deutsch-deutschen Geschichte. Ich sagte schon, daß ich selbst durchaus gefördert wurde von jenen Mitautoren, die der Autorenedition nahestanden, und es waren schon einige davon Mitglieder des West-Verbandes. Die ließen sich dabei von möglichen DDR-Bedenken nicht abhalten. Das erlebte ich als positiv, wie ich überhaupt schon in den Jahren 1977 und 1978 recht gute Erfahrungen mit Linken in der Bundesrepublik machte. Die »Frankfurter Rundschau« hat meinen ersten Text zu Günter Kunert gedruckt. Es gab zunächst vielfältige Angebote und Möglichkeiten, und dann kam 1980 das erste Buch, von dem wir schon sprachen.

C. G.: Also waren es doch zunächst keine schlechten Erfahrungen mit dem Verband deutscher Schriftsteller? Wann gab es Veränderungen?

L. R.: Nach der Verhaftung gab es merkwürdige Äußerungen wie: »Wir beteiligen uns nicht daran, Dissidenten aufzubauen«, das war eine. Und dies kam nicht nur von Autoren, auch von Redakteuren. Ein Literaturkritiker warnte mich vor Karl Corino. »Passen Sie auf, das ist der Dissidentenmacher, der glaubt doch nicht, daß er mit seinem Wolfgang Hilbig die neue Literatur entdeckt hat.« Ich merkte plötzlich auf der Leipziger Messe oder anderswo, daß eine gewisse Antistimmung entstanden war. Allem Anschein nach hielt man es nicht für möglich, daß sich außerhalb des Schriftstellerverbandes der DDR eine Gruppe von Autoren würde profilieren können, die eben nicht in den Westen geht. Es gab also eine offensichtliche Abwehr, wobei ich nicht genau sagen kann, wieweit das dann vom VS ausging.

C. G.: Ich gebe dir recht, denn diese Anti-Haltung oder Abwehr war bestimmt nicht nur für den VS als Verband typisch. Denn es handelte sich hier ja um ein grundsätzliches Problem von Intellektuellen in der Bundesrepublik, die in Distanz zu »ihrem« System standen und mit dem – sagen wir – Zukunftsversprechen DDR wie bestimmten ihrer Ergebnissen durchaus Hoffnungen verbanden.

L. R.: In der Tat. Das Problem war sicher kein originäres VS-Problem, das tauchte immer wieder auf bei kritischen westdeutschen Intellektuellen. Es war die Frage, wie nimmt man das Entstehen von außerhalb der staatlichen Struktur sich bildenden Oppositionsgruppen wahr? Es war offenbar sehr schwierig, da Einblicke zu bekommen. Aber ab 1981, mit dem Berliner Appell 1983, dann 1984, wo es viele publizistische Aktivitäten gab, hätte man Entwicklungen in der DDR deutlicher wahrnehmen müssen. Vorher war es wahrscheinlich noch sehr schwer.

C. G.: Kannst du dir erklären, wie dieser Wandel und diese Abwehr zustande gekommen sind?

L. R.: Auf jeden Fall hingen die Vorbehalte uns gegenüber mit einer starken Kritik an den Westverhältnissen zusammen. Und wir, die wir die DDR kritisierten, paßten da nicht rein. Die Antiwestposition produzierte gewissermaßen als Kehrseite eine Antidissidentenstimmung. Und interessant ist, daß dies wieder parallel läuft mit jenen Zersetzungsversuchen der Staatssicherheit.

C. G.: Gab es Unterschiede zwischen Westberlin und der Bundesrepublik?

L. R.: In Westberlin existierte eine größere Aufgeschlossenheit, gegenüber Osteuropa insgesamt. Zeitschriften wie »L 80« haben sich stark engagiert für den Osten und waren den Problemen gegenüber sehr aufgeschlossen. Das lag mit daran, daß sie sehr viel näher an den entscheidenden Fragen dran waren. Der Rias gehört dazu, der SFB auch. Mit Rundfunksendern hatte ich damals sehr gute Erfahrungen. Die machten Originalsendungen mit literarischen Texten von 30 Minuten, und das wurde im Osten gehört. Das war ein ganz wichtiges Medium, das können Zeitungen nicht vermitteln.

C. G.: Kommen wir noch einmal auf den Verband deutscher Schriftsteller zurück. Es kam also zu einer zunehmenden Distanz gegenüber jenen, die man in das Umfeld der sogenannten Dissidenten einordnetete?

L. R.: Ohne Frage war es für mich von Nachteil, daß ich eher Kontakt hatte zu jener Gruppe im VS, die der offiziellen Politik kritisch gegenüberstand, also vor allem in Verbindung stand mit den Berliner Autoren.

C. G.: Blickst du heute mit Groll auf den VS zurück?

L. R.: Man kann das entspannt sehen, aber sollte dennoch versuchen, das Vergangene genau aufzuarbeiten. Da sollte nichts verschüttet werden. Ich denke, es gab Möglichkeiten, die den Verband deutscher Schriftsteller hätten bedeutungsvoller machen können. Und wenn sich eine andere Linie im VS durchgesetzt hätte, wäre das möglicherweise so gewesen. Und in diesem Fall würde der VS heute nicht nur einen anderen Ruf haben, sondern auch einen anderen Stellenwert. Man darf ja aber auch heute seinen gesellschaftlicher Einfluß nicht überschätzen.

C. G.: Meinst du, daß damit das Konzept eines gewerkschaftlich organisierten Verbandes gescheitert ist?

L. R.: Das wäre zu scharf formuliert. Ich halte den Versuch, sich zu organisieren, für wichtig, halte auch gewisse gewerkschaftliche Forderungen für wichtig, sehe aber auch, daß es zwangsläufig einen Spannungszustand mit einer Gewerkschaft geben muß. Heute weiß ich, daß so ein Verband Gruppen vereinen muß, die schwer zueinander passen. Was will man eigentlich fördern? Die anspruchsvolle, kreative, kritische Literatur und Weltsicht, die auf dem Markt eine Außenseiterposition hat, oder will man die möglichst geldbringende Verwertung geistigen Denkens durchsetzen, also das linienförmige, was man als Gewerkschaft ja auch muß. Man muß als Gewerkschaft letztlich das Geldverdienen der Autoren fördern. Also, das sind gewisse Widersprüche, die ich auch auf dem letzten Kongreß in Aachen bemerkt habe.

C. G.: Eine abschließende zusammenfassende Frage: War das Verhandeln des West-Verbandes mit den Offiziellen in der DDR bewußte Politik oder nur Unkenntnis? Mit anderen Worten, ist dem VS diese Einseitigkeit heute moralisch zum Vorwurf zu machen oder war es den historischen Verhältnissen und dem Zeitgeist geschuldet?

L. R.: Beides. Es war natürlich der Zeitgeist. Aber kritisch ist zu sehen, daß die Neugier des VS nur in eine bestimmte Richtung ging, das Interesse an unangepaßten Aktivitäten in der DDR war besonders gering entwickelt. Mir scheint, es paßte in das Weltbild der damaligen Zeit nicht hinein. Die Gespräche selbst sind daher sicher nicht falsch gewesen, ich würde nie die Gespräche an sich verwerfen. Man konnte und mußte natürlich – auch damals – mit Kant reden. Die Frage ist nur, welche Erwartungen verbindet man damit. Hat man wirklich geglaubt, daß Hermann Kant oder Heinz Kamnitzer – um den P.E.N. zu nennen –, daß sie aufrichtig eine entsprechende Politik würden betreiben können? Konnte man wirklich annehmen, daß etwa Hermann Kant Chef des Schriftstellerverbandes geblieben wäre, wenn er der Sachwalter von Autoreninteressen gewesen wäre? Kant und andere konnten nur Vermittler sein. Im besten Falle zwischen Partei und Autoren. Aber sie waren immer auch Berichterstatter. Sie haben dabei versucht, ihre Interessen durchzusetzen, wobei Hermann Kant das vielleicht noch gelassener sehen konnte, da er auch ohne diese Funktionärsposten als Autor leben konnte. Das spricht für ihn. Für manchen anderen wäre es ohne helfende Hand der Partei nicht einfach so weitergegangen.

C. G.: Bringen wir es noch einmal auf den Punkt: Du meinst also, daß es für den Verband deutscher Schriftsteller ab etwa 1981 notwendig gewesen wäre, mit anderen als den offiziellen Kreisen Kontakt aufzunehmen?

L. R.: Genau, und das hat der VS – aber nicht nur er – versäumt. Wenn sie im Verband junge Leute nicht gekannt haben, dann hätte ein Brief etwa an Robert Havemann gereicht, der war bekannt im Westen. Durch die dann entstehende Spannung zwischen den übergesiedelten Autoren und dem VS wurde versäumt, Kontakte weiter aufzubauen. Aufmerksamkeit erreichten nur jene, die ohnehin in der DDR schon einen Namen hatten. Es geht nicht um große Erwartungen, die ich im Rückblick fordere. Es hätte mitunter Zuhören, Neugier, Wissenwollen gereicht. Nicht immer ging es um große Aktivitäten. Es hätten Signale gereicht, Signale von Solidarität. Dazu ist es leider nicht gekommen.

Dokument 1: Friedensappell Europäischer Schriftsteller 1981

Die Menschheit soll jetzt an den verbrecherischen Gedanken gewöhnt werden, daß ein begrenzter Atomkrieg führbar sei – mit neuen Raketen, Neutronenbomben, Marschflugkörpern etc.

Wir setzen dagegen: Mit Atomwaffen ist kein begrenzter Krieg führbar; er würde die ganze Welt vernichten.

Über alle Grenzen von Staaten und Gesellschaftssystemen, über alle Meinungsverschiedenheiten hinweg richten wir an die Verantwortlichen den dringenden Appell, das neue Wettrüsten zu unterlassen und unverzüglich wieder miteinander in Verhandlungen über weitere Abrüstung einzutreten.

Wir fordern die Weltöffentlichkeit auf, nicht zu resignieren, sondern sich mit verstärkter Energie für den Frieden einzusetzen. Handeln wir gemeinsam, damit Europa nicht zum atomaren Schlachtfeld eines neuen und dann letzten Weltkriegs wird.

Nichts ist so wichtig wie die Erhaltung des Friedens!

Dokument 2: Vertrauliche Verschlußsache zur Berliner Begegnung (7.12.1981)

Ministerrat der Deutschen Demokratischen Republik Berlin, 7. 12. 1981
Ministerium für Staatssicherheit
Stellvertreter des Ministers

Vertrauliche Verschlußsache VVS.0008
MfS-Nr. 65/81
48. Ausf. Bl. 1 bis 3

Diensteinheiten
Leiter

Zusammenkunft von Schriftstellern, Wissenschaftlern und Künstlern aus mehreren europäischen Ländern zu Problemen der Friedenssicherung vom 13. 12. bis 15. 12. 1981 in der Hauptstadt der DDR, Berlin.

In der Zeit vom 13. 12. bis 15. 12. 1981 findet im Kongreßsaal des Interhotels »Stadt Berlin« der Hauptstadt der DDR ein Treffen von Schriftstellern und Wissenschaftlern und Künstlern aus 13 Ländern Europas und Berlin-West statt.

Bei diesem als »Berliner Begegnung« bezeichneten Treffen sollen Fragen der Erhaltung und Sicherung des Weltfriedens angesichts der durch die NATO-Hochrüstung verursachten zugespitzten internationalen Lage beraten werden.

Als Einlader der vorgesehenen Teilnehmer tritt der DDR-Schriftsteller Stephan HERMLIN in Erscheinung.

Gastgeber sind die Akademie der Künste der DDR und die Akademie der Wissenschaften der DDR. Die organisatorische Vorbereitung des Treffens obliegt der Akademie der Künste der DDR. Bisher ist folgender Ablauf vorgesehen:

13. 12. 1981, 18.00 Uhr Eröffnung durch einleitende Rede von Stephan HERMLIN am Veranstaltungsort.

Anschließend Vorträge von DDR- und ausländischen Wissenschaftlern sowie ein Podiumsgespräch

14. 12. 1981, 10.00 – ca. 19.00 Uhr Diskussion

15. 12. 1981, 10.00 Uhr Je nach Stand der Beratungsergebnisse Diskussion bzw. Abschluß der Veranstaltung

Nach den Festlegungen führt Stephan HERMLIN bei allen Tagesordnungspunkten den Vorsitz.

Bisher sind 120 Persönlichkeiten aus dem In- und Ausland eingeladen, die im Interhotel »Stadt Berlin« untergebracht und verpflegt werden.

63 aus der DDR
4 aus der UdSSR
1 aus der ČSSR
2 aus der Ungarischen Volksrepublik
2 aus der Volksrepublik Polen
48 aus der BRD, anderen nichtsozialistischen Staaten und Berlin-West

Es ist vorgesehen, daß Presse, Rundfunk und Fernsehen der DDR von der Veranstaltung berichten werden.

Die in der DDR akkreditierten ausländischen Medien, einschließlich BRD, erhalten vom Ministerium für Auswärtige Angelegenheiten Arbeitsgenehmigungen, sofern sie darum ersuchen. In gleicher Weise wird mit ausländischen Reisekorrespondenten verfahren. Es ist festgelegt, daß die Gesamtzahl der zur Berichterstattung von der »Berliner Begegnung« zugelassenen Vertreter der Massenmedien die Zahl der daran teilnehmenden Schriftsteller, Wissenschaftler und Künstler nicht überschreitet.

Internen Hinweisen zufolge beabsichtigten Vertreter folgender westlicher Medien, sich für diese Veranstaltung akkreditieren zu lassen:

ARD-Fernsehen – ZDF – ARD-Hörfunk – »Die Zeit« – »Stern« – DPA – »Westfälische Rundschau« – »Der Spiegel«

Durch den Veranstalter wird gewährleistet, daß in den Aussprachen ausschließlich Probleme der Friedenssicherung diskutiert werden. Personen, die provokatorisch in Erscheinung treten, soll das Wort entzogen und durch Eingreifen ausgewählter und vorbereiteter DDR-Teilnehmer deren provokatorische Äußerungen zurückgewiesen werden. Unter den eingeladenen Personen befinden sich operativ bedeutsame Personen. Dabei handelt es sich um solche, die in der Vergangenheit gegen die DDR, die UdSSR und andere sozialistische Staaten gerichtete öffentlichkeitswirksame Aktivitäten durchgeführt haben bzw. mit oppositionellen Kräften in der DDR in Verbindung stehen. Entsprechend der Bedeutsamkeit der vorgesehenen Veranstaltung werden politisch-operative Sicherheitsmaßnahmen eingeleitet und gedeckt durchgeführt, um Störungen, politische Provokationen und andere Feindhandlungen im Zusammenhang mit der »Berliner Begegnung« vorbeugend zu unterbinden. Die Leiter der operativen Diensteinheiten habe alle operativen Möglichkeiten zu nutzen, um

- antisozialistische und antisowjetische Vorhaben von Teilnehmern der »Berliner Begegnung«, Korrespondenten westlicher Massenmedien und inneren feindlichen Kräften zum Mißbrauch und zur Störung dieses Treffens rechtzeitig aufzuklären,
- in der Hauptstadt der DDR, insbesondere in der Umgebung des Tagungsgebäudes, eine hohe öffentliche Sicherheit und Ordnung zu gewährleisten,
- bekannte feindliche Kräfte im Inneren der DDR, die im Zusammenhang mit der »Berliner Begegnung« aktiv werden können, unter anderem rechtswidrige Antragsteller, Demonstrativtäter, klerikale Kräfte, unter politisch-operativer Kontrolle zu halten und öffentlichkeitswirksame Aktionen dieser Personen vorbeugend zu verhindern.

Nachstehende Diensteinheiten haben in konsequenter Durchsetzung der im Befehl 17/81 des Genossen Ministers zur Aktion »Dialog« angewiesenen Aufgabenstellungen folgende spezifische Sicherungsmaßnahmen einzuleiten und durchzusetzen:

1. Die Hauptabteilung XX leitet im Zusammenwirken mit den zuständigen Diensteinheiten zu den operativ bedeutsamen Personen die notwendigen operativen Kontrollmaßnahmen ein. Die Hauptabteilung XX hält ständigen Kontakt zu den mit der Vorbereitung und Durchführung des Treffens beauftragten Mitarbeitern der Akademie der Künste, um die notwendigen sicherheitspolitischen Aufgaben durchzusetzen.
2. Es wird gewährleistet, daß nur überprüfte und zuverlässige Mitarbeiter des Rundfunks und Fernsehens der DDR und der Presseorgane eingesetzt werden.
3. Durch die Nutzung inoffizieller Kräfte und Mittel ist ein ständiger Überblick über die politisch-operative Situation unter den am Treffen Beteiligten zu gewährleisten und feindliche Absichten, politische Provokationen und andere Störungen rechtzeitig aufzudecken und zu unterbinden. Die Hauptabteilung XVIII nimmt Einfluß auf die Auswahl der aus den Bereichen der Akademie der Wissenschaften der DDR eingesetzten Personen. Sie leitet geeignete Sicherheitsmaßnahmen und Maßnahmen zur Informationsgewinnung über die politisch-operative Situation und zur Aufdeckung und Unterbindung feindlicher Absichten in diesem Personenkreis ein.
4. Die Bezirksverwaltung Berlin leitet im Zusammenwirken mit der Deutschen Volkspolizei geeignete Maßnahmen der Innen- und Außensicherung des Tagungs- und Unterkunftsobjektes ein. Sie nimmt Einfluß auf die Gewährleistung der staatlichen Hygienebestimmungen der Verpflegungseinrichtungen im Interhotel »Stadt Berlin« unter Beachtung des fortlaufenden allgemeinen Hotelbetriebes.
5. Die Hauptabteilung II gewährleistet eine ständige Übersicht über die vom Ministerium für Auswärtige Angelegenheiten zu diesem Treffen erteilten Arbeitsgenehmigungen für akkreditierte westliche Presseorgane und Reisekorrespondenten und übt eine operative Kontrolle über deren Wirksamkeit aus, um feindliche Aktivitäten westlicher Medien im Zusammenhang mit der »Berliner Begegnung« rechtzeitig aufzudecken und zu unterbinden.
6. Die Hauptabteilung VI gewährleistet eine bevorzugte Abfertigung bei der Einreise der ausländischen Teilnehmer, die im Besitz einer persönlichen Einladung sind, erteilt Einreisevisa an der GÜSt für

diese Personen und veranlaßt deren Befreiung vom Mindestumtausch.
Operativ bedeutsame Verhaltensweisen des eingeladenen Personenkreises bei der Ein- und Ausreise sind dem Leiter der Hauptabteilung XX umgehend mitzuteilen.
Alle operativ bedeutsamen Hinweise im Zusammenhang mit der »Berliner Begegnung« sind dem Leiter der Hauptabteilung XX umgehend mitzuteilen.

Mittig
Generalleutnant

Dokument 3: Information über weitere bekanntgewordene Aktivitäten (12.12.1981)

BStU
ZAIG 3177

MINISTERIUM FÜR STAATSSICHERHEIT

[Berlin, den 12. Dez. 1981]

5 Blatt
10 Exemplare
1. Ax
2. Hag
3. Ragw
4. Mittig
5. HA II, Ltr.
6. HA XX, Ltr.
7. HA XVIII, Ltr.
8. Min
9. Ber. 1
10. Abl.

Streng geheim!
Um Rückgabe wird gebeten!

I n f o r m a t i o n   ü b e r
weitere bekanntgewordene Aktivitäten im Zusammenhang mit der Vorbereitung und Durchführung der geplanten »Berliner Begegnung« von Schriftstellern, Wissenschaftlern und Künstlern in der Hauptstadt der DDR, Berlin

Ergänzend zur Information Nr. 631/81 vom 7. Dezember 1981 wurden dem MfS streng vertraulich weitere Hinweise über Auffassungen und Haltungen von Stephan Hermlin, Aktivitäten von Havemann und über das beabsichtigte Auftreten der eingeladenen Schriftsteller Franz Fühmann, Christa Wolf und Ingeborg Drewitz (Westberlin) bekannt.

Hermlins Auffassungen nach solle die »Berliner Begegnung« dazu dienen, bei den Menschen in beiden deutschen Staaten ein »Umdenken« zu erreichen. Sie müßten lernen, auf neue Art miteinander umzugehen. Während der »Berliner Begegnung« sollen »andere Standpunkte als die unseren akzeptiert werden, damit andere Personen in die Lage versetzt werden, diese Standpunkte als mögliche zu teilen«.

Hermlin brachte weiter zum Ausdruck, daß er – entgegen den durch die Mitglieder des Politbüros des ZK der SED, Genossen Hermann Axen und Genossen Prof. Kurt Hager, während einer Zusammenkunft am 7. 12. 1981 mit Teilnehmern der »Berliner Begegnung« gegebenen Hinweisen – seine eigenen Vorstellungen per Inhalt und Ablauf der »Berliner Begegnung« verwirklichen wolle. Er, Hermlin, sei der Einlader und dürfe sich keinesfalls die einmalige Chance entgehen lassen, während dieser Zusammenkunft »bestimmte Dinge« zur Diskussion zu stellen, die in dem genannten Gespräch mit den Genossen Hermann Axen und Kurt Hager nicht gesagt werden konnten. Er habe dieses Gespräch am 7. 12. 1981 als »Vergatterung« aufgefaßt. Die dort gegebenen Hinweise seien jedoch nicht bestimmend dafür, was während der »Berliner Begegnung« passiere.

Weiteren Äußerungen Hermlins zufolge beachsichtige er zu garantieren, daß die »Berliner Begegnung« nicht »linkslastig« werde. Aus diesem Grunde versuche er, neben den Schriftstellern Bernt Engelmann und Ingeborg Drewitz, den Westberliner Schriftsteller Günter Grass mit einem Diskussionsbeitrag für ein am 13. 12. 1981 vorgesehenes Podiumsgespräch zu gewinnen.

Aus gleichen Erwägungen habe er die Einladung zur Teilnahme an der »Berliner Begegnung« an Havemann, Heym, Rolf Schneider, Jurek Becker und Thomas Brasch ausgesprochen, ohne die übrigen Teilnehmer an diesem Forum davon zu informieren.

Vorliegenden vertraulichen Informationen zufolge bekundet Havemann seit mehreren Tagen erhöhtes Interesse für die Teilnahme an der »Berliner Begegnung«. Aus diesem Grunde hatte er seine Ehefrau beauftragt, Hermlin persönlich aufzusuchen, um eine Einladung für ihn zu erlangen. Da jedoch nach diesem Gespräch bis zum 11. Dezember 1981 keine schriftliche Einladung bei Havemann einging, beauftragte er seine Ehefrau erneut, mit Hermlin in Kontakt zu treten.

Im Ergebnis dessen ließ Hermlin Havemann wissen, daß er keine schriftliche Einladung erhalte, jedoch an der Begegnung teilnehmen und dort auch sprechen könne. Darüber informierte die Ehefrau Havemanns den hinlänglich bekannten Manfred Wilke (Westberlin), verbunden mit der Aufforderung, in westlichen Massenmedien zu veröffentlichen, daß Havemann unter diesen Bedingungen und dem Nichtvorliegen einer offiziellen Einladung an der »Berliner Begegnung« nicht teilnehmen werde. Gleichzeitig solle ein Angebot Havemanns an die Teilnehmer der »Berliner Begegnung« popularisiert werden, ihn in seinem Wohnort Grünheide aufzusuchen, um über sein »Friedensmanifest« zu diskutieren.

Dieses »Friedensmanifest« wolle er gemeinsam mit »Freunden« aus der DDR veröffentlichen, um in der DDR – ähnlich wie es in der BRD mit dem Krefelder Appell geschehen sei – eine »von jeder staatlichen Bevormundung freie öffentliche Unterschriftensammlung« veranstalten zu können.

(Siehe auch Meldungen der Westberliner Tageszeitungen »Der Tagesspiegel« und »Berliner Morgenpost« vom 12. Dezember 1981.)

Im Zusammenhang mit seiner Teilnahme an der »Berliner Begegnung« brachte der Schriftsteller Franz Fühmann zum Ausdruck, daß er die Friedenspropaganda in der DDR für falsch halte, weil sie nur im Zusammenhang mit der marxistisch-leninistischen Theorie eine Rolle spielen könne. Ihm scheine, daß der Marxismus im Zusammenhang mit der jetzigen Situation auf der Welt zu wenig Möglichkeiten habe, diese Situation zu klären. Seinen Diskussionsbeitrag werde er etwa so formulieren: Falls er jemals vor die Alternative Frieden oder Sozialismus gestellt würde, werde er sich für den Frieden entscheiden, gleich, ob das die Abschaffung des Sozialismus zur Folge habe. Er habe die Absicht, sich darüber mit anderen Schriftstellern aus der DDR, u. a. Christa Wolf, abzustimmen, damit »seine Haltung nicht untergehe«.

Die Schriftstellerin Christa Wolf führte in Vorbereitung der »Berliner Begegnung« Gespräche mit Hermlin. Dabei brachte sie zum Ausdruck, während der Diskussion bestimmte Probleme ansprechen zu wollen, die sie bisher nicht öffentlich verkündete. Sie lasse sich von niemandem beeinflussen und werde dort das aussprechen, was sie denke.

Vorliegenden Hinweisen zufolge, beabsichtigt die Westberliner Schriftstellerin Ingeborg Drewitz am ersten Tag der »Berliner Begegnung« in einem Vortrag während des Podiumsgespräches auf folgende Probleme einzugehen:

– Vorschlag des Russell-Friedenskomitees, in Europa eine atomwaffenfreie Zone anzustreben,

- Auswirkungen eines atomwaffenfreien Europas auf die gegenwärtigen Konflikte in der Welt,
- Möglichkeiten der beiden deutschen Nachkriegsstaaten, innerhalb der Militärblöcke die Entspannung voranzubringen,
- Entschärfung der Konflikte im kulturellen Bereich zwischen beiden deutschen Staaten, insbesondere bezogen auf die Literatur und Autoren,
- einem vorstellbaren Einsatz der Literaturen beider deutscher Staaten in der Friedensarbeit in Verbindung mit einem öffentlich gesichertem Recht auf eine offene Friedensdiskussion.

Die Drewitz sprach in diesem Zusammenhang die Hoffnung aus, während der »Berliner Begegnung« offen miteinander reden zu können. Sie bezweifle jedoch, daß dies so gelänge wie in der BRD.

Bezugnehmend auf die »Berliner Begegnung« brachte der in der DDR akkreditierte Korrespondent des ARD-Fernsehens, Pleitgen, nach einem Gespräch mit dem Westberliner Schriftsteller Grass sowie in Wiedergabe von Meinungen seiner Redaktion zum Ausdruck, daß der Zeitpunkt dieser Begegnung »sehr günstig« sei. Sie werde unter dem unmittelbaren Eindruck des Gespräches des Generalsekretärs des ZK der SED, Genossen Erich Honecker, mit Schmidt stattfinden. Nach Pleitgens Auffassung biete sich hier eine ideale Gelegenheit, Probleme zur Sprache zu bringen, die bei dem Gespräch des Genossen Honecker mit Schmidt zwar behandelt, aber nicht oder nur in verallgemeinerter Form veröffentlicht würden. Das seien u. a. solche Probleme wie die Verbesserung der menschlichen Beziehungen zwischen beiden deutschen Staaten, Reiseerleichterungen für DDR-Bürger in das westliche Ausland, Gewährleistungen der Menschenrechte und anderes.

Auch die Frage der Auftritts- und Publikationsfreiheit für Havemann, der durch seine »Friedensvorschläge« besonders populär geworden sei, werde bei der »Berliner Begegnung« angesprochen. Die Tatsache, daß sich Havemanns Initiative bereits über 1000 Menschen angeschlossen hätten, sei Grund genug, dessen Vorschläge zu diskutieren.

Die Information ist wegen Quellengefährdung
nur zur persönlichen Kenntnisnahme bestimmt.

Dokument 4: Information über den Verlauf des »Haager Treffens« vom 24.5. bis 26.5.1982 (3.6.1982)

ZMA 3025
BStU

Hauptabteilung XX | Berlin, 3.6.1982
pö

I n f o r m a t i o n
über den Verlauf des als Nachfolgetreffen zur »Berliner Begegnung« durchgeführten »Haager Treffens« zur Weiterführung der Friedensinitiative europäischer Schriftsteller« vom 24.5. bis 26.5.1982 in Den Haag/Niederlande

Das »Haager Treffen zur Weiterführung der Friedensinitiative europäischer Schriftsteller« fand in der Zeit vom 24.5. bis 26.5.1982 in Den Haag/Niederlande statt.

Tagungsort des Treffens war das Kurhaus Scheveningen/Den Haag.

Als Einlader und Organisatoren dieses Treffens fungierten

Bernt Engelmann, Vorsitzender des Verbandes deutscher Schriftsteller der BRD

Phil Muysson, holländischer Schriftsteller

Hans von der Waarsenburg, holländischer Schriftsteller, ehemaliger Generalsekretär des holländischen P.E.N.-Zentrums.

Wie in Vorbereitung dieses Treffens bekannt wurde, sollten auf diesem Treffen nachfolgende vier Themen zur Diskussion gestellt werden:

1. »Zwischen Emotion und Rationalität. Schriftsteller und ihre Stellung zum Krieg und Frieden.«
2. »Wie ansteckend ist die Hollanditis – realitätsferne Utopie oder reale Möglichkeit – ein angriffsfreies Europa als Modell für die Welt. Schriftsteller mischen sich ein und bedrängen die Verantwortlichen mit Vorschlägen.«
3. »Europa rüstet zur Katastrophe – ökologischer Zusammenbruch – Zuspitzung des Nord-Süd-Konfliktes – Souveränitätsverlust – wachsende Abhängigkeit – atomarer Untergang«.
4. »Was ist Alternative? Wie schafft man gegenseitiges Vertrauen im Ost-West-Konflikt? Was können Schriftsteller dazu tun?«

Wie inoffiziell zum Verlauf dieses Haager Treffens bekannt wurde, spielten diese vorgegebenen Themen in der Diskussion keine Rolle mehr. Jeder Diskussionsredner konnte sich zu den ihn interessierenden Fragen äußern. Auch wurde die vorgegebene Redezeit von 3 Minuten von fast allen Diskussionsrednern überschritten.

An diesem Treffen nahmen 55 Schriftsteller aus 18 Ländern Europas teil.

Im einzelnen waren Schriftsteller aus folgenden Ländern vertreten:

UdSSR	Portugal	Frankreich	Großbritannien
Bulgarien	Schweden	Niederlande	Jugoslawien
Dänemark	Norwegen	DDR	Ungarn
Finnland	Türkei	BRD	Schweiz
Belgien	Österreich		

Nach zentraler Abstimmung wurden vom Schriftstellerverband der DDR

Hermann Kant – Gerhard Henniger – Erik Neutsch – Benito Wogatzki nach Den Haag entsandt.

Privat reisten auf Grund einer Einladung die Schriftsteller

Stephan Hermlin – Christa und Gerhard Wolf – Günter de Bruyn nach Den Haag.

Darüber hinaus wurde dem Schriftsteller Stefan Heym, der vom Veranstalter eingeladen wurde, die Teilnahme an diesem Treffen gestattet.

Auch der sich z. Z. mit langfristiger Arbeitsgenehmigung in Westberlin aufhaltende DDR-Bürger Jurek Becker weilte als Teilnehmer in Den Haag.

Seitens der BRD und Westberlins nahmen an diesem Treffen teil:

Carl Amery	Günter Gaus	Martin Gregor-Dellin	Jo Pestum
Irmela Brender	Günter Grass	Heiner Kipphardt	Luise Rinser
Ingeborg Drewitz	Peter Härtling	Dieter Lattmann	Günter Wallraff
Bernt Engelmann			

Der Vorsitzende der SPD, Willy Brandt, der zur Eröffnung des Treffens angekündigt war, ist persönlich nicht erschienen und übersandte dem Treffen eine Grußadresse.

In seiner Grußadresse brachte Brandt unter Bezug auf die »Berliner Begegnung« zum Ausdruck, daß er es als faszinierend empfunden hat, daß die gemeinsame Sorge um den Frieden Brücken schlug, was viele nicht für möglich hielten. Er gab seiner Hoffnung Ausdruck, daß das »Haager Treffen« an diesen Erfolg der »Berliner Begegnung«

anknüpft. Das Ziel, das Ost und West erreichen müsse, laute: Partnerschaft zur Sicherheit, damit es nicht zur Gemeinsamkeit im Untergang kommt. Daß das gelingt, dafür trügen vor allem die Regierenden die Verantwortung.

Wie bereits informiert, hatte in Vorbereitung dieses Treffens der Vorsitzende des Verbandes deutscher Schriftsteller der BRD, Bernt Engelmann, in der BRD eine Publikation mit dem Titel »Weißbuch-Frieden« veröffentlicht.

Die von Engelmann in diesem Buch dargelegten Auffassungen sollten sowohl auf diesem »Haager Treffen« als auch dem internationalen Schriftstellertreffen »Interlit« in der Zeit vom 18.6. bis 23.6.1982 in Köln/BRD zur Diskussion gestellt werden.

Auf der Pressekonferenz vor der Eröffnung des »Haager Treffens« äußerte Engelmann, daß er seine in diesem Buch dargelegten Auffassungen über Möglichkeiten der Erhaltung des Friedens sowohl dem Generalsekretär des ZK der KPdSU und Vorsitzenden des Präsidiums des Obersten Sowjets der UdSSR, Genossen Leonid Breshnew, als auch dem Präsidenten der USA, Ronald Reagan, zur Meinungsäußerung zugesandt habe. Während die USA ihm bis zum derzeitigen Zeitpunkt keine Antwort zu seinen Friedensvorschlägen zukommen ließen, habe er ein vierstündiges Gespräch mit dem Botschafter der UdSSR in Bonn, Semjonow, zu dieser Problematik geführt. In diesem Gespräch habe ihm Semjonow umfassend den Standpunkt der UdSSR erläutert und davon überzeugt, daß seine Vorschläge nicht den realen Gegebenheiten entsprächen und daher utopisch seien. Er ziehe sie daher als Gegenstand einer Diskussion zurück.

Wie Engelmann u. a. weiter äußerte, treibe Bundeskanzler Helmut Schmidt die SPD mit seiner Treue zu den Brüsseler NATO-Beschlüssen in die Niederlage bzw. zur Selbstzerstörung.

Inoffiziell konnten neben den in der Information vom 1.6.1982 berichteten feindlichen Angriffen noch folgende operativ interessierenden Hinweise über das Auftreten und die Reaktion weiterer operativ bedeutsamer Personen erarbeitet werden:

Martin Gregor-Dellin (BRD) vertrat in der weiteren Diskussion die Auffassung, daß es keinen Sinn habe, als Vorbedingung für die Abrüstung Forderungen wie die Zerschlagung des anderen Systems zu stellen. Die beiden unterschiedlichen gesellschaftlichen Systeme müssen in vertragliche Regelungen für die Erhaltung des Friedens miteinander eintreten.

Der sowjetische Schriftsteller Michailkow bezeichnete als die Kernfrage für alle, daß die USA Europa zum Schlachtfeld eines nuklearen

Krieges machen wollen. Diese Gefahr abzuwenden, sei das alle Anwesenden einende Moment.

Der BRD-Schriftsteller Peter Härtling brachte in seinem Diskussionsbeitrag zum Ausdruck, er habe auf der Startbahn West des Flughafens Frankfurt/Main erlebt, wie ohnmächtig die Friedensbewegung in der BRD in Wirklichkeit ist. Der ehemalige Bundestagsabgeordnete der SPD und Schriftsteller, Dieter Lattmann, ging auf die unterschiedlichen Haltungen der Politiker zur Friedensbewegung ein.

Auch in der »Hochfinanz« und unter kirchlichen Würdenträgern gebe es Personen, die die Rüstung unterstützen.

Der ehemalige Leiter der Ständigen Vertretung der BRD in der DDR und Mitglied des P.E.N.-Zentrums der BRD, Günter Gaus, vertrat die Auffassung, eine Friedensbewegung dürfe nicht nach utopischen Zielen suchen. Man dürfe nicht den übernächsten Schritt vor dem ersten fordern. Es komme auf eine stärkere Mitbestimmung Westeuropas gegenüber den USA an.

Für Europa ist kein Krieg, auf keiner Stufe, möglich.

Eine echte Null-Lösung verlange, konsequent gegen die Brüsseler NATO-Beschlüsse in beiden Punkten zu sein. Er bedauere, daß der SPD-Parteitag in München sich dazu nicht durchringen konnte.

Jurek Becker machte an dieser Stelle sofort den Zwischenruf, »Schriftsteller können nicht Politiker ersetzen, sie müssen Druck auf diese ausüben«.

Der holländische Schriftsteller Mayenfeld polemisierte gegen die Diskussion, die BRD, die in der NATO eine Schlüsselstellung einnehme, und die DDR sollen atomwaffenfrei werden. Er frage sich, was dann aus den anderen europäischen Staaten werden solle.

Der Schriftsteller Combes aus Frankreich polemisierte zu der Frage, daß es in Frankreich eine Renaissance der Friedensbewegung gebe.

Der BRD-Schriftsteller Günter Wallraff machte den Vorschlag, daß die Schriftsteller ein »demokratisches Vorwarnsystem gegen die weitere Hochrüstung« entwickeln müßten.

Der österreichische Schriftsteller Robert Jungk rief dazu auf, daß die Schriftsteller über die Schrecken des Atomtodes schreiben müßten, und darüber hinaus sollten die atomwaffenfreien Zonen Kontakte untereinander herstellen.

Peter Härtling (BRD) unterbreitete den Vorschlag, eine Friedensbücherei für Kinder aufzubauen. In dieser Bücherei sollten aus jedem Land zu diesem Thema ein klassisches Buch und ein neues Gegenwartsbuch einfließen.

Ingeborg Drewitz vertrat noch die Auffassung, Schriftsteller sollten noch mehr Schicksale von Frauen aufgreifen, die unter atomarer Rüstung leiden.

Nach Meinung der DDR-Schriftstellerin Christa Wolf müßten die Schriftsteller in Anbetracht der wahnsinnigen Rüstung jetzt sagen, was sie wollen. Sie müßten Humanismus und vertrauensbildende Maßnahmen fordern. Auch wäre in Erwähnung zu ziehen, gemeinsame Lesungen »Schriftsteller für den Frieden« durchzuführen. Bei derartigen Veranstaltungen sollten auch möglichst viele junge Autoren mit einbezogen werden.

Der Holländer Faber (keine näheren Angaben bekannt) äußerte, daß trotz der großen Breite der Friedensbewegung Anlaß zu Pessimismus gegeben sei. Die Friedensbewegung müsse sich mit der politischen Struktur in Europa auseinandersetzen, und die politische Struktur bestände darin, daß es »Machthabende« und »Nichtmachthabende« gebe. Somit gebe es unterschiedliche Bewegungen, die offiziellen Friedensbewegungen und die »Friedensbewegungen der Habenichtse«. Demzufolge müssen vor allem die Bewegungen der »Habenichtse« zusammengeführt werden. Diese Bewegung müsse eine enge Verbindung mit den jungen Christen in der DDR, mit der »Solidarität« in Polen und ähnlichen Strömungen in anderen östlichen Ländern herstellen. Auf diesen Diskussionsbeitrag ging kein weiterer Redner ein.

An Reaktionen operativ interessierender Personen im Verlauf dieses Treffens konnten inoffiziell folgende Hinweise erarbeitet werden:

Die BRD-Schriftsteller Dieter Lattmann und Irmela Brender äußerten, daß sie nicht verstehen, weshalb aus der DDR Schriftsteller wie Stefan Heym in Den Haag erschienen, der dieses Treffen störte.

Bernt Engelmann machte die Bemerkung, daß sich Stefan Heym mit seinen festgefahrenen Ansichten immer mehr verbohre.

Zum Auftreten von Günter Grass äußerte der bereits genannte Dieter Lattmann, daß er mit den Auffassungen eines Günter Grass nicht übereinstimme.

Der Journalist des Deutschlandfunks, Kleinschmidt, vertrat die Auffassung, wenn Grass so wie auf diesem Treffen weitermache, lande er bei Loewenthal.

Nach Ansicht des Generalsekretärs des P.E.N.-Zentrums der BRD, Gregor Dellin, habe Grass auf diesem Treffen versucht, die Friedensbewegung zu spalten.

Wie inoffiziell zu Stephan Hermlin weiter bekannt wurde, erhielt Hermlin eine Einladung zur Teilnahme an der am 10. 6. 1982 in Bonn stattfindenden Anti-Reagan-Demonstration, um dort als Redner aufzutreten. Nach Konsultation mit der DDR-Delegation lehnte Hermlin dieses Ansinnen ab.

Nähere Einzelheiten über das Zustandekommen dieser Einladung bzw. wer die Einladung ausgesprochen hat, konnten nicht in Erfahrung gebracht werden.

Dokument 5: Über vorliegende Hinweise zu »Interlit« vom 18.6. bis 25.6.1982 in Köln/BRD

ZMA XX 3025
BStU

Über vorliegende Hinweise zu den Internationalen Literaturtagen »Interlit« vom 18.6.-25.6.1982 in Köln/BRD

Auf Initiative des Verbandes deutscher Schriftsteller in der IG Druck und Papier der BRD und seines Vorsitzenden ENGELMANN, Bernt
geb. 20.1.1921 in Berlin
wh.: 8182 Rottach-Egern-Berg
Schriftsteller und Journalist
finden vom 18.6. bis 25.6.1982 in Köln/BRD Internationale Literaturtage unter der Bezeichnung »Interlit« statt.

Vorliegenden operativen Informationen zufolge können über den Stand der Vorbereitung dieser Veranstaltung, ihren vorgesehenen Inhalt und über dazu bekanntgewordene feindliche Pläne und Absichten folgende Aussagen getroffen werden:

»Interlit« steht unter dem Thema:
»Zeitgenössische Schriftsteller und ihr Beitrag zum Frieden – Grenzen und Möglichkeiten«

Auf die entsprechenden Einladungen des Verbandes deutscher Schriftsteller der BRD liegen bis zum gegenwärtigen Zeitpunkt Zusagen von Schriftstellerdelegationen aus 45 Ländern aller 5 Erdteile, darunter aus der DDR, der UdSSR u. a. sozialistischen Ländern, vor.

Anliegen von »Interlit« ist es – Äußerungen von Bernt ENGELMANN zufolge –, die im August 1981 mit dem »Appell der Schriftsteller Europas« begonnenen und durch die »Berliner Begegnung« im Dezember 1981 bzw. das »Haager Treffen« im Mai 1982 fortgesetzten Friedensinitiativen der Schriftsteller über Europa hinaus in alle Erdteile zu tragen und mit dort schon bestehenden Initiativen zur Erhaltung des Friedens zu koordinieren.

Das Programm sieht vor, in 4 Seminaren zu folgenden Themen Diskussionen durchzuführen:

1. Wirkungsmöglichkeiten innerhalb der Belletristik – Lyrik, Prosa, Drama
   Leiter: HEINRICH, VORMWEG
   Mitglied des P.E.N.-Zentrums der BRD
   Mitherausgeber der Literaturzeitschrift »L 80« und Mitglied des »Komitees zur Verteidigung und Verwirklichung demokratischer Rechte und Freiheiten in Ost und West – in ganz Deutschland«
2. Kultur- und gesellschaftspolitische Einflüsse der Non-Fiction-Literatur
   Leiter Hans-Peter BLEUEL (weitere Hinweise nicht bekannt)
3. Die wachsende Verantwortung des Schriftstellers bei seiner Mitarbeit in den modernen elektronischen Medien
   Leiter: Hanjo Kesting (weitere Hinweise nicht bekannt)
4. Der Übersetzer als Mitgestalter bei der Literaturvermittlung
   Leiter: Klaus Birkenhauer
   freischaffender Schriftsteller

Am Abend des 23. 6. 1982 soll auf dem Marktplatz der BRD-Bundeshauptstadt Bonn eine öffentliche Lesung unter dem Motto: »Literatur international – Schriftsteller für den Frieden« stattfinden, die am 24. 6. 1982 in Köln fortgesetzt werden soll. Außerdem ist für den Nachmittag des 24. 6. 1982 in Köln eine weitere Veranstaltung unter dem Thema: »Zeitgenössische Schriftsteller und ihr Beitrag zum Frieden«, Untertitel: »Autoren in der Friedensbewegung – Schriftstellerverbände berichten« vorgesehen.

Nur die Eröffnungs- und Abschlußveranstaltung sind presseöffentlich.

In die Vorbereitung und Finanzierung von »Interlit« sind u. a. das Auswärtige Amt und das Bundesinnenministerium der BRD, das Kulturministerium des BRD-Landes Nordrhein-Westfalen, die Stadt Köln und das P.E.N.-Zentrum der BRD einbezogen. Bezüglich der Teilnahme der DDR an »Interlit« wurde in Abstimmung mit der Partei die Festlegung getroffen, eine repräsentative Delegation nach Köln zu entsenden, der folgende Schriftsteller angehören:

Juriy BREZAN
Peter EDEL
Günter GÖRLICH
Gerhard HENNIGER
Stephan HERMLIN
Gerhard HOLTZ-BAUMERT
Hermann KANT
Wolfgang KOHLHAASE
Rudi STRAHL
Christa WOLF

Abgesehen von Gerhard HENNIGER, Gerhard HOLTZ-BAUMERT und Rudi STRAHL, die »Interlit« von Beginn an als Beobachter verfolgen, werden die übrigen Mitglieder erst am 23.6. und 24.6.1982, wenn es um die Frage der Erhaltung des Friedens geht, in Köln und Bonn anwesend sein. Es ist weiterhin festgelegt, daß die DDR-Delegation bei Provokationen und Angriffen gegen die DDR und ihre Friedenspolitik bzw. gegen die UdSSR oder weitere Staaten der sozialistischen Gemeinschaft massiven Protest einlegt oder – je nach Art der Angriffe – die Veranstaltung »Interlit« verläßt und die Rückreise antritt.

Falls Stefan HEYM, der ebenfalls an »Interlit« teilzunehmen beabsichtigt, während dieser Veranstaltung auftreten will, wird die DDR-Delegation beim Veranstalter dagegen Protest mit der Begründung einlegen, daß aus jedem Land Delegationen und keine Einzelpersonen zu »Interlit« eingeladen sind. Da HEYM nicht zur DDR-Delegation gehört, könne ihm auch keine Möglichkeit des Auftretens als DDR-Schriftsteller gegeben werden.

Die UdSSR ist ebenfalls mit einer repräsentativen Delegation vertreten. Ihr gehören an die Schriftsteller: Alexander TSCHAKOWSKI (Sekretär des Schriftstellerverbandes der UdSSR und Chefredakteur der Zeitschrift »Literaturnaja Gaseta«), Jewgeni JEWTUSCHENKO (weltbekannter Lyriker), Sergej MICHALKOW (Teilnehmer am »Haager Treffen«) und MIZELAITIS

Zwischen den Schriftstellerverbänden der DDR u. der UdSSR sind bezüglich »Interlit« koordinierende Absprachen durchgeführt worden.

Zusagen zur Teilnahme an »Interlit« liegen außerdem von den Schriftstellerverbänden der VR Bulgarien und der Ungarischen Volksrepublik vor. Seitens des Schriftstellerverbandes der ČSSR ist noch keine Entscheidung getroffen worden. Unklar ist die Teilnahme polnischer Schriftsteller.

Operativ wurde zu beabsichtigten Aktivitäten feindlicher Kräfte folgendes bekannt:

Zwischen dem Vorsitzenden des Verbandes deutscher Schriftsteller der BRD, Bernt ENGELMANN, und dem Organisationsleiter von »Interlit« und Mitglied des Vorstandes des Verbandes der Schriftsteller der BRD,

HOFFMANN, Gerd E. [...]
Mitglied des P.E.N.-Zentrums der BRD
freischaffender Autor

gibt es Differenzen bezüglich der inhaltlichen Schwerpunkte bei Interlit. Während ENGELMANN die »Berliner Begegnung« als Ausgangspunkt der Friedensdiskussion auf dieser Veranstaltung wählen will, beabsichtigt HOFFMANN, die »Menschenrechtsproblematik« in den Mittelpunkt zu stellen.

Der operativ bekannte
SCAMELL, Michael [...]
Vorsitzender des Komitees »Schriftsteller in Haft« beim Internationalen P.E.N.-Club und Mitglied von »Amnesty International« sowie des »Koordinierungskomitees« »Help and Action« (»Hilfe und Tat«) bereitet eine Podiumsdiskussion zur »Menschenrechtsproblematik« vor und will dazu ein Grundsatzreferat halten.

Vorliegenden Hinweisen zufolge hat die sowjetische Seite gegen das geplante Auftreten SCAMELLs protestiert und beim Veranstalter erwirkt, daß SCAMELL das genannte Referat nicht hält. Seitens der DDR-Delegation wird in diesem Zusammenhang unmittelbar nach dem Eintreffen in Köln durch den Sekretär des Schriftstellerverbandes der DDR, Gen. Henniger, mit Bernt ENGELMANN ein Gespräch geführt. Ziel des Gespräches ist es, ENGELMANN bezüglich seiner Absicht, die »Berliner Begegnung« als Ausgangspunkt zu wählen, zu bestärken, das Vorhaben von Gerd E. HOFFMANN hinsichtlich der »Menschenrechtsproblematik« zu unterbinden und gleichzeitig deutlich zu machen, welche Haltung die DDR zu entscheidenden Fragen (z. B. Auftreten HEYMS) einnehmen wird.

Für den 22. 6. 1982 von 20.00–22.00 Uhr sind die Teilnehmer von »Interlit« zu einem »WDR-Treff« des Westdeutschen Rundfunk Köln eingeladen.

Streng vertraulich wurde bekannt, daß dieser »WDR-Treff« im Rahmen eines Fernsehhearings zum Thema »Grenzen und Möglichkeiten« unter Beteiligung von 2 BRD-Politikern sowie je 1 Schriftsteller aus der DDR, der BRD, Japan und einem Entwicklungsland durchgeführt werden soll. Es soll vor allem erörtert werden, was Schriftsteller zur Sicherung des Friedens tun müssen und können.

Auf spezielle Fragen der militärischen Rüstung soll bei dieser Fernsehdiskussion nicht eingegangen werden.

Um die Mitwirkung eines DDR-Schriftstellers zu erreichen, ist seitens des WDR-Fernsehens vorgesehen, den in der DDR akkreditierten ARD-Korrespondenten PLEITGEN einzubeziehen und diesen mit der Gewinnung eines DDR-Schriftstellers für diese Fersehsendung zu beauftragen.

Der offizielle Weg, über den Schriftstellerverband der DDR die Teilnahme eines DDR-Schriftstellers an der Fernsehsendung des WDR zu erwirken, wird seitens des WDR-Fernsehens als nicht erfolgversprechend eingeschätzt, da die Gefahr einer Ablehnung dieses Ansinnens naheliegt.

Dokument 6: Austrittserklärung von Frank-Wolf Matthies (April 1982)

Sehr geehrter Vorstand,
anbei übersende ich Ihnen meinen Mitgliedsausweis (Nr. 5026 L0) des VS in der Industriegewerkschaft Druck und Papier, sowie die Mitgliedskarte für das laufende Jahr. Ich bitte Sie, mich bei Eingang dieses Briefes aus Ihren Mitgliedslisten zu streichen.

Als ich im Februar 1981 – gerade aus der DDR ausgebürgert – um Aufnahme in den VS bat, tat ich das in der Absicht, einer Interessengemeinschaft von Schriftstellern anzugehören, einen ersten Schritt in diese Gesellschaft zu tun, in der ich ja fürderhin zu leben gezwungen bin, und dies auch will.

Gestern ließen Sie mir, und den anderen Kollegen und Kolleginnen im Berliner VS, durch Frau Ossowski mitteilen (Zitat):

»Die Kollegen wollen uns sehen und hören.
Wir *erwarten von Dir, daß Du am 1. mit dabei bist!*
Wer schreibt, muß auch marschieren.
Wer mit uns demonstriert, zeigt. daß er zum VS und damit in die Gewerkschaft gehört!«

Ganz offensichtlich bin ich also aufgrund eines Mißverständnisses VS-Mitglied geworden, da es nicht in meiner Absicht lag, einer »Schlagenden Verbindung« oder gar einer paramilitärischen Vereinigung beizutreten. Aufforderungen dieser Art haben mich nicht einmal in der DDR erreicht – das ist Nazi-Jargon!

Ich bitte um Ihr Verständnis

Frank-Wolf Matthies, Berlin
(In: feder, 10/1982)

Dokument 7: Reiner Kunze. Warum er den VS verläßt

Reiner Kunze, nach dem Erscheinen seines Prosabands »Die wunderbaren Jahre« vor sechs Jahren aus dem Schriftstellerverband der DDR ausgeschlossen und seit 1977 in der Bundesrepublik ansässig, hat seinen Austritt aus dem Verband deutscher Schriftsteller (VS) erklärt. Als Begründung für diesen Schritt führt Kunze, Büchner-Preisträger des Jahres 1977, folgendes an:

»Für meinen Austritt aus dem Verband deutscher Schriftsteller (VS) nenne ich zwei Gründe, die ich für kennzeichnend halte. Doch haben mich nicht nur diese Gründe zum Austritt bewogen, und es ist auch nicht die Gesamtheit der mehr oder weniger gravierenden Ereignisse, die diesen Schritt als unumgänglich erscheinen ließ. Es sind die politischen Tendenzen, die sich hinter den einzelnen Geschehnissen verbergen, und es ist das Ausmaß dieser Tendenzen. In der Verbandszeitschrift ›Die Feder‹ wird dieses Ausmaß augenfällig.

Der erste der beiden Gründe: Der Vorsitzende des Verbandes, Herr Bernt Engelmann, plädiert in Ost-Berlin für eine Politik, die alles ausstreicht, was auf den Wunsch nach Wiederherstellung eines deutschen Nationalstaates hinauslaufen könnte.

Dabei geht es nicht um die realistische Einsicht, daß eine Wiedervereinigung in absehbarer Zeit nicht möglich ist. Es geht auch nicht darum, daß, falls sich eines Tages durch unvorhersehbare internationale Entwicklungen die Möglichkeit einer Wiedervereinigung ergeben sollte, diese nicht durch Anwendung von Gewalt verwirklicht werden darf. Und es geht auch nicht darum, daß eine Wiedervereinigung nur dann wünschenswert wäre, wenn durch sie keine Grundfreiheiten verlorengehen. Worum es bei der Forderung Engelmanns geht, ist, daß bereits der Wunsch nach einer solchen Wiedervereinigung als unzulässig erklärt wird.

Nicht wenige Menschen in der DDR sehen aber in der Wiedervereinigung die einzige Hoffnung, daß, wenn nicht sie selbst, so doch vielleicht ihre Kinder oder Kindeskinder jene Grundfreiheiten erlangen, die ihnen heute verweigert werden. Ich fühle mich dieser Hoffnung verpflichtet und nicht der Ideologie der Verweigerer.

Der zweite Grund: Ich bin nicht mehr bereit, die verlogenen Auftritte eines Hermann Kant und seiner Genossen auf Veranstaltungen des Verbandes Deutscher Schriftsteller und die Hofberichterstattung über diese Auftritte in der Verbandszeitschrift ›Die Feder‹ (Beispiel: November 1981) durch meinen Mitgliedsbeitrag mitzufinanzieren. Das heißt nicht, ich sei der Meinung, man solle mit Funktionären wie Herrn Kant nicht verhandeln. Man sollte es aber nicht würdelos tun, indem man beispielsweise DDR-offizielle Sprachregelungen opportunistisch übernimmt und sie sich unter Ausschaltung des eigenen Denkens zu eigen macht. Ich unterstütze keine Politik, die auf Kosten der Wahrheit geht und Kollegen in den Rücken fällt, die in der ›DDR‹ (aber nicht nur dort) um geistiges Überleben ringen.

Da ich mich einer Mehrheit gegenübersehe, die Herrn Engelmann zum Vorsitzenden des Verbandes Deutscher Schriftsteller gewählt hat, und ich kein Autor bin, der sich fähig fühlte, innerhalb des Verbandes politisch tätig zu werden und auf Versammlungen Mehrheiten zu verändern, bleibt mir nur der Austritt. Abgesehen davon, daß ich den Blick fürs Machbare nicht so sehr verloren habe, um anzunehmen, in der gegenwärtigen Situation etwas bewirken zu können, das über das Wenige dessen hinausgeht, das ein Austritt möglicherweise bewirkt.«

(FAZ, 18.8.1982)

Dokument 8: Austrittserklärung von Gerhard Zwerenz (22.8.1982)

An den Bundesvorstand des Deutschen Schriftstellerverbandes (VS)

22.8.82

Liebe Kolleginnen und Kollegen,
der Vorsitzende des Schriftstellerverbandes in der IG Druck und Papier, Bernt Engelmann, beschwerte sich in 2 Briefen an den Verleger des gewerkschaftseigenen BUND Verlages über mein dort erschienenes Buch. Zugleich hielt er es für nötig, Kopien seiner Beschwerdebriefe an den DDR-Staatsdichter Stephan Hermlin nach Ostberlin zu senden und sich für meine Worte zu entschuldigen. Die von Engelmann ebenfalls informierten Vorstände von Schriftstellerverband und IG Druck und Papier ließen das ungerügt. Einem Verband, der derart die Interessen von Mitgliedern einer ostpolitischen Geheimdiplomatie opfert, mag ich nicht angehören.

Ich lege Wert auf die Feststellung, daß mir ansonst die politische Haltung der IG Druck und Papier recht war. Was ich nicht mittragen kann, ist die erst kürzlich und ohne Votum der Mitglieder erfolgte Wendung des VS in der Deutschlandpolitik. Ich bin überdies habituell unfähig, fortgesetzt in Verbandsverlautbarungen dummes verlogenes Lobrednergeschwätz über literarische Schreibtischtäter der DDR lesen zu müssen. Die Leute, die das schreiben, haben entweder keine Ahnung, oder sie sind im falschen Verband. Da es sich indessen auch um die Verbandsspitze handelt, bleibt mir nur, den Verband zu verlassen. Kompromisse mit Diktaturen, mit ihren Freunden in Ost und West und der von ihnen verordneten Sklavensprache lehne ich ab. Die Äußerungsfreiheit bedarf der Verteidigung gegen jeden, der sie einzuschränken sucht.

Mit freundlichen Grüßen

Dokument 9: Erklärung von Jürgen Fuchs (26.8.1982)

Jürgen Fuchs/ 1 Berlin 42/Tempelhofer Damm 54

26.8.82

Verband deutscher Schriftsteller (VS)
in der IG Druck und Papier

7 Stuttgart 1
Friedrichstr.15/III
Postfach 1282

26. AUG. 1982

ERKLÄRUNG

Wenn die Autoren, die dem westdeutschen Schriftstellerverband vorsitzen, den Austritt von Matthies,Kunze und Zwerenz durchaus "ertragen"können, wie es Bernt Engelmann formulierte, werden sie auch meine Abwesenheit ohne negative Folgen für ihre Gesundheit und literarische Inspiration überstehen. Das erleichtert einen Schritt, der Solidarität ausdrücken soll mit welchen, denen schon einmal ein Vorstand deutscher Schriftsteller "keine Träne nachweinte", als sie gegangen wurden.

Außerhalb jeder Ironie sei gesagt: Ich bin empört über die Art, in der Austritte von Kollegen vom Vorstand des VS abgetan werden.Keine Diskussion,keine selbstkritische Befragung, nur Selbstgerechtigkeit, die mit Zahlen jongliert!

Dokument 10: Austrittserklärung von Gerald Zschorsch (28. 8. 1982)

Frankfurt, 28. 8. 82
Verband deutscher Schriftsteller in der IG Druck und Papier

Betrifft: Meinen Austritt aus dem VS.
Sehr geehrte Damen und Herren, Ihr Selbstverständnis ist nicht das meinige. In Solidarität mit Zwerenz, Kunze, Fuchs und Matthies. Nachsatz: Verständigen Sie bitte Herrn Chotjewitz über die Aufgabe meiner Verpflichtung im Hessischen Förderverein.

Hochachtungsvoll Zschorsch

Dokument 11: Der Hauptvorstand stellt sich hinter den VS-Bundesvorstand und Bernt Engelmann (2. 9. 1982)

Der Hauptvorstand der IG Druck und Papier hat sich in seiner Sitzung am 2. September mit den Austritten einiger Autoren aus dem Verband deutscher Schriftsteller in der IG Druck und Papier befaßt und dazu folgendes festgestellt:

Gerade in Zeiten wachsender Konfrontation ist eine Politik der Verständigung und Normalisierung im Verhältnis zu unseren östlichen Nachbarn, nicht zuletzt zur DDR unerläßlich. Seit vielen Jahren hat sich die IG Druck und Papier auf gewerkschaftlichem Feld mit Erfolg um Kontakte und normale Beziehungen bemüht. Die Gewerkschaften verstehen dies als ihren Beitrag zur Stützung einer Friedens- und Entspannungspolitik, wie sie von den Regierungen beider deutscher Staaten seit langem betrieben werden. Die Erfahrung lehrt zudem: ein Rückfall in den Kalten Krieg geht Hand in Hand mit der Einschränkung geistiger Freiheiten.

Aus diesem Grunde hat die IG Druck und Papier die vielfältigen Friedensaktivitäten des VS-Bundesvorstandes und seines Vorsitzenden Bernt Engelmann stets begrüßt und wird sie weiterhin unterstützen. Dies schließt auch den Versuch ein, zu den Schriftstellerverbänden Osteuropas einschließlich der DDR nachbarschaftliche Beziehungen herzustellen.

(In: feder, 10/1982)

Dokument 12: Weil Frieden herrschen muß … – Gespräch mit Günter Grass

Zum Streit im VS und in Bonn
Das Gespräch führte Wolfgang Ignée.

[…] *Noch einmal Frieden. Und zwar der Frieden der westeuropäischen Schriftsteller. Europas Autoren haben in der Sache Frieden, wenn man sich die Chronologie anschaut, offenbar etwas verspätet reagiert. Auch wenn der Frieden das Thema in Permanenz des Schriftstellers ist. Die Bonner Friedensdemonstration mit den 300 000 fand im Oktober 81 statt, also vor den drei Schriftstellertreffen in Ostberlin, Scheveningen und Köln. Bei den beiden ersten Zusammenkünften der Schriftsteller waren Sie selbst sehr aktiv beteiligt. Sie haben in Ostberlin die sowjetische Aufrüstung ins Gespräch gebracht. In Scheveningen haben Sie ein Hilfsbüro für unterdrückte Autoren und Menschenrechtler gefordert und eine Solidaritätserklärung für die polnischen Intellektuellen. Da sind Sie von den DDR-Autoren abgeblockt worden. In Köln schließlich waren Sie nicht mehr dabei. Was haben Sie, im Rückblick betrachtet, bei den Friedensgesprächen der Schriftsteller erreicht?*

Das ist ein sehr schwieriger Prozeß gewesen. Was das Ende betrifft, so ist es ein vom Verschleiß gezeichneter Prozeß gewesen. Die Initiative ging von Stephan Hermlin aus. Wäre sie doch da geblieben! Als eine Privatinitiative; gewiß mit Absicherungen, er hat vorher mit Honecker gesprochen. Auch Hermlin lebt in einer Welt, die ihre Grenzen und Begrenzungen hat. Aber Hermlin hat eine Liste von Autoren durchgesetzt, die dem Treffen in Ostberlin Erfolg versprach und auch Erfolg brachte. Es trafen sich nicht einfach hier das DDR-Lager, linientreu, und dort ein bundesrepublikanisches Lager, na, linientreu sind die nicht, aber immerhin westlich zugeschnitten. Es gab Fronten querdurch. Im DDR-»Lager« saßen natürlich die Linientreuen Neutsch, Kant und andere, so unterschiedlich sie sind, doch Leuten gegenüber, die man noch vor vier Jahren aus dem Schriftstellerverband ausgeschlossen hatte oder sie gerügt hatte, wie Christa Wolf, Günter de Bruyn. Zwei, die im Westen leben, Thomas Brasch und Jurek Becker, und noch viele mehr waren dabei – Volker Braun, der eine ganz besondere Position einnahm, der Linientreuen sagte: Wer redet hier als Kommunist? Und er nahm eine Position ein, die dem Staat gegenüber in Opposition stand. Das waren interessante Umkehrungen, die neue Ansätze markierten. Und so ist, glaube ich, auch dieses Gespräch aufgenommen worden. Wenn man es im Protokoll nachliest, wird es spannend bleiben.

Das Protokoll ist in der DDR nicht publiziert worden, jedenfalls nicht breiten Schichten zugänglich.

Es ist publiziert in einer ganz winzigen Auflage. Wir wissen das ja alle: Hermlin konnte es nur dem Westen geben, wenn das Erstveröffentlichungsrecht bei der DDR blieb, ich glaube, es waren tausend Exemplare bei der Akademie der Wissenschaften. Das ist unter Ausschluß der Öffentlichkeit geschehen, aber es ist geschehen! Diese Opfer kann man sicher bringen, da bricht man sich keinen Zacken aus der Krone. Es fließt denn auch wieder als Protokoll in die DDR zurück.

Dann hat, glaube ich, Hermlin einen Fehler gemacht. Da er nicht Vorsitzender des Schriftstellerverbandes der DDR ist, sondern kraft seiner Person eingeladen hatte, hätte er sich jemand in der Bundesrepublik suchen sollen, einen Heinich Böll oder wen auch immer – er hätte auch mich fragen können, ich hätte es auch gemacht – für die weiteren Einladungen. Er hat dann den Fehler begangen, die Sache unserem Schriftstellerverband zu übergeben. So wurde auch der DDR-Schriftstellerverband mit Kant an der Spitze hochgehoben, und so war das Zeichen in Scheveningen bei Den Haag doch schon von der Auswahl der Personen her, von der unnützen, weil in der Sache nichts eintragenden Erweiterung ins Internationale her bestimmt. Und es kam hinzu, daß Bernt Engelmann, an sich ein tüchtiger Vorsitzender, ich weiß nicht, von welchem Ehrgeiz geritten ist. Sicher von dem, möglichst viele Kongresse zu veranstalten. Und so bringt man natürlich ein Thema herunter. In so kurzer Zeit: Ostberlin, Scheveningen, dann wenige Wochen später Interlit – und jetzt kommt Sofia als nächster Termin.

In Köln war ich schon nicht mehr eingeladen, weil das dann über den Schriftstellerverband lief. Die werden einen Teufel tun und mich einladen, der ich auf solchen Treffen für notwendigen Streit sorge. Denn es hat keinen Sinn, weil Frieden herrschen muß – und der muß herrschen –, alles Strittige zu beerdigen. Es muß ehrlich um den Frieden gerungen werden. Sehen Sie, in Ostberlin kamen aus der Friedensbewegung der DDR, die mit viel größeren Widerständen zu kämpfen hat, Dinge zur Sprache, die dort, im Unterschied zu uns, auch Thema sind: Wehrdiensterziehung im Unterricht, die Verherrlichung der Waffe und des Krieges in Schulbüchern, der Druck, der auf junge Menschen ausgeübt wird, die sich – Schwerter zu Pflugscharen – engagieren. Das haben de Bruyn und Schneider und viele andere dort angesprochen und entlarvt. Als das abermals geschah, hat Hermlin diese Art von

Dingen in Scheveningen schon gerügt, und es lief dann auf den Hinweis hin, daß die DDR insgesamt eine Friedenspolitik mache. Darauf kann sich jede Regierung berufen.

Wenn das Schriftsteller miteinander tun, hört die Diskussion auf. Voraussetzung bei Schriftstellertreffen ist, daß die Leute in erster Linie eben Schriftsteller sind. In dem Augenblick, wo sie Parteilinien glauben vertreten zu müssen, geben sie ein bedeutendes Stück von sich auf, sind sie als Gesprächspartner nur noch begrenzt zurechnungsfähig. Ich muß dann immer einkalkulieren – und tue es ja auch, wenn ich mit Kant spreche –, was darf er sagen, was nicht. Ich kann mir zwar einen anderen Kant wünschen, aber es ist kein anderer da. Hermann Kant nimmt dieses Gespräch an, aber die Leute, die er mitbringt, die unter seinem Niveau sind – das ist erbärmlich anzusehen, wenn die in die Überzahl geraten und auch noch in der Bundesrepublik, was das Mittelmaß betrifft, ihr Pendant finden. Mittelmaß auch von der schriftstellerischen Substanz – dann wird's schlimm, dann wird's nur noch Vereinsmeierei und dann wird ein wichtiges Thema zerredet.

Und das alles fällt natürlich in die Verantwortung von Hermlin, der, glaube ich, diesen Fehler gemacht hat, die Friedensgespräche aus der privaten Hand abzugeben, es den Verbänden zu überlassen. Und so kam die Sache dann in die Verantwortung von Bernt Engelmann, der nun, bis zur Zerreißprobe des eigenen Verbandes, diese Kongreßmeierei betrieben hat. Wobei ich es bedaure, daß es Engelmann so weit hat kommen lassen. Ich bedaure, daß einige Autoren ausgetreten sind, nicht mehr eintreten wollen und ihre Sache nicht im Verband zur Sprache bringen. Ich selbst werde nicht austreten, ich äußere meine Kritik und ich werde sie weiter im Verband äußern. Ich halte nichts vom Austreten, weil es nur diesem allzu rasch sich anpassenden Mittelmaß Stärke verleiht. Und bei Zwerenz spielt vielleicht auch die beleidigte Leberwurst mit. Wenn er eingeladen worden wäre nach Ostberlin, hätte es vielleicht anders geklungen. Ich will da aber nicht mußmaßen und dem Kollegen nicht zu nahe treten.

Und Reiner Kunze? Der meint ja, daß man durch die Arbeit des Vorstands in eine Deutschlandpolitik hineingerät, die mit allzuviel Kompromissen arbeitet und so nicht mehr den Finger in die richtigen Wunden legen kann.

Es ist Engelmanns Recht zu sagen, daß er nicht viel von Wiedervereinigung hält. Es ist das Recht eines jeden, an die Wiedervereinigung zu glauben, auch wenn es kein Anzeichen dafür gibt. Es ist mein Recht zu sagen, wir müssen einen neuen Nationalbegriff – wir sind ja noch eine Kulturnation – entwickeln: dann wird die Wiedervereinigung überflüssig. Und es gibt dennoch ein Verhältnis zwischen den beiden deutschen Staaten, das tragfähig ist. Das sind verschiedene Positionen, die müssen aber alle im Schriftstellerverband geäußert werden dürfen. Engelmann ist nicht befugt, Positionen, über die man reden kann, für die er sicher auch Gründe anführen kann, zur Position des Verbandes zu erklären.

Geht der VS nicht gegenwärtig als gewerkschaftlich organisierter Verband über die Grenzen hinaus, die er sich selbst gezogen hatte, als Böll, Lattmann, Günter Grass und andere den Verband gründeten?

In jenen Zeiten war es noch möglich, als Schriftsteller, denen der Ruf anhängt, nun, ein erfolgreicher Schriftsteller zu sein, mitzumachen. Ich war von Anfang an in der Sache des Schriftstellerverbandes engagiert, wäre es auch gerne weiter geblieben. Aber ich habe dann doch ein paar Erfahrungen machen müssen, bei denen es zu regelrechten Äußerungen von Feindschaft kam. Wo auch diffuse ideologische Vorstellungen eine Rolle gespielt haben, so daß ich davon keinen Gebrauch gemacht habe. Das geht nicht nur mir so. Siegfried Lenz und auch Martin Walser werden aus vergleichbaren Erfahrungen ähnlich sprechen. Ich glaube, einmal abgesehen von dem Verschleiß dieses wichtigen Themas durch die beiden Verbände: die Schwierigkeit liegt in unserem Verband (vielleicht auch in anderen) darin, daß so ein Verband, wenn er anfängt zu arbeiten, von Leuten gemacht und organisiert wird, die offenbar die Zeit dafür haben. Das sagt nichts gegen diese Leute, sondern eher gegen die – und zu denen zähle ich nun –, die dauernd mit Manuskripten und direkter Arbeit zu tun haben, denen die Zeit und vielleicht auch die Fähigkeit abgeht, so etwas zu machen. Und so führt ein notwendig demokratischer, ein demokratisierender Vorgang – der VS war ja schon lange als Organisation überfällig – zur Demokratie im negativen Sinne, nämlich: Macht des Mittelmaßes und der Vereinsmeierei.

Und das ist mit ein Grund, warum der Verband nicht in der Lage war, einem so straff organisierten Verband wie dem der DDR das Gleichgewicht zu halten und zu bestehen und auch organisatorisch etwas zu leisten. Ich komme noch mal auf Interlit zurück. Das sehe ich jetzt unabhängig von den Austritten. Interlit war ja vorher. Das finde ich viel gravierender als Engelmanns Ansichten über die Wiedervereinigung: Wenn man einen internationalen Kongreß macht und es nicht schafft, den Problemen der Dritten Welt innerhalb dieses Friedenskonzeptes Priorität zu geben, wenn ausländische Schriftsteller Mühe hatten, Aufmerksamkeit für ihre Probleme, die keine Raketenprobleme sind, zu erlangen, dann soll man die Finger von internationalen Kongressen lassen. Dann ist man Provinz.

Viele in der Bundesrepublik sehen es mit Trauer und Schrecken, daß die Gruppe von deutschen Autoren aus der DDR, die man sozusagen herbeigeschrieben hat mit Kommentaren und Leitartikeln, zu denen hier Solidarität aufgebaut worden ist, daß diese Schriftsteller jetzt innerhalb des VS in eine Ecke gedrängt werden, aus der sie nicht mehr herauskommen, denen es aber auch schwer gemacht wird, einen Weg zurück zum VS zu finden. Man muß ja gar nicht das Gespenst einer Spaltung beschwören. Aber kann die Entwicklung der Isolierung dieser Autoren einfach so hingenommen werden?

Was ich dazu sagen kann, ist dies: Meine Kollegen, von Kunze bis zu Zwerenz und Fuchs, möchte ich bitten, wieder einzutreten und eine Sondertagung des Schriftstellerverbandes zu beantragen, in der das alles zur Sprache kommt. Ich wäre auch dabei. Denn ich glaube, der Verschleiß des Schriftstellerverbandes ist nicht zu verantworten. Eine Spaltung wäre noch schlimmer. Aber ganz unerträglich ist der Gedanke, daß der westdeutsche Schriftstellerverband nicht in der Lage sein soll, Autoren, die diese Erfahrung in der DDR gemacht haben, hier bei sich aufnehmen zu können. In diesem Zusammenhang: Wenn das stimmt, so wie ich es in der Zeitung gelesen habe – und es sind ja wörtliche Zitate –, was Engelmann gesagt hat, nämlich der Austritt von Autoren wird durch Neueintritte wettgemacht, das wäre für mich Anlaß genug, ihn um seinen Rücktritt zu bitten. Denn das ist genau die Formulierung – die ähnliche Formulierung –, die wir in der DDR gehört haben, als Biermann ausgewiesen wurde und als andere aus dem Schriftstellerverband drüben ausgeschlossen wurden. Wenn das gesamtdeutsch sein soll, diese Wiedervereinigung Engelmanns, die will hinwiederum ich nicht. […]

(Stuttgarter Zeitung, 6. 9. 1982)

Dokument 13: Presseerklärung des Verbands deutscher Schriftsteller (8. 9. 1982)

Presseinformation
Industriegewerkschaft Druck und Papier Hauptvorstand

Friedrichstraße 15 Postfach 1282 7000 Stuttgart 1
Telefon (0711) 2018-1 Telex 7-23146 Telegrammanschrift: hadru Stuttgart

Stuttgart, den 8. September 1982

Presseerklärung des Verbands deutscher Schriftsteller (VS) in der IG Druck- und Papier

---

Zu der angeblichen Krise im VS und den zahlreichen Spekulationen in den Medien nimmt der VS-Bundesvorstand im einzelnen wie folgt Stellung:

Wir bedauern jeden Austritt eines Mitglieds und respektieren seine Motive. Wir empfinden es jedoch als unkollegial, wenn Mitglieder ihren Austritt über die Presse erklären, ohne auch nur den Versuch einer innerverbandlichen Diskussion unternommen zu haben.

Der VS hat seit seiner Gründung zu politischen Fragen Stellung genommen. Daher sind wir gemäß den Beschlüssen der Delegiertenkonferenzen und Schriftstellerkongresse für die Erhaltung des Friedens, für Abrüstung und gegen einen Rückfall in den Kalten Krieg eingetreten. Wir halten es für unerläßlich, zu den Schriftstellerverbänden in sozialistischen Ländern Beziehungen herzustellen und so einen Beitrag zur Normalisierung zu leisten. Das gilt auch im Verhältnis zum Schriftstellerverband in der DDR.
Im VS gibt es keine Diskriminierung von Autoren, die früher in sozialistischen Staaten gelebt haben. Die Teilnahme an den Internationalen Literaturtagen in Köln (INTERLIT '82) stand allen VS-Mitgliedern offen. Die Delegierten aus der Bundesrepublik und aus West-Berlin wurden von den VS-Landesbezirken entsandt. Darüber hinaus haben Programm-Komitee und Bundesvorstand Referenten und Mitwirkende eingeladen, unter anderem Gerhard Zwerenz. Die ausländischen Teilnehmer wurden wie üblich von ihren nationalen Verbänden entsandt, ohne daß der VS darauf Einfluß hatte. Aufgrund bestimmter Erfahrungen läßt sich auch der VS von den gastgebenden Verbänden nicht vorschreiben, wer ihn bei Tagungen und Kongressen im Ausland vertritt.

Die "Berliner Begegnung" im Dezember 81 und das "Haager Treffen" im Mai 82 waren keine Veranstaltungen des VS. Die an beiden Treffen beteiligten Bundesvorstands-Mitglieder konnten jedoch feststellen, daß auf beiden Begegnungen ein breites Spektrum von Meinungen sichtbar wurde.

Zu dem Vorwurf von Reiner Kunze, der VS habe die Wiedervereinigung Deutschlands als politische Möglichkeit ausgeschlossen, ist zu sagen, daß es keine Stellungnahme des VS gibt, die sich auf diese Frage bezieht. Wir sehen aber auch keinen Anlaß, uns von den persönlichen Äußerungen Bernt Engelmanns anläßlich der "Berliner Begegnung" zu distanzieren, wonach das Streben nach Wiedervereinigung

Blatt 2

in einem Bismarck'schen oder Großdeutschen Reich unrealistisch und friedensgefährdend wäre. Wie jedes andere VS-Mitglied kann auch der VS-Bundesvorsitzende eigene Meinungen vertreten. Im übrigen entsprach die erwähnte Äußerung der Schlußakte von Helsinki, worin die Unverletzlichkeit bestehender Grenzen in Europa garantiert wird.

Zum Hauptvorwurf von Gerhard Zwerenz stellt der Bundesvorstand fest, daß sich Bernt Engelmann weder über Zwerenzens Buch beschwert noch sich dafür entschuldigt hat. Seine Korrespondenz mit dem Bund-Verlag betraf lediglich eine Anzeige im VS-"Buch zur Tagung" in Köln, durch die sich ein Gast der Konferenz beleidigt fühlte.

Reiner Kunze und Gerhard Zwerenz werfen der medienpolitischen Zeitschrift der IG Druck und Papier "die feder" "Hofberichterstattung" und "Lobhudelei" gegenüber sozialistischen Staaten vor. Dieser Vorwurf ist absurd und haltlos. "die feder" ist im übrigen offen für unterschiedliche Standpunkte und Kritik.

Es würde die Möglichkeiten des Verbandes übersteigen, alle Fehlinformationen der letzten Zeit richtigzustellen, zumal das Interesse der Medien an vermeintlichen Krisen im VS offensichtlich ihr Interesse an der tatsächlich geleisteten Arbeit des Verbandes übertrifft.

Das Selbstverständnis des Verbands und sein Engagement in der Friedensbewegung sollte bei den kommenden Mitglieder-Versammlungen der Landesverbände und dem nächsten Schriftstellerkongreß ausführlich diskutiert werden.

Dokument 14: Austrittserklärung von Herbert Achternbusch (17.9.1982)

Verband deutscher Schriftsteller in Bayern
z. H. Herrn Hans Peter Bleuel

Austrittserklärung

Ich erkläre hiermit meinen sofortigen Austritt aus dem Verband deutscher Schriftsteller. Begründung: Ich will nicht der Masse der im Verband verbliebenen Schriftsteller angehören, die es ermöglicht mit Arroganz über den Austritt einzelner Kollegen hinwegzugehen. Ich entziehe hiermit dieser Arroganz der auch auf meiner Mitgliedschaft beruhenden Rechtfertigung.

Herbert Achternbusch, 17. 9. 82

III »Berufsverband oder Romanisches Café?« Zum Selbstverständnis des VS

Andreas Kalckhoff
»Romanisches Café«

Nachdem der Sachbuchautor Hans-Peter Bleuel 1984 in Saarbrücken überraschend gegen die Romanschriftstellerin Ingeborg Drewitz angetreten und mit einer Stimme Mehrheit Bundesvorsitzender des VS geworden war, bezeichneten seine Gegner (Hans Christoph Buch, Hannes Schwenger) dies als »Demütigung der bedeutenden Schriftstellerin Ingeborg Drewitz durch den Racheakt einer Riege von Kanalarbeitern«, die Literatur sei dabei auf der Strecke geblieben, der VS habe sich damit endgültig zum »Nicht-Schriftstellerverband« gewandelt.[88] Im gleichen Sinne behauptete Günter Grass in Saarbrücken, der Verband sei »entliterarisiert« worden.[89]

Auf den ersten Blick überrascht dieser Angriff, denn in Saarbrükken und davor ging es eigentlich nicht um die Frage, was Literatur sei und ob Sachbuchautoren keine oder schlechtere Literaten sind, sondern um die richtige Friedenspolitik und die richtige Menschenrechtspolitik. Tatsächlich bediente diese Polemik aber eine Kontroverse, die so alt ist wie der VS selbst. Auf den Punkt brachte sie Bernt Engelmann 1982 in einer Replik auf Ota Filip und seine Frage: »Was sollen Schriftsteller in der Gewerkschaft?«[90] Ota Filip hatte gefragt, wie Autoren denn streiken sollten – durch Schreibverweigerung? –, und sich beklagt, daß er von einem Bundesvorstand vertreten würde, den er nicht persönlich ins Amt gesetzt hätte, und über »literarisch wenig überzeugende Funktionäre«. Engelmann verwies auf die berufspolitischen Ziele, die man sich 1969 bei der Gründung des VS gesteckt und teilweise auch verwirklicht habe, und warf Filip vor, er verwechsle wohl den VS mit dem »Romanischen Café der späten 20er Jahre«[91].

Zur gleichen Zeit fragte Franz Xaver Kroetz, was er »als Künstler, als Dramatiker, als Zerfleischender und Zerfleischter« in der IG Druck und Papier solle. Er fände die mutigen Streiks der IG Druck ja toll und habe dafür nicht unerhebliche Spenden überwiesen, aber »wenn ich auf mich geworfen bin als Künstler, dann kann ich mit mir als Gewerkschaftsmitglied nichts anfangen«. Er wisse heute nicht mehr, ob es gut sei, daß der Schriftstellerverband in die Gewerkschaft gegangen sei:

»Ich stelle z. B. fest, daß ich gar nicht gern der Angestelltenversicherung zugeschlagen werde, wie es ja jetzt durch die Künstlersozialversicherung geschehen soll. Ich kann's nicht genau begründen, aber es entspricht nicht meinem Lebensgefühl, es stößt mich ab. Anderseits, für viele Schriftsteller wird es eine große Erleichterung bringen, das verstehe ich schon, nur hätte man das nicht in einer anderen Form machen können? Mit ein bißchen mehr Feingefühl, Eingehen, Verständnis für den Freiheits-, den Irrationalitätsdrang der Künstler? Da bin ich mitten drin in dem, was mich auch vom Verband abstößt. Er hat doch eigentlich mit Kunst, mit Literatur, mit dem ums Leben schreiben, und nicht mit dem für den Lebensunterhalt schreiben, furchtbar wenig zu tun.« Der Engelmann, der ihm persönlich politisch am nächsten stünde von allen Schriftstellern, sei »halt ein Sachbuchautor«: »Der Verband hat eine politische Führung, eine Sachbuchführung. Der Verband atmet nicht (mehr?) den Geist von Kunst.«[92]

Wenig später trat Kroetz aus dem VS aus, weil man diesen Leserbrief gekürzt hatte und die »feder«-Redaktion auch nicht bereit war, die Auslassung nachzuveröffentlichen.[93] Es war, wie ich behaupte, ein nichtiger Anlaß, der tiefere Grund scheint im veröffentlichten Briefteil auf. Engelmann reagierte auf diesen, wie ich es empfinde, Hilfeschrei eines vom gewerkschaftlichen Zweifel gepackten Künstlers wieder mit der kühlen Bemerkung: »Wir sind eine Berufsvertretung und kein Romanisches Café.«[94]

An dieser Stelle muß ich eine persönliche Erklärung einschieben, damit mein Erkenntnisinteresse klar wird und ich nicht falscher Parteinahme verdächtigt werde: Ich gehöre selbst zu denen, die im VS in erster Linie eine Berufsvertretung haben wollen. Dies hat nichts damit zu tun, daß ich – was meine bisherigen Veröffentlichungen angeht – Sachbuchautor bin, sondern in der Überzeugung, daß auch Schriftsteller eine Berufsvertretung brauchen, und die soll meiner Meinung nach der VS sein. Für andere Zwecke gibt es den P.E.N. Aber ich weiß andererseits, daß viele Kollegen – und zwar gerade Autoren, die als Lyriker und Erzähler kleine Auflagen haben – sich vom VS wünschen, daß er ihnen eine literarisch-künstlerische Heimat biete. Es ist leicht zu sagen: Die sind halt bei uns fehl am Platz. Ich will dies kurz aus der Geschichte des VS begründen.

Als sich der alte VDS 1974 auflöste und seine Mitglieder aufforderte, in die IG Druck und Papier einzutreten, folgten dem nur etwas mehr als die Hälfte der Mitglieder. Die Gründe der Verweigerer waren sicher unterschiedlich. Viele haben wohl die Gewerkschaft aus politisch-weltanschaulichen Gründen abgelehnt. Andere fragten sich wie später Ota

Filip, was ihnen, den »Heimarbeitern«, Selbständigen und »Unternehmern« denn eine Gewerkschaft bieten könne. Wieder andere fürchteten wohl auch, ohne sich freilich davon zu überzeugen, den Verlust an Intimität, den ein »unabhängiger« Verband bieten mag. Auch die Motive derer, die in die Gewerkschaft hineingingen, waren wohl unterschiedlich. Einige wollten einfach in einem – damals noch in dem einzigen – Schriftstellerverband bleiben, in dem Leute wie Böll, Grass und Walser waren. Ob diejenigen, die – wie Kroetz kritisiert – bloß »für den Lebensunterhalt schreiben« und selbigen mit Hilfe einer erfolgreichen Gewerkschaft aufbessern wollten, je in der Mehrheit waren, weiß ich nicht. Für manche war die Gewerkschaft auch bloß ein Mittel, Politik zu machen. Und schließlich gab es jene, die eigentlich gar keine Gewerkschaft brauchten – die »über Tarif bezahlten« Auflagenmillionäre: Wie Engelmann feststellte, haben gerade diese den VS »mit aus der Taufe gehoben« und in die Gewerkschaft geführt, aus philanthropischen Gründen oder, gewerkschaftlich gesprochen, aus Solidarität mit den armen Kollegen.[95]

Ich behaupte, daß es diese Spannung zwischen unterschiedlichen sozialen Lagen und verschiedenen weltanschaulichen Zielen und Erwartungen war (und ist), die am VS zerrte. Da waren zum einen die literarischen »Großmogulen«, »Grass und andere Koryphäen des Literaturbetriebs«, wie Hitzer schrieb,[96] die »Erfolgsautoren wie Kroetz«, die »leichter Kunst-Verteidiger sein konnten als viele andere«. Günter Grass hatte, acht Jahre bevor er in der Wahl Bleuels eine Entliterarisierung des VS sah, gegenüber seinem späteren Verbündeten und damaligen Kontrahenten Hannes Schwenger bemerkt: »Zuviel Schwenger, zu wenig Literatur!« Andere waren freilich nicht zimperlicher: »Kaffeehausliteraten« mußten sich Grass und seine Berliner Freunde von Uwe Gardein aus Bayern nennen lassen.[97] Solche Polemiken widersprachen natürlich der erklärten Absicht von 1969, daß die literarische Qualität von Kollegen kein Thema sein dürfe. Aber die von Grass im Zorn gemachte Äußerung und der selbstquälerische Leserbrief von Kroetz zeigen, wie schwer es war, das zu verinnerlichen.

Auf der anderen Seite waren es die fleißigen Gewerkschaftler, allen voran Gründervater Dieter Lattmann, die immer wieder auf die soziale Lage der Schriftsteller und ihre gesellschaftliche Gefährdung durch konservative Machenschaften abhoben. »Nicht jeder läßt mit seinem ersten oder zweiten Buch einen dicken ›Böller‹ los und kann sich hinterher auf sein Geschreibsel einen schönen ›Lenz‹ machen«, meinte Reinhard Meis aus Konstanz in einem Leserbrief[98] beziehungsreich. »Es gibt auch solche unter uns, denen der von Sachbuchautoren geführte Verband schon sehr geholfen hat. Da ist Sach(buch)verstand notwendiger als künstlerisches Feingefühl. Mit Emotionen erreicht man in unserer ›Verlagswelt‹ nichts ...« Zur Frage, ob die Teilnehmer einer Mitgliederversammlung in Baden-Württemberg auch »die Kunst im VS« vermissen würden, mußte er indes berichten: »Aus den verschiedenen Wortmeldungen konnte kein typisches Vereinsbild gewonnen werden ... So wünschten die einen mehr Werkstattgespräche, andere pflichteten Kroetz bei, also doch mehr Kunst. Wieder andere regten eine mehr sinnlich betonte VS-Versammlung an.« Man muß dazu bemerken, daß dieser VS Baden-Württemberg, aus dem ich stamme, immer zum gewerkschaftstreuen Flügel zählte. Aber auch hier offensichtlich die Sehnsucht nach »mehr Kunst«.

Ich konstatiere an dieser Stelle, daß es offensichtlich ein großes Unverständnis gab zwischen denen, die – um noch einmal mit Kroetz zu reden – ihrem Selbstverständnis nach »ums Leben schreiben«, und denen, die »für den Lebensunterhalt schreiben«. Die einen wünschten – und, wie ich beobachte, wünsch*en* – sich mehr Kunst und Sinnlichkeit in den Versammlungen, die anderen mehr Sachverstand und Politik. Es ist klar, daß sich daraus auch Differenzen im Verhältnis zur Gewerkschaft ergeben mußten. Denn Gewerkschaftsarbeit ist nüchtern, unsinnlich und weitgehend kunstfrei. So geriet denn die Kunst-Fraktion schnell in den Verdacht, gewerkschaftsfeindlich zu sein, während die Anhänger der Gewerkschaftsidee sich als literarisch zweitklassige Funktionäre, Aparatschiks und schließlich als »Betonfraktion«[99] verrufen lassen mußten.

Tatsächlich war das Verhältnis des VS zur IG Druck und Papier nie unproblematisch. Carl Amery, der die Mitgliedschaft der Schriftsteller in der Gewerkschaft immer gewollt hat, beklagte sich 1976[100] darüber, daß der Geschäftsführende Hauptvorstand (GHV) der IG Druck und Papier ohne Rücksprache Vorlagen des VS-Bundesvorstandes verändert hatte, ohne daß »irgendein Verstoß gegen die Satzung der IG Druck und Papier« vorgelegen habe, und schlug deshalb vor, »die Lebenswirklichkeit des VS im Rahmen der IG Druck und Papier mit allen Vorstandsmitgliedern, aber auch allen Vertretern der Landesbezirke zu diskutieren«. Als der DGB den Export von Atomtechnik nach Brasilien begrüßte, ging er auf Konfrontation: »Hier zu schweigen hieße, gebotene Solidarität mit Selbstzensur zu verwechseln«, erklärte er 1977 gegenüber dpa »in eigener Sache und im Sinne der überwiegenden Mehrheit der im DGB organisierten Schriftsteller«[101]. Zwei Jahre darauf klagt der stellvertretende Vorsitzende des VS Berlin Klaus Stiller anläßlich seines Rücktritts, Mitteilungen seien vom GHV zensiert worden – wogegen sich Detlef Hensche freilich energisch verwahrte. Bernt Engelmann versicherte in einer Pressekonferenz, »er halte die Vorwürfe über ein gespanntes Verhältnis mit der Gewerkschaft für nicht zutreffend«.

Aus Zeitgründen kann ich diese Problematik, daß sich der VS – auch die Engelmann/Bleuel-Vorstände – von der IG Druck und Papier gelegentlich zensiert und in ihren Entscheidungen behindert fühlten, nur andeuten. Dazu sollen andere noch etwas sagen. Entscheidend erscheint mir, daß diese Problematik – ebenso wie die Forderung nach »mehr Kunst« – zunehmend instrumentalisiert wurde im Streit um weltanschaulich-politische Zielrichtungen, der 1982–1984 seinen Höhepunkt erreichte. Wie Lattmann in seiner Schlußrede in Saarbrükken 1984 feststellte, war die Notwendigkeit des VS bei den Delegierten unumstritten[102]; wurde der Wille zur Mediengewerkschaft mit großer Geschlossenheit bekräftigt, gab es »in den berufspolitischen Fragen kaum Gegensätze, viele Ergebnisse waren einstimmig«[103]. Dies hinderte jedoch Lattmanns Kollegen in Bayern, namentlich Bernt Engelmann und Friedrich Hitzer, aber auch – schwerwiegender – den Vorsitzender der IG Druck und Papier, Erwin Ferlemann, nicht, ihren Gegnern im VS vorzuwerfen, namentlich Günter Grass und seinen Berliner Freunden, sie wären gewerkschaftsfeindlich oder würden mit »erklärten Gegnern der Gewerkschaft« wie Jürgen Fuchs zusammenarbeiten[104], würden »womöglich einen Spalterverband gründen«[105], hätten »den großen Knatsch im VS« angefangen, um andere von der Gewerkschaft abzuschrecken und die Mediengewerkschaft zu verhindern.[106]

Tatsache ist, daß Hannes Schwenger, ebenso wie Ingeborg Drewitz, 1973 gegen den Beitritt des VS zur IG Druck und Papier votierte, in »der Meinung, daß wir aus tariflichen Gründen besser zur Gewerkschaft Kunst gegangen wären«[107]. Ingeborg Drewitz wurde im Vorfeld von Saarbrücken von Journalisten mehrfach mit der Frage konfrontiert, wie sie es mit der Gewerkschaft, insbesondere mit der geplanten Mediengewerkschaft halte, ließ indes keinen Zweifel daran, daß es wichtig sei, »daß der VS in der Gewerkschaft bleibt«, denn »2 000 Männchen in diesem Land, die können gar nichts durchsetzen«, und daß der Umstieg in die Mediengewerkschaft die »Realisierung der Idee« sei, »die ja mit unserem Eintritt in die IG Druck und Papier schon entstanden war«. In ihrer Saarbrücker Rede verschwieg sie allerdings nicht, daß man bei der Entscheidung für die IG Druck und Papier schon gewußt habe, »daß wir in ein neues Konfliktfeld ganz sicher hineingeraten werden, daß nämlich Überlegungen, die uns sozusagen ureigen anliegen, nicht alle identisch sein können und werden mit dem, was in der Gewerkschaft ... von uns zu tun verlangt werden wird«[108].

Aber offensichtlich reichte das Bekenntnis zur Gewerkschaft, reichte die Übereinstimmung in berufspolitischen Zielen nicht aus, andere, wesentlichere Dissenzen zu bereinigen. Wie aus den Redebeiträgen von Saarbrücken zu ersehen, ging es dabei um Fragen des »Gewerkschaftsverständnisses« jenseits von Künstlersozialversicherung, VG Wort und Normverträgen. Dabei gab es zwei Frontlinien. Die eine markierten Johano Strasser und Knut Becker. Strasser meinte, zu den Arbeitsvoraussetzungen für Schriftsteller, die gewerkschaftlich – auch international – zu sichern seien, gehöre auch »das Recht auf freie Meinungsäußerung, das Recht auf unzensierte Publikation, das Recht darauf, eine Vereinigung zu gründen«: »Unsere Diskussion hier und im Verband ... leidet darunter, daß einige, die in dieser Kernfrage völlig anderer Meinung sind, dieses hier nicht sagen.«[109] Becker hielt dagegen: »Wir machen Innenpolitik, wir machen Sozialpolitik, wir machen internationale Politik im Rahmen unserer Internationale, aber wir machen weder Untergrundarbeit noch Wühlarbeit noch sonst was ...«[110] Und Gerd Paczensky assistierte: »Der VS ist hoffentlich nicht bereit, sich in ein Kampforgan mit außenpolitischen Zielen umfunktionieren zu lasssen.«[111]

Nun war aber der Vorwurf, außenpolitische oder politisch-weltanschauliche Ziele zu verfolgen, zuerst gegen jene erhoben worden, die ihn nun verwandten, nämlich gegen die Engelmann-Partei. Und hier verlief denn auch die zweite Front, und zwar zwischen denen, die meinten, die Friedens- und Annäherungspolitik der SPD mit großer politischer Geste nachvollziehen zu müssen (die DKP-Sympathisanten vernachlässige ich mangels Masse), und jenen, denen wie Franz Xaver Kroetz unbehaglich dabei war, daß »Schriftsteller sich händeschüttelnd wie Politiker aufführen«. Reinhard Baumgart brachte diese Kritik bereits 1982 auf den Punkt: »Der VS sollte nicht sein: Künstlerstammtisch, Debattierclub, Resolutionsmaschine. Die mit dem Gewerkschaftsbeitritt verbundene Erwartung war gerade die, daß er sich auf die berufspolitische Arbeit konzentrieren würde. So und nur so war die Einigkeit der Einzelgänger gemeint, die sich sofort auflöst, wenn im Verband eine gemeinsame politische Meinung durchgesetzt werden soll, die es nicht gibt und die selbst mit Mehrheitsbeschlüssen nicht durchgesetzt werden dürfte.«[112]

Ich gebe zu, daß mir dies damals nicht so bewußt war wie heute. Ich gehörte 1982–1984 als neues Mitglied, ohne aktiv zu sein, zu denen, die sich – hauptsächlich durch Zeitungsmeldungen und gelegentliche kryptische Andeutungen im Landesverband informiert – zu den Engelmann-Anhängern zählten. Auch ich war als SPD-Mitglied der Meinung, daß lautstarke Menschenrechtsproteste den Frieden und damit auch die Chance auf diplomatische Interventionen zugunsten verfolgter Kollegen im Osten nur störten, und empfand die Äußerungen mancher DDR-Dissidenten für schrill und bizarr. Heute würde ich indes unterschreiben, was Freimut Duve, auch ein SPD-Mann und ein Politiker, in Saarbrücken sagte: »In einer politischen Partei und in einer Gewerkschaft streitet man um Meinungen. Ich habe immer gedacht, daß man im Schriftstellerverband über Erfahrungen redet ... Es ist völlig unmöglich, Menschen mit den Erfahrungen, die herüberkommen, zu sagen, ihr sollt jetzt über die DDR anders reden, vielleicht sogar anders schreiben ... Der Schriftstellerverband muß ein Verband bleiben, in dem die Erfahrungen wirksam werden können ... Ich denke, wenn wir nicht sagen, der Engelmann muß seine Erfahrungen, seine antifaschistischen Erfahrungen mal beiseite tun, und er nicht umgekehrt meint, der Jürgen Fuchs solle seine Erfahrungen mit der DDR in irgendeiner Weise nicht für seine Arbeit nutzen, daß wir eine Chance haben.«

Elisabeth Endres

Das große WIR-Gefühl[113]

Elisabeth Endres bedankt sich für die Einladung, zumal eine Zeitlang zwischen VS und Journalisten »Todfeindschaft« geherrscht habe. Einmal sei sie mit Hitzer[114] hinausgegangen, dabei hätten sie Wolfgang Werth von der Süddeutschen Zeitung in einer Telefonzelle gesehen, der wegen seinem erkrankten Kind mit seiner Frau telefoniert habe. Und Hitzer habe zu ihr gesagt: »Da steht jetzt der Werth in der Telefonzelle und macht gegen uns die große Intrige«. Sie fährt fort, der Unterschied zwischen Sachbuchautor und fiktivem Autor (Dichter, Schriftsteller) werde in der Form immer stärker aufgehoben. Sachbuch sei eine äußerst ungenaue Zuweisung. Was werde in einer Sachbuchkritik-Redaktion kritisiert? Foucault, Lacan, Derrida. Aber was sei ein Biografien-Schreiber? Elisabeth Endres bemerkt zum Thema, sie halte die Entgegensetzung »Berufsverband *oder* romanisches Café« für falsch und auch für polemisch. Unter dem »Romanischen Café« stellten sich Engelmann und andere vermutlich den Treffpunkt eines heiteren Berliner Künstlervölkchens vor, was nicht die richtige Entgegensetzung zu einem Berufsverband in der Gewerkschaft sei. Anschließend bezieht sie sich auf Vereinigungen von Künstlern, die durch ein gemeinsames Ziel verbunden gewesen wären, wie die Surrealistenschule um Breton und Aragon, die Futuristengruppe um Marinetti, auch die Gruppe 47 in ihren Anfängen. Diese habe auch materielle Interessen vertreten »im Sinne einer Kampfgemeinschaft« sowie »einen gemeinsamen politischen Nenner ausgeformt«. Elisabeth Endres stellt fest, ein »als Typus idealer« Berufsverband müsse theoretisch nur die Rechte und Interessen aller Autoren vertreten (gleicherweise die von Herrn Gysi wie von Herrn Schönhuber). Jedoch sei dies de facto nicht möglich, schon der alte VDA, die alten Schutzverbände, hätten eine gewisse, sogar sehr konservative Ausrichtung gehabt, »da saßen ein bißchen die von der Gruppe 47 benachteiligten drin«. Zweierlei sei in den Jahren zwischen der »Einigkeit der Einzelgänger« und dem Anschluß an die IG Druck und Papier entscheidend gewesen[115]: Erstens die organisatorische Ummodelung, »das war ein großes Verdienst von Lattmann«, stellt sie fest. Aber es sei »wie bei Bismarck und dem Deutschen Reich gewesen. Es mußte der richtige Mann, aber auch die richtige Stimmung, die Bereitschaft da sein.« Und es habe eine »nach 68er Stimmung« geherrscht, »ein ideelles Element, das von der Stimmung der Schwengers und Hitzers[116] – das UND ist erlaubt, weil keiner anwesend ist – bis zur damaligen Position Dieter Lattmanns« gereicht habe.

Damit meine sie »all diejenigen, für die es nicht primär um Interessenvertretung ging, sondern um ›das große WIR‹. Wir Intellektuellen und die Gewerkschaft, Hand in Hand – ein alter sozialistischer Traum«, den die Sozialdemokratie nicht mehr kenne. Wörtlich: »Wir wollen mit dem Drucker, weil er ein Arbeiter ist, zusammenstehen.« Elisabeth Endres berichtet davon, wie sie bei dem Druckerstreik 1976 begeistert Flugblätter verteilt habe, wie gern sie zu den Versammlungen der IG Druck und Papier in München gegangen sei. Nach dem Streik habe der Münchner Gewerkschaftsvorsitzende erzählt, wie der Streik organisiert worden sei, welche Streikposten man eingesetzt habe, wo man die Papiere hinleitete, wie die Weiterverteilung gewesen sei, wie man die Streikposten ausgewechselt habe. Plötzlich habe man eine Faszination verspürt und gemerkt, die streikenden Drucker hätten etwas erreicht: »ein gemeinsames, auch emotionales Erfolgserlebnis.« Dieses spiele ebenfalls in der Gewerkschaft eine große Rolle, und nicht nur der Wortlaut des Manteltarifs.

Dieses »WIR« habe »von den wirklich Linken und Total-Jusos«

bis hin zu jenen gereicht, die gesagt hätten, es sei eine bessere Interessenvertretung. Und hier sähe sie heute die Schwierigkeiten im VS. Auch die Nüchternheit, die bewußt mit einer Weltanschauung verbunden gewesen sei, sei ein großer Anreiz gewesen. Dieses habe sich mit der Zeit verloren. »Diese WIR-Erlebnisse«, sagt sie, »blieben einfach aus.«

Der Mustervertrag sei zwar »ein wunderschöner Vertrag«, aber letztendlich würde doch keiner – sie erwähnt ein entsprechendes Gespräch mit Irina Korschunow – auf den Mustervertrag pochen.

Detlef Hensche

Gewerkschaft und Autonomie

Wenn man sich die tägliche Praxis beispielsweise in Stuttgart vor Augen hält, so bestätigt sich das Selbstverständnis des VS als berufspolitischer Verband zur materiellen, politischen und berufspolitischen Interessenwahrnehmung. Solange ich zuständig war, war das die Hauptbetätigung: Verhandlungen mit dem Börsenverein über den Normvertrag, über den Übersetzervertrag, Gespräche in Bonn über Urheberrechtsnovellen. Dieter Lattmann hat einige der Erfolge aufgelistet. Das war und ist bis auf den heutigen Tag die Arbeit für den VS und im VS.

Eine kurze Anmerkung noch, Elisabeth Endres. Die Tatsache, daß Autoren als freie Autoren nicht im Betrieb arbeiten, also keine arbeitsrechtlich abhängige Arbeit erbringen, sollte heute kein Hindernis mehr sein, die berufspolitische Interessenwahrnehmung durch Zusammenschluß zu fördern bzw. sie als notwendig anzuerkennen, egal ob in einer Gewerkschaft oder als freier berufspolitischer Verband. Ich denke jetzt an die Unzahl freier Journalisten, freier bildender Künstler. Wie denn sonst sollen sie ihre Interessen wahrnehmen, z. B. handfeste Rechtsschutzinteressen, als durch Zusammenschluß? Das ganz normale Rechtsschutzgeschäft ist ungeheuer wichtig für jeden Autor und ist sicherlich eine unverzichtbare gewerkschaftliche Dienstleistung.

Der zweite Punkt. Ich glaube, Elisabeth Endres und andere sind ja auch etwas enttäuscht auf die Entwicklung eingegangen. Man darf nie aus dem Auge verlieren, überspitzt formuliert, daß die VS-Gründung nicht denkbar gewesen wäre ohne die politische Aufbruchstimmung Ende der 60er und Anfang der 70er Jahre. Ohne dies hätte es wohl den VS nicht und hätte es auch den anschließenden Gewerkschaftsbeitritt nicht gegeben. Was damals den VS, als er sich konstituierte und kurz darauf auch empfahl, im Wege des Einzelbeitritts der IG Druck und Papier beizutreten, einte, war ein politischer Grundkonsens. Es ist schwer, ihn zu etikettieren, etwa zu sagen, er wäre sozial-liberal gewesen. Er war viel breiter gefächert. Aber es gab einen Grundkonsens im Rahmen einer Reform-Aufbruch-Stimmung jener Zeit. Der Wechsel zur sozial-liberalen Koalition gab dieser Aufbruchstimmung besondere Nahrung, gab Hoffnung und hat ja auch einige Erfolge produziert. Nicht zuletzt aufgrund des Wirkens von Dieter Lattmann wurden in Bonn auch gesetzliche Reformen auf den Weg gebracht. In dem Maße, in dem dieser Grundkonsens ins Wanken geraten ist, gab es Probleme im VS – im Grunde schon Mitte der 70er Jahre, der Wechsel Brandt/Schmidt ist auf der politischen Ebene sicher ein Signal dafür. Das ist auch leicht nachzuvollziehen. Wenn die Aufbruchstimmung nicht mehr beflügelt, bleibt eben die Kärrnerarbeit der täglichen Interessenwahrnehmung übrig. Und das ist langweilig. Da kommt keine Spannung auf. Ich muß auch ehrlich gestehen, ich habe Schriftstellerkongresse und Bundesdelegiertenversammlungen erlebt, die in ihrer Mehrzahl nicht etwa durch Konflikte geprägt waren wie Saarbrücken, sondern durch Langeweile, durch Herstellung von Beschlußlagen. Es waren zum Teil wenig beflügelnde Kongresse. Wenn man sich in Vereinsformen mit der materiellen Interessenwahrnehmung auseinandersetzt und wieder einen Antrag zur Urheberrechtsreform verabschiedet oder zum Goethe-Groschen oder was auch immer, das beflügelt nicht. Da kommt um so weniger Aufbruchstimmung auf, je mehr die Hoffnung auf Erfolg schwindet. Ich vermute, daß die politischen Konflikte, die später zur Fraktionierung und Polarisierung im VS geführt haben, damit zusammenhängen. Vielleicht kommen wir heute nachmittag im Zusammenhang mit Saarbrücken darauf zu sprechen.

Noch ein Letztes zu dem Thema »Wir-Erlebnisse«. Auch im Betrieb findet nicht täglich Streik statt. Es geht ja nun lange Jahre auch ohne dieses greifbare, erfahrbare Erlebnis von gewerkschaftlicher Auflehnung und Zusammenstehen. Aber wenn es denn dazu kommt, ist das Bewußtsein, einmal die innerbetriebliche Herrschaftsordnung vom Kopf auf die Füße zu stellen, oft viel entscheidender als das, was letztlich an Prozenten herauskommt. Aber ich stelle mal die Frage, ist es denn so völlig ausgeschlossen, daß auch freie Autoren und freie Journalisten in ganz konkreten Auseinandersetzungen sich ihrer Haut wehren? Es gab die Münchner Konferenz[117] als Reaktion auf die »Ratten- und Schmeißfliegen«-Attacke, die sicherlich noch einmal ein Stückchen Rückbesinnung auf den Ursprung der VS-Gründung brachte. Aber ich mache mal einen Sprung: Kann es nicht eine notwendige Aufgabe sein, die Rundfunkfreiheit zu verteidigen, die handfest gefährdet wird und die, umgekehrt, Existenzgrundlage zahlreicher Autoren ist? Gemeinsam mit festangestellten Journalisten? Es gibt konkrete Beispiele, Konflikte in Rundfunksendern auszutragen. Es werden uns leider noch einige Themen, Aufgaben und Probleme serviert werden, in denen wir uns ganz handfest unserer Haut wehren müssen.

Letzte Anmerkung zum Thema Gewerkschaft und Autonomie. Da möchte ich gerne zwei Erläuterungen hinzufügen. Für die Geschichtskommission übrigens nicht das erstemal; ich bin ein bißchen ärgerlich, wenn die gleichen Unterstellungen dann dutzendweise wiederholt werden. Zum einen, die IG Druck und Papier hat ja als traditionelle Facharbeitergewerkschaft den VS durchaus nicht mit geöffneten Armen aufgenommen. Es gab innerhalb der IG Druck und Papier erhebliche Meinungsverschiedenheiten. Und es gab in einer traditionellen Facharbeitergewerkschaft auch Abwehrhaltungen. Das hat sich damals in heftigen Konflikten in der IG Druck und Papier und dem geschäftsführenden Vorstand auf der einen Seite und der dju auf der anderen Seite Ende der 60er, Anfang der 70er Jahre gezeigt. Was gab es da für Konflikte zwischen der dju und einem sehr traditionellen, auch mit disziplinorientiertem Verständnis behafteten geschäftsführenden Hauptvorstand. Auf diesem Hintergrund – jetzt komme ich zu den Stichworten »Autonomie«, »Gängelung«, »Zensur« und »Eingriffe« – war eine Satzungsbestimmung entstanden, die damals allseits akzeptiert wurde. Dieter Lattmann wird sich daran erinnern. Da hieß es sinngemäß, daß die Berufsgruppen zur Wahrnehmung der berufspolitischen Interessen aufgerufen sind. Daß aber Stellungnahmen zu allgemeinen politischen Fragen der Gewerkschaft, der Gesamtorganisation vorbehalten sind.[118] Dahinter steckte das Mißtrauen der Repräsentanten der Gesamtorganisation, daß in zufällig zusammengesetzten Berufsgruppenversammlungen Beschlüsse gefaßt werden, die möglicherweise der eher sozialdemokratisch orientierten Grundhaltung in der IG Druck und Papier widersprachen. Und es steckt das Gefühl dahinter, wer meint, zu bestimmten allgemeinpolitischen Fragen Stellung nehmen zu müssen, der müsse dann bitteschön den Weg über die Gewerkschaft gehen, über den Ortsverein oder Landesbezirk. Das war ein Auslöser für einige wenige Konflikte. Auf dem Dortmunder Schriftstellerkongreß lag ein Antrag vor zum Export von Kernkraftwerken nach Südamerika,[119] bei dem ich dann pflichtgemäß zum Mikrophon ging und darauf hinwies, daß ein solcher Beschluß nach der Satzungslage unwirksam sei. Das hat übrigens den Kongreß nicht gehindert, ihn zu verabschieden, und er ist auch veröffentlicht worden. In der Rückschau können wir das alles nur noch lächelnd betrachten. Es gab Konflikte um finanzielle Dinge. Ich kann mich erinnern, daß ein Vertrag mit dem sowjetischen Schriftstellerverband ausgehandelt wurde. Bei einer Passage war nicht ganz klar, ob sich da finanzielle Folgen ergeben würden. Das führte zu einem Konflikt. Und wir baten den Vorstand – Carl Amery war Vorsitzender –, doch noch einmal im Wege der Korrespondenz zu klären, daß unübersehbare Kostenfolgen damit nicht verbunden seien. Auf dieser Ebene bewegten sich die Konflikte. Ich finde es ein bißchen ärgerlich, wenn der Eindruck entsteht, daß da von Sitzung zu Sitzung und alle Monate Resolutionen oder Stellungnahmen, Demarchen und Initiativen des VS-Bundesvorstandes gegängelt worden wären. Dies ist nun wirklich schlicht falsch.

Jene von mir zitierten Satzungsbestimmungen gibt es nicht mehr. Sie gibt es nicht mehr nicht wegen Grass und Anna Jonas, sondern sie gibt es wegen der IG Medien nicht mehr. Im Zuge der Verhandlungen mit der RFFU, mit dem DJV und anderen Verbänden der Gewerkschaft Kunst war es völlig undenkbar, daß wir einen solchen Politikvorbehalt der Gesamtorganisation weiter fortschreiben können. So ist diese Bestimmung auch in den Beratungen zur neuen Satzung der IG Medien weggefallen, wobei allerdings genauso wie Vertreter der RFFU auch Anna Jonas und Günter Grass mit Recht um jene Satzungsänderung gekämpft haben. Auch der Sitz im Hauptvorstand ist Frucht der IG Medien. Es war völlig selbstverständlich, daß mit Gründung der IG Medien die ehemals selbständigen Verbände durch ihre Vorsitzenden im Hauptvorstand repräsentiert sein müssen. Das war unstreitig. Vor Anna Jonas war das übrigens selbstverständlich, daß es diese Entwicklung nehmen würde.

Ich möchte abschließend sagen: Wir haben Lehrgeld gezahlt. Jene Politik-Prärogative der Gewerkschaft, also, wenn man so will, jene tendenzielle Entmündigung der Berufsgruppen, spiegelt natürlich ein Gewerkschaftsverständnis wider, das ich für antiquiert halte. So kann man nicht arbeiten. Das ist zutiefst undemokratisch. Wir leben in einer Entwicklung, die durch die Gründung der IG Medien gefördert und beschleunigt worden ist, in der eine Mitgliedschaft sehr unterschiedlicher Herkunft, sehr unterschiedlicher Arbeitsfelder mit sehr unterschiedlicher beruflicher Sozialisation und mit unterschiedlichen Bedürfnissen die Chance haben muß, diese Bedürfnisse innerhalb der Gewerkschaft artikulieren und umsetzen zu können. Das setzt dann ein Gewerkschaftsverständnis und eine Satzung und Organisationsform voraus, die mit derartigen mißtrauensbehafteten Satzungsbestimmungen – Facharbeiter und gewerkschaftliche Disziplin hier und Intellektuelle dort – nicht mehr leben kann. Das gehört seit langen Jahren der Vergangenheit an.

Diskussion 1[120]

[…]

Uwe Friesel: Ich habe nicht gedacht, daß der Gegensatz Sachbuchautor – Dichter etwas hergibt, aber wenn man die Argumentationen und Belege des Referats von Kalckhoff verfolgt, gibt es doch allerlei Erkenntnis. Ich fand sehr wichtig das Duve-Zitat von der Gleichwertigkeit und Gleichberechtigung der persönlichen Erfahrung; das müßte uns zu beschäftigen haben. Was du nicht gesehen hast, Andreas Kalckhoff, und was ich sehr wichtig finde: Wenn man das so aufbaut und strukturiert, das ist die fatale Sache, daß der VS gezwungen war (und zwar seit er in der Gewerkschaft war, und hier insbesondere in den SPD-regierten Ländern), Fördervereine abzuspalten, zu gründen, damit diese Fördervereine als nicht gewerkschaftlich überhaupt juristisch in der Lage waren, Fördergelder entgegenzunehmen. Dadurch hat sich gewissermaßen strukturell die Kunst aus dem VS abgespalten. Denn die Ereignisse auf der Ebene der Lesungen, Diskussionen, literarischen Tagungen, alle möglichen Veranstaltungen fanden nun plötzlich statt in einem nicht mehr VS heißenden Förderverein. Und je nachdem wie weit sich dieser entfernte vom VS, gab es in den einzelnen Landesverbänden große Konflikte. Dasselbe hat sich in den fünf neuen Ländern auf der Stelle wiederholt. Man kann das beobachten in Leipzig etwa und anderswo, wie genau diese Merkwürdigkeit dazu führt, daß die Fördervereine sagen, wir sind diejenigen, die für Literatur stehen, und ihr seid die Apparatschiks und die Administratoren. Das ist ungeheuer mißlich, das ist ein struktureller Fehler. Wenn wir da nicht in irgendeiner Form künftig zu besseren Lösungen kommen, wird uns das immer wieder beschäftigen. Mit Verlaub, war der VDS in seiner Zusammensetzung konservativ, und ich glaube, die jüngeren Autoren, besonders die von der APO geprägten, wären nie und nimmer in den Gesamt-VS gegangen, wenn dieser VDS die Vorgabe gewesen wäre für den VS. Diese weltanschauliche Diskrepanz lag nicht nur darin, daß man sagte, ich will nicht Gewerkschaft sein, wenn ich als Schriftsteller organisiert bin, sondern sie lag auch in Sichten etwa auf die deutsche Vergangenheit. Man muß einfach sehen, daß da noch eine Trennung stattfand, die die Situation in Europa nach dem Ausgang des zweiten Weltkrieges anders beurteilte.

Erasmus Schöfer: Mir war interessant, was du über die Eingriffe der Gewerkschaftsleitung in bestimmte Entschlüsse des VS gesagt hast – wenn sich das so verifizieren läßt, wie in dem Fall von Carl Amery. In den anderen Fällen hast du nur darauf hingewiesen. Dann muß ich aus der Erfahrung in der Verbandsarbeit seit 1989 oder 1988, seit ich da im Bundesvorstand mitgearbeitet habe, sagen, da hat sich offensichtlich viel geändert im Selbstverständnis der IG-Medien-Leitung in bezug zumindest auf die Fachgruppe Literatur, also den Schriftstellerverband. Ich kann mich nicht erinnern, daß wir solche Eingriffe erlebt hätten. Ich habe den Eindruck, daß auch durch die leidvolle Auseinandersetzung mit den Fragen, die uns hier beschäftigen, ein Lernprozeß in der Gewerkschaftsleitung stattgefunden hat. Man kann dazu sagen, daß einige der Veränderungen der ursprünglichen Satzung auf Anna Jonas und Grass zurückgegangen sind, von denen wir dann hinterher auch profitiert haben.[121] Aber ich glaube, es ist nicht nur eine Frage der Satzung, also des geschriebenen Rechts, sondern auch des Selbstverständnisses innerhalb der von Druck und Papier geprägten Leitung der Gewerkschaft.

[...]

Renate Chotjewitz-Häfner: [...] Elisabeth Endres hat ja von diesem Wir- und von diesem Solidaritätsgefühl im VS gesprochen, von den Austritten, die aus einem Gefühl der Enttäuschung kamen, daß es da kein Zusammenwachsen gab. Eine andere Ausprägung des Wir-Gefühls im VS war die Solidarität der starken, der großen, der bekannten Autoren (wie Heinrich Böll) für die schwächeren. Das war die Idee der Aufbruchjahre. Diese Solidarität ist in den politischen Auseinandersetzungen der 70er und 80er Jahre zerbrochen. Das ist mit ein Grund dafür, daß der VS heute ein geringeres Ansehen genießt. Denn es waren gerade die belletristischen Autoren, die literarischen Autoren, ich mache jetzt mal diesen Unterschied, die den VS kritisiert und ihn verlassen haben, zuletzt 1988.[122] Wo waren die Dichter, hat Jürgen Lodemann schon 1983 auf dem Kongreß in Mainz gefragt. Das heißt, es war ein VS-Kongreß ohne Dichter. Aus diesem Grund ist er damals in den Bundesvorstand gegangen.[123] Man kann das auch an dem enormen literarischen Lesungsprogramm, das um den Kongreß in Saarbrücken stattgefunden hat, erkennen – an die fünfzig Lesungen, und zwar nicht in Schulen, wie man das heute macht, sondern alle an öffentlichen Plätzen rings um Saarbrücken. Das war wahrscheinlich ein Verdienst

Jürgen Lodemanns, um zu zeigen, dies ist das intellektuelle und literarische Potential, das der Schriftstellerverband in der Gewerkschaft hat. Und es war auch das letzte Mal, daß der VS sich so, in all seinen Ausformungen, öffentlich präsentiert hat.

Dieter Lattmann: [...] D. L. bemerkt, daß die Vorgängerorganisation des VS nicht der VDS war, diese Bezeichnung sei reserviert gewesen für den Verband Deutscher Studentenschaften, »sondern es war die BV, die Bundesvereinigung deutscher Schriftstellerverbände, deren Präsident ich im April 1968 in München wurde«. Dies wäre er nur deshalb geworden, »weil sich damals kein namhafter Schriftsteller zur Verfügung stellte«. Er sei dann zusammen mit Wilhelm Damwerth, dem damaligen Geschäftsführer, ein Jahr lang durch die Bundesrepublik gefahren und »habe besichtigt, was denn diese Bundesvereinigung war«. Es habe sich herausgestellt, daß er »Präsident einer amtierenden Ohnmacht war«. Die Unzufriedenheit mit dem Zustand führt dann dazu, »einen Slogan zu kreieren, der immer und immer wiederholt wurde«. Da es elf Landesverbände und zwei Fachverbände gab – Dramatiker und Übersetzer – sei in jeder Versammlung gesagt worden, »ein Schriftstellerverband ist stärker als dreizehn«. Daraus sei der VS entstanden. Und der Weg des VS habe dann in die Industriegewerkschaft geführt, »weil unsere Arbeitswelt die einer hochtechnisierten Industriewelt von interkontinentalen Dimensionen ist, gegen die man sich in berufsständischen Organisationen nicht mehr wehren kann«. Zu ergänzen sei, daß der Widerstand gegen die Idee, Schriftsteller in einer Gewerkschaft zu sammeln, »natürlich in der bürgerlich-pluralistisch-konservativen Gesellschaft der Bundesrepublik machtvoll [war]«. So habe unmittelbar nach dem Beschluß für die IG Druck und Papier in Hamburg Krämer-Badoni in der »Welt« einen Artikel mit der Überschrift geschrieben, »Lattmann hat die Schriftsteller im Massengrab der Gewerkschaft beerdigt«. Dies sei damals die Stimmung bei einem Teil gewesen. Auf der »Haben-Seite« hätte indes einiges gestanden. Für D. L. wäre ohne den DGB niemals die 2. Urheberrechts-Novelle zustande gekommen, auch nicht die Künstlersozialversicherung, nicht der § 12 a im Tarifvertragsgesetz, der die tarifgesetzlich abgesicherten Rahmenverträge für Autoren in den Massenmedien, in öffentlich-rechtlichen Anstalten und anderen ermöglicht. Der VS hätte auch nicht das Autorenversorgungswerk bei der VG Wort bekommen und ebensowenig den Literaturfonds, also das, »was substantiell wichtig ist«. Aus diesem Grund seien »die Einbußen an Wir-Gefühl in künstlerischer Hinsicht« akzeptiert worden. Man habe pragmatisch gesagt, »wir machen das wahr, was Autoren in Deutschland seit 1909 immer wieder wollten, nämlich wirklich den gewerkschaftlichen Weg und damit ein Nachholen von vielem, was wir in der Gesellschaft deutscher Staaten noch nicht erreicht hatten«.

[...]

Diskussion 2[124]

Bernd Ulbrich: Als wir im Osten 1990 vor der Tatsache standen, daß die DDR sich nun auflösen würde und alle Organisationen und Verbände mit ihr, erhob sich für uns die Frage, in welches Medium begeben wir uns denn nun. Das war in Berlin für uns vielleicht noch am einfachsten zu lösen, weil die Nähe zu Westberlin am größten war. Wir hatten sehr frühzeitig Kontakt zum VS, und ich glaube, ein Großteil der Ost-Berliner Kollegen ist dann auch problemlos in den VS übergewechselt. Die Frage, ob die gewerkschaftliche Anbindung gut oder weniger gut sei, hat sich für uns in der Kraßheit, wie sie von vielen West-Kollegen gestellt wurde, gar nicht gestellt. Wir waren es ohnehin gewöhnt, wir müssen jetzt nicht über die Grenzen der Gewerkschaftsarbeit und der Verbände in der DDR reden, das ist eine andere Sache, also innerhalb dieser Grenzen gab es für uns doch immer eine gewisse Einheit von ökonomischen und künstlerischen Fragestellungen. Das wurde beides völlig problemlos nebenher im Schriftstellerverband der DDR bewältigt. Als ich dann feststellte, daß es eine schroffe Trennung gibt im VS zwischen den gewerkschaftlich-ökonomisch orientierten Fragestellungen und den künstlerischen Fragestellungen, war das ein gewisses Problem. Das hat mich von vornherein gestört. Ich hab's immer als falsch empfunden und glaube auch nach wie vor, daß es nicht gut ist. Beide Fragestellungen gehören einfach zusammen. Es ergibt sich für mich auch kein grundsätzlicher Widerspruch, daß die künstlerische Seite nun in den Fördervereinen angelegt ist. Warum nicht dort und auch im VS? Das vermisse ich sehr, daß innerhalb des VS keinerlei künstlerische Fragestellungen erörtert werden und diese Themen überhaupt nicht auf der Tagesordnung stehen. Sie gehören zu unserem Leben und sind integraler Bestandteil. Ich wäre sehr dafür, wenn sich im Laufe der Zeit etwas ändern ließe.

Die andere Sache ist die, daß natürlich so ein Apparat wie die IG Medien von einem ungeheuer breiten Spektrum der Sozialisation geprägt ist. Da sind eben die Intellektuellen auf der einen Seite, da sind Redakteure, Drucker, die anderen sind die Freiberufler mit ihren sehr unterschiedlichen Interessen. Es ist sicherlich ein Traumziel, daß die Drukker für die Interessen der Schriftsteller streiken. Oder umgekehrt, nehmen die Schriftsteller die Interessen der Redakteure wahr. Es ist aber nicht ganz aus der Welt, daß auch Schriftsteller streiken. Es gibt ein skandinavisches Modell, wo es tatsächlich mal einen Kulturstreik gegeben hat. Ich kenne das nur vom Hörensagen. Da fanden für ein paar Stunden sämtliche künstlerischen Aktivitäten, also Sendungen etc., innerhalb eines solchen Streiks nicht statt. Es geht alles mögliche, was wir uns im Moment noch nicht vorstellen können. Ich glaube, daß dieser Individualismus des Einzelkämpfers Schriftsteller in vielen Aspekten auch herbeigeredet ist. Natürlich, wir arbeiten zu Hause, sitzen im Einzelzimmer und tun uns schwer damit, uns mit der anderen Mentalität des Konkurrenten, der ja der Schriftsteller auch immer ist, zu solidarisieren. Ich glaube, es ist auch eine gewisse Eitelkeit, die eine solche Haltung erzeugt. Aber vieles davon wird auch herbeigeredet. Wir sollten über diesen Punkt weiter diskutieren, um mehr Empfinden für Gemeinschaft zu erzeugen. Denn es ist mehr Gemeinschaftssinn notwendig, als wir uns im Moment vorstellen können.

[…]

Michael Schneider: […] Ich möchte die Fragestellung von Bernd Ulbrich vertiefen. Es ist uns ja die Haben-Seite des VS und diese berufsständische Interessenvertretung im Laufe der Jahre noch mal sehr deutlich vermittelt worden, und keiner wird die Verdienste um das, was wir auf der Haben-Seite zu verzeichnen haben, schmälern wollen. Aber die andere Frage, und das ist eine uralte Klage, seit es den VS eigentlich gibt, nämlich die mangelnde Literarisierung. […] Ich bin dem Verband beigetreten aus diesem hier immer wieder beschriebenen Wir-Gefühl und noch im Zuge dieser Aufbruchstimmung der 70er Jahre. Auch aufgrund der berufsständischen Interessenvertretung. Meine Interessen sah ich durchaus in diesem berufsständischen Verband vertreten. Aber ich habe immer auch, wie viele andere Kollegen, vermißt – ich bin Schriftsteller, mich interessieren vor allen Dingen literarisch-ästhetische Fragen, vielleicht ist das romantisch –, warum soll nicht so eine berufsständische Vertretung auch ein bißchen »Romanisches Café« sein? Warum nicht auch ein bißchen vom Geist der Gruppe 47 aufnehmen? Warum schließt sich das eigentlich aus? Ich habe bei diesen langen Sitzungen immer bedauert, daß man sich wie in einem Kaninchenzüchterverein vorkommt. Da sitzen Autoren zusammen, die alle kreative Potentiale haben, und diese werden blockiert oder können sich nicht entfalten, weil die gewerkschaftliche Tagesordnung so dominiert. Die Frage ist doch, wie man sowohl die Vereinsarbeit nach innen anders gestalten kann wie auch die Außendarstellung des

VS. Wie man verhindern kann, daß es zu dieser destruktiven Arbeitsteilung kommt, daß die Fördervereine dann plötzlich als die literarischen Verbände dastehen und der VS nur noch als Funktionärsmaschine.

Erasmus Schöfer: (Zwischenruf:) Das Thema ist: Geschichtskommission. Beschäftigen wir uns jetzt mal mit der Vergangenheit, nicht mit der Zukunft.

Michael Schneider: Ja, entschuldige, aber das Thema ist doch »Romanisches Café« oder berufsständische Interessen. Man muß doch fragen, warum ist dieses Defizit auf der Seite der literarischen Interessenvertretung. Dieses Defizit beklagen wir alle. Wie kann man dieses Defizit beseitigen, darüber müßten wir vielleicht noch diskutieren und Vorschläge sammeln. Ich finde schon, das gehört zu diesem Thema.

Karl Corino: Ich möchte eine Anmerkung zu dem Zitat machen, das in Ihrem Referat gefallen ist, Herr Kalckhoff. Es ging um den Gewerkschaftsfeind Jürgen Fuchs. Ich glaube, daß es sich da um das Fortwirken einer Verleumdungsstrategie gegen Jürgen Fuchs handelt, die u. a. damit zusammenhängt, daß er kein Freund von Loni Mahlein war. Wenn man sich das Buch von Wilke und Hertle über das Genossenkartell[125] anschaut, dann wird man feststellen, daß es im November/Dezember 1976 Initiativen von Hannes Schwenger in Berlin gegeben hat, ein Solidaritätskomitee für in der DDR verhaftete Autoren zu etablieren, dem damals dann Leute wie Böll, Moneta, Albertz, Jung, Max Frisch usw. angehört haben. Und Loni Mahlein hat ausdrücklich diese Solidarität verweigert in zwei Briefen an Hannes Schwenger. Offensichtlich, weil ihm die Kontakte zu den FDGB-Funktionären wichtiger waren als die Solidarität mit den in der DDR inhaftierten Autoren.[126]

Zweiter Punkt, das ist sozusagen ein Nachtrag zu gestern abend, auch da geht es um das Fortwirken von Verleumdungsstrategien: In einer Äußerung von Michael Schneider klang es ja so, als sei Reiner Kunze von einer CSU-Veranstaltung zur nächsten gereist und habe da dicke Honorare kassiert.[127] Reiner Kunze ist ein einziges Mal in Kreuth gewesen, nicht anders als Martin Walser z.B. Und aus der DDR kommend, hatte er es sich zum Prinzip gemacht, keiner demokratischen Partei den Dialog zu verweigern. Deswegen ist er ebenso im Bundeskanzleramt zu Besprechungen gewesen wie dieses eine Mal bei der CSU. Und sollte er damals ein schönes Honorar bekommen haben, ich weiß nicht, wie hoch es war, dann kann man davon ausgehen, daß er mehr als dieses Honorar dafür ausgegeben hat, um

Leute, die in der DDR in Not gekommen waren, finanziell über Wasser zu halten und dazu beizutragen, daß sie aus der DDR ausreisen konnten. Es gab Monate, in denen er Woche für Woche in den Bonner Ministerien war, um Leuten zu helfen, aus ihrer Notlage herauszukommen. Soviel dazu.

[…]

Gespräch mit Erich Loest: Zu Hause und doch in der Fremde[128]

J. Monika Walther: Du warst im Gefängnis wegen konterrevolutionärer Gruppenbildung. 1980 bist du dann aus dem Schriftstellerverband ausgetreten, und 1981 hast du die DDR verlassen. Nahm da ein Auseinanderleben zwischen dem Bürger und Schriftsteller Loest und der DDR sein sozialistisches Ende?

Erich Loest: Sozialistisch war es ja nun weniger. Wäre ich nicht gegangen, zuerst allein, ohne die Familie, dann wäre die Situation gekommen: wieder Gefängnis oder Ausreise ohne Wiedereinreise.

Das war die Zeit, in der Politik mit Visa und Wiedereinreiseerlaubnissen gemacht wurde. Die einen durften ausreisen und zurückkommen, andere für sechs Monate ausreisen und nur einmal wieder einreisen. Das wurde zwischen den Behörden und auch Kant ausgehandelt.

J. M. W.: In der DDR gab es ja auch unter den Schriftstellern eine Kompensationsstrategie. Und die Grenzen dieser wurden auch nach der Biermann-Ausbürgerung (1976) selten übertreten. Warum? Im Westen gab es doch den Ausbruch aus den Spielregeln der alten Männer des Kalten Krieges? Waren wir im Westen mit dem, was wir wollten, euch so fremd? Oder gab es doch eine herzinnige Verständigung über einen Status quo, über das Nichtstattfinden von grundsätzlichen Veränderungen in deutschen Landen? Dort Kleinbürgerstaat, hier glitzernde Marktwirtschaft mit allen Klassen?

E. L.: Unsere Blickrichtung ging nach Osten, was die Tschechen machten, die Ungarn, die Polen, und weniger nach Westen. Wir haben unter Freunden geredet, soweit das ging. Wir waren uns einig, daß sich allerhand ändern müßte. Und dafür gingen ja einige in den Knast. Und dann waren wir ja auch viel abhängiger. Es gab nicht einmal Kopierer. Unsere Kopierer war die Blaupause, und wie da die dritte Durchschrift aussah, das wußte man ja, unlesbar. Wenn mal ein Artikel in zehn Exemplaren kursierte, bedeutete das schon eine Heidenarbeit. Der Verband hatte auch die Funktion, daß du Papier und eine Schreibmaschine bekamst. Der versorgte dich, aber wenn du nicht mehr drinne warst, dann hattest du eben kein Papier. Wäre ich nicht ausgetreten, dann hätten die mich rausgeworfen.

J. M. W.: 1984 bis 1986 hast du dich im Schriftstellerverband der BRD engagiert. Mit welchen Erwartungen? Kanntest du Ingeborg Drewitz und wußtest etwas von ihren politischen Vorstellungen und von den Positionen im westdeutschen Schriftstellerverband? Es gab ja in der linken Bewegung intellektuelle Auseinandersetzungen, die sehr viel wichtiger und virulenter waren als die in der aus der DDR finanzierten DKP.

E. L.: Ich kam in den Westen und dachte, ich komme zu Freunden, und mußte dann in Osnabrück feststellen, daß der Empfang eher kühl war. Es gab wenig Interesse für Leute wie mich. Es herrschten die Diskussionen der 68er, aber für uns war ja Prag und Ungarn immer viel wichtiger gewesen als Paris und Berlin. Von der Springerbesetzung in Hamburg hatten wir gehört, aber unser Interesse galt Prag und weniger den Linken in Westdeutschland. Unsere Träume waren mit dem Einmarsch in Prag vorbei. Später erlebte ich dann ein Treffen in Berlin, draußen am Wannsee, eine größere Veranstaltung mit Schriftstellern. Da kam Grass und sagte, du hör mal her, wie wäre es denn, du würdest für den nächsten Vorstand kandidieren. Und da haben wir dann darüber geredet, wie das zu machen sei. Und dabei habe ich dann die Ingeborg Drewitz kennengelernt und Vormweg. Und da machte dann also Grass Vorschläge, »baute den Vorstand auf«, also die Drewitz und ein Stellvertreter Vormweg und der andere ich. Ich sollte mich um die Dissidenten aus dem Osten kümmern, und dann kommt noch der rein und der. Und so haben wir das »generalstabsmäßig« festgelegt, abends beim Bier.

J. M. W.: Endlich eine realistische Beschreibung.

E. L.: Wir haben überall herumgequatscht und waren sicher, daß das klappte. Und dann zogen wir mit diesem Plan nach Saarbrücken. Und wie es dann kam, wissen wir ja nun.

J. M. W.: Aber die Positionen von Ingeborg Drewitz kanntest du? Drewitz und Bleuel verkörpern ja völlig unterschiedliche Welten und Standpunkte. Oder waren diese Unterschiede für dich nicht so wichtig?

E. L.: Doch, das war wichtig! Natürlich. Wir haben noch am Tag vorher zusammen gegessen, die ganze linke Mischpoke, ich wurde dem Heinrich Böll vorgestellt, den Lenz kannte ich schon. Also reine sozialdemokratische Fraktionspolitik. Wir planten: Wenn du im Vorstand bist, machen wir das und dann das. So! Und dann verlieren wir die Wahl. Erst unentschieden, dann eine Stimme weniger. In dieser Viertelstunde, vor dem nächsten Wahlgang, herrschte das blanke Entsetzen. Da kommen Grass, Böll und noch jemand und reden auf mich ein und sagen: Das ist eine neue Situation, und ich solle jetzt nicht kandidieren, sondern den Laden den anderen überlassen. Also letzten Endes: Jetzt kandidierst du auch nicht, jetzt sollen die die »Scheiße« selber ausbaden. Nun ist es ja nicht leicht, einen solchen Ratschlag der »großen Fachleute« zu negieren. Aber ich habe gesagt: Das haben wir angefangen, ich kandidiere. Dann wollen wir weitersehen. Dann zogen sie den Joker Pacz[ensky] aus dem Ärmel; auch noch! Also er gegen mich. Und dann hatten sie noch den Kelter. Im zweiten Wahlgang habe ich dann noch den Kelter geschlagen, weil Vormweg zu meinen Gunsten verzichtet hat. Die Beisitzer waren Buchhorn von der Saar, Renate Chotjewitz, Karin Hempel-Soos.

J. M. W.: Eine eigenartige Mischung von Positionen für diese Zeit und für die notwendige Arbeit.

E. L.: Das war eine Mischung!

J. M. W.: Was hattest du dann für Erwartungen in die Arbeit dieses neuen Vorstandes?

Erich Loest: Ich kannte die ja alle gar nicht. Ich hatte ja weder den Bleuel je gesehen noch den Kelter. Im Laufe dieser drei ungewöhnlich unglücklichen Jahre stellte sich heraus, daß Bleuel, Pacz und Kelter ihre Politik machten. Und wir anderen vier waren uns im Grunde einig, aber in den wichtigen Situationen nicht dabei. Die machten die Politik und ließen uns ins Leere laufen. So uns brüskierend, haben die dann ihre Politik durchgezogen. Am ersten hat es die Karin gemerkt, schlau wie sie ist, den Laden kennend, und ich nach einer Weile. Dann kam die Karin dahinter, daß Bleuel jeden Monat fünftausend Mark von der Gewerkschaft bekam. Jedenfalls hatten wir immer unsere Abrechnungen über Spesengelder. Bleuel füllte auch seine Formulare aus und kriegte pro Sitzungstag irgendwas, und klagte, daß er nun nach zwei, drei Jahren in die roten Zahlen gekommen sei. Er hätte zwanzigtausend Miese. Und dann kam es heraus, er bekommt von der Gewerkschaft jeden Monat fünftausend Mark, um die Geschichte der Gewerkschaft zu schreiben. Da dachten wir, jetzt kriegen wir ihn, jetzt tritt er zurück. Jetzt machen die Landesvorsitzenden nicht mehr mit. Erst waren die Landesvorsitzenden erbost, aber schon auf der Eisenbahnfahrt von Stuttgart in Richtung Düsseldorf, da überlegte es sich der Vorsitzende von Nordrhein-Westfalen anders, und dann haben sie doch wieder zu ihm gehalten.

J. M. W.: Was du sagst, erklärt mir wenigstens, warum du in diesen Vorstand hineingegangen bist. Du hast also nicht gegen die Drewitz kandidiert, sondern dein Engagement war das, was übriggeblieben war von eurer Politik, von euren Besprechungen. Was hattet ihr euch denn überlegt, welche Politik ihr ab 1984 im Schriftstellerverband bzw. mit dem VS verfolgen wolltet? Der Verband war ja schon damals in einem politisch desolaten Zustand.

E. L.: Mein Part in diesem Geschäft war, mich um die Kollegen aus der DDR zu kümmern, die ausgetreten waren, sie in den VS zurückzuholen und klarzumachen, daß diese Politik mit Kant und Hermlin nicht weitergeht. Wir werden einen klaren Standpunkt einnehmen, auch zu Polen: die berühmte Solidarność-Diskussion. Und ich wollte Kunze, Kunert, Sarah [Kirsch] und andere in den Verband bringen …

J. M. W.: Und statt dessen traten ja noch mehr Schriftstellerinnen und Autoren aus.

E. L.: Und statt dessen folgte eine Austrittswelle nach der anderen. In Saarbrücken trat schon Urs Jaeggi in Protest aus. Und dann traten alle unsere Rumäniendeutschen aus. Hertha Müller, ganz Westberlin. Der absolute Tiefpunkt war der Kongreß in Berlin, auf dem ich kein Wort mehr gesagt habe. Dort ist die tapfere Anna Jonas angetreten. Ich war nervlich von all dem runter. Ich habe ein Vierteljahr keine Lesungen gemacht. Es hat mich krank gemacht die Zeit. Ich bin im Verband geblieben, als einer der wenigen. Ich habe mir gesagt: Ich bin schon so oft rausgeflogen, nun bleibe mal drin. Vielleicht ist eines Tages die Gelegenheit oder die Notwendigkeit da, wieder anzutreten. Man muß eben mal zehn Jahre warten können.

J. M. W.: Gab es denn während der Zeit im Vorstand Gespräche mit den aus der DDR Emigrierten, mit den Dissidenten, mit den Ausgetretenen? Es ist ja heute noch ein Wunsch, daß sie wieder in den Schriftstellerverband kommen und endlich andere, offenere Diskussionen stattfinden.

E. L.: Ich habe mit vielen geredet. Ich besitze einen sehr schönen Brief von Kunze. Er schrieb mir, alle Achtung vor dem, was ich da vorhabe. Aber, schrieb er, du wirst nichts ändern. Sie werden einige Fehler nicht wieder begehen. Ich bleibe draußen. Alle sagten: Du änderst nichts. Sie lassen dich ins Leere laufen. Recht haben sie gehabt.

J. M. W.: Haben sich denn inzwischen, jetzt, 1995, die alten Einstellungen in der IG Medien, im Schriftstellerverband geändert? Nicht weil drüben Bürger auf die Straße gingen und wir alle uns mit neuen Realitäten auseinanderzusetzen haben, sondern weil wir hier eine fortschrittliche Politik artikulieren müßten.

E. L.: Jedenfalls ist der Laden so weit runter, daß es bisher nicht gelungen ist, irgendwas zu erreichen. Es gibt ja in Westberlin den Autorenkreis. Das ist ein bißchen ein privater Club, das sind von Delius bis

Peter Schneider Leute, die alle mal wichtige Verbandskollegen waren. Wir hätten etwas gewonnen, wenn die sagen würden, einer oder alle, jetzt ist die Zeit des Krachs vorbei, wir treten wieder ein.

J. M. W.: Gibt es eine Chance?

E. L.: Ich muß immer wieder mit ihnen reden.

J. M. W.: Engelmann hat ja die Austritte immer sehr gelassen kommentiert, nach dem Motto: Laßt sie austreten, es kommen Neue. Und das Ergebnis dieser Einstellung ist auf der Orts- und Regionalebene festzustellen: Ja, es gibt immer wieder Neue, aber der geringste Anteil sind freiberuflich Arbeitende, sind sozusagen Professionelle.

E. L.: Er hat sich gefreut über jede Ossowski und Müller, über jeden Kunze, Zwerenz und andere, die ausgetreten sind. Er hat es öffentlich nicht bedauert. Er hat gesagt, es kommen Neue.

J. M. W.: Es war ihm egal?

E. L.: Nein, er ist damit seine Gegner losgeworden, die dauernd mäkelten, daß er mit Kant und denen redet.

Dokument 15: Ingeborg Drewitz: Brief an Bernt Engelmann (4. 9. 1982)

Ingeborg Drewitz | Quermatenweg 178
1000 Berlin 37 4. 9. 82

Lieber Bernt,
der Anlaß meines Briefes zwischen Lesereisen ist die Attacke gegen Dich im Stern.

Wir haben auf dem Literatrubel in Hamburg schon besprochen, daß der VS sich in einer gemeinsamen Erklärung hinter Dich stellen muß und wollen darum von Einzelerklärungen absehen (obgleich es mich in den Fingern juckt). Die Anschuldigungen sind ja sachlich falsch. Und doch muß behutsam geantwortet werden, da ja auch ein paar sehr betroffene Kollegen, die aus der DDR weggemußt haben, das Recht auf eine Meinung und Bewertung der Friedensaktivitäten des VS haben. Laß mich wissen, wenn Du meinst, daß ich mich unmittelbar einschalten soll. Ich fahre am 8. 9. wieder los, dann pausenlos bis zur Reise nach Sofia.

Ein Zweites. Der Internationale PEN, den ich gebeten hatte, die Resolution von Den Haag an die schreibenden Frauen in aller Welt auf seiner Tagung zu veröffentlichen, will Unterlagen haben, (nicht bloß den Resolutionstext). Und zwar nicht Wästberg, sondern das Büro legt kleine Bremswege ein, denn DEN HAAG sei ja überhaupt nicht offiziell bekannt. Ich hab auf die Veröffentlichung der Dokumente »in Vorbereitung« hingewiesen. Du weißt gewiß, wann damit zu rechnen ist.

Soviel heute. Du weißt, daß ich Dir beistehe, wenn's hart wird.
Nimm mich also getrost in die Freundespflicht.

Ganz herzlich Deine

Ingeborg

Dokument 16: Antrag des Landesverbandes Berlin (November 1982)

ANTRAG

Der Landesverband Berlin des VS in der IG Druck und Papier fordert den Bundesvorstand des VS auf, die einseitige und verfälschende Informationspolitik der "feder" insachen VS-Krise zu beenden. Wir halten eine Friedensbereitschaft für unglaubwürdig, die zwar zur Pflege des diplomatischen Dialogs mit DDR-Funktionären befähigt, durchaus berechtigte kritische Einwände aus den eigenen Reihen hingegen nur unterschlagen oder verfälscht wiedergeben kann - wie das der Kollege Henrik Müller mit seinem Bericht über den "Auftakt eines Dialogs" in der November-Nummer der "feder" einmal mehr vorexerziert. Es reicht nicht, wenn man den Kritikern einer derart gezielten Stimmungsmache nur den Leserbrief-Kindergarten des "feder-forums" einräumt - notwendig ist vielmehr, daß "die feder" wieder zu einem Organ des Gesamtverbandes wird - was die Integration aller kritischen und demokratischen Kollegen einschlösse -, anstatt nur noch als Verteidigungs-Organ von Vorstandsfehlern bzw. als Sprachrohr jener Minderheit unter uns zu fungieren, der das Lächeln von Hermann Kant offenbar wichtiger ist als die Tatsache, daß kritische Schriftsteller in Ost und West leider wenig zu lachen haben.

Außerdem wurde ein mündlich eingebrachter Antrag angenommen, der den Bundesvorstand auffordert, sich dafür einzusetzen, daß St. Hermlin den "kriminellen Vorwurf" zurücknehme oder aber die Kollegen, die er mit diesem Vorwurf meint, namentlich nenne.

Auf der MV am 19.11.82 mit 34 St. dafür, 10 dagegen und 11 Enthaltungen angenommen.

LBZ Berlin,
E.Wichner

Ein ausführlicheres Protokoll kommt in d. nächsten Woche

Viele Grüße, Eckart Wichner.

Dokument 17: Betr.: Stephan Hermlin (10.12.1982)

Mitteilungen
Industriegewerkschaft Druck und Papier Hauptvorstand

Friedrichstraße 15 Postfach 12 82 7000 Stuttgart 1
Telefon (0711) 2018-232 Telex 7 23 146 Telegrammanschrift hadru Stuttgart

An die Mitglieder
des VS-Bundesvorstandes

10.12.1982
hen-hk

Betr.: Stephan Hermlin

Liebe Irmela, liebe Kollegen,

anliegend der von mir entworfene Brief an Stephan Hermlin. Ich bitte Euch, möglichst bald Änderungsvorschläge durchzugeben, am besten telefonisch, und zwar entweder an mich oder, einfacher noch: direkt an Bernt Engelmann. Bernt muss selbstverständlich zu den vorgeschlagenen Formulierungen seinen eigenen Segen auch noch geben. Immerhin soll er den Brief ja unterzeichnen.

Entwurf eines Briefes von Bernt Engelmann an Stephan Herminlin

Lieber Stephan Hermlin,
Ihre Absage, an dem für Oktober d.J. geplanten Marburger Autorentreffen, teilzunehmen, haben Sie damit begründet: Sie setzten sich nicht mit Autoren an einen Tisch, deren Begabung in Ihren Augen mehr auf dem Gebiet des Kriminellen als auf dem der Literatur liege.

Es wird Ihnen sicherlich nicht entgangen sein, dass diese Erklärung im Kreise des Verbandes deutscher Schriftsteller lebthaft diskutiert wurde und vielfach auf Kritik gestossen ist. Auch heute noch erreichen uns Anträge und Resolutionen, auch heute noch werden Diskussionen geführt, die deutlich machen, welches Mass an Irritation durch jene Äusserung hervorgerufen wurde.

Tenor all dieser Diskussionen ist die Erwartung, Sie mögen jene Erklärung zurücknehmen oder sie belegen.

2-82 20 000

Ich schreibe Ihnen dies in der Erwartung, dass Sie dazu beitragen können, jenen Missklang, der sich in unser Verhältnis eingeschlichen hat und der darüber hinaus die Arbeit im VS belastet, auszuräumen.

Mit freundlichen Grüssen
Bernt Engelmann

Abermals mit freundlichen Grüssen, diesmal von mir

Euer

Dokument 18: Reaktion von Detlef Hensche (13.12.1982)

**industriegewerkschaft
druck und papier
hauptvorstand**

IG Druck und Papier Hauptvorstand Postfach 1282 7000 Stuttgart 1

Herrn
Ernest Wichner
Holsteinische Str. 29

1000 Berlin 31

Postfach 1282 7000 Stuttgart 1
Telefon 0711/2018-1 Durchwahl 0711/2018-232
Fernschreiber 7-23146 Telegrammadresse: hadru

Ihre Nachricht vom	Ihre Zeichen	Unsere Zeichen	Datum
		hen-hk	13.12.1982

Betrifft: im Antwortschreiben angeben

Lieber Kollege Wichner,

wir haben - ohne Begleitschreiben - einen Antrag aus der letzten VS-Mitgliederversammlung in Berlin erhalten. Er bezieht sich auf die angeblich verfälschende Informationspolitik in der "feder".

Ich gehe davon aus, dass Ihr ohnehin nicht daran dachtet, den Antrag in der "feder" veröffentlicht zu sehen. Sollte dies wider Erwarten dennoch der Fall sein, so muss ich Euch dringend auffordern, derartige Vorwürfe zu belegen. Sicherlich kann man über Schwerpunkte der "feder"-Publikationen und über Bewertungen in namentlich gezeichneten Artikeln geteilter Meinung sein. Doch pauschale Vorwürfe wie "verfälschende Informationspolitik", oder das Abdrängen kritischer Einwände in den "Leserbrief-Kindergarten" gehen an der Sache vorbei. Es wäre hilfreich, der Verfasser des Antrages wäre in der Lage, exakt zu belegen, was denn eigentlich in Henrik Müller's Berichterstattung über den VS-Messetreff falsch oder verfälschend war. Desgleichen möchte ich gerne wissen, welche Positionen in der "feder" unterdrückt worden sind. Dass Stimmen, die sich mit der Position des VS-Bundesvorstandes kritisch auseinandersetzen, als Leserbrief veröffentlicht wurden, liegt daran, dass sie auch als Leserbriefe eingesandt wurden. Desgleichen enthält das "feder"-forum ja in gleicher Weise Leserbriefe, die die Bundesvorstandsposition verteidigen. Im übrigen frage ich mich, welchen Zweck ein Leserbrief-Forum haben soll, wenn nicht gerade Plattform für kontroverse Diskussionen, die eigene Verbandsarbeit betreffend, zu sein.

Mit freundlichen Grüssen
Industriegewerkschaft
Druck und Papier
Hauptvorstand

Detlef Hensche

Detlef Hensche

Bürohaus Friedrichstraße 15 7000 Stuttgart 1

Bank für Gemeinwirtschaft AG Stuttgart (BLZ 600 101 11)
Konto 1072002900
Landesgirokasse Stuttgart (BLZ 600 501 01)
Konto 2009621
Postscheck Stuttgart (BLZ 600 100 70)

Dokument 19: Ota Filip: Sturmvögel des Friedens. Was sollen Schriftsteller in der Gewerkschaft?

Der Autor des folgenden Diskussionsbeitrags stammt aus Ostrava (Mährisch-Ostrau), war Journalist und mußte nach dem »Prager Frühling« wegen »krimineller Vergehen gegen das tschechoslowakische sozialistische System« fünfzehn Monate ins Gefängnis. Danach arbeitete er als Hilfsarbeiter, durfte, nachdem ihn sein Roman »Das Café an der Straße zum Friedhof« über die Landesgrenzen hinaus bekannt gemacht hatte, in der ČSSR nicht mehr publizieren. Seit 1974 lebt Ota Filip in der Bundesrepublik, deren Bürger er seit 1977 ist. Zuletzt publizierte er zwei satirische Romane sowie die Romanbiographie »Wallenstein und Lukretia«. Filip ist P.E.N.*-Club-Mitglied. Er trat im Oktober dieses Jahres aus dem Schriftstellerverband (VS) aus und kritisierte die einäugige Friedenspolitik des Vorstandes. Nachfolgend setzt er sich mit dem Geschehen im Schriftstellerverband auseinander und untersucht das Verhältnis von Autor und Gewerkschaft.*

Als vor einigen Jahren die Gewerkschaftler in der IG Druck und Papier streikten, geriet ich als Mitglied des Verbandes deutscher Schriftsteller in der IG Druck, also als ein freiberufliches Gewerkschaftsmitglied, in Verlegenheit: wenn meine Kollegen streiken, was soll ich, ein schreibendes Mitglied der Gewerkschaft, dann tun? Soll ich mich mit den Druckern solidarisieren: aufhören, an meinem Roman weiterzuschreiben? Das waren die zwei Grundfragen, auf die ich damals keine Antwort fand, weil ich sie eben nicht finden konnte. Wäre ich damals in den Streik getreten, hätte mir die Gewerkschaft Druck und Papier aus dem Streikfonds ein Ausfallhonorar gezahlt? Und auch wenn die Gewerkschaft bereit wäre, mir das Streikgeld auszuzahlen – wie hoch hätte sie wohl den Verdienstausfall eines freien Schriftstellers eingeschätzt?

Wenn ich an einem Roman schreibe, schaffe ich, sofern es gut und flott vorangeht, täglich an die fünf Schreibmaschinenseiten. Das bedeutet, daß ich in fünf Streiktagen fünfundzwanzig Seiten weniger geschrieben hätte. Wie hätte also die Gewerkschaft diesen Verlust bewertet? Hätte mir der Schatzmeister der Gewerkschaft den Verdienstausfall nach dem Stundenlohn eines Hilfsarbeiters errechnet? Für das Finanzamt bin ich aber als freiberuflicher Schriftsteller weder Hilfs- noch Facharbeiter, sondern ein Unternehmer. Folglich hätte ich eigentlich den Anspruch, wie ein streikender Unternehmer entschädigt zu werden, also etwa wie Rudolf Augstein oder die Herren von der Chefetage des »Stern«, falls die sich allerdings einmal entschließen sollten, sich nicht nur mit den Streikenden zu solidarisieren, sondern selbst die Arbeit niederzulegen. Aber das werden sie nie tun, weil sie eben Unternehmer sind, also vor dem Finanzamt und rechtlich betrachtet in derselben Lage wie ich, ein freier Autor.

Also: was soll ein freier Schriftsteller in der Gewerkschaft? Freilich, er kann sich, und das tut er auch, mit den Gewerkschaftlern, wenn sie um ihre Rechte kämpfen, solidarisieren. Mehr ist aber nicht drin.

»Hinter Schloß und Riegel«

Kurz bevor ich mich entschlossen hatte, aus dem VS auszutreten, bekam ich aus Prag ein Exemplar eines auf der Schreibmaschine abgetippten Buches, herausgegeben von der intellektuellen Opposition gegen das Husák-Regime in der Untergrundedition »Hinter Schloß und Riegel«. Stanislav Budin, nach der kommunistischen Machtergreifung in Prag 1948 ein Starjournalist, heute eine Unperson, schildert in seinem Buch die Methoden, mit denen die kommunistische Partei der Tschechoslowakei in den dreißiger Jahren alle damals tatsächlich demokratischen, gewerkschaftlichen und gesellschaftspolitischen Organisationen, Verbände und Parteien unterwanderte.

Nach Budins Aussage, und der Mann weiß, was er sagt, verläuft die Macht- und Einflußergreifung der disziplinierten Parteizelle in einer demokratischen Organisation in zwei Phasen: in der ersten müssen sich die Genossen demokratisch geben, als entschiedene Verfechter der Freiheit und des Fortschritts auftreten. In der zweiten, wenn es ihnen schon gelingt, die Macht- und Einflußposition innerhalb der Organisation oder des Verbandes zu erobern, gilt es nicht mehr, weitere Mitglieder zu gewinnen, sondern die eigenen Reihen zu säubern. Das heißt also, alle unbequemen Mitglieder der Organisation oder des Verbandes in die reaktionäre Ecke zu drängen, sie, nach den je gegebenen Umständen, als Faschisten, als dekadente Elemente, wilde Antikommunisten oder Kriegshetzer abzukanzeln.

Erschreckend war für mich die Feststellung, daß Strategie und Taktik der straff organisierten Parteiaktivisten sich seit Budins Zeiten nicht geändert haben, daß ich die Leitlinien der von Stanislav Budin vor dem zweiten Weltkrieg in Prag praktizierten Beeinflussung der demokratischen Organisationen heute auch im Verband deutscher Schriftsteller in der IG Druck und Papier erkennen muß: DKP-Leute geben sich im VS demokratisch; sie treten für die Freiheit ein, von welcher ein Bürger im Kernland des Marx-Leninismus, in der UdSSR, nicht einmal träumen darf, sie wollen mich überzeugen, daß die Ostberliner, die tschechoslowakischen, sowjetischen, bulgarischen und andere parteitreu schreibende Opportunisten viel entschiedener für den Frieden sind als wir im Westen. Interessanterweise verlangte man von mir, mich mit geographisch weit entfernten Unterdrückten zu solidarisieren, was ich freilich sehr gerne tat, denn jedes totalitäre System verdient unsere Verachtung; gegen die geographisch nahegelegenen Unterdrücker in den sogenannten sozialistischen Ländern war und ist jedoch eine lautstarke Solidarität im Verband deutscher Schriftsteller und in der Gewerkschaft Druck und Papier nicht gefragt und nicht gewünscht.

Schreiben oder reden

Plötzlich wurden mir parteitreue Autoren aus Ostberlin, aus Prag und aus Moskau als die wahren Friedenskämpfer empfohlen. Meiner Meinung nach haben aber ein Stephan Hermlin, ein Hermann Kant, der Slowake Vladimir Minác oder der sowjetische Lyriker Jewtuschenko nicht das Mandat, uns hier im Westen über den Frieden zu belehren. Ich habe von diesen Autoren nicht eine einzige Zeile gegen die totale Militarisierung der DDR-Gesellschaft gelesen, ein Vladimir Minác hat in den vergangenen vierzehn Jahren nicht eine einzige Zeile gegen die Unterdrückung der tschechoslowakischen Literatur oder gegen Tausende Berufs- und Schreibverbote seiner einstigen Kollegen geschrieben, ja nicht einmal der Sturmvogel der sowjetischen Lyrik, Jewtuschenko, hat es gewagt, einen einzigen Vers gegen die sowjetische Militärdoktrin oder gegen die Aggression in Afghanistan zu zwitschern.

Bernt Engelmann, der Vorsitzende des VS, hatte auf der Frankfurter Buchmesse 1982 recht, als er uns vorwarf, daß die Mehrzahl der Mitglieder des Verbandes nicht an Sitzungen und Versammlungen teilzunehmen bereit sei. Das stimmt aber nicht ganz. Ein freischaffender Autor, also jener ausgeprägte Individualist, der sein tägliches Brot mit dem Schreiben verdient, ist ein Mensch, der sich kaum dazu eignet, auf Tagungen große Reden zu schwingen, sich in Ausschüssen und Gremien wählen zu lassen. In diese Lücken sprangen in den vergangenen acht Jahren Genossen ein, die oft nicht so sehr durch ihr literarisches Werk, sondern durch eine bestimmte Art von politischer Journalistik überzeugten. Darüber hinaus wurden in den Verband deutscher Schriftsteller auch Autoren aufgenommen, die eigentlich noch einige Jahre auf die Mitgliedschaft hätten warten und mit überzeugenden Publikationen sich das Recht, als Schriftsteller zu gelten, hätten erkämpfen müssen.

Das Schlimmste aber, wofür auch ich einen Teil der Verantwortung trage, ist die Tatsache, daß der größte Teil der Mitglieder des VS in der IG Druck nicht sorgfältig die Statuten gelesen hat. Den Vorstand des VS wählen nämlich sogenannte Delegierte, also nicht die gesamte Mitgliederschaft. Die Delegierten, die das Recht haben, den Vorstand zu wählen, werden wiederum in den Versammlungen der Landesverbände gewählt. Wenn also ein schreibender Autor aus irgendwelchen Gründen nicht an den Wahlen der Delegierten des zuständigen Landesverbandes teilnehmen kann, wird er sozusagen automatisch von der Wahl ausgeschlossen. Freilich, die »Aktivisten« oder die naiven Mitläufer besuchen im Unterschied zu den fleißig schreibenden und arbeitenden Autoren jede Versammlung, lassen sich ohne Zögern als Delegierte wählen und wählen dann natürlich einen Vorstand, der überhaupt nicht den tatsächlichen politischen Strömungen und Standpunkten des ganzen Verbandes entspricht.

Zugegeben, in einem Betrieb, in welchem sich die gewerkschaftlich organisierten Arbeiter und Angestellten in den meisten Fällen seit Jahren gut kennen, ist gegen die Wahl der Delegierten, die mit ihrer Stimme über den Vorstand der Gewerkschaft entscheiden, nichts einzuwenden. Aber im Schriftstellerverband, einer Vereinigung von mehr als zweitausend Individualisten, also freischaffenden Menschen, von denen jeder in seine intime Sphäre eingeschlossen bleibt, die Öffentlichkeit meidet und Versammlungen eher als eine Störung betrachtet, ist so ein Wahlrecht eigentlich ein Wahlunrecht. Ich bin davon überzeugt, daß im VS die Delegiertenwahl abgeschafft und eine Briefwahl des Vorstandes eingeführt werden sollte. Dann hätte jedes Mitglied des Verbandes die Chance, direkt zu wählen.

Als vor zwei Jahren im bayerischen Landesverband des VS wahlberechtigte Delegierte gewählt worden sind, fand ich keine Zeit, an der Versammlung teilzunehmen, weil ich mit einem Roman beschäftigt war. So kam es, dies habe ich erst viel später festgestellt, daß auch mich bei der Wahl des Vorstandes ein DKP-Mitglied vertreten hat. Viel Schlimmeres konnte mir als einem Autor im Exil tatsächlich nicht passieren …

Der in Moskau schon vor mehr als vierzig Jahren ausgearbeitete Mechanismus der Macht- und Einflußergreifung von einigen »Kaderaktivisten«, die es verstehen, auf die unverschämteste Art und Weise die Naivität der halbblinden Mitläufer, der Opportunisten auszunützen, scheint jetzt auch im Verband deutscher Schriftsteller zu funktionieren:

Diejenigen Mitglieder des Verbandes, die aus Protest ausgetreten sind, werden jetzt als wilde Antikommunisten, als kalte Krieger, Kriminelle und als Mitläufer von Franz Josef Strauß, als Reaktionäre also, diffamiert. Wer eben nicht mit der sogenannten Friedenspolitik des Vorstandes einverstanden ist, wird unverzüglich in die schwärzeste Ecke gedrängt, ja sogar vom Gewerkschaftsboß der IG Druck und Papier, vom Genossen Leonhard Mahlein, als Antikommunist hingestellt.

Erfahrungen ohne Folgen

Es ist wirklich schade, daß das Manuskript des einstigen Absolventen der Moskauer Parteischule, Stanislav Budin aus Prag, nicht in deutscher Übersetzung vorliegt. Ich bin jedoch skeptisch, denn Erfahrungen, die böse Folgen hatten – jeder kann sie heute in der DDR, in der Tschechoslowakei, in Polen und vor allem in Rußland erkennen –, sind eben nicht mitzuteilen, man lernt aus der Geschichte eigentlich nichts. Stanislav Budins Lehrbuch der kommunistischen Machtergreifung schließt mit der Beschreibung der dritten, letzten Phase: »Der harte Partei- und Aktivistenkern in den verschiedensten bourgeoisen Organisationen und Verbänden«, schreibt Stanislav Budin, »hat nur eine Aufgabe, und zwar die, mit allen Mitteln an die Macht zu kommen, jede Organisation in eine Speerspitze der Weltrevolution zu verwandeln. Zu diesem Zweck ist es nützlich, alle schwankenden oder liberalen Intellektuellen auszunützen, sie für eine einheitliche Volksfront, für den Frieden oder gegen den Faschismus zu gewinnen, dabei aber nie die führende Rolle der in die bourgeoisen Organisationen eingeschleusten Genossen deutlich erkennen zu lassen«. Stanislav Budin zitiert aus dem Vortrag eines sowjetischen Dozenten des Marx-Leninismus, im Jahr 1935 in Moskau gehalten.

Fazit: Die Sache des Friedens, der Abrüstung und der Freiheit ist zu ernst, um sie von Osten her ideologisch gesteuerten Genossen zu überlassen. Nein, ich will meine einstigen Kollegen aus den sogenannten sozialistischen Schriftstellerverbänden nicht aus der Friedensdiskussion ausschließen, ich erwarte jedoch, daß sie genau wie wir im Westen vor allem zu Hause ihre Stimmen für den Frieden und für die Freiheit erheben. Jetzt haben unsere östlichen Kollegen die große Chance, ihren Mut in der Sache der Freiheit zu beweisen: In Polen wird der Arbeiter auf eine Art unterdrückt, für die wir uns alle schämen müssen. Eine freie polnische Gewerkschaft ist verboten worden, das Land steht weiter unter Kriegsrecht. Unsere sozialistischen Kollegen in Ostberlin, in Prag, in Moskau und in Sofia schweigen. Die hiesige Gewerkschaft IG Druck und Papier scheint gegen diese endgültige Abrechnung einer totalitär-militärischen Regierung mit einigen Millionen freien Gewerkschaftlern auch nichts einzuwenden zu haben. Die bundesdeutsche Schizophrenie jagt mir Angst ein.

(Stuttgarter Zeitung, 9.12.1982)

Dokument 20: Bernt Engelmann: Wir sind kein »Romanisches Café«

Die Radikal-Kritik des Romanciers Ota Filip an den »Zuständen« im Deutschen Schriftstellerverband (VS); an der politischen Orientierung seiner Vorstände, die am 9. Dezember auf dieser Seite zur Diskussion gestellt wurde, hat den Widerspruch der Betroffenen hervorgerufen. Der gegenwärtige Vorsitzende des VS, Bernt Engelmann, antwortet Ota Filip in einem »offenen Brief«.

Ihr Beitrag, lieber Ota Filip, überschrieben »Sturmvögel des Friedens. Was sollen Schriftsteller in der Gewerkschaft?«, hat bei mir eine Vermutung zur Gewißheit werden lassen: Sie haben geradezu abenteuerlich falsche Vorstellungen vom Verband deutscher Schriftsteller (VS), von seinem Beitritt zur IG Druck und überhaupt von den Gewerkschaften hierzulande. Schon Ihre Erwägung, Sie müßten, wenn die Drucker streiken, die Arbeit an Ihrem Roman unterbrechen, ist absurd. Tatsache hingegen ist, daß Autoren Streikgeld beziehen, wenn sie durch Kampfmaßnahmen unserer Gewerkschaft gegen Verlagshäuser finanzielle Einbußen erleiden. Tatsache ist auch, daß erst durch unseren Gewerkschaftsbeitritt eine berufliche Rechtshilfe für Schriftsteller möglich geworden ist, mit der allein 1981 für VS-Mitglieder ein sechsstelliger Betrag erstritten werden konnte. Tatsache ist schließlich, daß wir in der IG Druck, in enger Kooperation mit der Rundfunk-Fernseh-Union und beiden großen Journalistenverbänden, dabei sind, jene große Mediengewerkschaft zu schaffen, die allein den privaten und öffentlich-rechtlichen Giganten Paroli bieten kann. Als kleiner Verband mit 1400 Mitgliedern wäre der VS ein ohnmächtiges Zwerglein gegenüber den Medienriesen und außerstande, seine Mitglieder rechtlich und sozial zu schützen.

Ich empfehle Ihnen, lieber Ota Filip, einmal nachzulesen, welche

Forderungen Heinrich Böll und Dieter Lattmann 1969 bei der Gründung des VS erhoben, was sie als die Aufgaben des Verbands bezeichnet haben. Einiges davon haben wir verwirklichen können, aber erst, nachdem wir der IG Druck beigetreten waren. Sie sollten auch einmal die alte Satzung prüfen, die für den VS schon lange vor seinem Gewerkschaftsbeitritt das Delegiertenprinzip festgelegt hat. Sie halten es für undemokratisch, weil dadurch die im Verband Aktiven, darunter auch Kommunisten, die Entscheidungsprozesse beeinflußten und die Passiven in den Hintergrund drängten. Hätten Sie es tatsächlich lieber umgekehrt? Halten Sie es wirklich für demokratischer, Versammlungen und Aussprachen mit Kollegen zu meiden und, ohne Kenntnis des Für und Wider, Entscheidungen brieflich zu treffen, den Vorstand in absentia zu wählen? Übrigens, auch im P.E.N., dem wir beide angehören, wählen auch nur die Anwesenden, und das ist rechtmäßig kaum ein Viertel der Mitglieder.

Doch es geht Ihnen ja in erster Linie wohl darum, zu verhindern, daß Kommunisten Einfluß im Verband gewinnen. Da stellt sich zunächst die Frage, wann Ihrer Meinung nach die Gefahr einer Unterwanderung beginnt: Bei zwei Kommunisten unter knapp 60 Delegierten? Oder reicht schon einer? Müssen es mehr als drei sein? Und wenn eine Delegiertenversammlung, darunter ein paar Kommunisten, etwas einstimmig beschließt, muß sich die nichtkommunistische Mehrheit dann wirklich als »halbblind« und »opportunistisch« erwiesen haben? Selbst einem Halbblinden müßte es eigentlich schon aufgefallen sein, daß in »diesem unserem« Staat, dessen Grunddoktrin der Antikommunismus ist, für Opportunisten ganz andere Verhaltensweisen empfehlenswert sind.

Auch Ihre übrigen Argumente, lieber Ota Filip, sind recht skurril: Selbst wenn Sie der einzige freiberufliche Autor in einem Verband wären, der im übrigen aus schriftstellernden, mit vollen Bezügen beurlaubten Oberstudien- und Ministerialräten bestände, könnten Sie sich nicht darauf berufen, wegen »Wichtigerem«, nämlich der Beschäftigung mit Ihrem Roman, dem Verbandsleben fernbleiben zu müssen. Wer nicht wählen geht, muß auch »Wahlunrecht« erdulden können, nämlich durch einen in seiner Abwesenheit gewählten, ihm nicht genehmen Delegierten vertreten zu werden. Da aber im VS die meisten Kolleginnen und Kollegen ebenfalls freiberufliche Autoren sind, ist Ihr Argument noch weniger stichhaltig, eher arrogant und kränkend für alle diejenigen, die ihre Arbeits- und Freizeit für Verbandsarbeit opfern und die Sie so lässig abtun als »literarisch wenig überzeugende« Funktionäre. Der VS hat eine einzige hauptamtliche Kraft, unsere Bundesgeschäftsführerin. (Der Schriftstellerverband der DDR verfügt z. B. bei weniger als halb so vielen Mitgliedern über elf hauptamtliche Sekretäre.) Bei uns arbeiten alle Vorstände ehrenamtlich, wobei es zu den existentiellen Voraussetzungen unserer Schriftstellergewerkschaft gehört, daß man weder die Höhe der Auflagen oder des Einkommens noch die literarische Qualität zum Kriterium der Wählbarkeit eines Mitglieds macht. Sie verwechseln da den VS mit dem Romanischen Café der späten 20er Jahre.

Und nun zu dem, was Sie an unserer Friedenspolitik auszusetzen haben: Wenn ich Sie richtig verstanden habe, sollten wir entweder gar nicht oder jedenfalls nicht mit den falschen Leuten über Frieden und Abrüstung reden. Vielleicht waren Sie allzu beschäftigt mit Wichtigerem und haben es nicht bemerkt: An den Gesprächen haben Vertreter aller Richtungen teilgenommen. Wir haben alle gemeinsam in Köln ein Manifest verabschiedet, dessen Wortlaut – unsere Medien haben ihn der Öffentlichkeit leider vorenthalten – Ihnen zur Lektüre empfohlen sei. Wir sind der Meinung, daß es nötig war und ist, auch die offiziellen Autorenvertreter der sozialistischen Länder dabeizuhaben, wenn es z. B. um »die menschenwürdigen Zustände in allen Erdteilen« geht, um die Beseitigung von »Unterdrückung jeder Art« oder um die Unterstützung »aller Bemühungen, die der Sicherung des Friedens durch Abrüstung gelten, gleich ob sie den Segen der jeweiligen Regierung haben oder nicht«.

Das soll, was den VS betrifft, keine falschen Erwartungen wecken. Wir sind nicht amnesty international. Wir gehen aber davon aus, daß wir als deutsche Autoren eine besondere Verpflichtung haben, alles zu tun, um Spannungen zu vermindern und die Gefahr eines dritten und dann letzten Weltkriegs, der wieder von Deutschland ausgehen könnte, zu bannen. Die »Einäugigkeit«, die uns zum Vorwurf gemacht wird, sehen wir eben bei unseren Kritikern, die nur über das Kriegsrecht in Polen und den Einmarsch in Afghanistan jammern und so tun, als sei die Welt ansonsten erfreulich heil und selbst in Mittelamerika herrsche die nur von Agenten Moskaus gestörte Pax americana.

Daß wir, der VS und unsere Kollegen in der IG Druck und Papier, gegen das polnische Militärregime »nichts einzuwenden« hätten, ist eine böse Unterstellung. Wer bedauerte nicht die Preisgabe der polnischen Freiheit, wie sie im Februar 1945 in Jalta beschlossen wurde und wo nicht Stalin allein am Konferenztisch saß ...? Wir sind natürlich für freie Gewerkschaften und für deren Recht auf Mitbestimmung, nicht allein in den Betrieben und in der Wirtschaft, sondern auch in Staat und Gesellschaft. Aber wir halten es für Heuchelei, das alles nur für Polen zu verlangen und nicht auch für die Länder des freien Westens, etwa für die Türkei oder gar die Bundesrepublik Deutschland.

Mit unverändert freundlichen und kollegialen Grüßen Ihr
Bernt Engelmann

(Stuttgarter Zeitung, 22.12.1982)

Dokument 21: Austrittserklärung von Franz Xaver Kroetz (12.1.1983)

An den Verband
deutscher Schriftsteller

Kirchberg, 12.1.83

Sehr geehrte Damen und Herren,
bereits in meinem Brief vom 4.12. an die FEDER konnte ich auf den sonderbaren Umstand hinweisen, daß ein VS-Vorstandsmitglied in der Lage ist, aus meinem Brief vom 19.10. zu zitieren, bevor die Feder in den Briefkästen war.

Da es vermutlich normal ist, daß Leitung des VS und Leitung der FEDER zusammenarbeiten – um es freundlich auszudrücken –, nehme ich auch an, daß der Wille, meinem Wunsch vom 4.12. um Abdruck des Briefes und der zensierten Passage in der Januar-FEDER nicht zu entsprechen, ebenfalls Ergebnis der Leitung des VS ist.

Ich sage es ehrlich: so was ist mir noch nicht passiert, bei keiner, bei der rechtesten Zeitung nicht. Sie haben weder auf meinen eingeschriebenen Brief reagiert noch ihn abgedruckt. Sie haben der ersten Zensur eine zweite hinzugefügt.

Und das von Kollegen unter Kollegen. Ich kann es nicht verstehen, es entbehrt jeden Umgangstils. Mir ist, als hätt mich jemand kurz angespuckt.

So geht das nicht. Und wenn mich alle Kollegen verdammen, weil ich jetzt noch den Schritt tu, den ich auf keinen Fall tun wollte: das laß ich mir von Ihnen nicht gefallen. Ich trete hiermit vollkommen verstört, aber auch unheimlich empört aus Protest dagegen aus dem Verband aus, daß man mir den Mund verbietet, daß man mich zensiert und daß man auf meinen Hilfeschrei, das sofort abzustellen, wiedergutzumachen, mit Schweigen reagiert.

Ich glaube, die meisten Kollegen im VS werden – sofern sie den Vorgang jetzt mit Hilfe der »öffentlichen Presse« im Gegensatz zur verbandseigenen doch noch erfahren – Ihr Verhalten verurteilen und

Ihnen schwerste Vorhaltungen machen. Ich hoffe es jedenfalls, denn ich fühle mich wie ein Leibeigener, der nicht mal eine Antwort – man denke! – wert ist.

Daß scheinbar einige im Verband meinen »Kunstbrief« bereits als eine Provokation verstehen (hochinteressant: da wagt einer in einem Schriftstellerverband diesen auf Kunst anzusprechen, und schon ist er gefährlich), habe ich verdaut, denn es haben mir ca. 20 Kollegen geschrieben, und nur einer war unfreundlich. Alle andern waren sehr verständig, haben mir gesagt: uns geht es auch so, was Du/Sie da sagst/sagen, ich fühl es auch so. Weil diese Kollegen mir persönlich geschrieben haben, kann ich ihre Briefe nicht als Beweise beilegen, aber vielleicht sagen sie es noch einmal, jetzt, wo es notwendig wäre, und zwar öffentlich.

Daß Sie mich mit Ihrem Verhalten praktisch zum Austritt zwingen, denn wie anders soll ich jetzt reagieren, deute ich so: Scheinbar muß mein Brief vom 19. 10. eine solche Denkwirkung gehabt haben – ich hab das selber beim Schreiben weder gewußt noch erwartet, ich hab mich einfach hingesetzt und nachgedacht darüber, warum mich der VS kaum noch interessiert, und das fast naiv hingeschrieben –, daß ich für den VS geradezu gefährlich bin … Ich hätte ja bei den nächsten Wahlen kandidieren können, ich hätte ja vielleicht gewählt werden können, nicht als Vorsitzender natürlich, aber eben auch usw. Welche Throne wären da wohl ins Wanken geraten, wer hat so Angst vor mir, daß er haarscharf sich überlegt: Wir drängen den Kroetz in den Austritt hinein, dann macht er sich selber unschädlich, und wir können uns vor seinen furchtbaren Gedanken retten.

Ich weiß nicht, oder nicht genau, was da wie gelaufen ist, aber so, wie Sie sich verhalten haben, steht für mich fest: Sie wollten meinen Austritt, denn anders kann ein Mensch nicht reagieren in der Sache, die nun steht, wie sie steht.

Ich tu Ihnen den Gefallen, ich geh, ich werd den VS nicht mehr mit meinen unbotmäßigen Kunstansprüchen infizieren, Gott bewahre, da werden weiter seicht formulierte, sprachlich und bildinhaltlich eines Genscher, aber keines Büchner würdige Aufrufe unterschrieben werden (die auch Mr. Reagan unterschreiben könnte, so weit sind sie gefaßt); da werden weiter Treffen sein und Schriftsteller sich händeschüttelnd wie Politiker aufführen, da wird man weiter kurz und glatt Austritte kommentieren wie Parteivorsitzende; da wird man weiter »bewegen«, sich selber nämlich und sonst nichts.

Nur: das alles hätt ich ja toleriert, verstanden, hab und hätt ich selber mitgemacht, das muß ja auch sein, warum denn nicht, aber daß man mich mit einer solchen Ignoranz an die Wand laufen läßt, das kann ich nicht hinnehmen.

Ich mag auch nicht, ich mag und kann und will nicht. Macht weiter Genscher und Co. Konkurrenz, ich bleib bei Büchner und dem Hess. Landboten, da fühl ich mich wohler.

Das wärs. Die bereits bezahlten Monatsbeiträge sind mir auf eins der Konten zurück zu überweisen.

Freundliche Grüße

PS: Da ich in der FEDER so gar nicht hab durchdringen können, bitte ich jetzt um Verständnis, daß der ganze Vorgang an die Presse geht, schad eigentlich, schad auch, daß ich wie ein Löwe darüber gewacht hab, daß ja niemand was erfährt von dem Ganzen, weil ich wollts ja in der FEDER haben. Pech!

Dokument 22: Austrittserklärung von Uwe Johnson (26. 1. 1983)

Uwe Johnson
26 Marine Parade, Sheerness, Kent, ME12 2BB, England
26. Januar, 1983

Herrn Bernt Engelmann
V.S. - Verband Deutscher Schriftsteller

Postfach 1282

7000 Stuttgart 1

Sehr geehrter Herr Engelmann,

indem ich mich beziehe auf den hierneben angeführten Pressebericht über die neueste Entscheidung des Verbandes,

erkläre ich meinen Austritt aus dem V.S.

Gleichzeitig widerrufe ich ihm die Berechtigung, von einem meiner Konten monatlich Beträge einzuziehen, mit Wirkung zum 1. Februar 1983.

Mit höflichen Grüssen,

Ihr

Kroetz verläßt den VS *

Ein Verband ist ein Verband. Man kann ihm beitreten, und man kann austreten. Das ist normal. Dem Verband deutscher Schriftsteller (VS) gehören bekannte Autoren ebenso an wie unbekannte, die Verfasser von Kochbüchern ebenso wie die von Gedichten und Dramen. Deshalb ist es nicht völlig egal, wer da jeweils seine Mitgliedschaft aufkündigt. Der VS ist zwar ein Verband, aber sein Ansehen lebt vom Ansehen der Literatur, und damit jener, die sie schreiben. Wenn also Reiner Kunze oder Gerhard Zwerenz, wie es vor einem halben Jahr geschehen ist, ihren Austritt erklären, dann bedeutet das was. Und wenn sich Schriftsteller wie Herbert Achternbusch oder Franz Xaver Kroetz, der jetzt den VS verlassen hat, in diesem Verband nicht mehr zu Hause fühlen, dann ist dies ein Alarmzeichen. In einem Brief an den VS schrieb Kroetz: „Der Verband hat eine politische Führung, eine Sachbuchführung. Der Verband atmet nicht mehr den Geist von Kunst." Wenn er dies je getan hat. Kroetz wollte über seine Einwände diskutieren. Sein Brief sollte in der VS-Zeitschrift *die feder* abgedruckt werden. Aber die *feder* ließ die Attacken gegen den bayerischen VS-Vorsitzenden einfach weg. Kroetz: „Ich find' das unter Kollegen schlicht beschissen." Er verlangte Wiedergutmachung durch integralen Abdruck. Und bekam keine Antwort. So trat er aus, offensichtlich verstört über eine Tatsache, die nur noch Leute wie Kroetz verstört: Das pure Mittelmaß, eine sozialpflegerisch linke Durchschnittlichkeit beherrscht den Verband total.

* DIE ZEIT – Nr. 4 – 21. Januar 1983

34 FEUILLETON

Dokument 23: Austrittserklärung von Hilde Domin (9. 2. 1983)

Frau Ursula Brackmann
Geschäftsführerin des VS
Friedrichstr. 15/III
7 Stuttgart 1

Liebe sehr geehrte Frau Brackmann,
Seit Mitte Dezember liegt auf meinem Tisch ein Schreiben an Sie, das abzuschicken ich wieder und wieder gezögert habe.

Fast zwei Jahrzehnte bin ich Mitglied des Schriftstellerverbandes. Und doch fühle ich mich als Autor zunehmend weniger zuhause, wie mir 1982 bei jeder neuen Ausgabe der FEDER – im Gegensatz zu unserem kleinen »Mitteilungsblatt« – immer neu bewußt wurde.

Ein Mensch wie ich müßte in der Lage sein, aktiv an den Entschließungen mitzuwirken, wozu ich weder die Kraft noch die Zeit habe. Oder er sollte die Mitgliedschaft aufgeben. Aus diesem Grunde, weil ich außerstande bin, an Entscheidungen mitzuwirken, bitte ich Sie, mich aus der Mitgliederliste zu streichen. Reden zu dürfen, aber kein Abstimmungsrecht zu haben, dazu bin ich ungeeignet.

Seien Sie persönlich herzlich bedankt für die große Arbeit, die Sie für die Organisation seit so vielen Jahren leisten, und haben Sie die freundlichsten Wünsche Ihrer

Hilde Domin 9. 2. 83

p. s. Wenn ich eines der Details nennen wollte, die für mich unannehmbar sind: gerade habe ich in Urach (organisiert von der Ev. Akademie Bad Boll) eine Veranstaltung gehabt, an der der DDR-Autor Lutz Rathenow hätte teilnehmen sollen. Hierzu erschien ein Artikel in der FAZ vom 24. 1. 83 , in dem von einer Reihe von Inhaftierungen junger DDR-Autoren und -Künstler die Rede war, die wegen ihrer Aktivität in der Friedensbewegung in Jena festgenommen worden waren. Den Protest gegen diese Festnahmen unterzeichneten Sarah Kirsch, Helga Nowak, Zwerenz und J. Beuys. Ich war schockiert, daß keiner der führenden Funktionäre des VS, die hierzulande für die Friedensbewegung und die Treffen mit den DDR-Autoren eingetreten sind, den Protest unterzeichnet haben. (Ich selber bin Pazifist seit meiner Gymnasiastenzeit.)

IV Parteieneinfluß auf den VS oder Wie manipulierbar sind Schriftsteller?

Carsten Gansel

Dichtung im Dienst?

Literatur in »geschlossenen Gesellschaften«

Michel Foucault sieht die besondere Rolle der modernen Literatur darin, daß sie als einzige einen Gegendiskurs zum Leitdiskurs einer bestimmten gesellschaftlichen Ordnung in einer bestimmten gesellschaftlichen Epoche herstellt.[129] Mit anderen Worten: »Literatur arbeitet den Harmonisierungsbedürfnissen entgegen, sie ist unfähig zum Mitspielen« (Theodor W. Adorno).

Um über die Rolle von Literaten etwas aussagen zu können, ist es notwendig, jeweils die *Leit- und Gegendiskurse* herauszufinden. Nach 1945 wurde das Vergessen mit unterschiedlichen Begründungen – im Osten und Westen – staatlich sanktioniert und machte in gewisser Weise frei für einen neuen Anfang. Der auf die Zukunft gerichtete – und wohl hüben wie drüben ehrlich gemeinte – Aufbauoptimismus war vielleicht ein Ausweg aus der Trümmerwirklichkeit. Was auf der Ebene der »großen Politik« verschwiegen, verdrängt, zensiert und verboten wurde, fand in der Literatur eine Darstellung. Wenn es ein Muster gibt, das die westdeutsche Nachkriegsliteratur prägt, dann ist es das Erinnern von Geschichte. Und genau dieses Erinnern war – so könnte man sagen – Bestandteil eines Gegen-Diskurses. Die wichtige *gegen-diskursive Rolle,* die Teile der westdeutschen Literatur erfüllten, ist nicht vom historischen Standort zu trennen. Um diesen Standort zu beschreiben, bietet sich ein *sozialgeschichtliches Deutungsmuster* an, das die literarischen Evolutionsprozesse in Ost und West nach 1945 vor dem Hintergrund eines *modernisierungstheoretischen Ansatzes* erklärt. Modernisierung erstreckt sich über einen langen historischen Prozeß, der im 16./17. und im 18./19. Jahrhundert sowie in den 50er und 70er Jahren des 20. Jahrhunderts entscheidende Schübe erhält. Ackerpflug, Dampflokomotive und Mikrochip sind in sozialwissenschaftlichem Verständnis Indikatoren, die Prozeßhaftigkeit, Dauer wie tiefgreifenden Wandel des gesellschaftlichen Gefüges signalisieren. Modernisierung, so Ulrich Beck, umfaßt sehr viel mehr als die »technologischen Rationalisierungsschübe und die Veränderung von Arbeit und Organisation«: »den Wandel der Sozialcharaktere und Normalbiographien, der Lebensstile und Liebesformen, der Einfluß- und Machtstrukturen, der politischen Unterdrückungs- und Beteiligungsformen, der Wirklichkeitsauffassungen und Erkenntnisnormen«[130].

Die Bundesrepublik der 50er Jahre sollte daher nicht primär unter dem *ideologischen Raster* von Restauration und Reaktion betrachtet werden, sondern eher im größeren Umfeld moderner Entwicklungen. Ulrich Beck kommt zu dem Ergebnis, daß trotz aller Umbrüche eine Kontinuität »sozialmoralischer Milieus« und traditioneller Lebensstile vom Beginn des 20. Jahrhunderts bis in die 50er Jahre erhalten blieb. Die vielfältigen Individualisierungen im Rahmen einer gesellschaftlichen Modernisierung werden zunächst noch aufgefangen in einer »spätständischen« Kultur. Bis in die 50er Jahre haben sich kollektivistische Lebensstile und Verkehrsformen gehalten, die Beck als »Relikte vorkapitalistischer, vorindustrieller Traditionen« bezeichnet. Man könnte auch von einer vor- bzw. frühmodernen, traditionellen Gemeinschaftlichkeit sprechen. In einem solchen kulturellen System kommt der Literatur eine besondere Rolle als Gegendiskurs zu. Von daher konnte und mußte Literatur in der Bundesrepublik der 50er Jahre (noch) Aufgaben wahrnehmen, die außerhalb des damaligen »Leitdiskurses« blieben. Ein Beispiel dafür ist das genannte *Modell von Erinnerungsarbeit*. Literatur kompensierte das in der Politik oder Geschichtswissenschaft entstandene Mißverhältnis zwischen Erfahrung und Erwartung. Das ist ein Grund für Bedeutung und Erfolg der Geschichtsromane von Wolfgang Koeppen (»Tauben im Gras«, »Das Treibhaus«, »Der Tod in Rom«), Heinrich Böll (»Billard um halb zehn«, »Ansichten eines Clowns«), Günter Grass (»Blechtrommel«) oder Martin Walser (»Halbzeit«).

Getrennte Wege oder Der Blick zurück

Gerade deshalb sollte beim Vergleich der deutschen Literaturen nicht einseitig mit einem moralisierenden Maßstab gemessen werden. Uwe Johnson hat 1961 auf die Frage, welches deutsche Staatswesen das bessere sei, knapp bemerkt: »man kann sie gar nicht vergleichen«. Beide seien »aus den Folgen des Krieges entstanden«, und die »beiden Siegerparteien« versuchten nun, »auf ihrem jeweiligen Gebiet die Nützlichkeit ihrer Art zu leben nachzuweisen«.[131] Im Westen Deutschlands erfolgte ein Anschluß an die westeuropäischen modernen Gesellschaften. Im Osten wurde an Stelle eines pluralen Systems die »sozialistische Theorie zur Anleitung für eine zentralstaatlich lenkbare gesellschaftliche Praxis« durchgesetzt. Sie stellte ein »ideelles Konstrukt« vermeintlich gesellschaftlicher Interessen dar und war in den »prognostischen Begriffen des Sozialismus und Kommunismus« vereinheitlicht.[132] Unter modernisierungstheoretischem Blickwinkel läßt sich zwar sagen, daß sich in der DDR die vormodernen Klassenmilieus der 30er Jahre auflösten, aber eine Ausdifferenzierung moderner Handlungsfelder – wie in der BRD – nicht stattfand. Die DDR blieb – auch wegen der materiellen Rückständigkeit – ein weitgehend vor- bzw. frühmodernes Land, in dem die Prinzipien der Moderne nur bedingt galten. Bereits nach dem I. Schriftstellerkongreß 1947 verstärkte sich die Einflußnahme der SED auf die Intellektuellen massiv. Dazu dienten eine Reihe von Konferenzen: zwei Tagungen »parteigenössischer Schriftsteller der Ostzone« (Dezember 1947, April 1948), die erste »Zentrale Kulturtagung der SED« (Mai 1948) oder die »Arbeitstagung der sozialistischen Künstler und Schriftsteller« (September 1948).[133] Daß auf dem II. Schriftstellerkongreß 1950 die Gründung eines eigenen Schriftstellerverbandes beschlossen wurde, war nur konsequent. Die Rede des damaligen Ministerpräsidenten Otto Grotewohl machte anschaulich, womit Staat und Partei nunmehr in Zukunft rechneten. Grotewohl wandte sich zwar gegen den »Erlaß von Vorschriften« für die Künste, aber mit Blick auf das »neue Verhältnis« zwischen »Volk und Künstler, zwischen Künstler und Regierung auf der Grundlage veränderter gesellschaftlicher Beziehungen« warb er – damals noch zurückhaltend – für Gegenleistungen. Die Schriftsteller sah Grotewohl als »Kampfgenossen« und »Mitstreiter«. An sie ging der Appell: »Schaffen Sie Licht! Werben Sie für den Frieden und wecken Sie Hunderttausende, die in einem Schlaf dahinleben, auf! Rütteln Sie all diese Menschen auf, daß der Gedanke der geistigen Erneuerung Deutschlands ein lebendiges Erlebnis wird.«[134]

Keineswegs nur politisch involvierte Autoren wie Johannes R. Becher folgten dem Konzept und nahmen Grotewohls schmeichelhaftes Angebot von den Dichtern als den »Kampfgenossen der Regierung« ernst. Als ideologisches Bindeglied zwischen durchaus unterschiedlichen Standpunkten funktionierte – fast bis zum Ende der DDR – die Orientierung an einem Begriff von Antifaschismus, der aus dem Gegensatz zum Faschismus hergeleitet wurde. Darüber hinaus dominierte in der DDR unter Intellektuellen in den 50er Jahren eine durch die aus dem Exil zurückkehrenden kommunistisch orientierten Autoren geprägte Freiheitsauffassung, die sich von der des frühen Thomas Mann, von der Ernst Robert Curtis' oder Karl Jaspers' deutlich unterschied. Sie hatten in den 20er Jahren eine »Politisierung des Geistes« als

Verrat an einer schöpferischen Persönlichkeit gesehen. Gerade jene Intellektuellen, die vom Untergang der morbiden bürgerlichen Individualität als Voraussetzung für eine Wandlung ausgingen, nahmen – wie Johannes R. Becher – in der DDR führende Positionen ein. Ihre Auffassungen von Demokratie und Freiheit mußten in dem Augenblick zum Problem werden, da sie *reale* Macht besaßen und den *Leitdiskurs* mitbestimmen konnten. Es war nur konsequent, wenn zunächst die Vorstellung von der Auflösung des unter »bürgerlichen Klassenverhältnissen« existierenden Widerspruchs zwischen Geist und Macht dominierte. Da mit dem Sozialismus das »Reich der Freiheit« beginne, seien auch Geist und Macht keine einander ausschließenden Pole. Die klassische Aufgabe des Intellektuellen und Dichters, sich für »verletzte Rechte und unterdrückte Wahrheiten, für fällige Neuerungen und verzögerte Fortschritte an eine resonanzfähige, wache, informierte Öffentlichkeit« zu wenden, existiere nun nicht mehr. Weggefallen sei auch das Pochen auf »universalistische Werte«, das Verlassen auf einen »halbwegs funktionierenden Rechtsstaat« und schließlich auf eine »Demokratie, die nur durch das »Engagement der ebenso mißtrauischen wie streitbaren Bürger am Leben bleibt«.[135] Eine Folge war, daß dem Einklagen von Menschen- und Bürgerrechten bis zum Ende der DDR ebenso eine untergeordnete Rolle beigemessen wurde wie demokratischen Prozeduren in der Gesellschaft insgesamt. Das konnte nicht ohne Konsequenzen für Kunst und Literatur bleiben. Favorisiert und staatlich sanktioniert wurde ein Konzept von der direkten gesellschaftlichen Einbindung, das bereits auf dem I. Schriftstellerkongreß 1947 in der Debatte eine Rolle gespielt hatte. Der Gegenpol dieser seit dem ausgehenden 18. Jahrhundert in verschiedenen Varianten existierenden Antinomie, die moderne Auffassung von der absoluten Freiheit und Autonomie der Künste, wurde mit allen Mitteln bekämpft. Die Aufgabe von Literatur als Gegendiskurs wurde damit außer Kraft gesetzt, denn in dem Maße, wie Autoren sich als »Kampfgenossen« verstanden, konnten sie ihre kritisch-gegendiskursive Rolle nur bedingt wahrnehmen. Für Johannes R. Becher und andere Autoren schien der Gegendiskurs keine Bedeutung mehr zu haben, weil sie die DDR als realisierte Utopie verstanden und von einer idealischen Wirklichkeits-Konstruktion ausgingen. Es galt als unumstößliche Voraussetzung des sich ausbildenden »kulturellen Wissens« mit seinen Werten und Normen, daß in der DDR – oder im Sozialismus überhaupt – eine wahre Kollektivität existiere und Kunst, Wissenschaft, Politik einander befruchtend zusammenwirkten.

Diese Auffassung mit den daran gebundenen (vormodernen) literarischen Konzepten erscheint im kritischen Rückblick historisch so lange verständlich und legitim, wie die entstehende DDR-Gesellschaft ihren Anspruch, eine Alternative zur »spätkapitalistischen« bundesdeutschen Gesellschaft zu sein, aufrechterhalten konnte. Weil das für den größeren Teil der Autoren in der DDR lange Zeit unbestritten war, funktionierte die Literatur in den 50er und frühen 60er Jahren als eine Institution, die der *Vermittlung eines Offizial- bzw. Leitdiskurses* diente. Insofern war für Teile der DDR-Literatur in der Tat das »Abtun der Geschichte und das Verschworensein auf die Zukunft«[136] kennzeichnend. Das »Was« und »Wie« der literarischen Darstellung insbesondere in der Prosa bediente den dominanten (parteistaatlichen) Leitdiskurs. Die Dramen und Gedichte von Brecht, Huchel oder Erich Arendt waren Ausnahmen. Die Kontroversen um Formalismus, Moderne, Dekadenz sowie die literarischen Debatten etwa um die Kriegsliteratur, den neuen Kurs nach dem 17. Juni 1953, die »harte Schreibweise« oder den positiven Helden in den 50er Jahren signalisierten, wie auf rituelle Weise die literarische Moderne programmatisch verbannt und gegendiskursive Momente abgewehrt wurden. Andererseits förderten die in der DDR existierenden (vormodernen) Gesellschaftsstrukturen – wenn man sie denn verinnerlichte – erzählerisch-strukturell ein Festhalten an traditionellen Formen des Erzählens. Wo sich scheinbar historische Gesetzmäßigkeiten vollzogen, mochten Durchschaubarkeit und Überschaubarkeit garantiert sein. Entsprechend waren auktoriales Erzählen, chronologischer Handlungsablauf, Wiedererkennungseffekt, gesellschaftliche Gesamtschau, (sozialistische) Perspektivgestaltung nicht nur angeraten, sondern der *selbstgewählte* Weg von Autoren in der DDR bei der Bearbeitung des »Stoffes Wirklichkeit«. Die »Wandlungsepen« der 50er und 60er Jahre sind nur ein Beispiel dafür, wie im Wissen um die »reine Wahrheit« die Vergangenheit zwar erinnert, aber dann im Dienste eines Wechsels auf die Zukunft handlich gemacht und »bewältigt« wurde. Wolfgang Hilbig hat in seinem Roman »Ich« (1993) die Figur eines Stasi-Offiziers die Rolle von Literatur in einer Gesellschaft bedenken lassen, die für sich beansprucht, die Zukunft auf ihrer Seite zu haben: »... seit wann ist es überhaupt notwendig für einen Schriftsteller, in einem System mit Zukunft zu sitzen ... wäre nicht gerade das Gegenteil notwendig? Worüber schreibt ein ernstzunehmender Schriftsteller in einem Land, das die Zukunft auf seiner Seite hat? Das muß doch geradezu tödlich sein ...«[137]

In der Wirtschaft nahm der Modernisierungsrückstand der DDR ständig zu. Das System der volkswirtschaftlichen Planung konnte schon den Anforderungen schwerindustrieller Produktion nur partiell gerecht werden. Der Abstand vergrößerte sich in dem Maße, wie die informationstechnologische Revolution einsetzte. Zudem wurden politische und kulturelle Modernisierungen des 19./20. Jahrhunderts (parlamentarische Demokratie, allgemeines Wahlrecht, Rechtsstaat, universalistische Prinzipien der Menschenrechte) in der DDR abgewehrt. Allein die Tatsache, daß die Zensur in der DDR ungebrochen weiterwirkte, war Ausdruck von Vormodernität. Die Macht – in einer modernen Gesellschaft durch anonyme Strukturen schwer darstellbar – wurde in der DDR von einzelnen herausgehobenen Autoritäten wie im 19. Jahrhundert ausgeübt. Die Literatur arbeitete sich – bei aller zunehmenden Distanz – an diesen Strukturen ab und nahm sie lange als gegeben hin.[138]

Mitte der 60er Jahre verstärkte sich der Widerspruch zwischen Ideal und Wirklichkeit. Teile der DDR-Literatur reagierten darauf mit der Aufkündigung des Offizialdiskurses. Aber dennoch bedeutete das keinen Abschied von der DDR und der an sie gebundenen Utopie. Im Gegenteil: Je mehr sich die Wirklichkeit verdunkelte, um so stärker wurde das utopische Element in Teilen der Literatur. Seit Ende der 60er Jahre kam es dann zögernd zu einer »ästhetischen Emanzipation« (Werner Mittenzwei), sie war in ihrem Kern eine politische und baute partiell einen Gegendiskurs auf, der letztlich auf eine institutionelle Autonomie zielte. Dieser Vorgang hängt mit einer »partiellen Modernisierung« in der DDR zusammen: ein Wandlungsprozeß, der zur »Institutionalisierung relativ moderner Sozialformen neben erheblich weniger modernen Strukturen in ein und derselben Gesellschaft« führt.[139] Dieses Nebeneinander von »modernen« und »vormodernen« Strukturen äußerte sich in der DDR in dem Widerspruch zwischen dem Führungsmonopol der SED auf der einen und einer modernen Ausdifferenzierung von gesellschaftlichen Handlungsfeldern auf der anderen Seite. Um international im sogenannten »Wettstreit der Systeme« die Spur einer Chance zu haben und überleben zu können, war die DDR-Führung zu einer internen Differenzierung gezwungen. Damit kam eine Eigendynamik in Gang, die letztlich zum Ende der DDR führte. Der Crash-Kurs zwischen vormodernen Abbremsungsversuchen und modernen Differenzierungen war auf Dauer nicht durchzustehen. In den 60er Jahren wurde einerseits auf vormoderne Werte der

Begrenzung und Askese orientiert nach dem Prinzip »So wie wir heute arbeiten, werden wir morgen leben«. Andererseits wurde der Versuch unternommen, die »Gemeinschaft der Arbeitenden« (Walter Ulbricht) auf wissenschaftlich-technischem Niveau mit einer »Neuen ökonomischen Politik« den wirtschaftlichen Erfordernissen der Zeit anzupassen. Teile der Literatur bauten zu dieser »selektiven Modernisierung« keinen Gegendiskurs auf, sie bestätigten ihn vielmehr kurzzeitig mit der Konzentration auf die Darstellung von Leitern und Planern. Ende der 60er Jahre geriet die DDR wirtschaftlich in eine Struktur- und Akkumulationskrise. Zudem war nach dem Niederschlagen des Prager Frühlings und im Zuge der neuen Ostpolitik der Bundesrepublik der Anspruch, im »besseren Land« zu leben, politisch unglaubwürdig. Die provozierten Reformversuche fanden Mitte der 70er Jahre ihr Ende und machten einer einzig auf die Erhaltung von Macht orientierten Politik Platz.[140]

Die These von der planmäßigen Erhöhung des materiellen und kulturellen Lebensniveaus des Volkes auf dem VIII. Parteitag 1971 kann als eine Kompensationsstrategie gewertet werden, die den Spagat zwischen vormodernem und modernem Regulieren gar nicht mehr versuchte. Statt dessen wurde die Bevölkerung mit der Weitung konsumtiver Möglichkeiten *privat* ruhiggestellt, um Lebensformen einer modernen Gesellschaft (u. a. Demokratie, freie Wahlen, Reisen) zu verhindern. Es gelang sogar über einen längeren Zeitraum, diesen Bankrott ideologisch als Erfolg zu verkaufen. Widerstände gegen die Demokratiedefizite zeigten sich zumeist nur in kleinen Kreisen von Intellektuellen und Künstlern.

Die erlebte Entfremdung und das Auseinanderdriften von ideologischem Anspruch und gesellschaftlicher Wirklichkeit hatte einschneidende Folgen für die Rolle der Literatur. In dem Maße nämlich, wie die Demokratiedefizite wuchsen und als solche erkannt wurden, steigerte sich die gesamtgesellschaftliche Rolle der *Literatur als moralisches Gewissen.*

Gegendiskurs als Utopie

Wolfgang Emmerich hat mit Recht angemerkt, daß der größere Teil der Autoren zumindest an den »antifaschistischen Diskurs als Wahrheitszwang« gebunden blieb.[141] In den 70er Jahren wuchsen die Erfahrungen »gebremsten Lebens« und der »gestockten Widersprüche«, später kam es zu Entfremdungssyndromen und schließlich zum Erschrecken, als das Ende da war, aber die Bindung an die sozialistische Vision und den »Real-Sozialismus« wurde nie ganz aufgegeben. Das traf gerade für Autoren zu, die die DDR-Literatur prägten: Müller, Christa Wolf, Irmtraud Morgner, Braun, Mickel, Hein, Heym, Hermlin. Dies zeigte sich ein letztes Mal in dem Aufruf »Für unser Land« vom November 1989. Jene Autoren, die ernsthaft an der Vision einer sozialistischen Gesellschaft festhielten, reagierten auf die Erstarrung und die Demokratiedefizite mindestens in zweierlei Richtung: 1. Je mehr die Entfremdung zunahm, um so mehr bewahrte die Literatur die utopische Dimension. 2. war damit der Versuch verbunden, die Ursachen für die vormodernen DDR-Verhältnisse zu ergründen und in literarischen Texten die erstarrten *Strukturen* analytisch zu hinterfragen. Ein Weg von Strukturanalyse war der sich seit Mitte der 70er Jahre verstärkende Hang zum Antiutopischen. Parabeln über das Ende finden sich bei Fühmann, Braun, Grüning, Gottfried Meinhold, Müller, Mickel, Christa Wolf und einer Reihe jüngerer Autoren.[142] Literaturwissenschaft hat die antiutopischen Visionen meist als Warnungen interpretiert, als Antizipation möglicher Entwicklungen, aber absolut zu verhindernder.[143] Daß eine vormoderne Strukturierung von Gesellschaft existierte, die menschliche Entfremdung produzierte und die literarischen Texte längst Diagnosen von Ist-Zuständen boten, wurde »übersehen«. Dennoch scheint die These vom »Verfall des Utopie-Denkens der DDR-Autoren« nicht zutreffend.[144] Im Gegenteil: Je mehr sich die DDR-Wirklichkeit verdunkelte und zum »Larvenstaat«[145] verkümmerte, desto stärker wurde die Literatur zum Ort der Utopie, ja sie machte sie gerade erst richtig groß: »Komm in ein wärmeres Land/ mit Rosenwetter / Und grünen laubigen Türen / Wo unverkleidete Männer / Deine Genossen sind. / Dahin! Dahin / Möcht ich mit dir, Geliebter / Komm«.[146] Weil dieses Land aber nicht in Sicht war, hat Braun in den »Berichten von Hinze und Kunze« von »Verelendung« gesprochen: »Jeder Mangel läßt sich ertragen, mit jeder Knappheit werden wir fertig, sagte Hinze. Elend aber ist, wenn es keine Idee mehr gibt.«

Der Sinnverfall provoziert die Sinnfrage. Daß Braun – wie der größte Teil von DDR-Intellektuellen – Möglichkeiten sinnhafter Entwicklung sah, unterstreicht das Festhalten an der Utopie. Nicht nur Braun setzte weiter auf ein Konzept von eingreifender Literatur und darauf, daß die Institutionen und Apparate des kulturellen Systems DDR zu einem strukturellen Wandel zu zwingen sind. Wohl auch darum entstand Mitte der 80er Jahre das literarische Modell der Grenzüberschreitung. Damit wurde auch bei den sich als Sozialisten verstehenden

Autoren prononciert Gegen-Diskurs betont: »DU MUSST DIE GRENZE ÜBERSCHREITEN / ERREICHE ES VOR DER RENTE« hieß ein vielzitierter Satz von Volker Braun.[147]

Vormodernes Führungsmonopol und Literatur

In »geschlossenen Gesellschaften«, wo gesellschaftliche Handlungsfelder nur partiell ausdifferenziert werden und in allen Bereichen die Zensur als vormodernes Steuerungselement funktioniert, hat Literatur – nicht nur sie – es leichter, durch direkte Thematisierungen, Anspielungen, Zuspitzungen, Tabubrüche gesamtgesellschaftliche Aufmerksamkeit zu erlangen. Wolfgang Hilbig läßt seinen Stasi-Offizier diese sich weiter zuspitzende paradoxe Situation zynisch andeuten: »Ich weiß nicht, was die Leute an dem Leben dort so verlockend finden«, fragt er. »Selbstverständlich hatten einige von ihnen hier ihre Schwierigkeiten, ein paar Bücher von ihnen sind hier nicht veröffentlicht worden, dafür aber drüben ... na und? Die Schwierigkeiten wären vorübergegangen, und diese Autoren wären wie Phönix aus der Asche daraus hervorgegangen. Sie hätten den da drüben erworbenen Bonus zusätzlich gehabt ... einige von ihnen waren natürlich schlauer und sind nur auf Zeit nach drüben gegangen, mit einem Visum von uns!«[148]

Mit dieser Figurensicht wird bereits auf die Situation in den 80er Jahren angespielt: Es sind Privilegien für Schriftsteller in einer »geschlossenen Gesellschaft« gemeint, die gewissermaßen »von oben« immer aufs neue verliehen oder entzogen werden konnten. In der DDR gab es keine moderne Funktionsteilung der einzelnen gesellschaftlichen Teilsysteme, die SED übte das Monopol aus und war letztlich die einzig uneingeschränkt handlungsfähige bzw. -unfähige Entscheidungsinstanz. Dies führte dazu, daß eine zahlenmäßig kleine und wenig kompetente Führungsgruppe sämtliche Entscheidungsbefugnisse auf sich konzentrierte und mit Erlassen, Gesetzen, Verordnungen in alle Bereiche der Gesellschaft eingriff. Die Sitzungen des Politbüros der SED zeigen bereits in den 50er Jahren, inwieweit Festlegungen über gänzlich unterschiedliche Vorgänge getroffen wurden. Dazu gehörten »Maßnahmen anläßlich des Ablebens von Thomas Mann« ebenso wie die »Neuentwicklung des PKW F9«, die »Verbesserung der Betreuung der Spitzenkräfte der Intelligenz mit Ferienplätzen« oder die »Herausgabe von Bildpostkarten führender Genossen«.[149]

In dem Maße, wie die DDR seit den 50er Jahren und vor allem nach dem Bau der Mauer zu einer »geschlossenen Gesellschaft« wurde, nahm die Tendenz zu, einzelne Berufsgruppen zu privilegieren. Für Künstler gehörte dazu die Möglichkeit, in das »westliche Ausland« zu reisen. In welchem Maße auch jene Autoren, die zunehmend eine gegendiskursive Rolle wahrnahmen, sich in dieser undemokratischen Rolle einrichteten, zeigt sich allein daran, daß zwar wiederholt gegen Reiseeinschränkungen polemisiert wurde, sofern sie die eigene Person betrafen, aber eben nicht dagegen, daß die Bevölkerung insgesamt von diesem Grundrecht ausgeschlossen blieb. Die Funktionsträger des deutschen Schriftstellerverbandes wachten genau über die Einhaltung des für Reiseanträge vorgeschriebenen Procederes: Auf Antrag des jeweiligen Autors wurde im Sekretariat des Schriftstellerverbandes beraten, von hier aus ging eine Vorlage in die Abteilung Kultur des ZK der SED, und diese wiederum bereitete eine Vorlage für das Politbüro vor. In 18 Ausfertigungen (!) wurde dann die jeweilige Vorlage für das Sekretariat des Politbüros vervielfältigt und an die Bereiche Kultur, Internationale Politik und Wirtschaft, Finanzverwaltung sowie Parteibetriebe und Kaderfragen weitergereicht. Da einzig das Sekretariat des DSV die Anträge weiterleiten und begründen konnte, existierte hier eine vorgeschobene Schaltzentrale, die über eine nahezu uneingeschränkte Entscheidungskompetenz verfügte und den positiven Bescheid von den jeweils erwarteten politischen Effekten abhängig machte. Im Zusammenhang mit einem Reiseantrag von Gisela Kraft zu einem Lyrik-Forum zum Thema »Frieden« (6. 6. 1985) nach Hamburg hieß es: »Wir sind der Auffassung, daß es nicht günstig wäre, wenn Frau Kraft die erste Einladung nach ihrem Übertritt in die DDR nicht wahrnehmen könnte. Mit hoher Wahrscheinlichkeit wird sie in der Diskussion klare, fortschrittliche Positionen vertreten und auf mögliche Fragen ihres Überwechselns in die DDR eindeutige Antworten geben. Wir bitten Sie, die Angelegenheit zu prüfen und uns Ihre Entscheidung mitzuteilen.«[150]

Gerhard Henniger als der 1. Sekretär des Schriftstellerverbandes war konsequent darauf bedacht, daß die Verbandsspitze die Entscheidungsbefugnis über das Reiseprivileg behielt. Das erklärt, warum er umgehend reagierte, wenn von Autoren der festgelegte Dienstweg nicht eingehalten wurde. So erhielt die Leiterin der übergeordneten Kulturabteilung des ZK der SED eine scharfe Zurechtweisung durch Henniger, als sie direkt bei ihr eingegangene Anträge von Autoren ohne Rückfrage weiterleitete. Henniger kritisierte, daß sich ein Autor (Hans-Ulrich Wendler) »gegen die Meinung des Berliner Bezirksvorstandes und ohne unser Wissen direkt an Dich [Ursula Ragwitz – C. G.] gewendet hat«. Entsprechend betonte er: »Ich möchte Dich herzlich bitten, in Zukunft in ähnlichen Fällen diese [Reiseanträge – C. G.] an die Abteilung Internationale Beziehungen unseres Verbandes zu verweisen.« Es folgte der Hinweis auf das vorgegebene Procedere im Rahmen von Reisegenehmigungen: »Im übrigen sollten wir es auch dabei belassen, daß internationale Belange in den Zuständigkeitsbereich der Zentralen Leitungen gehören, dort koordiniert und realisiert werden müssen. Aus diesem Grunde sollte man einzelne Aktivitäten aus den Bezirksorganisationen des Schriftstellerverbandes nicht direkt an das MfAA [Ministierium für Auswärtige Angelegenheiten – C. G.] verweisen.«[151]

Diese Hinweise unterstreichen, welche Rolle der SV (Schriftstellerverband der DDR) wie auch sein 1. Sekretär im DDR-System spielten. Henniger plante strategisch und hatte in der SED-Hierarchie wie auch durch seine Funktion innerhalb des MfS eine Stellung, die ihn relativ unabhängig machte.

Schriftstellertreffen und ZK-Apparat

Diese Bedingungen müssen mitgedacht werden, wenn es um eine Einschätzung der Kontakte zwischen dem SV und dem VS geht. Dabei galt durchgängig folgender Grundsatz: Schriftstellertreffen von internationaler Publizität waren bis in die höchsten Führungsspitzen um Erich Honecker durchgeplant. Dies galt schon für die von Stephan Hermlin und Bernt Engelmann privat initiierte Erste Berliner Begegnung sowie für alle Nachfolgetreffen. Die inhaltliche Abstimmung zwischen Hermann Kant, Kurt Hager und Erich Honecker für das Ende der 80er Jahre einberufene Internationale Schriftstellergespräch »Berlin – ein Ort für den Frieden« (4. – 7. Mai 1987) erstreckte sich auf sämtliche inhaltliche wie organisatorische Fragen.[152]

Auch für die internen Gespräche zwischen Vertretern beider Schriftstellerverbände wurden langfristige Pläne erarbeitet, an denen neben ZK der SED und SV immer das Ministerium für Staatssicherheit beteiligt war. Von DDR-Seite vorgeschlagene Teilnehmer waren durch das Sekretariat des ZK der SED und das Politbüro festgelegt worden. Dies galt für alle im Zeitraum zwischen 1981 bis 1987 durchgeführten Treffen. So war die Reise von Hermann Kant (6. – 9. März 1984) im Vorfeld des Saarbrücker VS-Kongresses – hierzu existiert der vieldiskutierte Bericht von Gerhard Henniger – nicht die erste und auch nicht die letzte Zusammenkunft.[153] Am 27. September 1986 fand im Schriftstellerheim in Petzow bei Potsdam erneut ein Treffen der Verbandsspitzen statt, dem am 22./23. Mai 1987 Gespräche in Erlangen folgten. Zu beiden Treffen liegen Berichte von Gerhard Henniger an das ZK der SED vor, die den Verlauf und die Positionen protokollieren. Henniger schätzte den Anfang des Gespräches so ein: »Zu Beginn des Gesprächs in Petzow beteuerte Bleuel, daß auch der neue (im März 1986 in Westberlin gewählte) VS-Vorstand sich zu der Politik des VS, wie sie unter dem Vorsitz von Bernt Engelmann betrieben worden ist, bekenne.«[154]

Im weiteren verliefen die Verhandlungen dann allem Anschein nach weniger harmonisch, denn sämtliche Vorschläge von Hermann Kant seien von den VS-Vertretern als nicht durchführbar bezeichnet worden.[155] Henniger monierte, daß die VS-Delegation das Treffen »nicht vorrangig als Folge der vorangegangenen Treffen sähe, sondern vielmehr als ein erstes Ergebnis des Kulturabkommens zwischen beiden deutschen Staaten«.[156] Während die VS-Vertreter auf viele »deutsch-deutsche Fachkontakte« orientierten, kam es dem SV darauf an, auch nach dem Kulturabkommen private Beziehungen zwischen den Autoren zu vermeiden und statt dessen auf offizielle Beziehungen zur BRD zu orientieren.

Die nach dem offiziellen Treffen stattgefundenen Gespräche ließen Henniger zu dem Schluß kommen, daß der Einfluß »rechter Kräfte« im VS »offensichtlich weiter im Steigen ist«. Von VS-Vertretern in den Abendgesprächen aufgeworfene Fragen listete Henniger exakt auf:

»– Die Vorschläge Gorbatschows sind nicht überprüfbar auf ihre Realisierung. Auch die Sowjetunion verdient an der Rüstung, z. B. durch Waffenverkäufe. – Das Friedensgerede hat uns nichts eingebracht. – Die Mauer ist ein Schandfleck für den Sozialismus in der ganzen Welt, ebenso Afghanistan. – Wer sich mit der Macht identifiziert, ist nicht mehr souverän und unabhängig. Warum sind die Schriftsteller in der DDR nicht in gleichem Maße gegen Honecker wie viele Schriftsteller in der BRD gegen Kohl?«[157]

Entsprechend wertete Henniger abschließend, daß das Gespräch »gegenüber vorangegangenen Kontakten mit dem VS kein besonderer Fortschritt war«, es vielmehr um eine »Standortbestimmung beider Verbände gegangen sei.«[158]

Bei dem dann in Erlangen stattgefundenen Gespräch stand die Auswertung des »Internationalen Schriftstellergespächs Berlin – ein Ort für den Frieden« sowie die Vorstellung der Planung für »Interlit II« im Zentrum, wobei es um »neue Initiativen der Schriftstellerverbände beider deutscher Staaten für Frieden und Abrüstung« gegangen wäre. Im Unterschied zu Petzow muß es hier zu einer Annäherung gekommen sein, denn Henniger notiert als Ergebnis: »Insgesamt ist festzustellen, daß das Gespräch einen sachlichen und konstruktiven Charakter hatte und aggressive Ausfälle, wie sie die VS-Delegation im September in Petzow vortrug, nicht mehr stattfanden. Das Einlenken der VS-Delegation auf die vorgeschlagenen Friedensaktivitäten ist dafür besonders kennzeichnend. Einschränkend muß auf die selektive Kommentierung des Treffens durch Bleuel gegenüber DPA hingewiesen werden, die ja gerade die zentrale Thematik des Gesprächs völlig ausklammert ...«[159] Es ist davon auszugehen, daß beide Berichte Hennigers den Inhalt der Gespräche korrekt wiedergeben.

Schluß

Das Zusammenwirken der Instanzen von Partei und Staat mit dem Vorstand und insbesondere dem Sekretariat des Deutschen Schriftstellerverbandes ist typisch für das Funktionieren des Literatursystems DDR und deshalb von besonderer Bedeutung, weil es seine *Struktur* kennzeichnet. Anders als in modernen Gesellschaften, wo der Verband die autonomen Interessen des Teilsystems Literatur zu vertreten hat, agierte der SV als eine *Regulierungszentrale*, die Forderungen der Politik keineswegs nur umsetzte, sondern selbständig in Gang brachte. Insofern war der SV nicht etwa ein »Anhängsel« *des* Systems, sondern er stellte ein Organ dar, das bei aller Abhängigkeit von Grundsatzentscheidungen der SED-Führung sehr wohl selbständig *agierte*. Der Versuch, Gespräche mit dem westdeutschen Schriftstellerverband in Gang zu bringen, gehörte daher mit Notwendigkeit zur *Politik* des SV. Dabei muß rückblickend nüchtern konstatiert werden, daß maßgebliche Gesprächsführer des SV in einer Dreifachfunktion als Autoren, Politiker wie Angehörige des Ministeriums für Staatssicherheit agierten.[160] Mit Blick auf den VS ist heute zu fragen, ob er bei den Treffen die autonomen Interessen seiner Mitglieder wie die des »Teilsystems Literatur« vertreten hat oder aber als politische Instanz an geheimdiplomatischen Machtspielen beteiligt sein wollte.

Renate Chotjewitz-Häfner

»Alles für den Frieden«

Wenngleich der Schwerpunkt meiner Überlegungen den wechselseitigen Beziehungen zwischen den Schriftstellern im VS und der stärksten der Parteien gilt, will ich zu Beginn ein paar Gedanken zum Verhältnis SPD und VS formulieren – zumal dies meines Wissens bis heute kaum einmal thematisiert worden ist.

Meine erste These: Bei der Gründung des VS leistete die SPD Geburtshilfe. Dieser Eindruck stellt sich ein bei Betrachtung des bekannten Fotos vom 1. Schriftstellerkongreß in Stuttgart 1970. Da sitzt Willy Brandt versonnen sinnend, eingerahmt von Heinrich Böll und Günter Grass. Nicht mit auf dem Bild: der Gründungsvorsitzende des VS, Dieter Lattmann. Später, von 1972 bis 1980, war er Bundestagsabgeordneter der SPD, wobei er für den VS segensreich tätig wurde. Möglicherweise ist er ja via VS in den Bundestag aufgerückt.[161]

Damals, in den 60er Jahren, galten die Schriftsteller noch »als intellektueller Begleitschutz« des Tankers SPD;[162] ich erinnere nur an das »Wahlkontor für Willy Brandt« 1965 in Westberlin – da waren Herburger, Lettau, Roehler mit dabei, oder Rolf Haufs, und Geschäftsführerin war Gudrun Ensslin, während Günter Grass rief: »Ich rat euch, SPD zu wählen« –

Zweitens: Über den Einfluß der SPD in der alten IG Druck und Papier, in die sich der Verband deutscher Schriftsteller 1973 eingliederte, brauche ich hier nicht viel Worte zu verlieren. Er versteht sich von selbst. Umgekehrt hatte ich 1984, nachdem ich in den Bundesvorstand VS aufgerückt war, bei meiner ersten Bundesvorstandssitzung das ungute Gefühl, in einer Ortsvereinssitzung der SPD gelandet zu sein.

Drittens: Die umstrittene Ost- und Deutschlandpolitik des VS-Bundesvorstands basierte insbesondere unter den VS-Vorsitzenden Lattmann und Engelmann (weniger während Carl Amerys Amtszeit) in den 70er und 80er Jahren weitgehend auf der von Brandt, Schmidt oder Egon Bahr geprägten SPD-Linie mit dem Programm »Wandel durch Annäherung« und »keine Einmischung in die Angelegenheiten fremder Staaten«. Diese Maxime galt auch gegenüber der DDR sowie für die Kontakte mit ihrem Schriftstellerverband. Warum der Verband deutscher Schriftsteller damals zwar lautstark gegen Menschenrechtsverletzungen in Chile, der Türkei, Südafrika und überall protestiert hat, jedoch nur inoffiziell und weniger laut in Richtung Osten – um diese Frage kommt heute eine kritische Bestandsaufnahme der VS- wie der SPD-Politik jener Jahre nicht mehr herum.

Viertens: Aus dem gerade Gesagten ergibt sich eine prinzipielle Frage: ob es Schriftstellern oder ihren Protagonisten in einem Schriftstellerverband überhaupt angemessen ist bzw. war, eine derart parteipolitische Linie in ihrer »Außenpolitik«, d. h. gegenüber den Staaten des Warschauer Pakts und der DDR zu fahren, oder im Sinne einer Regierungs- und Parteipolitik zu agieren.

Das frage ich auch deshalb, weil sich Dieter Lattmann gerade – es ging um seine Teilnahme an diesem Gesprächsforum – sowohl im Gespräch mit Helmut Schmitz in der FR[163] wie brieflich gegenüber Till Sailer[164] ausdrücklich auf jene in Punkt drei dargestellte Übernahme parteipolitischer Richtlinien der SPD durch den VS berufen hat: »Eine bestimmte Gruppe von Schriftstellern wird für das heute angeklagt, was die Deutschland-Politik aller Bundesregierungen von Brandt über Schmidt bis hin zu Kohl war.«

Carsten Gansel hat das gestern Abend ganz ähnlich problematisiert, als er anmerkte: Wenn Literaten in diesem Sinne Politik machen und wie Politiker Kompromisse schließen, verlassen sie ihr ureigenes Feld, nämlich die Literatur. [165]

Fünftens: Hinterfragt werden müßte auch die Übertragung oder Übernahme parteipolitischer Strukturen und Methoden, die ja auch in der Gewerkschaft Tradition haben, bis hin in den Diskussionsstil des VS in der IG Druck und Papier; sie manifestieren sich, wie mir scheint, in den Auseinandersetzungen der achtziger Jahre, von denen wir reden.

Die »stärkste der Parteien«[166]

In jenen Jahren war häufig von der »Unterwanderung« (der historische Ursprung dieses Terminus ist mir unbekannt) des Verbands durch die bösen Kommunisten die Rede, eine Behauptung, der ich damals widersprach wie die Mehrheit der VS-Mitglieder: DKP-Sympathisanten bildeten im VS eine verschwindend geringe Minderheit, die keinen Einfluß habe. Dabei war es keineswegs, wie wir meinten, das böse bürgerliche Feuilleton, das diese Behauptung in die Welt gesetzt hatte, der Verband deutscher Schriftsteller also Opfer einer Verleumdungskampagne von außen. Wer hören konnte, der hörte, das Wort von der »Unterwanderung« kam aus den Reihen des VS – und keineswegs nur aus Westberlin.

Der Vorwurf, im VS bzw. seiner Ost- und Menschenrechtspolitik sei der Einfluß der DKP spürbar, war lauter geworden, etwa seit dem

»Friedensappell europäischer Schriftsteller« 1981[167] und den ihm folgenden Veranstaltungen zum Friedensthema, die West- und Ost-Schriftsteller und ihre Verbandsvertreter zum ersten Mal, seit es zwei deutsche Staaten gab, an einen Tisch gebracht hatten, von den Berliner Begegnungen bis zu Interlit 1982. Austritte prominenter Autoren – zuerst Reiner Kunze, dann Gerhard Zwerenz und andere[168] – hatten den VS in die Schlagzeilen gebracht.

Dazu eine Stellungnahme des Hamburger VS-Vorstands, geschrieben von Gerd Fuchs [169] (der sich nicht genau erinnert, ob er damals Hamburger VS-Vorsitzender war). Der Brief bezeugt in seinen Formulierungen zum Reizthema »Dissidenten« eindringlich, welchen Einfluß »die Partei«, deren Mitglied Gerd Fuchs damals war, in einem wichtigen VS-Landesbezirk ausübte.

VS Verband deutscher Schriftsteller in der IG Druck und Papier Hamburg

Bernt Engelmann
Bundesvorstand des VS
Friedrichstr. 15/III
7000 Stuttgart 1 6.8.1982

Liebe Kollegen,
zu den Austritten von Zwerenz und Kunze meint der Vorstand des VS Hamburg, daß die persönlichen Motive von Zwerenz und Kunze dubios sind und der Verdacht naheliegt, daß sie sich unwissentlich oder wissentlich für eine Kampagne einspannen ließen und lassen, deren Ziel die Friedensaktivitäten des VS ist. Ganz abgesehen davon, daß es gewerkschaftlichem Bewußtsein zuwiderläuft, Einzelfragen der Tagespolitik zum Kriterium einer Mitgliedschaft im DGB zu machen.

Nachdem bei der Berliner Begegnung eine totale Konfrontation ausblieb, die deutsch-deutsche Problematik in Den Haag schon in den Hintergrund trat und in Köln angesichts der internationalen Probleme vollends nebensächlich wurde, glaubt man nun, durch Anheizen ideologischer Gegensätze die in wichtigen Punkten bereits erreichte Einmütigkeit der Schriftsteller der BRD und der DDR aufbrechen und ihre systemübergreifenden Friedensaktivitäten in abgestandenem deutsch-deutschem Gezänk ersticken zu können. Die Austritte und die damit verbundene Kampagne haben aber auch den Bundeskongreß im nächsten Frühjahr im Auge. Rechtzeitig soll offenbar eine bis dahin nicht vorhandene Opposition gegen Bernt Engelmann im besonderen und die gesamte Politik des VS im allgemeinen herbeigeredet werden.

Der Kurs des VS soll offenbar so verändert werden, daß seine Friedensaktivitäten gestoppt werden, daß er seine in dieser Frage vorwärtstreibende Rolle im DGB aufgibt und sich zurückentwickelt zu einem ständischen, politisch bedeutungslosen Honoratiorenverein.

Wir bitten den BV, dies in seiner Stellungnahme zum Ausdruck zu bringen, insbesondere das Vertrauen hervorzuheben, das wir Bernt Engelmann weiterhin entgegenbringen, und die bisherige Politik fortzusetzen.

Mit solidarischen Grüßen
Für den Vorstand
Gerd Fuchs

Im September 1982 hatte der Bundesvorstand die im Laufe der Jahres manifest gewordene »Krise im VS« eine angebliche Krise genannt.[170] In der Öffentlichkeit war zum ersten Mal ein Rücktritt Bernt Engelmanns gefordert worden. Während der daraufhin zur Buchmesse angesetzten Debatte (VS-Messetreff vom 7.10.1982) äußert Klaus Staeck [171], in einigen Landesverbänden hätten Gruppen das Sagen, die bei Parlamentswahlen verschwindend kleine Stimmenanteile bekämen, und Arnfried Astel benennt als eine der Schwierigkeiten, daß die DKP im VS fleißiger arbeite als andere Gruppen. Freimut Duve, Staeck, Yaak Karsunke behaupten, die Erfahrungen von DDR-Autoren mit Stasi und Gefängnis seien von vielen westdeutschen Autoren nicht akzeptiert worden, sie wirkten peinlich berührt, wenn von diesen die Rede sei. Jürgen Fuchs ruft auf zu »aufrichtiger, inhaltlicher Solidarität« für die Kollegen »drüben« – und fordert einen Meinungsstreit im VS.

Damit hat er den Nagel auf den Kopf getroffen. Denn der Hinweis auf die geringe Anzahl der VS-Austritte – es waren einzelne, jedoch gewichtige Autoren, wie Kunze, Zwerenz, Bienek, Zschorsch, Matthies, Achternbusch, Kroetz, Uwe Johnson – war nicht das geeignete Argument, um die politische Diskussion zu beenden. Vielmehr sorgte die ruppige Erklärung, diese Austritte würden »durch Neueintritte wettgemacht« für neuen Zündstoff. [172]

»Die Zeit« bescheinigt dem VS seine Unfähigkeit, mit Kritik in der Mitgliedschaft und in der Öffentlichkeit umzugehen. [173] Klaus Staeck wirft auf der Buchmesse Bernt Engelmann vor: »Ihr habt reagiert wie schlechte Politiker, wie Elefanten im Porzellanladen«, und Alexander Kluge kommentiert kurz und bündig: »Sie haben den Dialog durchs Kommuniqué ersetzt«.

Sämtliche eben genannten Autoren gehörten scheinbar einer Gruppe an, die keine war, nämlich der westdeutschen Linken. »Der Graben war riesig zwischen Linken und Linken«, so Guntram Vesper in einem Telefongespräch.[174] In der ersten Hälfte der 80er Jahre, die politisch geprägt ist vom Durchbruch und der teilweisen Institutionalisierung der neuen sozialen Bewegungen, waren die DKP-Genossen unter den westdeutschen Intellektuellen isolierter als bis dato. Um so mehr versuchten sie, in der Friedensbewegung und in den Gewerkschaften verlorengehendes Terrain zu verteidigen. Die Frage nach einem Einfluß der DKP und damit auch der SED auf den VS (denn die DKP war keine autonome Partei) ist keinesfalls damit vom Tisch zu kriegen, daß heute wie damals, in den achtziger Jahren, auf die geringe Anzahl organisierter DKP-Mitglieder im VS hingewiesen wird. Das wäre zu simpel. Schließlich wußten wir damals, welche Nachteile es für Beruf und Image mit sich brachte, wenn man als DKP-Mitglied bekannt war, was auch bedeutet, daß einige heftige Anhänger der »Partei der Arbeiterklasse« nie in sie eintraten, um den Anschein der Unabhängigkeit zu wahren. Dem entsprach, daß die Partei selber den Stellenwert unabhängiger »Bundesgenossen« durchaus zu schätzen wußte. Andere »Linke« hatten von Anfang an eine heftige Abneigung gegen alle SED-Parteikommunisten oder DKP-Mitglieder, fast eine Art Allergie, ähnlich wie die aus der DDR »herübergemachten« Schriftstellerinnen.

»Die Partei der Arbeiterklasse« hatte allerdings, rein prozentual gesehen, in der »kritischen« linken Intelligenz der alten Bundesrepublik, also auch bei den Schriftstellern mehr Anhänger und Sympathisanten, als bei ihrer Zielgruppe, den abhängig Beschäftigten.

Den Ursachen dieses Phänomens will ich hier nicht nachgehen, nur konstatieren, daß in meiner 68er Generation in den 60er und 70er Jahren eine gewisse Anfälligkeit herrschte für autoritäre Strukturen und dogmatische Lehren aus der M-L-Ecke mit ihren zahllosen politischen Gruppen und Grüppchen (die andererseits als »Revis« beschimpft wurden). Es war die gleiche Generation, die einst aufgestanden war gegen »das Establishment«, den Muff der Adenauerzeit und ihre vom Nazireich geprägte Elterngeneration, deren Normen und Werte sie pathetisch ablehnte.

Jedenfalls hatte die DKP mit ihren Versuchen, gerade die Schriftsteller an sich zu binden, wechselnden Erfolg. Das trifft auch für den VS zu. Wie aus den Quellen hervorgeht, argumentierten dementsprechend einige im VS aktive Autoren in der Auseinandersetzung um »Frieden oder Menschenrechte« ganz auf der DKP-Parteilinie, ob Gerd Fuchs in seinem Brief vom 6. 8. 82 für den Hamburger VS-Vorstand, oder P. O. Chotjewitz als stellvertretender VS Bundesvorsitzender 1982 in der UZ: »Nichts ist wichtiger als der Frieden!« [175] An seiner Stellungnahme überrascht, daß hier offensichtlich die (begründete) Angst vor der real vorhandenen atomaren Bedrohung benutzt, wenn nicht instrumentalisiert wird, um die Kritik von Kunze und Zwerenz an der VS-Politik gegenüber Dissidenten, dem Schriftstellerverband der DDR oder deutschlandpolitischen Äußerungen abzuwürgen. Das scheinbar abgehandelte Problem des Austritts wird am Ende minimalisiert zum »psychologischen Problem« der Genannten.

Warum konnte der politische Meinungsstreit zu Beginn der 80er Jahre im VS nicht ausgetragen werden? Die politische Entwicklung jener Jahre, Stichwort neue soziale Bewegungen, Frauenbewegung, Bunte und Grüne, der Schrei nach Basisdemokratie, der frische Wind blies in die etablierte Ordnung der Bundesrepublik (SPD-Jargon nach den ersten Wahlerfolgen der Bunten: »Chaoten und Wirrköpfe«), artikulierte sich auch in den Landesbezirken des VS, der ja nicht abgekoppelt von der gesellschaftlichen Entwicklung denkbar ist. Aber die gesellschaftlichen Veränderungen an der Basis wurden erst mit erheblicher zeitlicher Verspätung in den Leitungsgremien von VS und Gewerkschaft zur Kenntnis genommen. Die Gewerkschaft verschloß sich, wie Detlef Hensche vorhin feststellte, der grünen und alternativen Entwicklung. Die Krise im VS wurde, so meine These, durch die Unfähigkeit einer Mehrheit im VS aktiver Autoren sowie der gewählten Mandatsträger, Kritik zuzulassen, die neuen Diskussionsformen, oder von der vorgegebenen Linie abweichende Ansichten (von Minderheiten), zumindest verschärft, wenn nicht ausgelöst. Das Schlagwort von der »Diskussionskultur« in der Gewerkschaft war noch nicht erfunden.

Wes Brot ich ess', des Lied ich sing'

Die Frage, wie manipulierbar sind Schriftsteller, erscheint mir beim Nachdenken rhetorisch. Gelangweilt vom undialektischen Antikommunismus der bundesrepublikanischen Gesellschaft hatte das Gros der westdeutschen Linken, zerstritten wie sie war, längst das geteilte Deutschland anerkannt und verinnerlicht. Der Begriff »Wiedervereinigung« war ganz und gar von den kalten Kriegern besetzt. Für viele verkörperte die DDR das andere, das bessere Deutschland. Wir waren Überzeugungstäter. Man tat, als sei die DDR ein ganz normaler Staat mit einer ganz normalen politischen Ordnung, was ja ab einem gewissen Zeitpunkt auch Berthold Beitz ähnlich sah. Jedenfalls haben wir an diesem Bild mitgearbeitet, das dann durch die Ostler, die Ausgebürgerten, die Abgeschobenen und Freigekauften permanent gestört wurde. Sie wurden zu Störenfrieden, Friedensgegnern, kurz »Kalten Kriegern« erklärt – und wer bezahlte sie – am Ende doch Springer?

»Die Lehre von Karl Marx ist allmächtig, weil sie wahr ist« – noch 1983 in Greiz fanden wir diese Parole wahnsinnig komisch, ohne zu überlegen, wie es sich in einem Staat lebt, der solche Dogmen aufs Spruchband schreibt und über die Straße hängt.

Eine ähnliche »Betriebsblindheit« ist im nachhinein auch festzumachen an der Unwissenheit oder dem Nicht-wissen-Wollen, wer dieses »Kulturimperium« der DKP denn finanziell gedüngt hat, nämlich die SED: Diese UZ-Pressefestivals samt Schriftstellerprominenz, die Collectiv-Buchhandlungen mit ihren Autorenlesungen, Pläne-Schallplatten und Protestsängern, die »AG demokratischer und sozialistischer Verleger und Buchhändler« samt Weltkreis und Pahl-Rugenstein und »kürbiskern«, und was es einmal gab. Diese Großveranstaltungen »Künstler für den Frieden«, »Sportler für den Frieden«, »Schriftsteller für den Frieden« mit ihren langen Büchertischen, alles Veranstaltungen, die ohne Organisationshilfe und Finanzspritze von DFU/DKP nicht hätten stattfinden können. Hier boten sich den »freien« Westautoren jede Menge Möglichkeiten, ihr unsicheres Einkommen aufzustocken.

Womöglich wuchs die erwähnte Betriebsblindheit proportional mit der geographischen Entfernung vom realen Sozialismus, vielleicht weil sich in der Frontstadt Westberlin die sogenannte deutsche Frage anders darstellte als in der BRD. Dort existierten seit den 70er Jahren auch regelmäßige Kontakte zwischen West- und Ostberliner Autoren. Anscheinend gab es in Westberlin, von Ausnahmen abgesehen, weniger mit der DKP/SEW liebäugelnde AutorInnen als etwa in NRW, Hamburg oder dem Freistaat Bayern. Ich erinnere an die Literaturscene im Ruhrgebiet mit dem »Werkkreis Literatur der Arbeitswelt« oder an die große Gruppe DKP-naher namhafter Schriftsteller im Münchner Raum.[176] (Zwischenrufe)

Die von der DKP propagierte Bündnispolitik und Aktionseinheit von Sozialdemokraten und Kommunisten, kurz fortschrittliche Kräfte genannt, in Schriftstellerverband und Gewerkschaft, wurde in den meisten VS-Landesbezirken, ausgenommen Westberlin und zeitweise

Hessen, selten oder gar nicht hinterfragt, wobei der Landesbezirk Bayern eine Sonderrolle spielte. Hier standen die Feindbilder fest gemauert. Befördert durch langjährige Zusammenarbeit und dadurch entstandene persönliche Beziehungen wie durch die politische Isolation im schwarzen CSU-Freistaat, war im bayrischen VS-Landesbezirk die Auseinandersetzung oder gar Abgrenzung gegenüber den politischen Zielen der DKP kein Thema.

Der kern des kürbis

In München erschien seit 1965 der »kürbiskern«, Zeitschrift für Literatur, Kritik und Klassenkampf, dem von seiner Partei die Aufgabe gestellt worden war, als »operatives Organ« der Umsetzung kommunistischer Literatur- und Kulturpolitik gegenüber dem westdeutschen Schriftstellerverband zu dienen. Zumindest in seinem Editorial hat der »kürbiskern« als einzige westdeutsche Kulturzeitschrift regelmäßig über den VS berichtet. Im Inneren spiegeln die Jahrgänge über Jahrzehnte die linke Literaturscene der Bundesrepublik wider (inklusive Familie Chotjewitz), dazwischen Interviews und Diskussionen von und mit Gewerkschafts- und Parteifunktionären sowie (meist) DKP-Literaten. Inwieweit der »kürbiskern« die erwähnte Parteiaufgabe wahrgenommen hat, kann nur eine kritische Sichtung der Jahrgänge herausfinden.

Eine Mittlerrolle, wenn nicht Schlüsselrolle hat die Zeitschrift mit ihren Redakteuren offenbar bei der Entstehung des »Friedensappells europäischer Schriftsteller« im Februar 1981 gespielt. Näheres ist in den Berichten der »Biermann«-Dokumentation nachzulesen.[177]

Zu dieser Zeit war die Friedensbewegung der Bundesrepublik längst zu einer starken Bündnis- und Basisbewegung geworden.

»Alles für den Frieden« lautet die entsprechende Schlagzeile des Berichts von Herbert Mies an den 6. Parteitag der DKP im Mai 1981, im Jahr des VS-Friedensappells. Die Schlagzeile einer Broschüre, die sich von Phrase zu Phrase hangelt, und die Vermutung liegt nahe, daß sie von den der DKP nahestehenden Autoren allein wegen ihrer Unlesbarkeit nie gelesen wurde.

Wir wissen auch, daß der »kürbiskern« sich mit seinen Sonderheften zur außerordentlichen VS-Bundesdelegiertenkonferenz in Saarbrücken 1984 ausgesprochen parteiisch und folgenreich eingemischt hat. Dies festzustellen genügt ein Blick auf die Titelkarikaturen der erwähnten Ausgaben.[178] Besonders einige Passagen in den umfangreichen

kürbiskern

SCHRIFTSTELLER IN DER ENTSCHEIDUNG

2/84
MÄRZ

kürbiskern

NEBENSCHAUPLATZ Literatur

3/84
JULI

Interviews mit Erwin Ferlemann, damals Vorsitzender der IG Druck und Papier, und Bernt Engelmann hatten im Vorfeld des Kongresses die Fraktionierung im VS vertieft, die doch mit der Wahl von Ingeborg Drewitz vermindert werden sollte.[179]

Inwieweit der Ausgang der Wahlen in Saarbrücken 1984, vielleicht auch die einmütigen Anträge der Landesbezirke an den Kongreß, die Friedenspolitik des Verbands weiterzuführen,[180] durch Aktivitäten von DKP-Sympathisanten im Vorfeld beeinflußt wurden, entzieht sich unserer Kenntnis. Bekannt ist lediglich, daß regelmäßig vor VS-Kongressen interne DKP-Schriftstellertreffen stattfanden.[181] Die Frage nach einer Einflußnahme von SED und DKP auf den Verlauf des Saarbrücker Kongresses und damit auf die bis heute umstrittenen Wahlen wurde jüngst in der FAZ vom 11. März wieder aufgeworfen in Zusammenhang mit dem Stasi-Bericht Hennigers über das informelle Münchner Treffen einiger VS-Mitglieder, unter ihnen Bernt Engelmann, mit den Emissären des DDR-SV drei Wochen vor Saarbrükken.[182] Diese Frage im Kopf, habe ich weitere Fragen gestellt.

Soweit wir wissen, sind Autoren wie Jürgen Fuchs und Ralph Schock, die das Reizwort vom »Drehbuch der Stasi« geprägt haben, bislang bei ihrer Suche nach Dokumenten, die ihre These belegen, in den Archiven nicht fündig geworden.[183] Bleibt der Erlebnisbericht von Peter Schütt, den die GK trotz heftiger Gegenreaktionen in den »Biermann-Band« aufgenommen hat.[184]

Lassen Sie mich zum Reizwort Stasi Astrid Rösel (früher Rostock, heute Augsburg) zitieren, die beim 1. Schriftstellerinnentreffen 1983 in Schöppingen sagte: »Mir macht nicht Angst, daß die Stasi überall war – aber daß darüber geschwiegen werden könnte.«

Uwe Friesel

Parteieneinfluß und Parteilichkeit?

Der VS von seiner Gründung bis zum Saarbrücker Kongreß 1984

Als die Gruppe 47 Mitte der 60er Jahre in der Pulvermühle tagte, trat ihnen in einer Pause eine Gruppe junger Autoren aus Hamburg entgegen. Sie hielten ein Poster mit der Aufschrift »DICHTER! DICHTER!«. Günter Grass, völlig irritiert, aber auch indigniert, wollte wissen, was der Unsinn solle. Die jungen Autoren entgegneten, die Gruppe 47 sei so sehr mit ihren Versfüßen beschäftigt, daß ihr wichtige Dinge wie der Vietnamkrieg oder die Notstandsgesetze offenbar entgingen.

Später dann der Schah-Besuch. Der Tod von Benno Ohnesorg, die Anti-Springer-Demos, die Wasserwerfer- und Knüppelorgien der Polizei. Auch ich hatte blaue Flecken und lernte hanseatische Arrestzellen kennen.

Damals fragte mich Siegfried Lenz, ob ich eine Einladung zur 47er Tagung in Princeton wolle. Ich lehnte ab. Meines Wissens ist von den später sogenannten »68ern« niemand mehr in die Gruppe 47 gegangen, von den Altersgenossen nur Peter Handke, aber der kam ja aus Österreich.

Während Grass, Lenz, Schallück, Lattmann den Machtwechsel wollten in dem Sinne, daß endlich die SPD das Regierungsgeschäft übernähme, wollten wir Jüngeren das ganz andere, das nicht-kapitalistische, basisdemokratische Deutschland. Es war ein durch und durch utopisches Modell ohne vorgezeichnete Konturen, mit Zutaten vor allem aus den nicht realisierten sozialistischen Strömungen, Stichworte Rosa Luxemburg und Walter Benjamin, auch Adorno, Horkheimer, Marcuse, schließlich noch Trotzki und Ernest Mandel. Je bürgerlicher wir waren, desto radikaler die revolutionären Forderungen.

Nur eine Minderheit dieser »68er«, junge Leute meist, die eine Art Vaterkomplex hatten – und dies ist wörtlich zu nehmen, denn viele der 1939–45 Geborenen wuchsen ohne Väter auf, da diese ja für Führer, Volk und Vaterland gefallen waren und mehr als 20 Millionen Tote mit auf dem Gewissen hatten –, nur eine sozusagen vaterlose Minderheit schloß sich damals der DKP an.

Für uns andere war die DKP in ihrer ideenlosen Gehorsamshaltung gegenüber SED und DDR ohne jegliche Attraktivität, vor allem nach der brüderlichen Beendigung des Prager Frühlings. »68er« und das Konzept eines Sozialismus mit humanem Antlitz, das den oben skizzierten studentischen Utopien sehr nahe kam, das ging zusammen. »68er«-Utopien und das Unterkriechen bei der DKP mit ihrer aus der DDR geborgten und von ihr finanzierten Existenz, das ging in Wahrheit nicht zusammen. Spätestens anläßlich der sogenannten Düsseldorfer Debatte, als den DKP-Intellektuellen von der Partei offiziell der Mund verboten wurde, war dies offensichtlich.[185] Wer dann immer noch nicht austrat, der hatte ein längst nicht mehr selbstbestimmtes Verhältnis zur Wirklichkeit und auch zum eigenen Beruf. Denn ich halte dafür, daß Meinungsfreiheit oberstes Gebot aller Schriftstellerei war, ist und bleiben muß: Wozu sonst in unserer Geschichte Jakobiner und Vormärz, Junges Deutschland und »48er«, ja wozu die »68er«-Bewegung selbst und die friedliche Revolution von 1989?

Was mich allerdings als bewußtem APO-Abkömmling und Nicht-

DKPler von Anfang an störte und am Schluß auch moralisch empörte, war die Überheblichkeit der Abgrenzungsbemühungen der SPD. Es ist ja ein noch immer nicht entschiedener historischer Streit (und er wird wohl auch niemals zu entscheiden sein, sondern als gemeinsame Schuld von KPD und SPD in die Geschichte eingehen), wer denn nun Weimar *mit* das Grab gegraben und Hitler *mit* ermöglicht hat. Wenn aber ein Hamburger SPD-Bürgermeister Schulz eine Bronzetafel im Hamburger Rathaus zu Ehren der im KZ Neuengamme ermordeten Abgeordneten nur deshalb boykottiert, weil dann ja auch die große Zahl der kommunistischen Nazi-Opfer namentlich geehrt würde, dann ist die Grenze des Anstands überschritten.

Entsprechend habe ich Berufsverbote gegen die Kinder solcher Nazi-Opfer gewertet aus Familien, die oft in der dritten Generation verfolgt wurden. Dies empfand ich als ein moralisches Unrecht noch über die Diskriminierung und das Verbot der KP während der Adenauer-Zeit hinaus. Es traf mich besonders, daß ausgerechnet Willy Brandt, den ich als Widerstandskämpfer gegen die Nazis verehrte, und mit ihm der blasse Bürgermeister Ulrich Klose diese Maßnahme erfanden, um innenpolitischen Spielraum für ihre Ostpolitik zu gewinnen, nämlich »Wandel durch Annäherung«, aber bei ideologisch klarer Ab- und Ausgrenzung.

All dies unterschied mich und andere »68er« von den Groß-Autoren der Gruppe 47, als wir 1973 in Hamburg dennoch gemeinsam der Gewerkschaft beitraten. Die Gewerkschaft mit ihren großartigen Mitbestimmungskämpfen der frühen Nachkriegszeit – man denke etwa an die Auseinandersetzungen über die Montan-Mitbestimmung zwischen Adenauer und Böckler – schien uns endlich eine Möglichkeit der Kommunikation unter Linken jenseits der Parteien zu bieten. Zwar hat anfangs die IG Druck bei uns im Norden wahre Eiertänze vollführt, um sogenannte »Autonome« oder »KPD/ML«-Leute fernzuhalten. Aber sie hat nie – was ihr heute zum Vorwurf gemacht wird, was ich aber für eine grundsätzliche Tugend demokratischer Gewerkschaften halte – die Kommunisten ausgegrenzt. Sie hätte sonst auch große Teile ihrer eigenen Entstehungsgeschichte im 19. Jahrhundert verleugnen müssen.

Der VS in der IG Druck und Papier also war der Ort, wo sich die Gruppe 47 und die nachwachsende Schriftstellergeneration zusammenfanden. Dies wird oft vergessen oder gar nicht erst gesehen. Innerhalb dieses Kontextes wurde es z. B. möglich, daß SPD-nahe und SPD-ferne Linke mit Unabhängigen wie Heinrich Böll darüber nachdachten, wie innen- und außenpolitische Radikalisierungen zu moderieren wären. Innenpolitisch nenne ich als Beispiel die unversöhnlich-militante Art und Weise, in der sich die R.A.F. von der APO abspaltete, außenpolitisch solche schrecklichen offiziellen Konzepte wie Neutronenbombe und später Nato-Doppelbeschluß.

Es mag verwundern, warum ich so weit aushole, um einen sehr viel späteren Punkt zu beleuchten, den VS-Kongreß in Saarbrücken von 1984. Mir liegt aber sehr an der Feststellung, daß der VS in der IG Druck und Papier und auch jetzt in der IG Medien kein monolithischer Block war und ist, auch nach dem Austritt so vieler wichtiger Mitglieder, etwa der Berliner Fraktion, nicht, und schon gar nicht nach dem Beitritt so vieler neuer Mitglieder aus Ostdeutschland mit ihrer je anderen Vergangenheit, aber gleichermaßen schwierigen Gegenwart.

Zwischen Dieter Lattmann und mir besteht – und zwischen Günter Grass und mir und vielen anderen APO-Abkömmlingen bestand – ein beträchtlicher Unterschied in der politischen Sozialisation. Wir APO-Opas, inzwischen ja auch Mitte 50, neigen noch am ehesten zu den Grünen, zu den Realos, zur Joschka-Fischer-Linie. Doch auch hier ziehe ich es vor, nicht der Partei beizutreten, sondern als Autor meine moralische und politische Unabhängigkeit möglichst zu wahren. Hierin war vor allem Böll für mich ein Vorbild: er hatte die Freiheit, sowohl einem stupiden und militanten Anti-Kommunismus Paroli zu bieten, als auch für die Freiheit sowjetischer Dissidenten zu kämpfen, als auch das Buch »Die verlorene Ehre der Katarina Blum« zu schreiben und sich dafür vom damaligen Bundespräsidenten Karl Carstens als ein »Schreiberling namens Blüm« titulieren zu lassen. Ganz zu schweigen von den Unflätigkeiten einer rechtsbürgerlichen Presse, denen sich dann auch ausländische Autoren wie Dario Fo oder Sartre ausgesetzt sahen, weil sie nicht auf der Stelle sämtliche politischen Erwägungen der R.A.F. für Teufelswerk erklärten. Ich persönlich möchte hier sagen, daß ich noch heute etliche der politischen Analysen der Publizistin Ulrike Meinhof für lesenswert und in vielen Teilen für zutreffend halte. Die Frage war nur, welche Konsequenz man daraus zog, nachdem man nicht ein Leben lang studentische Außerparlamentarische Opposition bleiben konnte.

Mit Ingeborg Drewitz verband mich eine Menge, nicht zuletzt die Ideen der Friedensbewegung. Diese wird zunehmend diffamiert, am spektakulärsten vielleicht von Wolf Biermann, der ja zunächst selbst mit seiner Gitarre dabei war, aber sich nicht hat an die Spitze der Bewegung setzen können, denn da saßen schon andere. Und im Gefängnis, etwa nach Mutlangen, saßen auch andere. Biermanns Aussagen *für* den Golfkrieg und *gegen* die Friedensbewegung sind ein eigenes

Kapitel, ich streife es hier nur. Damals war die Friedensbewegung unter Intellektuellen dieses Landes unstreitig, und die Behauptung, sie sei von der DKP unterwandert und ferngesteuert worden, ist ein Witz. In Hamburg-Eppendorf beispielsweise, meinem Stadtteil, waren unter den vierzig Leutchen vielleicht fünf oder sechs Kommunisten einschließlich Peter Schütt, der uns noch beschäftigen wird. Als diese anfingen, gute und böse Mittelstrecken zu unterscheiden, nämlich sozialistische und kapitalistische, machten sie sich derart lächerlich, daß sie neue Order aus Düsseldorf brauchten. Am Ende marschierten über 4 000 Eppendorfer zur großen Demo auf den Hamburger Hansaplatz. Insgesamt kamen etwa 65 000 Bürger der Hansestadt zusammen. Die Vorstellung, dies alles habe ein Trupp stasigesteuerter DKPler bewerkstelligt, ist fern aller politischen Wirklichkeit.

Ingeborg Drewitz nun war wie ich Teil der bundesdeutschen P.E.N.-Delegation in Rio – 1983, wenn ich mich nicht irre. Dort brachten die Deutschen aus beiden Staaten – auf der DDR-Seite waren es Henrik Keisch und der Lyriker Paul Wiens – gemeinsam einen Abrüstungsappell ein, die erste gemeinsame Aktion beider deutscher P.E.N.-Clubs überhaupt, formuliert und verlesen von Ingeborg Drewitz. Dies verdient festgehalten zu werden. Es ist eben nicht so, daß auf der einen Seite finstere Gesellen saßen, die Frieden um jeden Preis forderten und darüber die Menschenrechte vergaßen oder dies gar ideologisch zu einer einander ausschließenden Alternative zementierten, während die Lichtgestalten auf der anderen Seite um die Menschenrechte rangen. Gerade Ingeborg Drewitz steht mit ihrer ganzen Person gegen diese Annahme. Der internationale P.E.N. hat damals diese Resolution einstimmig angenommen und mit Applaus bedacht. Sein damaliger Präsident, der Peruaner Mario Vargas Llosa, wahrhaftig nicht verdächtig, einem kommunistischen Internationalismus das Wort zu reden (seine Auseinandersetzung mit Garcia Marquez belegt eher das Gegenteil), hat diese gesamtdeutsche Initiative ausdrücklich begrüßt. Mag sein, daß Keisch dies nach seiner Rückkehr in den real existierenden Sozialismus den Parteioberen als großen Sieg verkauft hat. Aber vor solchen IM-Umdeutungen dessen, was beschlossen war oder gesagt wurde, sind wir nirgends sicher. Auch die KSZE-Akte ist von den DDR-Oberen ständig umgebogen worden, so lange, bis sie nicht länger umzubiegen war.

VS und P.E.N. damals also durchaus auf einer Linie, zum Teil personenidentisch. Das gleichlautende Polen-Telegramm, an dem sich dann die Saarbrücker Debatte entzündete, spiegelt diesen Befund.

Kurz vor dem Kongreß rief mich Ingeborg Drewitz an und fragte, wie es komme, daß im Hamburger VS die Kommunisten das Sagen hätten? Ich fiel aus allen Wolken, denn bei uns gab es einen einzigen DKPler im Vorstand, den berühmten Peter Schütt, der Kassierer oder Schriftführer war. Von wem sie das habe? Antwort: von Ulrich Schacht.[186] Der habe bei einer Zusammenkunft im Literarischen Colloquium beschrieben, wie der Hamburger VS von Anti-Springer-Stalinisten durchseucht sei. Allesamt hätten sie den Springer-Boykott unterschrieben. Ich beeilte mich, Ingeborg darüber aufzuklären, daß gerade in Hamburg mit seiner speziellen Presselandschaft – hie Springer mit BILD und WELT, dort SPIEGEL, Stern, konkret – besonders nach dem Attentat auf Rudi Dutschke durch den von BILD inspirierten Bachmann, aber auch infolge der ganzen Begleitmusik während des kalten Krieges, die Linke auf die APO orientiert war und daß Ulrich Schacht aufgrund seiner verheerenden DDR-Biographie in allem, was links war, immer nur die Affinität zur DDR-Politik sah, während – ich betone es noch einmal – die studentische Linke und die APO, zu der sich auch viele Schriftsteller zählten, gerade in Hamburg an durchaus DDR-konträren utopischen Modellen laborierten, in denen allenfalls das »Prinzip Hoffnung« von Bloch und die Thesen von Alfred Kantorowicz, der ja Hochschullehrer in Hamburg war, einen Stellenwert hatten. Diese sehr differenzierte Genese der hanseatischen Linken hat Schacht nicht durchblickt. Für ihn war es das Natürlichste von der Welt, zu Springer zu gehen, wie für viele andere Dissidenten mit ihm und nach ihm. Für uns war das eine Art Sündenfall. Ich behaupte, hier sind schon alle Keime späterer Mißverständnisse und Ausgrenzungen enthalten, und zwar auf beiden Seiten.

In Saarbrücken nun fragte uns Ingeborg Drewitz, die ich in jenem Telefonat gebeten hatte, doch diese Stalinismus-These in bezug auf den Hamburger VS nicht aufrechtzuerhalten, da sie einfach nicht den Tatsachen entspreche, noch einmal, was denn nun der Hamburger VS zu tun gedenke, um sich von den Stalinisten zu befreien. Der damalige Hamburger Vorsitzende, im NDR auf Probe angestellt, konnte mit solcher Unterstellung nicht leben. Es nutzte auch nichts, daß sie dann in ihrem Redetext davon Abstand nahm: Die Hamburger Delegierten, einschließlich meiner selbst, enthielten sich bei der Wahl der Stimme.[187]

Nicht nur bot Ingeborg, von Krankheit gezeichnet, eine denkbar unglückliche Figur, sondern sie machte auch solche für uns unakzeptablen Aussagen. Für uns war klar, eine Vorsitzende, die uns so einschätzte, wollten wir nicht. Angesichts einiger unsäglicher Berufsverbots-Prozesse, auch gegen VS-Kollegen wie Peter de Lorent, die Lehrer und Schriftsteller waren, wollten wir keineswegs aus unserer überzeugten Haltung eines Anti-Antikommunismus heraus in der Gewerkschaft das aufleben lassen, was die (Hamburger) SPD schließlich gezwungen war, nach ein paar Jahren auch politisch zurückzunehmen: nämlich eine Praxis der Ausgrenzung aus politischen Gründen.

Lassen Sie mich an dieser Stelle hinzufügen: Wir Delegierten hatten nicht den Hauch einer Ahnung von etwaigen Absprachen zwischen den Vorsitzenden der beiden Verbände SV und VS. Auch das »Drehbuch der Stasi«, nach dem laut Jürgen Fuchs der Kongreß ablief, war uns unbekannt. Und ich muß sagen, es ist mir noch immer nicht bekannt. Denn die jüngst gefundenen Schreiben Hennigers an seine Parteioberen sind für mich kein solches Stasi-Drehbuch, sondern eben der Versuch einer direkten Einflußnahme des SV auf den VS, insbesondere der Versuch der Ausschaltung der Dissidenten. Besonders perfide und kläglich ist die Benennung »kleine Nullen«, und ich wüßte schon gern, ob zwischen Engelmann, Kant und Lattmann Einigkeit über diesen Sprachgebrauch bestand. Das ist unwürdig, wie überhaupt die Denunziation von Willkür-Opfern unwürdig ist.

Deshalb habe ich auf dem VS-Kongreß in Travemünde (Mai 1991) in direkter Ansprache dem abwesenden Hermann Kant gesagt: »Es wäre nützlich gewesen und hätte unsere Sache in die richtige, in die menschliche Richtung bewegt, wenn du und einige andere [...] vielleicht in persönlichen Briefen oder auch in öffentlichen Interviews oder sonstigen Bekundungen die eine oder andere Entschuldigung ausgesprochen hätten. Ich weiß, dergleichen kostet Überwindung. Menschlichkeit ist schwieriger als Ideologie.«[188] Leider haben wir bis heute von ihm nichts dergleichen gelesen oder gehört.

Ich weiß nicht, ob tatsächlich, wie Peter Chotjewitz meint, in der VS-Spitze seit der Veranstaltung »Interlit 1« in Köln, bei der ich nicht dabei war, eine Art Bewußtseinsspaltung »Frieden oder Menschenrechte« bestanden hat, wie sie auch der Titel dieser Veranstaltung der VS-Geschichtskommission suggeriert. Aus heutiger Sicht käme sie mir einigermaßen absurd vor. Richtig ist sicherlich, daß auch ich damals von der Wichtigkeit und Richtigkeit der Friedenspolitik durchdrungen war. Die KSZE-Schlußakte stellt jedoch zu Recht ein Gleichgewicht her zwischen der Notwendigkeit, im Zeitalter des atomaren Wettrüstens die Kriegsgefahr zu verringern und z. B. die Ergebnisse des Zweiten Weltkriegs und damit gegebene Staatsgrenzen und Staatlichkeiten anzuerkennen, einerseits und der Einhaltung der Menschenrechte andrerseits. Die revolutionäre Kraft der Menschenrechtsforderung in diesem Dokument hat sich erwiesen.[189] Nach meinem Dafürhalten sind Sowjetunion und DDR an ihren inneren Widersprüchen, auch an der Menschenrechtsfrage, zuschanden geworden, nicht so sehr, wie Helmut Schmidt meint, am Nato-Doppelbeschluß.

Heinrich Böll hat diese Widersprüche frühzeitig benannt und entsprechend gehandelt. Ich fürchte, wir anderen, die wir auch die Möglichkeit und Informationen zu solchen Einsichten gehabt hätten, haben nicht entsprechend reagiert. Es hätte sonst das böse Wort von der Fünften Kolonne niemals in die Welt gesetzt und nicht hingenommen werden können. Die politische und moralische Frage war nicht, ob man für die Dissidenten und ihre Angehörigen oder für Leute, die bei der SED oder nach den Maßstäben der Stasi in Ungnade gefallen waren oder sich auch nur durch Westkontakte oder durch das Insistieren auf Menschenrechte verdächtig gemacht hatten, mal ein gutes Wort einlegte oder Reisemöglichkeiten schaffte. Nein, die politische und moralische Frage war, ob man Menschen, die mit dem Regime ihre schlimmen Erfahrungen gemacht hatten, dasselbe Recht auf politische Wertungen und Überzeugungen einräumte wie sich selbst.

Nun war es aber durchaus nicht so, daß ein VS-Bundesvorstand etwa den Landesverbänden vorschreiben konnte, welche politischen Einsichten sie zu haben hätten. Es wird immer von der bayerischen und von der Berliner Fraktion gesprochen. Nach meiner Erfahrung gab es durchaus auch eine nordrheinwestfälische, eine saarländische, eine hessische und eine hamburgische Fraktion mit je eigener politischer Prägung. Wenn mich nicht alles täuscht, ist die Nicht-Wahl von Ingeborg Drewitz aus ganz unterschiedlichen Motiven geschehen, keineswegs aber, wie Peter Schütt öffentlich glauben machen will, von umherreisenden DKP-Funktionären initiiert, die den Delegierten bei Wohlverhalten Publikationsmöglichkeiten in DKP-nahen Verlagen in Aussicht stellten. Ich bin im Besitz der Kopie eines Briefes von Peter Schütt, in dem dieser feierlich seine Behauptung widerruft, eine bestimmte Kollegin habe im DKP-Auftrag und mit einem Publikationsversprechen in der Tasche in Saarbrücken die Runde gemacht, um Delegierte umzustimmen.

Wir haben es hier mit einem Kronzeugen zu tun, der es liebt, die eigene Funktionärstätigkeit in der DKP herunterzuspielen, aber andere bekennend zu entlarven. Peter Schütt ist mein Nachbar, im selben Haus, im selben Stockwerk, und ich weiß, daß er nicht nur regelmäßig zur Parteizentrale nach Düsseldorf, sondern auch jeden Monat zum Rapport nach Ostberlin reisen mußte. Peter Schütt ist einer, der uns pseudolinken Revisionisten und Abweichlern prophezeite, im Fall des Sieges des Sozialismus würden wir als erste an die Wand gestellt. Das mag ja scherzhaft gemeint gewesen sein, wurde aber von uns, in

Kenntnis etlicher politischer Prozesse innerhalb des sozialistischen Lagers, keineswegs als komisch empfunden.

Ich empfehle sowohl der VS-Geschichtskommission als auch dem SPIEGEL, sich ihre Kronzeugen genauer anzusehen, ehe sie deren Bekenntnisse für bare Münze nehmen. Peter Schütt hat schon viele Religionen gewechselt. Ich halte nichts davon, wenn man die Flucht nach vorn antritt und dabei versucht, auf Kosten anderer seinen Gesinnungswandel zu demonstrieren.

Nach meiner Überzeugung ist Ingeborg Drewitz 1984 nicht gewählt worden, weil die Delegierten der verschiedenen Bundesländer, die je unterschiedliche Positionen, zuallererst aber die berufspolitischen Interessen ihrer Mitglieder vertraten, von ihrem Auftreten und ihren Argumenten nicht begeistert waren. Ihre tarifpolitischen Aussagen und innerpolitischen Einschätzungen waren vage, und die Debatte um das Polen-Telegramm wurde von vielen Delegierten als der Versuch empfunden, von den eigenen inneren Schwierigkeiten abzulenken. Auch gab es etliche, die durchaus das Engelmann-Argument teilten, der ursprüngliche polnische Schriftstellerverband habe starke antisemitische Tendenzen gehabt, so daß die Forderung nach seiner Wiedereinsetzung in die alten Rechte eben auch die Bejahung dieser Tendenzen, die zugleich auch im sowjetischen Verband zu beobachten waren, bedeutet hätte. Und natürlich fragten sich viele, warum wird nur der VS-Vorstand beschimpft und nicht auch der des P.E.N., der ja ebenfalls telegrafisch die Wiedereinsetzung *eines* unabhängigen Verbandes von Jaruzelski gefordert hatte und nicht etwa *des* Verbandes?

Kurz, Hans-Peter Bleuel kam mit seiner handfesten gewerkschaftlichen Argumentation durch. Und Erich Loest wurde entgegen der Meinung von Thomas Rietzschel und Carl Corino nicht »erfolgreich abgewehrt« bzw. verhindert, weil er nämlich, wie er mir erst kürzlich im Gespräch versicherte, zu keiner Zeit die Absicht gehabt hatte, für den Vorsitz zu kandidieren. Er hat sich in Saarbrücken in den Vorstand wählen lassen und wird dies womöglich auf unserem nächsten Kongreß in Aachen wieder tun.

Was aber einer gar nicht will, können andere auch nicht verhindern. Die aufgefundenen Henniger-Schriftstücke beweisen nur die panische Angst von Stasi und SV, er könne womöglich wollen. Die Schulbücher in Hinblick auf Feindbilder zu untersuchen wiederum war ein Vorschlag, den Loest ursprünglich nicht in Saarbrücken gemacht hat, sondern in Kiel, auf einem Kongreß mit dem Titel »Freundbilder – Feindbilder«, bei dem auch Hermann Kant anwesend war. Hier ist festzuhalten, daß dieser Vorschlag Loests von allen dort Versammelten einschließlich Engelmanns und Bleuels ausdrücklich begrüßt wurde, nur eben nicht von dem nicht anwesenden Gerhard Henniger, der wohl Grund hatte, ihn als bedrohlich zu empfinden.

Bleuel dasselbe zu unterschieben aufgrund seiner Aussage in Saarbrücken, er wolle »die Arbeit im Sinne des alten Vorstands fortsetzen«, heißt aber nicht nur, zwei verschiedene Ereignisse durcheinanderzuwürfeln, sondern auch, Absichten zu unterstellen, wo sich der Betroffene, in diesem Fall Bleuel in Kiel, explizit anders geäußert hat, nämlich genau umgekehrt. Man sollte, denke ich, auch als FAZ-Kommentator nicht im Eifer des Entlarvungsdrangs genau das wiederholen, was es endlich zu beenden gilt: die wechselseitige Diffamierung und das Unterstellen von Abhängigkeiten und Seilschaften, wo denn keine waren.

Im übrigen habe ich Hans Peter Bleuel als einzigen wütend und anhaltend protestieren sehen, nämlich 1984 auf einem der Friedenskongresse in Sofia, als von den Veranstaltern ein fertiges Schlußdokument ohne die Möglichkeit einer Änderung zur Abstimmung gestellt werden sollte. Es war der Kongreß, auf dem Jewtuschenko zum erstenmal seinen Moskauer Anti-Stalin-Film öffentlich zeigte. Ein Jahr später lud Gorbatschow zur internationalen Konferenz der Intellektuellen und Schriftsteller nach Moskau ein, in enger Konsultation mit Jewtuschenko, um herauszufinden, ob seine Absichten der Öffnung im Westen auf Zustimmung stoßen würden, und natürlich, um diese Absichten unter die Leute zu bringen. Auch dies waren offizielle Friedensgespräche mit Schriftstellern, aber weit entfernt von den Plänen der Honecker-Regierung, wie man an dem berühmten Wort Gorbatschows anläßlich seines DDR-Besuchs, »Wer zu spät kommt, den bestraft das Leben«, ablesen kann.

So haben die Friedensgespräche am Ende womöglich doch mit den Menschenrechten zu tun? Immerhin kam in diesem Zusammenhang der Bürgerrechtler Sacharow frei.

Wir sollten nicht hinter den Stand der Dinge zurückfallen, sondern sine ira et studio unsere eigene jüngste Geschichte betrachten. Und wir sollten aufhören, das Trauma der Nazi-Erfahrung gegen das Trauma der Stasi-Erfahrung aufzurechnen. Beide sind so schlimm und inhuman, daß unsere Bemühungen darauf gerichtet sein müssen, diesen Schriftstellerverband unabhängig von politischer Macht, frei von Vorurteilen und offen für andere Meinungen zu halten. Wenn zu diesem Ende die Geschichtskommission des VS beitragen könnte, indem sie Fehler der Vergangenheit zur freimütigen Diskussion stellt, wäre viel erreicht, jenseits aller von den einen gewünschten Entlarvungen und von den anderen befürchteten oder unterstellten Tribunalen.

Jürgen Lodemann

Gespensterdebatte

Es fällt mir sehr schwer, mich hier unter einem Titel zurechtzufinden wie »Frieden oder Menschenrechte«, »Wie manipulierbar sind Schriftsteller«. Schon damals, ich war im letzten Engelmann-Vorstand und bin mit ihm zusammen zurückgetreten,[190] erschien mir das wie eine Gespensterdebatte. Und Debatten über die Debatten von damals? Schon 1983/84 habe ich immer weniger von den Vorwürfen verstanden, die auf uns herunterprasselten, am Ende so dicht, daß im VS keine Vorstandsarbeit mehr möglich war, kein Schritt ohne Umzingelung durch empörte Kollegen, durch zynische und empörte Presseleute. Dabei hätte es gerade in dieser Zeit viel zu tun gegeben. Damals etablierte sich das sogenannte Privatfernsehen, das Kommerzfernsehen. Da starteten nicht nur diese neuen Kanäle, sondern es kommerzialisierten sich auch die alten, die öffentlich-rechtlichen, von denen die meisten Autoren ihre Lebensmittel hatten und inzwischen immer spärlicher haben. Von Grund auf veränderte sich die Medienwirklichkeit, und es wäre wohl gut gewesen, wenn Schriftsteller damals geschlossen hätten auftreten können, und es nicht nur der IG Druck überlassen hätten, die IG Medien gegen die Kirchs und gegen die Bertelsmänner aufzustellen. Deprimierend war es zu sehen, wie wir beim internen Giftspritzen Energien verbrauchten, die nötig gewesen wären gegen die damalige »neue Beschissenheit«, wie Böll das nannte, gegen den medienpolitischen Aufrüstungsschwachsinn, gegen die Milliarden im Supermarkt der Verkabelungen und der Satelliten.

Statt dessen diese gespenstische Debatte um *political correctness*. So idealistisch, ideologisch und hoch, wie es vielleicht nur deutsche Debatten sein können. Unterstellungen, Vorwürfe. »Betonfraktion«. Als wären die einen exekutierende Kommunisten, moskauhörig. Und die anderen zu Springer übergelaufen oder gleich zum amerikanischen Kapital. Als hätte es nicht lediglich um die praktischeren Methoden gehen können, um die je besseren Wege, wie Schriftstellern zu helfen ist. Statt dessen sofort die schweren Geschütze, die Empörung, wir würden kungeln, kuschen, wir befolgten Weisungen. Unerträgliches Aneinander-vorbei-Schwadronieren. Wer, wenn nicht Schriftsteller, sollten in der Lage sein, sich zu verständigen. Mit Wörtern wenigstens, dachte ich, könnten wir doch umgehen. Mir scheint, schon beim Eintritt des VS in die Gewerkschaft haben viele die Konsequenz dieses Schritts nicht bedacht. Durch den Eintritt in die IG Druck und Papier, also eine Industriegewerkschaft, war der VS nichts anderes als eine sozialpolitische Fachgruppe mit dem Ziel geworden, ihren Mitgliedern sozial und/oder politisch zu helfen, nicht etwa, literarische oder weltverbessernde Fundamentaldebatten zu führen. Welchen anderen Sinn als den, sozialpolitische Arbeit zu tun, hätte das denn haben können.

Literaturclubs gab's und gibt's als P.E.N.-Club, als Colloquium, als Literaturhäuser, als Akademien. Wem danach ist, der formuliert Utopia in Romanen oder in Sonetten, aber der VS, das, dachte ich, wäre allmählich zu begreifen gewesen, hätte es mit Macht zu tun und mit dem Machbaren, der VS war mit dem Beitritt in die Gewerkschaft endgültig ein Fachverband geworden, der zuständig war für Schriftsteller in Not, in sozialer und/oder in politischer.

Wobei sich in der Tat um die je besseren Methoden immer zu streiten war, wie z. B. verfolgten Autoren im Ausland am besten zu helfen wäre – vor allem im damals sowjetisch kontrollierten System. Um das tun zu können, mußten zunächst einmal überhaupt Kontakte mit diesen Systemen existieren, mußten mühsam aufgebaut werden. Und alsdann? Die Verfahren, die wirksam sind, keine Luftblasen, die bewegen sich allesamt auf dem harten Pflaster der politischen Gegebenheiten. Diese Aktionen – das wäre, dachte ich, u. a. im »Tagebuch einer Schnecke« zu lernen gewesen – diese Aktionen erforderten keinen Höhenweg ins Hundertprozentige, ins Alles-und-zwar-Sofort, diese Aktionen mußten sich, wie alle demokratische Politik, abmühen mit den kleinen Schritten, mit den Kompromissen.

Jürgen Fuchs am 6. März 1984 in der »Frankfurter Rundschau«. Ich zitiere: »In der sozialen Welt muß es Kompromisse geben, in der Welt der Literatur nicht.« Allerdings. Wie anders wäre denn im kalten Krieg die Politik der sozial-liberalen Koalition unter Brandt zu verstehen gewesen. Wer eiserne Vorhänge durchlöchern wollte, wenigstens stückchenweise aufschmelzen, wer sozialpolitisch was erreichen wollte, dem half es kein bißchen, die östlichen Systeme mit Nichtbeachtung zu bestrafen oder aber mit Beschimpfung und mit fürchterlicher Verurteilung. Auch Bahr, auch die SPD und andere haben diese Zwangssysteme bekanntlich nicht als Welt des Bösen beiseite getan, sondern sind mitten hineingegangen und haben versucht, sehr allmählich erste kleine Veränderungen in Gang zu setzen, hartnäckig, in einer Sisyphusarbeit, die einer Arbeit an einem großen Roman manchmal aufs Haar gleichen kann. Diese Arbeit nannten Bahr und Brandt bekanntlich »Wandel durch Annäherung«. Auf diese praktische Politikformel, dachte ich, hätte auch eine sozialpolitische Fachgruppe der Autoren sich grundsätzlich verständigen können und danach nur noch darum streiten können, welcher Weg geschickter, wirksamer, erfolgversprechender wäre, nämlich wirklich hilfreich für die Kollegen drüben in Not.

Welche Aufregung z. B. um das Polen-Telegramm. Weil wir der polnischen Regierung telegrafierten, sie möge wieder für einen Autorenverband sorgen, der die Rechte und Interessen der Schriftsteller wirksam wahren könnte, wurden wir in Grund und Boden geschimpft. Wir hätten statt dessen, so hieß es, die Rücknahme des Verbots fordern sollen. Die Rücknahme eines Regierungserlasses. Als hätte sich im harten Raum der Mond je um das Gebell der Dackel gekümmert. Wenn überhaupt eine Kenntnisnahme oder irgendeine Wirkung erreicht werden sollte, dann müßte man einem Unrechtsregime wie dem polnischen wenigstens den Schein einer Gesichtswahrung übriglassen, den Schein einer Konsequenz oder eines Gesichts, was immer solche Regimes unter Konsequenz oder Gesicht verstehen. Anders ist, wenn ich das richtig sehe, Politik nie vorwärtsgekommen. Mit eben diesen selben Unrechtsregimen haben am Ende sogar die Vertreter unserer Wirtschaftsparteien verhandelt und gemauschelt. CDU und CSU empören sich inzwischen zwar künstlich über die Kontakte, die jahrelang von der SPD unterhalten wurden, aber sie selber hatten mit den Schalck-Golodkowskis vieles angezettelt, ob Gefangenenfreikäufe oder Scheckbuchmauscheleien und Mocksel-Großaufträge, und selbst der nun so überaus empörte Kanzler hat doch den roten Erich nicht etwa nicht begrüßt oder nicht etwa nicht mit ihm geredet.

Hundertprozentiges Un- oder Ebenmaß sind Material und Form in Sonetten. Im Politischen dürfte bekanntlich mit solchem Anspruch keinem Regime auf diesem Planeten die Hand gegeben werden dürfen, nicht mal unserem eigenen. Das war doch, dachte ich, uralte Grundeinsicht aus dem regierenden Alltag. Doch kaum war irgendein Kontakt des Engelmann-Vorstands in Richtung Osten ruchbar, bekamen wir in Gazetten und Briefen und öffentlichen Erklärungen Vorwürfe um die Ohren, als hätten wir mafiose Geschäfte getätigt. Hiermit erkläre ich: Ich, als zweiter Vorsitzender im Engelmann-VS, habe Bernt Engelmann in keinem Augenblick bei einem Weisungsempfang aus dem Osten oder bei Vergleichbarem beobachtet. Er selbst hat auch mir, für meine eigenen Ost-Kontakte, nie eine Weisung oder Vergleichbares erteilt. Als ich z. B. einen literarischen Ost-West-Kongreß zu organisieren begann, Titel: Schwierigkeiten beim Schreiben (sechs Autoren, je drei Autoren aus West und Ost, eine deutsch-deutsche Momentaufnahme) – war unsere einzige Überlegung, wie ist das machbar und finanzierbar. Völlig freie Hand hatte ich inhaltlich wie in der Auswahl der Autoren. Wer das alles genauer wissen will, kann es im Detail nachlesen. 1983 war ich in Ostberlin beim 9. Kongreß des dortigen Verbandes zum erstenmal als ein offizieller Vertreter unseres westdeutschen VS beim Ost-SV. Weil ich mir schon damals denken konnte, daß es irgendwann Nachfragen oder Unterstellungen geben könnte, habe ich an allen vier Tagen in Ostberlin Tagebuch geführt, das 1984 veröffentlicht wurde, »Im deutschen Urwald«. Diese fünfzig Druckseiten beschreiben die Widersprüche, die es auch bei diesem Kongreß zwischen hüben und drüben selbstverständlich gegeben hat, auch bei der damals sogenannten Friedenspolitik, die ja in Wahrheit die wechselseitige Hochrüstungsspirale in den Wahnsinn war. Als ich abends in der großen Festveranstaltung in Ostberlin zum Thema Frieden das Wort erhielt und offenbar erwartet wurde, daß nun auch ich, wie die Vorredner, die teuflische NATO verteufeln würde, kam ich ihnen mit einem Nietzsche-Zitat. »So stehen nun alle Staaten gegeneinander. Sie setzen die schlechte Gesinnung des Nachbarn und die gute Gesinnung bei sich voraus. Dies aber ist etwas, was beim Nachbarn die feindselige Gesinnung *und* Tat erst provoziert. Es kommt aber vielleicht einmal ein großer Tag, an welchem ein Volk freiwillig ausruft: Wir zerbrechen das Schwert.«

Der Kongreß »Schwierigkeiten beim Schreiben« kam nicht zustande, weil ich, wie ich inzwischen aus Ostberliner Akten weiß, als unzuverlässig erschien.[191] Und weil der VS-Vorstand Ende 1983 einfach nicht mehr arbeitsfähig war, umzingelt und gelähmt. Nachzutragen wäre, daß Engelmann vielen dadurch half, daß er alte Kontakte nutzte, Freundschaften, in Aktionen, bei denen er sein persönliches Ansehen ebenso einsetzte wie das des VS. Beides bisweilen kaum unterscheidbar. Von seinen Briefen und Telefonaten erfuhren wir in der Tat manchmal erst im nachhinein; eine Methode im Sinne unserer Regularien, oft jedenfalls eine hilfreiche. Noch manches wäre zu zitieren an Gegensätzen und Widersprüchen zum Ost-Verband auch an jenen vier Ostberliner Tagungstagen. Ich schließe, indem ich aus jenem Tagebuch von damals nur noch den letzten Satz vorlese, das, was Hermann Kant damals auf der abschließenden Pressekonferenz den Journalisten mitzuteilen hatte auf die schon 1983 übliche Frage, wie nahe man sich denn zwischen dem West- und Ost-Verband gekommen sei. Zitat Kant: »Wir haben zu keiner Zeit Bruderküsse mit dem VS getauscht. Dazu bestanden zu viele Widersprüche.«

Johano Strasser

Die Ost- und Entspannungspolitik der SPD

Ein Versuch der Klärung und Bewertung

[...] Wer sich ein wenig Sinn für geschichtliche Zusammenhänge bewahrt hat, wird Robert Leicht zustimmen, der in der ZEIT vom 20.3.1992 schrieb: »Die neue Ostpolitik nach 1969 war in der Substanz unausweichlich, und sie war erfolgreich.« Erfolgreich auch gerade darin, daß sie den Prozeß der Gärung im östlichen Block förderte, indem sie die zum Zwecke der Herrschaftsstabilisierung von den Regimen Mittel- und Osteuropas bewußt geschürte Angst vor dem »westdeutschen Revanchismus« und dem »aggressiven US-Imperialismus« mehr und mehr als unbegründet erscheinen ließ. Daß der schließliche Zusammenbruch der poststalinistischen Systeme andere, vor allem ökonomische Gründe hatte, ist dabei unbestritten.

Seit Ende der 70er Jahre vergrößerte sich der wissenschaftlich-technisch-ökonomische Entwicklungsabstand zwischen Ost und West wieder, die Planwirtschaften erwiesen sich zunehmend als unfähig, bei den Innovationen in der Spitzentechnologie mitzuhalten und die steigenden und sich ausdifferenzierenden Ansprüche ihrer Verbraucher zu erfüllen. Zweifellos spielte es auch eine Rolle, daß die Sowjetunion unter diesen Umständen kaum noch hoffen konnte, die von den USA in den 80er Jahren forcierte Rüstungseskalation erfolgreich mitzumachen.

Wenn auch der Reformdruck, der Gorbatschow auf den Kurs von ›Glasnost‹ und ›Perestroika‹ zwang und schließlich zum Zusammenbruch des sogenannten ›realen Sozialismus‹ führte, ganz wesentlich in der Leistungsschwäche der Planökonomie und ihrem sich vergrößernden technologischen Rückstand begründet ist, ist es doch ohne Zweifel auch der Ost- und Entspannungspolitik zu verdanken, daß der gewaltige Umbruch im Osten fast gewaltlos vonstatten ging, daß im entscheidenden Moment die sowjetische Armee nicht marschierte, es in der DDR und in anderen Ländern nicht zu der im Prinzip ja durchaus möglichen »chinesischen« Lösung kam. Mir jedenfalls scheint es sicher, daß dieser Prozeß nicht so glücklich verlaufen wäre, wenn sich im Westen jene Gegner der Entspannungspolitik durchgesetzt hätten, die noch 1987 mit Begriffen wie »politisch-moralische Knochenerweichung« und »Genscherismus« diejenigen Kräfte der Bundesrepublik bekämpften, die dafür eintraten, Gorbatschow endlich beim Wort zu nehmen.

Es kann also keine Rede davon sein, daß die Ost- und Entspannungspolitik die Regime in Mittel- und Osteuropa künstlich am Leben erhalten habe, wohingegen diese durch eine Forcierung der Ost-West-Konfrontation früher hätten in die Knie gezwungen werden können, wie heute linke wie rechte Gegner dieser Politik gelegentlich behaupten. Dies bedeutet nun allerdings nicht, daß es an der Ost- und Entspannungspolitik und ihren Begleiterscheinungen, insbesondere auch an der Politik der SPD in der Ära Brandt/Schmidt, nichts zu kritisieren gäbe. Es ist wohl richtig, daß große Teile der SPD, auch viele in der Führung der Partei, von den Erfolgen der eigenen Ostpolitik überrascht wurden. Viel zu spät nahmen sie zur Kenntnis, daß in den Staaten Mittel- und Osteuropas die Gesellschaften selbst in Bewegung geraten waren, daß somit neben die auch weiterhin notwendigen Kontakte zu offiziellen Vertretern von Staat und Partei Beziehungen zu den sich überall bildenden Bürgerbewegungen treten mußten, wenn die eigene Glaubwürdigkeit und der Blick für die Realität nicht leiden sollten. So unausweichlich in der ersten Phase der Ost- und Entspannungspolitik die ausschließliche Konzentration auf diplomatische Kontakte war, so zwingend verlangte die zweite Phase, vor allem nach 1980, eine zweigleisige Politik, die auch die langsam erstarkenden Kräfte des gesellschaftlichen Widerstands als Gesprächspartner ernst nahm.

Nun gab es zwar solche Beziehungen zu Ostblock-Dissidenten auch in der SPD und ihrem Umfeld – man denke nur an die Rolle der Zeitschrift L'80, die in den 80er Jahren den Dissidentenbewegungen im Ostblock breite Aufmerksamkeit widmete, oder an die vielfältigen Kontakte von SPD-Bundestagsabgeordneten wie Freimut Duve, Norbert Gansel, Peter Glotz, Gert Weißkirchen u. a. zur Ostblock-Opposition –, aber in der offiziellen Politik der SPD herrschte doch eine Fixierung auf diplomatische Staats- und Parteikontakte vor, und um diese nicht zu gefährden, vermied man es weitgehend, sich allzu offen und deutlich mit Bürgerrechtlern und Systemgegnern zu solidarisieren. Statt dessen wirkte man im stillen und versuchte, auf den Kanälen der Geheimdiplomatie den bedrängten Systemgegnern zu helfen. Daß auf diesem Wege viel individuelles Leid gemildert und manche Erleichterung für die Menschen im Ostblock erreicht werden konnte, ist nicht zu bestreiten. Andererseits konnte aber auch bei Teilen der Systemopposition der Eindruck entstehen, die auf diplomatische Kontakte fixierte SPD betrachte sie als Störpotential und nicht als das wünschenswerte Ergebnis ihrer Politik.

An den führenden SPD-Politikern wäre also zu kritisieren, daß sie der politischen Logik der ersten Phase der Entspannungspolitik auch dann noch folgten, als diese sich durch ihre eigenen Erfolge schon in zentralen Elementen entbehrlich gemacht hatte. Freilich – und das ist heute schon wieder weitgehend vergessen – diese Logik wurde keineswegs nur von der in Opposition stehenden SPD, sondern auch von der Bundesregierung unter Helmut Kohl und von den meisten anderen westlichen Regierungen akzeptiert. Aber gerade weil die SPD ab 1982 in Bonn nicht mehr regierte, hätte sie mit größerer Souveränität und ohne die notwendigen staatlichen Kontakte zu stören, sich der Oppositionsbewegungen annehmen können und müssen. Von daher ist die Bitterkeit von Teilen der osteuropäischen und ostdeutschen Bürgerrechtler über eine allzu gouvernementalistische Ost- und Entspannungspolitik verständlich.

Besonders auffällig war das Versagen nicht nur der SPD, sondern fast der gesamten westdeutschen Linken gegenüber der polnischen Gewerkschaft Solidarität. Als die SPD noch an der Regierung war, herrschte in ihrer Führung die Auffassung vor, daß eine Konfliktstrategie wie die der Solidarnosc leicht dazu führen könne, daß die Sowjetunion, um die Destabilisierung ihres Blocks zu verhindern, die Repression nach innen und die Konfrontation nach außen verschärft und damit die Atomkriegsgefahr in Europa erhöht. Aus diesem Grunde glaubte die SPD-Führung alle offiziellen Kontakte zu Solidarnosc meiden zu müssen, um der Sowjetunion keinen Anlaß zum Ausscheren aus der Entspannungspolitik zu bieten. Diese vorsichtige Haltung, die für eine regierende Partei diskutabel ist, wurde in der Regel aber auch beibehalten, als die SPD in der Opposition war.

In einem SPIEGEL-Gespräch im Januar 1982, also nach der Verhängung des Kriegsrechts in Polen, hat André Gorz die Haltung der Mehrzahl der westdeutschen Linken zur polnischen Bürgerrechtsbewegung zum Anlaß genommen, sich grundsätzlich zum Verhältnis der Deutschen zur Freiheit zu äußern. Die Deutschen, so Gorz, hätten keinen »kulturellen Bezug zur Freiheit«, weil sie nicht bereit seien, im Konfliktfall für die Freiheit zu sterben. Dieses Argument, bezogen auf die damalige vorsichtige Politik der Bundesregierung und auch der inzwischen in die Opposition geratenen SPD, ist später von Kritikern der Entspannungspolitik oft wiederholt worden. Mir scheint aber, daß es die Erwägungen, die hinter der Ost- und Entspannungspolitik standen, keineswegs trifft. Die Akteure der Ost- und Entspannungspolitik standen ja gar nicht ernsthaft vor der Frage, ob sie selbst bereit seien, für die Freiheit zu sterben. Sie standen vielmehr vor der Frage, ob es verantwortbar sei, die Ost-West-Konfrontation zu verschärfen und damit möglicherweise zu riskieren, daß in einem Atomkrieg in Europa Millionen von Menschen ihr Leben lassen. Sie hätten nach Lage der Dinge gar nicht ihr eigenes Leben, wohl aber das Leben unzähliger anderer Menschen für die Freiheit einsetzen können.

Nun mag man zwar der Meinung sein, daß die damaligen Politiker die Lage im Ostblock falsch und die Atomkriegsgefahr zu hoch eingeschätzt haben. Dies rechtfertigt aber keineswegs die Behauptung, hier fehle es am »kulturellen Bezug zur Freiheit«, noch dazu, wenn dies auf Menschen gemünzt ist, die, wie z. B. Willy Brandt, durch ihre Biographie (Widerstand im Dritten Reich, Kampf um die Freiheit in West-Berlin) schlagend das Gegenteil beweisen. Zu bedenken ist zudem, ob die Bürgerrechtsbewegungen in Mittel- und Osteuropa sich nicht auch deshalb so erfolgreich entfalten konnten, weil die westlichen Regierungen sich aller deutlichen Einmischung enthielten und die Opposition somit nicht erfolgreich als vom Ausland gesteuert gebrandmarkt werden konnte. Das, was heute von manchen – in Unkenntis der wirklichen historischen Zusammenhänge – wieder als Prinzipienfestigkeit gefeiert wird, konnte, wie im Falle Ungarns, auch ein verantwortungsloses Spiel mit dem Feuer sein. In den 50er Jahren hatten vom Westen betriebene Sender wie Radio Free Europe die Ost- und Mitteleuropäer zum Aufstand gegen die Sowjetmacht aufgerufen und ihnen sogar – wider besseres Wissen – den Beistand des Westens versprochen. Als dann im Jahr 1956 die Ungarn sich gegen ihre Unterdrücker erhoben, sah der Westen tatenlos zu, wie die Aufständischen niederkartätscht und ins Gefängnis geworfen wurden. Auch Erfahrungen wie diese haben bei der Konzeption und Durchführung der Ost- und Entspannungspolitik Pate gestanden.

Was zur Begründung von Behutsamkeit bei offiziellen politischen Ost-West-Kontakten angehen mag, rechtfertigt aber keineswegs den eklatanten Mangel an Solidarität mit den unterdrückten und geschundenen Menschen in den kommunistischen Ländern, wie er bei nicht wenigen westdeutschen Linken zu beobachten war. Ich selbst habe als Redakteur der Zeitschrift L'80 dafür gesorgt, daß die verfolgten und vertriebenen Schriftsteller aus Mittel- und Osteuropa in der westdeutschen Öffentlichkeit Gehör fanden. Da lag es nahe, daß ich mich im westdeutschen Schriftstellerverband mit anderen gegen die Politik der Gruppe um Bernt Engelmann wandte.

Daß der westdeutsche Schriftstellerverband zusammen mit dem westdeutschen P.E.N. den gleichgeschalteten polnischen Schriftstellerverband hofierte, statt, wie es seine selbstverständliche Pflicht gewesen wäre, die Wiederzulassung des verbotenen polnischen Schriftstellerverbands zu fordern, offenbarte in der Tat ein gestörtes Verhältnis zur Freiheit. Mit Hinweisen auf die Entspannungspolitik ließ sich solche Kungelei mit den Unterdrückern nicht rechtfertigen, auch wenn z. B. Gert von Paczensky auf dem Saarbrücker Kongreß des VS im Jahre 1984 genau dies versuchte. Die Opposition im VS, zu der auch Heinrich Böll und Günter Grass gehörten, bestand keineswegs aus kalten Kriegern, wie gelegentlich unterstellt wurde; vielmehr handelte es sich hier fast ausnahmslos um Befürworter der Ost- und Entspannungspolitik.

Bei der heute so verbreiteten Pauschalkritik an der Ost- und Entspannungspolitik der SPD taucht auch immer wieder der Vorwurf auf, die Gespräche der Grundwerte-Kommission der SPD mit Vertretern der Akademie für Gesellschaftswissenschaften beim ZK der SED hätten das Regime in Ost-Berlin aufgewertet und der Opposition geschadet. Da ich selbst an diesen Gesprächen auf seiten der SPD teilgenommen habe, möchte ich hierzu noch einige Ausführungen machen, die, wie ich glaube, beweisen, daß genau das Gegenteil der Fall war.

Das vielberedete SPD/SED-Papier, das im Laufe dieser Gespräche entstand und im August 1987 veröffentlicht wurde, ist alles andere als ein Dokument der Anpassung. Vielmehr ist es erstaunlicherweise gelungen, die SED zur Anerkennung wichtiger Grundsätze der pluralistischen Demokratie (wenigstens auf dem Papier) zu bewegen. So heißt es etwa im Abschnitt V dieses Papiers: »Kritik, auch in scharfer Form, darf nicht als ›Einmischung in innere Angelegenheiten‹ der anderen Seite zurückgewiesen werden ... Die offene Diskussion über den Wettbewerb der Systeme, ihre Erfolge und Mißerfolge, Vorzüge und Nachteile, muß innerhalb jedes Systems möglich sein ... Der umfassenden Informiertheit der Bürger in Ost und West kommt im Prozeß der Friedenssicherung und des Systemwettstreits eine wachsende Bedeutung zu. Dazu müssen die Staaten in beiden Systemen entsprechend der KSZE-Schlußakte auf ihrem Territorium die Verbreitung von periodisch und nicht periodisch erscheinenden Zeitungen und gedruckten Veröffentlichungen aus den anderen Teilnehmerstaaten erleichtern.«

Kein Wunder, daß die Führung der SED kurz vor der Fertigstellung des Papiers, als sie sich entschieden hatte, dem Kurs Gorbatschows nicht zu folgen, die Verabschiedung und Veröffentlichung des Papiers zu verhindern suchte, und nach der nicht mehr zu vermeidenden Veröffentlichung alsbald in Stellungnahmen von Politbüromitgliedern davon wieder abrückte. Dennoch hat das Papier, wie zahllose Stellungnahmen aus Oppositionsgruppen belegen, den Bürgern der DDR in der Auseinandersetzung mit der Staatsmacht gute Dienste geleistet, weil sie nun den Unterdrückern ihre eigenen Erklärungen vorhalten konnten. Über die positive Wirkung des Papiers war sich seinerzeit, vor dem Fall der Mauer, selbst die konservative Presse in der Bundesrepublik weitgehend einig. So schrieb Jürgen Engert im RHEINISCHEN MERKUR – CHRIST UND WELT vom 29.1.1988: »In diesem Kontext ist die Bedeutung jenes Papiers gar nicht zu überschätzen, das die Grundwertekommission der SPD und die Akademie für Gesellschaftswissenschaften beim ZK der SED im August letzten Jahres [...] vorlegten. Der Prinzipienkatalog hat nicht nur innerhalb der Partei Erich Honeckers eine dauernde und heftige Debatte ausgelöst, er dient auch den Bürgerrechtlern als Berufungsinstanz.« Und in der WELT hieß es am 7.12.1987 unter der Überschrift »SED unter Druck durch SPD-Papier«: »Wie schwer sich die SED mit den Folgen des Parteien-Dokuments für die Diskussion innerhalb der ›DDR‹ tut, belegt auch ein der WELT vorliegendes ›Informations‹-Blatt, in dem die SED-Parteikader darauf eingestimmt werden.« Es wäre gut, wenn diejenigen, die heute in leichtfertiger Weise die Ost- und Entspannungspolitik der SPD pauschal aburteilen, sich wenigstens ihrer früheren eigenen Worte erinnerten. Die Ost- und Entspannungspolitik der SPD war eine Gratwanderung mit sicherlich auch schmerzlichen und manchmal sogar nicht zu rechtfertigenden Begleiterscheinungen. Daß sie gelegentlich auch von Leuten in Anspruch genommen wurde, die nicht wie die Sozialdemokraten ausgewiesene Gegner jeder Diktatur waren, ließ sich nicht verhindern. Ich bin sicher, daß jeder halbwegs objektiv urteilende Zeitgenosse nicht umhin kann einzuräumen, daß die Ost- und Entspannungspolitik wesentlich dazu beigetragen hat, den weitgehend friedlichen Wandel im Osten zu befördern. Die Fehler, die auch von seiten der SPD in der zweiten Phase der Ost- und Entspannungspolitik gemacht wurden, sollten nicht zum Anlaß genommen werden, eine im Grundsatz richtige und alternativlose Politik nachträglich zu diffamieren. Im übrigen sollten diejenigen, die aus diesem Thema wahrscheinlich parteipolitisches Kapital schlagen wollen, sich daran erinnern, daß es die Regierung Helmut Kohls war, die Erich Honecker noch kurz vor seinem verdienten Sturz zum Staatsbesuch nach Bonn lud, eine Tatsache, die belegt, wie sehr selbst die Unionsparteien der Logik der Kooperation verhaftet blieben und bleiben mußten, als die Systemkonfrontation längst in den Gesellschaften Mittel- und Osteuropas zur umwälzenden Kraft geworden war.

Diskussion 1[192]

Till Sailer: Ich würde gern die Gelegenheit nutzen, um zu versuchen, etwas mehr Licht in dieses Treffen der Verbandsspitzen Ost und West im März 1984 zu bringen. Es liegt uns ja dank der Frankfurter Rundschau und vor allem unseres Organs »Kunst und Kultur« der volle Wortlaut des Berichts von Gerhard Henniger über dieses Treffen vor;[193] im Unterschied zu anderen Presseorganen, die kurze Ausschnitte gebracht und sie dann sehr ausführlich kommentiert haben. Im Vortext der Zeitschrift der IG Medien heißt es, »die Geschichtskommission des VS beschäftigt sich schon lange mit diesem Teil der Vergangenheit«, gemeint ist unser heutiges Thema, »der in die Gegenwart fortwirkt, der untersucht und offengelegt werden muß, solange Interesse daran besteht. Dabei spielten auch die hier dokumentierten Henniger-Protokolle eine Rolle. Wer allerdings Akten aus dem SED-Archiv oder aus Stasi-Kellern heranzieht, um damit die Wahrheit zu belegen, liegt schief«, sagt der Autor Helmut Lölhöffel. »Diese Aufzeichnungen dienten bestimmten internen Zwecken und waren nie frei von Wichtigtuerei der Autoren. Ob die schriftlich festgehaltenen Passagen den Verlauf der Gespräche korrekt wiedergeben, ist jedenfalls zweifelhaft und darf zumindest so lange nicht angenommen werden, bis sich die anderen Beteiligten äußern konnten.« Nun war die Geschichtskommission froh, daß Dieter Lattmann als ein Beteiligter hierher gekommen ist und sich dazu äußern konnte. Bei allem Respekt vor seinem Vortrag gestern, kann ich nicht verhehlen, daß mir seine Aussagen betreffs dieses Treffens nicht so anschaulich erschienen, wie ich es mir gewünscht habe. Ich würde sehr herzlich darum bitten, daß Dieter Lattmann sich noch konkreter erinnert. Ich möchte dir helfen, deine Erinnerung zu beleben. Es ist doch einiges (Material) da. Wir haben hier ein umfängliches Papier von Friedrich Hitzer, »Dokumentation zum Gesprächsforum der VS-Geschichtskommission in Springen«.[194] Dort hat er dankenswerterweise Ausschnitte aus seinem Tagebuch zur Verfügung gestellt. Da steht unter Mittwoch, den 7.3.1984, also am Tag dieses Treffens, das in der Presse immer wieder erwähnt wurde: »Mittagessen im da Picasso, Hiltensberger Straße 32/Keller, mit Kant, Henniger, Lattmann, Engelmann, Lore Schultz-Wild, Klaus Konjetzky, Otto Schmidl[195], Oskar Neumann.« Dazu gehört natürlich Friedrich Hitzer, der sich hier nicht nennt. »Begrüße und leite gleich zum Thema hin: Auf Appell. Wie jetzt weiter? Gemeinsame Möglichkeiten. Inklusive Pressekonferenz. Kant lehnt das ab. Würde doch ausgenutzt zum Gegenzug. Engelmann ergreift – nach meinem indirekten Drängen

– die Initiative: Neue Lage, neuer gemeinsamer Text. Verabreden sich im Hotel Bayerischer Hof, wo Bernt eine Suite bewohnt.« – Soweit Frieder Hitzer. Und da muß ich eine Sache klarstellen, die hier immer durch die Gespräche gegeistert ist. Es ist von einem Treffen in Aying die Rede, das wird mit diesem Treffen in München im *da Picasso* verwechselt. Das Treffen in Aying war in der Tat das erste zwischen der Verbandsspitze Ost und West.[196] Es hat im Februar 1981 stattgefunden und ist sehr detailliert in dem Material des VS Bayern vom Juli 1992 beschrieben,[197] es wurde hier herumgereicht; ich muß hier auch Herrn Henniger der Ungenauigkeit verdächtigen, wenn er in diesem eben (von Gansel) zitierten Bericht von 1987 schreibt und sich auf ein Treffen im September 1984 in Aying bezieht. Hier irrte Herr Henniger. Oder es gab zwei Treffen in Aying.[198] Gut, jedenfalls ist festzuhalten, auch für die Erinnerung, also für Lore Schultz-Wild und für Dieter Lattmann, es handelt sich um ein Treffen im *da Picasso* in München, um ein Mittagessen.

Dieter Lattmann: D. L. verstehe sehr gut, daß jetzt nachgefragt werde und von daher versuche er sich zu erinnern. In seiner Erinnerung habe es keine »Vorverabredung für ein Gespräch mit diesem Besuch, schon gar nicht eine Vereinbarung etwa für ein Gespräch über den Schriftstellerkongreß in Saarbrücken« gegeben. Er selbst sei durch einen Anruf von Frieder Hitzer von diesem Gespräch unterrichtet worden, vermutlich »am Tag davor«. Dabei ging es nicht um ein bestimmtes Thema, sondern es hätte lediglich geheißen »›du, komm doch morgen, wenn du kannst. Die ›Kürbiskern-Redaktion‹ gibt ein Mittagessen für Hermann Kant, der ist hier zu einer Lesung‹.« D. L. habe aus persönlichen Gründen großes Interesse daran gehabt, Kant zu treffen, weil es ihm darum ging, die Einreisegenehmigung in die DDR zu bekommen und er wußte, daß dabei das von Carsten Gansel geschilderte Verfahren zu beachten war. Es sei ihm klar gewesen, daß ein Antrag beim Schriftstellerverband der DDR auf Einreise »dann über den Verband an die zuständigen Stellen weiterging«. Insofern sei das Motiv, mit Kant zusammenzukommen, »ein ganz persönliches, das des Schriftstellers, der in der DDR reisen können wollte, häufiger als bis dahin, um sie authentisch zu beschreiben«.

D. L. kam dann in das »Picasso«, und da seien jene neun Personen gewesen, die er heute nicht mehr zusammengebracht hätte, also jene »die Hitzer dort notiert hat«. Bei ihm, D. L., gäbe es lediglich jene Notiz, die er bereits gestern aus seinem Tagebuch zitiert habe. In der Erinnerung sei es für ihn »ein relativ unverbindliches Treffen zwischen Autoren« gewesen, »die sich vorher häufiger getroffen hatten, offiziell und inoffiziell«. Auf keinen Fall sei es »in irgendeiner Weise vorherrschend oder verabredet um eine Verhandlung über Saarbrücken gegangen«. Zudem sei interessant, daß in Hitzers Tagebuch Saarbrücken überhaupt nicht erwähnt werde. Er selbst erinnere, daß das Treffen »ganz überwiegend der Frage der Friedensinitiative der Schriftsteller galt«, die ja »relativ kurz nach der Stationierung der Pershing 2 in der Bundesrepublik beschlossen worden ist«. Der Bundestag habe trotz aller Großdemonstrationen mit Hunderttausenden von der Friedensbewegung in Bonn und anderswo »die Stationierung ohne Gegenstimme aus der Koalition, also in völligem Hinweggehen über die Bürgerinitiativen in der Bundesrepublik, beschlossen«. Von daher gesehen bestand nach D. L. ein ganz dringendes Interesse, »darauf hinzuweisen, daß wir wie viele andere in der Bundesrepublik alles dafür tun wollten, daß diese Massenvernichtungswaffen unser Land wieder verließen«. D. L. erinnert daran, daß dies auch die Zeit war, wo Heinrich Böll, Günter Grass und viele andere dann zu einer sogenannten Prominentendemonstration in Mutlangen zusammenkamen. Es sei daher eine Verfälschung, »wenn wir uns nicht erinnerten, welches Gewicht die Friedensbewegung zu der Zeit, völlig im Gegensatz zu heute, in der öffentlichen Wahrnehmung in der Bundesrepublik hatte«.

Zu dem Gespräch merkt D. L. weiter an, daß dieses sich – wie bei Essen üblich – »nicht auf ein Thema bezog, sondern wechselnd hin- und herging«. Man habe nach Persönlichem gefragt, »aber nicht unbedingt nur über politische Inhalte« gesprochen. Er sei sich nicht völlig sicher, aber nach dem, was Henniger notiert hat und nach seiner eigenen Erinnerung, sei das »Thema Saarbrücken« angeschnitten worden. Er glaube sogar, daß »wir von uns aus davon erzählt haben«. Dabei sei – im Gegensatz zu den Manipulationsbehauptungen – deutlich formuliert worden, »Ingeborg Drewitz wird die Vorsitzende«. Den DDR-Vertretern sei gesagt worden, die bayerischen Delegierten hätten »sich entschieden, Ingeborg Drewitz zu wählen«. Und sie würden auch Loest unterstützen, weil sie es gut fänden, »wenn er im Vorstand ist, damit DDR-Autorinnen und -Autoren oder auch Ausgeschlossene ihre Vertretung im VS finden«. Vorgesehen sei auch gewesen, »Hans Peter Bleuel für eine Position als Stellvertreter vorzuschlagen«. In der Erinnerung von D. L. wäre dieser Umstand allerdings »nicht mehr als eine Erwähnung« gewesen.

Die Unterstellung in der FAZ vom 11. Februar 1994, das Treffen sei eine Verabredung mit dem Thema »Schriftstellerkongreß in Saarbrücken« gewesen, sei ebenso »absurd« wie die Glosse von Iris Radisch, die unter der Überschrift: »Gekungel« am 18. Februar in der

»ZEIT« erschien.[199] Auf eine solche Idee könnten nur Personen kommen, »die noch immer in einem Feindbildsystem befangen sind, das für uns weder damals bestanden hat noch heute besteht«.

Karl Corino: Zunächst würde mich interessieren, Herr Gansel, wie Sie die Glaubwürdigkeit dieser Dokumente einschätzen, die Sie da gesehen haben.

Carsten Gansel: Ich habe die Akten hier nicht zitiert, um mit bislang unbekannten Dokumenten jemanden zu desavouieren oder durch »Enthüllungsstorys« Aufmerksamkeit zu erreichen. Es ging mir darum zu zeigen – auch mit den Hinweisen auf das Reiseprocedere –, in welchem Rahmen Autoren, Wissenschaftler, Intellektuelle, DDR-Bürgerinnen und -Bürger sich zu bewegen hatten und welche Vorgaben galten.

Zu den Akten ist folgendes zu sagen: wenn es Materialien sind, die im ZK der SED als Beschlußvorlage dienten, steht ihre Authentizität außer Zweifel. Danach wurde dann in der Regel auch verfahren.

Ein zweiter Punkt: Es ist dies die Frage danach, wie glaubhaft die Aussagen von Gerhard Henniger sind? Ich gehe davon aus, daß Henniger aus seiner Sicht die Gespräche objektiv protokolliert und wiedergegeben hat. Das würde ich auch aus der Kenntnis anderer Berichte, Schreiben, Informationen von ihm sagen, die sich im Zentralen Parteiarchiv finden. Daraus geht nämlich hervor, daß er ein sehr penibler und genauer Berichterstatter war. Zudem bewegte er sich auf einer Ebene, die es schwerlich notwendig und möglich machte, geschönte Berichte abzugeben. Es ist also nicht anzunehmen, daß er Unzutreffendes zur Darstellung brachte oder Fiktionen als Wirkliches ausgab.

Als dritter Punkt wäre – ohne das bisher Gesagte relativieren zu wollen – zu beachten, daß die eine oder andere Aussage Hennigers durchaus ein Wunschdenken bzw. eine Absicherung darstellen kann. Wer den »DDR-Code« kennt, wird dies mindestens an Stellen bemerken, wo Henniger anmerkt, daß die »Genossen der DDR-Delegation darauf natürlich die entsprechenden Antworten gegeben haben«. Hier wird gegenüber der höheren Instanz auf ein selbstbewußtes Agieren der DDR-Vertreter aufmerksam gemacht. Eine subjektive Brechung in der Darstellung sollte man daher mit im Hinterkopf haben, aber insgesamt möchte ich auf Ihre Frage sagen, daß das von Henniger Fixierte mit hoher Wahrscheinlichkeit zutreffend ist.

Karl Corino: Ich schätze es genau so ein. Ich habe mich ein Jahr lang mit der Akte von Hermann Kant befaßt, in der es von Berichten von Henniger an die Stasi wimmelt. Und so wie die Kontrollmechanismen des MfS waren, muß man davon ausgehen, daß jemand, der langjähriger Berichterstatter war, seine Qualitäten hatte. Wenn jemand vom MfS das Prädikat »zuverlässig überprüfter Mitarbeiter« bekam, dann hatte das seine Validität. Solche Prädikate bekam man als Mitarbeiter des MfS nicht ohne Grund. Und umgekehrt wurden Leute, die systematisch falsch berichtet haben, die aufgeschnitten haben, die phantasiert haben, Ibrahim Böhme ist so ein Fall, ermahnt, und wenn das dann nichts geholfen hat, wurden sie auch ausgemustert. Insofern meine ich, daß den Berichten von Henniger in der Tat ein hoher Wahrheitsgehalt beizumessen ist. Wobei man nicht übersehen darf, daß Henniger in eine Phalanx von ebenfalls Stasi-Mitarbeitern eingemauert war. Die Namen, die Sie vorhin genannt haben, Kant, von 57 bis 76 IM, Holtz-Baumert unter dem Decknamen Villon langjähriger Mitarbeiter des MfS. Karla Dyck meines Wissens hochbelastet.

Diese Dinge müssen doch mal auf den Tisch, um zu sehen, wem der VS da eigentlich gegenübergesessen hat. Wir haben hier mal wieder den klassischen Fall, daß eine Delegation des SV zu 100 % aus Leuten bestand, die intensive Kontakte mit dem MfS hatten. Und das geht zurück bis in die 60er Jahre. Wenn Sie im Jahre 1964 ein bestimmtes Schriftstellertreffen, das Kant in seinen Memoiren beschreibt, näher analysieren, dann stellen Sie wieder fest, Kant, Wiens, Holtz-Baumert, Görlich, und alle waren sie beim MfS.[200] Alle standen sie dadurch natürlich auch unter der jeweiligen Kontrolle ihres Führungsoffiziers. Schon deswegen ist es gar nicht möglich gewesen, systematisch das MfS mit den Berichten zu täuschen, weil es ja immer eine Reihe von Parallelberichten gab und die Möglichkeit, die Aussagen des einzelnen zu verifizieren. Von daher scheint mir auch das, was Herr Lölhöffel hier schreibt, außerordentlich fragwürdig, um nicht zu sagen irreführend.

Till Sailer: Herr Corino, ich muß das einfach loswerden. Sie können sich nicht vorstellen, welche Wut sich in mir anstaut, wenn Sie einer solchen Kreatur wie Gerd Henniger, unter dem wir wirklich, kann man sagen, gelitten haben, in seinen Berichten einen Wahrheitsgehalt zumessen. Also ich faß' es nicht.

Karl Corino: Aber die Tatsachen sind etwas anders. Und Herr Gansel, der sich mit den Akten befaßt hat, Sie haben doch seine Stellungnahme gehört. Man kann nicht einfach so tun, als ob diese Dinge, die ja auch wieder als Grundlage für operative Maßnahmen dienen mußten und dienen sollten, einfach geflunkert waren. Welche Rolle Henniger gespielt hat, habe ich ja am eigenen Leibe erlebt, als Hermann Kant gegen Reiner Kunze, mich, den Fischer Verlag und den Börsenverein des Buchhandels wegen eines Zitats aus den Akten von Reiner Kunze geklagt hat. Da hat sich Henniger in Hamburg vors Gericht gestellt und hat gesagt, er hätte nicht mit dem MfS geredet und er hätte auch nicht über Hermann Kant berichtet. Wenn man dann die Akten aufschlägt, dann finden Sie Dutzende von Berichten des Herrn Henniger an das MfS. Aber wie er sich vor Gericht in Hamburg verhält, ist doch ein anderer Punkt als der, wie er sich intern gegenüber Herrn Hager, Frau Ragwitz und Herrn Axen usw. verhält.

Till Sailer: Nun, da muß ich aber mit Pilatus fragen: was ist Wahrheit?

Uwe Friesel: Zum selben Thema. Zur Ausdrucksweise von Henniger und zu seiner Art, Dinge einzuschätzen. In dem »Bericht über die Reise der Genossen Hermann Kant und Gerd Henniger nach München vom 6. bis 9.3.1984« heißt es unter III. ganz kurz: »Die Reise gab die Möglichkeit eines Gedankenaustausches mit den linken Kräften im VS in Vorbereitung der für diesen Verband wichtigen Delegiertenkonferenz in Saarbrücken.« Mit »linken Kräften« müssen gemeint sein DKP-Leute. Denn im zweiten Teil dieses Absatzes setzt er sich mit den Meinungen der SPD-Leute auseinander.[201] Weiter. »Engelmann und Lattmann bedanken sich für die Gespräche, die sie als ermutigend bezeichneten.« Und jetzt kommt nämlich ein Satz in der Berichterstattung, der zeigt das Klima und die Zwänge, in dem und aus denen heraus ein Henniger berichtet. »Gleichzeitig zeigten die Gespräche, daß bei den sozialdemokratischen VS-Mitgliedern«, und das sind jetzt nicht die anderen, sondern eben die Sozialdemokraten, »offensichtlich die Schwere des Angriffs der rechten Kräfte in verschiedenen konkreten Punkten und Zusammenhängen unterschätzt wurde.« Daraus schließe ich, daß in diesen Gesprächen diese Obsessionen von Herrn Henniger, was denn nun alles da im Gange war und was jetzt beschlossen werden würde und zu welchem gigantischen Schaden für die DDR das führen würde usw., von den *sozialdemokratischen* Teilnehmern dieses Gesprächs offenbar nicht geteilt wurde. Das muß man aus diesem Papier so herauslesen. Wieso wird eigentlich dann auch bei Rietzschel gesagt, da ja der Bleuel versichert hatte, er werde die Politik fortführen, war es ja eindeutig, wie das nun läuft. Also in diesem Sinne weiter. Und hier dann, bei dem zweiten Bericht, den wir gerade gehört haben über das Petzow-Gespräch (1986)[202], wird ziemlich klar, da hat er das wieder offen gesagt, und es kommt zu Differenzen. »Einwände gegen Interlit II durch die DDR-Vertreter.« Interlit II ist aber so und nicht anders realisiert worden. Dann kommt »Gegenvorschlag SDI-Projekt der Amerikaner«. Daraufhin sagen

Bleuel und Kelter, »völlig unmöglich, können wir nicht machen. Außerdem wollen wir doch mal fragen, wie ist denn das nun mit Waffen und Waffengeschäften.« Wenn man dann sagt, »Bleuel setzt Engelmann-Linie fort«, und Engelmann-Linie war nichts weiter als sozusagen die Bestätigung der Vorgaben durch den DDR-Verband, das verstehe ich dann nicht. Da hätte ich gern mal eine Auskunft, wie das denn zusammengeht, wieso man in der Bewertung nicht das nimmt, was hier auch steht.

Lore Schultz-Wild: Ich habe aus dem Beitrag von Herrn Corino so einen Vorwurf herausgehört: hat denn der VS nicht gewußt, welchen Leuten er da gegenübergesessen hat? Aus allem, was wir jetzt gehört haben, haben die es natürlich gewußt, aber mit wem sonst sollten sie denn sprechen, wenn man denn nun Gespräche macht. Und Sie gestehen ja den Berichten von Herrn Henniger einen hohen Wahrheitsgehalt zu. Dann ist ja hier durch die Akten deutlich geworden, die wir vorher nicht gekannt haben, daß da sehr wohl Differenzen waren und daß die sich darüber geärgert haben. Das war das eine.

Das andere, Sie finden, daß Lölhöffel sich da sehr zweifelhaft äußert. Aber es ist wohl bekannt, daß Lölhöffel jahrelang akkreditiert war als Journalist in Ostberlin und daß er sehr enge Beziehungen zur Friedensbewegung hatte, zur Bürgerrechtsbewegung und sich sehr wohl ausgekannt hat.

Karl Corino: Es gibt Unterschiede, ob man Beziehungen zur Bürgerrechtsbewegung hat und sich lange da aufhält oder ob man sich lange mit den Akten beschäftigt. Es gehört sicherlich zusammen. Aber man muß beides immer in eine Relation setzen zueinander. Und man kann nicht so vorgehen, wie es in der bundesdeutschen Öffentlichkeit oft der Fall ist, daß man die Akten eben einfach bagatellisiert.

Lore Schultz-Wild: Man kann aber natürlich auch die Sachen interpretieren.

Es gab die Frage, wie ich die Geschichte bei diesem Treffen in München gesehen oder empfunden habe oder erinnere. Für mich war das eine Einladung der »kürbiskern«-Redaktion aus Anlaß eines literarischen Besuchs in München. Ich bin da hingegangen, und natürlich wußte ich, wer Kant ist, und hatte ja auch früher an der Verbreitung dieses Friedensappells mitgearbeitet. Das war für mich der Anlaß, zu dem Essen zu gehen. Das stand für mich im Vordergrund. Wenn da über Saarbrücken gesprochen worden ist, dann habe ich dem nicht weiter Aufmerksamkeit geschenkt, weil ich als Delegierte davon ausging, daß das vorher im VS Bayern einmütig nicht nur beschlossen, sondern einfach klar war, daß wir Ingeborg Drewitz unterstützen würden. Für mich war das ein Gespräch in Richtung Appell und sonst gar nichts. Und ansonsten habe ich da gegessen, und dann bin ich wieder nach Hause gegangen. Für mich war es also ganz undramatisch. Ich hätte nicht mal mehr gewußt, in welcher Kneipe das gewesen ist. Das hatte für mich mit Saarbrücken überhaupt nichts zu tun. [...]

Silvia Morawetz: Es gehört für mich zu den ganz fatalen Strategien im Umgange mit solchen Akten, immer wieder mit dem Einwand zu kommen, es handele sich bei brisantem Aktenmaterial, das da jetzt nach und nach auftaucht, um Übertreibungen, um Andienerei. Herr Lölhöffel schreibt hier z. B.: »Diese Aufzeichnungen dienten bestimmten internen Zwecken und waren nie frei von Wichtigtuerei der Autoren.« Wir haben vorhin gehört, wie kurz der Weg von Berichterstatter Henniger zum Politbüro der SED gewesen ist. Also hier kann man das nicht einfach mit bestimmten internen Zwecken abtun. Und wenn man sich auf einer solchen Höhe in der Gesellschaft der DDR mit dieser Berichterstattung bewegt, kann man sich auch Wichtigtuerei als Grundzug seiner Niederschriften nicht mehr erlauben, da stimme ich Karl Corino hundertprozentig zu. Man muß sich ganz klar machen: Auch wenn die westdeutschen Autoren solche Treffen als informelle Treffen betrachtet und vielleicht keine Aufzeichnungen darüber geführt haben, Tatsache ist, daß die andere Seite ihnen alles andere als einen informellen Charakter beigemessen und in entsprechender Form auch darüber berichtet hat. [...] Man muß also einmal zur Kenntnis nehmen, was hier an Material vorliegt, und nicht permanent versuchen, dieses Material im nachhinein zu entwerten.

[...]

Erasmus Schöfer: Ich denke, selbst wenn man die Akten so wörtlich nimmt, wie sie da stehen, ist das, was wir hier gehört haben, was über die Treffen in Petzow und in Erlangen vermerkt ist, ja in keiner Weise kompromittierend für die Kollegen vom westdeutschen Schriftstellerverband. Im Gegenteil. Es ist deutlich geworden, wie kritisch sie sich geäußert haben. Zum Beispiel diese Bemerkung, warum die Autoren in der DDR nicht Herrn Honecker so kritisieren würden wie die westdeutschen Kohl, – du hast da gelacht, Silvia [Morawetz]. Ich habe das so verstanden, daß das eine eindeutige Provokation der westdeutschen Autoren war, vielleicht war es Angela Hoffmann[203], um sie herauszufordern und zu sagen, warum könnt ihr nicht euren Autoren die gleichen Freiheiten geben, die für uns selbstverständlich sind. In dem, was wir hier abgedruckt haben über das Gespräch in München, ist wahrscheinlich Realität wiedergegeben. Als ich das zum erstenmal als

Auszug aus der »Frankfurter Allgemeinen« gelesen habe, war ich völlig schockiert, wie man so falsch interpretieren kann, was in diesem Protokoll steht. Wie man annehmen kann, daß es sich hier darum gehandelt habe, daß Henniger und Kant unserem Vorsitzenden in irgendeiner Weise Hinweise gegeben hätten, also manipuliert, wen wir als Vorsitzenden und als Mitglieder des Vorstandes wählen sollten. Ich kann es nur so verstehen: Die reale Grundlage dessen, was Henniger da geäußert hat, daß die Kollegen Lattmann und Engelmann, als darauf beim Essen die Sprache gekommen ist, wie denn die Vorstandswahl ausgehen könnte, ob womöglich (die Befürchtung der DDR) Loest in den Vorstand und als Vorsitzender gewählt würde, ist doch, daß die beiden völlig zutreffend gesagt haben, es sei ausgeschlossen, daß Loest Bundesvorsitzender wird. Und warum? Weil Loest für uns damals im Grunde ein Ausländer war. Er kam aus dem anderen deutschen Land. Er war ein Deutscher, natürlich. Aber er wußte von unserer Realität so gut wie nichts. Das sehen wir ja heute, wie nach Jahren es noch nicht den aus der DDR Gekommenen möglich ist, unsere Realität zu verstehen – und umgekehrt. Loest wäre als Vorsitzender des VS für alle, die dort Delegierte waren, sicherlich unmöglich gewesen. Daß wir ihn aber mit seinen Erfahrungen aus der DDR wirksam machen wollten, wurde hier schon gesagt. Und der Saarbrücker Kongreß hat gezeigt, daß er mit wesentlich mehr Stimmen als Bleuel zum stellvertretenden Vorsitzenden gewählt worden ist. Das belegt, daß eine große Zahl der Delegierten einen Vertreter der DDR-Dissidenten im Vorstand haben wollte. In unserer verdienstvollen »Frankfurter Rundschau« in Sachen VS habe ich auch ein Zitat gefunden von Erich Loest, das in diesem Zusammenhang interessant ist. Auf einer Pressekonferenz des VS auf der Buchmesse in demselben Jahr sagt er zur Vorstandsarbeit: Es gibt Leute, die können so was, und andere, darunter ich, lernen es nie. Es gibt die Befähigten für Tagesordnungen und Protokollführung, Debattenlenkung und Beschlußfassung, ohne sie ginge es drüber und drunter, vom Kegelklub bis zum Bundestag. Bleuel hat solcherlei in zwölfjähriger Tätigkeit im bayerischen Landesverband geübt. Was das anbelangt, saß sofort der richtige Mann auf dem richtigen Stuhl. Das sagt Loest ein halbes Jahr nach seiner Wahl in den Bundesvorstand. Ich denke, das darf man nicht einfach vergessen, wenn man sich über die Problematik dieser Wahl unterhält.

Ich möchte noch etwas von meinen Erfahrungen mitteilen. Es war auch für mich als Mitglied der DKP zu jener Zeit völlig undenkbar, daß vom Parteivorstand Einfluß auf einen Schriftsteller ausgeübt worden wäre, wie er sich auf dem VS-Kongreß verhalten solle. Was Peter

Schütt da insinuiert oder deutlich ausgesprochen hat, will ich nicht beurteilen.[204] Aber es ist nicht die Realität der Schriftsteller in der DKP gewesen. Ihr wißt es wahrscheinlich, daß es einige gegeben hat, und ich spreche jetzt von denen, die außerhalb der DKP-nahen Verlage veröffentlicht haben. Es hat, glaube ich, zwei Treffen, sogenannte Beratungen des Parteivorstandes mit den Autoren, die in der DKP waren oder ihr nahestanden, im Laufe der 70er Jahre gegeben, an denen Herbert Mies und Gerd Deumlich teilnahmen, Mies als Vorsitzender[205] und Deumlich als beauftragtes Mitglied für Kultur der Parteileitung. Ich habe es nur so in Erinnerung, daß zwar Herbert Mies dabei eine allgemeine politische Einschätzung der Situation gegeben hat und vielleicht mit Betonung der kulturpolitischen Situation, daß diese Begegnungen aber von einer bitteren und heftigen Kritik an der Politik der DKP geprägt waren, so daß die Parteivorsitzenden dort regelmäßig durch die Autoren düpiert worden sind, weil sie sich dort in keiner Weise auf eine Parteiräson oder auch nur auf eine Sehweise der Partei in vielen Fragen eingelassen haben, sondern im Gegenteil, an der Ostpolitik, also gegenüber der DDR, aber auch der Kulturpolitik der DKP starke Kritik äußerten. So daß dann in den 80er Jahren, soweit ich mich erinnere, solche Treffen auch nicht mehr stattfanden, weil sie sich dieser Kritik nicht mehr aussetzen wollten. Selbst die DKP-Mitglieder in der Partei als Schriftsteller waren völlig unzugänglich für so etwas wie Anleitung. Für andere in der Partei waren Anleitungen von den jeweiligen Vorsitzenden und von der Zentrale der Partei schon eine wichtige Sache. Aber da hatten die Schriftsteller schon das sui generis, das Widerstandspotential, daß sie sich so etwas nicht gefallen ließen.

Andreas Kalckhoff: Ich habe drei Punkte. Da ist nochmals die Frage der Glaubwürdigkeit solcher SED-Berichte. Das sind ja Quellen. Und der Historiker muß bei jeder Quelle immer die Frage nach dem möglichen Wahrheitsgehalt stellen und nach der Glaubwürdigkeit. Darüber kann es unterschiedliche Meinungen geben. Ich möchte sogar behaupten, daß der ganze Streit in der Geschichtswissenschaft nur darin besteht, wie solche Quellen zu beurteilen sind. Wir haben jetzt verschiedene Meinungen gehört. Das ist auch okay. Nur möchte ich mit aller Schärfe sagen, es ist etwas ganz anderes, wenn ein Teil der Presse – auch wenn man davon ausgeht, daß alles so wortwörtlich stimmt, wie es Henniger sagt – es so darstellt, als würde der VS praktisch auf Stasianweisung bestimmte Entscheidungen getroffen haben. Das läßt sich wirklich, das sage ich wie schon Erasmus Schöfer, nicht herauslesen. Ich frage mich, welche Motivation dahintersteht, eine solche Interpretation vorzunehmen.

Unser Thema heißt: Parteieneinfluß auf den VS. Ich bitte, in der Diskussion nicht ganz zu vergessen, daß wir beim Aufstellen des Programms auch an den Parteieneinfluß von SPD und FDP gedacht haben, weil in der Öffentlichkeit immer so getan wurde, als wäre der VS hauptsächlich von der DKP und von den Kommunisten gesteuert, wo doch ein Großteil der Mitglieder SPD-Mitglieder oder zumindest Sympathisanten waren, das reicht bis in die FDP hinein. Ich erinnere nur an Dorn, Bingel usw., die der FDP nahestehen. Wenn dazu noch Klärungsbedarf besteht, muß die Diskussion zu diesem Punkt zuerst einmal weitergeführt werden. Und bei mir besteht dieser Klärungsbedarf noch. Ich möchte Dieter Lattmann fragen, und das ist kurz mit ›Ja‹ oder ›Nein‹ zu beantworten, ich hätte es gerne für das Protokoll: Ist es richtig, daß du an keiner anderen Veranstaltung mit Kant teilgenommen hast? Ich frage dich deshalb, weil aus den Notizen von Hitzer hervorgeht, daß sich offensichtlich Engelmann und Kant am Abend noch getroffen haben.

Dieter Lattmann: D. L. sagt, er habe »zu keinem Zeitpunkt an keiner anderen Veranstaltung mit Kant teilgenommen«, auch nicht an den Veranstaltungen in Aying. Seine Kontakte mit Kant hätten in den siebziger Jahren stattgefunden sowie im Dezember 1981 bei der Berliner Begegnung. Dann wieder am 7. März 1984. Danach nur noch in der DDR und nicht mehr als Sprecher des VS, sondern als Schriftsteller.

Andreas Kalckhoff: Kann ich nachfragen, ob du etwas über das Treffen von Kant und Engelmann im Bayerischen Hof am Abend weißt, ob darüber irgendwann einmal gesprochen wurde?

Dieter Lattmann: D. L. habe darüber »zunächst überhaupt nichts erfahren«. Er wisse darüber nur etwas aus dem Gespräch, das im Material der Geschichtskommission dokumentiert sei. Hier habe »Bleuel sehr ausgiebig berichtet[206]. Er könne nur »schwer trennen, was ich damals schon gehört oder jetzt erst gewiß erfahren habe«. Ganz klar hätte er aber gewußt, daß die Friedensbegegnung der Schriftsteller im Hotel Stadt Berlin am 14. und 15. Dezember 1981, die eine sehr große Resonanz in der Bundesrepublik hatte, in Aying vorbereitet wurde. Er habe von Bernt Engelmann erfahren, »daß eben dieses Treffen vorbereitet war«. Und Engelmann habe gesagt, daß er »die Autoren für die Beteiligung seitens der Bundesrepublik zu einem Teil als Anregung vorgeschlagen hat«.[207]

Gerhard Beier: Wenn Erasmus Schöfer bei den DKP-Genossen im VS differenziert, dann finde ich das richtig. Man muß vor allen Dingen sehen, daß es darunter auch eine Anzahl »Schafe im Wolfspelz« gegeben hat, die sehr militant taten, aber im Grunde keinen Einfluß und keine Strategie hatten. Ihr Einfluß erklärte sich dadurch, daß sie Mehrheitsbeschaffer sein konnten, wenn es etwa gleichstarke Bewerber um einen Vorstandsvorsitz gab. Da konnten zwei, drei Stimmen, die den Ausschlag gaben, aus diesem Lager kommen. Und es konnte zu Absprachen kommen: Du kriegst unsere Stimmen, wenn du dich entsprechend wohlverhältst. Das war im Grunde der Verdacht, der gegen Hans Peter Bleuel vorhanden war. Die Frage ist, was bringen die Akten? Ich gehöre zu denen, die diesen Verdacht damals durchaus gehegt haben. Ich war im Bundesvorstand, als diese Treffen stattfanden (1986/87). Dazu muß ich sagen: Wahrheit, veritas non est in actu, ist nie in den Akten. Sie kommt immer nur aus dem Zusammenhang. Ich selber werde in diesen Akten als Spion geführt. Und ich war wirklich nie Spion. Es steht also auch Unsinn in diesen Akten. Was heute vorgetragen wurde, ist für mich eigentlich der Beweis, daß Hans Peter Bleuel zwar in die Fußstapfen von Bernt Engelmann getreten ist, aber sehr wohl die Konsequenzen aus unserer Kritik auf den Delegiertenkonferenzen und aus dem VS-Vorstand in Stuttgart gezogen und doch eine deutliche Abgrenzungslinie gefahren hat. Ich bin davon überrascht und finde das für Hans Peter Bleuel sehr entlastend, was da steht. Zumal ich weiß, was in Gesprächen zwischen Heidemarie Wieczorek-Zeul, Oskar Lafontaine, Leisler-Kiep, also CDU, und anderen Leuten mit Honecker und anderen von drüben zu diesen Zeiten geredet worden ist. Da gibt es auch Aufzeichnungen. Das ist manchmal decouvrierend und peinlich. Aus dem heute Gehörten ist nichts dabei, was ich damals als VS-Bundesvorstands-Mitglied nicht hätte unterschreiben und nicht hätte sagen können. Ich muß mich im Grunde bei Hans Peter Bleuel für den gewissen Verdacht entschuldigen, den ich zu der Zeit hegte. Man ist ja auch gefangen im Zeitgeist, in den Konfrontationen, die es zu einer solchen Zeit gibt. Nach dem letzten Aktenbefund muß ich sagen, was regen wir uns überhaupt auf. Sie haben sich in einer Weise konsequent abgrenzend und gleichzeitig friedenspolitisch korrekt verhalten, wie ich es mir nur wünschen konnte. Schauen Sie mal hinein. Heidi Wieczorek-Zeul hat sich zum Leninismus bekannt. Oskar Lafontaine hat sich zum Einmarsch der Panzer in Prag verständnisvoll geäußert. All das gibt es von diesen Leuten. Aber das hat der Pit Bleuel gar nicht gemacht. Ich dachte, jetzt kriegen wir so etwas zu hören. Ich sehe da keine Spur. Korrigiert mich bitte, wenn ihr nicht vollständig berichtet habt. Ich finde, die haben sich in den Verhandlungen gut gehalten.

Till Sailer: Ich wollte gerne noch etwas zu der Frage über den Wahrheitsgehalt von Quellen aus DDR-Archiven sagen. Um meine Emotion zu begründen: Der Begriff »*Wahrheit*« ist für mich ethisch so besetzt, daß ich im Zusammenhang mit Gerd Henniger nicht gerne damit arbeite. Ich würde »Korrektheit«, »Adäquatheit« oder »Stimmigkeit« vorschlagen. Um zu erklären, wo ich Zweifel an der Beweiskraft und Genauigkeit des Berichterstatters Henniger habe, ein Beispiel. Wir in der Geschichtskommission wohnen alle in verschiedenen Städten und schreiben rundum Gesprächsprotokolle, das kennen alle Anwesenden. Daraus erfährt man, was man zuvor miterlebt hat. Das ist immer ein sehr eigenartiges Gefühl. Es gibt zum einen Punkte, wo einfach ein Sachverhalt falsch wiedergegeben ist. Also X hat gesagt so und so, aber X hat eigentlich gesagt so und so. Da ist also etwas falsch in dem Sinne, wie wir uns verständigt haben. Solche Fehler vermute ich in den Berichten von Henniger nicht. Er ist ja, bei aller Bewertung, ein korrekter Mensch. Das also ist nicht mein Zweifel an dem Wahrheitsgehalt. Aber es gibt in diesen Gesprächsprotokollen der Geschichtskommission, von denen ich sprach, gerade in den Proportionen Verschiebungen. Der Protokollant hat eine Sache, die außerordentlich wichtig war, kurz abgehandelt und außerordentlich Unwichtiges sehr lang abgehandelt. Da ist man immer zwischen Baum und Borke. Soll man protestieren oder nicht? Jeder, der Protokolle kennt, weiß, wie da Zungenschläge sind und wann. Wie manchmal das eine oder andere Wort eine Sache in ein ganz anderes Licht bringt. Wir haben hier zwei Aufzeichnungen über dieselbe Sache. Einmal von Henniger, und zwar in einem erarbeiteten, langfristig vorbereiteten und genauen umfänglichen Bericht und eine ganz kurz hingeworfene Tagebuchnotiz von Hitzer. Ihm geht es bei diesem in Rede stehenden Treffen nur um den Appell. Das ist das, was er inhaltlich mitteilt. Bei Henniger nimmt das von einem sehr langen Abschnitt ganze zwei Sätze ein. Das hat ihn nicht interessiert. So haben zwei Leute dieselbe Veranstaltung unterschiedlich widergespiegelt. So wie Lattmann es dargestellt hat, habe ich fast das Gefühl, daß er sich besonders für das Mittagessen interessiert haben könnte. Frau Schultz-Wild hat andere Schwerpunkte gesehen, Hitzer wiederum andere. Das meine ich mit meinen großen Bedenken bei der Glaubhaftigkeit, Tragfähigkeit und Korrektheit der Berichte von Henniger.

Karl Corino: Ich glaube, ein ganz wichtiger Unterschied ist, daß Henniger strategisch denkt und sich überlegt, was muß eigentlich im Hinblick auf den VS-Kongreß in Saarbrücken passieren. Welche Konsequenzen müssen wir daraus ziehen, wenn Lattmann und Engelmann die Drewitz als geeignete Kandidatin bezeichnen? Wir, die DDR, sehen das aber ganz anders, weil wir glauben, daß die den reaktionären Kräften zuviel Spielraum einräumen. Dann wird es erst spannend. Und das haben wir bisher aus keiner Akte gesehen. Wer weiß, ob das überhaupt in einer Akte steht. Welche Kanäle sind denn dann benutzt worden? Ich will Schöfer nicht zu nahe treten, aber wenn DKP-Autoren als Geldkofferträger zwischen Schalck-Golodkowski und dem Westen fungiert haben, dann schließe ich nicht aus, daß die auch anderes im Köfferchen transportierten. Da verbietet sich mir eine gewisse Naivität.

[...]

Diskussion 2[208]

Liz Wieskerstrauch: Eine kurze Frage bezüglich Ingeborg Drewitz. Ich war in Saarbrücken nicht dabei. Aber sie hat mir kurz danach einen Brief geschrieben, woraus ich nur einen Satz zitiere, »daß man Sozialist sein kann und den bestehenden byzanthinischen Sozialismus kritisieren, geht da nicht in die Hirne«[209]. Ich frage jetzt, woher dieses Mißtrauen, denn du erzählst, daß ihr eigentlich einen guten Austausch gehabt hättet. Ich kann nachvollziehen, daß das Mißtrauen Ingeborg Drewitz vier Hamburger Stimmen gekostet hat.

Uwe Friesel: Ich habe mit Ingeborg Drewitz zwei Wochen vor dem Kongreß ausführlich telefoniert, weil im Literarischen Colloquium Berlin besprochen worden war, daß der Hamburger VS von Kommunisten oder, genauer, von Stalinisten durchseucht sei. Wir hatten da nur den Peter Schütt. Gleichzeitig waren wir aber in Hamburg in einer besonderen Situation, was die Berufsverbote anging, weil das ja eine Erfindung von Klose, dem dortigen Bürgermeister, war. Und Brandt hatte das leider auch unterstützt. Der öffentlich vorgetragene Vorwurf »*Stalinist*« ist schon ganz schön schwer. Dieser Vorwurf bewirkte etwas. Und das wollte keiner. Ich klärte sie darüber auf, daß es nur den Peter Schütt gibt und in den VS-Beschlüssen der letzten Jahre nichts Stalinistisches existiere. In Saarbrücken habe ich sie nochmals gebeten, das dann doch bitte mit den Hamburgern zu bereden. Und sie hat in ihrer Rede dann wieder rhetorisch gefragt, wann denn der Hamburger VS damit aufhören wolle.

Liz Wieskerstrauch: Sie hat dir anscheinend nicht geglaubt.

Uwe Friesel: Das ist im Protokoll nicht vorhanden. Das hat uns ziemlich geschockt. Ich muß das noch einmal wiederholen, man läßt sich nicht gern öffentlich als Stalinist apostrophieren.

Sabine Herholz: Ich muß kurz die Kollegen aus Saarbrücken vorstellen. Uschi Schmidt-Fehringer, Klaus Behringer und Günter Wagner sind gerade eingetroffen.

Uschi Schmidt-Fehringer: Aus dem Protokoll ihrer Rede. Sie geht kurz darauf ein, ehe sie ihr Programm vorstellt, Zitat: »Es hat seinerzeit, als ich in Skandinavien war, in der »WELT« gestanden, daß ich gesagt habe, der Hamburger Verband sei DKP-verseucht oder einer Kaderschmiede ähnlich. Ich habe die genaue Formulierung nicht im Kopf, denn ich war zu dieser Zeit in Skandinavien. Ich habe dieses nicht gesagt! Ich habe gesagt, und zwar in der Berliner Gesprächsrunde, als es hieß, der VS sei ja ohnehin eine DKP-Kaderschmiede; dies entspräche nicht der Wirklichkeit, dies sei ein Gerücht, dem ich immer widersprechen müsse, obgleich ich natürlich für die Rechte der DKP ebenso eintrete und einer der ersten in den Kämpfen gegen Berufsverbote gewesen bin, wie ihr ja alle wißt. Ich war damals im Russell-Tribunal.«[210] Das war es.

Uwe Friesel: Das kann nicht alles gewesen sein.

Renate Chotjewitz-Häfner: Es handelt sich um das schriftliche Protokoll der Saarbrücker Bundesdelegiertenkonferenz, das vom VS Saar ausgewertet wird. Daneben existiert noch ein privater Mitschnitt auf Kassetten bei Friedrich Hitzer, der damals die Redeauszüge im »kürbiskern« dokumentiert hat. Außerdem hörte ich, daß bei Herrn Soldat im RIAS etwas vorhanden sei. […]

[…]

Carsten Gansel: Ich versuche noch einmal eine gewisse Ordnung in unsere Diskussion zu bringen, weil wir schon zu dem Punkt »Kampfkongreß in Saarbrücken 1984« übergehen. Unser Gegenstand ist aber noch der vorgehende: »Parteieneinfluß auf den VS – Wie manipulierbar sind Schriftsteller?«.

Andreas Kalckhoff: Ich finde den Beitrag von Uwe Friesel sehr informativ. Ich möchte nur eine Sache korrigieren, die die Arbeitsweise der Geschichtskommission betrifft. Was Peter Schütt angeht, so hatten wir ihn nicht geladen, um uns von den Vorgängen in und um Saarbrücken zu erzählen, sondern weil er einer von denen war, die gegen die Ausbürgerung von Biermann protestierten, obwohl er DKP-Vorstandsmitglied war. Was er erzählte, war wichtig, und darum haben wir es auch in unsere Dokumentation aufgenommen.[211] Er erzählte sehr anschaulich, auf welche Weise auf ihn Druck von der DKP ausgeübt worden war, diese Unterschrift zurückzunehmen. Und er habe sie gegen seinen Willen zurückgenommen. Er war nicht überzeugt, daß diese Rücknahme richtig war. Das habe ich auch Uwe Friesel schon erzählt, aber er hat es wohl vergessen.

Karl Corino: Ich möchte zweierlei sagen. Mein Artikel in der »Stuttgarter Zeitung« ist, wie die hier anwesende Redakteurin Frau Schröder bestätigen kann, stark gekürzt worden. Ich habe über Erich Loest u. a. gesagt, er wurde (1984) gewissermaßen als Zugeständnis an die rechten Kräfte, wie das auch im Henniger-Protokoll steht, zum Beisitzer gewählt, aber durch andere Beisitzer auch gleich wieder neutralisiert. So gesendet im Hessischen Rundfunk. – Ich möchte zum Fall Ulrich Schacht[212] noch ein paar Worte sagen, weil ich glaube, es ist eine starke, um nicht zu sagen unzulässige Vereinfachung der Verhältnisse, wenn Uwe Friesel sagt, in Hamburg hätte es den Peter Schütt gegeben, und das sei es dann gewesen. Ulrich Schacht: eine typisch deutsche Sozialisation. Kind eines sowjetischen Offiziers und einer deutschen Mutter, die beide in den Westen fliehen wollten. Der Vater wurde verhaftet, nach Sibirien geschafft, blieb verschollen. Ulrich Schacht wurde im Knast geboren und wuchs dort die ersten eineinhalb Jahre auf. Später Studium. In der DDR erneut verhaftet, nach einigen Jahren freigekauft, nach Hamburg gegangen, SPD-Mitglied geworden. Dann hat er dort die *»Macht der Adsen«*, wie er das nennt – es gab damals Arbeitsgemeinschaften von Jungsozialisten und Kommunisten –, massiv erfahren. Er fühlte sich in einer Weise ausgebremst, daß er eben auch mit Ingeborg Drewitz darüber gesprochen hat. Und er ist nicht der einzige, dem es in Hamburg so gegangen ist. Andere Autoren haben es ähnlich beschrieben. Insofern halte ich es für eine unzulässige Personalisierung, das allein auf Peter Schütt zuzuschneiden.

Uwe Friesel: Aber das waren doch keine Schriftsteller.

Karl Corino: Nein. Ulrich Schacht hatte eben eine Reihe von Erfahrungen gemacht, daß er als SPD-Mitglied in Hamburg gegen eine Betonmauer gelaufen ist. Ob das die Zusammensetzung von Stipendien-Kommissionen gewesen war oder was auch immer, er jedenfalls fühlte sich vollkommen an den Rand gedrängt. Seine Erfahrungen wurden nicht ernstgenommen. Das war das Problem.

Dieter Lattmann: D. L. hebt hervor, daß er sich jetzt nur dahingehend zum Einfluß der Parteien äußern würde, was ihn, Dieter Lattmann, Gründungsvorsitzender des VS, Bundestagsabgeordneter, anbetrifft. Danach sei er im April 1968, als er in München zum Präsidenten der Bundesvereinigung gewählt wurde, »noch nicht Mitglied der SPD« gewesen. Auch im Juni 1969 als er zum Gründungsvorsitzenden des VS gewählt wurde, hätte er über keine SPD-Mitgliedschaft verfügt. Vielmehr sei er als VS-Vorsitzender seinem Auftrag entsprechend nach Bonn gefahren und habe mit den Bundestagsfraktionen erste Kontakte aufgenommen. Die Forderungen des VS waren im 12-Punkte-Katalog der Gründungsversammlung aufgeschrieben. So habe er seine »ersten politischen Erfahrungen als Nicht-Parteimitglied im Deutschen Bundestag gemacht« und dabei habe er gelernt, »wie man das macht, wenn man bei der SPD bestimmte Zusagen erhält, dann der CDU sagt, daß man die und die Zusicherungen schon von den Sozialdemokraten erhalten habe und bei der FDP wiederum mit gewissen Ergebnissen von den beiden anderen Parteien aufwartet«. D. L. macht darauf aufmerksam, daß es ihm wichtig ist hervorzuheben, daß ihm keine »planvolle SPD-Strategie und schon gar (keine Handlung) im Auftrag einer Partei unterstellt wird«, wo er doch »in dieser Phase ein reiner Individualist und Empiriker« gewesen sei. Zu seiner Überraschung wäre aus allen drei Fraktionen im Bundestag die Meinung gekommen, »so wie Sie das machen, sind Sie eigentlich auch ein Politiker. Kommen Sie zu uns.« Daraufhin hätte er, D. L., auf einer VS-Bundesvorstandssitzung dem Bundesvorstand gesagt, »ich glaube, es ist gut für den VS, wenn einer von uns in den Bundestag geht, um auch wirklich praktizierte Gesetzgebung zu machen, Stichwort Künstlersozialversicherung«. Der Vorstand hätte dann »einstimmig gesagt, du kannst der SPD beitreten und es versuchen«. Dies wäre der Ablauf gewesen. D. L. sei dann Mitglied des Ortsvereins »Alte Heide« in München geworden. Und er habe auf die Frage der Sozialdemokraten am ersten Abend, wo er denn hin wollte, geantwortet: »In den Deutschen Bundestag«. Die hätten daraufhin »dreimal trocken gelacht und mir von der Ochsentour erzählt«. D. L. habe es dann »einmal in München versucht, in einem einjährigen Gang«, und er sei dort untergegangen«. Im Sommer 1972 hätte er es noch einmal im Allgäu versucht und sei auf die Landeslisten-Absicherung als VS-Vorsitzender gekommen. D. L. bemerkt, daß dies ausschließlich funktioniert habe, »weil ich Vorsitzender des VS war«. Dann habe er sieben Jahre lang die Künstlersozialversicherung durch den Bundestag getragen. Dies sei eine Funktion gewesen, die mit der Organisation abgestimmt war. Und es müsse dies auch gesagt werden, weil es »beispielsweise einen Roman unseres Kollegen Hermann Lenz gibt, in dem ich unter einem anderen Namen erscheine, wo er sagt, da gab es so einen Kofferträger, der war kurz und tüchtig und glatt und ging immer so eilig vor mir die Treppe hinauf, daß ich ihm nicht folgen konnte«. Er werde dort, so D. L., »als ein Opportunist beschrieben, der, um das Bundestagsmandat zu erwerben, die Morgengabe des VS der SPD überbracht hat«. Er selbst habe diese Stelle erst vor einem halben Jahr in einem der Romane von Hermann Lenz gefunden. D. L. gesteht ein: »Sie hat mich getroffen. Aber ich habe es für nicht mehr nötig gehalten, mit ihm darüber zu sprechen. Es war seine Betrachtung. Er war damals verletzt. Sicher auch durch meine Zielstrebigkeit.« Er möchte es daher als eine Geschichte stehenlassen. Günter Grass sei schließlich damals auch noch nicht SPD-Mitglied gewesen, allerdings Gründer der Wählerinitiative. In Hinblick auf die »politische Sozialisation der Gruppe 47« empfiehlt D. L. die Lektüre eines Rowohlt-Taschenbuches aus dem Jahre 1961 mit dem Titel »Die Alternative oder Brauchen wir eine andere Regierung«, »in dem fast die ganze Gruppe 47 auf Einladung von Walser als Herausgeber für die dringend notwendige Beendigung der Adenauer-Demokratie oder der Adenauer-Republik aus Gründen der Demokratiefähigkeit, die durch einen Regierungswechsel bewiesen werden mußte, plädierte«. Der erste Initiator für Wählerinitiativen von Autoren sei aber nicht Grass, sondern Walser gewesen.

[...]

Michael Schneider: Zuerst zu dem Referat von Renate [Chotjewitz-Häfner]. Die Vorwürfe, die du dem VS machst, daß er die Erfahrungen der Dissidenten nicht bereit war anzuhören und das Gespräch mit ihnen zu suchen, sondern daß der Dialog durch das Kommuniqué ersetzt worden ist – das trifft bis zu einem gewissen Grade sicherlich zu. Was mir aber mißfällt, ist ein Ton in deinem Referat, der, ich spitze das zu, darauf hinausläuft zu sagen, haben wir nicht doch dem Beelzebub ein wenig zu weit den Finger gereicht. Als hätten wir im nachhinein eine gewisse Berührungsangst gegenüber dem Reich des Bösen, das der Kommunismus im nachhinein doch für dich geworden ist. Du wirfst dem VS im Grunde vor, daß er Kommunisten vielleicht oder DKP-nahen Schriftstellern zu großen Einfluß auf den VS eingeräumt hat. Da kann ich nur sagen: Was wäre denn die Alternative gewesen? Diese wäre doch gewesen, daß wir eine Ausgrenzungspraxis betrieben, daß wir das Prinzip »Berufsverbot« auch im VS gegenüber Schriftstellern ausgeübt hätten, die in der kommunistischen Partei organisiert sind. Ich spitze jetzt zu. Du hast über den Einfluß der Bayern-Fraktion, Hitzer usw., ausführlich ausgeführt. Es ist doch selbstverständlich, daß in einem Verband, der sich pluralistisch versteht, der Autoren der verschiedensten politischen Richtungen zuläßt, auch Kommunisten ihren Einfluß auszuüben suchen. Was ist denn daran so schrecklich?

Konstanze Radziwill: Die Alternative wäre gewesen, die anderen gleichberechtigt hineinzunehmen.

Michael Schneider: Es geht jetzt darum, daß der Einfluß der SPD-orientierten Schriftsteller ein deutliches Übergewicht im VS hatte. Das müßte man einmal genau auflisten. Sicherlich gibt es in den einzelnen Landesverbänden Unterschiede. Im bayerischen Verband sah es sicherlich anders aus. Das hat natürlich auch mit der spezifischen Besonderheit der politischen Gegner zu tun, die die Bayern hatten, diesen beinharten CSUlern. Wenn du die als politische Antagonisten hast, führt dies vielleicht auch bei gewissen VS-Mitgliedern dort zu politischen Verhärtungen.

Es klang für mich jetzt so, als bestünde die politische Sünde des VS auch mit darin, daß er den Kommunisten zuviel Einfluß gewährt hat. Das kann ich nicht so sehen. Und noch ein anderer Aspekt: Wir haben es hier nicht nur mit DKP-nahen oder auch nur mit DKP-Mitgliedern zu tun, die schlichtweg unter dem Begriff »Betonfraktion« zu subsumieren wären, und ich sage das als Mensch, der wirklich nie mit der DKP zu tun hatte. Aber ich habe Freunde, die mal in der DKP waren. Dazu gehört Uwe Timm, den ich auch heute noch sehr schätze, und Gerd Fuchs, den ich auch sehr schätze. Mit ihnen habe ich die Diskussionsprozesse selbst geführt. Dies waren Leute, die vor allem ab 1985, als Gorbatschow an die Macht kam, noch eine Reformhoffnung mit dem Kommunismus verknüpft haben. Und der Kommunismus hat ja auch eine Reformgeschichte. Das waren Leute, die sich vielleicht intensiver mit dem Stalinismus beschäftigt haben als manch andere Nicht-DKPler. Übrigens auch viele Sozialisten und Sozialdemokraten hatten gehofft, daß mit Gorbatschow so etwas wie eine Reform des Kommunismus in Richtung auf einen Sozialismus mit menschlichem Antlitz, oder wie wir es nennen wollen, möglich ist. Eine Illusion, wie man im nachhinein sagen muß. Vielleicht unsere letzte Illusion. Aber unter den damaligen historischen Bedingungen konnte man diese durchaus haben. Wir sollten jetzt nicht so schamhaft, so reuig tun, als sei es eine Schande gewesen, daß wir Kommunisten soviel Einfluß auf den Verband gestattet haben. Das finde ich unwürdig, auch kleinkariert.

Renate Chotjewitz-Häfner: Das habe ich eigentlich auch nicht so gesagt. Ich habe nur das damalige Stichwort von der *»kommunistischen Unterwanderung«* aufgegriffen und zu zeigen versucht, was wir darüber wissen. Im Grunde genommen war es eine kleine Zahl, aber sie haben versucht, Einfluß auszuüben. Man kann doch davon ausgehen, daß manche den Hamburger VS beispielsweise als einen kommunistisch geprägten sahen, auch wenn da nur einer in der Partei gewesen sein sollte. Wieder andere waren zwar nicht in der DKP, aber trotzdem aktive Parteigänger. Für die Hamburger selbst sah das wieder anders aus. Es kommt doch immer auf Blickwinkel und Standpunkt an. [...]

Erasmus Schöfer: Ich möchte über das hinaus gehen, was Michael Schneider sagte. Du stellst in Frage, ob denn das so schlimm sei, daß Kommunisten im VS Einfluß gehabt haben. Aber da bleibt immer noch der Rest, daß Kommunisten im VS schon schlimm waren. Du hast außerdem gesagt, Renate, etwas fragend, warum sind denn so viele Autoren und Schriftsteller Kommunisten geworden oder jedenfalls links; hast von der Anfälligkeit für dogmatische Lehren gesprochen – mit einem Fragezeichen, ob es denn so sei. Ich habe auch die Nazi-Erfahrungen und genau daraus die Lehre gezogen, daß Dogmatismus das schlimmste ist, was wir haben könnten. Es hört sich immer so an, als seien die DKP-Autoren als Kommunisten geboren worden, quasi mit einem Geburtsmakel behaftet, der ihnen anhängt, und man müsse sie irgendwie wie Debile tolerieren. Dagegen wollte ich doch einmal sagen, daß ich auch aus einem bürgerlichen Elternhaus komme und durch die Beobachtung der Realität, in der ich gelebt habe, dahin gekommen bin zu sagen, wenn ich die ändern will, und das wollte ich, denn mit der war ich nicht einverstanden, und das fing früher an als der Vietnam-Krieg, schon im Algerien-Krieg, dann suche ich mir eine Gruppe von Menschen, die das so ähnlich sieht wie ich und mit denen ich politisch etwas bewirken kann. Auf diese Weise bin ich in die DKP gekommen. Das hatte mit Manipulation nichts zu tun. Meine Stellungnahmen innerhalb des VS, insbesondere diese umstrittene Rede in Mainz [213] – dazu habe ich keine Manipulation gebraucht, sondern das war Ausdruck meiner politischen Erfahrung in der Bundesrepublik. Eine politische Erfahrung, wie ich dann später erkennen mußte, die in bestimmten Hinsichten unvollständig war. Sicherlich auch aufgrund der Situation, in der ich mich hier befunden habe. Da habe ich nicht alle Informationen, die ich hätte haben können, so aktiv gesucht, daß ich diese Position und auch die Organisation, in der ich mich befand, vielleicht noch aktiver in Frage gestellt hätte. Das sage ich selbstkritisch. Im wesentlichen möchte ich damit sagen, daß die Vorstellung der Manipulation und des Auftragannehmens eine Milchmädchenvorstellung davon ist, wie zumindest hier in der Bundesrepublik Kommunisten funktioniert haben. Ich will nicht sagen, daß es dort, wo kommunistische Regierungen an der Macht waren, auch so gewesen sei. Aber man muß sich die psychologische Situation der DKP-Autoren vorstellen, so nenne ich sie jetzt einmal. Es gab doch keinen Vorteil für einen Autor, der in diese Partei gegangen ist, nur Nachteile. Literarische Nachteile und auch im bürgerlichen Leben. Wer das getan hat, mußte nicht manipuliert werden und konnte auch nicht beauftragt werden.

Reimer Eilers: [Zwischenruf] Zumindest für den Kollegen Schütt gilt das sicherlich nicht. Der hat haufenweise Vorteile davon gehabt. Er hat viel von der Welt gesehen, seine Theaterstücke wurden gespielt, wenn auch vielleicht nicht hier, dann aber ein Stückchen weiter östlich.

Erasmus Schöfer: Ja. Diese Ausnahme lasse ich gelten. Aber ich spreche von den Autoren, die außerhalb des DKP-Milieus publizierten, die auf die bürgerliche Öffentlichkeit hier angewiesen waren. Für die hat ihr marxistisches, kommunistisches Engagement nur Nachteile gehabt. Ich weiß nicht, ob die ein, zwei Reisen, die man in die DDR gemacht hat, Vorteile waren, die das alles kompensieren konnten. Ich glaube nicht. [...] Ich bitte, bei diesen Überlegungen wirklich die psychologische Situation im Kopf zu behalten, auch dich, Renate, was es bedeutete, in diesem Staat Kommunist zu sein. Nicht in der DDR.

Renate Chotjewitz-Häfner: Auch mir haben die »armen Kommunisten« im Westen immer leid getan. Und ich habe versucht, sie zu unterstützen. Ich habe meine Stimme auch für Wahlaufrufe gegeben. Aber die kriegten in unserem Landkreis keine 150 Stimmen zusammen. Ich habe mich immer für Minderheiten eingesetzt – so habe ich das damals gesehen.

[...]

Gerhard Beier: Ich muß Michael Schneider widersprechen, was die Gleichstellung des Einflusses von SPD-orientierten Mitgliedern und DKP-orientierten im VS betrifft. Ich bin sicher, daß der Einfluß von Sozialdemokraten im VS, auch wenn ich das von Dieter Lattmann hier zur Kenntnis genommen habe, nach meiner Einschätzung sicher der stärkste ist. Aber, jetzt kommt der Unterschied. Es gibt Dogmen in der kommunistischen Gewerkschaftsarbeit. Dazu gehört der demokratische Zentralismus. Den gibt es, zumindest als Dogma, für andere Parteien nicht. Dann die Führungsrolle der Partei gegenüber der Gewerkschaft. Die gibt es als Dogma bei den anderen Parteien auch nicht. Und dazu gehört auch das Thema »Diktatur des Proletariats«. Ich will das hier nicht ausweiten. Aber wenn das hier dokumentiert wird, dann gehört es dazu, daß darin entscheidende Unterschiede in der Beteiligung an einer demokratischen Organisation liegen. Der Gesamtzusammenhang ist eben der, daß das nicht nur von Düsseldorf gesteuert wurde, sondern daß man sich auch in Ostberlin salvieren mußte. Das ganze gespenstische Szenario ist, Gott sei Dank, vorbei. Aber wenn man die Zeit verstehen will, muß man das sehen. Damals stellte sich aber die Frage anders als heute. Wo diese anderen Dogmen geblieben sind, ich bin nicht sicher. Ich weiß das nicht. Darüber hätte ich gerne klärende Worte von DKP-orientierten Mitgliedern im VS.

[…]

Diskussion 3[214]

[…]

Hans-Georg Soldat: Mir fällt es schwer, hier etwas zu sagen. Wer mich länger kennt, der weiß, daß ich vom Anbeginn des VS, im Grunde von der Stuttgarter Konferenz bis heute hier, fast sämtliche VS-Tagungen als wohlwollender Betrachter von außen beobachtet und kommentiert habe im RIAS. Ich war nie Mitglied des VS, ich war Mitglied der RFFU und bin deswegen Mitglied der IG Medien. Diese Diskussion hat mich wieder in einen Zustand jener Befremdung versetzt, die mich zunehmend auch bei den VS-Tagungen begleitet hat. Es ist eine Stimmung, die sich wie Mehltau auf das ganze Reden und Denken setzt. Man verzettelt sich in Kleinigkeiten, die große Linie geht verloren. Man denkt ja nicht, in einen Schrebergarten-Verein zu kommen, sondern in einen Verein, wo sich Schriftsteller zusammengefunden haben, auch wenn es um gewerkschaftliche Fragen geht. Es ist hier viel über Manipulation durch die Parteien geredet worden. Ich finde, daß die Wortwahl da schon ein bißchen verräterisch ist. Da wird wieder von der Berliner Fraktion geredet. Dieses Wort kommt mir sehr bekannt vor. Fraktionsbildung war in bestimmten Parteien verboten und unter Strafe gestellt. Ich habe da gewisse Anklänge bei solchem Sprachgebrauch, die ich nicht unterdrücken kann, und ich will dies auch jetzt nicht tun. Wie war es denn konkret in den fünfundzwanzig Jahren, die ich das ungefähr verfolge? Ich kann ja aus eigenen Erfahrungen reden. Es wird hier immer wieder zu Recht von den durchaus ehrenwerten Motiven der Vorstände, der einzelnen Mitglieder usw. geredet. Ich will gar nicht unterstellen, daß es anders gewesen sei. Ich bin kein Anhänger jener groben Infiltrationstheorie. Es wurde anders gearbeitet. Was wollte die DDR? Sie wollte zur gleichen Zeit Unterschiedliches. Sie wollte durchaus Bündnispartner im Westen haben. Sie wollte durchaus Einflüsse ausüben. Alles zur gleichen Zeit. Es gab zur gleichen Zeit eine Direktive des Stasi-Ministers Mielke, daß die Kultur eines der wichtigsten Felder wäre, die sowohl in Ost als auch in West zu beeinflussen wären. Dies muß man in Betracht ziehen, wenn man die Diskussion um Einflußnahme von Parteien anhand von Unterlagen führt, die meiner Ansicht nach unvollständig sind und aufgestockt werden müssen. Es gehörte auch zu den Zielen der SED und der DDR, und es war eines der kleinen Ziele, dennoch kein unwichtiges, die Dissidenten zu isolieren, und zwar auf jeder Ebene im westdeutschen Leben. Sie sollten eine Strafe dafür bekommen, daß sie in den Westen gegangen sind. Das ist eine Tatsache, die nicht vom Tisch zu reden ist, und dies sollte diskutiert werden: Der VS hat, gewollt oder ungewollt, dieses Ziel unterstützt. Ich habe das schon seinerzeit attackiert. Besonders in Saarbrücken fiel mir das auf; darauf werden wir noch zu sprechen kommen. Meiner Ansicht nach war die Politik schon vorher angelegt. Darüber fehlt die Aufklärung. Was ich hier den ganzen Tag über höre, läßt mich manchmal vermuten, daß nicht Aufklärung gefragt ist, jedenfalls nicht von einer gewissen Fraktion, um dieses Wort jetzt auch einmal zu benutzen, sondern eine Salvierung. Eine nachträgliche Salvierung bestimmter Standpunkte. Das ist menschlich verständlich. Aber dafür sitzen wir nicht hier.

Detlef Hensche: Herr Soldat, entscheidend ist, unter welcher Fragestellung man sich dem Problem nähert. Ich unterscheide einmal zwei Ebenen. Mir erging es vor der Pause auch so: Fast hörbar ging ein Aufatmen durch den Saal, nachdem die Dokumente von Gansel vorgetragen worden waren mit der naheliegenden Schlußfolgerung, Fernsteuerung hat wohl nicht stattgefunden. Damit bin ich bei der einen Ebene, der Unterwanderungsebene, der Handlangerthese. Einmal vorweggesagt: Vermutlich war das Aufatmen fehl am Platze aus doppeltem Grunde: Erstens, es handelt sich um ein Phantomproblem, was die Stasi-Fernsteuerung angeht. Zweitens, es wird in zehn Jahren wiederholt werden und unverdrossen auch in zwanzig Jahren noch. Dazu eine Anmerkung. Die Unterwanderungsthese ist uralt, sie wurde gegen die Gewerkschaften schon vor zwanzig Jahren erhoben mit eindeutiger Zielsetzung. Aber es scheint abstrus und abwegig, aufgrund von Henniger- und anderen Dokumenten, wobei ich an der Korrektheit der Aufzeichnungen nicht einmal zweifele, nachweisen zu wollen, daß der VS-Bundesvorstand ferngesteuert und einem Einfluß seitens der Abgesandten des DDR-SV erlegen wäre. Daß sie Einfluß ausüben wollten, darüber waren sich alle Gesprächspartner stets im klaren. Der zweite Punkt ist der Parteieneinfluß im Inneren. Da plädiere ich dafür, nicht allzu blauäugig daranzugehen. Gewerkschaften als Massenorganisationen sind vielfältigen Einflüssen ausgesetzt, natürlich auch denen von politischen Parteien. Ich kenne Gewerkschaftstage, die minutiös von der SPD bis in die Wahlen beeinflußt worden sind. Wenn eine Massenorganisation so offen ist und sich zusammensetzt aus politisch unterschiedlich denkenden Menschen, ist das selbstverständlich. Die DGB-Gewerkschaften sind im Kern auch heute noch sozialdemokratisch orientierte Organisationen – mit abschwächender Tendenz. Die Gewerkschaften haben sich aus vielfältigen Gründen, auch aus eigener Borniertheit, Öffnungen gegenüber grünen und alternativen Entwicklungen verschlossen und in beachtlichem Ausmaß Abschottungstendenzen spielen lassen. Zum Thema der DKP-Einflüsse in den Gewerkschaften oder, konkreter, in der IG Druck und Papier, speziell der Fachgruppe VS und dju, einmal anders gewendet: Gewerkschaftsarbeit macht im allgemeinen keinen Spaß. Sie ist mit Mühsal verbunden, mit vielfältigen Enttäuschungen und oft langweilig – was Martin Walser einmal als »die Mühsal der Tagesordnung« bezeichnete. Es ist natürlich so gewesen und wird immer so sein, daß politisch engagierte Menschen bereit sind, diese Mühsal auf sich zu nehmen, andere nicht; es ist ein Problem, für gewerkschaftliche Arbeit Kollegen und Kolleginnen zu finden. Ich vermute schon, wenn die These von der Unterwanderung vertreten worden ist, dann ist das nicht nur ein Kampfbegriff der konservativen Presse gewesen, sondern da steckt die Einsicht dahinter, daß, gemessen an der Repräsentation der DKP bei Wahlergebnissen oder in der Bevölkerung, die Bereitschaft, als Funktionäre mitzuarbeiten, in solchen Berufsgruppen überproportional vertreten war. Aber daraus eine Abhängigkeit einzelner Fachgruppen vom zentral gesteuerten Einfluß des DKP-Parteivorstands oder der SED abzuleiten, ist abwegig. Da bitte ich, Debatten nachzuvollziehen, Abstimmungsverhalten auf Kongressen, Zusammensetzung von Bundesvorständen. Wenn wir uns weiterhin verbeißen und mit Wünschelrutengeist fragen, wo gibt es denn diese unterirdischen Adern und Einflußstrategien, führt uns das nicht weiter. Das ist in der Tat ein Stückchen Wiederbelebung alter Gespensterdebatten, da hat Lodemann recht, die den VS in den 80er Jahren bis hart an die Grenze der Handlungsfähigkeit polarisiert haben.

Ich würde gerne auf eine zweite Ebene kommen, die auch heute vormittag eine Rolle spielte. Mir scheint, wenn wir über Ost- und Friedens-Politik, »Frieden *oder* Menschenrechte« debattieren, (das »oder« war absichtlich provozierend gemeint, wie wir gestern hören konnten), daß die selbstkritische Aufarbeitung der eigenen Geschichte auf einer gestern von Michael Schneider angesprochenen Ebene stattfinden muß. Dazu möchte ich einige Sätze hinzufügen.

Es hat unter den Gewerkschaften längst vor Gründung des VS, bereits Mitte der 60er Jahre Kontakte gegeben, und zwar bis zur Wende. Diese Kontakte waren im wesentlichen geprägt von dem Bestreben, ein Stück Bollwerk zu schaffen gegen eine Politik des Kalten Krieges, des galoppierenden Antikommunismus, der auch Illiberalität im eigenen Lande produziert, beizutragen zur Aussöhnung, Gräben zu überwinden, immer wieder gegen Gefährdungstendenzen seitens des Kalten Krieges die Stimme zu erheben, dazu beizutragen, daß die Spirale ewig währender Aufrüstung ein Ende findet. Ich wiederhole hier gerne zum zweiten Male: In einer Situation der Spannung, der wechselseitigen Feindbilder, die auch ihre gesellschaftspolitischen Auswirkungen jeweils im Inneren haben und auch nach Kräften dazu genutzt wurden hüben wie drüben, um Oppositionen mundtot zu machen, in einer solchen Zeit würde ich den Prozeß des Brückenschlagens immer wiederholen. Daran ist auch rückschauend nichts zu ändern. Natürlich kann man nur ins Gespräch kommen, wenn man Kontakte zu den zuständigen Vorständen knüpft, mit wem denn sonst? Man kann dann schrittweise versuchen, dies durch Delegationsaustausch oder Betriebsbesuche zu verbreitern, so daß nicht nur Spitzenfunktionäre sich besuchen und jeweils bestätigen, wie gut das eigene Land und System ist, sondern daß wechselseitig mehr Erfahrung stattfindet. Ich halte diesen Prozeß in einer Zeit des Kalten Krieges und der wachsenden Spannungen nach wie vor für unerläßlich. Damit bin ich beim nächsten Punkt.

Da setzt die Notwendigkeit ein, wie ich gestern andeutete, noch einmal selbstkritisch und differenziert die eigene Vergangenheit zu beleuchten. Ich rede jetzt nicht für den VS, sondern möchte dies als persönliche Anmerkung eines Gewerkschaftsfunktionärs bringen, der auch, übrigens nur zweimal im ganzen Leben, an Delegationsreisen in die DDR teilgenommen hat. Was uns oder Teile von uns belastet, das gilt es selbstkritisch festzuhalten, ist die Tatsache, daß Widersprüche, Perversionen, Drangsal, Illiberalität, bürokratische Erstarrung und ganz schlicht Menschenrechtsverletzungen zwar oftmals benannt wurden – es gibt jede Menge Protesterklärungen – aber dennoch viel zu wenig. Ich will etwas karikierend den typischen Ablauf schildern. Natürlich hat es bei den beiden Delegationen kritische Debatten gegeben mit unseren Gesprächspartnern. Das waren FDGB-Gewerkschafter. Bei einer Delegation kam es fast zu einem Abbruch, weil man sich heftig über Afghanistan zerstritten hatte. Es gab keine Tabuthemen. Dann überschritt man wieder pünktlich die Grenze in der Heinrich-Heine-Straße, und kurz vor dem Abflug in Tegel kam dann der Kollege vom RIAS, und man wurde gefragt, wie es denn war. Da blieb es dann bei der allgemeinen Feststellung, wir hatten wichtige Eindrücke. Das heißt, man hat sich schon von einer Tendenz des Abschirmens leiten lassen, nicht der völligen Sprachlosigkeit, das wäre falsch. Michael Schneider hat gestern denkenswerte Mechanismen aufgezeigt, worauf das zurückzuführen ist. Natürlich kostete es zwei Anläufe, um in dem täglich millionenfachen Chor in Westdeutschland mitzusingen. Denn das Geschäft der handfesten, auch denunziativen Kritik an den Zuständen in der DDR haben ja in der Bundesrepublik viele betrieben, auch solche, in deren Reihen man sich nicht unbedingt einreihen wollte. Hinzu kommt: Manche haben sicherlich bis Mitte der 80er Jahre die Erwartung gehabt, daß womöglich immer noch Chancen für Reformen und liberale Entwicklungen bestehen. Das war in den 70er Jahren mit Beginn der sozial-liberalen Koalition weit verbreitet. Da las man in der ZEIT, im »Stern« euphorische Berichte über die soziale Entwicklung in der DDR. Ich gehöre aufgrund meines Alters nicht zu der Generation, die in der DDR grundsätzlich die bessere Alternative sah, wie viele von den Verfolgungen des Faschismus geprägte Menschen der älteren Generation. Aber die Chance der Entwicklungsfähigkeit mochten viele bis Mitte der 80er Jahre dem real existierenden Sozialismus nicht absprechen. Das verführt zu der Attitüde, manches an Mißständen zu relativieren, auch innerlich. Meine Einschätzung aus heutiger Sicht: Dies war ein Fehler, den man sich nur schwer verzeihen kann. Es gibt sehr wohl Beispiele, in denen die Diplomatie des damaligen VS-Bundesvorstandes ganz konkret geholfen hat, was Ausreisemöglichkeiten, Reiseerleichterungen und manches andere angeht. Es wäre die Mühe wert nachzuforschen. Insofern ist es Unsinn zu sagen, ihr habt da nur mit dem Diplomatenköfferchen wie die Außenminister Kommuniqués ausgetauscht. Es war mehr. Aber – auch wenn es mehr war, müssen wir uns fragen, lohnt das den Preis, den Mund zu halten, wo man ihn viel lauter und öfter hätte öffnen müssen? Ich halte diese Tendenz der Abschirmung für falsch, da, wo die Chance bestanden hätte, auf Oppositionelle, auf Drangsalierte zuzugehen, zu helfen, demonstrativ, nicht nur im verborgenen, sie nicht zu nutzen. Und zwar deshalb, weil es um die Glaubwürdigkeit der eigenen Bewegung geht, sei das die einer Journalistenorganisation, eines Schriftstellerverbandes oder einer Gewerkschaft, für die ich hier rede. Viele der Polarisierungen, die sich Anfang der 80er Jahre ergeben haben, ich denke an Heinrich Böll, waren mit diesem Vorwurf verbunden.

Dennoch eine Fußnote: was schon verbittert ist, daß wir in einem Land leben, das mit affenartiger Geschwindigkeit nach 1945 den Globkes und Hunderten von anderen Nationalsozialisten den Weg in Spitzenpositionen von Wirtschaft und Politik geebnet hat, das keinen Richter am Volksgerichtshof wegen Rechtsbeugung belangt hat, das später mit hervorragender wirtschaftlicher Unterstützung der Diktatur Pinochets unter die Arme gegriffen hat, in einem Land, das nichts dabei findet, um ein aktuelles Beispiel zu nehmen, wenn Regierungsdelegationen, begleitet von Hundertschaften maßgebender Unternehmer, nach China fliegen. Ein Land, das einen bayerischen Ministerpräsidenten hatte, der der DDR-Regierung mit zwei Milliarden unter die Arme gegriffen hat. Also, wenn die Frage zu stellen ist, was hat denn womöglich dazu beigetragen, das System zu stabilisieren, dann, weiß Gott, nicht die Kontakte zwischen Hermann Kant und Bernt Engelmann. Das System wäre keine Sekunde früher zusammengebrochen, wenn diese Kontakte nicht stattgefunden hätten. Aber über die zwei Milliarden einmal nachzusinnen, das lohnt sich schon. Darüber liest man nichts in der FAZ oder andernorts. Das verbittert. Aber das ist nicht der Grund, weshalb es notwendig ist, darüber nachzudenken. Es sind vielmehr die eigenen Maßstäbe und die eigene Glaubwürdigkeit, und da sehe ich heute manches anders.

Damit komme ich zum letzten konkreten Beispiel, was Corino anmerkte, das Zitat von Loni Mahlein, und zu dem Buch »Das Genossenkartell«. Ich vermag nicht im einzelnen die Authentizität unterschiedlicher Quellen zu beurteilen. Mag sein, daß Berichte von Henniger korrekt sind. Ihn persönlich kenne ich nicht. Die FDGB-Aufzeichnungen jedenfalls, die die Grundlage für dieses »Genossenkartell« bilden, sind, soweit ich es überblicken kann, in einigen Punkten nachweislich falsch, als Erfolgsberichte nach oben geschönt. Ich war selbst dabei, kenne kontroverse Diskussionen; habe sie selbst miterlebt: Sie kommen nicht vor, sondern lediglich Stimmen, die auch in das Besuchsprogramm paßten, finden sich dort wieder. Ich weiß auch, wer es geschrieben hat. Das ist der gewesen, der zumeist dafür zuständig war, die Tische für das Abendessen zu reservieren. Daß Henniger und andere, als vielleicht mit dem Zertifikat der Stasi-Korrektheit ausgestattete, Protokollanten korrekter vorgegangen sind – mag sein. Das Zitat von Mahlein hat mit Stasi-Fällen nichts zu tun, sondern das ist ein Briefwechsel-West, aus dem Corino zitiert hat. Ich kann nicht sagen, aus welchen Gründen Loni Mahlein die Unterzeichnung abgelehnt hat. Ich wäre vorsichtig mit der flinken Unterstellung, er wollte damit seinen Freunden im FDGB einen Dienst erweisen oder zeige sich willfährig oder wie auch immer Sie das formuliert haben.[215] Eine andere Interpretation ist immerhin denkbar, die ich aus der Kenntnis der Person Loni Mahleins nachvollziehen kann. Er war ein Gewerkschafter, der von einem tiefen Mißtrauen allen undogmatischen Linken gegenüber beseelt war. Die Ablehnungsbegründung spricht auch dafür.

Aber es ist eine Vermutung. Sie kann auch falsch sein. Kann sein, daß die Zielsetzung dieses Solidaritätskomitees, drangsalierten Autoren in der DDR Hilfestellung zu geben, zu der Ablehnung beigetragen hat. Wäre ich es gewesen, würde ich mir heftige Vorwürfe machen. Das gehört zu dem Kapitel, das es aufzuarbeiten gilt. Abschließend, auf den Ausgangspunkt zurückkommend: Mir scheint es notwendig, Untersuchungen und Debatten unter der zutreffenden Fragestellung zu führen. Eine relevante scheint mir zu sein: Wie gehe ich um mit selbstgesetzten Normen? Also etwas mehr Rosa Luxemburg und etwas weniger Disziplin im Sinne des Kriegskommunismus.

Gespräch mit Hans Christoph Buch[216]
Vertreter eines deutschen Territoriums namens Westberlin

Renate Chotjewitz-Häfner: Ich möchte dich bitten, zuerst einmal etwas zu sagen zu deiner politisch-literarischen Biographie, um einen Anhaltspunkt für die Standpunkte zu haben, die du dann in den siebziger, achtziger Jahren im Hinblick auf den VS vertreten hast.

Hans Christoph Buch: Ich bin 1944 geboren und politisch geprägt worden zunächst mal durch die Adenauer-Zeit und dann durch die heftige Reaktion darauf in der Studentenrevolte. Es begann ja nicht erst 68, sondern früher. Schon Mitte der 60er Jahre gab es in Berlin Anzeichen einer radikalen Kritik an dem, was man damals »das Establishment« nannte, und ich habe mich an diesen Protesten beteiligt. Ich war dann in jungen Jahren bei einem »Writer's Workshop« eingeladen in Iowa, mit Schriftstellern aus vielen Ländern und habe an den Antikriegs-Demonstrationen in den USA teilgenommen, wo das für die Teilnehmer sehr viel gefährlicher war als in Berlin, besonders für die jungen Amerikaner, die ihre Einberufungsbefehle verbrannten.

R. Ch.-H.: Das war zur Zeit des Vietnamkriegs ...

H. Ch. B.: Ja, im Vietnamkrieg. Und nach meiner Rückkehr nach Berlin habe ich dann Straßentheater gemacht mit Michael Schneider, Olav Münzberg und anderen, das war Ende der 60er Jahre, im Herbst 68 fing das an. Wir machten Straßentheater und sind sogar im Ruhrgebiet als Agitprop-Gruppe aufgetreten. Meine politische Haltung war damals aber nicht viel anders als in späteren Jahren. Ich hatte mich mit dem Marxismus beschäftigt wie viele meiner Generation, hatte daraus bestimmte Konsequenzen gezogen, im Sinne einer radikalen Infragestellung des Kapitalismus und seiner Auswirkungen auf die Dritte Welt; das war unser zentrales Thema – mit andererseits wenig oder gar keiner Sympathie für die DDR und die Sowjetunion, die wir ja damals von links her kritisierten. Das wird oft vergessen, daß die 68er Bewegung keine Pro-DDR-Bewegung war. Sie wollte zwar deren Anerkennung, und die Entspannungspolitik, die dann später einsetzte, war zum Teil ein Ergebnis der 68er Revolte, aber die Sympathien der radikalen Studenten waren eher auf seiten der Dritten Welt und der Revolutionsbewegungen dort.

R. Ch.-H.: Warst du auch mal in irgendeiner Gruppe, in einem dieser politischen Grüppchen organisiert?

H. Ch. B.: Ich war nicht organisiert, das ist das Gute, ich gehörte nie zu irgendeiner Gruppe. Ich habe Mao gelesen, aber genauso Che Guevara, habe aber auch Trotzki studiert in diesen Jahren und schon früh eine heftige Abneigung gehabt gegen Parteikommunisten der SED oder später der DKP, es war fast eine Allergie. Es war ein bestimmter Ton, den die draufhatten, eine bestimmte, wie ich fand und heute noch finde, verlogene Bündnispolitik, denn sie gaben sich immer als Demokraten aus, die sie nicht waren. Das war sozusagen meine Politisierung, diese doppelte Opposition, einmal gegen das westliche Establishment und andererseits gegen den bürokratisch erstarrten Sozialismus oder Stalinismus der Sowjetunion und damit auch der DDR. Nun hatte ich einen Vorteil: Ich war vielleicht ein bißchen weniger naiv als manche meiner Generation, denn ich hatte Russisch studiert und Reisen in der Sowjetunion gemacht und habe dieses System vielleicht etwas besser gekannt als viele andere. Ich hab ja oft Delegationen dort erlebt, die von einer Naivität und Blauäugigkeit waren, die kaum zu überbieten ist; ich hatte den Vorteil, daß ich hören konnte, was die Leute dort reden und wie die reden über ihre eigene Partei und Regierung, nämlich nur negativ. Gemessen daran war die DDR noch harmlos, die Mißwirtschaft in der Sowjetunion, die Korruption und so weiter, all das lag auf der Hand. Ich habe deshalb schon früh Einspruch erhoben, als z. B. Kroetz damals in seiner DKP-Phase aus der Sowjetunion zurückkam und begeistert war. Das war für mich geradezu hirnverbrannt. Das zeigte, daß er dort nichts gesehen, gehört und wahrgenommen hatte.

R. Ch.-H.: Ich dachte, es habe von Westberlin, aus politischen Gründen, Viermächtestatus und so, keine Delegationen gegeben?

H. Ch. B.: Doch, ich bin in den Siebzigerjahren als Mitglied von Autorendelegationen auf Einladung des sowjetischen Schriftstellerverbandes in der Sowjetunion gewesen. Aber ich war vorher schon dort als Tourist, als Slawistikstudent, um meine Russischkenntnisse zu verbessern, und hatte dort schon früh Lew Kopelew kennengelernt, übrigens auf Empfehlung von Hans Werner Richter. Später folgten diese organisierten Reisen, die eigentlich immer im Wodka ertränkt wurden, man wurde dort systematisch unter Alkohol gesetzt. Aber das sind Geschichten, die viele Leute erlebt haben …

R. Ch.-H.: Diese Trinksitten – ich war 1990 zum ersten Mal in Moskau, zusammen mit Peter Kurzeck, Dorit Zinn, Herbert Friedmann – haben den Sozialismus auch überdauert. – Und dazu kamen dann wahrscheinlich auch Kontakte mit Kollegen im Ostteil der Stadt?

H. Ch. B.: Natürlich. Ich hatte Kontakt mit Wolf Biermann, den ich manchmal besucht habe in der Chausseestraße, ich hatte Kontakt mit Schädlich, mit Sarah Kirsch und Günter Kunert, Bernd Jentzsch und vielen anderen, aber das war etwas später. Die Intensivierung dieser Kontakte zu Ostberlin ergab sich erst Mitte der 70er Jahre. Da trafen wir uns in Privatwohnungen, um uns gegenseitig aus unseren Manuskripten vorzulesen, und der Initiator dieser Begegnungen war Günter Grass. Da war auch Uwe Johnson dabei, manchmal, und Nicolas Born und vor allem Schädlich, der damals noch nichts veröffentlicht hatte, nicht veröffentlichen durfte. Nun war das aber kein Dissidentenkreis, wir waren im Gegenteil geprägt von Neugier auf das, was die anderen schreiben im anderen Teil der Stadt. Und wir haben uns in unseren Diskussionen auf Literatur zu beschränken versucht, einfach deshalb, weil wir wußten oder ahnten, daß wir überwacht wurden und daß diese Begegnungen für unsere Freunde in Ostberlin nicht ungefährlich waren. Deshalb haben wir nicht offen politische Themen diskutiert, weil wir den Behörden keine Handhabe geben wollten, diese Begegnungen zu verbieten. Also das waren keine Verschwörerzirkel, sondern literarische Gespräche. Trotzdem konnte die Politik nicht ausgeblendet bleiben, denn wir bekamen früh mit, was es für Schwierigkeiten gab bei der Veröffentlichung, wie Manuskripte jahrelang lagen, umgeschrieben werden mußten, ehe sie erscheinen konnten. Oder wie ein Autor wie Schädlich abgelehnt wurde ohne Begründung, weil die Texte zu gut waren, um publiziert zu werden, wie ihm einmal ein Lektor wörtlich gesagt hat. Es ist ja bekannt, wie das ausging. Die meisten Teilnehmer dieser Leserunden sind später freiwillig in den Westen gegangen wie Klaus Schlesinger oder ausgebürgert worden wie Sarah Kirsch und Schädlich.

R. Ch.-H.: Nun kommt der VS dazu. Da bist du auch irgendwann eingetreten ...

H. Ch. B.: Da war ich sehr früh dabei, das war gar keine Frage. Gewerkschaftliche Organisierung fand ich in Ordnung, und der Motor dabei war damals Hannes Schwenger, der uns hier in Berlin angesprochen hat, es gab eine Aufbruchstimmung ...

R. Ch.-H.: Vor ihm machte das Drewitz. Ich erinnere mich, daß Ingeborg Drewitz etwa 1964, 65 nachdem Pit zu schreiben begonnen hatte, ihn zu einer Lesung einlud und dann ansprach, ob er da nicht eintreten wolle ...[217]

H. Ch. B.: Ingeborg Drewitz genauso, natürlich. »Einigkeit der Einzelgänger«, dann das Engagement auch von Walser, der sich damals für den VS einsetzte. Die Kontakte mit der Sowjetunion hingen, wenn ich mich recht erinnere, sogar mit dem VS zusammen, waren aber dadurch erschwert, daß der sowjetische Schriftstellerverband Westberlin als selbständige Einheit betrachtete und deshalb die Bindung des Westberliner VS an den Bundes-VS nicht akzeptierte.

R. Ch.-H.: Das heißt, bei Bundesdelegationen durftet ihr kein Mitglied delegieren, ihr bekamt eine Extra-Einladung?

H. Ch. B.: Das weiß ich nicht, weil ich damals im VS noch nicht aktiv war, aber bei Reisen in die Sowjetunion wurden wir ständig herumgereicht als Vertreter eines deutschen Territoriums namens Westberlin, das mit der Bundesrepublik angeblich nichts zu tun hatte. Was uns natürlich eher amüsierte, aber wir haben trotzdem mitgemacht, denn wir waren neugierig auf die Begegnungen mit sowjetischen Autoren. Mit »wir« meine ich F. C. Delius, Peter Schneider, Christoph Meckel und andere, die an diesen Reisen teilgenommen haben.

R. Ch.-H.: Du sagst, du warst damals nicht »aktiv« im VS?

H. Ch. B.: Ich war nicht aktiv insofern, als ich nicht für den VS Verantwortung übernommen habe, ich habe mich nicht wählen lassen, bin auch nur selten zu den Versammlungen gegangen. Aber ich war Mitglied, und zwar seit 1973, kurz nach Beginn der Gewerkschaftsanbindung.

R. Ch.-H.: Wir haben uns in der Geschichtskommission zuerst mit den Umständen der Ausbürgerung Wolf Biermanns 1976 beschäftigt, mit den Reaktionen darauf, auch im Westen, und ich habe mich ausführlich in den Archiven umgeschaut (und dir unser Buch, das letztes Jahr rauskam, mitgebracht). Aus Briefwechseln und Stellungnahmen in diesem Zusammenhang läßt sich, wie ich zu meiner Überraschung bei der Beschäftigung mit dieser Materie feststellte, schon Ende der sechziger Jahre ein heftiger Dissens ausmachen zwischen dem Bundesvorstand VS, der Gewerkschaft und den Westberliner Autoren. Oder anders gesagt, es zeigt sich ein spezielles Engagement und Interesse der »Berliner« für die Situation auf der anderen Seite der Mauer. Das geht eigentlich schon los mit dem Komitee »Freiheit und Sozialismus«, das aus dem VS Berlin heraus, damals war Schwenger wohl VS-Vorsitzender, gegründet wurde.[218] Ich fand z. B. eine dpa-Meldung aus dem Sommer 79, d. h. zeitlich nach den Ausschlüssen aus dem Schriftstellerverband der DDR, daß der Berliner VS den Bundesvorstand VS (sozusagen öffentlich) aufforderte, Stellung zu nehmen und den von verschärfter Repression betroffenen Kollegen, den Dissidenten in der DDR, beizustehen. Erinnerst du dich an diese Phase?

H. Ch. B.: Ende der 70er Jahre? Nein, ich habe auch mit dem Komitee von Schwenger nichts zu tun gehabt. Ich habe von dieser Sache erst später gehört, habe mich aber schon früh eingesetzt für Dissidenten oder Oppositionelle. Ich weiß noch, daß ich protestiert habe – übrigens als einziger hier in Westberlin –, als der für Westberlin zuständige Mann aus dem sowjetischen Schriftstellerverband uns darüber belehren wollte, warum Solschenizyn ausgewiesen werden mußte. Der kam plötzlich unangemeldet hier an, wir wurden zusammengetrommelt, und er hielt einen Vortrag, Solschenizyn sei ein schlechter Schriftsteller, der nicht gut russisch könne und zu viele Fremdwörter benutze, weshalb man ihn in der UdSSR nicht gerne lesen würde. Aus diesen Gründen sei er ausgewiesen worden.

R. Ch.-H.: War das Steshenski?

H. Ch. B.: Wladimir Steshenski. Dagegen habe ich vehement protestiert, schon aus meiner Kenntnis der Lage in Moskau und anderswo; ich bin persönlich befreundet gewesen mit russischen Schriftstellern, von denen die meisten jetzt im Westen leben, also habe ich das nicht mitgemacht. Andererseits gab es, wie gesagt, Kontakte zu Ostberlin, und wir wurden auch von dort gebeten zu helfen; denn die Schriftstellerverbände, insbesondere nachdem der VS in die Gewerkschaft eingetreten war, hatten ja im Osten viel mehr Gewicht als im Westen. Und ein Protest des Schriftstellerverbandes war für die SED oder für den DDR-Schriftstellerverband nicht so leicht wegzustecken. So sind sicher diese Demarchen zu erklären, hinter denen damals vermutlich auch Ingeborg Drewitz steckte; denn sie hatte sich schon früh engagiert – wenn der Berliner den Bundes-VS aufgefordert hat, zu protestieren. Aber das ging auch von Böll oder Grass aus und war an sich unstrittig. Engelmann hat ja in Einzelfällen selbst geholfen.

R. Ch.-H.: Kannst du das konkretisieren?

H. Ch. B.: Nein. Er hat mir nie sein Archiv gezeigt.[219] Er hat es immer behauptet, und ich nehme es ihm auch ab. Ich weiß, daß er sich für Václav Havel eingesetzt hat, weiß auch, daß er – wie später herauskam – zu Hermann Kant engen Kontakt hatte, und da wurde sicher auch der eine oder andere Härtefall geregelt auf diesem Weg des persönlichen Gesprächs. Das haben wir ja ursprünglich auch gutgeheißen. Nur kam dann der Punkt, wo man sagte: Es handelt sich um prinzipielle Fragen, die dürfen nicht nur im privaten Gespräch oder auf diplomatischem Wege im stillen geregelt werden, sondern es geht darum, die Ursachen zu benennen, wenn wir sie schon nicht beseitigen können. Die Ursache für diese Schwierigkeiten war die Zensur, die Unfreiheit und so weiter. Das wurde ja dann das große Thema im VS.

R. Ch.-H.: Zu offiziellen Kontakten kam es nach Angaben von Bernt Engelmann erst im Frühjahr 1981 (und es gibt keinen Grund, das zu bezweifeln), wobei allerdings die »kürbiskern«-Redaktion eine gewisse Rolle spielte. Das kannst du nachlesen in unserer Dokumentation, da wird es von zwei Seiten, einmal von Bernt Engelmann, einmal von Frieder Hitzer erzählt. Kant hatte in München eine Lesung, und dann kam es, vermittelt von Frieder Hitzer, zu diesem Treffen. Engelmanns Idee war es (so schildert er es), einen gemeinsamen Friedensappell aus der Taufe zu heben. Es entstand dieser berühmte »Appell Europäischer Schriftsteller«, der dann am Antikriegstag, am 1. September 1981, der Öffentlichkeit vorgestellt und von der nächsten VS-Bundesdelegiertenkonferenz in Hannover im September 81 übernommen bzw. beschlossen wurde: »Der VS ist Teil der Friedensbewegung«. Das war der Beginn, dem dann die gemeinsamen Friedensbegegnungen folgten. Die erste fand bereits im Dezember 81 in Ostberlin statt, organisiert von Stephan Hermlin und Konrad Wolf. Hast du da teilgenommen, und wie wurde das damals gesehen?

H. Ch. B.: Ich würde noch etwas weiter zurückgreifen. Ich habe, wie gesagt, im VS keine Funktionen ausgeübt und bin deshalb auch nicht informiert über solche Kontakte. Ich bin Hermann Kant begegnet z. B. bei einem P.E.N.-Kongreß in Westberlin 1973, kurz nachdem ich in den P.E.N. gewählt worden war. Da gab es schon eine DDR-Delegation, die dort auftrat. Sie waren damals ein bißchen im Aufwind, weil die Entspannungspolitik sich durchgesetzt hatte, weil die Schriftsteller in diesem Zusammenhang engagiert waren für Verständigung auch mit der DDR, und weil ja die Linke sozusagen an einem Strang zog und die Menschenrechtsfragen noch zurückgestellt wurden. Der Begriff wurde ja erst später virulent, nach der Unterzeichnung der Helsinki-Akte, wo sich die DDR ebenso wie die Sowjetunion zur Einhaltung der Menschenrechte verpflichtet hatte. Erst dann konnte man sie daraufhin politisch ansprechen. Ich habe an solchen Friedensbegegnungen nur zum Teil teilgenommen, nämlich bei der zweiten oder dritten, in der Westberliner Akademie der Künste 1983.[220] Da habe ich zusammen mit Peter Schneider die Menschenrechte zur Sprache gebracht zum Entsetzen von Kant, Hermlin und so weiter, die das abwiesen. Das heißt, hier muß man differenzieren. Kant wies es zurück, Hermlin hat es partiell sogar akzeptiert. Wir haben damals darauf aufmerksam gemacht, daß Gespräche über Frieden keinen Sinn machen aus unserer Sicht, wenn gleichzeitig die Menschenrechte ständig verletzt werden und wenn – darum ging es speziell in dieser Zeit – Friedensdemonstranten aus der DDR ausgewiesen oder verhaftet werden, die nicht zur offiziellen Friedensbewegung gehörten, wie in Jena, und von der Stasi als Staatsfeinde behandelt wurden, obwohl sie für Abrüstung eintraten im Sinne auch der Partei und Regierung, allerdings nicht für einseitige Abrüstung des Westens. Zu diesen Kreisen hatte Jürgen Fuchs Kontakt, er stammte ja aus Jena. Wir haben das sehr aufmerksam verfolgt. Ich war in diesen Jahren auch öfter in Weimar zu Besuch als Mitglied der Goethe-Gesellschaft und hatte auch zu Friedensdemonstranten Kontakt über Wulf Kirsten. Das heißt, mir war klar, was sich da anbahnte, nämlich eine Doppelstrategie, wenn man so will. Die DDR arbeitete einerseits auf der Schiene der Entspannungspolitik mit dem Westen zusammen, hat ja auch von der Bundesrepublik ökonomisch profitiert, andererseits hat sie gleichzeitig im Innern den Druck erhöht und Kritiker oder Oppositionelle viel schärfer verfolgt als in den ersten Jahren der Honecker-Ära. Ich rede jetzt von den frühen achtziger Jahren. Bei dieser Friedensbegegnung hier in der Akademie der Künste habe ich dann den Fall eines ukrainischen Schriftstellers zur Sprache gebracht, der seit Jahrzehnten in Lagern saß, später dann auch in der Haft gestorben ist; wegen seiner Gedichte, und weil er sich für die ukrainische Sprache und Kultur und deren Autonomie einsetzte. Ich hatte Informationen über diesen Fall von *amnesty international* bekommen, war zu Anfang unwillig, das dort zu vertreten, aber als dann deutlich wurde, daß die DDR-Delegation – (übrigens war auch Steshenski bei dieser Begegnung dabei) und die Russen gemeinsam diese Themen unter den Teppich kehren wollten, habe ich einfach ein paar Informationen nur über diesen einen Fall verlesen.[221] Das war, als hätte ich eine Provokation begangen, denn die haben sehr heftig reagiert und sind wie ein Bienenschwarm in Panik geraten. Das war im Grunde ein Vorspiel dessen, was wir dann auch im VS erlebten.

Das Engagement der Berliner erklärte sich erstens aus dem geographischen Ort, wo wir Kontakt hatten zu Schriftstellern in Ostberlin, zweitens weil in Berlin die Linke schon älter war – die 68er-Linke sozusagen keinen Nachholbedarf mehr hatte an Engagement. Das war ja hier bis zum Exzeß getrieben worden, die linke Bewegung, die dann in verschiedene Sekten zerfiel, zum Teil lächerlichster Art, wie bei den Maoisten oder den mit Kim Il Sun sympathisierenden Dogmatikern. Aber auf der anderen Seite auch Öko-Bewegung, Friedensbewegung, Frauenbewegung, denen ich mich näher fühlte. Es war ja auch die Zeit, als in Gorleben protestiert wurde. Dort war ich von Anfang an dabei. Das heißt, es gab keinen Nachholbedarf wie vielleicht in manchen westlichen VS-Zirkeln, nun zu beweisen, daß man links und progressiv sei. Die Linke war stark genug, um sich auch eine Diskussion über die Fehler, Versäumnisse oder Verbrechen östlich der Mauer zu gestatten. Diese Diskussion hatte es ja schon länger gegeben, die wurde nun auch in den VS hineingetragen.

R. Ch.-H.: Sicher auch über einzelne Personen wie Jürgen Fuchs, der ja im Westberliner VS-Vorstand war?

H. Ch. B.: Natürlich, über Jürgen Fuchs, auch über Schädlich. Die waren ja alle Ende der siebziger Jahre zu uns gekommen. Auch Schlesinger gehörte dazu, Sarah Kirsch, Günter Kunert und viele andere. Aber auch ohne sie hätte es diese Diskussion gegeben, denn der Widerspruch zwischen den Friedensappellen einerseits und der Praxis der politischen Unterdrückung und vor allem der ideologischen Reglementierung wurde immer offensichtlicher.

R. Ch.-H.: Daraus sind dann in Berlin die »Flüchtlingsgespräche« entstanden?

H. Ch. B.: Ja, das war eine Folge des VS-Debakels. Ich weiß nicht mehr genau, wann die stattfanden, aber ich wurde im Herbst 83, also im selben Jahr, als diese Begegnung in der Akademie stattgefunden hatte, in den Vorstand, nein, zum Vorsitzenden des Berliner VS gewählt ...

R. Ch.-H.: Und warum hast du damals kandidiert?

H. Ch. B.: Weil man mich dazu überredet hat, insbesondere Grass, der sich damals im VS engagierte. Wir waren ja mit ihm zusammen öfter in Ostberlin gewesen und hatten einiges erlebt an Kontakten und Gesprächen mit DDR-Autoren, darunter auch die Begegnung in der Akademie, die er organisiert hatte. Ich glaube, er war damals noch Akademiepräsident. Also Grass, aber auch Schwenger und andere hatten mich gebeten, das zu machen. Ich habe einen wichtigen Punkt vergessen, meine langjährige Freundschaft mit Joseph Brodsky, dem späteren Nobelpreisträger, den ich in New York, aber auch auf einem P.E.N.-Kongreß in Rio und vorher in Leningrad getroffen hatte und der mir klar machte, was für verheerende Folgen es hat, sich den östlichen Sprachregelungen anzupassen. Im übrigen war er nicht der einzige. Alle russischen Schriftsteller, die ich traf, sagten, wenn man mit ihnen unter vier Augen sprach, laßt euch um Gottes willen nicht aufs Glatteis führen von diesen Friedensparolen. Ich habe auch mit der Friedensbewegung meine Schwierigkeiten gehabt. Obwohl ich bei ihren Aktivitäten mitgemacht habe, habe ich dort immer gesagt, man muß zweigleisig verfahren, man muß auch die sowjetische Vorrüstung, nicht nur die westliche Nachrüstung kritisieren, d. h. die Stationierung von SS-20-Raketen, die ja die Nachrüstung ausgelöst hat. Aus diesem

Kontext heraus hat der Berliner VS beschlossen, ein Zeichen zu setzen und etwas nachzuholen, was im Bundes-VS unserer Ansicht nach versäumt worden war, nämlich das Gespräch zu suchen mit den aus der DDR ausgebürgerten oder herausgeekelten oder auch freiwillig weggegangenen Autoren. Das nannten wir »Flüchtlingsgespräche«, eine Tagung im Literarischen Colloquium, die übrigens nicht einfach zu organisieren war.[222] Denn manche von den Weggegangenen verweigerten das Gespräch selbst mit uns, weil ihnen der VS insgesamt suspekt war. Es gab dort eine Menge Emotionen, es war, wie wenn man einen Deckel wegzieht von einem Kochtopf. Was da alles hochbrodelte! Und es wurde klar, wie sehr dieses Problem verdrängt worden war. Das heißt, daß sich diese »Rübergegangenen« nicht ernstgenommen fühlten von der westdeutschen Linken. Das war nicht nur ein Problem des VS – daß ihre Schicksale als Einzelfälle zwar wahrgenommen wurden, daß auch hin und wieder protestiert wurde, daß sie auch eine gewisse Unterstützung erfuhren, daß man aber insgesamt das Problem nicht wahrhaben wollte. Die Reaktion der Ostberliner Funktionäre war ja auch dementsprechend. Kamnitzer, der P.E.N.-Vorsitzende, schrieb in der neuen »Weltbühne«, wir planten eine Neuauflage der Wannsee-Konferenz, weil es im Literarischen Colloquium [am Wannsee, R. Ch.-H.] stattfand, hat also das Treffen der aus der DDR Vertriebenen gleichgesetzt mit der Endlösung der Judenfrage. Und Hermlin hat im selben Kontext in einem Interview gesagt, das seien Leute, die nicht hätten fliehen müssen, sondern die man freundlich verabschiedet habe, und es gäbe in dieser Gruppe auch einige Kriminelle, die überhaupt nicht die Bezeichnung Autoren verdienten. All das hat uns natürlich sehr verbittert, denn es gab bei diesen Aktivitäten doch immer die Hoffnung, daß ein Gespräch mit der DDR unter Einschluß der Menschenrechtsfragen möglich sein müßte. Denn mit der Sowjetunion war das möglich. Die Westmächte, allen voran die USA, aber auch Frankreich und England, haben damals kein Blatt vor den Mund genommen, auch Schriftstellerdelegationen nicht, und haben dort gesagt, was sie zu Hause auch sagen, dies und jenes geht nicht, das werden wir nicht akzeptieren, ihr könnt uns erzählen was ihr wollt. Das ging, denn die andere Seite war auf solche Kontakte angewiesen. Der vorauseilende Gehorsam des VS war auch im internationalen Kontext eher die Ausnahme. Ich habe auf diesem Gebiet sowieso ein bißchen mehr Erfahrung als mancher andere, weil ich in Frankreich aufgewachsen bin und gerade in diesen Jahren oft in Paris war auf Schriftstellerkongressen – die französischen Schriftsteller haben eine ganz andere Sprache, eine ganz andere Haltung damals praktiziert im Umgang mit der Sowjetunion und ihren Menschenrechtsverletzungen.

R. Ch.-H.: Sie waren auch nicht so nah dran.

H. Ch. B.: Das stimmt, ja.

R. Ch.-H.: Das ist ein interessantes Stichwort, die Haltung und vielleicht auch ein Einfluß der französischen Schriftsteller, danach wollte ich fragen. Dazu kamen dann auch, das hast du noch nicht erwähnt, die polnischen Schriftsteller, überhaupt die politische Situation in Polen.

H. Ch. B.: Das ist natürlich ein wichtiges Datum, das wir überhaupt noch nicht genannt haben, die Verhängung des Kriegsrechts in Polen, etwa zeitgleich mit dem Einmarsch der Sowjetunion in Afghanistan, beides eigentlich Anzeichen eines Zerfalls dieses Blocks, auch wenn man das damals noch nicht so wahrgenommen hat. Wir hatten schon vor den »Flüchtlingsgesprächen« eine Begegnung mit polnischen Autoren im Zeichen des dort verhängten Kriegsrechts und der Verhängung des Ausnahmezustands. Die polnischen Autoren waren ja viel unbelasteter als die DDR-Autoren, weil ihr Land nicht geteilt war, weil es nicht solche diplomatischen Rücksichten gab wie bei deutsch-deutschen Gesprächen, auch nicht solche Empfindlichkeiten. Sie haben ganz offen gesagt: Wir leben in einer Diktatur, und wir erwarten von euch, überhaupt von westlichen Intellektuellen, daß sie uns unterstützen. Es gab ja in Polen, anders als in der DDR, nicht nur eine Handvoll Dissidenten, die dann ausgewiesen wurden, sondern eine breite Gegenkultur einschließlich Samisdat, also Untergrundzeitschriften und sogar Verlage. Ähnlich war es in Ungarn. Das heißt, die Partei konnte diese Sache nicht mehr unter Kontrolle halten, sie mußte Kompromisse machen in Polen, sonst hätte sie nicht überlebt. – Das alles wußte ich, und ich war in Kontakt mit dem späteren Außenminister, Bartoszewski, der auch zur VS-Krise Stellung genommen hat. Wir haben damals in Saarbrücken ein Tonband vorgespielt, das er uns zukommen ließ.[223] Bartoszewski, ein ehemaliger Auschwitz-Häftling, der Juden geholfen, sie aus dem Ghetto geschmuggelt hatte in Warschau, insofern unangreifbar war. Ein sehr beeindruckender Mann, der keinen Zweifel ließ an seiner Ablehnung des kommunistischen Staates in Polen und daran, daß dieser Staat extrem unpopulär war, wie ja auch in der DDR. Aber das alles wollten westliche Linke nicht wahrhaben. – Das heißt, es kam eine Menge zusammen an Informationen, um diese Haltung der Westberliner zu motivieren. Dazu gehörte auch meine Freundschaft mit György Konrád aus Budapest, der in Berlin ein DAAD-Stipendium hatte. Er war ein Jahr lang in Berlin, und wir haben uns regelmäßig getroffen. Zu den polnischen Freunden gehörte auch Adam Zagajewski, ein junger Autor, der in Saarbrücken gesprochen hat auf Einladung des VS. Aber auch Jacek Bochenski, ein älterer polnischer Schriftsteller, der regelmäßig nach Westberlin kam, weil er reisen durfte – überhaupt waren die Reisemöglichkeiten für Polen schon leichter als für DDR-Bürger – und Wiktor Woroszylski, der in Polen in dieser Zeit zum dritten Mal inhaftiert wurde: einmal von den Nazis als Widerstandskämpfer, dann im Stalinismus der 50er Jahre und nun wieder im Kriegsrecht unter Jaruzelski. – Diese internationalen Kontakte waren in Berlin ausgeprägter, weil es hier eine Reihe von Institutionen gab, die Schriftsteller aus der ganzen Welt nach Berlin brachten, darunter auch Osteuropäer. Ich habe schon den DAAD erwähnt, aber auch die Akademie der Künste gehört dazu. – Ich möchte noch einen Punkt erwähnen, der meistens zu kurz kommt und der auch die P.E.N.-Krise und die Rolle der Berliner darin ein bißchen erklärt. Literarisch gesehen ist Berlin doch so etwas wie Hauptstadt geblieben in diesen Jahren, du weißt das selbst, ihr habt hier gewohnt. Hier gab es eine größere Konzentration von Schriftstellern als irgendwo anders. Man braucht sich nur die Zahlen anzusehen. Und es gab über die Mauer hinweg oder unter ihr hindurch diese Kontakte, so daß man sich weniger Illusionen machen konnte über den Zustand oder besser gesagt die Stimmung der Menschen in der DDR. Diese größere Konzentration von Schriftstellern führte auch zu einem intensiveren Austausch untereinander, nicht nur im VS – wir haben uns in Kneipen getroffen, wie es in Berlin immer gewesen ist. Und wenn Schriftsteller zusammenkommen, reden sie eher über Politik als über Literatur. So kam diese Gruppenbildung zustande. Aber man muß sich das nicht so vorstellen, als seien wir eine organisierte Fraktion gewesen mit einer Tagesordnung und mit einem klaren Ziel, sondern es war eine Gruppe mit wechselnden Mitgliedern. Einige waren schon länger dabei, wie Hannes Schwenger, der eine ganz spezielle VS-Vergangenheit hatte, Gewerkschaft und VS sozusagen als Hauptberuf betrieb, und andere wie Günter Grass haben sich in dieser Zeit im VS engagiert. Auch Böll hat von ferne sich vernehmen lassen, und wieder andere wie Peter Schneider waren sporadisch dabei und haben sich dann wieder zurückgezogen aus der VS-Arbeit. So entstand diese Berliner Gruppierung mit ihrer Kritik am Bundes-VS aus einem Austausch, der enger war, und aus einer gesteigerten Sensibilität gegenüber Menschenrechtsverletzungen im Ostblock.

R. Ch.-H.: Dann kam 1983 im Sommer das von Hanns-Werner Schwarze und Engelmann unterzeichnete Polen-Telegramm, als Reak-

tion auf die Auflösung des traditionellen Polnischen Schriftstellerverbandes, mit seiner schwammigen Formulierung, in dem »die Wiederzulassung e i n e s Schriftstellerverbandes« gefordert wurde …

H. Ch. B.: Ich bin im Zusammenhang mit dieser Polenkrise in den Berliner Vorstand bzw. zum Vorsitzenden gewählt worden, übrigens mit großer Mehrheit. Das hatte ich vergessen, aus diesen Diskussionen muß meine Kandidatur hervorgegangen sein. Ich habe dann im Berliner VS eine Resolution eingebracht, für Saarbrücken, wo die Schriftsteller im VS sozusagen kollektiv Selbstkritik übten, indem sie sagten, wir haben die Menschenrechtsverletzungen und die Zensur östlich der Elbe nicht ausreichend wahrgenommen, relativiert oder bagatellisiert. [224] Damit meinte ich mich nicht selbst, sondern die Politik des VS insgesamt. Auch ich hatte in den 70er Jahren vor manchem die Augen verschlossen. Es ist ja nicht so, daß sich diese Haltungen unverändert über die Jahre hinziehen. In der Frühzeit der Entspannungspolitik war es einsichtig, daß man sagte, jetzt wollen wir diesen Entspannungsprozeß nicht stören durch Kritik, wenn wir uns erinnern, wie schwierig gerade die deutsch-deutschen Kontakte waren. Aber in der zweiten Phase der Entspannungspolitik wurde das Defizit immer deutlicher sichtbar, auch ein Defizit der SPD. Ich habe damals als Berliner VS-Vorsitzender an Willy Brandt geschrieben, der sich weigerte, Lech Wałęsa zu treffen bei seinem Polenbesuch, und habe ihn eindringlich darauf aufmerksam gemacht, daß gerade von ihm, der einen moralischen Anspruch in die Politik eingebracht hatte, ein solches Verhalten nicht zu akzeptieren war. Die Antwort war Null. Es war der SPD selbst peinlich, sie wußte auch, daß es da ein Defizit gab, aber die Entspannungspolitik war durch ihren Erfolg so unbestritten – die CDU hat sie ja fast unverändert übernommen –, daß man diese Stimmen von Schriftstellern als Störenfriede oder Friedensstörer abtat. Es gibt dazu ein umfangreiches Buch von Timothy Garton Ash, dem britischen Politologen, der über den Fall der Mauer und über die Revolution in Osteuropa ausgezeichnete Studien geschrieben hat. Ash hat genau diese Frage gestellt, warum Bonn in der zweiten Phase der Entspannungspolitik – das geht bis zu den Konservativen – die Menschenrechtsfragen nicht auf die Tagesordnung gebracht hat im Gegensatz zu anderen westlichen Ländern. – Im übrigen war und bin ich nicht der Meinung, daß Engelmann und andere Verräter oder Verbrecher oder was weiß ich sind, sondern ich hielt ihn für einen durchaus glaubwürdigen engagierten Linken, der aber in bestimmten Fragen einäugig war und, wie sich später herausstellte, nicht aus Zufall. Er hatte ja Kontakte, die ihm das nahelegten. Das war immer der Hintergrund, auch bei Lattmann, daß diese Autoren große Auflagen hatten in der DDR. Man darf nicht vergessen, daß sie Reisen dorthin machten, Lesereisen, auf der Leipziger Buchmesse ihre Bücher vorstellten und so weiter. Da wurde offenbar ein gewisses Wohlverhalten erkauft. Selbst bei Leuten wie Härtling war das zu spüren. Grass war da freier, den hatten sie ohnehin nicht gedruckt, und er war sauer auf die DDR, hatte ja auch schon vorher manchen Streit mit ihr ausgefochten, etwa aus Anlaß seines Stücks über den 17. Juni »Die Plebejer proben den Aufstand«. Walser stand damals, um auch das einmal zu erwähnen, eher DKP-nah und hat sich im VS-Streit wohl eher auf die Seite der Pragmatiker geschlagen, wenn ich das richtig sehe. Aber das waren nicht etwa Todfeindschaften. Es gab Gespräche über diese Grenzen hinweg, und es gab andererseits auch unter den Berliner Kritikern des VS Leute, die mir nicht so sympathisch waren oder deren Haltung mir suspekt war, weil sie die Entspannungspolitik insgesamt oder weil sie die Gewerkschaftsbindung des VS in Frage stellten. Das habe ich damals alles noch nicht getan.

R. Ch.-H.: Die Dauerkrise, in die der VS dann ab 1982 geriet, ging ja gar nicht von Berlin aus, sondern manifestierte sich zuerst in Bayern, und zwar unter den frühen DDR-Dissidenten – Zwerenz und Kunze machten den Anfang, vor allem wegen der Beziehungen des VS zum DDR-Verband (Kunze stieß sich an einem Statement Bernt Engelmanns zur Wiedervereinigung), dann kam der Austritt von Kroetz, der sagte, dieser Verband atmet nicht mehr den Geist von Kunst (was wir später die »Entliterarisierung« des VS nannten), dazu das »Polen-Telegramm« oder 1983 während der Buchmesse der Manès Sperber-Skandal, wobei der eigentliche Skandal, was Empörung auslöste, ja war, daß der VS-Vorsitzende Engelmann hier einen Emigranten, einen Juden, und vor allem den »Renegaten« Sperber bei einem Gewerkschaftstag öffentlich aufs Korn nahm. Das waren die Auslöser für die Rücktrittsforderungen.[225]

H. Ch. B.: Es gab ja als Ergebnis der Entspannungspolitik intensivierte Kontakte, und im Zuge dieser kulturellen Kontakte wurde dann auch die Kritik immer lauter an der Einladungspolitik des VS, am Ausgrenzen der Dissidenten und so fort. Das ganze war eigentlich eine logische Konsequenz der Zunahme von Kontakten, die es früher so nicht gegeben hatte.

Man sieht im nachhinein, daß die DKP-Linie, die sich im VS durchsetzte – womit ich nicht sagen will, daß viele VS-Mitglieder der DKP zuneigten, aber sie gingen ihr auf den Leim –, daß das von Bayern ausging, und zwar von bestimmten Leuten wie Hitzer, die politisch eindeutig festgelegt waren. Das war auch im »kürbiskern« sehr deutlich. Ich weiß nicht, ob er DKP-Mitglied war. Oft waren solche Leute zur Tarnung in der SPD. Aber sie haben eben die Politik der DKP und vor allem der SED nicht nur unterstützt, sondern im Westen hoffähig gemacht, und Hitzers Freunde in Bayern waren ja sehr erfolgreich in der Frühzeit des VS. Das war in der Frühzeit der Entspannungspolitik, als das alles noch eher harmlos erschien und es einen echten Nachholbedarf gab an Gesprächen und am Austausch mit der anderen Seite. Aber ich erinnere mich auch, daß sich schon frühzeitig im »kürbiskern« eine Oppositionsgruppe gebildet hatte, nach dem Einmarsch in Prag 68, und damals hat z. B. Karsunke die Redaktion unter Protest verlassen. Das ist die Vorgeschichte. Der bayerische Landesverband war wahrscheinlich der am stärksten profilierte in diese Richtung. Den anderen werfe ich vor, daß sie sich dieser Politik mehr oder weniger angepaßt haben, und es waren eigentlich die Berliner, die am vehementesten dagegen protestierten, die aber wiederum nicht die Mehrheit auf ihre Seite ziehen konnten. Im P.E.N. wiederholt sich dieses Problem, schon damals war ja auch der P.E.N. beteiligt, etwa am Polen-Telegramm – du hast es erwähnt – in der Person von Hanns-Werner Schwarze.[226] Die Kritik am VS betraf auch den P.E.N. Das wurde aus rein taktischen Gründen nicht an die große Glocke gehängt, weil man den P.E.N. schonen wollte, damit der nicht auch noch zerfällt. Außerdem hatte der P.E.N. die DKP-Riege nicht so frei schalten lassen, wie das im VS der Fall war. Im P.E.N. gab es mehr Augenmaß, er war ja durch seine Verpflichtung auf die P.E.N.-Charta zur Verteidigung der Menschenrechte und der Meinungsfreiheit aufgerufen.

R. Ch.-H.: 1983 im Herbst hat eine größere Gruppe von Schriftstellern, darunter auch du, in einem »Offenen Brief« zum ersten Mal den Rücktritt des Bundesvorstands gefordert; dazu kam dann in Saarbrücken der Antrag 4, diese Resolution, die du formuliert hast. War die Auftaktveranstaltung in Saarbrücken, »Solidarität mit Polen«, ebenfalls vom VS-Westberlin angedacht und mit organisiert worden?

H. Ch. B.: Die Resolution, von der du eben sprachst, enthielt nicht nur eine Selbstkritik des VS – Selbstkritik ist ein dummes Wort, sagen wir lieber den Hinweis auf Versäumnisse –, sondern auch eine Solidaritätserklärung mit dem aufgelösten polnischen Schriftstellerverband. Diese Resolution hatte ich formuliert, und wir hatten sie in Berlin mit großer Mehrheit verabschiedet. Sie wurde dann mit Änderungen versehen dem Bundeskongreß in Saarbrücken vorgelegt, und auf diesem Kongreß gab es einen Themenschwerpunkt Polen, wo auf Veranlassung des Berliner VS – man muß sogar sagen unter dem Druck des Berliner VS, denn die anderen wollten das nicht – ein polnischer Schriftsteller, Adam Zagajewski, Auskunft gab über die Autoren in Polen und die Hintergründe des Telegramms. Und Bartoszewski schickte uns per Tonband eine Botschaft, in der er bekräftigte, was Zagajewski von uns verlangte, nämlich Solidarität mit der polnischen Opposition. Das war aber nicht mehrheitsfähig. Zwar wurde unsere Resolution mit knapper Mehrheit angenommen, aber die Kandidatin des Berliner VS, nämlich Ingeborg Drewitz, fiel bekanntlich durch.

R. Ch.-H.: Es gab im Vorfeld des Saarbrücker Kongresses Artikel und Äußerungen, das ist unter anderem im »kürbiskern« nachzulesen, »die Berliner« seien in Wahrheit »versteckte Gegner der Mediengewerkschaft« – so ähnlich ist das manchmal noch heute vernehmbar, z.B. hat das Hans Peter Bleuel in einem Leserbrief vor kurzem geschrieben. Inwieweit trifft oder traf das zu?

H. Ch. B.: Das war eine self-fulfilling prophecy, eine sich selbst erfüllende Prophezeiung, denn ursprünglich war das nicht der Fall. Es gab im Gegenteil im Berliner VS wie im Bundes-VS einen breiten Konsens für die Gewerkschaft. Allerdings war der Eintritt in die Mediengewerkschaft umstritten. Hannes Schwenger favorisierte eine andere Lösung, nämlich die Anbindung an die Gewerkschaft Kunst, wenn ich mich recht erinnere. Trotzdem war das kein Streitpunkt. Für mich war aber nach dem Saarbrücker Kongreß der VS erledigt. Ich bin dann erst später ausgetreten, habe noch etwa anderthalb Jahre den Berliner VS-Vorsitz geführt, aber nur noch sehr lustlos.

R. Ch.-H.: Aber ich erinnere mich, es hieß damals, du wolltest sogar für den VS-Bundesvorstand kandidieren, sowohl in Saarbrücken wie zwei Jahre später in Berlin?

H. Ch. B.: Ich war dazu nicht bereit. Es mag sein, daß man mich gefragt hat, aber ich wäre nie gewählt worden. Denn im Gegensatz zu Ingeborg Drewitz, die vermittelnd nach beiden Seiten wirkte, war ich eher polarisierend in meinem Auftreten, und egal was ich sagte, es ging immer ein Schrei der Empörung durch die Reihen des Bundes-VS, nicht im Berliner VS, da hat man mich unterstützt. Schon deshalb kam eine Kandidatur für mich nicht in Frage. Ich war aber auch in diesen Jahren viel auf Reisen,1984 in Nicaragua und danach für ein halbes Jahr in den USA, in New York und Haiti und so weiter, und habe in dieser Zeit den VS-Vorsitz meinem Stellvertreter überlassen. Für mich war in Saarbrücken etwas zerbrochen, nämlich die Hoffnung, daß mit einer gemäßigten Kandidatin wie Ingeborg Drewitz, die ja nicht die radikalste Haltung in dieser Frage vertrat, sie war gemäßigter als Schwenger, auch vorsichtiger als ich, der ich auf die Empfindlichkeiten des Bundes-VS wenig Rücksicht nahm – daß die nicht mehrheitsfähig war und daß ein so windiger Kandidat wie Bleuel, oder sagen wir besser, ein literarisch so wenig qualifizierter Mann Bundesvorsitzender werden konnte, noch dazu aus der Münchner Ecke kommend, wo der Verdacht bestand, daß er der DKP zumindest nahestand, obwohl er SPD-Mitglied war. Dieser Verdacht wird bestätigt, wenn man nachliest, was die »Literaturnaja Gazeta« über den Saarbrücker Kongreß schrieb, wo sie Bleuel lobte als Realpolitiker und uns verdammte als Hysteriker und gefährliche Elemente.[227] Das heißt, für mich war da etwas zerbrochen, und die Reaktion der Gewerkschaftsspitze auf unsere Kritik hat dann das Faß zum Überlaufen gebracht. Denn die Art und Weise, wie dort der alte und kranke Heinrich Böll, dessen Anwesenheit ja etwas Außergewöhnliches war, zurückgewiesen, ja brüskiert wurde von Leonhard Mahlein, und die Art und Weise, wie Detlef Hensche die Kritik an der DDR zurückwies oder unter den Teppich zu kehren versuchte, all das hat mich schockiert.

R. Ch.-H.: Das kann aber nicht Hensche gewesen sein, du meinst wohl Ferlemann?

H. Ch. B.: Alle drei – Ferlemann, Hensche und Mahlein – waren in dieser Frage festgelegt, und von Mahlein, glaube ich, kam ja auch das böse Wort von der fünften Kolonne …

R. Ch.-H.: Nein, das stammt aus dem »kürbiskern«-Interview mit Erwin Ferlemann.

H. Ch. B.: Na gut, jedenfalls hat das massive Auftreten der Gewerkschaftsspitze, die ja eigentlich hätte vermitteln sollen in diesem Konflikt, mir die letzten Illusionen geraubt, und ich war von da an auch ein Kritiker der Gewerkschaftsbindung und bin es heute noch. Ein intelligenter Kompromiß zwischen beiden Fraktionen wurde auch nicht gefunden. Ich bin dann 1986 bei dem Berliner Kongreß ausgetreten,[228] nicht als einziger, es hatte schon vorher Austritte gegeben, und danach kam geradezu eine Woge von Austritten. Nach mir hat Anna Jonas die Arbeit fortgesetzt mit Unterstützung von Günter Grass, aber sie hat dann auch das Handtuch geworfen. – Für mich war wie gesagt Saarbrücken der Wendepunkt, an dem mir klar wurde, daß die Berliner Linie nicht mehrheitsfähig war, weder damals im VS noch heute im P.E.N. Daraus habe ich dann meine Konsequenzen gezogen.

Dokument 24: Telex an den Botschafter der VR Polen in Bonn (2. 3. 1983)

723146 hadru d

526936 berot d

nachr. an vs-bundesgeschaeftsstelle, koll.brackmann:
s. e. dem herrn botschafter der vr polen in bonn.

sehr geehrter herr botschafter,
der verband deutscher schriftsteller (vs) beobachtet mit wachsender sorge, dass in polen neuerdings gegen intellektuelle und zumal gegen mitglieder des polnischen schriftstellerverbands, dem wir uns freundschaftlich verbunden fuehlen, ein sich verstaerkender druck ausgeuebt wird.

darunter koennten nicht nur unsere gutnachbarlichen beziehungen leiden, die uns sehr am herzen liegen, sondern auch die gemeinsamen bemuehungen der schriftsteller beider laender um eine beendigung des wettruestens und die bewahrung europas vor einer atomaren katastrophe.

wir bitten sie, ihrer regierung unsere dringende bitte zu uebermitteln, von den unseren polnischen kollegen angedrohten repressalien abstand zu nehmen.

mit vorzueglicher hochachtung
fuer den vs-bundesvorstand: bernt engelmann, 1. vorsitzender.

2. 3. 83 10.00##

Dokument 25: Antrag Bernt Engelmann / Hannes Schwenger (Schriftstellerkongreß des VS vom 11. bis 13. März 1983)

Schriftstellerkongreß des VS in der IG Druck und Papier vom 11. bis 13. März 1983

Antragsteller: Bernt Engelmann/Hannes Schwenger
Adressat: Bundesvorstand und Resolution
Betr.: Kontroverse im VS

Der Schriftstellerkongreß bedauert die Kontroverse um einzelne Aspekte der Friedensinitiative des VS, die die grundsätzliche Zustimmung der großen Mehrheit unserer Schriftstellerkollegen zu einer

Politik des Friedens und der Entspannung in Europa in den Hintergrund zu rücken droht. Er bedauert, wenn dazu auch Fehlreaktionen von Vorständen und die Berichterstattung und Kommentierung der »feder« beigetragen haben. Der VS tritt dafür ein, niemanden von der Friedensdiskussion auszuschließen, und fordert alle Beteiligten auf, dahinter auch persönliche Konflikte und Kontroversen zurückzustellen. Eine Diskriminierung aus sozialistischen Ländern übersiedelter VS-Kollegen durch dortige Gesprächspartner wird er nicht hinnehmen.

Der Kongreß bittet den Bundesvorstand, innergewerkschaftlich darauf hinzuwirken, daß Überreaktionen auf Kritik von Journalistenkollegen am VS unterbleiben und daß Kritik an VS und IG Druck und Papier nicht vorschnell als entspannungsfeindlich interpretiert wird. Der VS ist bereit, auch einer von ihm als unsachlich empfundenen Kritik nicht das subjektive Verantwortungsgefühl abzusprechen und erwartet das gleiche von seinen Kritikern.

Wir bitten unsere aus dem VS ausgetretenen Kolleginnen und Kollegen, ihren Schritt auf der Grundlage dieser Erklärung zu überdenken und die Solidarität der Einzelgänger in einer starken Mediengewerkschaft im gemeinsamen beruflichen Interesse zu erneuern.

Antrag angenommen mit zwei Enthaltungen

Dokument 26: Information über das Ergebnis des Gesprächs mit dem stellv. Vorsitzenden des »Verbandes Deutscher Schriftsteller« (22. 9. 1983)

ZMA XX 3025
BStU

Hauptabteilung XX/7 — Berlin, 22. 9. 1983

I n f o r m a t i o n
über das Ergebnis des Gespräches mit dem stellv. Vorsitzenden des »Verbandes Deutscher Schriftsteller« (VS) der BRD, Jürgen Lodemann, im Schriftstellerverband der DDR

Zur Führung dieses Gespräches, das auf Drängen von Lodemann durch den Auslandssekretär des Schriftstellerverbandes der DDR, Gen. Scheibner, eigenmächtig vereinbart wurde, beauftragte der 1. Sekretär des Schriftstellerverbandes der DDR nach Konsultation mit der Abteilung Kultur im ZK der SED, Gen. Scheibner auch mit der Führung dieses Gespräches.

An dem Gespräch, das am 14. 9. 1983 in den Räumen des Schriftstellerverbandes stattfand, nahm noch die Mitarbeiterin der Auslandsabteilung des Schriftstellerverbandes der DDR, die Genn. Karla Dyck, teil. In diesem Gespräch unterbreitete Lodemann den Vorschlag, eine gemeinsame Veranstaltung unter der Teilnahme von Schriftstellern der Schriftstellerverbände der DDR und der BRD am 10. 3. 1984 im Bochumer Schauspielhaus als »Ost-West-Gespräch« unter dem Motto »Unsere Republiken« zu organisieren.

Es sei vorgesehen, sagte Lodemann, zu dieser 12 Schriftsteller einzuladen, wobei 6 aus der DDR und 6 aus der BRD teilnehmen werden. Die Schriftsteller sollen in alphabetischer Reihenfolge auftreten und in 15 bis 20 Minuten über ihre Erfahrungen beim Schreiben berichten. Am Abend sei eine anschließende Diskussion zu dieser Veranstaltung vorgesehen, die als 90-Minuten-Sendung im III. Programm des BRD-Fernsehens vorgesehen sei. Lodemann behauptete, daß dieser von ihm unterbreitete Vorschlag auch im Sinne des Vorsitzenden seines Verbandes, Bernt Engelmann, sei.

Lodemann wurde durch den Gen. Scheibner mitgeteilt, daß er diesen Vorschlag zur Kenntnis nehme, aber Lodemann aufgrund dessen verleumderischen Äußerungen in westlichen Massenmedien zu dem IX. Schriftstellerkongreß der DDR keine positive Grundlage für eine von seiner Seite ernstzunehmende Zusammenarbeit sein kann. Gen. Scheibner machte in diesem Zusammenhang auf die Bedeutung der gemeinsamen Friedensinitiativen aufmerksam und die es auch in Zukunft angesichts der gegenwärtigen Bedrohung durch NATO-Raketen weiterzuführen und zu verstärken gelte. Solche Fragen der Zusammenarbeit, wie sie der Vorschlag Lodemanns beinhalte, setzen die Klärung grundsätzlicher Fragen einer kulturellen Zusammenarbeit zwischen der DDR und der BRD voraus, die aber gegenwärtig noch nicht gegeben sind.

Lodemann entgegnete, daß auf dieser Veranstaltung unter der »Tarnkappe« eines fachlichen Arbeitsgespräches natürlich auch die Politik ins Spiel gebracht und die Friedensproblematik diskutiert werden könne.

Lodemann wurde nochmals darauf aufmerksam gemacht, daß sich in der Problematik der Zusammenarbeit in Friedensfragen der direkte Kontakt zwischen dem Vorsitzenden des Verbandes Deutscher Schriftsteller, Bernt Engelmann, und dem Präsidenten des Schriftstellerverbandes der DDR, Hermann Kant, bewährt habe. Lodemann wurde aus diesem Grund durch den Gen. Scheibner empfohlen, seinen Vorschlag Bernt Engelmann zu unterbreiten, womit Lodemann einverstanden war.

Dokument 27: Polen-Telegramm (18. 10. 1983)

an den
vorsitzenden des
ministerrates der volksrepublik polen

armeegeneral wojciech jaruzelski
warschau

sehr geehrter herr vorsitzender,
das p.e.n.-zentrum bundesrepublik deutschland und der verband deutscher schriftsteller in der ig druck und papier sind bestuerzt ueber die staatlich verfuegte aufloesung des polnischen schriftsteller-verbandes. sie fordern fuer ihre polnischen kollegen die umgehende wiederzulassung eines schriftsteller-verbandes, der die interessen der autoren wahrnehmen kann. ausserdem appellieren sie an die polnischen behoerden, dem seit beginn des kriegszustandes suspendierten p.e.n.-zentrum der volksrepublik polen endlich wieder die moeglichkeit zu geben, seine wichtige aufgabe fuer die voelkerverstaendigung fortzusetzen.
mit vorzueglicher hochachtung

p.e.n.-zentrum bundesrepublik deutschland	verband deutscher schriftsteller
hanns werner schwarze	in der ig druck und papier
– generalsekretaer –	bernt engelmann – vorsitzender –

183636 zdf d#
723146 hadru d 18. 10.

Dokument 28: Erklärung von 50 Mitgliedern des Verbandes deutscher Schriftsteller (27. 10. 1983)

Am 27. 10. 1983 haben 25 Mitglieder des VS in einem Offenen Brief an den Bundesvorstand gegen die völlig unzulängliche Erklärung des VS-Vorsitzenden zur Zerschlagung des polnischen Schriftstellerverbandes protestiert. Wenige Tage darauf hat Bernt Engelmann im Namen des Bundesvorstandes diese Stellungnahme bekräftigt. Inzwischen hat sich herausgestellt, daß der Wortlaut des gemeinsamen Briefes von VS und P.E.N. an die polnische Militärregierung auf Initiative von Bernt Engelmann so verändert wurde, daß der Eindruck entstehen mußte, man bestehe nicht auf der Wiederzulassung des aufgelösten polnischen Schriftstellerverbandes, sondern sei auch mit der Gründung eines neuen Verbandes einverstanden.

Wir erklären, daß wir uns durch Bernt Engelmann nicht mehr vertreten fühlen und fordern ihn zum Rücktritt auf. Seit Bernt Engelmann dem Verband vorsteht, hat er die Interessen der Schriftsteller ständig einer falsch verstandenen Diplomatie untergeordnet. Kollegen, die aus der DDR emigrieren mußten, hat er die Solidarität verweigert und sie aus dem VS getrieben. Ohne dazu legitimiert zu sein, hat er den Friedenspreisträger des Deutschen Buchhandels Manès Sperber »im Namen der deutschen Schriftsteller« zur Rückgabe des Preises aufgefordert.

Bernt Engelmann hat von uns kein Mandat, als Vorsitzender des VS Kollegen Zensuren zu erteilen und Denkverbote auszusprechen. Der VS ist keine Gesinnungsgemeinschaft, sondern eine gewerkschaftliche Interessenvertretung. Es verstößt gegen die elementaren Interessen der Schriftsteller, wenn unabdingbare Voraussetzungen ihrer Arbeit wie das Recht auf freie Meinungsäußerung, unzensierte Publikation und Selbstorganisation einer dubiosen Realpolitik geopfert werden. (9.11.83)

Heinz-Ludwig Arnold, Reinhard Baumgart, Horst Bingel, Linde Birk, Heinz Brandt, Hans Christoph Buch, Reinhold Dey, Hugo Dittberner, Walter Helmut Fritz, Jürgen Fuchs, Ronald Glomb, Günter Grass, Alfred Gulden, Sarah Haffner, Ulla Hahn, Ludwig Harig, Edgar Hilsenrath, Hans-Ulrich Hirschfelder, Urs Jaeggi, Karl-Heinz Jakobs, Anna Jonas, Yaak Karsunke, Sarah Kirsch, Claudio Lange, Siegfried Lenz, Joy Markert, Benno Meyer-Wehlack, Ulf Miehe, Dietger Pforte, Alf Poss, Lothar Reese, Karin Reschke, Johannes Schenk, Dieter Schlesak, Bernd Schmidt, Uve Schmidt, Peter Schneider, Hannes Schwenger, Wolfgang Schwiedrzik, Wolfgang See, Adam Seide, Cora

Stephan, Werner Stierl, Klaus Stiller, Johano Strasser, Karin Struck, Jürgen Theobaldy, Gunther Tietz, Guntram Vesper, Ernest Wichner.

(In: feder, 12/1983)

Dokument 29: Erklärung der VS-Landesvorsitzenden

Die Landesvorsitzenden des Verbandes deutscher Schriftsteller in der IG Druck und Papier haben am 22. und 23. November während ihrer Sitzung in Stuttgart die Situation ihres Verbandes diskutiert und die nachstehende Erklärung beschlossen:

Die Landesbezirksvorsitzenden des VS bedauern den überraschenden Rücktritt des Bundesvorstandes, akzeptieren ihn aber, um eine mögliche Spaltung des VS unter allen Umständen zu vermeiden.

Wir gehen davon aus, daß wir gemeinsam mit dem künftigen Bundesvorstand – im Sinne der bisherigen Beschlüsse des VS (insbesondere zur Friedenspolitik und zur Mediengewerkschaft) und im Sinne der Politik der IG Druck und Papier weiterarbeiten.

Wir fordern alle jene Mitglieder auf, die den Bundesvorstand in der Öffentlichkeit kritisiert haben, nun endlich in den Gremien des Verbandes selbst zu diskutieren, nur so lassen sich vorhandene Fehlinformationen und entstandene Mißverständnisse vermeiden.

Wir fordern weiter auf, sich im März 1984 – bei der vorgezogenen Delegiertenkonferenz des VS – mit einem fundierten Programm zur Wahl zu stellen.

Die Landesbezirke des VS (mit Ausnahme von Berlin)
Klaus Birkenhauer (Übersetzer)
Hans-Peter Bleuel (Bayern)
Martin Buchhorn (Saarland)
Volker W. Degener (Nordrhein-Westfalen)
Joachim Hempel (Rheinland-Pfalz)
Robert Meerstein (Schleswig-Holstein)
Norbert Ney (Hamburg)
Johannes Poethen (Baden-Württemberg)
Dagmar Scherf (Hessen)
Johann P. Tammen (Niedersachsen)

(In: feder, 12/1983)

Dokument 30: Bericht über die Reise von Hermann Kant und Gerhard Henniger nach München (14.3.1984)

Schriftstellerverband der DDR Berlin, den 14. März 1984

B e r i c h t
über die Reise der Genossen Hermann Kant und Gerhard Henniger nach München vom 6.–9.3.1984

I.

Die Genossen Hermann Kant und Gerhard Henniger führten in München

- ein Gespräch mit Bernt Engelmann und Dieter Lattmann über die Lage im VS der BRD und über die Friedensaktivitäten der Verbände;
- ein Gespräch in der Redaktion »kürbiskern« zur gleichen Thematik;
- ein Gespräch mit dem Brückenverlag über das Auftreten von DDR-Schriftstellern in den Collektiv-Buchhandlungen in der BRD;
- Hermann Kant las in einer öffentlichen Veranstaltung eine Erzählung; an die Lesung schloß sich eine Diskussion über literaturpolitische Fragen an.

II.

1. Seitens Bernt Engelmanns und Dieter Lattmanns wird die gegenwärtige politische Lage im VS als nicht bedrohlich eingeschätzt. Die Landesverbände (außer Westberlin) hätten sich mit der bisherigen Linie des alten VS-Vorstandes solidarisiert. Im Westberliner Landesverband waren durch eine Art »Putsch« rechte Kräfte in die Leitung gekommen (Buch, Fuchs), die die bevorstehende Bundesdelegiertenkonferenz des VS Ende März in Saarbrücken benützen wollen, um einen anderen Kurs durchzusetzen bzw. den VS zu spalten. Dieser Versuch bekomme nur dadurch Gewicht, da einige namhafte BRD-Autoren, die im Verband seit Jahren inaktiv sind – wie Böll, Grass und Lenz – sich an den Angriffen gegen die politische Linie des alten VS-Vorstandes maßgeblich beteiligen würden. Beide Gesprächspartner schätzen ein, daß aller Wahrscheinlichkeit nach Ingeborg Drewitz zur Vorsitzenden des VS gewählt werden wird. Sie sei eine zuverlässige Kollegin, die im Sinne der alten Vorstandsarbeit weiter wirken würde. (In einem anschließenden persönlichen Gespräch mit Bernt Engelmann äußerten wir in diesem Punkte besondere Zweifel.) Engelmann und Lattmann glauben, daß man den rechten Kräften noch

mehr Wind aus den Segeln nehmen würde, wenn man einer Kandidatur von Erich Loest als Beisitzer im Vorstand zustimmen würde. (Auch in diesem Punkt haben wir im anschließenden Gespräch gewarnt und anhand einiger Fakten zu belegen versucht, warum man Drewitz und Loest im Hinblick auf Konzessionen an die rechten Kräfte nicht unterschätzen darf.) Die Bereitschaft von Chotjewitz, für den VS-Vorsitz zu kandidieren, wurde von beiden als ein belustigender Gag abgetan. Als Vorsitzender des VS käme nach beider Meinung Loest auf keinen Fall in Frage.

Im Zentrum des Gespräches stand die Absicht von Engelmann, Lattmann und ihren Freunden, in Saarbrücken immer wieder die zentrale Frage – der Aktivitäten für Frieden, Abrüstung und Verständigung – in den Vordergrund zu stellen und sie zum Prüfstein für die Haltung jedes einzelnen zu machen.

In diesem Zusammenhang erklärte Engelmann, daß eine neue Erklärung der Initiatoren des Friedensappells europäischer Schriftsteller angesichts der neuen Lage wichtig und im Hinblick auf die Konferenz in Saarbrücken sehr nützlich sein könne. Eine solche Erklärung könne es den linken Kräften erleichtern, in Saarbrücken offensiv aufzutreten.

2. In einer weiteren Zusammenkunft mit Bernt Engelmann wurde der Wortlaut einer solchen Erklärung formuliert. Dabei einigten wir uns darauf, diese Erklärung als »Offenen Brief an die Unterzeichner des Appells europäischer Schriftsteller für Frieden und Abrüstung« abzufassen. Dieser Brief wird allen VS-Delegierten vor Saarbrücken vorliegen und es ermöglichen, in Saarbrücken d i e s e Fragen in den Vordergrund zu rücken. Seitens der rechten Kräfte wird erwartet, daß in Saarbrücken vor allem Kontakte zu »oppositionellen« Kräften in den sozialistischen Ländern gefordert werden, weitere gemeinsame Aktivitäten mit den Schriftstellerverbänden sozialistischer Länder abgelehnt werden, der Austritt des VS aus der IG Druck und Papier betrieben wird und – falls diese Ziele nicht erreicht werden – an die Gründung eines neuen Verbandes gegangen wird.

Der Wortlaut des Offenen Briefes wurde an die Nachrichtenagenturen DPA und PPA gegeben. Nach unseren Informationen wurde er bisher in der BRD nur in der »Volkszeitung« und der »UZ« veröffentlicht.

3. In den Gesprächen mit Engelmann und Lattmann legten wir auch anhand einiger Beispiele dar, wie ehemalige DDR-Bürger in der BRD zu Schriftstellern hochstilisiert werden, nur wenn sie sich öffentlich gegen die DDR erklären. So teilten wir Engelmann mit, was wir von einem gewissen Dieter Schulze halten, der auf der letzten Frankfurter

Buchmesse von dem Westberliner Hannes Schwenger als verfolgter DDR-Autor päsentiert wurde. Schwenger wurde von Engelmann als ein professioneller Kalter Krieger eingeschätzt.

4. An der öffentlichen Veranstaltung nahmen ca. 120 Besucher teil. Hermann Kant las eine neue Erzählung, die mit viel Beifall aufgenommen wurde. In der anschließenden Diskussion ging es vor allem um Fragen wie:

- Welche interessanten Werke sind in letzter Zeit in der DDR erschienen?
- Welche Gründe gibt es dafür, daß Schriftsteller die DDR verlassen?
- Warum erscheinen Bücher in der DDR von DDR-Autoren nicht mit gleichem Text wie in der BRD?
- Wie arbeitet der Schriftstellerverband mit jungen Autoren; wie wird man Schriftsteller?

Auch bei dieser Gelegenheit konnten einige Falschmeldungen über die Literaturentwicklung in der DDR zurückgewiesen werden. An der Veranstaltung nahm auch ein Vertreter von DPA teil; Veröffentlichungen über diese Veranstaltung in der bürgerlichen Presse sind uns bis jetzt nicht bekannt geworden.

III.

Die Reise gab die Möglichkeit eines Gedankenaustausches mit den linken Kräften im VS in Vorbereitung der für diesen Verband wichtigen Delegiertenkonferenz in Saarbrücken.

Engelmann und Lattmann bedankten sich für die Gespräche, die sie als »ermutigend« bezeichneten. Gleichzeitig zeigten die Gespräche, daß bei den sozialdemokratischen VS-Mitgliedern offensichtlich die Schwere des Angriffes der rechten Kräfte in verschiedenen konkreten Punkten und Zusammenhängen unterschätzt wurde.

G. Henniger 1. Sekretär

Dokument 31: Offener Brief an die Unterzeichner des »Appells der Schriftsteller Europas für Frieden und Abrüstung« (7. 3. 1984)

Liebe Schriftstellerkolleginnen und -kollegen,
heute vor drei Jahren haben wir ein west-östliches Tabu verletzt, uns zusammengesetzt und den Appell der Schriftsteller Europas verfaßt. Was uns dazu bewog, war allein die deutlich gewachsene Gefahr eines unseren Kontinent besonders bedrohenden Atomkrieges. Die Zustimmung zu diesem Appell übertraf alle unsere Erwartungen: Über alle sonstigen politischen, literarischen oder auch persönlichen Differenzen hinweg unterschrieben allein in Europa, in West und Ost zusammen, fast viertausend Schriftsteller den Appell, ein beispielloser Vorgang.

Übertroffen wurden seither auch unsere Befürchtungen: Die Aufstellung der Pershings und Cruise Missiles, die wir verhindern wollten, ist bereits voll im Gange; die angekündigte Antwort des Warschauer Pakts, die wir ebenso vermieden wissen wollten, ließ nicht auf sich warten. Die atomare Gefährdung Europas hat sich also nicht vermindert, sondern sie hat erheblich zugenommen.

Ins Kalkül derer, die meinen, es gibt Wichtigeres als den Frieden, und die noch immer glauben, den atomaren Holocaust auf Europa begrenzen zu können, gehört auch, den Widerstand gegen weitere Aufrüstung sich abnutzen zu lassen bis zur Gewöhnung an den aberwitzigen Zustand.

Liebe Kolleginnen und Kollegen, hier liegt unsere Verantwortung und damit auch unsere Aufgabe: Der Resignation entgegenzuwirken, den moralischen Widerstand zu stärken, als Schriftsteller jeden vernünftigen Vorschlag zu fördern, der – gleich von welcher Seite auch immer – ein sofortiges Einfrieren der Rüstung und ihren baldigen Abbau zum Ziele hat.

Setzen wir gemeinsam fort, was wir gemeinsam begonnen haben!

Bernt Engelmann Hermann Kant München, den 7. März 1984

Dokument 32: UZ-Interview mit Stephan Hermlin: »... denen kommt es ja nicht auf Frieden an«

Über das neue Buch von Stephan Hermlin »Äußerungen 1944–1982«, das Reden, Aufsätze, Reportagen und Interviews aus knapp 40 Jahren umfaßt, sprach kürzlich UZ-Redakteurin Ruth Stankiewicz mit dem Autor. Im Verlaufe des Gesprächs ging Stephan Hermlin auch auf sogenannte Flüchtlingsgespräche ein, die von Günter Grass und einigen anderen BRD-Autoren und ehemaligen DDR-Bürgern in Westberlin geführt wurden. Nachstehend das in »Unsere Zeit« erschienene Interview:

UZ: Stephan Hermlin, Ihr neues Buch behandelt ein beträchtliches Stück Kultur- und Zeitgeschichte. Aber es beschreibt auch Persönliches, Entwicklungen an Hand von Erfahrungen, ist es so etwas wie Standpunktfindung?

Hermlin: Nicht nur, ich nenne es ein Sammelsurium. Es ist ein Buch, das sich befaßt mit Ereignissen der Geschichte. Eine Riesenrolle spielen darin die Weltfriedensbewegung und sehr viele Schriftsteller. Auch setze ich mich mit sehr viel Polemik mit restaurativen Kräften auseinander. Indirekt kann man an diesen Dingen sicher auch die Entwicklung einer Person sehen.

UZ: Ich hörte in einer Ihrer Lesungen einen Ausschnitt aus der Geschichte »Ein Mord in Salzburg«. Sie erzählen darin von einem Mann, der wegen der Verherrlichung von Nazimorden umgebracht wird. Die Geschichte nachrecherchierend, zeigen Sie Hintergründe und Parallelen auf.

Hermlin: Ich versuche deutlich zu machen, was wirkliches Geschichtsbewußtsein bedeutet. Man war ja wirklich befreit, und das kann ich in Salzburg nur vor diesem Hintergrund sehen – auch heute noch. Die Vergangenheit ist immer präsent. Und wenn ich heute am Residenzplatz am großen Zeitungsplatz vorbeigehe und sehe dort deutlich sichtbar die National- und Soldatenzeitung ausliegen, dann ist das auch Salzburg. Das gehört alles zusammen.

UZ: Sie sagten, Ihr Buch sei auch ein Buch der Weltfriedensbewegung. Sie gehören zu den Initiatoren der Schriftstellergespräche für den Frieden. Wird es damit weitergehen?

Hermlin: Das hängt nicht von mir ab. Und ich bin jetzt nicht so erpicht darauf. Was mich angeht, so müßte ja klar sein, sehe ich sie gestört durch diese Herrschaften, die gegenwärtig sogenannte Flüchtlingsgespräche abhalten. Obwohl sie dazu niemand legitimiert hat.

Flüchtlinge sind wir. Nur wir, niemand sonst. Nur wir Antifaschisten. Diese Herrschaften sind Ausreiser. Ausreiser mit Sack und Pack, bei hellichtem Tage, mit schönen Papieren, auf ihre eigene Veranlassung und oft mit freundlicher Verabschiedung. Solange Grass sich stören läßt von diesen Leuten und sie sozusagen in seine Arme nimmt, sie sozusagen bevatert, wird das wohl nichts werden.

Denn denen kommt es ja nicht auf Frieden an. Das haben sie von Anfang an sehr deutlich gemacht. Ich habe dagegen immer den Standpunkt vertreten: Wer den Frieden will, ist dazu verdammt, mit der anderen Seite zu verhandeln, zu reden usw. Es ist völlig uninteressant, mit sich selber Frieden zu machen, mit den Leuten Frieden zu machen, die sowieso so denken wie man selber denkt. Das ist das Einfachste von der Welt.

UZ: Sie meinen also, diese Leute gefährden eigentlich das, was für die Erhaltung des Friedens nötig und möglich wäre?

Hermlin: Ja. Das ist eine Aktion des kalten Krieges. Und es ist eben so, daß es absolut anachronistisch wirkt. Diese Leute werden sich einmal mit Stolz, einem sehr zweifelhaften Stolz sagen können, daß sie der gesamten Entwicklung entgegengearbeitet haben. Was diese Leute letzten Endes wollen, das ist zwar schwer zu sagen, aber sie werden auch selbst noch genötigt sein, es zu sagen: Sie wollen die DDR weghaben, eliminieren. Das wird ihnen aber nicht gelingen. Das ist schon stärkeren Bataillonen nicht gelungen

(Neues Deutschland, 7./8.4.1984)

V Der Kampfkongreß in Saarbrücken

Carsten Gansel

Der Verband deutscher Schriftsteller zwischen Politik, Literatur und Moral

Über die Vorgänge im Verband deutscher Schriftsteller (VS) vor allem in den Jahren 1984 bis 1986 gibt es bis heute nur vereinzelt Äußerungen derjenigen, die an den Kontroversen beteiligt waren. Eine Ausnahme macht – wie so oft – Erich Loest. In seiner Biographie »Der Zorn des Schafes« (1990) erinnert er an die Debatten der 80er Jahre, an den Kongreß von Saarbrücken, die aufgeheizte Stimmung oder die dann folgenden problematischen Kontakte zwischen den beiden deutschen Schriftstellerverbänden.[229]

Im Vorfeld der Bundesdelegiertenkonferenz des VS vom März 1984 gab es mindestens zwei Ereignisse, die zum Auslöser der folgenden Debatten wurden. Das erste Konfliktfeld bildete ein Telegramm, das P.E.N. und Verband deutscher Schriftsteller gemeinsam an den Vorsitzenden des Ministerrates der Volksrepublik Polen, General Jaruzelski, geschickt hatten. In dem ursprünglichen Schreiben war zunächst die Forderung erhoben worden, *den* verbotenen polnischen Schriftstellerverband wiederzuzulassen. Der von Bernt Engelmann mitverantwortete veränderte Wortlaut sprach nur noch von der »wiederzulassung eines schriftsteller-verbandes, der die interessen der autoren wahrnehmen kann«.[230] Die Reaktionen folgten umgehend. Zahlreiche Autoren protestierten gegen diesen maßgeblichen Eingriff, bei dem es keineswegs nur um den Austausch eines bestimmten durch einen unbestimmten Artikel ging.[231] Ein zweiter Konflikt entstand durch die Reaktion von Bernt Engelmann auf die Rede von Manès Sperber zur Verleihung des Friedenspreises des Deutschen Buchhandels am 16.10.1983. Manès Sperber hatte die Sowjetunion als totalitäres Regime und »bedrohliches Imperium« charakterisiert, das »seit dem Zweiten Weltkrieg mehrere europäische Staaten in Satelliten verwandelt hat«. Aus diesem Grunde votierte er für eine Aufrüstung Europas als notwendigen Schutz. »Wer jedoch glaubt und glauben machen will, daß ein waffenloses, neutrales, kapitulierendes Europa für alle Zukunft des Friedens sicher sein kann«, so Sperber, »der irrt sich und führt andere in die Irre.«[232] Nicht nur Bernt Engelmann sah darin eine Ablehnung der friedlichen Koexistenz und eine »provokatorische Attacke gegen die Friedensbewegung«. Seine Antwort lautete: »Wer statt Abrüstung weitere atomare Aufrüstung predigt, wer jeden Versuch friedlichen Zusammenlebens als Hirngespinst abtut und vermehrte Aggressivität für wünschenswert hält, der sollte den von ihm wohl nur irrtümlich angenommenen Friedenspreis schleunigst zurückgeben.«[233]

Für diejenigen, die Bernt Engelmanns Attacke gegen Manès Sperber als berechtigt empfanden, war nach Jahrzehnten eines »kalten Krieges« und der erkannten Gefahr einer militärischen Konfrontation zwischen den beiden Militärblöcken Engelmanns Position plausibel: »Nichts ist so wichtig wie die Erhaltung des Friedens.«[234] Es entsprach auch dieser Überzeugung, wenn Bernt Engelmann im Verband deutscher Schriftsteller Mehrheiten für eine *Politik* des Ausgleichs mit Schriftstellern, Funktionären wie Politikern aus den Ländern des Real-Sozialismus suchte. Favorisiert wurden Friedens-Gespräche. Dabei ging man davon aus, daß es zu diesem Zweck notwendig sei, taktisch zurückhaltend vorzugehen und einen Dissens nicht in den Vordergrund zu stellen. Engelmann fühlte sich mit seiner politisch-ideologischen Argumentation auch deshalb im Recht, weil für ihn der VS in erster Linie ein gewerkschaftlicher Zusammenschluß war. Der Verweis auf die Gründungsintentionen diente ihm zur Abwehr von Protesten an der Praxis der Friedensgespräche sowie des Vorwurfs, das Literarische komme zu kurz. Gegen dieses Selbstverständnis des Verbandes hatte bereits Ota Filip polemisiert, und Bernt Engelmann konterte mit dem Hinweis: »Sie verwechseln da den VS mit dem Romanischen Café der späten 20er Jahre.«[235] Nachdem Franz Xaver Kroetz Anfang Januar 1983 seinen Austritt aus dem gewerkschaftlich organisierten Schriftstellerverband erklärte, weitete die Kontroverse sich aus. Der sich als politischer Autor verstehende Kroetz erteilte damit einem politisch agierenden Verband eine Absage. Ihm ging es eben nicht darum, »wie Politiker, mit der reinen Politik eine oder meine Politik (zu) machen«, Kroetz wollte »mit *Kunst* Politik machen«. Von diesem Grundverständnis her bewertete er die Friedensgespräche als *politisch* durchaus akzeptabel, aber fragte »mit welcher Sprache, mit welchem Umgangsgestus, mit welchen Selbstdefinitionen wird das getan?«.[236] Franz Xaver Kroetz hatte damit den Kern des *inneren* Konflikts beschrieben, der im Verband deutscher Schriftsteller zu Beginn der 80er Jahre entstanden war und in der Folgezeit eher verdeckt denn gelöst wurde.

Literarische Gruppenbildung zwischen belletristischem Bewußtsein und politischem Bekenntnis

Literarische Gruppen sind immer auch ein Ort sozialer Identitätsbildung von Schriftstellern, und sie haben eine nicht zu unterschätzende Bedeutung für ihre Arbeits- und Sozialbeziehungen. Für die Entwicklung des literarischen Lebens in der Bundesrepublik erlangten in diachroner Sicht zwei Gruppenbildungen besondere Bedeutung: zunächst die Gruppe 47 und dann der Verband deutscher Schriftsteller. Abgesehen von den prinzipiellen Unterschieden zwischen Gruppe 47 und VS – beide verhalten sich sozusagen spiegelverkehrt zueinander –, läßt sich sagen: Das Ende der Gruppe 47 war der Beginn des Verbandes deutscher Schriftsteller. Zumindest wurde die Gründung des VS vor allem von jenen Literaten maßgeblich betrieben und unterstützt, die durch ihr literarisches Ansehen eine entscheidende Rolle in der Gruppe 47 gespielt hatten. Dazu gehörten Autoren wie Heinrich Böll, Günter Grass, Siegfried Lenz, Martin Walser. Der Unterschied zwischen der Gruppe 47 und dem VS als einer gewerkschaftlichen Vereinigung zeigt, in welchem Maße literarische Gruppenbildungen, ihr Aufschwung, ihre Krise wie ihr Ende in Verbindung mit gesamtgesellschaftlichen Phänomenen stehen.[237] Die Gruppe 47 besaß ein bewußt *literarisches Profil*, durch ihre Tagungen wie die Preisverleihungen wurde sie innerhalb des literarischen Lebens über Jahrzehnte zur wichtigsten Selektionsinstanz. Ihr Votum bestimmte maßgeblich über Rang von Literatur sowie Autoren. Zu beachten ist dabei, daß die Gruppe 47 ihre »Monopolstellung« vor dem Hintergrund einer Phase der relativen ökonomischen und politischen Stabilisierung in der Bundesrepublik aufbauen konnte. An diese gesellschaftlich-kulturelle Situation war – bei aller Opposition gegenüber dem »Adenauer-Staat« – die den Gruppenzusammenhalt prägende Ideologielosigkeit, der Verzicht auf politische Aktivitäten und die Beschränkung auf die »Literaturwelt« gebunden. Angesichts der ab Mitte der 60er Jahre einsetzenden politisch-sozialen, ökonomischen, kulturellen Verwerfungen geriet diese Form der Gruppenbildung in die Krise, und ihr Ende war folgerichtig. Die praktizierte Form der politisch-ideologischen Enthaltsamkeit wie die Konzentration auf Literarisches wurde von einer neuen Autorengeneration nicht mehr mitgetragen, und sie ließ sich angesichts der gesellschaftlichen Veränderungen auch nicht mehr durchhalten.[238] Die Gruppe 47 löste sich auf, und in der Phase einer gesellschaftlich-kulturellen Krise trat an ihre Stelle eine gewerkschaftliche Verbindung, die sich nach außen bewußt ideologisch-programmatisch erklärte. Gefragt wurde nach der Rolle des politischen Engagements wie der gesellschaftlichen Funktion von Literatur überhaupt. Martin Walser sprach in einem Radio-Vortrag 1967 vom »Engagement als Pflichtfach für Schriftsteller«. Und Heinrich Böll forderte in seiner Rede zur Gründungsversammlung des Verbandes deutscher Schriftsteller am 8.6.1969 in Köln dann von den Autoren ein »Ende der Bescheidenheit«. Er distanzierte sich von der Funktion der Funktion der Gruppe 47 als einer *literarischen Selektionsinstanz* und einem Legitimationsorgan für Literatur und polemisierte nun gegen einen »Pseudo-Geniekult« und »Pseudo-Individualitätskult«, der es dem Staat ermöglicht, daß er »uns ... zerspalten und zersplittert halten und einzeln abfertigen kann«.[239] Böll ging es darum, »darüber nachzudenken, ob die alte, bürgerliche Alternative Solidarität *oder* Individualismus ... noch gültig ist; niemand wird uns zwingen können, auch nur die kleinste literarische Nuance aufzugeben, uns in den Feuilletons nicht weiter zu befehden und gleichzeitig *gesellschaftlich solidarisch zu sein*«.[240] An die »namhaften Kollegen« appellierte er, »diesem Verband ihren Schall und ihren Rauch (zu) leihen, damit er energisch ins *politische Dasein* treten kann«.[241] Bei der Gründungsidee des VS stand also die Ausbildung eines bewußt politischen Profils im Vordergrund. Auf dem Schriftstellerkongreß 1970 hielt Martin Walser ein Plädoyer »Für eine IG Kultur«, und Heinrich Böll beschwor erneut die »Einigkeit der Einzelgänger«: »Ich kann hier nicht auf das jahrhundertealte Palaver zwischen Engagierten und Nichtengagierten referieren, nicht über die Spiegelung dieser beiden Begriffe innerhalb der Wertungssysteme der verschiedenen Ideologien reflektieren. Es liegt mir nicht im geringsten, ein plakatives ›Seid einig, Autoren‹ auszurufen. Die Spannungen, Feindschaften oder Fehden zwischen den verschiedenen Ausdruckspositionen gehören zum Geschriebenen, zum Veröffentlichten. Es geht nicht darum, einen vielfach verspannten planetarischen Hintergrund auf alexandrinische Weise in einen simpel strahlenden blauen Himmel zu verwandeln, an dem ein paar liebe, einsame Sterne funkeln. Noch ist nicht geklärt, was klärbar wäre: der Vordergrund, die *sozialpolitische Plattform,* die das Ziel dieses Verbandes ist.«[242]

Über das Ziel, mit dem Verband eine sozialpolitische Plattform zu schaffen, bestand Ende der 60er Jahre unter Autoren Einigkeit, und mit diesem Ziel hatte Dieter Lattmann die Gründung eines Schriftstellerverbandes mit in Gang gesetzt.[243] In den folgenden Jahren war der VS dann kein Organ individueller literarischer Selbstverständigung oder schriftstellerischer Identitätsbildung, sondern er funktionierte eher als eine Art »Manifestgruppe« (F. Kröll). In diesem Sinne suchte der VS *ideologisch-programmatische* Ziele umzusetzen, und Dieter Lattmann war in diesem Auftrag für die SPD Mitglied des Deutschen Bundestages.[244] Die Erfolge des VS sind Ergebnis seines Auftretens als »Manifestgruppe«, auf diese Weise erreichte er eine Urheberrechtsänderung, und darauf aufbauend erfolgte die Einrichtung der Sozialfonds und des Autorenversorgungswerkes. Schließlich wurde das Tarifvertragsgesetz verändert und die Künstlersozialversicherung eingeführt. Insofern kam es zu einer »Verrechtlichung« der Profession des traditionell freiberuflichen Schriftstellers. Dieses erfolgreiche Agieren des VS im Sinne eines *berufspolitischen* Engagements wurde über Jahre von den Autoren gebilligt, und Bernt Engelmanns Ansehen als VS-Vorsitzender hatte hier einen Grund. Aber die Einwände von Ota Filip oder Kroetz signalisierten Widerspruch zu einer Entwicklung des VS, die ihn zum einen immer mehr zu einer »Resolutionsmaschine« (Reinhard Baumgart) machten und zum anderen »mit Kunst, mit Literatur, mit dem ums Leben schreiben« wenig zu tun hatten. Es zeigte sich, daß mit dem Abflauen der politisch-sozialen Auseinandersetzungen der 70er Jahre und zunehmender sozialer Stabilität erneut das Bedürfnis wuchs, sich in einem Schriftstellerverband über rein literarische Belange zu verständigen. Die damit einsetzende Krise des VS bestätigt eine Vermutung von F. Kröll, wonach »in Perioden sozialer Stabilität der Typ der pragmatisch-berufsorientierten ›Service- bzw. Dienstleistungs-Gruppe‹« dominiert.[245] Damit ist eine Gruppenbildung gemeint, in der eine Selbstverständigung über die literarische Arbeit Priorität besitzt. Dieses natürliche Verlangen von Schriftstellern suchte Bernt Engelmann mit dem Hinweis zu entkräften: »Wir sind kein Romanisches Café«. Das Bemühen also, im Verband literarischen Aspekten ein stärkeres Gewicht zu geben bzw. überhaupt erst nach Möglichkeiten zu suchen, wie dies im Rahmen einer gewerkschaftlichen Organisation aussehen könnte, wurde abgewehrt. Trotz der nicht zu übersehenden politisch-kulturellen Veränderungen und der Forderungen einer Reihe von Mitgliedern setzte man im Vorstand auf eine ungebrochene Fortsetzung der Gründungsidee von 1969, das Selbstverständnis als »Manifestgruppe« blieb bestimmend. Entsprechend kam *politisch-ideologischen Bekenntnissen* und Statements eine zentrale Rolle zu. Wenn dann gewerkschaftliche Abstimmungsprocederes und ihr Ergebnis dafür herhalten mußten, ein verbindliches *politisches Handlungsprogramm* festzulegen, war Widerstand vorprogrammiert. Nicht wenige prominentere Mitglieder sahen sich politisch mißbraucht. Reinhart Baumgart hatte bereits 1982 dieses Problem benannt: »Die mit dem Gewerkschaftsbeitritt verbundene Erwartung war gerade die, daß er sich auf die berufspolitische Arbeit konzentrieren würde. So und nur so war die Einigkeit der Einzelgänger gemeint, die sich sofort auflöst, wenn im Verband eine gemeinsame politische Meinung durchgesetzt werden soll, die es nicht gibt und die selbst mit Mehrheitsbeschlüssen nicht durchgesetzt werden dürfte.«[246]

Das Bemühen des VS über seine gewählten Vertreter ein *politisches Forum* zu bilden und nach Möglichkeit in die Tagespolitik einzugreifen, ging über das hinaus, was in einer *literarischen Gruppenbildung* konsensfähig sein konnte. Hinzu kommt ein grundsätzliches Problem: Schriftstellern ist auf Grund ihres Selbstverständnisses Identifikation mit politischen Programmen nur in Grenzen möglich. Bei der gesinnungsethischen Motivierung der Schriftstellerprofession kommt Kategorien wie »Freiheit«, »Wahrheit«, »Moral« eine Leitbildfunktion zu. Und in dem Fall, da sich diese Werte mit dem Anspruch eines kritischen Intellektuellen verbinden, wird es schwer, einzelne Autoren auf eine politische Linie oder gar ein Parteiprogramm zu verpflichten. Eine (politische) Konsensbildung wird eher in der Konzentration auf ein Gegen-Denken möglich sein, also in der Formulierung dessen, was Autoren ablehnen und wogegen sich ihre intellektuelle Kritik richtet. Und auch das im VS immer wieder betonte »Wir-Gefühl« hat sein verbindendes Element weniger in der »positiven« Formulierung dessen, wofür man einsteht, sondern eher in der gemeinschaftlichen Verteidigung der sozialen Identität gegen Angriffe von »außen«.[247]

Frieden oder Menschenrechte?

Beachtet man diese für literarische Gruppenbildungen charakteristischen Merkmale, dann wird nachvollziehbar, in welchem Maße Bernt Engelmann mit seiner am Beginn der 80er Jahre forcierten »Friedenspolitik« den bis dahin im VS mühsam gehaltenen Konsens aus dem Gleichgewicht brachte. Mit dem Komplex »Frieden« und »Menschenrechte« waren Grundwerte literarischer Existenz wie »Freiheit«, »Moral«, »Gewissen«, »Wahrheit« aufgerufen, die sich nicht beliebig einer politischen Willensbildung nach dem »Delegiertenprinzip« oder per Abstimmung unterordnen ließen. Bereits die Kritik von Ota Filip zeigte, daß das Friedensengagement des VS keineswegs – wie zunächst vermutet – ungeteilte Zustimmung fand. Zwar hatten Äußerungen im Umfeld des damaligen USA-Präsidenten, Ronald Reagan, von der vermeintlichen Möglichkeit eines »begrenzten nuklearen Krieges« in

Europa, die einsetzende Nachrüstungsdebatte wie das Wissen um die Folgen einer atomaren Auseinandersetzung zum Entstehen einer neuen Friedensbewegung in der Bundesrepublik geführt. Aber selbst wenn Autoren darin eine wichtige Rolle spielten, waren ihre Motive unterschiedlich.[248] Das signalisierten allein die Positionen von Heinrich Böll, Günter Grass und Bernt Engelmann. Die Initiative von Bernt Engelmann im August 1981 für den »Friedensappell der Schriftsteller Europas« war noch von vielen Autoren aller Kontinente unterzeichnet worden. Und im Oktober 1981 sprach Heinrich Böll in Bonn auf der mit 300 000 Teilnehmern bis dahin größten Friedenskundgebung in der Geschichte der Bundesrepublik. Doch so vorbehaltlos Böll sich für Friedensaktivitäten einsetzte, so unduldsam machte er auf die Verletzung demokratischer Grundrechte in den Ländern des Real-Sozialismus aufmerksam. In seiner Bonner Rede verwies er auf die Situation von Andrej Sacharow in der Sowjetunion und Václav Havel in der ČSSR. Das Friedensengagement von Heinrich Böll und Günter Grass war verbunden mit dem kompromißlosen Eintreten für die Menschenrechte und für eben jene Werte wie Freiheit, Wahrheit, Moral. Dies entsprach ihrem Verständnis von der Profession des Schriftstellers, und zweifellos wollten sie solche Grundideen auch in einem Verband umgesetzt sehen. Bei den dann geführten Gesprächen zwischen Autoren beider deutscher Staaten, wie der von Stephan Hermlin initiierten Begegnung im Dezember 1981 in Ostberlin oder der Zweiten Berliner Begegnung im April 1983 führte die so verstandene Auffassung von der Rolle der Literatur dazu, daß Günter Grass, Hans Christoph Buch, Peter Schneider dem Vorschlag von Stephan Hermlin und Hermann Kant widersprechen *mußten,* »nur über den Frieden« zu reden und das Thema »Menschenrechte« auszuklammern.[249] Im Unterschied dazu sah Bernt Engelmann – als Vorsitzender des Verbandes deutscher Schriftsteller – in der Forderung, auch Fragen der Menschenrechte zu diskutieren, »das Verlangen nach Selbstaufgabe des anderen«. Dies sei »keine Grundlage für gemeinsame Friedens- und Abrüstungsbemühungen, sondern eine Forderung nach bedingungsloser Kapitulation, die ernsthafte Bemühungen um Entspannung zunichte macht.«[250] Da er mit dieser Position nicht allein stand, mußte es zu einer Ausdifferenzierung der Standpunkte kommen. Die aufgeregte Debatte in der Zeitschrift des Verbandes, »feder«, dokumentiert die Kontroverse und ist Ausdruck für die Krise des VS.[251] Die eingetretene Reduktion des VS auf eine »Bekenntnisgruppe« wurde nicht nur von Günter Grass kritisiert. Für ihn war Engelmann »nicht befugt, Positionen, über die man reden kann, für die er sicher auch Gründe anführen kann, zur Position des Verbandes zu erklären«.[252] Genau dieser – seit Beginn der 80er Jahre schwelende Konflikt – trat nun, 1984, auf der Bundesdelegiertenkonferenz des Verbandes deutscher Schriftsteller in Saarbrücken offen zutage, und er führte schließlich zu jenen konspirativ anmutenden Bemühungen, die Wahl von Ingeborg Drewitz zu verhindern.

Erinnerung als Aufgabe

Wenn im Rückblick versucht wird – durch Bemühungen der Geschichtskommission angeregt –, die ab Beginn der 80er Jahre ablaufenden Prozesse im Verband deutscher Schriftsteller *erinnernd* zu rekonstruieren, dann sollte mitgedacht werden, in welchem Maße »Tricks der Erinnerung« (Uwe Johnson) ein retuschiertes Bild der Vergangenheit geben können. Das Gedächtnis allein ist kein hinreichender Garant für Wahrheitsfindung. Uwe Johnson hatte in den »Jahrestagen« am Beispiel seiner Protagonistin, Gesine Cresspahl, die subjektiven Schwierigkeiten des Erinnerns präzis beschrieben. Es kann nämlich zu einer »Blockade« kommen, die »Fetzen, Splitter, Scherben, Späne durchsickern (läßt), damit sie das ausgeraubte und raumlose Bild sinnlos überstreuen, die Spur der gesuchten Szene zertreten, so daß wir blind sind mit offenen Augen. Das Stück Vergangenheit, Eigentum durch Anwesenheit, bleibt versteckt in einem Geheimnis, verschlossen gegen Ali Babas Parole.«[253]

Eben, weil es diese »Tricks der Erinnerung« gibt, die radikale Konstruktionen sein können, darf man nicht der Täuschung unterliegen, mit der Erinnerung schon die GESCHICHTE zu haben. Dies gilt auch für die in diesem Band dokumentierten Vorgänge um den Verband deutscher Schriftsteller. Nicht zuletzt die widersprüchlichen Erinnerungen über den Kongreß von Saarbrücken im Jahre 1984 zeigen, daß abschließende und endgültige Wertungen unangebracht sind. Die subjektiven Befunde der Gedächtnisarbeit sind zu ergänzen durch Analysen, Protokolle, Berichte, Briefe und nicht zuletzt durch Dokumente aus Archiven. Dieser Prozeß hat gerade erst begonnen, und der Schlüssel zu »Ali Babas Parole« ist noch nicht gefunden.

Renate Chotjewitz-Häfner

Wahrheitsgetreuer Bericht über die ordentliche Bundesdelegiertenkonferenz in Saarbrücken

Wohl kein Ereignis in der fünfundzwanzigjährigen Geschichte des VS hat ähnlich Wellen geschlagen, wie die Bundesdelegiertenkonferenz, die 1984 in Saarbrücken stattfand, und kein anderes Thema löst bis heute in VS-Kreisen ähnlich emotionsgeladene Reaktionen aus. Im Lauf der Jahre machten sich Berührungsängste und Vermeidungsstrategien breit; eine Behauptung, die auch anhand dieses Bandes überprüft werden kann. Der Virus erwies sich als zeitresistent und infizierte noch die Geschichtskommission.

Im Mittelpunkt der Saarbrücker Debatte steht die politische Kontroverse um »Frieden oder Menschenrechte?«; genauer, ein Streit zwischen Ideologien und um einen politischen Kurswechsel im westdeutschen Schriftstellerverband, den die Schriftsteller der alten Bundesrepublik im Jahr 84 in aller Schärfe austragen und dessen endgültigen Auslöser das sogenannte »Polen-Telegramm« vom August 1983 bildet. Ein Streit vor dem Hintergrund des sich abzeichnenden Aufbrechens der politischen Block-Konfrontation; ein Streit, der bleibende Verletzungen und Risse hervorgerufen hat (in diesem Sinn könnte sogar von einer »Spaltung« gesprochen werden) und der in den dazwischenliegenden Jahren nicht beigelegt oder beendet wurde. Nun gewann er durch die Vereinigung der beiden Deutschländer und die Öffnung der DDR-Archive unversehens neue Aktualität. Mag sein, daß die Kontroverse von damals schon aus diesem Grund sich noch heute als »unverarbeitet« manifestiert.

Eine zentrale Rolle in dem Saarbrücker Wortgefecht spielen diejenigen Schriftsteller, die sich 1984 noch dem VS zugehörig fühlten und ihn in den folgenden Jahren verließen, darunter die wichtigsten Schriftsteller Nachkriegs(west)deutschlands, und die aus der DDR, der CSSR, Rumänien und anderswoher in der Bundesrepublik gelandeten Dissidenten sowie eine andere Gruppe von SchriftstellerInnen (und Delegierten), die nolens volens im Verband verblieb und ihn folglich bis heute trägt und prägt. Dazu kommt eine personenbezogene Entscheidung: Die Wahl einer neuen VS-Vorsitzenden. Die Saarbrücker Versammlung mußte anberaumt werden, weil nach dem Rücktritt des gerade erst in Mainz neugewählten letzten »Engelmann-Vorstandes« die außerordentliche, vorgezogene Neuwahl eines Bundesvorstandes anstand. Dieser hatte nach ein paar Monaten Amtszeit im November 83[254] das Handtuch geworfen, wegen immer lauter erhobener Rücktrittsforderungen seitens prominenter Mitglieder, angefangen bei Günter Grass, »um eine Spaltung des VS zu verhindern«[255]. Der erste Rücktritt eines VS-Bundesvorstandes machte die Krise augenfällig.[256] Allerdings, sämtliche Landesverbände, ausgenommen der VS Berlin (West), waren noch im Februar 84, bei ihrer gemeinsamen Sitzung, mit der Konsequenz, also Rücktritt und Neuwahl, nicht einverstanden. Anders gesagt, in Saarbrücken fand eine Neuwahl statt, deren Notwendigkeit die Mehrheit der Delegierten nicht einsah, so wenig wie einen politischen Kurswechsel. Sie wären lieber beim Altbewährten geblieben, mit dem alten Vorsitzenden, ohne Kurswechsel und vor allem ganz ohne Verbandskrise.[257]

Unter dieser Prämisse hatte man die Westberliner Schriftstellerin Ingeborg Drewitz überredet, für den Vorsitz zu kandidieren. Ihr traute man genügend Integrationskraft und damit die Fähigkeit zu, den tiefen Riß noch einmal zu kitten. Alle Landesverbände, d. h. ihre Vorsitzenden versicherten notgedrungen, wenn schon nicht Engelmanns erneute, dann doch Drewitz' Kandidatur zu unterstützen. Ausnahme: Westberlin. (Am Ende würde von »den Berlinern« noch einer der »Dissidenten«, ein Erich Loest auf den Schild gehoben?!)

»Solidarität mit Polen«

Beginn der Diskussion: Freitagnachmittag, Vortag der Bundesdelegiertenkonferenz, am Tagungsort (Kreiskulturhaus); anschließend Empfang beim Oberbürgermeister (der ausgewählte Kongreßgäste bereits zum Mittagessen geladen hatte). Podiumsdiskussion »Solidarität mit Polen«, angeregt vom VS Westberlin: Auf dem Podium Ingeborg Drewitz, Günter Grass, Prof. Hoensch als Osteuropaexperte; es moderiert der (kommissarische) stellvertretende VS-Vorsitzende Jürgen Lodemann. Adam Zagajewski als polnischer Gast fehlt wegen verkehrstechnischer Schwierigkeiten (was Anlaß zu Interpretationen bietet);[258] als Zeugnis eines polnischen Schriftstellers wird ein Tonband von Wladislaw Bartoszewski (damals letzter Generalsekretär des ebenfalls aufgelösten polnischen P.E.N., heute polnischer Außenminister) eingespielt. Im Publikum die Kongreßgäste mit den VS-Delegierten.

Bei dieser Auftaktveranstaltung gibt es Applaus, als Lodemann einführend mitteilt, der französische P.E.N. habe »den inhaftierten polnischen Schriftsteller Marek Nowakowski als Mitglied aufgenommen.

Der Schriftstellerverband will sich damit mit den polnischen Schriftstellern solidarisieren, die nach der Auflösung des polnischen Schriftstellerverbandes noch bedrohter sind.« Damit ist das Thema auf dem Tisch: Solidarität, Solidarnosc, das »Polen-Telegramm«, das VS und P.E.N. im August 83 als Reaktion auf die Auflösung des traditionsreichen polnischen Schriftstellerverbandes an General Jaruzelski sandten. Wie ist die Umformulierung des Textes – mit der Forderung auf »Wiederzulassung eines Schriftstellerverbandes« – zustande gekommen, das ist die Frage. – Bartoszewski: »Materielle Hilfe für die polnischen Schriftsteller ist zwar wichtig, aber die moralische Solidarität ist von ungleich größerer Bedeutung.«[259] Deutlich wird, daß Ingeborg Drewitz mit ihrer Suche nach einem Kompromiß[260] zwischen den Fronten steht und Gefahr läuft, zerrieben zu werden. Ihre Einlassung – sie wirbt um Toleranz für die Meinung der Andersdenkenden – zeigt den Wunsch nach Harmonisierung[261], auch wenn sie sagt, der Riß im VS könne nicht gekittet, sondern müsse aufgearbeitet werden. Besonders makaber der Moment, wo sie kollegial dazu auffordert, nicht ohne den »angeklagten« Bernt Engelmann zu verhandeln; worauf dieser sich überraschend aus dem Publikum meldet[262], dennoch nicht das Wort ergreift.[263]

Deutlich wird auch, daß eine Gruppe um den Münchner »kürbiskern« mit dem Sonderheft zur BDK insbesondere dank der von Hitzer mit Ferlemann[264] und Engelmann geführten Gespräche Öl ins Feuer gegossen hat. Hitzer verlautbart an gleicher Stelle, der VS Westberlin mit seinen prominenten Kritikern der Politik des Bundesvorstandes beabsichtige, den VS zur »Plattform des Kalten Krieges«[265] zu machen. In seiner Verschwörungs- und Fernsteuerungstheorie (Drahtzieher: »Springer-Zeitungen«, FAZ, CSU) schlägt er einen Bogen von der Auflösung des SDS durch die Nazis 1933 über die Gründung des FDA[266] (»durch den CSU-Manager Peter Norden« – »ein Häuflein rechter Wendekünstler«) hin zu den Berliner Delegierten Grass, Buch, Schwenger, Fuchs: »1983 übernimmt eine Gruppe in Westberlin die Regie. Nach ihrem Willen soll der VS das leisten, woran der FDA in den 70er Jahren gearbeitet und womit er trotz großzügiger Förderung durch die CSU dennoch kaum Aufmerksamkeit erregt hat – »Exilkongresse« zum Thema »Menschenrechtsverletzungen im Osten.«[267] Soweit die kürbiskern-Version der Krise. – Heinz Brandt, Günter Grass und andere sprechen erregt von einer »Diffamierungskampagne«. Günter Grass: »Es gibt eine Minderheit hier im VS, die eine DKP-Linie vertritt und die darauf Wert legt, daß hier eine Parteilinie eingehalten wird. Mit der ist in dieser Angelegenheit kein Kompromiß zu schließen.

(Zwischenrufe und Applaus) Mir sind meine polnischen Kollegen – nein, jetzt rede ich wieder! – mir sind meine polnischen Kollegen wichtiger als die Subventionen, die kürbiskern bekommt. (Zwischenrufe) Hier wird der Landesverband Berlin diffamiert!« Unterstützt wird seine Sicht der Dinge durch Hoensch, der auf Erfolge westlicher Proteste gegenüber der Militärregierung in Polen verweist: moralischer Druck von außen sei deshalb gegenwärtig wohl das einzige Mittel neben der humanitären Hilfe, um Solidarität mit den Betroffenen zu zeigen.

Der Streit der Ideologien ist in vollem Gange. Die Autoren eilen zu ihren Lesungen in und um Saarbrücken oder zum Empfang von OB Lafontaine. Am folgenden Tag, gleicher Ort: Beginn der Bundesdelegiertenkonferenz.

Samstag, 31. März 1984

Bundesdelegiertenkonferenzen sind zumeist nicht nur für Außenstehende eine trockene Angelegenheit (hier werden vor allem VS-Programminterna diskutiert) und deswegen nicht verwöhnt von Presse und illustren Gästen. Die BDK in Saarbrücken ist die Ausnahme von der Regel. Siegfried Lenz, Heinrich Böll, Günter Grass reisen an. Laut Börsenblatt sind cirka 150 Schriftsteller (davon ein Drittel als Delegierte) und 50 bis 60 Pressevertreter anwesend. (Was damals bemerkenswert erschien, zeigte allerdings bereits zeitspezifische Veränderungen in der öffentlichen Wertschätzung des Verbandes deutscher Schriftsteller. Nach Frankfurt waren 1974, also zehn Jahre früher, etwa 500 Schriftsteller und Journalisten gekommen, als Zaungäste auch Marcel Reich-Ranicki, Rainer Werner Fassbinder, Gabriele Wohmann oder Horst Krüger.) Die BDK geht ihren Tagesordnungsgang: Zuerst die unvermeidlichen Grußworte. Direkt danach verliest Hannes Schwenger einen Protestbrief der Berliner Delegierten gegen die »Verfälschung des Berliner Programmantrags zur internationalen Solidarität durch sogenannte redaktionelle Änderungen der Antragskommission«; zu diesem Zeitpunkt wird die Diskussion von Antrag vier durch geschickte Reaktion der Antragskommission[268] – indem P. O. Chotjewitz erklärt, die Empfehlung zur Abänderung des Antrags werde umgewandelt in »keine Empfehlung« – noch einmal abgebogen. Folgen Bestätigung diverser Kommissionsmitglieder,[269] mündliche Ergänzungen der Geschäftsberichte, persönliche Erklärungen des Bundesvorstandes, danach Diskussion der Geschäftsberichte. Eine politische Debatte bricht an, angeführt von Günter Grass, Heinrich Böll, Heinz

Brandt, Adam Zagajewski, wie sie im VS bis dato nicht erlebt wurde. Jürgen Fuchs, Hans Christoph Buch, dazwischen der wackere Bayer Knut Becker, Peter Schütt, Johano Strasser, Ulrich Schacht, Gert von Paszensky, Loni Mahlein, Bernt Engelmann … kurze Pause. Hauptthema ist die von prominenten Kritikern geforderte Revision der Friedens- und Ostpolitik des Verbandes. Letzte auf der Rednerliste des ersten Tages ist Ingeborg Drewitz. Vergeblich beschwört sie die alte »Einigkeit der Einzelgänger«.

Die Diskussion weitet sich aus zu einer Debatte über alle im VS politisch umstrittenen Punkte der jüngsten Vergangenheit – ich erinnere an den Manès Sperber-Skandal,[270] die Austritte prominenter Schriftsteller und Dissidenten (Klaus Hensel konstatiert eine »Xenophobie von links gegen die aus dem Osten«), die allgemeine Unzufriedenheit mit dem IG Druck und Papier-Organ »die feder«, die versteckte Einflußnahme der DKP auf die Verbandspolitik und schließlich Heinrich Böll, der die »völlig kritik- und distanzlose Haltung (des Bundesvorstands) gegenüber den Schriftstellerverbänden der DDR und der Sowjetunion« anprangert.

Auf der anderen Seite steht Erwin Ferlemanns »Dreckswort« (Günter Grass) von einer »fünften Kolonne«[271], das erst von Jürgen Fuchs ad absurdum geführt wird. Es wiegt um so schwerer als Äußerung des amtierenden IG Druck und Papier-Vorsitzenden. Für Ferlemann ist die Krise eine »miese Kampagne gegen Bernt Engelmann«. Dazu Bernt Engelmanns zorniger »Schwanengesang« als scheidender Vorsitzender. Zwischen ihnen der Westberliner Hannes Schwenger, der ausgerechnet die Unterstützung des Bundesvorstands gegen die Anwürfe des IG Druck- und Papier-Vorsitzenden einfordert.[272] Engelmann hingegen spielt noch einmal seine Autorität aus: er ermahnt seine Opponenten zu »kollegialem Verhalten, gewerkschaftlicher Solidarität und, ich bitte das harte Wort zu verzeihen, ein bißchen Verbands- und Selbstdisziplin«; auch zur »Respektierung von Mehrheitsentscheidungen« als gewerkschaftlichem Grundprinzip. Danach: »Wer zur Kommunistenhatz blasen will, ist im VS fehl am Platz!«

Engelmann verweist darauf, daß man bei Hilfe für verfolgte, schikanierte und eingesperrte KollegInnen »notgedrungen nach der jeweiligen Dringlichkeit verfahren« müsse, und die sei in Ländern des westlichen Bündnisses, beispielsweise in der Türkei, unvergleichlich größer als in den Ländern des Warschauer Paktes. »Nein! Wir haben uns in bezug auf Polen absolut nichts vorzuwerfen.« – Er nennt Zahlen, hinter denen sich Biographien verstecken: »Es sind inzwischen mehr als zweihundertfünfzig Einzelfälle, die wir in Ländern des Warschauer

Pakts für die Betroffenen mehr oder weniger zufriedenstellend lösen konnten.«

Gegen Schluß kommt der ungern scheidende Bundesvorsitzende auf die »inoffiziellen Beziehungen des VS zum Schriftstellerverband der DDR« zu sprechen, – »Wir wollen mithelfen, Krieg zu verhindern« – »Andere Themen gab und gibt es nicht« – und zuletzt auf die Dissidenten. Engelmann schließt: Ich stehe zu dem, »was ich getan oder nicht getan, was ich gesagt oder nicht gesagt habe«.

»Ich bin eher für Recht vor Gnade«

Kritik- und Distanzlosigkeit, wie sie Heinrich Böll gegenüber den Funktionären der realsozialistischen Schriftstellerverbände beklagt hatte, kann Engelmann und seinen Anhängern im VS von heute aus gesehen auch vorgeworfen werden in bezug auf ihre Übereinstimmung mit der politischen Linie der Gewerkschaftsspitze in der IG Druck und Papier, die Solidarność noch im Jahr 84 als »katholische Partei« verteufelt (was in der BRD Assoziationen zu einer anderen »katholischen Partei« weckt).[273] Loni Mahlein: »Wir haben uns (in Polen) unterhalten über die Rolle von Lech Wałęsa, seine Abhängigkeit von der katholischen Kirche und deren starker Beeinflussung von Solidarność.«[274] Wenn Johano Strasser von dem »besonders auffälligen Versagen fast der gesamten westdeutschen Linken gegenüber der polnischen Gewerkschaft Solidarität« spricht und von einem »gestörten Verhältnis zur Freiheit«, so muß im gleichen Atemzug ein Versagen gegenüber den dissidentischen Gruppen in der DDR konstatiert werden. Daß das Recht zur Ausreise aus der DDR, die Zensur- und Versammlungsfreiheit dort, ganz selbstverständlich zu den Menschenrechten gezählt werden, oder anders gesagt, das Prinzip der »Nichteinmischung« spätestens hier enden mußte, wollten damals nur wenige Kollegen wahrhaben.

Sonntag, 1. April 1984: Antragsdiskussion, Wahlen

Der zweite und letzte Kongreßtag, er endet am Nachmittag, ruft die Delegierten zur Pflicht, zu Antragsdiskussion, Abstimmung und Wahlen. Der Punkt »Wahlen« spielt natürlich im Kontext der Vormittagsdiskussion die wichtigste Rolle. Die Eingangsreferate zur Mediengewerkschaft, die Diskussion über deren Struktur und die zukünftige

Position des Verbandes deutscher Schriftsteller in einer vergrößerten IG Druck und Papier kommen angesichts der Zerstrittenheit des Plenums zu kurz.

Die Antragskommission schlägt vor, die Programmanträge en bloc zu diskutieren. An drei von diesen Anträgen wird die Polarisierung des Plenums deutlich. Während der von Hans Christoph Buch formulierte Antrag 4 »Btr. Internationale Solidarität« des Landesbezirks Berlin [275] den Delegierten des VS eine Art Reuebekenntnis respektive Selbstkritik zum Umgang, zur »offiziellen« Haltung des VS mit Zensur, Ausbürgerung und Kriegsrecht in den Staaten des Ostblocks abverlangt (»Wir, die Mehrzahl der im VS organisierten Schriftsteller haben [...] nicht begriffen, daß es um mehr geht als individuelles Mitleid und humanitäre Hilfe im Einzelfall, nämlich um ein Überdenken unserer eigenen politischen Position«), wird in den Anträgen neun und zehn des Landesbezirks Nordrhein-Westfalen (wie in ähnlich lautenden Anträgen anderer Landesbezirke) gefordert eine »Fortsetzung der Friedensarbeit des bisherigen Vorstands«. Antrag zehn: »Laut Beschluß der Bundesdelegiertenkonferenz vom 27. 9. 1981 in Hannover versteht sich der VS als Teil der Friedensbewegung. Der Bundesvorstand VS hat alle Angriffe und unsachgemäßen Kritiken an der Friedensbewegung und damit auch am VS dem Beschluß entsprechend zurückzuweisen.« (Eine recht unlogische Formulierung.)

Genau genommen schließen die Anträge aus Berlin bzw. NRW einander aus – stehen sie doch für den Streit zweier Linien, die wir zugespitzt »Frieden oder Menschenrechte« benennen. Gerade bei den verschiedenen »Friedensbegegnungen« von Schriftstellern aus Ost und West ging es um »ein Überdenken unserer eigenen politischen Position«, das Thema »Frieden« hatte den Streit über die versuchte Ausgrenzung der Dissidenten und der Menschenrechtsfrage erst angefacht.

Nachdem der Berliner Antrag mit der hauchdünnen Mehrheit von einer Stimme gebilligt worden ist – das Kuddelmuddel einer mehrfach wiederholten Stimmauszählung belegt die im Saal herrschende Nervosität –, begründet Agnes Hüfner die Anträge zur Friedenspolitik: Fortsetzung der Entspannungspolitik auf der Basis der Anerkennung sozialistischer Gremien als Gesprächspartner des VS. Daß dies noch einmal Hannes Schwenger, Jürgen Fuchs, Günter Grass auf den Plan rufen würde, war abzusehen. Auf der anderen Seite treibt Frieder Hitzer die Polarisierung voran. Er betont, die Gespräche mit Kant müßten weitergeführt werden, wobei er aus einem UZ-Interview mit Stephan Hermlin zitiert, das nicht nur bei den aus der DDR ausgebürgerten und ausgewiesenen Dissidenten Empörung ausgelöst hatte (Erich Loest in Saarbrücken: »Ich zittere vor Wut über diesen Hermlin«).[276] Da frommt es wenig, daß die Delegierten sich schließlich einigen auf eine Unterstützung der »Heilbronner Erklärung«. Die Voraussetzungen, daß sich die Konferenz bei den folgenden Wahlen mehrheitlich auf einen Kompromiß verständigen könnte, sind gleich Null. – »Solidarisch im Kampf, Kollege gegen Kollege«, wird Helmut Schmitz seinen Kongreßbericht überschreiben.[277]

Zur Wahl steht, soviel scheint klar, die Berliner Schriftstellerin Ingeborg Drewitz; entsprechend war sie in der Öffentlichkeit präsentiert worden. Drewitz hatte sich, von allen Seiten gedrängt, schließlich zur Kandidatur entschlossen; nachdem sie 1980 »endgültig« aus der Bundesvorstandsarbeit ausgeschieden war. Die Drewitz hatte für den VS Jahrzehnte gestritten, sie war dessen »Gründungsmutter« und trotzdem keine typische Funktionärin. In Saarbrücken gilt sie als Symbolfigur für Integrationsfähigkeit,[278] zudem von ihrer Persönlichkeit her als fähig, den fälligen politischen Kurswechsel des Verbandes zu vollziehen. Doch plötzlich wird, für viele Delegierte unerwartet, »aus der Versammlung heraus« auf Nachfrage von Wahlleiter Dieter Lattmann, ein Gegenkandidat benannt: der amtierende bayrische VS-Landesvorsitzende Hans Peter Bleuel. (Danach, was nicht ernstgemeint sein kann – beide stehen nicht zur Verfügung –, die Antipoden Bernt Engelmann und Günter Grass.[279] Aber vielleicht spiegeln diese Vorschläge nur die unter den Delegierten herrschende Verwirrung?)

Die Kandidatin Drewitz hat einen schweren Stand; bei der Vorstellung ihres Programms muß sie erst einmal ein Gerücht dementieren. Das Gerücht heißt, sie habe gesagt, »der Hamburger Verband sei DKP-verseucht oder einer Kaderschmiede ähnlich. Ich habe dieses nicht gesagt!« Drewitz steckt zu Beginn (Punkte eins bis sechs) ihre politischen Positionen ab, erst danach die berufspolitischen Ziele. Punkt eins besagt, Sprecher der Autoren, die aus der DDR ausreisen mußten, sollten in der Bundesvorstandsarbeit vertreten sein – das wird sich auf Erich Loest beziehen. Dann fordert sie »Offenheit und Schärfe in der politischen Diskussion mit den Schriftstellern aus anderen politischen Lagern«. Unter Punkt sechs: Der neue Bundesvorstand solle sich für die Wiederzulassung des traditionellen Schriftstellerverbandes in Polen einsetzen.

Zu all diesen Fragen äußert sich Bleuel, der zumindest für die Presse ein unbeschriebenes Blatt ist, nur vage. Er setzt ganz auf Mediengewerkschaft und Berufspolitik und kann übrigens darauf verweisen, daß die von ihm erarbeiteten Schwerpunkte der VS-Arbeit, vom VS

Bayern als Antrag drei eingebracht, von den Delegierten bereits angenommen wurden. Bleuel steht bei dieser Wahl für Kontinuität im Sinne der Vorstandspositionen unter Bernt Engelmann.

Der Rest ist bekannt. Das Wahlergebnis führt zum Patt – 19 Stimmen für Drewitz, 19 für Bleuel, 9 Enthaltungen, eine ungültige Stimme. Im zweiten Wahlgang steigt die Zahl der Enthaltungen auf elf (von 48 Stimmen), Drewitz erhält noch 18 Stimmen, folglich ist Bleuel mit 19, d. h. einem guten Drittel der Stimmen zum neuen Bundesvorsitzenden gewählt. Dann herrscht Kopflosigkeit; alle weiteren Kandidaturen werden zurückgezogen, nur Erich Loest harrt aus. [280] Er muß, nachdem Gert von Paszensky (31 Stimmen) zum Stellvertreter gewählt wurde, in die Stichwahl gehen.[281] Auch die Beisitzerwahlen geraten zum Chaos; einerseits nutzen die Autorinnen ihre unverhoffte Chance in dem paternalistisch geprägten Verband (fünf Kandidaturen!); andererseits liefert eine stramme Rede des Delegierten und ehemaligen Berufssoldaten Missfeldt den Berliner Delegierten – Hans Christoph Buch, Günter Grass, Jürgen Fuchs, Hannes Schwenger – das Stichwort zum Auszug. Trotz des Eklats werden die Wahlen nicht unterbrochen. Das Kreiskulturhaus leert sich; die Delegierten brechen auf. Die Anträge werden en bloc als Material an den neuen Bundesvorstand überwiesen.

Hans Hermann schildert die Atmosphäre kurz vor Toresschluß: »Seit Freitagnachmittag höre ich nun aufmerksam zu, höre die Wortmeldungen, die Zwischenrufe und die vielen Dinge, die so am Rande gesagt werden. Und ich kann nur sagen, es ist für mich furchtbar, wie Kollegen im VS miteinander umgehen. Für mich ist ein Punkt erreicht, wo ich es kaum noch aushalten kann. Ich bin sicher, ich könnte derlei boshafte Anfeindungen, würde ich in den Vorstand gewählt, nicht sehr lange ertragen. Um in einer Atmosphäre starken Mißtrauens arbeiten zu können, braucht man wohl ein dickeres Fell, als ich es habe. Ich habe durchaus Lust am Streiten, am Diskutieren. Aber wie Gewerkschaftskollegen hier miteinander umspringen, das verkrafte ich nicht. Wahrscheinlich bin ich verwöhnt, denn wenn ich im Kreis meiner Übersetzerkollegen bin, spüre ich das, was gestern einmal mit Nestwärme bezeichnet worden ist. Sechs Jahre im Vorstand der Übersetzersparte haben mich nicht so geschafft wie drei Tage Saarbrücken. (Applaus) Ich kann nicht anders, ich ziehe meine Kandidatur zurück.«

Ohne Vor- und Nachgeschichte ist schwer verständlich, warum die Tatsache, daß Ingeborg Drewitz in Saarbrücken durchfiel, für die Entwicklung des VS fatale Folgen zeitigte und bis heute Streit auslöst. Gebeten hatten sie wie gesagt alle, von der VS- Frauengruppe Frankfurt bis zur Gewerkschaftsspitze.[282] Gleichzeitig blieb ihre Kandidatur, genau wie die Kandidatur Erich Loests zum Stellvertreter, insgeheim bei denen umstritten, die einen politischen Kurswechsel im Verband deutscher Schriftsteller für falsch hielten oder befürchteten, und das gilt wohl für die Mehrheit der Delegierten. Zu ihr gehörten u. a. einige DKP-Sympathisanten, aber nicht nur solche, und die »Leitfiguren« Bernt Engelmann und Dieter Lattmann.

All dies erklärt jedoch noch nicht die Erregung über die Ad-hoc-Gegenkandidatur von Hans Peter Bleuel. Meine These: Die Erregung gründet in der Enttäuschung, hinters Licht geführt worden zu sein. Waren durch Bleuels Kandidatur nicht alle öffentlich abgegebenen Versicherungen und Bekenntnisse, bis hin zur VS-Pressekonferenz in München zwei Tage vorher, an der u. a. Drewitz, Engelmann, Loest, Bleuel, Chotjewitz und Amery teilgenommen hatten, unglaubwürdig geworden?[283] Ich denke, das eigentliche Dilemma war, daß sich Drewitz' Gegner bis zuletzt nicht offen erklärten, auch nicht gegenüber der »lieben Ingeborg«, sondern im stillen werkelten, zuletzt in der Hotellobby des Residence. Peter Schütt berichtet von massiven »Bearbeitungsversuchen« von Delegierten. Wo da die Grenze zu ziehen wäre zwischen der im VS üblichen Kungelei und einem konspirativen Verhalten, ist schwer zu sagen. Als Argument gegen Drewitz diente jedenfalls nicht ihre politische Einstellung, sie war gewiß undogmatisch, eine Linksliberale – sondern einige Gerüchte, die ihr »Antikommunismus« unterstellten; beispielsweise das offenbar gezielt ausgestreute Gerücht vom »Stalinismusvorwurf«[284], dessen Quelle nicht eindeutig lokalisiert werden kann. Dazu kam die angebliche Sorge um ihre Gesundheit, das Gerede, sie sei einfach zu krank, um sich die Bürde des Amtes zuzumuten. Ich erwähne das, weil sich im Gesprächsforum zeigte, daß dieses Zweckargument die letzten zehn Jahre überdauert hat. Möglicherweise war die von einigen Delegierten konstatierte »Unsicherheit« von Ingeborg Drewitz ja eine Reaktion auf diesen Versuch einer Entmündigung – auf soviel fürsorgliche Belagerung von seiten der Kollegen? Sie selbst schrieb zwei Tage später: »weil ich noch immer krank bin, denn doch nur die Bekundung, daß die Autorin Drewitz froh ist, der Mensch allerdings über die Art und

Weise des aus dem Hut gezauberten Gegners, der sich überhaupt nicht erklärt hatte, ein bißchen traurig, aber was macht das schon, gekungelt wird im VS seit langem. Und was nun alles darüber geschrieben wird, strotzt von Ahnungslosigkeit.«[285] Von Erich Loest wissen wir, daß man ihm ähnlich scheinheilig und erfolglos versuchte, seine Kandidatur auszureden.[286] Und die verdeckte Kandidatur Bleuels, samt diffusem Wahlverhalten respektive hoher Wahlenthaltung der Delegierten? Enthaltung ist keine Entscheidung. Sie waren gespalten, verunsichert durch die heftige Kritik bislang gängiger ideologischer Haltungen – noch dazu durch das verehrte »heilige Dreieck« – durch das laute und manchmal beleidigende Wortgefecht, und zum Teil unfähig, die politischen Veränderungen, das »neue Denken« wahrzunehmen und einzuordnen.

Unabhängig von der Frage, wer für die Strategie verantwortlich war, ist wohl der eigentliche Skandal, der den VS Ansehen und Glaubwürdigkeit kostete, die Heuchelei, mit der man offiziell Ansichten vertrat, die durch die realen Verhältnisse nicht gedeckt waren. Bazon Brock hat diesen Zustand der Heuchelei im neuen Deutschland ausgemacht, als einen Anknüpfungspunkt an gesellschaftliche Praxis in der alten DDR, und auf den Namen »Bruderküsse« getauft. Der »Fall Drewitz« gehört wohl in die Rubrik »Bruderkuß«.

Hat die Stasi mitgewählt?

Deutlich wird anhand der bis jetzt in der Gauck-Behörde aufgefundenen Dokumente ein seit Gründung des VS bestehendes hohes Interesse der DDR-Führung an der Entwicklung des Verbandes und an einer Einflußnahme auf den VS. Die Hauptabteilung XX/7, laut Joachim Walther »die wichtigste mit dem literarischen Leben der Republik betraute Abteilung des MfS«[287] mit ihrem dichten IM-Netz spielte auch bei der Überwachung des literarischen Lebens der Bundesrepublik in den siebziger und achtziger Jahren eine wichtige Rolle. MfS-Berichte wie der zu dem »inoffiziellen Treffen einiger bayrischer VS-Mitglieder« mit Kant/Henniger kurz vor dem Kongreß bilden einen konspirativen Kontext zu den Dokumenten in den VS-Archiven. Davor war es im August 1983 zu einem Treffen in Rottach-Egern, im Hause Engelmann gekommen; diese Treffen, die als »inoffiziell« galten, tauchen in den VS-Bundesvorstandsprotokollen nicht auf. Von Fall zu Fall wurden allenfalls die Mitglieder des Bundesvorstandes mündlich informiert. Das ändert sich erst mit dem neuen Bundesvorstand nach »Saarbrücken«. Daneben hat der ursprünglich für die Geschichtskommission verfaßte Erlebnisbericht von Peter Schütt (langjähriges Mitglied des Parteivorstandes der DKP und deren »Hofdichter«) zum Kongreß im Verband heftige Kontroversen ausgelöst. Er berichtet von einem Parteiauftrag durch Kulturfunktionäre der DKP mit dem Ziel, vor der Wahl Delegierte gegen Ingeborg Drewitz zu beeinflussen, den er ablehnte.[288]Unter anderem waren die DKP-nahen Medien bei der Versammlung überproportional vertreten.[289] Was wir ebenfalls wissen: zu den Zersetzungsmaßnahmen des MfS gehörte das Ausstreuen von Gerüchten. Die Frage: Hat die Stasi mitgewählt? – können wir jedoch nicht beantworten. Eine Reihe verschiedener Fassungen ein und desselben geheimen Berichtes über den Verlauf des Saarbrücker Kongresses aus der HA XX/7 des MfS (ZMA XX, 3025) unterstreicht noch einmal die Bedeutung, die der damaligen politischen Auseinandersetzung im VS und den involvierten Personen von seiten des ZK beigemessen wurde.[290] Ein besonderes Augenmerk hatte die Stasi bekanntlich auf die verhaßten Dissidenten; wir wissen, daß mit geheimdienstlichen Mitteln versucht wurde, eine Teilnahme von Jürgen Fuchs an der Konferenz zu verhindern. Die Wahl Erich Loests, der den VS nicht als »erkennbare Heimat« für seinesgleichen sah, gab, wie aus den Akten hervorgeht, Anlaß zur Abstrafung. Dort ist die Empfehlung nachzulesen, Loest wegen seiner »offen feindlich-negativen Haltung gegen die sozialistischen Verhältnisse in der DDR« erstens das Visum zur Einreise nicht zu verlängern, zweitens die Aberkennung der Staatsbürgerschaft zu prüfen und drittens im Falle der Aberkennung Einreisesperre zu verhängen.

Winner und loser

Die eigentlichen Gewinner von »Saarbrücken«, deren Hauptanliegen ein starker VS war, der seine berufspolitischen Aufgaben vorantreibt, erlebten in der Folgezeit ein Bröckeln der Einigkeit im Verband, einen Verlust an Vertrauen und Glaubwürdigkeit, einbezogen die Muttergewerkschaft. Der nächste Kongreß in Berlin sollte die Spaltung noch vertiefen. Der einst im Elan des politischen Aufbruchs gegründete »Verband deutscher Schriftsteller« kam aus den Negativschlagzeilen nicht mehr heraus. Er verlor an Profil.

Die Verlierer der Geschichte, die entnervt den Saal verließen, und die »Demütigung der bedeutenden Schriftstellerin Ingeborg Drewitz durch den Racheakt einer Riege von Kanalarbeitern«[291] konstatierten, schlossen sich enger zusammen und verließen nach und nach den VS. (Ingeborg Drewitz starb 1986 mit dreiundsechzig Jahren.) Fortan tagten sie unter sich, in Berlin und anderswo. Sie beraumten Veranstaltungen an über die »Uneinigkeit der Einzelgänger«, in Anspielung auf ein VS-Gründungsmotto.[292] Später gab ihnen die Geschichte recht.

Olav Münzberg

Der Zusammenstoß

Zur Entstehung eines Widerspruchs des VS-Berlin gegenüber der Ost-Politik des Bundesvorstandes

Die Berliner Position zum Konfliktgemisch auf dem Saarbrücker Schriftstellerkongreß 1984 hat eine längere Vorgeschichte. Nur aus ihr läßt sich die eskalierende Krise in Saarbrücken verstehen.

Die Ausbürgerung Biermanns 1976 hatte im ›Westberliner‹ VS zur Bildung eines ›Schutzkomitees für bedrohte DDR-Bürger‹ geführt – ›Schutzkomitee Freiheit und Sozialismus‹ genannt –, aber auch die Sensibilität für Prozesse innerhalb der DDR gesteigert. Die strikte, an Humanität orientierte Position enthält nicht nur eine Absage an Feindbilder, sondern auch zu diesem Zeitpunkt bereits eine frühe bewußte Aufnahme der Beschlüsse von Helsinki von 1975. Im Berliner »VS-Papier« Nr. 4/1976, einem vierteljährlich erscheinenden Rundbrief an die Mitglieder, heißt es: »Gerade in Berlin darf sich eine solche Initiative weder von Feindseligkeit gegenüber den sozialistischen Ländern noch von Illusionen über die Situation im Westen leiten lassen. Ihre Schutzabsicht schließt jede propagandistischen oder in anderer Weise Interessen Dritter verpflichteten Aktivitäten aus. Sie versteht sich *in Einklang mit den Beschlüssen von Helsinki und der Menschenrechtsdeklaration der Vereinten Nationen.*« [Herv. O. M.]

Die Berliner waren sich der Besonderheit ihrer Situation und des komplizierten völkerrechtlichen Geflechts bewußt. Jede Destabilisierung wäre auf ihre Kosten gegangen. Andererseits sollte das wohl verstandene Interesse am Status quo nicht dazu führen, sich die Ebene der Menschenrechte abmarkten zu lassen.

Die Berliner Position fand 1977 ihre Fortsetzung auf dem 1. Kongreß Europäischer Schriftstellerorganisationen, auf dem Delegierte von 18 westeuropäischen Ländern über ihre Arbeits- und Lebensbedingungen diskutierten. Vertreter osteuropäischer Schriftstellerverbände waren nicht anwesend. Sie hatten sich, offenbar nicht zufällig, einige Monate vorher auf einem ähnlichen Kongreß getroffen. Der Berliner Kongreß war eine Initiative von Ingeborg Drewitz und wurde von ihr in Verbindung mit dem Förderverein des VS, der »Neuen Gesellschaft für Literatur (NGL)« Berlin, organisiert und geleitet. Die Mehrheit der Delegierten, so heißt es im Berliner VS-Papier 1/1977, »unterschrieb einen Aufruf der italienischen Schriftstellergewerkschaft zugunsten der tschechoslowakischen ›Charta 77‹. Ein offizieller Kongreßbeschluß verlangt einstimmig die Durchführung der Beschlüsse von Helsinki in Ost und West. Für den nächsten Kongreß in Italien [Rom, d. V.] will man sich auch um die Beteiligung osteuropäischer Schriftstellerverbände bemühen. Für diesmal blieb es bei informellen Kontakten, zu denen die Delegierten nur eine Station mit der S-Bahn fahren mußten. So nah liegt die Kongreßhalle an der Grenze zur Hauptstadt der DDR ...«

Ingeborg Drewitz betrieb auch die Fortsetzung dieses Treffens zwei Jahre später.

Der Westberliner VS hat diese von der Mehrheit der Mitgliederversammlung getragene Position auch in den 4. Schriftstellerkongreß in Dortmund 1977 mit dem Antrag »Bedrohte Schriftsteller und Bürger der DDR« hineingetragen und auch die Mehrheit, außer einiger DKP-naher Vertreter, von der Notwendigkeit einer Schutzerklärung überzeugt. Dieser Kongreß beschloß auch die Unterstützung des Russell-Tribunals, das Einschränkungen von Menschen- und Bürgerrechten in der Bundesrepublik untersuchte. Im Berliner VS-Papier 4/1978 heißt es: »Immerhin wird der Bundesvorstand die ohnehin schon im Russell-Beirat arbeitende Ingeborg Drewitz nun auch offiziell zu seiner ›Beobachterin‹ ernennen: Das kostet zwar nichts und bringt nur wenig, ist aber doch eine halbsolidarische Geste, zu der angesichts der vereinten Russell-Ablehnung durch DGB und DKP ja schon Mut gehört [...]«

Ingeborg Drewitz war seit 1972 im Bundesvorstand und eine der stellvertretenden Vorsitzenden. Erst 1980 scheidet sie aus.

In der Mitgliederversammlung vom 29.6.1979 fordert der VS-Berlin – angesichts des Ausschlusses von neun Autoren aus dem DDR-Schriftstellerverband und der Änderung einiger Strafrechtsbestimmungen durch die Volkskammer der DDR (vom 28.6.1979), die die Übergabe von Schriften, Manuskripten und Materialien im Ausland kriminalisieren, und für die DDR war die Bundesrepublik Ausland, jedoch nicht umgekehrt – den Bundesvorstand auf, dagegen zu protestieren und protestiert selbst gegen die Verurteilung Havemanns zu einer Geldstrafe von 10 000,– Mark wegen angeblicher Devisenvergehen und gegen das Urteil gegenüber Stefan Heym (VS-Papier 4/1979). 1981 forderte der VS-Berlin den Bundesvorstand auf, sich der DDR-Schriftsteller Rathenow und Matthies anzunehmen, gegen die Ermittlungen der dortigen Behörden laufen. Jürgen Fuchs, Wolfgang Hinkeldey, Christian Kunert, Gerd Lehmann, Bernd Makowsky, Gerulf Pannach, Michael Sallmann, Sarah Kirsch und andere, die inzwischen nach Berlin West gekommen waren, sensibilisierten mit ihren Informationen die hiesige Literatur- und Gesellschaftsszene.

Der VS-Berlin involvierte sich in die Friedensbewegung Ende der 70er und Anfang der 80er Jahre, die ihre Ursache in der gegenseitigen Over-Kill-Rüstung hatte (im Osten die SS 20, im Westen u. a. NATO-Doppelbeschluß vom Dezember 1979, die Erfindung der Neutronenbombe, Marschflugkörper und Pershingraketen) und Europa, speziell Deutschland, bedrohte, zum Ort eines Schlagabtausches der Supermächte zu machen. Allein die Angst führte die Hardliner und Tauben auf beiden Seiten zum Dialog, der zugleich die Rückendeckung der Schlußakte von Helsinki hatte. Erstaunliche Initiativen und Ost-West-Begegnungen fanden in Ostberlin, Scheveningen und Köln statt, und jahrzehntelange Berührungstabus wurden aufgegeben. So tauchte Hermann Kant im September 1981 auch beim Bundesdelegiertenkongreß in Hannover auf, bei einer Einrichtung des VS zwischen den Schriftstellerkongressen, bei der gewöhnlich praktische Verbandsarbeit im Mittelpunkt steht. Im Berliner VS-Papier wurde das so kommentiert: »So glänzten denn auch die Starautoren und -journalisten der Kulturszene nur durch Abwesenheit, auch nur wenige Kameraleute hielten die handfeste Überraschung dieser Tagung im Bild fest: Die erste Gastdelegation des Schriftstellerverbandes der DDR bei ihren westdeutschen Kollegen. Der Vorsitzende Hermann Kant, [...], wechselte zwar nicht gerade Freundschaftsküsse mit Bernt Engelmann wie die sowjetischen Gäste; aber immerhin ist die Berührungsangst endlich überwunden, mit der die DDR offizielle Kontakte bisher vom Abschluß eines Kulturabkommens abhängig gemacht hatte. – Der Schriftstellerverband der DDR hat damit vermutlich die Initiative des VS für einen Friedensappell europäischer Schriftsteller honoriert [...]« (2/1981)

Das am 13.12.1981 verkündete Kriegsrecht in Polen führte schließlich zur Auflösungsverfügung gegenüber dem polnischen Schriftstellerverband, dem es bei Wahlen gelungen war, den Vorstand mit demokratischen Vertretern u.a. aus den Zusammenhängen von Solidarnosc zu besetzen. Bevor es zum umstrittenen Telegramm vom 18. 10. 1983 an General Jaruzelski kam, hatte sich die Unzufriedenheit gegenüber dem Engelmann-Vorstand gesteigert. Die Einladungspolitik bei Interlit, dem vom Bundesvorstand organisierten internationalen Schriftstellertreffen in Köln, hatte Anstoß erregt. Austritt von Autoren wie Achternbusch, Bienek, Kunze und Zwerenz – letztere ursprünglich in der DDR lebend – und später auch von Carola Stern und anderen wurden heruntergespielt. Der VS-Berlin kommentierte die wachsenden Spannungen mit dem Bundesvorstand und Vertretern einzelner Landesverbände in seinem Rundbrief 3/1982: »[…] das Ja zur Entspannung – Helsinki eingeschlossen – und das Nein zum Kalten Krieg sind die einzige verbliebene Gemeinsamkeit auf beiden Seiten […] Nicht um Frieden und Entspannung, sondern um das Wie und Mit Wem wird gestritten. Befürchtungen unserer realsozialistisch erfahrenen Kollegen sind ja nicht nur erlaubt, sondern geboten, wenn der VS-Vorstand seine Politik als ›Beitrag zur Normalisierung‹ bezeichnet. Zu gut erinnern sich unsere Kollegen, wie die Lage im Schriftstellerverband der DDR durch ihre Ausschlüsse ›normalisiert‹ wurde.«

Der Schriftstellerkongreß im März 1983 in Mainz, der zur Wiederwahl Engelmanns führte, vertagte nur die Krise. Die Rede von Jürgen Fuchs, der dem VS-Berlin angehörte und Ende 1983 in dem neu gewählten Berliner Vorstand unter Buch Beisitzer wurde, hatte höchstens Betroffenheit ausgelöst, aber an der praktischen Politik nichts geändert. Fuchs brachte das Dilemma der Intellektuellen im Westen und speziell der offiziellen Linken auf den Punkt, wenn er sagte: »Nach meiner Meinung geht es vor allem darum, daß wir Grenzgänger immer wieder das Thema ›realer Sozialismus‹ aufwerfen und damit Ängste, Hoffnungen und Enttäuschungen freisetzen. Westeuropäische Intellektuelle werden durch uns an einen Irrtum, einen Verrat erinnert: den Irrtum, daß die staatliche Herrschaft von Einheitsparteien ein möglicher Weg in eine bessere Zukunft ist. Und den Verrat, mit dieser neuen Rechten paktiert, zumindest nicht offen gegen sie polemisiert zu haben. Eine Linke, die als mitleidloser Polizist der Geschichte auftritt, staatliche und militärische Macht ergreift und über das eigene Volk herrscht, ist keine mehr […] Das kann sich Sozialismus nennen, ist es aber selbstverständlich nicht.«

Und an anderer Stelle konstatiert er die Abwehrreaktionen: »›Vorsicht, Dissidenten!‹ heißt es dann […] Wir sollen da lieber draußen bleiben mit unseren ›Menschenrechtsfragen‹, weil alles schon kompliziert genug ist.«

Die Dissidenten wurden zu Störenfrieden in einer Diplomatie, die mit dem Polen-Telegramm einbrach und auf dem Saarbrücker Kongreß im Frühjahr 1984 nach anfänglicher Unsicherheit ihre Machtposition wieder zu retten suchte. Für die Mehrheit des Berliner VS war das Polen-Telegramm Öl ins Feuer. Einige ihrer Akteure, so u.a. Grass, Schwenger, Buch, organisierten die Erklärung von 25 Autoren in einem offenen Brief, in dem sie erklärten, daß sie sich vom Bundesvorstand nicht mehr vertreten fühlen; einem Votum, dem sich weitere 25 Autoren anschlossen. Der wachsende Druck führte am 22. November in Stuttgart beim Treffen des Bundesvorstandes mit den Vorsitzenden der Landesverbände zum Rücktritt Engelmanns. Einen Tag vorher war Buch in Berlin zum Vorsitzenden und Hannes Schwenger zum Stellvertreter gewählt worden. Der Schriftstellerkongreß in Mainz hatte zwar mit einer Resolution zur Kontroverse um einzelne Aspekte der Friedensinitiative des VS das Verhältnis zu den Dissidenten und Ausgetretenen zu kitten versucht, wenn er erklärte: »Eine Diskriminierung aus sozialistischen Ländern übersiedelter VS-Kollegen durch dortige Gesprächspartner werde er *wie bisher* nicht hinnehmen.«

Und: »Wir bitten unsere aus dem VS ausgetretenen Kolleginnen und Kollegen, ihren Schritt auf der Grundlage dieser Erklärung zu überdenken und die Solidarität der Einzelgänger in einer starken Mediengewerkschaft im gemeinsamen beruflichen Interesse zu erneuern.«

Aber dieser Kitt der Integrierung und Reintegrierung hielt nicht mehr.

Zu scharf waren unterdessen die Unterschiede, ja Gegensätze in den Positionen geworden, von ebenso scharfen Personalisierungen begleitet. Im Berliner Rundbrief 1/1984 spiegelt sich das in einer Erklärung wider: »So wurde die vom Berliner VS vorgebrachte Kritik am Bundesvorstand abwechselnd als Symptom der Bonner Wende, als antikommunistische Verschwörung oder als Neuauflage des Kalten Krieges hingestellt, wobei Hannes Schwenger als Psychopath, Günter Grass als blindwütiges Rhinozeros und ich selbst [H. Ch. Buch, d. Verf.] als Schlägertyp apostrophiert wurden.«

In diesem Streit ginge es »nicht um die Gewerkschaftsbindung des VS oder um seine Sozialpolitik, sondern einzig und allein um die Engelmannsche Ostpolitik, wie sie in der Behandlung von DDR-Dissidenten und im Telegramm an General Jaruzelski zum Ausdruck kam: die Bereitschaft eines gewerkschaftlich orientierten Autorenverbandes, sich über die Köpfe verfolgter Kollegen hinweg mit deren Unterdrückern zu arrangieren – ein in der kurzen Geschichte des VS bislang einmaliger Vorgang«.

Ingeborg Drewitz, die sich in Indien eine langwierige Beinentzündung zugezogen hatte, mahnte schon in den Jahren vorher vergeblich die Versachlichung der Debatte an, Realistin, die sie durch die Jahre hindurch geworden war. Engelmann sah anfangs in ihr offenbar eine Kompromißkandidatin bei den vorgezogenen Neuwahlen, wenn er am Tage seines Rücktrittes, 22.11.1983, auf eine Art Anwartschaft von Ingeborg Drewitz auf den Bundesvorsitz hinwies. Auch der Name von Siegfried Lenz fiel von Vertretern der Landesverbände. Als Mitglied im Präsidium des PEN, der selbst das Polen-Telegramm mitgetragen hatte, ohne für die durch Engelmann erfolgte Abänderung des bestimmten in den unbestimmten Artikel mitverantwortlich zu sein, hatte sie die Erklärung der 25 bzw. 50 Autoren mit der Rücktrittsforderung an Engelmann nicht unterzeichnet. Ihre Position hat sie insofern eingebracht, als sie am 3. November an die Geschäftsführerin Ursula Brackmann einen Brief schrieb, in dem sie, Engelmann positive Intentionen unterstellend, den hermeneutischen Akzent bei der Interpretation des Telegramms vom Artikel auf das Wort »Wiederzulassung« verschob, ohne zu sehen, daß auch da wieder eine mehrdeutige Auslegung möglich wurde. Darin schreibt sie: »Es kam [im August 1983, d. Verf.] darauf an, den Eingriff in demokratische Grundrechte zu benennen. Und das ist, weiß ich von polnischen Freunden, mit Aufatmen zur Kenntnis genommen worden. Ich weiß noch nicht, was sie über unsere bundesdeutschen Querelen denken werden.«

Und in Sorge um das Bild des VS in der Öffentlichkeit und um dessen Kurs greift sie nach einem für sie eher ungewöhnlichen Ehrbegriff, wenn sie die Auseinandersetzungen unter den Begriff der Beschimpfung subsumiert: »Ich frage mich, wohin driftet der VS dank der Vorstandsbeschimpfung ab?«

Und in organisatorischer Vermittlungsabsicht schreibt sie am 10.11.1983 an Grass u.a.: »[...] habe aber gerade aus Stuttgart erfahren, daß der Bundesvorstand die Unterzeichnergruppe gebeten hat, anläßlich des Treffens der Landesverbandsvorstände im November [22.11., d. Verf.] durch einige Sprecher vertreten zu sein. – Ich bitte Sie herzlich, diese Einladung wahrzunehmen, denn es ist notwendig, den VS zu erhalten [...] Ich selber habe einige Male darauf hingewiesen, daß die Nöte und die politische Sensibilität der Schriftsteller, die die DDR haben verlassen müssen, im VS nicht mit der nötigen Sorgfalt behandelt worden sind. Meine Vorstellung war immer, sie in die Vorstandsarbeit einzubeziehen oder, wenn sie das aus verständlichen Gründen abgelehnt hätten, sie zu Beratungen heranzuziehen. Und einige Male ist das ja auch gelungen.« (Archiv der Akademie der Künste)

Von dieser Einladung wurde offenbar kein Gebrauch gemacht. In einem Schreiben an Hannes Schwenger vom 2.12.1983 schlug sie vor, Jürgen Fuchs zu einem der Delegierten für Saarbrücken in einer Mitgliederversammlung zu wählen. Diese fand am 17. Januar statt.

Ende Januar gibt Ingeborg Drewitz ihre Bereitschaft zur Kandidatur für den Vorsitz öffentlich bekannt. Am 31. Januar wird darüber in den überregionalen Zeitungen berichtet. Diese Mitteilung führt zu einer Welle von Zustimmungs- und Unterstützungserklärungen nicht nur innerhalb, sondern auch außerhalb des VS. Die im Archiv der Akademie der Künste Berlin aufbewahrte Korrespondenz dieser Monate dokumentiert dies, zugleich dokumentiert sie Ingeborg Drewitz' überregionalen und internationalen Bekanntheitsgrad, den sie sich sowohl durch ihre literarische Arbeit als auch als langjähriges Vorstandsmitglied des Bundesvorstandes des VS und Vizepräsidentin des PEN erworben hatte. Hinzu kam, daß sie sich in öffentliche Friedens- und Geschichtsinitiativen einband. So war sie neben Heinrich Albertz Schirmherr bzw. -frau der »Aktion 18. März – Nationalfeiertag in beiden deutschen Staaten« und Mitträgerin der Initiative »Sagen Sie Nein zur Stationierung neuer amerikanischer Flugkörper auf deutschem Boden. Bürger beider deutscher Staaten appellieren an den Bundestag« vom Oktober 1983. Dieser Appell erreichte die Öffentlichkeit über 20 ganzseitige Annoncen überregionaler Tageszeitungen. Er konnte den Beschluß des Bundestages vom 22.11.1983 zu stationieren nicht verhindern. Die Initiative startete im Januar 1984 eine neue Kampagne mit dem Ziel einer selbstorganisierten »Volksbefragung« (am 17.6.1984) unter dem Titel »Sagen Sie Nein zu Atomwaffen«. Sie sollte von Bürgern beider deutscher Staaten getragen werden und sah u. a. einen Appell an die Volkskammer der DDR vor. Zugleich organisierte diese Initiative am 23./24. März in Heidelberg einen »Friedenskongreß«.

Aufgrund solcher basisorientierten Aktionen und Tätigkeiten lag die Kandidatur von Drewitz nicht in der Interessenlage der Regierung der DDR, die selbstorganisierte Politikformen von Bürgern – es gab kein Grundrecht der Vereins- und Koalitionsfreiheit – strikt unterband. Das läßt ihrer Kandidatur zuwiderlaufende Handlungsformen – in welcher Form und auf welchen Wegen auch immer (DKP etc.) – nicht ausgeschlossen erscheinen.

Der Berliner VS, insbesondere Hannes Schwenger, betrieb und unterstützte die Kandidatur von Drewitz. Schwenger stand nach eigenem Bekunden darüber in einem längeren Briefwechsel mit Drewitz. Diese, ständig in Sachen Literatur unterwegs, konnte an der Mitgliederversammlung vom 17. Januar 1984 aufgrund einer Rumänienreise nicht teilnehmen. Schwerpunkt der Versammlung war die Diskussion der Krise des VS und die Wahl der Berliner Delegierten Buch, Grass, Schwenger und Jürgen Fuchs. Letzterer war von Ingeborg Drewitz im Interesse der Integration von DDR-Autoren in einem Schreiben an Schwenger vorgeschlagen worden (Quelle: Archiv der Akademie der Künste). Ein formeller Unterstützungsbeschluß wurde nicht gefaßt. Er war auch gar nicht möglich, da Drewitz offiziell ihre Kandidatur erst Ende Januar erklärte und öffentlich bekanntgab. Dessen bedurfte es nach dem Selbstverständnis der Mehrheit des VS-Berlin in dieser Phase auch nicht. Jürgen Lodemann war vom Bundesvorstand als offizieller Beobachter erschienen und bestätigte in einem Schreiben vom 19. Januar die Sachlichkeit und Ernsthaftigkeit der Mitgliederversammlung. Er bringt – auch nach Bekunden von Ernest Wichner, dem damaligen Schriftführer des Berliner VS – die Atmosphäre auf den Punkt, wenn er am Schluß seines Briefes schreibt: »Nachher gab's noch den üblichen Kneipenhock. Auch die Frage, wer denn nun der neue Vorsitzende werden solle: hier gibt es aus Berlin keine eigenen Voten – man würde sich über Ingeborg Drewitz freuen wie über andere ähnlich profilierte Kandidaten, will aber selber niemanden nominieren, da man sich als Minderheit fühlt und keinen Kandidaten als ›Berlin-Kandidat‹ belasten möchte. Auch dies, soweit ich noch klar war im Kopp, klang glaubwürdig – also, packen wir's an.«

Eine weitere Mitgliederversammlung nach der Bereitschaftserklärung von Drewitz Ende Januar, also im Februar und März, fand nicht mehr statt. Aus dem Fehlen eines formellen Beschlusses aber den Schluß zu ziehen, der Berliner VS würde Drewitz nicht unterstützen, gehört zu den interessegesteuerten Verdrehungen und zu der Vergiftung der Atmosphäre jener Zeit. Bezeichnend hierfür sind noch zwei Vorgänge im Februar.

1. In Stuttgart gab es noch eine Sitzung des kommissarischen Bundesvorstandes mit den Landesvorsitzenden, an der auch der neue Berliner Vorsitzende Buch teilnahm. In der Nachdiskussion zu Saarbrükken, in der Mitgliederversammlung des VS-Bayern vom 25.5.1984, erklärt laut Protokoll Bernt Engelmann u. a.: »Bei der letzten Bundesvorstandssitzung in Stuttgart – vor der Delegiertenkonferenz – sagte Hans Christoph Buch auf die Frage, ob die Berliner die Kandidatur von Ingeborg Drewitz unterstützten: ›Nur dann, wenn sie lernfähig ist.‹« Diese Antwort hat Buch – auf Nachfrage [18.8.1995, O. M.] – nicht gegeben. Vielmehr habe er erklärt: »Im Unterschied zum Bun-

desvorstand und einigen Landesvorsitzenden sei Ingeborg Drewitz offen. Sie stehe in einem Umdenkungsprozeß und sei lernfähig.«

2. Am 19. Februar 1984 fand im Literarischen Colloquium (LCB) eine Veranstaltung des VS, der Neuen Gesellschaft für Literatur (NGL) und des LCB unter dem Titel »Flüchtlingsgespräche« »Verjagt mit gutem Grund?« »Gedanken über die Dauer des Exils« statt, die aufhorchen ließ. Daran nahmen über 30 Schriftsteller von Wolf Biermann bis Gerald Zschorsch teil. Davon war etwa die Hälfte früher Bürger der DDR. Die Mehrheit der Teilnehmer waren – bis auf Ausnahmen – kritische und zumeist der Linken zuzurechnende Schriftsteller. Dies war die erstmals öffentliche Thematisierung der Lage aus der DDR in die Bundesrepublik bzw. nach ›Westberlin‹ gekommener Autoren. Es war – retrospektiv gesehen – die vom Bundesvorstand verdrängte öffentliche Diskussion mit den Dissidenten. Zu dieser Veranstaltung stieß auch Drewitz, deren Kandidatur in einer Art politischer Generaldebatte diskutiert und positiv aufgenommen wurde. Grass erklärte dort u. a., er werde Drewitz dieses Mal unterstützen.

Vorbehalte früherer Jahre – beider Kandidatur gegen Amery – waren damit erledigt.

Von Teilnehmern – u. a. Buch, Wichner – wird bestätigt, daß auch über den Hamburger VS-Vorstand eine Bemerkung über seine DKP-Nähe gefallen ist. Bestritten aber wird, daß der Vorwurf des Stalinismus erhoben wurde, schon gar nicht von Drewitz. Letzteres passe nicht zur Denk- und Verhaltensstruktur von Drewitz. Wer sie kannte, wird das bestätigen. Daß trotz deren Dementi auf dem Kongreß dieser in die Öffentlichkeit lancierten Unwahrheit die Hamburger Delegierten Drewitz nicht wählten, war für den Wahlausgang mit entscheidend.

Ingeborg Drewitz kommentiert den Wahlausgang in zwei Tagebuchnotizen:

»1.4.84 Saarbrücken

Diese VS-Tage sind furchtbar. Das Maß an Feindseligkeit ist übervoll. Und des VS ganze Friedenspolitik wird ihn wohl heute und den ›aus dem Hut gezogenen‹ Kandidaten Bleuel zum Zerfallen bringen. Phantastisch! Wie geplant die ›Kürbiskern‹-Front verdreht hat. (mein moralischer Sieg – der VS darf nun wohl als nicht mehr glaubwürdig gelten – aber es sind ja nur Winds …)« [letzteres Wort unleserlich, O. M.]

und

»5.4.84 – Nach all dem, was die letzten Tage gebracht haben – vor allem aber weil ich mir nichts vorzuwerfen habe, kränkt mich der kalte VS-Betrug nicht. Wünschte mir nur noch Gesundheit – wenn das Blut schmerzlos strömt, stößt …« (Quelle: Archiv der Akademie der Künste Berlin)

Drewitz erhielt nach Saarbrücken aus der Bundesrepublik und auch aus der DDR viele Briefe. Einige von ihnen kompensieren Schuldgefühle und sind voller Rationalisierung.

Diskussion[293]

Renate Chotjewitz-Häfner: Meine Frage steht im Zusammenhang mit dem anschließenden Thema und bezieht sich auf das Verhältnis von VS und Gewerkschaft. Ich wollte Detlef Hensche fragen, ob es wegen der Ereignisse, die dem Saarbrücker Kongreß vorausgingen, ich meine den offenen Brief, der von etwa fünfzig Schriftstellern, überwiegend von Berlinern, unterzeichnet war und der mit zum Rücktritt des Bundesvorstands im November 83 geführt hat, diese Befürchtung tatsächlich gab: Da hieß es, die Gewerkschaft oder der VS befürchte, mit Ingeborg Drewitz stehe die Gewerkschaftszugehörigkeit des VS auf dem Spiel. – Wiedergefunden habe ich diese Vermutung in einem Leserbrief von Pit Bleuel zu Elisabeth Endres Artikel in der Süddeutschen Zeitung vor vier Wochen.[294] Darin stand, man habe befürchtet, die Berliner seien versteckte Gegner der Mediengewerkschaft. Gab es diese Vermutung auch in der Gewerkschaft? Und, daran anschließend, wie habt ihr (die IG Druck und Papier) den Kongreß vorbereitet? Leider ist Hermann Zoller[295] nicht gekommen. Eigentlich ist diese Frage an ihn gerichtet. Da du aber ebenfalls in Saarbrücken anwesend warst: Was hätte das in diesem Moment bedeutet, wart ihr tatsächlich der Ansicht, es liefe auf eine Spaltung hinaus, und die Gewerkschaftszugehörigkeit stünde auf dem Spiel?

Detlef Hensche: Was Ingeborg Drewitz angeht, gehörte ich selbst zu denen, die sie monatelang gedrängt hatten zu kandidieren. Damit ist die erste Frage wohl beantwortet. Im Gegenteil, wir waren überrascht von der Wahl Pit Bleuels, auch von seiner Kandidatur zum Vorsitzenden. Während des Kongresses, unmittelbar nach der Wahl wie auch später hatten wir uns alle gewünscht, Ingeborg Drewitz wäre gewählt worden, weil vermutlich unter ihrem Vorsitz die Vertiefung der Polarisierung ausgeblieben wäre. Das war unsere Hoffnung. – Zweiter Punkt: Inhaltlich wird der VS-Kongreß vom Bundesvorstand des VS vorbereitet, nicht von der Gewerkschaft. Insofern könnten weder Hermann Zoller, wäre er hier, noch ich etwas dazu sagen. Die VS-Geschäftsführerin, Ursula Brackmann, war involviert und könnte Aussagen dazu treffen.

Renate Chotjewitz-Häfner: War bei euch auch diese Befürchtung von einer Spaltung des VS vorhanden?[296]

Detlef Hensche: Ich muß einen Moment darüber nachdenken. Nein. Dieser Brief hatte uns allen Sorge bereitet, und zwar nicht nur Menschen aus der Gewerkschaft, sondern natürlich auch denen aus der Berufsgruppe. Ich glaube, an Spaltung haben wir nicht gedacht.

Andreas Kalckhoff: (Zwischenruf) Aber man hat das vorher in einem Interview geäußert.

Detlef Hensche: Ich wäre bei Interviews ein bißchen vorsichtig. Da hängen Antworten oft von den Fragestellungen ab. Ich kann mich nicht erinnern, daß im geschäftsführenden Hauptvorstand vor Saarbrücken jemand von der Gefahr einer Spaltung gesprochen hätte.

Michael Schneider: Ich habe die »kürbiskern«-Interviews noch einmal gelesen. Es ist tatsächlich so: In dem Interview mit Ferlemann wie auch mit Engelmann wird von beiden die Befürchtung geäußert, daß die Berliner Fraktion die Mediengewerkschaft möglicherweise hintertreiben will. Man muß das konstatieren.

Detlef Hensche: Das halte ich aus heutiger und damaliger Sicht für eine Dramatisierung. Ich kann mich beim besten Willen nicht daran erinnern, daß wir im Vorfeld von Saarbrücken, außer der gewissen Sorge, wie das abgehen würde, ernsthaft eine Spaltungsgefahr in Erwägung gezogen haben, zumal wir alle bis zur Wahl der festen Überzeugung waren, Ingeborg Drewitz würde gewählt.

Lore Schultz-Wild: Da kann ich gleich anschließen und sagen: Wir haben gerade deshalb Ingeborg Drewitz vorgeschlagen. Wir hatten die Sorge, der VS könne auseinanderbrechen, und hofften, daß Ingeborg Drewitz die Integrationsfigur sei. Sowohl in München wie in vielen anderen Landesverbänden haben wir gerade deshalb auf Ingeborg Drewitz gehofft und sie gedrängt: bitte, tu das. Sie selbst hat immer wieder gesagt, wenn es denn sein müsse, es anders nicht gehe, dann würde sie es machen.[…]

Till Sailer: Ich eröffne den neuen Tagesordnungspunkt: Erinnerungsberichte zum Kongreß […]

Konstanze Radziwill: Die Kunst des Erinnerns ist keine leichte. Aber wir haben ein Wort vernommen, das ich heute zum erstenmal hörte: Es gibt eine »Verschriftung« des Saarbrücker Kongresses, die möglicherweise auch in meinem Erinnern Abweichungen erzielen könnte, wie das vermutlich gerade bei Uwe Friesel der Fall war. Zuvor einiges zum 1983er Kongreß, denn das hängt direkt damit zusammen, wie ich den 1984er Kongreß wahrgenommen habe, und zum zentralen Punkt:

Umgang mit den Dissidenten. – Ich selbst bin 1980 oder 1981 in den VS eingetreten und wurde Delegierte vom Landesverband Niedersachsen-Bremen. Mein erster Kongreß war 1983 in Mainz. Dort haben wir drei oder vier Delegierte uns im Vorfeld in Niedersachsen getroffen, wie das üblich ist. Und auch ich fand es richtig, dort vor allem die Position, für die Bernt Engelmann stand, zu stärken. Ich will diesen Kongreß jetzt nicht schildern, sondern ein Erlebnis. Dabei handelt es sich um das Referat von Jürgen Fuchs, in dessen Vorfeld schon eine gewisse Unruhe entstand.[297] Das Referat hatte mich tief beeindruckt. An manchen Stellen hielt ich den Atem an, weil es einen eigenen politischen Prozeß wiedergab und Fragen, auch für mich selber, die ich 1969 in die SPD eingetreten war, formulierte, und zwar so differenziert und vorsichtig, wie ich das noch nicht gehört hatte. Mir war nicht entgangen, daß im Vorfeld eine heftige Presseauseinandersetzung entstanden war. Ich empfand dieses Referat als profund und war auf die Diskussion darüber sehr gespannt. Mich verblüffte, daß eisiges Schweigen eintrat und keinerlei inhaltliche Auseinandersetzung stattfand. Ich habe Erasmus Schöfer gefragt, wann er seinen Redebeitrag gehalten hatte, der ja auf einer Meta-Ebene angesiedelt war. Für mich, die ich damals voll die Friedenspolitik mittrug, wurde da eine phrasenhafte Immunisierung subjektiv überzeugt vorgetragen. Ich sah mich um, doch es kamen keine Beiträge, die inhaltlich das aufgenommen hätten, was in diesem Referat als Ansicht formuliert worden war. Die Stichworte waren, wie auch in der Presse häufig formuliert: Irrtum in bezug auf den Staatssozialismus in den Ländern des sogenannten real existierenden Sozialismus und auch der Verrat an denen, die ihn kritisierten. – Später sprach Ulrich Schacht, den ich als sehr schrill empfand. Auch lag seinem Beitrag nicht jene intellektuelle, analytische Ebene, wie bei Jürgen Fuchs vorhanden, zugrunde. Ulrich Schacht sprach dann irgendwann auch dieses markige Wort: »ihr sprecht die Sprache meiner Kerkermeister«, was die Stimmung natürlich sehr anheizte und sicherlich auch so gemeint war. Ich sah mich hilfesuchend nach meinen Mitdelegierten um und hatte den Eindruck, sie seien ebenfalls bedrückt. Aber auch sie schwiegen. Und ich selbst war ebenfalls völlig außerstande zu reden. Ich glaube, daß sich doch noch einige Berliner zu Wort meldeten. Die Fraktionierung der Berliner war dort unschwer zu erkennen. Ich war derartig irritiert von der Reaktion auf das Referat von Jürgen Fuchs, daß ich mich dann bei der Wahl des Vorstands enthielt. Ich glaube, es war die einzige Enthaltung, was ich mir nicht als Ehre anrechne. Es war der Ausdruck meiner völligen Desorientierung. Ich wußte durchaus, welche Probleme es macht, mit Kritikern des realen Sozialismus umzugehen. Natürlich auch im SHB [298] – und in der SPD. Ich war damals Juso. Ich habe mir vorgenommen, hier möglichst konturiert zu reden, ohne Weichzeichner, ein bißchen mutig vielleicht. Ich denke, das können wir uns heute leisten. In keiner anderen politischen Organisation, in der ich war und bin, habe ich einen solchen Umgang mit qualifizierten Argumenten erlebt.

Das war Mainz 1983, und das hat natürlich meine Wahrnehmung für 1984 geschärft. Auch in meinem Landesverband hatte ich das angesprochen, und es ist dort zu Diskussionen gekommen. So haben wir den Kongreß 1984 vorbereitet. Dort war das Thema: Kandidatur von Erich Loest. Wir waren uns einig, daß Erich Loest kandidieren sollte; allerdings sollten wir ihn nur als Beisitzer vorschlagen. Es sei nicht gut, wenn er als stellvertretender Vorsitzender kandidieren würde. Ich habe mich damals gerade aus dem Grund und mit dem Argument, was von den anderen als Begründung dafür vorgetragen wurde, daß es nicht wünschenswert und auch nicht vernünftig sei, daß Loest als stellvertretender Vorsitzender kandidiert (weil er dann ja die Delegationen, die die Gespräche mit den Vertretern des DDR-Schriftstellerverbandes führten, immer begleiten müßte), dafür ausgesprochen. Gerade das hätte ich mir gewünscht. Das hätte die andere Seite – das war abzusehen – auch irritieren können. Meine Meinung wurde auch akzeptiert, ich wurde auf keine Generallinie festgelegt. Vorauseilenden Gehorsam fand ich nicht nötig.

Es wurden dann noch die »kürbiskern«-Publikationen unter uns verschickt. – Besonders beeindruckte mich der Auftritt von Heinrich Böll, der sich dezidiert gegen bestimmte Darstellungen in jener »kürbiskern«-Veröffentlichung abgrenzte. Und zwar gerade auch an die Adresse von Bernt Engelmann, der mit diesem »Unkraut«, ich glaube, es war der »Gute Heinrich«, argumentiert hatte.[299] Böll fand jene eindrucksvolle Beschreibung, daß es unbedingt zu begrüßen sei, Kontakte zum anderen Schriftstellerverband in der Friedensfrage zu suchen, denn niemand könne dagegen sein, daß dies zur Friedenssicherung geschehe. Dissens war einzig und allein, man müßte wissen, mit wem man spräche, denn man ginge eben zu Hofe. Dort müßte man in Fragen der Menschenrechte um Gnade bitten, wenn man nicht von vornherein die Menschenrechte ganz offiziell und offensiv im Gepäck hätte, sondern erst einmal ad acta legte. Das war sein Kommentar zur Geheimdiplomatie.

Nochmal zu Ingeborg Drewitz, die einen sehr kranken Eindruck machte. Ich sprach sie darauf an. Ingeborg Drewitz litt unter einer schrecklichen Streptokokkeninfektion aus Indien. Ich fragte, ob sie die Belastung überhaupt durchhalten könne. Lieber wäre sie zwei Wochen später angetreten. Aber sie hoffte, bald wieder gesund zu sein. Die Infektion sei nur noch nicht ganz ausgeheilt. Soweit ihre Selbsteinschätzung. – Meine subjektive Wahrnehmung, die durch das Protokoll konterkariert werden könnte, ist die, daß im Vorfeld eine Debatte über die mit dem Polen-Telegramm zusammenhängende Auseinandersetzung lief und auch ein entsprechender Antrag der Berliner, wo es wieder um die zentrale Frage der Menschenrechtsverletzung ging und darum, wie man damit in Richtung Osten umgehen solle. Entweder direkt im Zusammenhang mit dem Antrag oder Nachfragen im Vorfeld – die alte Frage, die auch hier ständig wieder benannt ist: Warum wird der VS dafür geprügelt, er habe sich doch nur an einer Resolution beteiligt, die der P.E.N.-Club genauso mitunterzeichnet hatte. In meiner Erinnerung hat Ingeborg Drewitz an dieser Stelle erstmalig eine klare Darstellung gegeben, die ich bis dahin so nicht gehört hatte. Ich habe sie so verstanden, daß sie als P.E.N.-Mitglied dabei war, daß auf Bernt Engelmanns Initiative eine erste Formulierung der P.E.N.-Resolution erfolgte; daß umformuliert wurde im Sinne von Wiederzulassung *eines* Verbandes.[300] Ich glaube, daß Ingeborg Drewitz sich damit um die Wahl gebracht hat. Andere mögen das anders registrieren. Wir sind dann, wie auch Dagmar Scherf in ihrem schriftlichen Bericht erwähnt, nach Hause gegangen. Dabei waren Mitglieder vom westfälischen Verband. Wir diskutierten, und es wurde dort gesagt, Ingeborg Drewitz sei butterweich, Wachs in den Händen der Berliner. Das könnten wir nicht akzeptieren. – Das sind keine Geheimnisse. Es geht auch aus den hier vorgetragenen Positionen hervor. Eine politische Kontroverse, die bis heute nachwirkt. Danach war ich in einer weiteren Abendrunde nicht mehr dabei. Bei meinen niedersächsischen Kollegen tauchte keinerlei Frage dahingehend auf, daß etwa Ingeborg Drewitz von uns nicht gewählt werden würde.[301] Am folgenden Tag fand dann die Wahl statt.

Margarete Hannsmann: Ich muß mich mühsam herantasten. Ich war zehn Jahre lang Delegierte. Und es hat nicht mehr den gewaltigen Aufmerksamkeitswert, der Jahre zurückreicht – wie eben bei Konstanze Radziwill. Ich berichte nur von dem entscheidenden Vormittag in Saarbrücken. Morgens, am Tag der Wahl, war auf dem Marktplatz in Saarbrücken ein Podium aufgestellt worden. Die meisten hatten dort für die Bevölkerung 8 bis 10 Minuten zu lesen, und zwar in der Zeit von elf bis ein Uhr. Vorher sollten die Vorbereitungen für die Wahl insoweit abgeschlossen sein, als sich Ingeborg Drewitz vorstellen und ihr Programm verkünden sollte. Das war, bevor ich wegging, weil ich bei den Lesungen den Anfang machte. Dies ist insofern wichtig, weil Ingeborg Drewitz mit ihrem Programm begann. Doch ehe sie ihren ersten Satz zu Ende brachte, erfolgte der erste Zwischenruf: »Wie verhalten Sie sich zum Polen-Telegramm?« Das kam überraschend für sie. Sie erschrak und sie entgegnete: Ich schicke ein Telegramm, daß das nicht gilt.[302] – Das war der erste Punkt. Dann entwickelte sie ihre Pläne für den Fall, daß sie gewählt würde. Die waren konfus, widersprüchlich, verwirrt. Es gab zwei, drei Zwischenrufe. Sie antwortete zuweilen sogar konträr. Dem einen hat sie so geantwortet, dem anderen hat sie es widerrufen. Ich wußte, daß sie krank war, daß sie sich morgens schon mühsam dorthin geschleppt hatte. Ich schicke voraus: Ingeborg Drewitz war meine Freundin, eine gute Freundin. Wir haben zwanzig Jahre lang zusammen vielerlei unternommen, von amnesty international, Writers in Prison, bis Knast in Berlin, in Süddeutschland. Und ich war mit Engelmann genau so befreundet. Ich gehörte keiner Fraktion, keiner Partei an. Im Vorfeld hat mich niemals irgend jemand als Delegierte kontaktiert oder gefragt, wie wir es denn nun hielten. Ich habe als Delegierte, die die Pflicht hat zu wählen, die Aufgabe, sehr genau die Punkte anzuhören. Das Ergebnis war so verwirrend, daß ich sehr traurig davonlief. Ich wußte, Ingeborg können wir nicht wählen. Zumal noch ein Berliner Zwischenruf kam: *»Ja, sie ist unsere Kandidatin, wenn sie denn lernfähig ist.«* Wenn eine Vorsitzende vom Schriftstellerverband sich dies sagen lassen muß, und zwar von ihrer Lieblingsgruppe, dann war für mich der Fall klar. Wer Bleuel war, wußte ich nicht. Ich habe in sieben Minuten meine Gedichte gelesen und lief zu den Delegierten, und zwar nicht nur zu denen von Baden-Württemberg, sondern in die einzelnen Kneipen, auch zu den anderen, die dort zum Mittagessen saßen, fragte: was machen wir? Wir waren alle auf Ingeborg vorbereitet. Vor allem wir Weiber. Ich fragte auch Bernt Engelmann, was wir machen sollen. Das geht mich doch nichts an, das ist eure Sache, das mußt du wissen, ich kann dir keinen Rat geben, antwortete er. Auf dem Marktplatz standen wir, ein Mann, vier Frauen. Ich erinnerte an einen französischen Staatsmann und Philosoph, der gesagt hatte: Eine Kugel, die ihren Lauf verläßt und ihr Ziel trifft, kann man nicht mehr in den Lauf zurückschieben. – Und wenn Ingeborg Drewitz auf die Frage, was sie gegen das Telegramm machen würde, antwortet, das gelte nicht, dann wäre das so, als täte man die Kugel wieder zurück, obwohl sie abgefeuert ist. Engelmann hat einen Fehler gemacht, oder auch nicht, das ist seine Sache, aber man kann das nicht rückgängig machen. Das fand völlige Zustimmung. Daß alles andere nach Fernlenkung aus Berlin oder nicht nach Fernlenkung, sondern nach Einbindung aussah, das war uns auch klar. Unmittelbar vor der Wahl ging ich während der Kaffeepause zu Ingeborg, legte den Arm um sie und sagte: »Mußt du das machen? Was ist los mit dir, du bist nicht die alte Ingeborg.« Da meinte sie: »Ich bin solidarisch mit meinen Leuten. Ich schaffe das schon.« – Ich glaube, ich habe nicht nur die eine fehlende Stimme ihr abgejagt, sondern vier, wie der Landesverband Hamburg auch. Hinzu kommt, ich hatte auch Uwe Friesel gefragt: Was macht ihr? Er erzählte mir das, was er vorhin hier sagte. Das war keine Verschwörung, sondern eine große Notlage während dieser zwei Mittagsstunden. – Schluß. Aus.

[...]

Renate Chotjewitz-Häfner: Aus der Frankfurter bzw. hessischen VS-Frauengruppe kam an Ingeborg Drewitz die Bitte zu kandidieren, weil wir sie als Integrationsfigur sahen. Das ist auch in der »feder«[303] veröffentlicht worden; ein kurzer Brief mit Unterschriften von acht Autorinnen. Ich erzähle das, weil es vorher in der Frauengruppe heftige Auseinandersetzungen gegeben hatte, weil Dagmar Scherf und Petra Kunik, vielleicht noch eine Dritte, sich dagegen aussprachen, Ingeborg Drewitz zu unterstützen, mit dem Argument, sie hielten sie nicht für eine gute Gewerkschafterin. Nach dem Ausgang der Wahl war die VS-Frauengruppe tatsächlich lädiert, und einige sind ausgetreten. – Ich wollte noch sagen, daß ich in einem ziemlich schäbigen Hotel zusammen mit Ingeborg Drewitz untergebracht war. Ich war als Gast in Saarbrücken, nicht als Delegierte, und zum erstenmal bei einem Schriftstellerkongreß dabei. Nie wäre ich auf die Idee gekommen, für den Bundesvorstand zu kandidieren, und plötzlich war ich gewählt. Es war mir alles sehr fremd, so daß ich den Kongreß als geschlossene Gruppe wahrnahm, wenn ich auch einige Leute dort kannte, nicht aber in dieser Funktion und im politischen Streit. Der militaristische Wortschatz ist mir aufgefallen. Ich war damals sehr feministisch orientiert und habe zum erstenmal einen richtigen Männerkampf wahrgenommen. Drewitz war tatsächlich die einzige Frau, die überhaupt auf dem ganzen Kongreß redete, außer später einmal Karin-Hempel-Soos. Sicherlich war das eine eingeschränkte Wahrnehmung, aber so hatte es auf mich gewirkt.[304] Daß Ingeborg so krank war, habe ich nicht bemerkt. Eine Rolle hat gespielt, daß sie woanders als die anderen untergebracht war, die alle noch Gelegenheit hatten, sich abends in der Hotelbar zu unterhalten, d. h., daß sie am Tag der Wahl noch nicht informiert war, daß jemand anders kandidieren sollte, was einige Delegierten in der Zwischenzeit besprochen hatten. Mit ihr habe ich nicht über diese Wahl, sondern nur privat geredet, was vielleicht auch typisch war. Die Tragik ist, was den Berliner Landesverband betrifft, daß der einzige Landesverband vor dem Kongreß, der sich nicht für Drewitz ausgesprochen hatte, die Berliner waren, die das von Ingeborg Drewitz' Haltung in der Auseinandersetzung um die polnische Frage abhängig machten. Die hätten hinter ihr stehen können. Und genau diese Unterstützung hatte sie nicht. Ich weiß nicht, was ihr das für ein Gefühl gegeben hat. Und noch einen Eindruck will ich wiedergeben. Die Wahl. Ich ging davon aus, sie wird gewählt. Sie saß da hinten, und neben ihr der Blumenstrauß, man hatte ihn ihr gebracht oder für sie bestellt. Und das Fernsehen, die Kameras waren auf sie gerichtet. Das ist eine Szene, an die hat auch Gerd Heidenreich erinnert. Er sagte zu mir, dies sei ein tragischer Moment gewesen. So war die Situation. Das ist das, was mir im Gedächtnis hängengeblieben ist: gefühlsmäßige Eindrücke.

[…]

Sabine Herholz: Eine Verständigungsfrage. Du sagtest, sie hätte nicht einmal mehr die Berliner im Hintergrund gehabt, die sie unterstützen wollten?

Renate Chotjewitz-Häfner: Es hatte von den Landesbezirken, das befindet sich hier bei den Akten, Wahlvorschläge gegeben.[305] Nur die Berliner Mitgliederversammlung hatte nicht ausdrücklich erklärt, wir unterstützen die Kandidatur von Ingeborg Drewitz. Von allen anderen Landesverbänden lag das vor.

[…]

Renate Chotjewitz-Häfner: Ich erinnere mich an Drewitz' Reden, die mir gut gefallen haben, die ich nicht als obstrus, durcheinander oder verwirrt empfunden habe eben deshalb, weil es die einzige weibliche Stellungnahme war. Das sind immer ganz subjektive Einschätzungen.

Margarete Hannsmann: Aber ich habe extrem aufgepaßt, weil ich ja zu wählen hatte. Ich habe jeden Satz auf die Waage gelegt. […]

Dieter Lattmann: […] D. L. möchte auch zu den beiden Kongressen etwas anmerken. Ihm sei es mit dem Kongreß 1983 in Mainz genauso wie Konstanze Radziwill gegangen. Auch er hätte den Beitrag von Jürgen Fuchs »aufwühlend« gefunden, »weil er mich auf einem Nerv traf, wo ich nicht vorbereitet war«. Der Beitrag habe ihn »zum Teil sehr beeindruckt, zum Teil meldete sich in mir aber auch Widerspruch an«. Wie Konstanze Radziwill habe er sich gesagt, »es darf doch wohl nicht wahr sein, daß dieser Schriftstellerkongreß nicht dazu in der Lage ist, darauf zu antworten«. Und aus »dieser gequälten Situation heraus« habe er sich in dem Bewußtsein gemeldet, »es mußte etwas gesagt werden«. Es müßte dies in einem Protokoll nachlesbar sein.[306]

Jedenfalls habe er »Ungereimtes, völlig Imperfektes, aber Ehrliches gesagt«. Ehrlich in seiner Ratlosigkeit hätte er dann Jürgen Fuchs ganz persönlich angesprochen und ihm gesagt, »was Sie uns hier berichtet haben, müsse beantwortet werden«. Er, D.L., habe zum Ausdruck gebracht, wie beeindruckt er sei, aber auch, daß dies ihn »in einen großen Zwiespalt stürze, weil es aus einer Erfahrungswelt kommt, auf die offenbar niemand im Raum hier spontan zu antworten in der Lage sei«. Er habe gegenüber Jürgen Fuchs betont, daß er ihm »in großen Teilen folgen könne, es aber auch aus der Perspektive sähe, welche Auseinandersetzungen wir mit unserer Gesellschaft, mit unserer Obrigkeit hätten«. Die Spannung zwischen diesen beiden unvergleichbaren Konflikten sei außerordentlich schwierig, der von Jürgen Fuchs aber »unendlich viel größer«. D. L. glaubt zu erinnern, »daß keine Resonanz folgte, weder Ablehnung noch Zustimmung«. – 1984 in Saarbrücken wäre – so D. L. – seine Schwierigkeit »vielfach zusammengesetzt«. »Sie begann mit dem sehr vertrauten Verhältnis von Ingeborg Drewitz und mir. Sie war ja in jedem der vier Vorstände beteiligt, deren Sprecher ich war.« Beide hätten sechseinhalb Jahre eng zusammengearbeitet. D. L. erinnert, daß Ingeborg Drewitz, »teilweise zu Recht, manche Neigungen zur Autorität bekämpft hat«. Sie sei es auch gewesen, die »in allen Bundesvorständen diejenige war, die mir am ehesten mal zornige, krähenfüßige Briefe schrieb, in denen sie deutlich zu verstehen gab, daß sie sich von meiner damaligen Dynamik überrannt fühlte. Ich habe ihr oft geantwortet, und auf dieser Basis haben wir uns gut verstanden ...« – Die zweite Schwierigkeit in Saarbrücken habe darin bestanden, daß D. L. selbst während der Abstimmungsprozedur teilweise die Versammlung zu leiten hatte, was ihn »in unmittelbaren Kontakt mit Ingeborg brachte«. Er sei zweimal auf sie zugegangen und habe ihr gesagt: »Das geht nicht gut. Wir müssen noch einmal darüber reden, wie das jetzt geschieht. Alles war darauf ausgerichtet, daß Sie gewählt werden. Ich fände es entsetzlich, wenn Sie nicht gewählt werden. Aber ich weiß auch nicht, was jetzt zu tun ist. Es gibt jetzt keine Beschwörungs- oder Überzeugungselemente, die Dinge sind im Gange. Überlegen Sie sich Ihrerseits noch einmal, ob Sie sich überhaupt dieser Prozedur aussetzen wollen.« Sie hätte dies gewollt.[307] – Nach D. Lattmanns Sicht hätte Ingeborg Drewitz unter »großem Druck gegenüber einigen Delegierten aus Berlin (gestanden)«. Sie habe eine Art Wahlversprechen an Delegierte abgegeben wie etwa die Stellungnahme zum Polen-Telegramm, und sie war – so vermutet D. L. – »wohl nicht ganz frei in ihrem Handeln«. D. L. verweist auf Stimmengleichheit im ersten Stimmengang und darauf, daß im zweiten dann Bleuel eine Stimme mehr hatte. In beiden Wahlgängen wäre »die unverständlich große Zahl von Enthaltungen ausschlaggebend« gewesen. Woher die kamen, sei nach D. L. in einer geheimen Wahl nicht zu eruieren. »Unglücklich gewesen zu sein und das noch einmal auszusprechen, nützt wenig, denn das waren damals wohl alle.« – D. L. geht in seiner Erinnerung noch etwas weiter zurück. Er vermutet, daß der Kongreß »wahrscheinlich die meisten Teilnehmer schier zur Verzweiflung gebracht (hat)«. Ihn selbst deswegen, »weil ich einfach alle berufspolitische Handlungsenergie des Verbandes vernichtet sah«. Für D. L. sei der Verband nämlich mit zwei Prämissen angetreten, »erstens, wenn wir uns wechselseitig um unsere Bücher streiten, einigen wir uns nie, weil wir alle Konkurrenten sind, deswegen sollte Literatur draußen bleiben. Wir wissen zwar, welch unterschiedlichen Ranges wir sind, aber niemals habe ich gewünscht, daß der VS eine Literaturzeitschrift herausgibt und dann die Klassenkeile von all denen bekommt, deren Manuskripte er nicht abdruckt.« Zum zweiten habe das »ungeschriebene Gesetz« gegolten, »wenn ein Übermaß an weltanschaulichem Disput in den Verband dringt, kann er auch nicht mehr arbeiten«. – Aber genau dazu wäre es nun gekommen. Nach D. L. sei Saarbrücken »ungeheuer politisch, und zwar nicht VS- oder gewerkschaftspolitisch, sondern bundespolitisch« gewesen. Dieses Klima sei im Zuge der Wende in Bonn entstanden, »nach der Ablösung der sozial-liberalen Koalition durch die konservativ-liberale Koalition und durch die geistige Wende, die es bedeutete, weil ganz bestimmte Liberalitäten und Signale an Großzügigkeit, auch am Aushalten von Kritik, die schon in der Phase von Helmut Schmidt verlorengegangen war, noch weiter abgebaut wurden«. Er habe dies auch am VS gesehen. Am »allertraurigsten« allerdings sei für ihn gewesen, wie Heinrich Böll reagierte, als er ihn nochmals ansprach: »Können Sie denn nicht noch irgend etwas machen, Sie sind doch der einzige, der hier noch integrieren kann«, habe er gefragt. Und Heinrich Böll hätte ihn »ziemlich unwillig« mit dem Satz stehen lassen: »Herr Lattmann, Sie sind ja auch ganz naiv.« In D. L.s Wahrnehmung hätte Heinrich Böll damals »sehr, sehr wenig über die inneren Vorgänge im VS gewußt, aber sehr viel über diesen politischen Konflikt aus unterschiedlichen, hauptsächlich den VS-Vorstand sehr stark verurteilenden Quellen«. Er habe die »Kronzeugen des VS und seiner Gründung, Siegfried Lenz, Günter Grass, Heinrich Böll, da unten sitzen sehen«, und sie seien »sehr stark motiviert, um eine bestimmte Art des VS-Verhaltens zu kritisieren und zur Umkehr zu zwingen«. Gleichzeitig sei es aber so gewesen, »wie das sehr oft bei Schriftstellern dieser Größenordnung passiert, ich kenne es vor allem bei Grass«, sie wären nämlich bereit gewesen, sich zu äußern »ohne ganz genaue Kenntnis der Vorgänge«. D. L. betont, daß er es »öfter erlebt (hat) bei den großen Unterstützern des VS, die uns in der Anfangsphase Schecks über Tausende von Mark geschickt haben für die Entstehung des VS«. Sie seien »wirklich Paten« gewesen, aber »selten bereit, sich einmal richtig ins Eingemachte zu begeben«. Auch Heinrich Böll erschien D. L. »sehr uninformiert. Günter Grass auch. Sie wußten genau, was sie wollten. Aber das Gespräch war nicht mehr möglich.« – Auf der Rückfahrt – so D. L. – sei er von Saarbrücken bis Frankfurt zusammen mit Ulrich Schacht und Jürgen Fuchs gefahren und habe beide in einem offenen Gespräch näher kennengelernt. Sie hätten »über die Schwierigkeiten gesprochen, uns zu verständigen«. Schacht habe seine Geschichte erzählt, die D. L. sehr beeindruckte. Und er konstatiert: »Dies war keine Feindschaft. Auch nicht von ihnen mir gegenüber. Sie waren auch unglücklich über diesen Kongreß, aber zumindest mir gegenüber nicht voller Zorn, daß der VS sie vollkommen verraten oder verloren hätte.«

[*Erasmus Schöfer:* (Zwischenruf) Es war ja auch Loest gerade gewählt worden. Das war als ein Zeichen interpretiert worden.] D. L. bejaht dies und merkt zu Erich Loest an, wie der sich in der »Woche« erinnert habe, daß er von ihm – Lattmann – angesprochen wurde.[308] Sie wären beide vom Empfang beim Oberbürgermeister gekommen. D.L. hätte sich ihm vorgestellt. Erich Loest wäre an seiner Einschätzung der Situation interessiert gewesen. D. L. habe daraufhin darauf aufmerksam gemacht, daß es in dem Fall, da eine Tendenz existieren sollte, ihn – Loest – zum ersten Vorsitzenden zu wählen, er ihn bitten möchte, dies nicht zu tun, »sondern einzusehen, daß das nicht gehe«. Er, D. L., »könnte auch nicht plötzlich den Schriftstellerverbandsvorsitz der DDR übernehmen«. Er habe gesagt »Sie haben von unseren gesamten Arbeitsvoraussetzungen und Rahmenbedingungen schlichtweg zu wenig Kenntnis. Es gibt, so wie der VS heute ist, eine fachliche Bedingung, was die Kenntnis vom Urheberrecht, von der Zusammensetzung in den Parlamenten, gesetzgeberischer Politik, vom Börsenverein und dergleichen betrifft.« Soweit D. L. sich erinnert, habe Erich Loest dies eingesehen und sich ihm gegenüber nicht ablehnend verhalten.

Olav Münzberg: Im Raum steht aus verschiedenen Ecken die Behauptung, das Drehbuch zu Saarbrücken wurde von der Stasi geschrieben. Ich bitte darum, daß, trotz der Unvollständigkeit der Materialien, mit denen diese Tagung hier durchgeführt wird, Augenzeugen eigene

Wahrnehmungen nach dem psychoanalytischen Kriterium der Auffälligkeit in den eigenen Bericht einbeziehen. Denn das ist ein Teil des Erkenntnisinteresses, selbst wenn wir vermutlich diese Frage hier auf dieser Tagung nicht mit Ja oder Nein beantworten können.[309]

[...]

Michael Schneider: Ich war auf dem Kongreß als einfaches VS-Mitglied und habe mich erst am letzten Tag in die Diskussion eingeschaltet. Ich möchte verkürzt schildern, wie meine Stimmung – das hat ja sehr viel mit Gefühlen zu tun – und meine Parteilichkeit umgeschlagen ist. Mit dem »Polen-Telegramm« hatte ich mich noch nicht sonderlich beschäftigt, ich wurde ganz plötzlich damit konfrontiert. Als Außenstehender kam es mir vor, als wäre um eine fast scholastische Frage ein ungeheurer weltanschaulicher Streit entbrannt. Zuerst einmal konnte ich dieses Gedöns um einen bestimmten oder unbestimmten Artikel nicht nachvollziehen. Ich hatte das Telegramm gelesen und nicht den Eindruck, daß die Formulierung »Wiederzulassung eines Schriftstellerverbandes« bedeutet, daß der VS sich für die Wiederzulassung eines Quisling-Verbandes stark machen wollte. Die Beiträge von Heinrich Böll hatten mich sehr beeindruckt: man solle nicht vergessen, wem man gegenübertrete, man gehe zu Hofe, und wenn man Erleichterungen erwirken wolle für Dissidenten und für verfolgte Schriftsteller, dann werde einem eine Gnade erwiesen.[310] Diese Voraussetzungen, unter denen man dort agierte, waren in ihren Differenzierungen sehr wichtig.(Zwischenruf: Recht vor Gnade). Recht vor Gnade. Genau. Eigentlich war ich innerlich bereit, auf Heinrich Bölls Seite zu stehen – in dieser Phase. Aber dann folgten die Berliner Redebeiträge, ich entsinne mich derer von Hannes Schwenger und Hans Christoph Buch, die eine solche inquisitorische Schärfe besaßen gegen Engelmann mit dem Stalinismus-Vorwurf. Es wurde auch auf die Manès-Sperber-Geschichte verwiesen, und ich weiß – ich bin kein Mensch, der zu paranoiden oder Verschwörungstheorien neigt –, aber als ich las, daß bereits in Springers »Welt« Hans Christoph Buch als Gegenkandidat gekürt worden war, und ich hörte, wie er diesen Stalinismus-Vorwurf gegen Engelmann erhob, schlug meine Stimmung um. Über das Polen-Telegramm mochte man so oder so denken, aber man konnte sich einen Mann mit der Biographie von Engelmann, mit einem solchen politischen Standing als Schriftsteller und als politischer Zeitgenosse, nicht durch einen Schriftsteller, der, wie Hans Christoph Buch immer das Fähnchen nach dem Winde gedreht hat und elegant und polyglott ist, nicht einfach so wegknallen lassen. Von da an mein Gefühl, wenn die Kritik an Engelmann aus dieser Ecke kommt, mit dieser Schärfe und inquisitorischen Vorwürfen, nahm mich das für Engelmann ein. Die Berliner haben ihre sicherlich auch berechtigte Kritik in vernichtender Weise angebracht. Das hatte mich gegen die Berliner Fraktion eingenommen.

[...]

Andreas Kalckhoff: Ich möchte eine Frage an Margarete Hannsmann stellen, die ich ihr schon privat stellte. Das hat folgenden Hintergrund: Ich war junges Mitglied und kannte die Interna nicht. Unser damaliger Vorsitzender, Johannes Poethen, war mir weder bekannt als DKPler noch als politischer Eiferer. Aber wenn der Name Schwenger fiel, dann schwoll ihm der Hals. Meine Frage: Ich verstehe nicht, was ihr gegen Schwenger hattet. Er hat sich für Menschenrechte eingesetzt, wie auch du und HAP Grieshaber, und zwar auch aktiv in der DDR. Zweitens, du könntest auch von deiner Erfahrung sprechen über die Rolle von Böll in Saarbrücken.

Margarete Hannsmann: Das mit Schwenger weiß ich nicht. Der Johannes sagte, Schwenger zerstöre jede Veranstaltung durch unendliche Anträge, was über Stunden gehe, denn die müßten ja auch diskutiert werden. So würde jegliche Atmosphäre zerstört. Ich weiß nicht, was ich anderes gesagt habe. – In bezug auf Böll hat Kollege Lattmann fast dasselbe gesagt. Mit Böll war ich zwölf Jahre befreundet. Er war öfter unser Gast auf der Achalm, bei Grieshaber, mit dem ich in Köln und in der Eifel gewohnt habe. Wir waren Freunde bis Saarbrücken. Ich saß als Delegierte in der ersten oder zweiten Reihe, als Böll, Grass, Lenz, als die Koryphäen hinter mir auf die Bank einzogen. Ein Raunen. Böll kommt, und ich strahle ihn an, will ihn ansprechen: »Heinrich Böll«, aber ich kam nicht soweit. Er sagte: »Ach was, Frau Hannsmann, Sie gehören ja zu diesen Unverbesserlichen.« Diese Handbewegung bei diesem »Ach was«. Zwölf Jahre Freundschaft. Das ist das letzte gewesen, was zwischen mir und Böll bis zu seinem Tod möglich war.

[...]

Konstanze Radziwill: Zuerst bitte ich die Geschichtskommission, noch einmal nach der ursprünglichen P.E.N.-Resolution zu graben, von der Ingeborg Drewitz sprach. Ich denke, daß das ein Dreh- und Angelpunkt ist. Wenn es in Polen vielleicht auch die Bedeutung nicht hatte, obwohl mich polnische Freunde in Gdansk drei Jahre später darauf ansprachen. Mich hat aufgebracht, daß hier ein Bild von Ingeborg Drewitz im Raume steht, als sei niemand im VS irgendwie gesteuert, die einzige Gesteuerte, die übrigbleibt, sei Ingeborg Drewitz, und zwar vom Berliner Verband[311]. Ingeborg war mental nicht mehr ganz Frau ihrer selbst, schwerkrank, Marionette, irgendwo außer sich, blockiert. – Ich halte das für eine absolute Legendenbildung und bitte auch andere, ihren Eindruck dagegenzusetzen. Mir schien die Vorstellung ihres Programms ganz und gar nicht wirr. Ich fand es sehr überzeugend, gut aufgebaut, mit nicht gerade voluminöser Stimme vorgetragen, die sie ohnehin nicht hatte. Es ist mir unbegreiflich, wie hier ein solches Bild von Ingeborg Drewitz gezeichnet werden konnte, trotz ihres umwickelten Beines. Diese Frieder-Hitzer-Papiere habe ich noch nicht erhalten. Ich würde sie gerne lesen. Und es ist wohl eine Frage, wie wer welche Zwischenrufe protokolliert. Das ist so interpretationsfähig, wie alle Quellen, auf die wir uns hier stützen. – Diese fernsteuernde Instanz steht auch im Raume. Die Berliner. Es geht hier nicht um Sympathien oder Antipathien, allerdings ist mir so jemand wie Buch nicht sonderlich sympathisch gewesen. Viel später nach dem Kongreß traf ich Christine Schwenger. Bis heute ist für mich nicht nachvollziehbar: Ist denn nun Hannes Schwenger ein CIA-Agent gewesen? Dies müßte sich herausfinden lassen.[312]

Noch zum Ablauf des Kongresses und damit zurück zur Frage: Dieser Kongreß ist mit großer Konfusion abgelaufen, denke ich. Sollte es von irgendwelchen fernsteuernden Seiten Versuche gegeben haben, dort Regie zu führen, dann wären diese in jeder Hinsicht entgleist. Deswegen auch die völlig widersprüchlichen Ergebnisse. Der Anfang waren Ingeborg Drewitz' Enthüllungen über die sukzessiven Formulierungen des Polen-Telegramms, die Resolution, wo Pit Chotjewitz angeblich geschickt laviert habe, daß die noch zur Abstimmung kam, wobei aber gerade Böll, Grass, Lenz und andere es zum Knackpunkt dafür machten, ob sie austreten würden. Diese Resolution wurde in Antrag und Begründung aufgeteilt.[313] Ein zentraler Punkt war: die Menschenrechtsverletzungen auch in den östlichen Staaten. Die Resolution wurde mit ganz knapper Mehrheit angenommen.[314] Dies war noch vor der Wahl von Ingeborg Drewitz. Das war einfach zuviel. Es war nicht mehr hinzunehmen, daß eine Ingeborg Drewitz, die sich zu dieser Position bekannte, auch noch Vorsitzende werden sollte. Deshalb kam Kandidat Bleuel. Immerhin hat es zwei Wahlgänge gegeben. Wer versehentlich falsch gewählt hatte, hätte es sich noch einmal überlegen können. Es ging dann mit dieser hauchdünnen Mehrheit und den vielen Enthaltungen aus. Ich denke, mein Landesverband gehörte zu denen, die auch paralysiert und ratlos waren.

Lore Schultz-Wild: (Zwischenruf) Warum waren wir denn ratlos?

Margarete Hannsmann: (Zwischenruf:) Warum habt ihr sie dann nicht gewählt?

Konstanze Radziwill: Das frage ich mich auch. Dann kam die Wahl von Loest. Da stand alles noch unter einem Schock. Die Wahl von Loest war, glaube ich, auch ein Versuch, etwas gutzumachen. Deshalb hat er so viele Stimmen bekommen.[315]

Till Sailer: In der Rede von Ingeborg Drewitz kommt der Satz vor: »Die Sache des polnischen Schriftstellerverbands ist relativ problemlos von unserer Seite aus zu machen.« Da sehe ich einen Widerspruch zu dem, was sie dazu gesagt haben soll.

Olav Münzberg: Bitte die Quelle noch nennen.

Liz Wieskerstrauch: (Zwischenruf) Die Quelle ist der »kürbiskern«.[316]

Renate Chotjewitz-Häfner: Ich möchte zur Klärung des Sachverhalts an den Antrag vier vom Landesbezirk Berlin erinnern, der die große Diskussion ausgelöst hat. In der langen Begründung zum Antrag heißt es: »Wir, die Mehrzahl der im VS organisierten Schriftsteller, haben diesen Prozeß der Verfolgung von Autoren in den Ostblockstaaten nicht ausreichend wahrgenommen, dadurch seine Folgen bagatellisiert und in jüngster Zeit unseren polnischen Kollegen die Solidarität verweigert. Wir haben nicht begriffen, daß es um mehr geht als um individuelles Mitleid und humanitäre Hilfe im Einzelfall usw. Der VS kann seine Glaubwürdigkeit nur wieder herstellen, indem er sich uneingeschränkt solidarisch erklärt mit allen wegen ihrer politischen, religiösen und literarischen Überzeugung verfolgten Schriftstellern.« Es folgt ein Satz, der vermutlich an den alten Bundesvorstand gerichtet ist: »Eine solche prinzipielle Haltung schließt diplomatische Behutsamkeit keineswegs aus. Nur von dieser Basis aus können wir wirksam Widerstand leisten gegen die von der neokonservativen Wende in Bonn ausgehenden Gefahren für die Unabhängigkeit der Presse und die Freiheit der Kunst in unserem eigenen Land.« – Dies war der Knackpunkt, der Auslöser. – Das umstrittene Papier, der Antrag 4.

Lore Schultz-Wild: (Zwischenruf) Dann erkläre mir bitte jemand, warum sich im ersten Wahlgang neun Leute enthalten haben und Stimmengleichheit war zwischen Ingeborg Drewitz und Hans Peter Bleuel als Außenseiter. Beim 2. Wahlgang waren es noch zwei Stimmen mehr, die sich enthalten haben. Das hat es noch nie beim VS gegeben. Wenn es neunzehn zu neunzehn steht und neun Enthaltungen, und später mit einer Stimme Mehrheit und elf Enthaltungen, was ist dann in den Köpfen der Leute vorgegangen? Könnt ihr versuchen nachzuvollziehen, was auf diesem Kongreß los war, daß das nicht ferngesteuert gewesen sein kann?

Hans-Georg Soldat: Vielleicht kann ich die eine oder andere Kleinigkeit zur Klärung beitragen. Ich gehörte, obwohl ich Berliner Journalist bin, nicht primär zu einer Berliner Gruppierung. Das Wort »Berliner Fraktion« vermeide ich immer noch, weil mir das belastet vorkommt. Der Zufall wollte es, daß ich bei der Anreise nach Saarbrücken mit Hannes Schwenger im selben Flugzeug zusammensaß und wir natürlich über die kommende Tagung gesprochen haben. Ich bin nicht ganz sicher, ob Ingeborg Drewitz auch dabei war. Angesichts der in der Presse schon breitgetretenen Vorgänge fragte ich, wie die Chancen seien, weil ich das immer nur am Rande verfolgt hatte. Da habe ich zum erstenmal das erfahren, was offensichtlich die Delegierten erst später mitbekamen, daß nämlich die Wahl von Ingeborg Drewitz durchaus nicht so sicher war. Schon im Flugzeug erfuhr ich: Na ja, da gibt es wohl irgendwo einen Gegenkandidaten. Dieser Kandidat würde am vorletzten Tag, oder wie auch immer, hervorgezogen werden. Das könnte eine Kampfabstimmung werden. Sehr viele waren nicht in diesem Flugzeug, meiner Ansicht nach sagte das Hannes Schwenger.

Andreas Kalckhoff: Das kann sich auch auf Loest beziehen.

Hans-Georg Soldat: (weiter) Nein, das hat sich nicht auf Loest bezogen. Darüber haben wir extra gesprochen. Ich war deshalb auf das höchste auf den Kongreß gespannt. Ich kann nicht ausschließen, daß der Eindruck, den ich von Anfang an hatte, daß hier eine sonderbar konspirative Stimmung herrschte, es wurde gewispert und wuselte durcheinander, von der psychologischen Wirkung her durch diese Information im Flugzeug aufgebaut worden war. Ich weiß noch genau, daß damals sehr wohl die Diskussion um Trennung, Spaltung usw. lief und diese Gefahr tatsächlich immer wieder beschworen wurde. Ich hatte nicht den Eindruck, daß Ingeborg Drewitz die Unterstützung durch eine Berliner Gruppe fehlte. Es war nicht jene eindeutige Unterstützung, die man vielleicht erwarten konnte oder sollte, glaube aber, daß die Berliner Gruppe geschlossen hinter ihr stand. Soweit ich das mitbekam, war sie über die Diskussionen um Bleuel und seine Kandidatur im Vorfeld nicht informiert. Diese Sache mit Bleuel hatte für einen Außenstehenden, und das war ich ja, etwas sehr Überraschendes und Gezieltes, und zwar nicht aus einer Verlegenheit der Situation heraus.[317] Das habe ich auch in meiner Sendung seinerzeit gesagt. Es war eine sonderbare Situation, wie auf einmal Bleuel hochkam. Meine Kollegen und ich hatten mit ihm nicht gerechnet. Und es kam dann diese überraschende Mehrheit zustande. Loest kam als Trostpflästerchen irgendwie hintendran, damit es nicht doch noch zur Spaltung käme. Ich weiß noch genau, Dieter Lattmann, wie Ingeborg Drewitz hinten stand und, wie ihre Freunde auch, völlig fassungslos darauf reagierte. Das war eine erschütternde Situation. – Wichtig ist die Frage: War das Stasi-Regie?[318] Natürlich können wir dies hier nicht beantworten. Bestenfalls könnte ich mir vorstellen, daß Ingeborg Drewitz sozusagen verhindert werden sollte, daß das der kleinste gemeinsame Nenner war: alles, bloß nicht die Drewitz. Ob es da andere Sachen gibt, weiß ich beim besten Willen nicht. Ausschließen kann man nichts. Die Polarisierung ging seinerzeit derart voran, daß man gelegentlich den Eindruck hatte, hier kommen Strömungen hinein, die mit dem VS nichts zu tun hatten, sondern von woanders herkamen. Aus dem politischen Raum, so habe ich damals gerätselt. An Stasi hatte ich seinerzeit nicht gedacht, das gebe ich zu. Ich hatte weniger den Eindruck des Chaotischen, mehr dieses dauernden Wisperns und Irgendwo-Klüngelns. In den Ecken standen Leute zusammen und diskutierten. Diesen Eindruck hatte ich nicht allein. (Zwischenruf) Wispern gibt es immer auf Kongressen. Aber sicher. Ich war auf fast sämtlichen Kongressen.

[...]

Karl Corino: Ein Wort zu Hannes Schwenger. Ich kenne ihn nicht persönlich. Aber nun steht auch noch der Verdacht im Raum, daß er CIA-Agent gewesen sein könnte. Vor kurzem war in der Zeitschrift ... (Erregung) Lassen Sie mich doch etwas dazu sagen, wie so etwas zustande kommt, denn der gute Schwenger hat mittlerweile seine Akte gesehen und in den »europäischen ideen« auf einer halben Seite ganz kurz das Resümee wiedergegeben. Er beschreibt, daß er umfangreiche Verleumdungsszenarien der Stasi gegen sich gefunden hat, jeweils mit Abheftung, welche Ziele man jeweils erreicht hatte. Es sind so schöne Details dabei, daß z. B. der Rechtsanwalt, der das *Komitee Freiheit und Sozialismus* beraten hat, welches Hannes Schwenger ins Leben gerufen hatte, Mitarbeiter des MfS war und genaue Beschreibungen geliefert hat, wo in Schwengers Wohnung die entsprechenden Akten stehen, damit man sie bei konspirativen Wohnungsdurchsuchungen leichter filzen kann. Das ist das, was Schwenger in den Stasi-Akten gefunden hat. Mehr will ich dazu nicht sagen. (Zwischenrufe) Natürlich gehört das zu den Szenarien, daß man sagt, der Mann ist ein CIA-Agent.

Dieter Lattmann: (Zwischenruf) D. L. protestiert, denn »er hat nicht wann, wie, wo gesagt«, und fordert, daß man dies »doch hier nicht in den Raum setzen« könne.

Karl Corino: (weiter) Ich weiß doch nicht, wo das zu Frau Radziwill gekommen ist. Sie fragte doch, ob er ein Agent sei.

Dieter Lattmann: (Zwischenruf) D. L. macht den Einwurf, daß er

»die ganze Debatte gespenstisch« finde und fragt, wie könne man »ernsthaft glauben, daß die Staatssicherheit … Irgendwo hört doch die Grenze der Verantwortlichkeit gegenüber der Sache und uns selbst auf.« Für ihn könne man doch nicht allen Ernstes unterstellen, »daß der Schriftstellerkongreß in Saarbrücken aus der Staatssicherheitsperspektive aktiv manipuliert worden sei«. Das hielte er »für eine psychotische Vorstellung«. Die Anwesenden sollten sich nicht erlauben, »über diesen puren Unsinn auch nur fünf Minuten länger weiterzureden«.

[…]

Dieter Lattmann: D. L. bittet alle Anwesenden, sich keinen Übersteigerungen, die in der Realität keine Entsprechung finden, hinzugeben. Er erinnert an eine andere mögliche Übersteigerung »mit gegenteiligen Vorzeichen«, gegen die er sich genauso gewandt habe. Zehn Jahre vorher, beim III. Schriftstellerkongreß des VS in Frankfurt[319] sei es so gewesen, daß, »während Bundespräsident Scheel sprach, rechts und links von ihm, etwas idiotisch sichtbar getarnt, seine Leibwache in Form von mehreren Fotografen auftrat, die ständig so taten, als knipsten sie«. Es habe einige Leute verwundert, daß dies so plump geschah. Wenige Tage vorher sei Holger Meins im Zuge der Terroristenverfolgung ums Leben gekommen. Und da wäre dann von der Straße herein diese unselige Erregung über den Terrorismus jener Jahre in den Saal geschwappt, und im Saal, wo getagt wurde und der Präsident sprach, hätten sich erregte Sprechchöre breitgemacht: »Verfassungsschutz, Verfassungsschutz, Verfassungsschutz.« D. L. möchte daran erinnert haben, »weil das von derselben Qualität mit anderen Vorzeichen ist. Denn Geheimdienste in aller Welt sind sich ähnlicher, als im allgemeinen behauptet wird. Das geht bis in die Formulierungen hinein.« Er verweist darauf, daß er sich aus seiner Abgeordnetenzeit bei westlichen Diensten auskennt. Er gibt seiner Überzeugung Ausdruck, daß er sich in der Sache sicher ist, »daß genügend Aufpasser von unserer Seite, Dienste von unserer Seite gegenwärtig waren, die ein Eingreifen der Staatssicherheit kontrolliert und wahrgenommen und gegebenenfalls auch abgewehrt hätten – so wie die Situation damals war – (einzelnes Lachen) etwa in dem Sinne, wie die Versammlungen kritischer Gruppen ja auch bei uns häufig beobachtet wurden, wofür es Beweise gibt, und wie Telefone bei uns abgehört wurden, bei uns Leute inhaftiert wurden, wenn sie ganz bestimmte Formen von Bürgerrechtleraktion wahrnehmen.« Dies zu konstatieren bedeute »nicht im geringsten, daß man das eine mit dem anderen gleichsetzt«. Aber in der Sache wäre »der Unterschied so unterschiedlich wie die beiden Staaten«. In einer Welt, in der bei den beiden Weltmächten, auf der östlichen Seite Herr Andropow und auf der westlichen Seite Herr Bush, aus der Direktion von den jeweiligen staatlichen Geheimdiensten ins Präsidentenamt gekommen sind bzw. ins Vorsitzendenamt, »in der also Geheimdienste und Politik unmittelbar verbunden sind«, ist es nach D. L. »nicht die geringste Form von Verteufelung oder Überhöhung, sondern realistische Einsicht [...], wie sich Dienste und Politik verbinden«. Weil solcherart »Übersteigerungen auf einer Auseinandersetzung von Schriftstellern wirklich nichts zu suchen haben«, appelliert D. L. daran, »daß wir uns weder dem einen noch dem anderen Syndrom unterwerfen«.

Erasmus Schöfer: Kollege Lattmann, was du zuletzt sagtest, hat mich schon etwas erschreckt. Du hast uns erst beschworen, wir sollen nicht auf diese Absurdität, vom MfS gesteuert worden zu sein, hereinfallen, im nächsten Augenblick erzählst du, daß der Verfassungsschutz sehr wohl dagewesen sei, jedenfalls auf dem Kongreß, wo du warst. Du hast also gerade plausibel gemacht, daß u. U. auch Angestellte des Ministeriums für Staatssicherheit dagewesen sein können. So muß man deinen Beitrag eigentlich verstehen. (Zwischenruf) Also das fand ich nicht sehr hilfreich. Obwohl ich dir insoweit völlig zustimme, daß ich es auch für absurd halte, daß die Delegierten gesteuert worden sind von irgendwelchen Einflüssen aus der DDR. [...] Zu Ingeborg Drewitz. Ich war nicht Delegierter auf dem Kongreß, habe aber mit einem Teil der nordrhein-westfälischen Delegierten des Saarbrücker Kongresses gesprochen, um zu erfahren und mich zu versichern, wie sie abgestimmt haben. Volker Degener und Wolfgang Schiffer haben mir bestätigt, daß die ganze Gruppe von fünf oder sechs Delegierten aus Nordrhein-Westfalen[320] sich auch auf Ingeborg Drewitz verabredet hatte, im Laufe des Kongresses aber durch ihren Auftritt umgestimmt worden sind und nicht mehr für sie gestimmt haben. Das als zusätzliche Information. (*Renate Chotjewitz-Häfner* [Zwischenruf]: Das heißt, sie haben für Bleuel gestimmt.) Ich denke, sie haben für Bleuel gestimmt. Das haben sie vielleicht nicht so genau vorher verabredet, aber sie haben darüber diskutiert, wie das üblich ist auf allen unseren Delegiertenkonferenzen, daß sich die Landesgruppen am Abend vor den Wahlen treffen. Daß man sich vorher darüber Gedanken macht, die Argumente austauscht, wer gewählt werden soll, das gehört zum demokratischen Prozeß und hat nichts mit Wispern zu tun. Die andere Seite der Sache ist, daß es diese große Verwirrung und Unsicherheit gegeben hat, was auch dafür spricht, daß es nicht irgendwelche Direktiven gegeben hat, sondern die Delegierten wirklich fast in einer

Gewissensnot waren, weil ihre Sympathien erst bei der einen Kandidatin lagen, sie dann aber den Eindruck hatten, man kann und sollte sie nicht wählen. Was wir eben aus dem Zitat hörten, aus ihrer Vorstellung, bestätigt in seiner grammatischen Unkohärenz genau den Eindruck, den viele von uns hatten, daß Ingeborg Drewitz sehr unsicher gewesen ist. Das zeigt dieser Satz sehr deutlich. Ich kannte sie schon aus der Zeit vor dem VS und habe sie immer hoch bewundert, wie sie als Frau und Mutter von vier Kindern Romane schreiben konnte, sich immer und immer in der Arbeit des VS engagierte, und zwar sowohl in der Verwaltungsarbeit wie auch in der sozusagen karitativen Arbeit, also für gefangene Autoren auch hier in der Bundesrepublik und in der DDR. Ich hatte von daher überhaupt keinen Grund, gegen sie zu sein, sondern mich nur als Mitglied der Landesgruppe mit unseren Delegierten in dieser Richtung ausgesprochen. Ich dachte, man kann sie nicht wählen. – Übrigens weiß ich, daß auch Gerd Deumlich, als Mitglied des Parteivorstandes (der DKP) für Kultur zuständig, und Hannes Stütz[321], der direkte Sachbearbeiter, in Saarbrücken gewesen sind. Mit ihnen ist sicherlich gesprochen und diskutiert worden da, wo sie am Mittagstisch gesessen haben. Aber selbst wenn sie, wie Peter Schütt das insinuiert hat, eine Instruktion von Berlin gehabt haben, sie sollten sich in einer bestimmten Richtung äußern, und sie das dann dort taten, so ist es für mich kein Beweis dafür, daß die Stasi mitgewirkt hat. Sondern das sind einmal ideell-ideologische Auseinandersetzungen gewesen, was das Verhältnis zu den Ländern im Osten angeht, und zum anderen, was die Wahl von Ingeborg Drewitz angeht, war es vor allen Dingen ihr psychisch-physischer Eindruck. Allerdings frappiert mich, daß unsere Wahrnehmungen so unterschiedlich sein können. Das kann ich mir nur so erklären, daß wir doch alle irgendwelche Scheuklappen angehabt haben. Ich weiß nicht, ob es ein Armutszeugnis wäre für die Intellektuellen, die da zusammen waren.

Dieter Lattmann: D. L. bittet um Verständnis und möchte betont wissen, daß er »um hundertachtzig Grad falsch interpretiert worden« sei. Er möchte dies nicht im Raum stehen lassen, weil es »unentschuldbar wäre«. Er hebt hervor, daß er im Sinne eines »warnenden Beispieles, an die völlige Überzogenheit des Schriftstellerkongresses 1974 in Frankfurt« erinnert habe, wo Sprechchöre »Verfassungsschutz, Verfassungsschutz« eine Suggestion schufen, »als wäre dieser Kongreß von einem unserer Dienste massiv beobachtet«. Er hätte dann gesagt: »nicht etwa, daß unser Verfassungsschutz Saarbrücken manipuliert haben könnte, es geht doch genau um den anderen Vorwurf, daß die Staatssicherheit ihn manipuliert habe.« Aus seiner politischen Erfahrung über die Funktion von Geheimdiensten der Bundesrepublik, »wo wir ja mindestens drei an der Zahl haben, glaube ich, daß Anlaß zu der sachlichen Vermutung besteht, daß eine stille Beobachtung über die Ereignisse in Saarbrücken stattgefunden haben kann«. Seine Äußerung würde nicht bedeuten, »daß von dort manipuliert wurde, sondern daß, falls die Staatssicherheit dort manipuliert hat, sich beim Verfassungsschutz der Bundesrepublik darüber eine Information finden könnte«. Es sei dies allein deshalb so, »weil der Verfassungsschutz schließlich auch dazu da ist oder der BND oder beide, uns vor so etwas zu schützen«. Dies habe er gemeint, und die erregte Reaktion auf seinen Beitrag hätte zu verstehen gegeben, daß er offenbar so verstanden wurde, als hätte er gemeint, »der Verfassungsschutz könne Saarbrücken manipuliert haben«. Deswegen müsse er das richtigstellen: »Der Verfassungsschutz ist zu unserem Schutz dagewesen, und wenn die Staatssicherheit manipuliert hat, müßte er dies wahrgenommen und berichtet haben. Und das muß feststellbar sein beim Bundesamt für Verfassungsschutz oder beim BND.«

Hans-Georg Soldat: Dieter Lattmann, hier liegt offensichtlich ein Mißverständnis vor. Es geht ja nicht darum, daß die Stasi in Gestalt von irgendwelchen Leuten in Ledermänteln dort saß und den Kongreß manipulierte. Das ist natürlich völlig absurd. Wer weiß eigentlich bis jetzt, ob es nicht irgendwelche Leute gab von der Stasi, die im Schriftstellerverband bis heute unter Umständen noch sitzen oder in der IG Medien? (Zwischenrufe: Und vom Verfassungsschutz.) Ich will doch gar nicht unterstellen, daß das der Fall ist. Ich will nur sagen, daß es Einflußnahmen gibt auf bestimmte Personen und über bestimmte Personen auf andere Personen, die dann bestimmte Beschlüsse herbeiführen, wobei der kleinste gemeinsame Nenner unter Umständen derjenige ist, angesichts der Möglichkeit, daß hier bei bestimmten Leuten Ratlosigkeit vorhanden war wegen der Rede von Ingeborg Drewitz, es ein leichtes ist, diese Verwirrung, die unter Umständen da war, zu verstärken und zu sagen: »Na, wählt sie doch nicht. Wählt doch den Hans Peter Bleuel.« Bitte, das ist jetzt eine reine Spekulation. Ich will nicht sagen, daß es so gewesen ist, aber ich will nicht ausschließen, daß das so sein könnte. Ich habe unterdessen in vielen Akten Sachen gelesen, die ich vorher bestenfalls in ganz schlechte Krimis hätte einstufen können. (Zwischenrufe)

Uwe Friesel: Ich nenne noch mal drei Eindrücke über den Kongreß, die hier geschildert wurden, in Stichworten, nachdem wir uns solange bei den Geheimdiensten aufgehalten haben. Lattmann z. B.: Nach seinem Eindruck hätten Grass und Böll keine Ahnung von den inneren

Vorgängen und Tatsachen im VS gehabt, seien aber mit sehr festen Vorstellungen in den Kongreß gekommen. Oder: Konstanze Radziwill sagt, nachdem nun schon dieser Menschenrechtsantrag knapp durchgegangen war mit einer Stimme Mehrheit, konnte es, psychologisch gesehen, unmöglich auch noch dazu kommen, daß Ingeborg Drewitz gewählt würde. Und Soldat sagt, er habe die ganze Zeit konspiratives Gewisper vernommen und eine befremdliche Atmosphäre, die vorher nicht so war. Alle diese Elemente finde ich in mir irgendwo auch wieder. Ich führe das auf eine Besonderheit dieses Kongresses zurück, die es auf keinem anderen gab, und die einige Reaktionen von Ingeborg Drewitz dort erklären würde: Unsere Kongresse waren immer Delegiertenkongresse mit einer gelegentlich ermüdenden Abstimmungsroutine. Diese Kongresse waren keineswegs immer intellektuell hochgezogen oder gar literarisch wertvolle Veranstaltungen. Und offenbar aufgrund des Mainzer Kongresses ist einigen Schriftstellern von Rang klar geworden, wir müssen auf dem nächsten Kongreß einmal präsent sein; das läuft sonst einen falschen Weg. Plötzlich, auf dem Saarbrücker Kongreß, traf zusammen eine große Zahl von Delegierten, die ganz bestimmte Vorstellungen aus ihren Landesverbänden mitbrachten und eine unvergleichlich große, unvermutet auftretende Zahl von Groß-Autoren, die Dinge ins Spiel brachten – über das Polen-Telegramm, auch über die grundsätzliche Solidarność-Diskussion, die wir hier noch gar nicht gestreift haben, auf die diese Delegierten gar nicht gefaßt waren. Hier waren auf einmal zwei Ebenen da. Wir hatten die Delegierten, die abzustimmen hatten, und die Zahl der redenden Groß-Schriftsteller, die hier zu einer Sache sprachen, die zum einen mit der allgemeinen politischen Lage verbunden war, zum anderen ihrem intellektuellen Niveau und ihren Einsichten zu der Zeit entsprach. Das Polen-Telegramm war so ein Gegenstand, an dem sich das Exempel fixierte. Wenn man nun Ingeborg Drewitz verfolgt, dann ist ihr Beitrag zum Polen-Telegramm, die Rückverfolgung auf den Text im P.E.N. der Versuch, zwischen diesen beiden Lagern zu vermitteln, zu sagen, einerseits habt ihr dort ein inhaltliches Problem, andererseits habt ihr ein grammatisches Problem. Wie wir bei Erasmus Schöfer hörten, können wir noch heute die Diskussion an dem Punkt wieder aufnehmen, wo wir sie damals verlassen haben, und nochmals über das Telegramm rätseln, und würden immer noch nicht sehr viel weiterkommen. Kurz und gut. Plötzlich hatten viele Delegierten das Gefühl, es würde mittels dieses Polen-Telegramms gewissermaßen über ihre Köpfe hinweg geredet und von den entscheidenden Dingen im VS abgelenkt. Das war meine Beobachtung. Es hat da eine Spaltung gegeben zwischen dem alltäglichen Kleinkram und der Gewerkschaftsroutine auf der einen Seite, und der Einsicht und auch Notwendigkeit, daß die Schriftsteller sich mal wieder relevanten Themen zuwenden und zur Kenntnis nehmen, daß die Dinge nicht so modellartig festgelegt sind, hie Sozialismus, hie Kapitalismus, sondern daß es Entwicklungen gibt und daß die Solidarnosc davon eine ist. Hiervon waren meinem Gefühl nach die Delegierten überfordert und überfahren. Sie haben die für sie begreiflichere Argumentation von Bleuel als die sicherere empfunden, als auf das Glatteis einer völligen Neueinschätzung, Neuorientierung gegenüber Polen, Solidarność usw. zu gehen. Das ist eigentlich der tiefere Sinn des Telegramms. So sehe ich das.

Bei der Gelegenheit ist in einer Art Hintergrundfilm, der noch aus Mainz ablief, und Interlit I in Köln, die Menschenrechtsdebatte gleich mitverhandelt worden. Und die Menschenrechtsdebatte ist da auch wieder zu kurz gekommen. Es kam darauf an, daß die Meinungen und Überzeugungen von Dissidenten wie Fuchs und Schädlich in der Weise hätten politisch gewürdigt werden müssen, daß ihre Erfahrung genausoviel wert war wie die Überzeugung, daß eine Friedenspolitik notwendig und wichtig war. Darauf wäre es angekommen, und das ist nicht geleistet worden. Nachträglich muß ich sagen, ich als simpler Delegierter dort war ignorant genug, das nicht zu merken. Meine Redebeiträge waren zwei kleine Empörungen und hatten keine Relevanz in bezug auf die eigentlich zur Rede stehenden Themen. Somit teilte ich dort als Delegierter diese Delegiertenhaltung, die sich sagten, was reden die da über unsere Köpfe hinweg. Wenn man sich jetzt vor Augen führt, daß man ein Ergebnis mit einer Stimme hatte und neun Stimmenthaltungen, dann kommt man bei dieser Art von Schwenks von Stimmen dazu zu sagen: Wenn niemand aus diesen Landesverbänden bestätigen kann, oder auch in Publikationen, es habe ein Drehbuch der Stasi gegeben, daß sich das dort auf dem Kongreß entschieden hat aufgrund dieser von mir eben geschilderten Denk- und Stimmungslage.[322] (Beifall)

Renate Chotjewitz-Häfner: Möchtest du noch etwas sagen zu dem Punkt im Protokoll?

Uwe Friesel: Dieser Wortlaut ist für mich eine Überraschung. Ich habe an mich selber, aber auch an die Protokollführer eine oder zwei Fragen. Erste Frage: Ist das bereits alles, was Ingeborg Drewitz auf dem Kongreß zu diesem Punkt je gesagt hat?

Uschi Schmidt-Fehringer: Alles, was mir hier vorliegt.

Uwe Friesel: (weiter) Es gibt nicht noch Material, was noch abzuschreiben ist?

Uschi Schmidt-Fehringer: Nein, abgeschrieben ist alles.

Uwe Friesel: (weiter) Sie hat sich folglich nur an dieser Stelle und nur so geäußert? Ja, wenn das so ist, gibt dies ja nicht die völlige Verstörung der Hamburger Gruppe her.[323] Ich frage mich, warum die sich empört um mich geschart hat und sagte, diese Ingeborg Drewitz kann man nicht wählen, die das behauptet. Das heißt, die Äußerung muß in einem anderen Zusammenhang stehen, denn du kannst doch nicht aufgrund einer Äußerung, mit der sie davon Abstand nimmt, zu so einem Entschluß kommen. Ich könnte die drei Delegierten fragen, und sie würden alle diese Erinnerung haben, nachdem wir von Ingeborg Drewitz des Stalinismus verdächtigt worden sind, nachdem da offenbar im Literarischen Colloquium in Berlin über uns die besseren Einsichten gehandelt werden, ohne daß wir gefragt werden, wollen wir sie auch nicht wählen, denn wir wollen nicht als Stalinisten bezeichnet werden.[324]

Klaus Behringer: (Zwischenruf) Es ist möglich, daß dieser Satz mit dem Stalinismus-Vorwurf von Ingeborg Drewitz nicht in einem öffentlichen Redebeitrag gefallen ist, sondern vielleicht unter vier Augen und dann weitergetragen wurde …

Uwe Friesel: Etwa dann auf Vorhalt von uns im Speisesaal oder vor der Debatte? Ich will das herausfinden.(Zwischenrufe) Ich habe das gehört, doch, doch. Zumal sie mich vierzehn Tage zuvor deswegen aus Berlin angerufen hatte.

[…]

Olav Münzberg: Ich möchte kurz erläutern, was ich unter »naturrechtlich anstößig« verstehe. Bei der Suche nach Vorsitzenden oder nach Vorstandsmitgliedern gibt es gewisse Gepflogenheiten. Mich hat das, als ich in den VS kam, beeindruckt, als bei Berliner Vorsitzenden- oder Vorstandswahlen Kollegen aufgetreten sind und, nachdem Kandidaturen vorgeschlagen wurden, sagten: Ich ziehe meine Kandidatur wieder zurück, gegen X oder Y, um jetzt keine Namen zu nennen, trete ich nicht an, weil ich – es gibt verschiedene Motive – ein Jüngerer im Verband bin oder Respekt habe vor der oder jener Leistung eines Autors, der sich hier zur Verfügung stellt. Ich glaube, das stiftet auch eine andere Atmosphäre in einem Verband. Es gibt zwar keine formal-demokratische Regelung dieser Art, jeder kann kandidieren, das ist das formale Recht jedermanns, aber wenn dann sich Kandidaten zur Verfügung stellen, die einen solchen Vorlauf haben wie Ingeborg Drewitz, die sechseinhalb Jahre im Bundesvorstand gearbeitet hat […] und überhaupt den Anstoß zur Gründung des VS mit einem Artikel in der »Zeit«: »Alte Herren schreiben Heimatdichtung«

gegeben hat, und den Aspekt, daß sie eine Frau ist, möchte ich gar nicht ins Spiel bringen, dann sage ich ganz einfach: gegen eine Ingeborg Drewitz trete ich nicht an. Das halte ich für eine Selbstverständlichkeit, das halte ich für eine Stilfrage. (Zwischenruf Margarete Hannsmann: Er wollte nicht!) Was heißt, er wollte nicht? Er hat's getan, und diese Peinlichkeit bleibt für mich als Außenstehender. Was mir jetzt auffällt, ein zweiter Punkt: Bei der ganzen Augenzeugendarstellung sind gerade über die Kandidatur von Bleuel alle Details bisher offengeblieben. Ich bin sehr verwundert, daß dazu überhaupt nichts gesagt worden ist.

[...]

Gerhard Beier: Wir sind jetzt in der Schlußbesprechung. Mir scheint, die Verschwörungshypothese ist nach dem Material, was bisher vorgelegt wurde, schlichtweg geplatzt. Es bleibt aber ein Vorbehalt, daß nämlich die wichtigsten Akten der Stasi, die in der Gauck-Behörde liegen, nicht durchgesehen worden sind. Das müßte geklärt werden. Aber ich sage von mir aus, wahrscheinlich keine Evidenz für die Verschwörungshypothese. Frage: Was war dann? Ich meine, daß es auch die Hypothese des Opportunismus gibt; daß die Wahl Bleuels schlicht eine opportunistische Entscheidung war. In einer chaotischen Situation greift man eben zu solchen Sicherheitsentscheidungen. Friesel hat das ja charakterisiert. Ich gebe dazu einige Informationen. – Dagmar Scherf hat ja Peter Bleuel vorgeschlagen.[325] Das hatte in Hessen große Empörung ausgelöst. Ich hatte zuvor Peter Bleuel in eine Mitgliederversammlung in Hessen mitgenommen. Er war mehrere Tage bei mir zu Hause, und wir haben lange Gespräche geführt. Es ging um einen Forschungsauftrag des IG Druck und Papier-Vorstandes für ihn. Ein Forschungsauftrag, der seine materielle Existenz auf einige Jahre sicherte, und zwar aus gewerkschaftlichen Fonds, so daß für ihn für einige Jahre eine enge Bindung an die Gewerkschaft erkennbar war und auch eine entsprechende Absicherung.[326] – Er ist in dem Zusammenhang auch mit Dagmar Scherf zusammengetroffen, also mit derjenigen, die ihn dann vorgeschlagen hat. Ich erinnere ein Gespräch, als wir über die etwas desolate Nachfolgesituation in der Bundesspitze redeten. Wir sagten, Ingeborg Drewitz hat offensichtlich gesundheitliche Probleme und möglicherweise auch Legitimations- oder Gefolgschaftsprobleme. Wir sagten nicht, das ist die Person, die nach der Engelmann-Krise den Verband herausreißen kann. Ich hatte bei meinen tagelangen Gesprächen mit Peter Bleuel den Eindruck, daß er in Sachen Sozial- und Tarifpolitik der Schriftsteller, die ich beide für außerordentlich wichtig halte, eine hervorragend kompetente Persönlichkeit war. Ich sagte ihm, wenn es in Saarbrücken so verrückt läuft, dann würde ich mir an seiner Stelle überlegen, ob er nicht selber kandidieren wolle. Man kann Bleuel fragen, ob er sich ebenfalls an dieses Gespräch erinnert. Es wäre eine opportunistische Entscheidung, wobei Schriftsteller natürlich dazu neigen, Opportunismus für Verrat zu halten. Das würde auch erklären, daß so viele nachher, als diese Entscheidung gefallen war, Schuldgefühle entwickelt haben. Sie sagten sich, wir haben Ingeborg aus sozusagen opportunistischen Gründen im Stich gelassen, was dann erklären würde, daß nicht nur diejenigen, die Bleuel gewählt haben, sondern auch die große Zahl der Enthaltenden hier skrupulös reagierte. Das ist eine Hypothese von mir, ich meine aber, daß sie eine gewisse Plausibilität hat.

Renate Chotjewitz-Häfner: Ganz kurz, weil Gerhard Beier das mit dem Arbeitsauftrag der IG Druck und Papier für Pit Bleuel angesprochen hat. Dazu liegt uns ein Brief von Detlef Hensche an Peter Schütt vor,[327] in dem Detlef Hensche zu Schütts Bericht für die GK über den Saarbrücker Kongreß, der später in den *Gewerkschaftlichen Monatsheften* erschienen ist, darum bittet, in Zukunft nicht zu wiederholen, die Gewerkschaft habe die Wahl von Bleuel zum Vorsitzenden befürwortet; im Gegenteil, sie hätten, weil Bleuel damals von der Gewerkschaft diesen Auftrag hatte, solch eine Verquickung nicht für richtig gehalten; VS-Vorsitz einerseits, und auf der anderen Seite von der IG Druck und Papier mit der Schreibung ihrer Geschichte beauftragt.[328]

[...]

Andreas Kalckhoff: Auch wenn es der letzte Redebeitrag ist, will ich nochmals auf diesen Stasi-Vorwurf zurückkommen. Es macht auch Sinn, das zum Schluß noch anzusprechen, denn viele sind überhaupt nur hier, weil dieser Vorwurf erneut auf den Tisch gebracht wurde. So absurd er mir auch erscheint, kann man ihn doch nicht wegdrücken, weil man ihn für blöd hält. Ich bin der Meinung, was wir heute hier von Zeitzeugen unterm Strich gehört haben, daß dieser Vorwurf aus dem Weg sein müßte. Ich möchte in diesem Zusammenhang nochmals ansprechen, was Margarete Hannsmann sagte, aber vielleicht unter Zeitdruck, nicht mit der richtigen Betonung: sie ist weder vor dem Kongreß noch auf dem Kongreß in der Hinsicht angesprochen worden, sie solle ihre Stimme in irgendeine Richtung abgeben, Drewitz nicht wählen oder jemand anderes.[329] Im Gegenteil, sie ist aufgrund eigener Eindrücke auf andere Delegierte zugegangen, hat mit ihnen wahrscheinlich gewispert, so erklärt sich auch das Wispern. Jetzt ist zu überlegen, was hat das für eine Konsequenz? Wenn die Delegierten von Württemberg[330] und vielleicht noch andere für Bleuel gestimmt oder sich der Stimme enthalten haben, und ich habe keinen Grund, Margarete Hannsmanns Darstellung nicht zu glauben, auch wenn sich in ihrer Erinnerung das eine oder andere nicht mit dem Protokoll deckt, das ist ja nicht das Wesentliche, es kann nicht die Erinnerung insgesamt falsch sein, dann bricht schon aufgrund dieser einen Aussage dieser ganze Vorwurf in sich zusammen. Denn wenn Margarete Hannsmann und die vier oder fünf oder sechs anderen sich anders verhalten hätten, dann hätte die Stasi Drehbücher schreiben können, soviel sie will, es hätte nichts geholfen. Das sollten wir uns – und bitte auch die Journalisten, wenn sie darüber schreiben sollten – doch in Erinnerung rufen, wenn sie zur Feder greifen.

Renate Chotjewitz-Häfner: Ich freue mich, daß sich so viele den weiten Weg gemacht haben. Es ist schade, daß viele nicht gekommen sind, die wir gerne gehört hätten. Ich bedanke mich. Wir haben nicht alle offenen Fragen beantwortet, aber ich meine, wir haben etwas zustande gebracht; ein Gespräch über Fragen, über die lange Jahre überhaupt nicht diskutiert werden konnte im VS, und das halte ich schon für einen Fortschritt. Ich bedanke mich vor allen Dingen bei unserem polnischen Gast, der uns (Beifall) die Situation vor zehn Jahren nochmals ins Gedächtnis gerufen hat.

Erasmus Schöfer: Darf ich noch einen Satz sagen über meine eigene Konsequenz. Ich denke, wir haben, ich habe gelernt, wir haben Fehler gemacht, aber wir haben sie allein gemacht.

Dokument 33: Antrag der Mitgliederversammlung des VS-Hamburg (26.1.1984)

mit 18 Stimmen
bei 2 Gegenstimmen und 7 Enthaltungen
am 26. Januar 1984 angenommen:

»Die Mitgliederversammlung des VS-Hamburg bittet Bernt Engelmann und den bisherigen Bundesvorstand darum, auf der Bundesdelegiertenkonferenz vom 31.3.–1.4.1984 in Saarbrücken erneut zu kandidieren und seine bisherige Politik fortzusetzen.

Im Fall, daß Bernt Engelmann nicht wieder kandidieren will, schlägt der VS-Hamburg Ingeborg Drewitz als 1. Vorsitzende vor und bittet sie, die gewerkschaftliche und politische Linie Bernt Engelmanns fortzusetzen.«

Dokument 34: Antrag des VS Landesbezirk Berlin und Empfehlung der Antragskommission

Antragsteller: VS Landesbezirk Berlin
Adressat: Bundesvorstand, Resolution

Betr. Internationale Solidarität / Programmantrag

Vorbemerkung zur Geschäftsordnung: Die nachfolgende Resolution ist auf jeden Fall vor dem Tagesordnungspunkt ›Wahlen‹ zur Abstimmung zu stellen.

1.

Der VS bekräftigt die gewerkschaftliche Verpflichtung zu internationaler Solidarität mit allen Kolleginnen und Kollegen, deren Berufsorganisation durch Unternehmerwillkür und politische Verfolgung, durch staatliche Eingriffe oder Militärinterventionen behindert wird.

Die Solidarität kann nicht nur den gemeinsamen Zielen freier Gewerkschaften gelten, denen sich die IG Druck und Papier in ihrer Satzung verpflichtet hat, sondern schließt gegenseitige Respektierung gewählter Gremien und ihrer Beschlüsse ebenso ein wie konkrete Hilfe für Verfolgte und deren Familien in ihrer Heimat und im Exil.

Der VS fordert deshalb die Wiederzulassung des verbotenen Schriftstellerverbandes und sagt dessen Mitgliedern seine solidarische Unterstützung zu. Er wird keine andere Berufsorganisation polnischer Schriftsteller anerkennen, die ihnen Mitgliedschaft und freie gewerkschaftliche Betätigung verweigert oder an der Beschneidung ihrer gewerkschaftlichen und politischen Rechte mitwirkt.

2.

Seit der Niederschlagung des Prager Frühlings am 21. August 1968; seit der Abschiebung von Alexander Solschenizyn am 13. Februar 1974; seit der Ausbürgerung von Wolf Biermann am 15. November 1976 und seit der Verhängung des Kriegsrechts über Polen am 13. Dezember 1981 hat in der CSSR, der UdSSR, der DDR und der Volksrepublik Polen eine staatlich gelenkte Kampagne gegen kritische Intellektuelle eingesetzt; unter ihnen zahlreiche Schriftsteller, die von den Behörden ihrer Länder ins Exil getrieben wurden. Die Zurückgebliebenen sind von Zensur und Schreibverbot, Lager oder Gefängnis bedroht. Vielen von ihnen bleibt nur noch die Wahl zwischen innerer und äußerer Emigration.

Die Unterdrückung und Vertreibung dieser Autoren bedeutet einen kulturellen Aderlaß und einen unersetzlichen Verlust für die Literaturen ihrer Heimatländer.

Wir, die Mehrzahl der im VS organisierten Schriftsteller, haben diesen Prozeß, der oft den Charakter einer Hexenjagd annahm, nicht ausreichend wahrgenommen, dadurch seine Folgen bagatellisiert und in jüngster Zeit unseren polnischen Kollegen die Solidarität verweigert. Wir haben nicht begriffen, daß es um mehr geht als individuelles Mitleid und humanitäre Hilfe im Einzelfall, nämlich um ein Überdenken unserer eigenen politischen Position. Anstatt die Herausforderung der Emigranten anzunehmen, haben wir auf sie mit ideologischer Beckmesserei und Besserwisserei reagiert.

Der VS kann seine angeschlagene Glaubwürdigkeit nur wiederherstellen, indem er sich uneingeschränkt solidarisch erklärt mit allen wegen ihrer politischen, religiösen oder literarischen Überzeugungen verfolgten Schriftstellern in Ost und West, in Polen wie in Süd-Afrika, in der Türkei wie in der Sowjetunion.

Eine solche prinzipielle Haltung schließt diplomatische Behutsamkeit keineswegs aus.

Nur von dieser Basis aus können wir wirksam Widerstand leisten gegen die von der neokonservativen Wende in Bonn ausgehenden Gefahren für die Unabhängigkeit der Presse und die Freiheit der Kunst in unserem eigenen Land.

Empfehlung der Antragskommission:
Zur Vorbemerkung des Antrags: Erledigt bei Annahme der Tagesordnung.

Die Antragskommission empfiehlt Annahme mit folgenden redaktionellen Änderungen:

Der VS bekräftigt die gewerkschaftliche Verpflichtung zu internationaler Solidarität mit allen Kolleginnen und Kollegen, deren Berufsorganisation durch Unternehmerwillkür und politische Verfolgung, durch staatliche Eingriffe oder Militärinterventionen behindert wird.

Eine solche prinzipielle Haltung schließt diplomatische Behutsamkeit keineswegs aus.

Internationale Solidarität heißt auch gegenseitige Respektierung gewählter Gremien und ihrer Beschlüsse sowie konkrete Hilfe für Verfolgte und deren Familien in ihrer Heimat und im Exil.

Der Bundesvorstand wird aufgefordert, sich über die Satzungs- und Arbeitsmöglichkeiten des inzwischen gegründeten neuen polnischen Schriftstellerverbandes zu informieren und in Zusammenarbeit mit den VS-Landesverbänden zu prüfen, ob und inwieweit mit ihm

Kontakte aufgenommen werden können. Der VS erklärt sich uneingeschränkt solidarisch mit allen wegen ihrer politischen, religiösen oder literarischen Überzeugungen verfolgten Schriftstellern in Ost und West, in Nord und Süd, in Polen wie in Südafrika, in der Türkei wie in der Sowjetunion und anderswo. Nur von dieser Basis aus können wir wirksam Widerstand leisten gegen die von der neokonservativen Wende in Bonn ausgehenden Gefahren für die Unabhängigkeit der Presse und die Freiheit der Kunst in unserem eigenen Land.

Dokument 35: Betr.: Antrag 4. Protest des Berliner VS Landesbezirkes

An die Antragskommission
und das Präsidium der
Bundesdelegiertenversammlung

VS Verband deutscher Schriftsteller
Landesbezirk Berlin

Betr.: Antrag 4

Vorstand und Delegierte des VS Berlin protestieren gegen die Verfälschung des Berliner Programmantrags zur Internationalen Solidarität durch sogenannte »redaktionelle Änderungen« der Antragskommission. Die Kommission, an der kein Mitglied des VS Berlin beteiligt wurde, macht mit diesen Änderungen deutlich, daß sie den Antrag in seiner politischen Substanz ablehnt, aber aus taktischen Gründen die offene Empfehlung der Ablehnung vermeiden möchte.

Was als redaktionelle Änderung der Kommission bezeichnet wird, ist in Wahrheit die Umkehrung eines kritischen und selbstkritischen Antrags zur VS-Krise in eine Akklamation für die Politik des bisherigen Vorstands. Eine solche Umkehrung eines Antrags in sein Gegenteil überschreitet den Auftrag der Antragskommission und ist unzulässig.

Die Kommission streicht schlicht die Kernforderung des Antrags auf Wiederzulassung des polnischen Schriftstellerverbands weg. Es ist peinlich und wirft weitere Fragen nach den politischen Absichten dieser Korrektur auf, wenn die Antragskommission gleichzeitig auch den Hinweis auf die in der Satzung der IG Druck und Papier verankerte Zusammenarbeit freier Gewerkschaften tilgen möchte.

Die Antragsteller lehnen eine solche Fälschung und Uminterpretation ihrer – der Satzung von IG Druck und DGB verpflichteten – Intentionen durch den Mißbrauch ihrer Antragsvorlage ab. Von der korrekten Behandlung dieses Antrags und dem Ergebnis seiner Abstimmung machen sie ihre Haltung zur Integration des VS abhängig. Sie fordern das Präsidium auf, noch vor der in der Tagesordnung vorgesehenen Bestätigung der Kommissionen eine neue Sitzung der Antragskommission zu ermöglichen. Sie fordern die Antragskommission auf, ihre Änderung zurückzuziehen oder offen Ablehnung zu empfehlen.

Zwei der drei Kommissionsmitglieder haben ja schon in der Vergangenheit öffentlich gemacht, was sie von der Solidarität mit Kollegen aus Osteuropa halten: Agnes Hüfner nennt in der »Deutschen Volkszeitung« das Gespräch mit polnischen Kollegen auf diesem Kongreß »real fucking on scene«, Peter O. Chotjewitz rühmt sich, »jahrelang gegen die antisozialistischen Resolutionen im P.E.N. u. a. gewettert« zu haben. Als hessischer VS-Vorsitzender verweigerte er 1976 die Solidarität mit dem damals in der DDR inhaftierten, jetzigen Delegierten zu diesem Kongreß Jürgen Fuchs: »Alle, die sich jetzt in Sachen Biermann, Kunert, Fuchs etc. pp. so engagieren, gehen m. E. einer aberwitzigen Rattenfängerei auf den Leim, dahin, wo uns die neuen Faschisten haben wollen ...«

Hans Christoph Buch   Jürgen Fuchs   Günter Grass
Hannes Schwenger

Dokument 36: Tonband-Erklärung des Kollegen Bartoszewski

An die Teilnehmer der Bundesdelegiertenkonferenz des deutschen Schriftstellerverbandes am 30./31. Mai 1984 in Saarbrücken

Sehr geehrte Damen und Herren, liebe Kolleginnen und Kollegen aus dem Verband deutscher Schriftsteller,
meine Bemerkungen repräsentieren lediglich meinen eigenen Standpunkt, und ich äußere mich hier auf eigene Verantwortung als ein zur Zeit in der Bundesrepublik lebender polnischer Schriftsteller und Zeithistoriker, nicht aber in der Eigenschaft als letzter, gewählter Generalsekretär des polnischen P.E.N. Zentrums. Was können deutsche Schriftsteller tun, um ihre polnischen Kollegen moralisch und materiell zu unterstützen? Meine Antwort wäre: erstens, nicht schaden. Wie soll

man das verstehen? Wenn sich die westeuropäischen Schriftstellerorganisationen, Verbände und Petenten als eindeutig auf der Seite der überwiegenden Mehrheit der polnischen Schriftsteller engagiert haben, in der Verteidigung ihres Rechtes auf die Aufrechterhaltung freier und autonomer Organisationen, hat ausnahmsweise der Verband deutscher Schriftsteller und – was ich besonders bedauere – der P.E.N. Club der Bundesrepublik eine zweideutige und ausweichende Stellung bezogen. Und noch mehr. Im Augenblick, in welchem weit in Polen bekannte und wegen ihrer literarischen Werke hochgeschätzte deutsche Schriftsteller, wie z.B. Heinrich Böll und Günter Grass und viele andere, sich klar für die freie Meinungsäußerung und Schaffensmöglichkeiten der Literaten in Polen geäußert haben, hat [sich] der Vorstand des Verbandes deutscher Schriftsteller in ausschließlicher Korrespondenz mit den politischen Behörden in Warschau genau das postuliert, was diese Verwaltung erwartete, nämlich die Zulassung irgendeiner Organisation der Schriftsteller. Irgendwelche Organisationen der Schriftsteller bestehen in der ganzen Welt. Im Ostblock und in Schwarzafrika, in Südamerika und in China, auf den Philippinen und in beiden koreanischen Staaten, was aber nicht bedeutet, daß sie gleich autonom und frei sind, so autonom und frei, wie der polnische Schriftstellerverband bis zu seiner Auflösung war. In meinem Leben verbrachte ich insgesamt acht Jahre in verschiedenen Lagern und Gefängnissen, angefangen mit dem KZ Auschwitz, als ich 18/19 Jahre alt war. Aus diesem Grunde ist mir die Unfreiheit – egal wo und durch wen veranlaßt – wohl bekannt. Für mich, wie auch für sehr viele polnische Intellektuelle, ist die Einstellung der deutschen Intellektuellen zur Freiheit eine besonders wichtige Frage. Ich glaube, ich muß dies wohl nicht begründen. Ehrlich gesagt, hätte ich Angst, daß gewisse Äußerungen des Verbandes deutscher Schriftsteller in Polen zu Mißverständnissen führen könnten. Ich meine damit, das äußerst schädliche Mißverständnis, daß in Deutschland die Hochachtung vor jedweder starken Macht und ideologisch unterbauten Autorität immer noch vorhanden ist. Das würde die alten Klischees bestätigen, daß in Deutschland angeblich die Obrigkeit und die regierende Partei, wenn sie nur stark genug auftritt, immer mit Sympathien rechnen kann. Ich höre in Deutschland viel über das Recht auf Widerstand. Ich beabsichtige nicht, mich an dieser internen Diskussion zu beteiligen, möchte aber gerne wissen, ob dieses Recht *nur* als Recht des Widerstandes gegen eine frei gewählte demokratische Regierung zu verstehen ist? Eine gewisse Doppeldeutigkeit der Begriffe ist für die freiheitsliebenden Polen in diesem Punkt absolut unverständlich. Wenn ungefähr ein

Drittel der ehemaligen Mitglieder des aufgelösten Schriftstellerverbandes in Polen der Meinung war, daß sie einen neuen Verband gründen wollen, leider mit dem alten Namen, ist das ihr gutes Recht. Wenn zwei Drittel der polnischen Schriftsteller, darunter fast alle in Polen und in der Welt bekannte Personen, anderer Meinung sind, ist das auch ihr gutes Recht. Nur darf man von den freien Schriftstellern in anderen Ländern erwarten, daß sie das gleiche Recht für die Mehrheit fordern, das sich die erwähnte Minderheit nimmt. Die moralische Unterstützung sollten vor allem die Schriftsteller in Polen erwarten dürfen, die weiterhin den Mut haben, ihre eigene Meinung zu äußern, auch wenn sie mit harten Konsequenzen – bis hin zur Freiheitsberaubung, wie letztens Marek Novakowski – rechnen müssen. Materielle Hilfe für die polnischen Schriftsteller ist zwar wichtig, aber die moralische Solidarität ist von ungleich größerer Bedeutung.

Ich möchte mit Nachdruck sagen, daß ich diese paar Gedanken als einer der alten Verfechter der Versöhnung und Annäherung der Polen und Deutschen formuliere. Aber auch als ein, seinen eigenen Pflichten bewußter, polnische Schriftsteller. Ich kehre im Herbst dieses Jahres nach Warschau zurück und fühle mich mit den Kollegen, die zur Zeit in keinem Verband tätig sind, einig. Sie sind schließlich in guter Gesellschaft – weder Molière noch Shakespeare, weder Goethe noch Mickiewicz waren Mitglieder eines Schriftstellerverbandes. Und der deutsche Schriftsteller und Nobelpreisträger Carl von Ossietzky war auch kein Lieblingskind der autoritären Herren.
Danke.

Dokument 37: Aus der Diskussion auf der Bundesdelegiertenkonferenz in Saarbrücken[331]

Günter Grass

Liebe Kolleginnen und Kollegen. Als vor mehr als einem Jahrzehnt der VS gegründet wurde, gehörte ich mit dazu. Und ich war sehr dafür, daß sich unser Schriftstellerverband anlehnt an die Industriegewerkschaft Druck und Papier, und ich halte diese Entscheidung nach wie vor für eine richtige. Wir wären sonst verloren ohne diese starke, große und uns bislang auch solidarische Gewerkschaft. Ich sage das und betone das, weil in der letzten Zeit immer wieder unterstellt wird, daß das, was hier an Kritik deutlich werden mußte, dem VS-Vorstand gegenüber, als antigewerkschaftlich dargestellt wurde.

Nachdem wir den Bericht von Bernt Engelmann gehört haben und die anderen davor, muß auch zu der alltäglichen Arbeit im VS einiges gesagt werden. Von mir und auch von den Kollegen in Berlin ist nicht die Arbeit des VS [kritisiert worden], die wichtige und notwendige Arbeit dem Börsenverein gegenüber, ausländischen Schriftstellerverbänden gegenüber, der Vertrag, der ausgehandelt werden mußte und wurde [mit] dem jugoslawischen Schriftstellerverband. Das ist nicht kritisiert worden, das findet unsere Anerkennung!

Ich habe auch in Bernt Engelmann die längste Zeit einen Vorsitzenden gesehen, den ich bewundert habe in seiner Tatkraft und Aktivität, und ich weiß es von vielen, die ihn aus Gesprächen mit dem Börsenverein kennengelernt haben, die genau wissen, wie hart und geschickt und erfolgreich auch er unsere Belange, unsere Interessen gegenüber dem Börsenverein vertreten hat.

Wenn der Bericht von Bernt Engelmann nun so tut, als habe sich unsere Kritik auch dagegen gerichtet, dann stimmt das nicht! Kein Wort davon.

Unsere Kritik begann vereinzelt schon vor geraumer Zeit, als meiner Meinung nach, auch nach Meinung anderer Kollegen, mit unseren Schriftstellerkollegen, die früher mal in der DDR gelebt haben und die sich drüben nicht mehr halten konnten, die drüben ihren Beruf nicht ausüben konnten, die unter alltäglichem Druck zu leiden hatten, die deswegen weggingen oder weggehen mußten, als diesen Kollegen gegenüber eine Situation geschaffen wurde, in der sie mit ihrer Empfindlichkeit und womöglich Überempfindlichkeit – denn sie haben eine leidvolle Vergangenheit hinter sich – einige ausgetreten sind, zu viele ausgetreten sind, unseren Verband geschwächt haben.

Das Verhalten von Bernt Engelmann diesen Kollegen gegenüber war nicht gerade von Sensibilität gezeichnet. Er hat nicht alles getan, um das Notwendige zu leisten, nämlich diese Kollegen uns zu erhalten. Hier in unserem Verband zu erhalten. Das Dauergespräch mit ihnen zu suchen, das immer wieder notwendige Gespräch mit ihnen zu suchen. Und wenn wir heute, vom Berliner VS, kürzlich ehemalige DDR-Autoren unter dem Titel »Flüchtlingsgespräche« versammelt haben, dann haben wir dort erlebt, wie es dort eine Reihe von Kollegen gibt, denen es schwer fällt, sehr schwer fällt, hier im Westen zurechtzukommen. Die sich vom Westen ein Bild gemacht haben, das ideal ist. Die natürlich immer geneigt sind, das, was sie in der DDR erlebt haben, mit dem zu messen, was hier bei uns Realität ist, und die dann auch nicht mehr in der Lage sind, die Schwachstellen, die Verschleißerscheinungen der Bundesrepublik zu erkennen.

Das ist aber nur im Gespräch möglich, eine solche Auseinandersetzung, und nicht, indem man zuläßt, daß uns diese Kollegen verlassen, indem sie sich herausgedrängt fühlen. Und es gibt Anzeichen genug dafür, daß ein solches Herausdrängen stattgefunden hat.

Der zweite Punkt der Kritik war die Vergabe des Friedenspreises an Manès Sperber und Bernt Engelmanns Reaktion darauf. Mir hat diese Rede auch nicht gefallen in ihren Kernsätzen. Ich glaube auch nicht, daß eine Friedenspreisrede dafür geeignet ist, ein neues europäisches Militärkonzept vorzustellen. Aber diese Kritik kann man äußern. Ohne gleichzeitig einen großen Schriftsteller, der viel durchlitten hat, auf diese Art und Weise anzugreifen und zu demütigen, wie es Bernt Engelmann getan hat. Dagegen hat sich unsere Kritik geäußert.

Insgesamt massiv kam diese Kritik erst, und dann vom Berliner Landesverband aus, als uns der verkürzte Text des Telegramms an General Jaruzelski über »die feder« bekannt wurde. Bernt Engelmann hat über dieses Telegramm nicht gesprochen. Er hat aufgezählt oder erwähnt, was alles geleistet worden ist, Autoren in der DDR, Autoren in Polen gegenüber – und ich bestreite das nicht. Und ich halte es auch für richtig, daß man dort, wo man helfen kann, in direktem Engagement, in direktem Kontakt, das nicht an die Öffentlichkeit tragen soll. Aber ein Telegramm an den General Jaruzelski ist eine öffentliche Angelegenheit, und sie muß dann nach dem Text gemessen werden, der veröffentlicht wurde.

Und der Text ist ein Skandal! Wenn es jetzt um unsere polnischen Kollegen geht, dann sollten wir sie zuerst einmal fragen, welche Art Hilfe sie von uns erwarten. Wir haben Schaden angerichtet mit diesem Telegramm. Die polnischen Autoren in Mehrheit erwarten Hilfe, indem ihre Forderung nach der Wiederzulassung des alten traditionsreichen Schriftstellerverbandes aufgestellt wird. Und nicht, [daß] den derzeitigen Machthabern ein Text in die Hand gegeben ist, der vieldeutig ist und der es erlaubt zu sagen: Wir können mit diesem neuen Verband unsere Art von Politik fortsetzen. Unser Ärger darüber, unsere Enttäuschung, daß das ausgerechnet vom VS ausging, die Beschämung auch den polnischen Kollegen gegenüber, hat zu dem ersten Protest geführt.

Wir haben erwartet, daß der Vorstand des VS die Dringlichkeit unseres Protestes ernst nimmt, noch einmal mit dem P.E.N.-Club zusammentritt und das Telegramm zurückzieht. Nichts dergleichen ist geschehen. Das Ganze wurde noch einmal bekräftigt, bestätigt und erst daraufhin ist es zur Rücktrittsforderung gekommen. Das ist nicht in Form von Machenschaften, von Klüngel, von großer Verschwörung geschehen, sondern in offenem Gespräch, und Jürgen Lodemann ist ja bei einer Sitzung des Berliner VS dabeigewesen und hat gesehen, wie wir dort diskutieren und wie wir dort arbeiten.

Nun ist, offenbar in Vorbereitung unseres Kongresses, die letzte Nummer [des] »kürbiskern« erschienen. Bernt Engelmann stellt sich dort Hitzer zu einem Gespräch, und auch unser Vorsitzender Ferlemann steht Hitzer Rede und Antwort. Ich will hier zwei Zitate vorlesen, die in etwa deutlich machen, wie seit geraumer Zeit gegen uns gearbeitet wird, was man hinter uns vermutet.

Gut, ich werde dann das, was ich hinterher noch sagen wollte, wegnehmen, möchte aber die beiden Zitate doch verlesen, damit wir wissen, worüber wir hier überhaupt diskutieren.

Mitten in diesem Gespräch sagt Hitzer in einem Frage- und Ausrufsatz: »Heinrich Böll wird doch nicht dem Hannes Schwenger aufsitzen? Engelmann darauf: ›Mit Böll wird Grass gesprochen haben, hinterher hat vielleicht Schwenger nicht nur den Text verlesen, zu dem Böll sein Einverständnis geben sollte‹ [*falsch zitiert, im Original:* ›... Schwenger nur den Text ...‹]. Wie so etwas im einzelnen läuft, wer wem die Bälle zuspielt, das wissen am Ende wohl nicht einmal die Beteiligten [im Original: ›... nicht einmal mehr ...‹.]«

Übrigens kommen hier noch andere ins Blickfeld: Johano Strasser, Unterzeichner der Papiere gegen uns, sitzt im Sekretariat von Grass, er ist verantwortlich, verantwortlicher Redakteur der Zeitschrift »L'80«, die von Heinrich Böll und Günter Grass herausgegeben wird; verlegt wird »L'80« wiederum beim Bund-Verlag, dessen Chef Tomas Kosta ist. Der Phantasie zur Frage, wer alles mitmischte und das weiterhin tut, sind keine Grenzen gesetzt. Wir werden uns noch auf einiges gefaßt machen müssen.« Diese Verschwörungstheorie ist lächerlich, beschämend für Bernt Engelmann und für unseren ganzen Verband. Die Zeitschrift »L'80« ist eine Zeitschrift, die in Zusammenarbeit mit einem Gewerkschaftsverlag, dem Bund-Verlag, herausgegeben wird, der Verleger Tomas Kosta war Insasse des Konzentrationslagers Auschwitz und hat unter Stalin gesessen. Unsere Zeitschrift erklärt sich für den demokratischen Sozialismus. Das nur zur Information.

Das andere Zitat, das ich verlesen muß, ist gravierender. Weil hier der Vorsitzende unserer Gewerkschaft Dinge sagt, die zurückgenommen werden müssen. Ich zitiere den Kollegen Ferlemann, er sagt: »Der zweite Punkt ist diese miese – ich sage das ganz betont – diese miese Kampagne gegen Bernt Engelmann, von der man ziemlich genau feststellen kann, woher sie kommt: Sie kommt aus einer Richtung – und ich sage das als Vorsitzender unserer Organisation –, die wir nie mitvollziehen werden. Sie kommt aus einer Richtung, die nicht das will, was Bernt Engelmann getan hat – und das ist das Bösartige daran, das zu verschweigen oder zu übersehen –, nämlich humanitäre Hilfe aufgrund seiner Beziehungen zu den Ostblock-Gewerkschaften zu leisten und schreibenden Kollegen, die drüben in die Bredouille gekommen sind, zu helfen und den einzelnen rauszuholen. Darum geht es denen ja nicht. Dieser Gruppe, die gegen Bernt Engelmann schießt – und damit auch gegen VS und IG Druck und Papier –, geht es um etwas anderes. Sie hätte den VS am liebsten für eine politische Aufgabe, nämlich mit den Schriftstellern in den Ostblockstaaten so eine fünfte Kolonne aufzubauen.« Ich höre hier auf mit dem Zitat.

Ich fordere den Kollegen Ferlemann auf, diese Erklärung zurückzunehmen und sich bei uns zu entschuldigen. Dies Wort »fünfte Kolonne« hat dieser Dreckskerl Geißler gegen die SPD ausgesprochen. Wenn du jetzt in die gleiche Tonart verfällst, entsteht eine unheilige Allianz, vor der wir uns zu fürchten haben. Ich danke euch.

Heinrich Böll

Ich weiß nicht recht, wo ich anfangen soll. So viele Stichpunkte [...]

Unvermeidlicherweise ein paar grundsätzliche Bemerkungen. Schriftstellerverbände haben überhaupt nur Sinn, wenn sie ihre Mitglieder vertreten. Das betrifft das Sozialpolitische, über das wir uns, glaube ich, nicht zu streiten haben, und in dem wir auch wahrscheinlich leicht Einigkeit erzielen. Es betrifft aber auch mehr. Politisches, Zeitgeschichtliches, sogar Geistesgeschichtliches, und ich könnte mir denken, daß nicht nur die Kollegen aus der DDR, auch mir – ich zähle mich zu den Nichtvertretenen – die völlig kritik- und distanzlose Haltung gegenüber den Schriftstellerverbänden der DDR und der Sowjetunion doch zu viel geworden ist.

Vorausgesetzt ist hier, daß wir nicht wieder in die jämmerliche Vereinsweinerlichkeit zurückfallen von vor 1969. Wir gehören in diese Gewerkschaft, die ihrer Entstehung, ihrer Tradition nach und auch ihrer Radikalität wegen für uns die einzig Richtige ist. Das ist völlig undiskutabel. Ich habe auch keinen Grund, Herrn Engelmann, Bernt Engelmann, und dem bisherigen Vorstand nicht zu danken für sehr viel geleistete Arbeit.

Aber wir wollen doch nicht anfangen, Verdienste gegen Versäumnisse aufzurechnen. Und doch um keinen Preis, nicht um jeden Preis, Einigkeit herstellen in sehr schwerwiegenden Problemen.

Wenn wir mit dem Schriftstellerverband der Sowjetunion zusammenarbeiten – ich bin dafür, bin nicht für das Abbrechen von Brücken –, dann sollten wir uns aber auch mit seiner Geschichte ein wenig befassen. Schauen wir doch einmal zurück, fünfzig Jahre: Wann hat je der sowjetische Schriftstellerverband eines seiner Mitglieder geschützt, wenn es in Schwierigkeiten kam?

Fangen Sie an mit Anna Achmatowa bis Wojnowitsch und Wladimow. Dazwischen liegen einige spektakulärere Fälle, die ich gar nicht erwähnen will. Erinnern Sie sich vielleicht noch des Falles Brodskij, der ja geradezu himmelschreiender [als] himmelschreiend war. Ein Lyriker, ein Übersetzer, der des Parasitentums beschuldigt wurde, weil er nicht nachweisen konnte, daß er von Lyrikübersetzungen leben konnte.

Dieser Verband hat nicht einmal in seiner Geschichte das getan, was eines Schriftstellerverbandes Pflicht wäre: seinen Mitgliedern beizustehen, wenn sie in Schwierigkeiten gerieten. Im Gegenteil, ich habe den Eindruck, daß der sowjetische Schriftstellerverband sich manchmal so verhält, daß wahrscheinlich sogar das ZK oder das Politbüro erstaunt ist, wie brav die sind. Wir wollen uns doch nicht täuschen über diese Verbände.

Was den Schriftstellerverband der DDR betrifft, so überlasse ich das Urteil unseren Kollegen aus der DDR.

Ich möchte auch einmal wissen, ob jemals der sowjetische Schriftstellerverband auch nur ein Wort eingelegt hat für die Autoren, die im Augenblick noch in der UdSSR im Gefängnis sind oder in psychiatrischen Anstalten. Ich habe hier eine Liste von zehn bis zwölf. Auch darüber könnte man ja reden. Auch offen mit dem Schriftstellerverband reden. Diese Kritik- und Distanzlosigkeit ist ja das, was uns aufregt. Und wenn ich mir meine Notizen durchsehe, stelle ich fest, daß nicht einmal der Litfonds, der berühmte, sehr wichtige Litfonds, der für viele sowjetische Autoren eine wichtige Rolle spielt, nicht einmal der ein Verdienst des sowjetischen Autorenverbandes ist. Er ist gegründet worden im 19. Jahrhundert, von bürgerlichen Schriftstellern, als da waren Nekrassow, Turgenjew, Tolstoj und andere. Und wenn wir gelegentlich, lieber Bernt Engelmann, Sie haben den Fall Wladimow angesprochen [...]. Und Sie haben bestimmt Verdienste darum. Andere auch und andere nicht, und so weiter. Aber Sie müssen doch wissen, wir müssen doch wissen, wenn uns eine Gunst gewährt wird, dann ist es eine Gunst! Es ist eine Gnade! Es ist kein Recht. Das betrifft die DDR genauso. Ich habe meine Erfahrungen mit dem sowjetischen Verband und anderen Behörden auch gemacht, auch manchmal eine Gunst [erwiesen bekommen]. Gut für den, der die Gunst bekommt und der rauskommt, wenn er raus will. Aber es ist eine Gnade. Und Gnade gehört in feudalistisch-totalitäre Systeme.

Wer die Macht hat, kann Gnade erteilen, kann gnädig sein. Das müssen wir doch wissen. Bei allen Verhandlungen mit diesen Vereinen. Gnade vor Recht? Ich bin eher für Recht vor Gnade.

Ich habe den Eindruck, wir vermeiden hier alle die entscheidenden Worte, die so unausgesprochen ja doch in der Atmosphäre schweben. Ich bevollmächtige Sie gern, lieber Bernt Engelmann, die beiden Briefe zu veröffentlichen, die ich Ihnen vor einem Jahr geschrieben habe, in denen ich genau das geschrieben habe, was ich hier sage. Sie wissen, daß das keine Verschwörung ist, das ist doch einfach Blödsinn, und diese ganze »kürbiskern«-Geschichte ist von einer Peinlichkeit, über die ich gar nicht reden möchte.

Außerdem möchte ich Sie warnen vor dem »guten Heinrich«. Sie haben da wirklich eine Peinlichkeit begangen, die schwer zu ertragen ist. Ich habe festgestellt, daß der »gute Heinrich« [in] keine politische und keine literarische Kategorie gehört, sondern in eine botanische. Es gibt tatsächlich ein liebenswürdiges Unkraut, das den Namen »Guter Heinrich« führt. Ich hab sogar eine Zeichnung bei mir.

Ein Unkraut, das leider vom Aussterben bedroht ist. Ich wäre Ihnen dankbar – nicht? – wenn Sie – Ich schenke Ihnen den »Guten Heinrich«, vertrauen Sie nur nicht auf seine Güte zu sehr.

Zu Polen noch etwas. Ich glaube, ich bin einer der ersten, wenn nicht überhaupt der erste deutsche Autor gewesen, der sich eindeutig zu Polen geäußert hat. In einer Situation, als alle noch schwankten, schwebten, schwiegen und nicht wußten, was da zu tun ist. Und ich fürchte, daß der polnische Katholizismus für die meisten deutschen Intellektuellen ein ungeheures, unüberwindliches Hindernis ist – da Solidarität walten zu lassen.

Nun müßte man ja gelegentlich mal im Lexikon nachgucken, möglichst in einem zwölfbändigen, etwas über die Geschichte Polens nachzuforschen versuchen. Dann kommt man darauf, daß dieses Land zwischen der Arroganz des preußischen Protestantismus und der wahnsinnigen Übermacht der russischen Orthodoxie immer zerquetscht zu werden drohte. Was blieb den Polen anders übrig, als bei dem zu bleiben, was sie lange waren, nämlich katholisch! Und wenn Sie nach Westeuropa gucken, wo es ein Land mit dem Namen Irland gibt, könnte man fast Vergleiche ziehen mit der Entstehung der IRA, der Unterdrückung eines katholischen Volkes durch die irrsinnige Arroganz des britischen Protestantismus.

Und die Polen heute stehen ja nur unter dem Druck des verwandelten preußischen Protestantismus, der in der DDR ja offenkundig ist.

Diese beiden Orthodoxien sind immer noch die Bedrohung dieses Volkes. Ich bitte das ein wenig differenzierter zu sehen.

Sehr ungern bin ich hier sehr unhöflich geworden. Sehr ungern. Ich liebe die alltägliche Höflichkeit, sicher. Aber, Sie wissen ja, Sie haben mich gehört in Darmstadt, daß ich an eine Stufenhöflichkeit glaube, und die Höflichkeit gegen unterdrückte Gefangene und bis zum Wahnsinn Unterdrückte ist die wichtigere Höflichkeit als gegenüber glatten Funktionären wie denen des sowjetischen Schriftstellerverbandes.

Ich möchte nur noch, bitte, noch eine Sache sagen: daß ich in Moskau auf Schritt und Tritt bewacht werde – falls ich überhaupt noch mal hinfahre, ich weiß es nicht –, ist klar, da ich ja die Handgranaten immer in der Tasche habe. Daß ich aber fürchten muß, einen sowjetischen Kollegen, keinen Dissidenten, den ich sehr schätze, über den ich sehr viel geschrieben habe und den ich gern kennenlernen wollte, daß ich fürchten muß, den zu mir [nach Hause] einzuladen, weil dem das Schwierigkeiten bereiten kann, das müssen Sie auch wissen.

Und wenn er dann kommt, unter konspirativen Umständen, wie ich sie eigentlich nur aus Moskau gewöhnt bin, und seine sowjetischen Freunde, Begleiter, Dolmetscher, Bewacher abgeschüttelt hat und mir sagt, daß er Angst hat vor bestimmten Parteipolizisten, Deutschen, die ihn in Moskau verzinken können, weil sie Punkte sammeln, das müssen Sie auch wissen, daß das in dieser unserer freien Gesellschaft geschieht. Und daß ich mit einem anderen Freund, ebenfalls keinem Dissidenten, der das Glück hatte, mal mit einer Delegation zu kommen, unter äußerst schwierigen konspirativen Umständen dann mal telefonieren durfte, auch das müssen Sie wissen. Und das sind zwei wichtige Anekdoten, die Ihnen vielleicht klar machen, warum wir gegen bestimmte Entwicklungen und gewisse Tendenzen protestieren.

Ich habe, um den ganzen »kürbiskern«-Quatsch nun wirklich beiseite zu bringen, Günter Grass vor zwei Tagen in Köln gesehen, anderthalb Jahre [lang] vorher kein Wort mit ihm gesprochen, das sind doch wirklich kindliche Spekulationen, Unterstellungen!

Danke schön. Ich weiß nicht, ob ich noch mal reden werde.

Jürgen Fuchs

Wer in Fraktionen denkt von Ihnen, liebe Kolleginnen und Kollegen, wird denken, jetzt machen die hintereinander weg ihre Redner. Ich möchte mich anschließen an das, was Adam Zagajewski gesagt hat, und vorausschicken etwas, was ich sehr wichtig finde, nämlich wenn wir hier sprechen und auch östliche, real existierende Verhältnisse einschließen, dann bitten wir nicht um Mitleid, sondern um Interesse.

Als ich hier ankam und in der Hotelvorhalle den Schlüssel abholte in Saarbrücken, habe ich zufällig ein Gespräch gehört, wie sich zwei, drei Bewohner dieser Stadt, oder Zugereiste, unterhielten, und sie sagten sinngemäß: Schriftstellerverband, diese ganzen Geschichten, jetzt geht es um Polen, Jaruzelski, meinetwegen, es ist ja alles richtig und wichtig. Aber wissen die denn, die da so reden, daß wir [uns] in einem sterbenden Land befinden? Daß [es] hier mit die meisten Arbeitslosen gibt und welche Probleme Familien haben und so weiter? Und ich habe es gehört und will es in keiner Weise hier relativieren!

Ich dachte auch daran, daß ich neben meiner literarischen Arbeit seit Jahren in Berlin tätig bin als Sozialarbeiter und weiß, daß Ängste und Nöte in sehr verschiedener Weise an sie, an andere Mitmenschen hier herangetragen werden und sie oft bald kaputtmachen.

Aber es kann uns nicht hindern, uns, die wir auch andere Bereiche kennengelernt haben, zu informieren und auf etwas zu bestehen, was ich Wahrheit nennen würde. Ich kann nicht erzwingen Mitgefühl. Ich kann nicht erzwingen Interesse. Ich kann nur versuchen, einiges darzustellen.

Ich will kurz auf folgendes eingehen. Von Bernt Engelmann wurde gesagt, es gebe Irrtümer von DDR-Kollegen oder von welchen, die von dort kommen, was ihren Verband anlangt und was diesen Verband hier anlangt. So als ob wir drüben große Privilegien gehabt hätten. Es wurde auch mehrfach gesagt, ihr erwartet hier Stipendien und Verlagsförderungen. Ich möchte das korrigieren und sagen, der überwiegende Teil der Schriftsteller, die herübergekommen sind, vor allem der jüngeren, waren nie Mitglied dieses Verbandes, weil sie nicht aufgenommen wurden. Diejenigen, die im Verband waren, sind ausgeschlossen worden. Ich muß nicht an Biermann und Kunze erinnern, ich muß nicht erinnern, was 1976/77 mit dem DDR-Schriftstellerverband geschah, als Sarah Kirsch, Kunert und andere Kollegen hinausgeekelt wurden. Wie vor ihren Häusern die Staatssicherheit in einer erpresserischen Weise die Autoren unter Druck setzte. Aber ich habe den Eindruck, daß eine Umgewichtung stattfindet, so als ob wir Ausschau halten nach Fleischtöpfen oder so etwas. Und nicht genügend haben, herumquengeln.

Noch etwas anderes. Ich möchte den Vorsitzenden der IG Druck und Papier, Erwin Ferlemann, persönlich ansprechen. Sie haben geschrieben und gesagt in einem Interview das Wort »fünfte Kolonne«.

Ich bin ein Kind der DDR, habe dort sechsundzwanzig Jahre gelebt, habe den Staatsbürgerkunde-Unterricht mitgemacht, habe auch an den wissenschaftlichen Kommunismus-Seminaren teilgenommen, solange man mich zuhören ließ. Und ich möchte Ihnen sagen, woran ich dachte und was ich dann gefunden habe, als ich dieses Wort hörte. Im »Wörterbuch der Geschichte« im Dietz-Verlag steht es auch, Sie können es auch im Pahl-Rugenstein-Verlag nachlesen, in Köln erschienen: »fünfte Kolonne: Bezeichnung für im Untergrund arbeitende Gruppen und Organisationen, die im Auftrag imperialistischer Mächte wirkend, als Agenten, Spione oder Saboteure tätig sind und im Falle eines Krieges durch Zersetzung imperialistische Aggressionen vorbereiten helfen. Der Begriff entstand während des national-revolutionären Krieges des spanischen Volkes '36 bis '39. Beim Vormarsch der faschistischen Truppen auf Madrid erklärte ein faschistischer General, er werde mit vier Kolonnen marschieren, die fünfte Kolonne – die Anhänger Francos in Madrid – werde ihm aus der Stadt entgegenkommen. Seitdem bezeichnet der Begriff ›fünfte Kolonne‹ jene imperialistische Taktik, die darin besteht, die Ziele der Aggression von innen her zu unterwandern und der offenen militärischen Aggression von außen mit Aktionen der ›fünften‹ Kolonne zu Hilfe zu kommen. Der faschistische deutsche Imperialismus wandte diese Taktik bei der Vorbereitung und Durchführung seiner Aggressionen an. Sie ist heute ein wesentlicher Bestandteil der aggressiven und konterrevolutionären Politik des Imperialismus. [...]«

Erwin Ferlemann, Sie sind Erster Vorsitzender dieser Gewerkschaft. Ich bin Mitglied dieses Verbandes, der Ihrer Gewerkschaft angeschlossen ist, und ich kann Ihnen nur sagen, daß ich spreche als einer, der sich zur Linken zählt, als einer, der aus der Opposition der osteuropäischen Länder gekommen ist, und wir haben unter keinen Umständen irgend etwas im Sinn gehabt mit Faschismus oder dieser Art von totalitär-feudaler Herrschaft, wie sie da ist. Unser einziger Beweggrund, uns auch in Literatur zu äußern, war, die Verhältnisse dort zu verändern. Und wenn hier der Unterwanderer-Vorwurf kommt, diese Infragestellung unserer – auch literarisch-künstlerischen – Opposition, dann ist das etwas, was auf die tiefen Ungleichzeitigkeiten oder Mißverständnisse hinweist, die hier zum Tragen kommen.

Letztes, was ich Ihnen sagen will: In der DDR, in anderen Ländern werden viele Bücher nicht veröffentlicht. Grass, die »Versuchte Nähe« von Schädlich, »Vogel Federlos« werden über die Grenze gebracht, ja wir schmuggeln die Sachen hinein, so wie es geht. Ja wir unterstützen die Friedensbewegung »Schwerter zu Pflugscharen« so gut es geht. Wenn das in Ihren Augen Unterwandererarbeit ist, gut. Wir werden nicht aufhören, das zu tun. Diese Verhältnisse dort sind nicht Sozialismus, und wir werden eine Lehre begreifen, eine Lektion, die Sie uns erteilen, wir können in diesen Fragen nicht auf Ihre Solidarität rechnen, wir müssen es selbst tun.

Hans Christoph Buch

Ich bin in der angenehmen, überraschenden Lage, mit Bernt Engelmann vollkommen einverstanden zu sein. Der Vergleich der Situation in Polen mit der der Nazi-Zeit oder mit der Polens unter der Nazi-Herrschaft ist unsinnig und abwegig. Da stimme ich ihm vollkommen zu. Der einzige Unterschied zwischen uns, ich habe diesen Vergleich nie gezogen! Und da sind wir schon beim Kern der Sache, daß nämlich, von der anderen Seite, uns gegenüber nie Argumente vorgebracht wurden, sondern nur Diffamierungen und Verdächtigungen.

Worum es ging auf der Sitzung in Berlin, an der hier mehrere teilgenommen haben, auch in meinem Streit mit Ossip Flechtheim, war, daß ich darauf hingewiesen hatte, daß Schriftsteller oder Intellektuelle, die zu den Vorgängen in Polen, in der DDR, zur Vertreibung, zur Unterdrückung, zur Zensur schweigen und gleichzeitig die Bücherverbrennung der Nazis verurteilen, daß die einäugig sind, daß sie unredlich sind, daß man über beides reden muß! Und daran halte ich fest. Das heißt aber nicht, daß ich irgendwas gleichgesetzt habe.

Zur Sache. Es geht hier um viel mehr, glaube ich, als um VS-Probleme. Dies ist eine exemplarische Auseinandersetzung, ich würde sogar sagen, eine historische Auseinandersetzung, die wir in diesem Jahrhundert öfter erlebt haben. Ich erinnere an den Streit zwischen Sartre und Camus Anfang der 50er Jahre, an den Streit zwischen Ilja Ehrenburg und André Breton 1935 oder sogar an die Auseinandersetzung zwischen Lenin und Gorkij.

Es geht um eine ganz große Frage, die noch immer nicht ausgestanden ist, weil sie die Literatur dieses Jahrhunderts prägt, und das ist die Frage der Wahrheit! Oder anders ausgedrückt: Wahrheit oder Ideologie? Und wir haben ja immer wieder zu tun mit Argumenten, die schon seit fünfzig Jahren auftauchen, seit fünfzig Jahren widerlegt sind, aber immer wiederholt werden, und zwar ist das das Problem des Beifalls von der falschen Seite. Das heißt, man fragt nicht mehr nach dem Wahrheitsgehalt eines Satzes, sondern nur noch nach seiner ideologischen Brauchbarkeit für die eine oder andere Seite. Das heißt, es wird nicht mehr eine Sache um ihrer selbst willen gesehen, sondern nur noch der ideologische Schatten, den sie wirft.

Es ist nur noch der Blick da auf die ideologische Sonne, und je nachdem, wo die steht, fällt der Schatten eines Vorgangs nach links oder nach rechts. Und dieser Vorwurf des Beifalls von der falschen Seite ist so, entschuldigen Sie, so unlogisch, so dumm, daß er schon durch ein einfaches Rechenexempel zu widerlegen ist. Wenn ich sage: Eins und eins ist zwei. Und ein Massenmörder und Kindesentführer sagt auch: Eins und eins ist zwei. Dann heißt das erstens nicht, daß ich ein Massenmörder und Kindesentführer bin, zweitens nicht, daß eins und eins drei ist. Soviel zum Beifall von der falschen Seite.

Und genauso wenig [wie] ich hier Bernt Engelmann vorwerfe, daß er in der »Literaturnaja Gazeta« oder in der polnischen Parteipresse gelobt wird, sollte er mir die »WELT« um die Ohren hauen! Ich habe dort keinen Artikel bestellt, und ich bin darüber, weiß Gott, nicht froh gewesen.

Die Situation ist ja nicht die, daß die schweigende Mehrheit, der wir hier gegenüberstehen, jedenfalls nehme ich das zu ihren Gunsten an, mit der Unterdrückung in Polen einverstanden ist. Ich glaube, es gibt nur ganz wenige, ich hoffe sogar niemanden, der diese Vorgänge in Ordnung findet.

Die Situation ist eher die, daß es eine *verschweigende* Mehrheit ist, eine Mehrheit, die diese Vorgänge bagatellisiert, verharmlost, die sie verschweigen will eben aufgrund dieses berühmten Beifalls von der falschen Seite, den sie vermeiden will. Und diese Haltung halte ich für unzulässig! Nicht nur im Hinblick auf Polen, auf die DDR, auf die Sowjetunion. Es geht um uns selbst, es geht um unser Handwerk als Schriftsteller. Und wenn wir bereit sind, die Grundlagen dieses Handwerks, die Wahrheit, solchen taktischen ideologischen Überlegungen unterzuordnen, dann wird die Literatur zur Propaganda. Und genau das ist ein Problem, das in diesem Jahrhundert immer wieder auftaucht und gegen das wir uns vehement wehren müssen. Wir haben nicht die Pflicht, Propagandisten der einen oder anderen Seite zu sein, sondern wir müssen die Wahrheit sagen. Die Wahrheit in Polen ist das, was wir eben von Adam Zagajewski gehört haben.

Eine Bemerkung zum Schluß. Hier wurde öfter der DDR-Schriftstellerverband erwähnt mit seiner wundervollen materiellen Ausstattung und seinen bürokratischen Einflußmöglichkeiten. Das klang fast so, als würde das hier mit Neid als Vorbild hingestellt. Ich wünsche mir nicht so einen Schriftstellerverband!

Ich möchte lieber einen machtlosen, kleinen Schriftstellerverband, der nach beiden Seiten, nach Bonn und nach Ostberlin, nach Moskau und nach Washington die Wahrheit sagt.

Johano Strasser

Liebe Kolleginnen und Kollegen, ich bin gegen die Berufsverbote, ich bin für die Sandinisten in Nicaragua, ich bin gegen die Nachrüstung, ich bin für die Vergesellschaftung der Produktionsmittel. Welche Beteuerungen dieser Art muß ich hier noch abgeben, um über das Thema sprechen zu können, mit Glaubwürdigkeit darüber sprechen zu dürfen, das uns hier eigentlich interessiert?

Das Thema, um das es hier geht, ist in der Tat die Frage des Gewerkschaftsverständnisses. Ich bin dafür, daß die Schriftsteller sich in einer Gewerkschaft organisieren, und ich halte es für einen ganz großen historischen Fortschritt, daß dies bei uns der Fall ist. Ich möchte dies nicht gefährdet sehen! Zu den gewerkschaftlichen Rechten, die es zu verteidigen gilt, gehören sämtliche notwendigen Arbeitsvoraussetzungen für Schriftsteller. Da ist hier über die sozialen Dinge vielleicht zuwenig gesprochen worden. Das ist richtig.

Auch ich gehöre zu den kleinen Lichtern, die davon profitieren, was dieser Verband unter Dieter Lattmann, unter Amery und auch unter Bernt Engelmann in dieser Hinsicht geleistet hat. Das sollten wir auch anerkennen!

Zu den Arbeitsvoraussetzungen von Schriftstellern, die es gewerkschaftlich zu sichern [gilt], gehören aber auch das Recht auf freie Meinungsäußerung, das Recht auf unzensierte Publikation, das Recht, seine eigene Vereinigung zu bilden. Und wir müssen uns fragen lassen, was es für ein Gewerkschaftsverständnis ist, wenn wir dies nicht in aller Unzweideutigkeit immer und überall deutlich machen. Dies ist die Frage! Unsere Diskussion hier und im Verband seit einiger Zeit leidet darunter, daß einige, die in dieser Kernfrage völlig anderer Meinung sind, dieses nie offen sagen.

Es gibt bei uns DKP-Kollegen, für deren freie Meinungsäußerung in dieser Republik ich jederzeit streiten würde. Aber sie gehen nicht hier aufs Podium und sagen, was sie wirklich von Solidarność halten. Gelegentlich kann man das aber in ihren internen Publikationen nachlesen: daß nämlich die organisierte Arbeiterklasse Polens, neun Millionen Arbeiter, eine »konterrevolutionäre Bande« ist. Darunter leidet diese Diskussion, wir könnten in der Sache hart diskutieren und könnten auch sehr bald zu einer klaren Entscheidung kommen, wenn diese Herren sich nicht verstecken würden hinter zwielichtigen und zweideutigen Formulierungen.

Ich sage nicht, Engelmann gehört in diese Ecke. Dazu kenne ich ihn viel zu lange und schätze ihn auch in vieler Hinsicht zu sehr. Aber auch er hat leider bisher zu dieser Frage kein einziges Wort gesagt. Viele haben auch gestern bei der Polen-Veranstaltung bedauert, daß der Vorsitzende und der Vorstand insgesamt offenbar nichts dazu getan hat, wirklich aufzuklären, damit wir zu dem – möglicherweise kleinen – Rest kommen, der uns unterscheidet, und dann in der Sache über diesen kleinen Rest diskutieren können.

Ich bin der Meinung, daß der VS aus einer wirklich sachlich geführten Auseinandersetzung, bei der die Streitpunkte endlich einmal alle auf den Tisch kommen müssen, gestärkt hervorgehen könnte, und daß wir dem VS dadurch schaden, wenn wir fortfahren, die Streitpunkte dauernd mit irgendwelchen allgemeinen Formulierungen oder Diffamierungen, wie im »kürbiskern«, unter den Tisch kehren.

Es gehört dazu auch die Stilfrage. Der Stil der Auseinandersetzung ist in der Tat beklagenswert, aber jeder, der das ein bißchen verfolgt hat, weiß, daß die Kritiker in der »feder« nicht zu Wort kamen! Daß Briefe, die an die »feder« gerichtet worden sind – das könnte man jetzt im Detail belegen – unterdrückt worden sind. Daß die Diskussion verweigert worden ist, und daß erst später die Öffentlichkeit gesucht worden ist.

Ich will meine fünf Minuten nicht überschreiten, deswegen [will ich] ganz zum Schluß noch etwas zu dem Kollegen Ferlemann sagen. Ich halte es für ganz entscheidend wichtig, daß wir in dieser schwierigen Situation der kulturellen Wende mit einem starken VS da stehen. Und auch mit einer starken IG Druck und Papier.

Kollege Ferlemann, mit deinem Interview im »kürbiskern« hast du Öl aufs Feuer dieser Auseinandersetzung gegossen, du hast nicht zur sachlichen Klärung, du hast weiter zur Spaltung des VS beigetragen, und ich sage es ganz deutlich: du hast dich mit diesem Interview, nach meiner Auffassung von Gewerkschaftsarbeit, gewerkschaftsschädigend verhalten. Und wenn du dich hier nicht entschuldigst, dann wird diese Auseinandersetzung weitergehen [...].

Guntram Vesper

Heute mittag habe ich das Wort »Kalter Krieger« gehört – die Feder gehorcht mir besser als die Zunge, aber man soll mal in meine Bücher gucken, dort kann man nachlesen, ob ich ein Kalter Krieger bin. Die Bücher sprechen für sich, glaube ich, die müssen auch für sich sprechen. Damit bin ich schon beim ersten Satz, den ich sagen wollte. Nämlich: Ich bin hier als Schriftsteller. Das Schreiben ist die Hauptsache und das Hauptproblem.

1970 bin ich nicht deshalb so vehement für die Gründung des Verbandes und seinen Beitritt in die IG Druck und Papier eingetreten, weil ich etwa ein Forum für die Gesamtheit meiner politischen und moralischen Gedanken und Fragen suchte, davon handeln in der ersten Linie meine Bücher, ich bin in den VS eingetreten und für ihn gewesen aus Solidarität. Und aus Bedürfnis nach Solidarität anderer. Das war, was ich unter Einigkeit verstand. Und ich habe gedacht, daß unser Verband dem Schreibenden und dem Schreiben dient und nicht umgekehrt! Aber die Situation jetzt empfinde ich so. Denn auch in meinem Namen ist das Telegramm an einen machtausübenden General geschickt worden, der es veröffentlicht hat und damit sein Regime gestützt hat. Ein Regime, das den Schriftstellern im Land abverlangt, was ich für mich nicht wünschen würde. Von den Werktätigen will ich mal schweigen. Aber nicht nur das. Ich habe auch erlebt, wie bedeutende Autoren, die mir in ihren Büchern wichtige Dinge gesagt und gezeigt haben, Johnson, Kunze, Bienek, Zwerenz – mit den frühen Büchern –, Kroetz aus dem Verband ausgetreten sind. Das hat im Verband anscheinend gar kein Nachdenken veranlaßt, nur Abwehr bewirkt.

Wenn das geschieht, dann ist der Preis für die Mitgliedschaft im VS hoch. Deshalb bitte ich, das Motto von 70 nicht zu vergessen: Einigkeit der Einzelgänger. Einzelgänger! Das müssen wir bleiben. Daran sollten wir denken. Vielleicht nämlich sollten wir ein bißchen weniger gehorchen.

Den Mächtigen im Land folgen wir sowieso nicht. Aber es könnte doch sein, daß es gut wäre, wenn wir auch den mächtigeren unserer Freunde ein bißchen weniger Gehorsam leisteten.

Freunde, die einige von uns der Irrtümer – über die Geschichte des Wortes kann man nachdenken – zeihen. Und uns alle, wenn nötig, mit sanftem Nachdruck auf den richtigen Weg bringen wollen. Uns, die Schriftsteller. In moralischen und in Fragen der Wahrheit, ausgerechnet, das wird nicht gehen, da bin ich sicher.

Zum Schluß sage ich in den Saal hinein eine Forderung und eine Bitte. Die Forderung: Weg mit dem Telegramm! Und die Bitte lautet, nichts unversucht zu lassen, die ausgetretenen Kollegen in ihren Verband zurückzuholen.

Peter Schneider

Bitte? Die Uhr liegt noch hier, ja. Die fünf Minuten. Ich habe hier viel gehört von dem bisherigen Vorstand und den beiden Vertretern der [Gewerkschaft], also von Herrn Mahlein und dem Chef der IG Druck, wer sich bei diesem Streit vor welchen Karren hat spannen lassen, wer wessen Spiel spielt – ich habe wenig gehört zur Sache selber!

Ich finde es auch überhaupt nicht dienlich, wenn Herr Engelmann einen Streit, der ausgebrochen ist um die Formulierung eines Telegramms in Sachen Auflösung des polnischen Schriftstellerverbandes, dann über die Lage der Schriftsteller in der Türkei redet. Man kann ein Unrecht nicht gegen das andere aufrechnen und das eine nicht gutmachen, indem man auf ein anderes, größeres hinweist.

Wir reden hier über das, was den Streit verursacht hat, und nur darüber. Und ich habe keine Lust, mir eine Legitimation für mein Statement in Sachen polnischer Schriftstellerverband verschaffen zu müssen, indem ich vorher versichere, daß ich entsetzt bin über das, was in der Türkei geschieht. Dieses Argument steht leider auf keinem besseren Niveau als der Spruch, den wir in Berlin zu hören bekamen, wenn wir gegen den Vietnam-Krieg auf die Straßen gingen, dann hieß es: Geht doch nach drüben!

Was soll Engelmanns Formulierung? Will er den polnischen Kollegen empfehlen, doch in die Türkei zu gehen, da würde nämlich nicht nur verhaftet, sondern auch gefoltert?

Ich halte es für vollkommen unerträglich, daß ständig danach gefragt wird, welche Stelle, welche Rolle ein Argument spielt, etwa in der reaktionären Presse, statt danach, was geschehen ist und ob die Beschreibung des Geschehenen den Tatsachen entspricht.

Wir haben [es] mit einem Telegramm zu tun, in dem die Wiederherstellung eines polnischen Schriftstellerverbandes gefordert wurde. Diese Forderung ist erfüllt worden. Es gibt jetzt wieder einen polnischen Schriftstellerverband.

Ich komme zur Sache. Ich bin dabei.

Es ist ein Schriftstellerverband gegründet worden, von dem behauptet wird, daß er die Rechte der Schriftsteller vertritt. Das wird immer behauptet von solchen Schriftstellerverbänden, und das wußte auch derjenige, der ein solches Telegramm abschickt. Ich frage jetzt, ob es den Tatsachen entspricht oder nicht, daß es einen solchen Schriftstellerverband gibt? Man kann mit ihm Verbindungen aufnehmen. Es ist wieder zu Verhaftungen gekommen.

Wir haben vorhin gehört, daß polnische Kollegen, die diesem Schriftstellerverband nicht angehören, nicht etwa nur den Nachteil haben, aus einem Schriftstellerverband ausgeschlossen zu sein, sondern daß es für sie viel mehr bedeutet. Daß es Publikationsverbot bedeutet, daß es materielle Not bedeuten kann und Schlimmeres. Ich frage mich, warum niemand zu diesen Tatsachen spricht. Warum wird nicht der

Wortlaut dieses Telegramms diskutiert und zurückgenommen, wie es sich gehört? Warum wird immer nur gefragt, wem die ganze Debatte angeblich dient? Es geht doch hier um ein Telegramm an den polnischen Staatsratsvorsitzenden Jaruzelski, es geht nicht um die Türkei.

Ich möchte noch eine weitere Frage stellen. Wäre damit, daß aufgrund unserer Interventionen oder von anderen Schriftstellerverbänden polnische Kollegen aus dem Gefängnis entlassen werden, ein Normalzustand erreicht? Ist es damit eigentlich gut? Darf man eigentlich in diesem Verband VS überhaupt noch daran erinnern, daß den Völkern Osteuropas nach wie vor ein Recht verweigert wird, das wir für alle westlichen Völker sofort und ohne diplomatische Rücksichten in Anspruch nehmen: das Recht auf Selbstbestimmung? Kann man das hier noch formulieren, oder ist man dann gleich ein Kalter Krieger, einer, der »wühlt«, »ein Antikommunist«? Ist derjenige ein Antikommunist, der für Freiheitsrechte in Osteuropa eintritt?

Was ist eigentlich passiert in den Köpfen vieler westdeutscher Intellektueller, daß man für Rechte eines europäischen Nachbarvolkes, dreihundert Kilometer von Berlin entfernt, nicht mehr eintreten kann, ohne als Antikommunist verschrien zu werden? Während man dieselben Rechte mit Recht und ohne diplomatische Rücksicht, wie es die Pflicht von Intellektuellen ist, für weit entfernte Völker wie El Salvador und Nicaragua selbstverständlich fordert? Was ist da passiert?

Worauf gründet sich dieser Unterschied des Wahrnehmens und Messens?

Ich fürchte, wenn dieser Prozeß weitergeht, wird ein Satz wahr werden, den ich einmal von André Gortz gelesen habe. Ich habe mich damals über den Satz geärgert, weil er mir pauschal und ungerecht schien. Er sagte nämlich anläßlich der Reaktion der Deutschen auf die Ereignisse in Polen – und er meinte nicht den VS, sondern er meinte Helmut Schmidt, Genscher und auch gewisse Kommentatoren, wie Theo Sommer und Rudolph Augstein –, er hat gesagt: »Die Freiheit hat keine Heimstatt in Deutschland.«

Es gibt hier eine Friedensbewegung, die für mich ein Beweis dafür ist, daß die Deutschen aus ihrer Geschichte gelernt haben. Aber wenn dieser Prozeß im VS so weitergeht, wird André Gortz' Satz wahr werden, und man wird sagen müssen, die Freiheit hat keine Heimstatt mehr im VS.

Liebe Kolleginnen und Kollegen. Als ich mich zu Wort gemeldet habe, wußte ich nicht, daß ich die letzte auf der Rednerliste bin. Das ist also beinahe so etwas wie eine Aufforderung zu einem Resümee dieses Tages. Und das fällt mir sehr schwer.

Ich glaube, die meisten von uns haben nicht nur in den letzten Monaten unter dem scheinbar nicht auflösbaren Konflikt im VS gelitten. Und er ist nicht auflösbar, weil er nämlich an die Grundfragen schriftstellerischer Existenz und Verantwortung rührt und zum andern die zweite, die Seite eines Berufsverbands, tatsächlich ein wenig unterbelichtet oder außerbelichtet läßt. Ein Konflikt, in dem alle stehen, die sich im Verband engagiert haben, in dem wir damals gestanden haben, als wir den Verband vorbereitet und gegründet und durch die ersten Jahre gebracht haben.

Dieser Konflikt, den wir im Grund an dem Tag oder in den Wochen, an dem wir unsere Statuten entworfen haben und uns auch die Beschränkungen auferlegt haben, die wir dem VS dann vorgeschlagen haben oder den Mitgliedern der alten Schriftstellerorganisationen vorgeschlagen haben, diese Beschränkungen haben genaugenommen diesen Moment vorausgesehen.

Sie haben vorausgesehen, daß wir als Schriftsteller, als einzelne, auch Einsame – Schriftsteller sind schreibend Einsame –, an einem Punkt in eine Krise kommen und kommen müssen, wo wir uns im politischen Feld zu bewegen haben. Im politischen Feld und in der politischen Arbeit, die immer aus Kompromissen, aus Pragmatismen, aus Vor- und Rückschritten besteht und die wir als Berufsorganisation auszufechten beziehungsweise mit auszufechten haben.

Wir haben dann mit der Entscheidung für die IG Druck und Papier gewußt, daß wir in ein neues Konfliktfeld ganz sicher hineingeraten werden, daß nämlich die Überlegungen und die uns sozusagen ureigenen Anliegen nicht alle identisch sein können und werden mit dem, was in der Gewerkschaft und als Mitglieder einer Gewerkschaft von uns zu tun verlangt werden wird.

Wir haben damals diesen Schritt vorbereitet und nach vielen Zweifeln und Diskussionen, das ist heute auch erwähnt worden, weil wir anders die berufspolitischen Erfolge, die der VS zu verzeichnen hat, und es sind doch deren einige, von denen wir alle profitieren, nicht hätten durchsetzen können. Wir sind also ganz bewußt in dies Dilemma hineingeraten, vor dem Scherbenhaufen stehen wir heute oder – nein, ich möchte, daß es kein Scherbenhaufen sein wird. Und ich weiß auch, daß man Scherben kitten kann, und trotzdem bleiben Bruchstellen und das Gefäß ist gestört. Das Gefäß klingt nicht mehr. Das sind Bilder, die wir ausführen und die wir nach diesem Tag auch nicht vergessen werden.

Ich meine aber, und das versuche ich mir selbst zum Trost nach diesem Tag der Auseinandersetzungen von Angesicht zu Angesicht noch einmal ins Gedächtnis zu rufen, daß es einmal notwendig gewesen ist, diese Konflikte tatsächlich auszusprechen.

Es wäre wahrscheinlich richtiger und vielleicht auch für uns alle weniger, ja ich möchte sagen, peinlich gewesen, wenn wir dies nicht in einer unserer regulären Delegiertenkonferenzen getan hätten, sondern in einem gesonderten Wochenendseminar vielleicht. Dies ist nicht der Fall, wir müssen uns also mit dem zurechtfinden, beziehungsweise auch abfinden, was heute und hier stattgefunden hat. Eine sehr offene Aussprache, die an alle Verletzlichkeiten und Verletzungen gerührt hat, die nicht ausgeheilt werden können. Hier aber – und da möchte ich einmal, was ich sonst ungern tue, als Frau sprechen: Jede Frau weiß, daß es innerhalb ihrer Familie solche Verletzungen und Verletzlichkeiten gibt, die nicht überwunden und nicht ausgeheilt werden können. Jede Frau versucht aber innerhalb dieser ihrer Familiengemeinschaft durchzuhalten, daß mit diesen Verletzungen und Verletzlichkeiten existiert wird, wenn es um das Fortleben und Fortexistieren und die reine Existenznotwendigkeit dieser Familie geht. Das mag Ihnen als eine primitive Verkürzung erscheinen, und das ist es auch. Und es ist es denn doch nicht! Denn wir als Schriftsteller, welcher Partei wir auch angehören, welche Ideologie wir vertreten oder ob wir eine Ideologie vertreten, haben dies eine ganz sicher immer vor uns selbst zu verantworten: dies Eintreten nicht nur für unsere Schriftstellerkollegen, die in andern Ländern unter Schwierigkeiten stehen, sondern auch für die, deren Meinung wir nicht teilen.

Wir haben einzustehen füreinander wie in einer Familie. Und ich denke, wenn wir am Abend dieses Tages alle sehr erschöpft und sehr belastet [sein werden] mit den Vorwürfen, die wir uns gegenseitig gemacht haben und, ich glaube, auch vielfach haben machen müssen, um einmal auszusprechen, was unterschwellig schon lange, lange im Verband gärt, wenn wir also unbefriedigt davon hier heute abend uns dann unsere Autorenlesungen anhören werden, daß wir das denn doch als einen Prozeß, der vielleicht zu einer Überwindung der Krise führt, ansehen lernen werden.

Denn die Verbandskrise darf – eine Verbandskrise ist dies, die darf dennoch nicht darüber hinwegtäuschen, daß der Verband für uns alle –

und da sind wir eben doch diese große Familie – notwendig ist in der nicht nur gefährlichen politischen, kulturpolitischen und sozialpolitischen Entwicklung, in der wir uns befinden und die uns von allen Seiten bedrängt, daß wir zusammen stehen müssen als – zumindest als Berufsorganisation, wenn es darum geht, den rechtsfreien Raum der neuen Medien mit Anforderungen, mit Forderungen zu füllen, die wir haben und verantworten auch für die Autoren, die nach uns kommen. Sondern daß wir auch als eine Gemeinschaft agieren müssen, wenn es darum geht, die Rechte des einzelnen, des einzelnen Schriftstellers, des Individuums, des besonders empfindlichen Individuums, wie es einmal Schriftsteller sind – und das ist ja eine der Voraussetzungen ihres Berufs –, wenn es darum geht, die zu verteidigen.

Das können einzelne von uns ganz sicher für sich allein tun. Es kann nicht jeder, der heute im Verband ist, für sich allein tun. Das heißt: Darum ist es notwendig, daß wir da füreinander einstehen. Und zwar nicht, indem wir ja sagen zu dem, was der andere denkt, politisch meint, sondern indem wir versuchen, mit seiner anderen Meinung zu leben; sie zu tolerieren oder nicht, das mag dem einzelnen überlassen sein. Die Toleranz als ein Geschenk der Aufklärung ist ja in diesem Jahrhundert ohnehin abhanden gekommen. Dies muß aber, glaube ich, uns allen wichtiger sein, mit den Konflikten zu arbeiten und womöglich, und es sind viele Möglichkeiten gegeben, die Konflikte, die heute deutlich ausgesprochen worden sind, zu beheben, Anlässe zu den Konflikten zu beheben.

Das ist in der Sache des polnischen Schriftstellerverbandes, glaube ich, sogar relativ problemlos von unserer Seite aus zu machen. Es ist, glaube ich, auch praktisch zu machen für unsere AutorenkollegInnen, die aus der DDR haben ausreisen müssen.

Es wird in vielen anderen Fällen nicht ganz so praktikabel zu lösen sein, dennoch: Wir sollten es versuchen, und zwar nicht, um gut Wetter nach außen zu machen. Wir sollten eigentlich uns allen und allen Kontrahenten, die heute gesprochen haben, dankbar sein, daß sie kein Blatt vor den Mund genommen haben. Wir sollten versuchen, gegen die äußere Umwelt dieses Land[es] Bundesrepublik im Jahre 1984, die alte oder damals beschworene Einigkeit der Einzelgänger noch einmal zu versuchen. Und zwar nicht, um etwas schön zuzukleistern, nicht um Töpfe zu kitten, sondern weil es notwendig ist um unser Überleben als Individuen, die in Anspruch nehmen und in Anspruch nehmen müssen, unabhängig, frei und dadurch übermäßig gefährdet zu leben und zu arbeiten. Ich hoffe, daß es uns morgen gelingen wird, die ersten Schritte zu einem neuen Anfang zu finden. Vielen Dank.

Dokument 38: Ingeborg Drewitz an Liz Wieskerstrauch (6.4.1984)

Berlin, 6.4.84
Liebe Liz,
[...] Der VS hat seit Mitte der 70er Jahre eine Seitensteuerung, die noch nie so deutlich war wie diesmal durch die denunciatorische »Kürbiskern«nummer. Im VS ist es deshalb nie gern gesehen gewesen, wenn der reale Sozialismus kritisiert wird. Das ist der Knackpunkt des gesamten Herbst-Streites. Daß man Sozialist sein kann und den bestehenden »byzantinischen« Sozialismus kritisieren, geht da nicht in die Hirne.

Bleuel wurde 5 Min. vor der Wahl genannt, nachdem ich in all den Monaten auf einen Gegenkandidaten gewartet hatte, um die Konzepte auszumessen. Er hat während des Kongresses überhaupt nicht gesprochen, aber in der Hotelbar Samstag/Sonntag war man dann wohl wieder sehr eifrig (auch nichts Neues beim VS). B. ist ein tüchtiger Landesvorsitzender, hat allerdings Horst Bienek und Franz Xaver Kroetz und einige andere wichtige »Bayern« aus dem VS »gegrault«, sagt man wohl, ohne mit der Wimper zu zucken. Er paßt also ins Schema. Hauptsache der Verband! Ob da die wichtigen Autoren drin sind, spielt keine Rolle. Mich selbst trifft das nur, weil es doch ein großes Stück Lebensarbeit ist, die von mir in den VS eingebracht wurde und deren Ergebnisse heute selbstverständlich sind.
Soviel – ganz herzlich (langsame Besserung ...)
Deine Ingeborg Drewitz

Dokument 39: Über politisch interessierende Sachverhalte im Zusammenhang mit dem Bundeskongreß des Verbandes deutscher Schriftsteller (12.4.1984)

ZMA 3025, BStU

Hauptabteilung XX
Streng geheim

Berlin, 12.4.1984
gef. 5 Exemplare
1. Exemplar
Nr. 276/84

Information
Über politisch-operativ interessierende Sachverhalte im Zusammenhang mit dem Bundeskongreß des Verbandes deutscher Schriftsteller

(VS) in der IG Druck und Papier der BRD vom 30.3. – 1.4.1984 in Saarbrücken

Vom 30.3. – 1.4.1984 fand im Kreiskulturhaus am Schloßplatz in Saarbrücken/BRD ein vorgezogener Bundeskongreß des Verbandes deutscher Schriftsteller (VS) in der IG Druck und Papier der BRD statt.

Laut vorliegenden Hinweisen hatte sich der Kongreß notwendig gemacht, nachdem der bisherige Vorstand einschließlich des ehemaligen Vorsitzenden des VS der BRD, Bernt ENGELMANN, im November 1983 geschlossen zurückgetreten war. Anlaß für diesen Rücktritt waren zum damaligen Zeitpunkt massive Angriffe reaktionärer, rechtsgerichteter Kräfte, vor allem aus Westberlin, um Günter GRASS, Jürgen FUCHS, Hans-Christoph BUCH, Peter SCHNEIDER u. a. gegen eine angebliche Inkonsequenz des alten Vorstandes im Vorgehen gegen sogenannte Menschenrechtsverletzungen in sozialistischen Staaten.

Über Reaktionen und Verhaltensweisen von Delegierten des Bundeskongresses des VS der BRD, politische Tendenzen und Zusammenhänge wurden operativ folgende Hinweise erarbeitet:

Während des Kongresses trat offen zutage, daß sich die Kräfte innerhalb des Verbandes deutscher Schriftsteller (VS) der BRD polarisiert haben.

Auf der einen Seite sind realistisch denkende und handelnde Schriftsteller um den bisherigen Verbandsvorsitzenden Bernt ENGELMANN, wie

Dieter LATTMANN
Jürgen LODEMANN
Gerd HOFFMANN
und der neue Verbandsvorsitzende
Hans-Peter BLEUEL

bestrebt, ehrlich den Friedensbemühungen der sozialistischen Staaten Rechnung zu tragen und vernünftige Beziehungen zu den Schriftstellerverbänden der DDR und anderer sozialistischer Staaten zu pflegen.

Andererseits versuchen antisozialistische Kräfte um den Westberliner Schriftsteller

Günter GRASS und
Johano STRASSER
Heinrich BÖLL
Hans-Christoph BUCH
Jürgen FUCHS
Peter SCHNEIDER

die Aktivitäten des VS mit dem Vorgehen gegen angebliche Menschenrechtsverletzungen in der DDR und anderen sozialistischen Staaten zu verknüpfen. Diese Personen begeben sich immer eindeutiger auf einen Kurs der Konfrontation mit dem Sozialismus.

Sichtbarer Ausdruck dieser antisozialistischen Stoßrichtung waren insbesondere während einer Podiumsdiskussion zum Thema »Solidarität mit Polen« vorgetragene wütende Attacken von GRASS und den anderen in seinem politischen Fahrwasser befindlichen Schriftstellern gegen die Auflösung des polnischen Schriftstellerverbandes, die in einer Resolution ihren Niederschlag fanden. In der Begründung dieser Resolution werden auch angebliche Verfolgungen kritischer Intellektueller in der UdSSR, der DDR und der CSSR zum Anlaß für eine Hetzkampagne gegen unsere Staaten genommen.

Zur Wahl des Schriftstellers

Hans-Peter BLEUEL

ehem. Landesvorsitzender des VS in Bayern, SPD, vertritt die politische Linie von Brandt (siehe beiliegende Auskunft) als neuen Vorsitzenden des BRD-Schriftstellerverbandes kam es, als die ursprünglich für diese Funktion vorgesehene Westberliner Schriftstellerin Ingeborg DREWITZ den Vorschlag zu Verabschiedung einer in ihrem Inhalt extrem feindlichen, antipolnischen Resolution unterbreitete. Der bisherige Vorsitzende des VS, ENGELMANN, und weitere realistische Kräfte schlugen daraufhin den BLEUEL als Gegenkandidaten zur DREWITZ vor, der dann mit knapper Mehrheit zum neuen Vorsitzenden gewählt wurde.

Die Wahl des ehemals in Leipzig und jetzt in Osnabrück wohnhaften Schriftstellers

Erich LOEST

zum stellvertretenden Vorsitzenden des BRD-Schriftstellerverbandes ist als ein weiteres Zeichen für die Verschärfung der Konfrontation mit der DDR seitens rechtsgerichteter Kreise im VS zu werten.

In seinen Erklärungen auf dem Kongreß bekräftigte LOEST seine in den letzten Wochen in den BRD-Medien und bei anderer Gelegenheit propagierte Zielstellung, sich als stellv. Vorsitzender in erster Linie »für die Belange der aus der DDR ausgereisten Schriftsteller einzusetzen, den VS für diese ›Kollegen‹ zu einer neuen Heimstatt zu machen und sich aktiv für den Abbau der Feindbilder und gegen die Verletzung der Menschenrechte in den sozialistischen Staaten – speziell der DDR – einzusetzen«.

LOEST hält sich als DDR-Bürger seit März 1981 mit einem auf drei Jahre befristeten Visum in der BRD auf.

Anfang Februar 1984 beantragte er bei der Ständigen Vertretung der DDR in Bonn die Verlängerung seines Visums um weitere zwei Jahre, verbunden mit der Möglichkeit der mehrfachen Ein- und Ausreise.

Durch das Ministerium für Kultur wurde vorgeschlagen, den Antrag von LOEST abzulehnen und ihn aufgrund seines antisozialistischen Auftretens und Wirkens in der BRD aus der Staatsbürgerschaft der DDR zu entlassen. Bisher liegen keine Hinweise über eine zentrale Entscheidung vor.

In den seit März 1981 von LOEST in der BRD erschienenen Publikationen sowie in seinen Auftritten vor westlichen Massenmedien und auf öffentlichen Diskussionen dokumentierte LOEST seine offene feindlich-negative Haltung gegen die sozialistischen Verhältnisse in der DDR, erging sich wiederholt in massiven hetzerischen Angriffen und Verleumdungen gegen die Staats- und Sicherheitsorgane der DDR und betonte mehrfach seinen Entschluß, nicht in die DDR zurückzukehren.

Es wird vorgeschlagen,

das Visum für LOEST nicht zu verlängern,

aufgrund seiner massiven Angriffe gegen die DDR die Aberkennung der DDR-Staatsbürgerschaft für LOEST zu prüfen und

im Falle der Entscheidung auf Aberkennung der DDR-Staatsbürgerschaft gegen LOEST Einreisesperre zu verfügen.

Auskunft
zu dem neu gewählten Vorsitzenden des Verbandes deutscher Schriftsteller (VS) in der IG Druck und Papier der BRD.

BLEUEL, Hans-Peter […]
Parteizugehörigkeit: SPD
Staatsangehörigkeit: BRD
Abt. XII:

Zur Person des BLEUEL:
BLEUEL wurde als Sohn eines Prokuristen in Stuttgart geboren. Er besuchte die Volksschule und das Gymnasium, das er 1956 mit dem Abitur abschloß. Anschließend studierte er von 1956 bis 1962 an der Universität in Frankfurt/Main und München Geschichte, Germanistik, Soziologie und Zeitungswissenschaft.

Nach Abschluß des Studiums wurde er 1962 Mitarbeiter des Pressedienstes des Siemens-Konzerns der BRD. 1964 bis 1965 war er Mitarbeiter in der Verlagsleitung der »Droemerschen Verlagsanstalt Th. Krauer Nachf. GmbH & Co. München. [...] Seit 1965 ist er als freiberuflicher Schriftsteller tätig. Er schreibt vorwiegend Sachbücher zu den Themenbereichen Politik, Sozialprobleme und Geschichte.

Vorliegenden Hinweisen zufolge wurden von BLEUEL folgende literarische Arbeiten veröffentlicht:

– »Deutsche Studenten auf dem Weg ins Dritte Reich« (Gemeinsame Veröffentlichung mit dem jetzigen Leiter der Programmgruppe Schulfernsehen und Erwachsenenbildung des Westdeutschen Rundfunks, Ernst Klinnert, 1969)
– »Deutschlands Bekenner. Professoren zwischen Kaiserreich und Diktatur« (1968)
– »Kinder Deutschlands« (1971)
– »Das saubere Reich. Theorie und Praxis des sittlichen Lebens im Dritten Reich« (1972)
– »Alte Menschen in Deutschland« (1972)
– »Die Stützen vor der Gesellschaft. Unternehmer, Manager, leidende Akademiker« (1976)
– »Ferdinand Lassalle oder der Kampf wider die verdammte Bedürfnislosigkeit« (1979)
– »Friedrich Engels, Bürger und Revolutionär« (1981)

Inoffiziellen Hinweisen zufolge handelt es sich bei BLEUEL um einen Schriftsteller, der zu dem engeren Freundeskreis des ehemaligen Vorsitzenden des BRD-Schriftstellerverbandes, Bernt ENGELMANN, und Dieter LATTMANN gehört.

Bei dem letzten Aufenthalt des Präsidenten des Schriftstellerverbandes der DDR, Hermann KANT, und des Sekretärs Gerhard HENNIGER im März 1984 in der BRD brachten ENGELMANN und LATTMANN zum Ausdruck, daß sie zu dem Gespräch mit KANT und HENNIGER gern BLEUEL dazu nehmen wollten, da er ihr Parteigänger und Interessenvertreter sei. Eine Zusammenkunft mit BLEUEL kam nur aus zeitlichen Gründen nicht zustande.

BLEUEL wurde durch ENGELMANN und LATTMANN am 1. 4. 1984 auf der Bundesdelegiertenkonferenz zur Wahl als Kandidat für den neuen Vorsitzenden vorgeschlagen, als sich herausstellte, daß die bis zu diesem Zeitpunkt vorgeschlagene Westberliner Schriftstellerin und P.E.N.-Mitglied Ingeborg DREWITZ eine antipolnische Resolution verabschieden wollte, die nicht die Zustimmung von ENGELMANN und LATTMANN fand. BLEUEL wurde dann in einer Stichwahl mit einer Stimme Mehrheit gegenüber Ingeborg DREWITZ als neuer Vorsitzender gewählt.

Zu BLEUEL ist weiter bekannt, daß er mehrfach an den Schriftstellertreffen für den Frieden in Sofia (VR Bulgarien) teilnahm.

Seit 1976 fungiert BLEUEL als Landesvorsitzender des »Verbandes Deutscher Schriftsteller« (VS) in der IG Druck und Papier in Bayern.

Bis zur Auflösung 1983 war er Mitglied des Presseausschusses »Demokratische Initiative« (PDI) München.

BLEUEL wird politisch als ein Parteigänger von Willy Brandt eingeschätzt, der sich gegen die Stationierung neuer NATO-Erstschlagswaffen in Europa wendet.

Es liegen bisher keine Hinweise vor, daß er im Zusammenhang mit oppositionellen Kräften in der DDR feindlich in Erscheinung trat. Charakterlich wird er als stur, aber auch konsequent, nicht leicht beeinflußbar eingeschätzt.

Dokument 40: Peter Schütt: Noch einmal: der Kongreß in Saarbrücken

[...] Die allgemeine Krisenstimmung und Orientierungslosigkeit in Saarbrücken bot für geheime und geheimdienstliche Manöver zwangsläufig ein ideales Operationsfeld. Nur in einer solchen Situation hatte die kleine, aber entschlossene und konspirative Schar der Kommunisten ihre Chance. Viele Delegierte waren nach Saarbrücken gekommen, ohne zu wissen, was Sache war und welche Gründe und Hintergründe zum Rücktritt Bernt Engelmanns geführt hatten. Anders die Kommunisten. Sie wußten, was sie wollten. Ich vermute, die Einflußnahme auf den Verlauf und die Wahlergebnisse in Saarbrücken ist von ihnen von langer Hand, gründlich und detailliert vorbereitet worden.

Die Genossen aus der DDR waren über die interne Situation im VS gründlich informiert. Bereits die Gründung des Verbandes war drüben »uneingeschränkt positiv eingeschätzt« worden. Über den Kulturwissenschaftler Günther Wirth, der über Böll promoviert hatte und Mitglied des Ost-CDU-Vorstandes war, versuchte die DDR auch mit Heinrich Böll ins Gespräch zu kommen. Dieser Gesprächsfaden riß erst ab, nachdem sich Böll 1973 unmißverständlich für Solschenizyn, Amalrik, Kopelew und andere sowjetische Dissidenten eingesetzt hatte. Um die weitere Entwicklung im westdeutschen Verband beobachten und gegebenenfalls beeinflussen zu können, wurde bereits Anfang der Siebzigerjahre bei der Kulturabteilung des ZK der SED in Ostberlin eine »Arbeitsgruppe BRD-Autoren und Verbände« geschaffen, der durchaus kompetente Kenner des westdeutschen Literaturbetriebs angehörten. Zwei ihrer Mitarbeiter, die Kulturwissenschaftler Gotthard Neumann und Klaus Ziermann, habe ich selber bei verschiedenen kulturpolitischen Kontakten auf der Parteiebene zwischen SED und DKP kennengelernt. Ihre Sachkenntnis und ihre Offenheit nötigten mir durchaus Respekt ab. Die konspirative Arbeitsgruppe zensierte und genehmigte alle in der DDR erscheinenden Buch- und Zeitschriftenveröffentlichungen zur Literatur der Bundesrepublik. Sie hatte zu entscheiden, welche Bücher von westdeutschen Autoren in der DDR verlegt wurden und welcher Westautor in die DDR eingeladen wurde. Außerdem berieten die Mitglieder der Arbeitsgruppe die DKP-nahen Verlage und Buchhandlungen in der Bundesrepublik. Nach der Biermann-Ausbürgerung und der Übersiedlung zahlreicher kritischer DDR-Autoren in den Westen bemühten sie sich zunehmend, die Dissidenten soweit wie möglich zu isolieren und ihren Einfluß im Schriftstellerverband und im Kulturleben der Bundesrepublik zu begrenzen. So wurden von Ende der Siebzigerjahre an immer wieder »fortschrittliche und friedliebende« Autoren, gleich ob sie der DKP angehörten oder nicht, zu zwanglosen Informationsgesprächen in das Haus des ZK oder in den nahen »Club der Kulturschaffenden« in der Otto-Nuschke-Straße eingeladen, wo sie von Kurt Hager, dem SED-Chefideologen selber, von Ursula Ragwitz, der Leiterin der Kulturabteilung des ZK, der auch die nämliche Arbeitsgruppe unterstand, und von Hermann Kant über die Haltung der DDR zu den Dissidenten unterrichtet wurden. Dabei wurde der Wunsch geäußert, es sollte auch im Westen »zum Prinzip« werden, »daß man Überläufern nicht die Hand drückt« – eine Empfehlung, die offenkundig auf die Dauer auf die Einstellung nicht weniger linker Schriftsteller und ihres Verbandes nicht ohne Wirkung geblieben ist. An einer solchen Gesprächsrunde, zu der vor allem Autoren aus Hamburg und dem Norden nach Berlin gekommen waren, habe ich selber teilgenommen. Unsere Gastgeber nahmen kein Blatt vor den Mund, und Hermann Kant gab uns beispielsweise den guten Rat, »von einem so unsicheren Kantonisten wie Joachim Seyppel besser die Finger zu lassen«. Dabei wurden Unterlagen herumgereicht, die nach altkommunistischem Brauch nicht mitgenommen, sondern nur eingesehen werden durften. Sie sollten belegen, welch schlimme Finger und kalte Krieger die Überläufer waren.

Mit dem Beginn der Achtzigerjahre übernahm die Arbeitsgruppe offenbar vor allem die Aufgabe, die Serie der »internationalen Schriftstellerbegegnungen für den Frieden« vorzubereiten und zu begleiten – nicht zuletzt, um auf diesen medienwirksamen Foren DDR-kritische

Stellungnahmen zu verhindern. So trat auf einem internen Vorbereitungstreffen für das Hamburger Festival »Künstler für den Frieden« im September 1983 eigens Staatsschauspieler Peter Minetti auf den Plan, um die geplante Teilnahme Wolf Biermanns zu vereiteln. Andernfalls würden sämtliche Künstler aus dem Ostblock ihre Zusagen zurückziehen. Die verantwortliche »Arbeitsgruppe BRD-Autoren und Verbände« beschränkte ihre Einflußnahme damals nicht nur auf den literarischen Sektor, sondern bemühte sich um die »Kultur der Friedensbewegung« insgesamt.

Wichtigster Ansprechpartner in der Bundesrepublik war in jenen Jahren ohne Frage Bernt Engelmann, der Vorsitzende des Schriftstellerverbandes. Engelmann genoß in der DDR höchstes Ansehen, nicht nur wegen seines Engagements in der Friedensbewegung. Er war zugleich der Kronanwalt für die Politik der »Aktionseinheit«, für das von der SED angestrebte »Zusammenwirken von Kommunisten, Sozialdemokraten und Gewerkschaften gegen die Macht des Großkapitals«. Darum wurde Engelmann in den DDR-Medien, aber auch immer wieder vom DKP-Vorsitzenden Herbert Mies als Gewährsmann aus den Reihen der »klassenbewußten Sozialdemokratie« zitiert.

Als der Vorsitzende des Schriftstellerverbandes im Herbst 1983 unter dem Druck öffentlicher und verbandsinterner Kritik an seinem Schmusekurs gegenüber der DDR und den Sozialistischen Ländern zurücktreten mußte, fürchteten SED und DKP, einen wichtigen Vorposten ihrer politischen Strategie im Westen zu verlieren, zumal sich mit dem gleichzeitigen Beschluß der Bundesregierung über die Raketenstationierung eine allgemeine Verschlechterung der Ostwestbeziehungen abzeichnete. Die zuständigen Gremien beim ZK der SED kamen zu dem Entschluß, dem »drohenden Rechtsruck« im VS nicht tatenlos zuzusehen und zumindest Vorsorge dafür zu treffen, daß die »bewährte Engelmann-Linie« auch künftig fortgesetzt werden könnte. Die zuständige Arbeitsgruppe sammelte erfahrene Kader um sich, begann offenkundig auch geheimdienstliche Fäden zu knüpfen und bildete, wie in solchen Fällen durchaus üblich, eine erweiterte »ad-hoc-Gruppe«, um zu verhindern, daß der VS in Saarbrücken »in antikommunistisches Fahrwasser« geriet. Nicht wenige parteiverbundene DDR-Schriftsteller wurden in aller Eile auf Westreise geschickt, um Kontakte zu westdeutschen Kollegen aufzunehmen und ihnen den Standpunkt der Genossen drüben zu vermitteln. Schon Anfang Dezember 1983 erhielt ich kurz nacheinander Besuch von zwei besonders linientreuen DDR-Autoren, von Herbert Otto und Benito Wogatzki. Sie befanden sich damals auf Lesereisen durch einige DKP-nahe Buchhandlungen, aber wichtiger als ihre öffentlichen Auftritte waren sicher ihre Informationsgespräche, die sie nebenher mit »parteilichen« oder »nahestehenden« bundesdeutschen Schriftstellern führten. Die nächste Gelegenheit, mit westdeutschen Literaten in einen detaillierten Meinungsaustausch über die Situation im Verband zu kommen, bot sich während und am Rande des DKP-Parteitages vom 6. bis 8. Januar 1984 in Nürnberg. Die SED war durch keinen geringeren als Egon Krenz vertreten, und in seinem Gefolge befand sich nicht nur Herbert Häber, der Leiter der BRD-Sektion im ZK der SED, sondern auch mehrere Mitarbeiter der Kulturabteilung des Zentralkomitees. Mit ihnen wurde sogar ein internes Protokoll über die kulturpolitische Zusammenarbeit für das Jahr 1984 zwischen SED und DKP vereinbart.

Nach dem aufwendigen Kulturprogramm am Eröffnungstag gab es einen eigenen Empfang für die Autoren und Künstler, die als Ehrengäste am Parteitag teilnahmen. Auch mehrere SED-Delegationsmitglieder waren bei diesem Treffen anwesend, und ich erinnere mich gut daran: Die Gespräche unter vier Augen und im größeren Kreis drehten sich immer um die aktuelle Situation im Schriftstellerverband und wie sie am besten zu meistern wäre. Diese »Gesprächsoffensive« wurde in den folgenden Wochen intensiv fortgesetzt und entsprach durchaus der Generallinie der SED, die damals bestrebt war, alles zu tun, »um zu verhindern, daß der Gesprächsfaden zu unseren Freunden im Westen abreißt«. In dieselbe Zeit fallen auch die geheimen Verhandlungen zur Vorbereitung des von Franz Josef Strauß besorgten Milliardenkredits für die Staatsbank der DDR. Am zweiten Wochenende im März besuchten Hermann Kant und sein Verbandssekretär Gerhard Henniger München. Offiziell waren sie von der Literaturzeitschrift »kürbiskern« und der Libresso-Buchhandlung zu einer Veranstaltung unter dem ebenso nichts- wie vielsagenden Motto »Literatur im Gespräch« eingeladen, aber die Westreise der beiden Genossen bot überdies Gelegenheit und Raum für inoffizielle Begegnungen mit Bernt Engelmann und anderen Mitgliedern des zurückgetretenen VS-Bundesvorstandes. Daß es bei diesem Treffen nicht nur um den Weltfrieden und die Entspannung im allgemeinen gegangen ist, darf vermutet werden – zumal bei einem so anerkannten Meister der Konspiration wie Hermann Kant.

Aber ich bin bei diesen Gesprächen nicht dabei gewesen. Daß sie stattgefunden haben, hab ich nur aus zweiter Hand erfahren. Am nachfolgenden Freitag bekam ich überraschenden Besuch von den beiden zuständigen Kulturfunktionären beim Parteivorstand der DKP, Hannes Stütz und Gerd Deumlich. Vierzehn Tage vor Beginn des Kongresses wollten sie mich per Parteiauftrag zu möglichst vielen Delegierten des Schriftstellerkongresses schicken. Ich sollte sie davon abbringen, ihre Stimme Ingeborg Drewitz, der inzwischen offiziell nominierten Kandidatin, zu geben und statt dessen für den Gegenkandidaten zu votieren, der spätestens auf dem Kongreß selber aus dem Engelmann-Lager aufgestellt werden würde. Für Außenstehende erscheint ein solcher Reiseauftrag abenteuerlich. Aber wer die kommunistische Praxis von innen kennt, weiß, daß so ein Verfahren gang und gäbe war, wenn es galt, etwa vor einem Gewerkschaftskongreß die wichtigsten Genossen und Verbündeten auf die festgelegte Linie einzuschwören. Ich habe damals den mir zugedachten Parteiauftrag unter tausend Windungen und Wendungen abgelehnt, so daß meinen Parteioberen am Ende nichts anderes übrigblieb, als jemand anders auf die Reise zu schicken oder selber Klinkenputzen zu gehen. In Saarbrücken traf ich beide Genossen wieder. Sie hielten sich aber sehr im Hintergrund und waren höchstens hinter den Kulissen aktiv. Die Partei war auf dem Kongreß stark vertreten, nicht durch eigene Schriftsteller und Delegierte, sondern durch die geballte Versammlung ihrer Medienvertreter, von der Literaturzeitschrift »kürbiskern« über die Wochenzeitungen »DVZ« und »tat« und die Parteizeitung UZ bis hin zu dem Studentenorgan »Rote Blätter«. Wie auf großen Kongressen üblich, bildeten die anwesenden Genossen eine »Kongreßparteizelle«, was auf gut Deutsch hieß: sie waren der Parteidisziplin unterworfen und mußten den Anweisungen der Parteiführungskader gehorchen.

Ich selber fühlte mich hundeelend, litt unter furchtbarer Migräne und saß zwischen allen Stühlen. Von den eigenen Genossen wurde ich geschnitten, von der anderen Seite aber ebenso beseite geschoben, weil ich als ausgemachter Parteigänger der Betonfraktion galt. Mein eigener Redebeitrag, die elende Lage der Schriftsteller in Zaire betreffend, stieß auf demonstrative Nichtachtung. Ein letzter Versuch meinerseits, mit Ingeborg Drewitz ins Gespräch zu kommen, schlug fehl, weil sie mich von vornherein mit Vorwürfen zuschüttete. Mit Unbehagen und Beklemmung beobachtete ich während des Kongresses, sogar noch während des Empfangs von Oskar Lafontaine, wie einige meiner Genossen all ihre Überredungskünste einsetzten, um die Delegierten umzustimmen und statt »Günter Drewitz« – so wurde sie wegen ihrer vermuteten Nähe zu Günter Grass tituliert – den »Pit« zu wählen: Hans Peter Bleuel, dessen Name jetzt zum ersten Mal hinter vorgehaltener Hand geflüstert wurde. Außerhalb Bayerns kannte ihn niemand, literarisch war er sicher für alle ein Nobody. Ich will nicht behaupten, die Genossen hätten die Delegiertenstimmen »gekauft«.

So billig sind Schriftsteller im allgemeinen nicht zu kaufen, selbst wenn es um die Erhaltung des Weltfriedens und vergleichbare ewige Werte geht. Aber auch Schriftsteller sind unter Umständen und gegebenenfalls bereit, eine einmal gefaßte Meinung zu überdenken, wenn man ihnen anständige Honorare in Aussicht stellt. Das sind beileibe keine Bestechungsgelder, sondern ehrlich verdiente Vergütungen für literarische Dienstleistungen, als da sind: Veröffentlichungen in einem der DKP-Medien, Lesereisen durch »fortschrittliche Buchhandlungen« oder auch die Veröffentlichung eines Buches in einem DDR-Verlag. Solche mit Hilfe des »materiellen Hebels« verstärkten Argumente wurden von den Genossen in Saarbrücken offenkundig in den Entscheidungsprozeß eingebracht. Ob sie im Einzelfall die erwünschte Wirkung erzielt haben, vermag ich, da ich kein Gedankenleser bin, nicht mit letzter Sicherheit zu sagen. Entscheidend war schließlich das Endergebnis der Wahl, und da es denkbar knapp war, kam es auf jede Stimme an, unter Umständen auch auf jede gekaufte Stimme. So etwas soll vorkommen – in den Gewerkschaften und Parlamenten und anderswo.

Meine Kritiker werfen mir vor, ich sei in Saarbrücken kein Delegierter gewesen und mit den Verbandsinterna nicht vertraut. Aber dafür kenne ich meine Pappenheimer. Ich war zwanzig Jahre Mitglied der DKP, davon 17 Jahre im Parteivorstand, lang genug, um beurteilen zu können, wie die Genossen Wahlen nach ihren Regeln zu manipulieren versucht haben, wenn immer es der Klassenkampf, der Weltfrieden oder das Parteiinteresse erforderte. Dabei hat sich kaum ein Genosse etwas Böses gedacht. Wahlen hatten für die Kommunisten keinen Wert an sich; sie bekamen nur dann einen Sinn, wenn sie der Durchsetzung der Klasseninteressen dienten. Insofern heiligte der gute Zweck – die Wahl eines klassenbewußten und friedliebenden Gewerkschafters an die Spitze des Schriftstellerverbandes – durchaus das Mittel der im bürgerlichen, aber nicht im proletarischen Selbstverständnis unerlaubten Wahlbeeinflussung. Auch Schriftstellerkollegen aus dem Dunstkreis der SPD haben mir gegenüber zugegeben, daß bei Gewerkschaftskongressen – und darum handelte es sich schließlich in Saarbrücken, denn der Eingliederungsprozeß war inzwischen vollzogen – nicht selten mit harten Bandagen gekämpft wird, daß Seilschaften verschiedener Richtung einander auszutricksen versuchen und daß es nicht nur die DKP-Genossen waren, die unter Umständen bereit waren, auch »mal fünfe gerade« sein zu lassen.

Ich vermute, daß die Genossen in Saarbrücken nicht ganz auf sich allein gestellt waren. Im Hintergrund wird es vermutlich jemanden gegeben haben, der das ganze Manöver koordiniert hat. Von einer ehemaligen Genossin, die zu jener Zeit als Aushilfskraft im Saarbrücker DKP-Bezirksbüro gearbeitet hat, habe ich erfahren, sie habe während des Kongresses ihren Schreibtisch für zwei Journalisten aus der DDR räumen müssen, die sogar mit Sprechfunkgeräten ausgerüstet waren und im Parteihaus genächtigt hätten. Solchen Helfern von der »unsichtbaren Front« bin ich in meinen langen Parteilehrjahren mehrfach begegnet. Sie traten vor allem dann in Aktion, wenn es bei Wahlen brenzlig zu werden drohte. Ihren operativen Einsätzen ist es zuzuschreiben, daß der DKP trotz geringer Mitgliederzahlen und erheblicher Vorbehalte ihrer Politik gegenüber gerade bei Gewerkschaftswahlen und Abstimmungen in der Friedensbewegung gelegentlich spektakuläre Erfolge gelungen sind. Auch im Schriftstellerverband war der direkte Einfluß der DKP viel zu gering, um Wahlvorgänge mitentscheiden zu können. Da blieben nur die konspirativen Methoden, da blieb nur die Zusammenarbeit mit den einschlägigen Organen. Für die Herstellung der entsprechenden Kontakte war der streng geheime »S«-Apparat zuständig, die DKP-interne Verlängerung des Staatssicherheitsdienstes der DDR.

Nicht wenige der in Saarbrücken beteiligten Autoren bestreiten energisch, von der DKP, der SED oder gar der Stasi gelinkt oder gelenkt worden zu sein. Das liegt fast in der Natur der Sache: denn die unsichtbaren Wahlhelfer für den Kandidaten Bleuel haben selbstverständlich nicht mit offenen Karten gespielt. Sie haben sich hinter sachlichen und gewerkschaftlichen Argumenten versteckt. Die hohe Zahl der Enthaltungen bei der entscheidenden Abstimmung spricht für den enormen Druck, dem die Delegierten ausgesetzt waren. Anscheinend hat vor allem die Negativempfehlung, Ingeborg Drewitz nicht zu wählen, Wirkung gehabt, während der Versuch, Hans Peter Bleuel als Alternativvorschlag durchzusetzen, weniger erfolgreich war. Die Verhinderung der Wahl von Ingeborg Drewitz lag vor allem im Interesse der SED, und sie hat einen langfristigen Operativplan in Gang gesetzt, um dieses Ziel mit den ihr gebotenen Mitteln zu erreichen. Das geheime Dossier, das mir meine Parteioberen vorlegten, als sie mich auf eine Instruktionsreise zu den Delegierten schicken wollten, konnte nur aus den Arsenalen der Stasi stammen. Ingeborg Drewitz wurde darin als »Entspannungsgegnerin« mit Kontakten zu »trotzkistischen Drahtziehern« entlarvt: das war der Fachjargon der Mielke-Truppen. Übersetzt in die hiesige Sprache, konnten solche Argumente, hinter vorgehaltener Hand zugeflüstert und unter dem Siegel der Verschwiegenheit von Mund zu Mund weitergereicht, durchaus die gewünschten Wirkungen erzielen.

Die Delegierten in Saarbrücken waren in ihrer großen Mehrheit keine Kommunisten, sie waren aber auch keine Antikommunisten, sie waren nur Anti-Anti-Kommunisten und beherzten tagtäglich den frommen Spruch von Thomas Mann, der Antikommunismus sei die Grundtorheit des zwanzigsten Jahrhunderts. Sie waren darum gefeit gegen antikommunistische Sündenfälle aller Art.

Diese Haltung wirkt bis heute nach. Den Kommunisten trauen sie nichts Böses zu und halten sie für ein solches Manöver wie in Saarbrücken nicht fähig. Böse ist nur so einer wie ich, der dem Kommunismus abschwört und dessen guten Namen beschädigt. Es ist schon eine merkwürdige Erfahrung: früher, als ich um der höheren Wahrheit willen manche fromme Lüge zu Papier gebracht habe, schenkten mir meine Freunde aus dem bürgerlichen Lager bereitwillig Glauben. Heute jedoch, da ich als gebranntes Kind der Wahrheit ein Stück näher zu kommen versuche, verweigern mir meine Sympathisanten von einst den Glauben. Ich habe die Wahrheit nicht gepachtet, vor meiner Abkehr von der Partei, die immer recht hatte, nicht und hinterher ebenso wenig. Ich habe bislang kein Aktenstudium im Stasi-Archiv bei der Gauck-Behörde noch im Parteiarchiv der SED betrieben, ich habe keine dokumentenechten Beweise für meine Vermutungen. Am liebsten hätte ich die peinlichen und schmerzlichen Szenen von Saarbrükken längst verdrängt und vergessen, aber sie gehen mir nicht aus dem Kopf. Das mag mit meiner eigenen unbewältigten Vergangenheit und mit meinem schlechten Gewissen zu tun haben. Aber vielleicht bereitet die schlechte Erinnerung an die Tage von Saarbrücken auch anderen Schriftstellerkollegen Kopfschmerzen. Um diesen Druck auf den Kopf los zu werden, gibt es nur eins: offen darüber reden, damit die Sache endlich aus der Welt kommt.

Dokument 41: Protokoll der Vorstandssitzung des VS vom 3. 10. 1984 (Auszug)

Potokoll Vorstandssitzung VS vom 3. Oktober 1984 in Frankfurt

Beginn: 12.00 Uhr

Anwesend:
Hans Peter Bleuel
Erich Loest
Gert von Paczensky

Renate Chotjewitz-Häfner
Jochen Kelter
Karin Hempel-Soos ist entschuldigt, sie ist krank.
Martin Buchhorn kommt um 13.00 Uhr dazu.
Zeitweilig nimmt auch Dietmar Glaßer, LB IG Druck und Papier Hessen, an der Sitzung teil.

TOP 3

Der Besuch der Kollegen Hermann Kant, Gerd Henninger und Holtz-Baumert in Aying. Hans Peter Bleuel berichtet. Der seit längerem geplante Besuch wurde auf Wunsch der Kollegen aus der DDR auf den 12. und 13. September beschränkt, da Hermann Kant andere Termine wahrnehmen mußte.

Hans Peter Bleuel holte die drei Kollegen am 12. September in ihrem Hotel in München ab, bevor sie nach Aying fuhren. Dort aß man gemeinsam zum Mittagessen. Teilnehmer von unserer Seite: Hans Peter Bleuel, Erich Loest und Gert von Paczensky. Man sprach am Nachmittag vier Stunden und beschloß, daß es kein gemeinsames Protokoll über diese Sitzung geben wird. Hans Peter Bleuel nennt die verschiedenen Punkte, die mit den DDR-Repräsentanten angesprochen wurden. Einmal Überlegungen zu einem gemeinsamen Schulbuchseminar (dieser Vorschlag geht auf eine entsprechende Anregung von Ingeborg Drewitz zurück), wobei sich herausstellte, daß der Schriftstellerverband der DDR direkten Einfluß auf die Texte nehmen kann, die in Schulbüchern erscheinen. Hermann Kant machte den Vorschlag, daß Erich Loest einmal Ansatzpunkte für evtl. gemeinsame Gespräche formulieren soll. Die Untersuchung würde sich ohnehin nur auf die Lesebücher im Deutschunterricht und von unserer Seite auch nur auf die meist benutzten beschränken.

Jede Art von intensiveren Kontakten wird von Hermann Kant mit dem Hinweis auf das fehlende Kulturabkommen nicht gerade weggeschoben, so doch sehr stark relativiert. Wunsch des VS war, daß auch Schriftsteller aus der DDR, deren Werke hier nicht erscheinen, zu Lesungen zu uns eingeladen werden und umgekehrt mehr Schriftsteller, deren Werke nicht in der DDR erschienen sind, in öffentlichen Veranstaltungen in der DDR lesen können.

Der Frage, ob es möglich wäre, evtl. einmal Schriftsteller aus der BRD ans Johannes R. Becher-Institut in Leipzig zu einem Studienaufenthalt zu entsenden, wurde mit dem Hinweis begegnet, daß der Schriftstellerverband der DDR wenig Einfluß auf dieses Institut habe.

Von uns wurde Teilnahmemöglichkeit an VS-Arbeitsseminaren angeboten.

Hilfe bei der Benützung von Archiven in der DDR. Es wurde von unserer Seite angeregt, daß der Schriftstellerverband der DDR unseren Kollegen, die wegen Recherchen Archive und Bibliotheken in der DDR benützen wollen, Hilfe zuteil werden läßt; selbstverständlich wurde den Autoren aus der DDR der gleiche Dienst hier in der Bundesrepublik angeboten und darauf hingewiesen, daß es auch möglich ist, Kolleginnen und Kollegen, die an Bibliotheken und Archiven etwas zu recherchieren haben, privat bei unseren Kolleginnen und Kollegen unterzubringen.

Ein weiterer Punkt waren z.B. Austausch oder Einladung literarischer Übersetzer aus der DDR, zu den traditionellen ESSLINGER GESPRÄCHEN der Übersetzer in der BRD, zu Fachproblemen etc. Soweit das für den gesamten deutschsprachigen Raum (also internationale Teilnahme) gilt, scheint das möglich.

Zu dem Problem der in Jena Verurteilten teilte Hans Peter Bleuel mit, daß er Hermann Kant an die auch von ihm gegebene Unterschrift in Scheveningen erinnerte, mit der er sich verpflichtet hatte, überall für die einzutreten, die wegen ihres Friedensengagements verfolgt würden. Hermann Kant wies darauf hin, daß man ihm die Fälle nennen sollte, daß er diese Dinge an die Sicherheitsorgane der DDR weitergeben würde, es aber nicht möglich sei, irgendwelche Vollzugsmeldungen zu geben.

Hans Peter Bleuel betont, daß bei jedem Thema immer wieder auf das nicht vorhandene Kulturabkommen verwiesen wird. Renate Chotjewitz-Häfner wirft ein, daß es doch vielleicht sinnvoll wäre, wenn der VS-Bundesvorstand sich einmal darüber Gedanken machen würde, welche Vorstellungen wir zu einem Kulturabkommen mit der DDR haben. Hans Peter Bleuel betont, daß die einzige Gemeinsamkeit, die Hermann Kant sieht, die der gemeinsamen Arbeit für den Frieden ist, während wir sehr viel mehr das Bedürfnis haben, auf den Gebieten, die Schriftsteller betreffen, miteinander in Kontakt zu kommen. Erich Loest ergänzt den Bericht von Hans Peter Bleuel und sagt, daß er der Meinung ist, im Grunde genommen ist dieses Gespräch ohne jedes Ergebnis verlaufen. Den schwarzen Peter in Sachen Schulbuch haben die Vertreter der DDR uns zugeschoben. Er sieht keine Möglichkeiten einer beruflichen Zusammenarbeit und auch kein Entgegenkommen der DDR-Seite, ist aber ebenso wie Hans Peter Bleuel und Gert von Paczensky der Meinung, daß man eine evtl. Einladung von seiten des

DDR-Schriftstellerverbandes annehmen sollte. Gert von Paczensky merkt an, daß er nicht den Eindruck hat, daß die Vertreter des DDR-Verbandes bereit sind, sich wirklich über Lesebücher auseinanderzusetzen: denn jede Kritik von unserer Seite würde sie ja direkt betreffen, da sie bei der Auswahl der Lesebücher befragt werden und vorschlagsberechtigt sind. Martin Buchhorn ist der Auffassung, daß, da wir mehr Kontakt mit den Kollegen in der DDR wünschen, wir all unsere Erfahrung in ein Papier einbringen, das wir zu einem Kulturabkommen zwischen beiden deutschen Staaten formulieren sollten.

Dokument 42: Thomas Rietzschel: Entlarvt. Wie der VS gelenkt wurde

Was mehrmals schon zu vermuten stand, liegt nun auf der Hand: Der westdeutsche »Verband deutscher Schriftsteller« (VS) wurde lange Zeit angeleitet vom Schriftstellerverband der DDR. Aus Papieren, die der »Forschungsverbund SED-Staat« im Parteiarchiv aufgefunden hat, geht jetzt hervor, daß beispielsweise der aufsehenerregende Bundeskongreß von 1984 in Abstimmung mit Ost-Berlin vorbereitet war. Nicht nur Resolutionen und Erklärungen wurden damals vorsorglich besprochen, auch über die Wahl des neuen Vorstands hatte man sich, den Unterlagen zufolge, bereits vorab verständigt. Er sollte vor allem wieder die Gewähr dafür bieten, daß »ehemalige DDR-Autoren wie Schädlich, Schacht, Fuchs, Loest, Biermann« auch weiterhin ohne Einfluß blieben. Eine Stärkung ihrer Position war seitens der DDR befürchtet worden, nachdem Bernt Engelmann den Vorsitz des VS im November 1983 wegen eben dieser Politik der Ausgrenzung hatte niederlegen müssen.

Um die »ausgereisten« Autoren gleichwohl im Abseits zu halten, ihrer Anerkennung vorzubeugen, beschloß das Präsidium des Schriftstellerverbandes der DDR im Februar 1984 unter anderem »publizistische Maßnahmen«, die »diese kleinen Größen, diese kleinen Nullen in der Öffentlichkeit bloßstellen und entlarven« sollten. In einer »Hausmitteilung« der SED »an Genossen Hager« heißt es unter dem 29. 2.1984: »Inzwischen hat Engelmann bei Hermann Kant angerufen und um Unterstützung gebeten, nähere Auskunft über diese ›kleinen Nullen‹ zu bekommen, damit man das vor den VS-Wahlen in der BRD publik machen kann.«

Der Bitte wurde, wie die Dokumente zeigen, umgehend entsprochen.

Hermann Kant und Gerhard Henniger, der Sekretär des Ost-Verbandes, trafen Bernt Engelmann und seinen Vertrauten Dieter Lattmann Anfang März 1984 in München. Ausführlich sprach man vor allem über Erich Loest, dessen Wahl zum Vorsitzenden des VS in der DDR befürchtet wurde. Engelmann und Lattmann gaben die Zusage, daß dies »auf keinen Fall in Frage« komme, ehe sie sich zum Schluß bedankten »für die Gespräche, die sie als ›ermutigend‹ bezeichneten«. So jedenfalls steht es in den Akten. Und in der Tat sollte es denn ja auf dem Bundeskongreß auch wirklich gelingen, mit dem völlig unbekannten Hans Peter Bleuel abermals einen Freund Engelmanns an der Spitze des VS zu plazieren.

Erfolgreich abgewehrt war nicht nur Erich Loest, sondern auch die zunächst favorisierte Ingeborg Drewitz, der gegenüber Kant bei der Münchner Begegnung ebenfalls »besondere Zweifel« geäußert hatte. Ingeborg Drewitz, Mitbegründerin des VS, unterlag Hans Peter Bleuel in der Kampfabstimmung nur knapp.

Über die Absicht von Erich Loest, eine »Untersuchung der Schul-Lesebücher in beiden deutschen Staaten im Hinblick auf die Propagierung von Feindbildern« anzuregen, heißt es schon am 18. Mai 1984 in einem Brief Hennigers an das ZK der SED: »Solche Versuche sollten wir energisch zurückweisen und sie als Störung des bisherigen Verhältnisses charakterisieren.« Daß es gelingen würde, solche Aktivitäten im Keim zu ersticken, stand für die Ost-Berliner Genossen außer Frage, nachdem Hans Peter Bleuel nach der Wahl versichert hatte, er wolle »die Arbeit im Sinne des alten Vorstands (Engelmann) fortsetzen«.

Wer diese Politik nicht guthieß, mußte fürchten, diffamiert zu werden. Der linke Gewerkschafter Erwin Ferlemann hatte schon nach der Kritik an Engelmanns Führung erklärt: Seine, Engelmanns, Gegner »hätten den VS am liebsten für eine politische Aufgabe, nämlich mit den Schriftstellern in den Ostblockstaaten eine fünfte Kolonne aufzubauen«. Tatsächlich war eine solche Truppe damals schon längst unterwegs. Nur befand sie sich nicht im Osten, sondern im Westen.

(FAZ, 11. 2. 1994)

Anhang

Anmerkungen

1 Jürgen Kocka: Vereinigungskrise. Zur Geschichte der Gegenwart. Göttingen 1995.

2 Siehe Jürgen Kocka: Die Geschichte der DDR als Forschungsproblem. Einleitung. In: Ders. (Hrsg.): Historische DDR-Forschung. Aufsätze und Studien. Berlin 1993, S. 9–25.

3 Erich Loest: In: Detlef Stapf: 12. Deutscher Schriftstellerkongreß. Aachen 1994. In: Nordkurier, 2.5.1994.

4 Ursula Heukenkamp: Umfrage. In: Weimarer Beiträge, Heft 1/1991, S. 25.

5 Siehe die profunde Studie von Wolfgang Engler: Die ungewollte Moderne. Ost-West-Passagen. Frankfurt a. M. 1995, S. 8 f.

6 Das Votum der stimmberechtigten Delegierten war dann auch eindeutig. Bei einer Gegenstimme und einer Enthaltung wurde der Antrag zur Gründung einer Geschichtskommission angenommen. Dabei bestand Einigkeit in der Auffassung, daß die Geschichte *beider* Verbände zu untersuchen ist. Die Kommission war auf Grundlage von Nominierungen bzw. Wahlen in den Landesverbänden paritätisch mit jeweils sechs Autorinnen bzw. Autoren aus den alten und neuen Bundesländern besetzt.

7 Siehe dazu insbesondere die Darstellung bei Kocka: Die Geschichte der DDR als Forschungsproblem …, a. a. O., S. 83–91. Zu erinnern ist daran, daß es in den 80er Jahren unter westdeutschen Historikern eine Kontroverse über das Verhältnis von *Ereignis-* und *Strukturgeschichte* gab.

8 Das erste Tagungsthema der Geschichtskommission beschäftigte sich mit der Ausbürgerung Wolf Biermanns 1976 und ihren Folgen. Der zweite Problemkreis ging der Frage »Dissidenten im Westen« nach.

9 Vgl. dazu die verschiedenen Anträge zur Auflösung der Geschichtskommission, offene Briefe und Sonderdokumentationen.

10 Dieter Lattmann: VS-Geschichtskommission nicht fortsetzen. In: VS-Post. Mitteilungsblatt des VS-Bayern, Nr. 2, November 1993, S. 8

11 Vgl. Engler: Die ungewollte Moderne.

12 Dieter Lattmann: VS-Geschichtskommission nicht fortsetzen …, a. a. O.

13 Siehe Dokument 42: Thomas Rietzschel: Entlarvt. Wie der VS gelenkt wurde.

14 Ein Beispiel dafür, wie differenziert einzelne in der Bundesrepublik die unabhängige Friedens- und Umweltbewegung in der DDR bereits am Beginn der 80er Jahre erfaßten, zeigt der Band: Die neue Friedensbewegung. Ana-

lysen aus der Friedensforschung. Redaktion Reiner Steinweg. Frankfurt a. M. 1982. Der Hinweis, man habe nicht wissen können, was in der DDR vor sich ging, ist daher selbst dann fraglich, wenn die Begründung akzeptiert wird, daß man nicht in einen »antikommunistischen Grundtenor« einstimmen wollte.

15 Zu Spezifik und Rolle von Intellektuellen in der DDR siehe die Überlegungen insbesondere von Wolfgang Engler in: Die ungewollte Moderne, S. 144 ff. sowie: Hans-Peter Krüger: Ohne Versöhnung handeln, nur nicht leben. Zur Diskussion um DDR-Intellektuelle. In: Sinn und Form, 1/1992, S. 40–50.

16 Manès Sperber: Anpassung und Widerstand. In: Ders.: Die Dialektik von Anpassung und Widerstand. Über den unvernünftigen und vernünftigen Gebrauch der Vernunft. Hrsg. von Wilhelm von Sternburg. Wien, München 1994, S. 153 ff.

17 Ebenda, S. 423.

18 Dieter Lattmann: Schriftsteller und ihr Verband. Zur Geschichte des VS. In: Ende der Bescheidenheit oder Neue Solidarität. Eine Zwischenbilanz des Verbandes deutscher Schriftsteller (VS) in der IG Medien. Zusammengestellt von Henning Berkefeld und Reimer Eilers. VS Rundbrief, 5–6/1993, Hamburg, S. 22.

19 Krüger: Ohne Versöhnung handeln ..., S. 44.

20 Brief von Heinrich Graf Einsiedel an den VS-Bundesvorstand und die Geschichtskommission vom 22. 12. 92.

21 Vgl. Thomas Rietzschel: Mit Kommission voran. In: FAZ, 20. 11. 1995.

22 Zitiert nach dem Redemanuskript von Erasmus Schöfer beim VS-Bundeskongreß 1991 in Lübeck-Travemünde.

23 Eine Publikation zum Thema »Dissidenten« ist in Vorbereitung.

24 Bernt Engelmann, geboren 1921 in Berlin, gest. am 14. April 1994 in München. Luftwaffe bis 1941, Redaktionsvolontär, verhaftet und bis Kriegsende im KZ. Seit 1949 als Journalist tätig, seit 1962 freier Autor. Präsidiumsmitglied des P.E.N. 1972 bis 1983, VS Bundesvorsitzender von1977 bis 1984, Mitglied des Verwaltungsrates der VG Wort und Autorenversorgungswerk, Beirat Bertelsmann-Stiftung u. v. a. Deutschland ohne Juden, 1970; Großes Bundesverdienstkreuz mit Stern, 1974; Die Beamten. Unser Staat im Staate. 1992, u. a.

25 Brief von Günter Grass an Peter O. Chotjewitz vom 15. 9. 1982. Es geht um Überlegungen, ob Günter Grass 1983 für den Vorsitz des Verbandes deutscher Schriftsteller kandidieren würde. Dieser schlägt vor, Siegfried Lenz zu fragen, der eine »integrierende Kraft« habe, während er eher »polarisiere«. »Lenz' Bücher sind in beiden deutschen Staaten verbreitet. Von mir ist bisher keine einzige Gedichtstrophe, geschweige denn ein Roman in der DDR erschienen. Als Mitherausgeber von L'80 bin ich offenbar den maßgebenden Leuten der DDR unüberwindlich unangenehm, d. h., mir wird [...] in der Regel das Einreisevisum verweigert. Da aber der VS mit dem Schriftstellerverband der DDR weiter im Gespräch bleiben muß, wäre ich in der Position des Vorsitzenden nur ein Hemmnis.« Das folgende Zitat ist dem gleichen Brief entnommen.

26 »Der Verband deutscher Schriftsteller und die Stasi«. Veranstaltung des VS Bayern am 2.4.1992 in München.

27 Dumm und gutgläubig. Peter Schütt über den Einfluß der DDR-Kulturpolitik auf westdeutsche Autoren. In: Der Spiegel, 7/1992.

28 Die Mehrheit der Mitglieder der Geschichtskommission nahm diese Behauptung als Arbeitshypothese; eine Minderheit bezeichnete die Äußerungen als »Verleumdung«. So hielt es Heinrich Graf Einsiedel als neu entsandtes bayrisches Geschichtskommissions-Mitglied für die »Pflicht« der Geschichtskommission, diese und ähnliche Artikel als »verantwortungslose Brunnenvergiftung« zurückzuweisen (Brief von Einsiedel vom 26.10.1992). B. Engelmann und H.P. Bleuel äußerten sich in Briefen an Einsiedel ähnlich.

29 Vgl. Der 12. Kongreß des Verbandes deutscher Schriftsteller (VS) in der IG Medien 28. April bis 1. Mai 1994 in Aachen. Göttingen 1995.

30 Die Biermann-Ausbürgerung und die Schriftsteller – Ein deutsch-deutscher Fall. Protokoll der ersten Tagung der Geschichtskommission des Verbandes deutscher Schriftsteller (VS), Berlin 28. Februar bis 1. März 1992. Herausgegeben von Renate Chotjewitz-Häfner, Carsten Gansel, Andreas Kalckhoff, Olav Münzberg und Till Sailer. Köln 1994.

31 Sprecherinnen waren Renate Chotjewitz-Häfner, Anne Dorn, Silvia Morawetz.

32 Empfehlung der Mitgliederversammlung des VS Bayern vom 23.10.1993, formuliert von Dieter Lattmann. Adressaten: VS-Bundesvorstand, IG Medien Hauptvorstand. Zum Aachener Kongreß wurde der Antrag kurzfristig zurückgezogen, da Erich Loest u. a. in der Frankfurter Rundschau vom 17.3.94 andeutete, er mache seine Kandidatur zum Bundesvorsitz von einer Weiterarbeit der Geschichtskommission abhängig.

33 Friedrich Hitzer: Offener Brief an Dieter Lattmann vom 28.2.1994 zum Gesprächsforum der Geschichtskommission.

34 Der Begriff »Die Krise des VS« stößt noch heute auf Abwehr. »In den Zeitraum zwischen Ende 1981 und Anfang 1984 fällt all das, was sich im Gedächtnis vieler als ›Kampagne gegen den VS‹ (oder als ›Krise im VS‹) niederschlug.« Friedrich Hitzer 1994 in: Dokumentation zum Gesprächsforum der VS-Geschichtskommission Springen, 11.–13. März 1994.

35 Dokument 42: Thomas Rietzschel: Entlarvt. Wie der VS gelenkt wurde.

36 Vgl. Leserbrief von Wolf Peter Schnetz an die Nürnberger Nachrichten vom 16.2.1994: »Da beim letzten VS-Kongreß in Lübeck eine sog. ›Geschichtskommission‹ eingesetzt worden ist, die tagt, ohne brauchbare Ergebnisse erarbeiten zu können, wird beim 2. gesamtdeutschen Schriftstellerkongreß in Aachen u. a. über das Fortbestehen dieser Kommission beraten und entschieden. Die Prognosen deuten auf eine Einstellung hin. Artikel im Vorfeld wie der genannte (die konspirative Arbeit im VS, N.N. vom 14.2.1994) werfen in mir die Frage auf, ob und wenn ja vom wem, es Interessen gibt, Legendenbildungen in Umlauf zu setzen, um was zu beweisen?«

37 Brief von Peter Schneider an Renate Chotjewitz-Häfner vom 28. 12. 1993.

38 Das Gesprächsforum der Geschichtskommission des Verbandes deutscher Schriftsteller (VS) in der IG Medien fand vom 11. bis 13. März 1994 in der Bildungsstätte der IG Medien in Heidenrod-Springen (Taunus) statt.

39 Till Sailer merkte in einer Vorbemerkung an, daß es ihm nicht um einen geistesgeschichtlichen Abriß der letzten Jahrzehnte gehe, sondern um eine »Momentaufnahme«, um den »Blick eines Mitgliedes des Schriftstellerverbandes der DDR auf den westdeutschen Verband«.

40 Vgl. dazu den Beitrag von Jürgen Lodemann auf Seite 216–219 sowie Dokument 26: Information über das Ergebnis des Gesprächs mit dem stellv. Vorsitzenden des »Verbandes Deutscher Schriftsteller« (22. 9. 1983).

41 Uwe Kolbe: Hineingeboren. Gedichte 1975–1979. Berlin 1982.

42 Zum Künstlerbiotop »Prenzlauer Berg«, in dem sich seit Ende der 70er Jahre eine autonome Kulturszene entwickelte, siehe u. a. Gabriele Muschter, Rüdiger Thomas (Hrsg.): Jenseits der Staatskultur. Traditionen autonomer Kunst in der DDR. München, Wien 1992. Siehe auch Birgit Dahlke: »Die Chancen haben sich verschanzt.« Die inoffizielle Literaturszene der DDR. In: R. Bohn, K. Hickethier, E. Müller (Hrsg.): Mauer-Show. Das Ende der DDR, die deutsche Einheit und die Medien. Berlin 1992, S. 227–242.

43 Heinrich Böll: Ende der Bescheidenheit. Zur Situation der Schriftsteller in der Bundesrepublik. Rede auf der Gründungsveranstaltung des Verbandes deutscher Schriftsteller im Juni 1969 in Köln. In: Ders.: Essayistische Schriften und Reden II. Köln 1979.

44 Gemeint ist der III. Schriftstellerkongreß des Verbandes deutscher Schriftsteller in der IG Druck und Papier in Frankfurt am Main 1974.

45 Der III. Schriftstellerkongreß des Verbandes deutscher Schriftsteller in der IG Druck und Papier im November 1974 in Frankfurt ist dokumentiert in: Horst Bingel (Hrsg.): Phantasie und Verantwortung. Frankfurt 1975. Laut Presseerklärung des HV der IG Druck und Papier vom 2. 7. 1975 traten »die zwei stellvertretenden Bundesvorsitzenden Helmut M. Braem und Martin Gregor-Dellin sowie die Vorstandsmitglieder Dieter Lattmann und Johannes Poethen von ihrem Mandat mit Wirkung zum 1. Oktober 1975 zurück«. Im Januar 1976 wurde auf einer außerordentlichen Bundesdelegiertenkonferenz ein neuer VS-Bundesvorstand unter dem Vorsitz von Carl Amery gewählt.

46 Uwe Friesel, bis 1994 Vorsitzender des VS, nahm diese Anregung auf und entschuldigte sich öffentlich auf dem Schriftstellerkongreß im Mai 1994 bei den Dissidenten.

47 Das vollständige Gespräch unter dem Titel »Es gibt keinen Haß mehr« wurde am 5. 1. 1980 im III. Programm des Westdeutschen Fernsehens gesendet. Vgl. Heinrich Böll/Lew Kopelew: »Warum haben wir aufeinander geschossen?« Mit Beiträgen von Klaus Bednarz. Lamuv 1981.

48 Nachfolgende Zitate aus: »Es geht, es geht …«. Zeitgenössische Schriftsteller und ihr Beitrag zum Frieden – Grenzen und Möglichkeiten. Berliner Begegnung – Haager Treffen – Interlit Köln. Hrsg. von Bernt Engelmann,

Gerd E. Hoffmann, Angelika Mechtel, Hans v. d. Warsenburg. München 1982; Seitenangaben im Text.

49 Gerhard Zwerenz kommentierte seinerzeit in »Monitor« (WDR): »Im Schatten ihres liberal-oppositionellen großartigen Schriftstellers Stefan Heym entsandte die DDR unterschiedliche Geister wie Stephan Hermlin, von dem nie gewiß ist, nach welcher Seite er gerade umfällt, Hermann Kant, gut im Ausschluß von Kollegen aus dem DDR-Verband, gut neuerdings auch im Kreidefressen, Erik Neutsch, verdienter Alt-Stalinist und Parademarschfan, endlich einen Herrn Henniger, Funktionär, sonst gar nichts. Im Gegenzug zu viel DDR-Pluralismus verzichtete die westdeutsche Seite darauf und sperrte Kollegen aus und zwar Biermann, Bahro, Bieler, Kopelew, Kunze, Kempowski, Loest, Seyppel, Zwerenz. Wer früher als Schriftsteller in DDR-Haft einsaß, wer gegen den Realsozialismus oppositionell gewesen ist, wer von Staat und Partei abgestraft wurde, der darf nun auch vom Westen aus über Frieden nicht mehr mitreden.« (Dissidenten im Westen. Unv. Manuskript. 1993, S. 102).

50 Protokoll der Jahres-Mitgliederversammlung 1983 in Hagen, Antrag der Bezirksgruppe Bielefeld-Ostwestfalen.

51 Ebenda. Antrag der Bezirksgruppe Dortmund-Südwestfalen.

52 Die schlimmsten Verfolgungen fanden nach dem Aufstand von 1863/64 im russischen Teilungsgebiet statt. Besonders zeichnete sich der Kurator des Schulwesens, Alexander Apuchtin, aus in den Jahren 1879 bis 1897. Schüler, die in der Pause ein polnisches Wort gebrauchten, wurden hart bestraft. Auch im preußischen Teilungsgebiet gab es Verfolgungen. In Wresnia gab es einen Schulstreik, als Religionsunterricht in deutscher Sprache angeordnet und mit Hilfe von Prügelstrafe durchgesetzt wurde.

53 Józef Piłsudski (1857–1935), polnischer Nationalheld. Befehlshaber der polnischen Legion auf der Seite Österreichs im 1. Weltkrieg, dann inhaftiert von den deutschen Behörden. 1918–1922 erstes Oberhaupt des neu gegründeten polnischen Staates und Oberbefehlshaber während des Krieges mit Sowjetrußland 1919–1920. Seit 1926 bis zu seinem Tod nach einem Staatsstreich Herrscher von Polen.

54 Stefan Zeromski (1864–1925), seine Romane »Die Asche« (verfilmt von Andrzej Wajda) und »Gewissenserwecker« spielten um die Jahrhundertwende eine wichtige Rolle für der Wiederbelebung des Nationalbewußtseins. Einer der bedeutenden Verfechter der »sozialen Frage« in Polen.

55 Ilja Ehrenburg (1891–1967), der Roman »Tauwetter« erschien 1957 in deutscher Übersetzung.

56 Jarosław Iwaszkiewicz (1894–1980), Romancier. In der Zeit zwischen den Weltkriegen Mitglied der Gruppe »Skamander«. Von 1959 bis zu seinem Tode Vorsitzender des polnischen Schriftstellerverbandes.

57 Jan Józef Szczepanski (geboren 1919), Schriftsteller und Übersetzer. Langjähriger Mitarbeiter der fortschrittlichen Krakauer katholischen Zeitschrift »Tygodnik Powszechny«. Seit 1980 Vorsitzender des polnischen Schriftstellerverbandes.

58 Im Sommer 1980 führten Lösungsversuche der angespannten Wirtschaftslage des Landes zu einer auch international bedrohlichen Krise. Die Erhöhung der Fleischpreise löste im Juli 1980 einzelne Proteststreiks aus, die im August auf die Hafenstädte (Danzig, Gdingen, Stettin) übergriffen und sich zu Dauerstreiks ausweiteten, an denen sich auch die Bergarbeiter von Schlesien beteiligten. Unter den von dem überbetrieblichen Streikkomitee (Sprecher: Lech Wałęsa) aufgestellten »21 Forderungen« gab es politische Forderungen wie die Abschaffung der Zensur, Zulassung von Gottesdienstsendungen im Rundfunk und die Zulassung freier, von der Partei unabhängiger Gewerkschaften. Sie wurden in mit der Regierung ausgehandelten Vereinbarungen Anfang September zugesagt, was den Streik beendete. Die offizielle Registrierung des in Danzig gegründeten Gewerkschaftsverbands »Solidarität« erfolgte im Oktober 1980; 1981 wurde auch die Gründung einer »Land-Solidarität« der Bauern erlaubt. Als Nachfolger Giereks wurde S. Kania zum Parteichef berufen, Ministerpräsident J. Pinkowski im Februar 1981 von Verteidigungsminister General W. Jaruzelski abgelöst, der am 18. 10. 1981 auch das Amt des Parteichefs übernahm. Am 13. 12. 1981 verkündete Jaruzelski die Einsetzung eines »Militärrats für die Nationale Rettung« unter seiner Führung und die Verhängung des Kriegszustands: Jede Betätigung der Gewerkschaft »Solidarität« wurde verboten, ihr Eigentum beschlagnahmt und führende Mitglieder interniert; ferner nächtliche Ausgangssperre, Versammlungsverbot, »Militarisierung« wichtiger Betriebe und vollständige Nachrichtenkontrolle. Aufhebung des Kriegszustands: 22. 7. 1983.

59 Jörg K. Hoensch bemerkte dazu 1984 in Saarbrücken: »Dieser neue, im Oktober 1983 gegründete Verband, der in der Zwischenzeit rund 400 Autoren zählt, hat von den Mitgliedern des alten Schriftstellerverbandes eine Art Desavouierung verlangt. Sie sollten nämlich Werke, die sie im Untergrund oder im halblegalen Bereich in Polen an der staatlichen Zensur vorbei veröffentlicht oder gar im westlichen Ausland publiziert hatten, widerrufen und sollten sich praktisch durch eidesstattliche Erklärung daran binden, künftig der präventiven Vorzensur unterworfen zu sein. Sie haben sich geweigert, diese Maßnahmen anzuerkennen, und das bedeutet, daß all diejenigen, die etwas auf sich halten und eine Reputation im westlichen Ausland gewonnen haben, diesem Verein von vornherein nicht angehören können.«

60 Nach der Begrüßung durch Renate Chotjewitz-Häfner gab es von allen Anwesenden die Einwilligung zur Dokumentation der Tagung.
Dieser Teil der Diskussion bezieht sich auf die Beiträge von Michael Schneider, Till Sailer und Silvia Morawetz.

61 Peter O. Chotjewitz war damals stellvertretender VS-Vorsitzender. Siehe P. O. Chotjewitz: Was brauchen wir am nötigsten? Zu einigen Austritten aus dem Verband deutscher Schriftsteller. Unsere Zeit, Buchmessenbeilage 1982. Er schreibt dort: »Es ist Kunzes und Zwerenz' Recht, die Politik des Verbandes für falsch zu halten: Eine Politik, die eben nicht die Meinungsverschiedenheiten unter den Teppich kehrt, sondern den Minimalkonsens

sucht, bevor uns das nuclear war theatre Europa alle in der Versenkung verschwinden läßt. Unredlich aber ist es, den großen Konsens in der Friedensfrage in der BRD wie im VS zu unterschlagen. Dies ist nicht die Zeit, persönliche Konflikte auszutragen, und der Frieden ist ein zu kostbares Gut, um ihn aufs Spiel zu setzen, bis sich die Verhältnisse in der DDR so verändert haben, daß die Kollegen Kunze und Zwerenz es dem VS-Vorsitzenden gestatten, mit Hermann Kant und Stephan Hermlin über unser aller Überleben zu reden.«

62 Aus dem Verband deutscher Schriftsteller traten 1982 u. a. aus: Frank-Wolf Matthies, Herbert Achternbusch, Gerald Zschorsch, Gerhard und Ingrid Zwerenz, Ota Filip, Reiner Kunze, Horst Bienek.

63 Elisabeth Endres trat im September 1982 aus der IG Druck und Papier aus. Zu ihren Begründungen gehörte der politische Stil im Verband deutscher Schriftsteller und der von Hans Peter Bleuel (als bayerischem VS-Landesvorsitzenden) gegenüber »Andersdenkenden«. Nach Aussage von Bleuel war damit sein öffentlicher Kommentar zum Austritt von Kroetz gemeint. (Brief von H. P. Bleuel vom 7.7.1995). Die Redebeiträge von Elisabeth Endres wurden paraphrasiert, da die Autorin keine Abdruckgenehmigung erteilte.

64 Stephan Hermlin hatte eine Teilnahme am Marburger Literaturtag (Oktober 1982) abgelehnt mit dem Hinweis, er setze sich nicht mit Kriminellen an einen Tisch. Im Interview mit Harald Kleinschmid präzisierte Hermlin: »Ich habe nicht Schriftsteller, die die DDR verlassen haben, pauschal als Kriminelle bezeichnet. Ich habe eine Einladung nach Marburg abgelehnt, weil ich erfahren hatte, daß dort zwei Leute sein würden, deren Begabung in meinen Augen mehr auf dem Gebiet des Kriminellen als auf dem der Literatur liegt. Ich weiß, wovon ich rede. Der eine, den ich nicht einmal kenne, [...] betreibt seit über zwanzig Jahren Rufmord an mir aus unerfindlichen Gründen. Wie Sie sehen, habe ich das überlebt. Der andere hat vor längerer Zeit Briefe mit meiner gefälschten Unterschrift versandt, von anderen Aktivitäten zu schweigen.« (Frankfurter Rundschau, 21.9.1982)

65 Siehe Dokument 23: Austrittserklärung von Hilde Domin (9.2.1983).

66 Udo Steinke, geb. 1942 in Lodz, aufgewachsen in Leipzig, dort Verlagslektor. 1968 Flucht in die Bundesrepublik, erhielt nach seiner ersten Veröffentlichung in der Bundesrepublik Einreiseverbot in die DDR. Hermann Kant erreichte jeweils die Aufhebung. (»Ich habe einfach Rabbatz gemacht beim ZK«, erklärte er Udo Steinke auf dessen Nachfrage am Rande der Trauerfeier für Bernt Engelmann in München im Mai 1994).

67 Am 18.11.1981 ging bei der Bundesgeschäftsstelle VS folgende Pressemitteilung ein (weitere Kopien gingen an Günter Grass und Max von der Grün): »Schriftsteller-Solidarität mit Polen. Der Beirat des Luchterhand Verlages hat bei seiner Sitzung am 12. November in Darmstadt dem Verband deutscher Schriftsteller empfohlen, kurzfristig zu einer Spendensammlung für Paketsendungen an polnische Schriftsteller aufzurufen. Die Mitglieder des Luchterhand-Beirats, denen Verlagsleiter Hans Altenhein und Autor

Günter Grass von ihren Polenreisen in letzter Zeit berichteten, zeichneten selbst die ersten Beiträge.« – Am 23. November 1981 schrieb Ursula Brackmann an den Bundesvorstand: »Liebe Irmela, liebe Kollegen, Max von der Grün hat mich sehr herzlich gebeten, daß sich der VS aktiv in dieser Aktion einschaltet. Bitte laßt mich doch Eure Meinung wissen.« – Peter O. Chotjewitz notierte in einem Brief vom 26. 11. 1981 an Ursula Brackmann und Bernt Engelmann: »Wie schon telefonisch mitgeteilt, bin ich gegen eine Unterstützung der Spendensammlung für Polen durch den VS-BV. Ich beabsichtige nicht, die in Polen weitverzweigte parasitäre Clique der Schieber und Schwarzhändler, die in allen sozialen Schichten nistet, durch eine Spende zu begünstigen.« – Am 26. November 1981 informierte Ursula Brackmann die Landesvorsitzenden des VS: »Der Bundesvorstand und ich haben uns die Empfehlung des Beirats des Luchterhand Verlages zu eigen gemacht und haben ein Konto eröffnet, um Geld für unsere Kollegen in Polen zu sammeln. Uns geht es darum zu helfen, politische Manifestationen sind damit nicht verbunden. [...] Bitte, helft mit!« Vgl. dazu auch das Referat des VS-Landesvorsitzenden von Nordrhein-Westfalen, Volker W. Degener, zur Mitgliederversammlung des VS vom 24. 4. 1982 in Herne: »Verantwortungsgefühl und Solidarität standen im Vordergrund, als der VS im November 1981 ein Solidaritätskonto für politische Schriftsteller einrichtete. Inzwischen sind über 12.000 DM eingegangen; die unmittelbare Hilfe für Schriftsteller und ihre Familien, aber auch für andere Menschen in Polen, ist jetzt möglich. Dazu bedarf es keiner großen Worte, die manch einer von uns erwartet. Es bedarf keiner Selbstdarstellung, die nur peinlich wirkt. Es bedarf der Taten.«

68 Carl Amery war von Januar 1976 bis Mai 1977 VS-Bundesvorsitzender. Im Bericht vom 26. April 1976 von Carl Amery, »Stand der auswärtigen Kontakte des VS – Zur Kenntnisnahme und evtl. Beschlussfassung« heißt es unter Punkt 6: »DDR – Was die Möglichkeiten eines Kontaktes mit dem Schriftstellerverband der DDR angeht, so wurden sie bisher noch nicht über ein Vorfühlen beim Leiter der Ständigen Vertretung der Bundesrepublik Deutschland, Herrn Dr. Gaus, hinausgeführt. Das vorliegende Antwortschreiben gibt uns die Grundlage für weitere Überlegungen. Der VS ist sich bewußt, daß dies in Übereinstimmung mit der allgemeinen Gewerkschaftspolitik zunächst Sache des Hauptvorstandes ist.« – Mit dem Brief vom 7. 4. 1976 hatte Staatssekretär Gaus Amery vorgeschlagen, sich zu einem Gespräch zu treffen, da »die Erörterung der Frage, wie eine Zusammenarbeit zwischen den beiden Verbänden unter den derzeitigen politischen Gegebenheiten angebahnt werden und sich entwickeln kann, [...] schriftlich einigermaßen schwierig« sei. »Bitte entnehmen Sie meinem Vorschlag vor allem das große Interesse, das ich einer Kontaktaufnahme zwischen den Schriftstellerverbänden zumesse. Wir sollten keine Illusionen haben und sogar unsere Hoffnungen klein halten; dennoch aber gibt es einige Chancen. Schon jetzt kann man sagen, daß die größere dieser Chancen sich nach dem Parteitag der SED im Mai eher abschätzen läßt.« Vgl. auch: »Die Biermann-Ausbürgerung ...«, a. a. O., S. 102ff.

69 Ursula Brackmann war von 1976 bis 1985 Bundesgeschäftsführerin des Verbandes deutscher Schriftsteller.

70 Dieser Teil der Diskussion bezieht sich auf die Beiträge von Dieter Lattmann und Olav Münzberg.

71 Dieter Lattmann erklärte in einem Schreiben, daß er für den Abdruck seiner Redebeiträge in der Diskussion keine Genehmigung erteilt. Deshalb wurden sie paraphrasiert.

72 Siehe Seite 81.

73 Dokument 42: Thomas Rietzschel: Entlarvt.

74 Mitzudenken sind auch die Programmanträge der Landesbezirke des VS bei der Bundesdelegiertenkonferenz in Saarbrücken 1984, in denen bekräftigt wird, daß der VS »Teil der weltweiten Friedensbewegung« sei. Dazu gehören Programmantrag 2 (Baden-Württemberg),3 (Bayern), 5 (Bayern), 6 (Berlin), 8 (Hessen), 9 (NRW), 10 (NRW). Programmantrag 3, Punkt 3: »Der Verband deutscher Schriftsteller betrachtet sich als Teil der weltweiten Friedensbewegung. Er hat durch eigene Initiativen wie den Appell der Schriftsteller Europas und den Kölner Schriftstellerkongreß Interlit zu ihrer Verbreitung beigetragen und Kontakte zu Schriftstellern und ihren Organisationen in Ost und West, von Japan bis Lateinamerika geknüpft. Der VS wird diese Beziehungen und Begegnungen unter Autoren auch weiterhin pflegen, vertiefen und erweitern und für Frieden und Abrüstung, für die Verfolgten und die freien Rechte der Menschen in allen Ländern gleich welcher gesellschaftlichen Systeme eintreten.« Programmantrag 10: »Laut Beschluß der Bundesdelegiertenkonferenz vom 27.9.1981 in Hannover versteht sich der VS als Teil der Friedensbewegung. Der Bundesvorstand des VS hat alle Angriffe und unsachgemäßen Kritiken an der Friedensbewegung und damit auch am VS dem Beschluß entsprechend zurückzuweisen.« Programmantrag 6 (Berlin) lautet: »Der VS wird auch nach der vom Bundestag am 21. Oktober 1983 mehrheitlich gebilligten Aufstellung von Pershing II-Raketen auf dem Gebiet der Bundesrepublik fortfahren, sich argumentativ und durch Beteiligung an den Aktionen des gewaltlosen Widerstands innerhalb der Friedensbewegung gegen die Verwirklichung der sogenannten Nachrüstung zur Wehr zu setzen. Um der Glaubwürdigkeit dieses notwendigen Friedensengagements willen wird der VS auch gegenüber allen Solidarität üben, die in den Ländern Ost- und Mitteleuropas sich gegen die dort herrschende Militärstrategie und für Frieden und Abrüstung aussprechen und einsetzen.«

75 Dieser Teil der Diskussion bezieht sich auf die Beiträge von Anne Dorn und Jan Garéwicz.

76 Präsident des P.E.N. Bundesrepublik Deutschland war von 1982 bis 1984 Martin Gregor-Dellin, Generalsekretär Hanns-Werner Schwarze. Gemeint ist das sogenannte »Polen-Telegramm« von VS und P.E.N. an General Jaruzelski; oben trägt es den handschriftlichen Vermerk »Hanns-Werner Schwarze o. k.«, siehe Dokument 27: Polen-Telegramm (18.10. 1983).

77 Im Zusammenhang mit der Diskussion über das Polen-Telegramm in Saarbrücken erwähnte J. K. Hoensch, daß Michnik zusammen mit Lipski und Kuron zu den inhaftierten KOR-Mitgliedern gehörte.

78 Vgl. dazu die Darstellung von Gerhard Schoenberner (Vizepräsident des P.E.N.-Zentrums BRD von 1991 bis 1995): »Noch auf dem historischen Kongreß in Ragusa (Dubrovnik), der nur zwei Wochen nach der Bücherverbrennung stattfand, vertrat ein Teil der Delegierten die Ansicht, der P.E.N. dürfe in seinen Deklarationen nur prinzipiell und allgemein für die Freiheit des Wortes eintreten, keinesfalls aber die Unterdrückung beim Namen nennen. Selbst gegen die Zulassung von Redebeiträgen zum Thema wurde protestiert, weil man darin bereits eine Einmischung in die inneren Angelegenheiten eines fremden Staates erblickte. Als das Präsidium des Internationalen P.E.N. schließlich in einem Schreiben nach Berlin gegen die Verfolgung von Schriftstellern und Intellektuellen in Hitlerdeutschland Protest erhob, kam es sogar zu einer Spaltung des Clubs, ein Viertel seiner Mitglieder trat aus.« In: P.E.N. Autorenlexikon. Göttingen 1993, S. 40 ff.

79 Das Thema der zweiten Arbeitstagung der Geschichtskommission lautete: »Dissidenten im Westen – die deutsche Verdrängungswut«. Sie fand Anfang Dezember 1992 in Köln statt.

80 Zur Ausbildung der Arbeiterdiplomatie unter dem amerikanischen Präsidenten Wilson und zur weiteren Entwicklung im Kalten Krieg siehe Ronald Radosh: American Labor and United States Foreign Policy, New York 1969, S. 30 ff.

81 Heinz Kluncker (geb. 1925), Vorsitzender der Gewerkschaft ÖTV seit 1961. Reiste 1963 als erster westdeutscher Gewerkschaftsführer an der Spitze einer Delegation in die UdSSR. Er trat 1982 auf ärztlichen Rat zurück. Trotz seiner frühen Ostkontakte zählte Kluncker zu den Kritikern kommunistischer Einflußnahme in der westdeutschen Gewerkschaftsbewegung.

82 Hans Mayr (geb. 1921) wurde 1972 zum Zweiten Vorsitzenden der IG Metall gewählt und übernahm von 1983 bis zu seinem Rücktritt 1986 das Amt des Vorsitzenden der IGM. Er flog mit Eugen Loderer zusammen nach Peking.

83 Heinrich Bruhns (1907–1968) war Vorgänger von Leonhard Mahlein als Vorsitzender der IG Druck und Papier. Kurz vor seinem Tod berichtete er G. B. von seiner ersten Reise in die Sowjetunion. Er widerstand – in Fortsetzung der Politik Kurt Schumachers – anders als sein Nachfolger allen Versuchen kommunistischer Einflußnahme auf die westdeutsche Arbeiterbewegung.

84 Harald Koch (1907–1992) war Staatsminister in Hessen und Arbeitsdirektor in Dortmund bei Hoesch. Über die Dortmunder Auslandsgesellschaft entwickelte er ab Mitte der 60er Jahre intensive wirtschaftliche und wissenschaftliche Kontakte in die Sowjetunion. Er diente damit als Vorreiter für die spätere Ostpolitik der Regierung Brandt – Scheel.

85 Erstes Ergebnis ist der ARD-Film »Herbert Wehner, die unerzählte Geschichte« (ausgestrahlt am 31. März 1993), der auf den wissenschaftlichen Recherchen Gerhard Beiers beruht.

86 Karl Wienand (geb. 1926) war parlamentarischer Geschäftsführer der SPD-Bundestagsfraktion unter dem Vorsitz Herbert Wehners. Seine Ostkontakte sind Ende 1994 Gegenstand einer Anklage vor dem Düsseldorfer Landesgericht geworden. Gerhard Beier meint nach Kenntnis des schwebenden Verfahrens, daß er sich nichts habe zuschulden kommen lassen, was über Methoden der Arbeiterdiplomatie hinausging.

87 Vgl. zu dieser Aussage die Korrektur durch Karl Corino, S. 158

88 Westdeutsche Allgemeine Zeitung, 3. 4. 1984.

89 Günter Grass. In: kürbiskern, 3/1984, S. 37.

90 Siehe Dokument 19: Ota Filip: Sturmvögel des Friedens. Was sollen Schriftsteller in der Gewerkschaft?

91 Siehe Dokument 20: Bernt Engelmann: Wir sind kein »Romanisches Café«

92 Franz Xaver Kroetz: Der Verband atmet nicht den Geist der Kunst. In: feder, 12/1982, S. 18.

93 »feder«-Redakteur Henrik Müller hatte eine Passage gestrichen, in der Kroetz eine Äußerung des bayrischen VS-Vorsitzenden Hans Peter Bleuel zu den Austritten kritisiert, die »sinngemäß lautet, der Kollege Bleuel wundere sich, daß zur Zeit nicht noch mehr Schriftsteller austreten, denn das wär doch eine gute Gelegenheit, daß diese Leute ihren Namen gedruckt finden könnten. Beweist so ein Satz nicht, mit welcher geradezu unglaublichen Verachtung dieser Mann auf das Gros der Schriftsteller herunterschaut, die er vertreten soll, die ihn als einen der ihren gewählt haben? [...] Komisch ist, daß dieser Satz einen Tag, nachdem Herbert Achternbusch aus dem Verband ausgetreten ist, gesagt wurde. Gerade der Herbert hats ja so nötig, wenigstens mit einer solchen Aktion seinen Namen in der Zeitung gedruckt zu finden. Aber den Herbert hat er ja nicht gemeint, der ›große‹ Kollege Bleuel hat die vielen ›kleinen‹ Kollegen gemeint und uns alle beleidigt.«

94 Stuttgarter Nachrichten, 15. 1. 1983.

95 Bernt Engelmann: Wer Anstöße gibt, muß Anstoß erregen. In: kürbiskern, 2/1984, S. 31. (Das Gespräch mit Bernt Engelmann führte Friedrich Hitzer.)

96 Friedrich Hitzer. In: kürbiskern, 3/1984, S. 37.

97 Mitteilungsblatt des VS-Bayern 3/1983.

98 Siehe feder, 2/1983.

99 Die Bezeichnung »Betonfraktion« gebrauchte Hans Christoph Buch in seinem Diskussionsbeitrag auf dem Schriftstellerkongreß in Saarbrücken 1984.

100 Als VS-Bundesvorsitzender in einem ausdrücklich »auf Privatpapier« verfaßten Brief an die Landesverbände und den Bundesvorstand vom 3. November 1976, mit dem er »in voller Offenheit an die Basis« ging.

101 Schreiben an dpa vom 10. 4. 1977.

102 Dieter Lattmann: Die »polnische Teilung« des VS. In: kürbiskern, 3/1984, S. 49. Lattmann kostatierte: »Niemand ist in Saarbrücken aufgestanden und hat erklärt: ›Wir brauchen den VS nicht mehr.‹«

103 Ebenda.

104 Friedrich Hitzer: Gespräch mit Bernt Engelmann. Wer Anstöße gibt …, a. a. O., S. 27.

105 Ebenda.

106 Erwin Ferlemann: Ohne Mediengewerkschaft dividieren sie uns auseinander. Gespräch mit Friedrich Hitzer in: kürbiskern, 2/1984, S. 14.

107 Hannes Schwenger in: kürbiskern, 3/1984, S. 27.

108 Ingeborg Drewitz in: kürbiskern, 3/1984, S. 34.

109 Johano Strasser in: kürbiskern, 3/1984, S. 14 f.

110 Knut Becker in: kürbiskern, 3/1984, S. 12.

111 Gerd von Paczensky in: kürbiskern, 3/1984, S. 16.

112 Reinhard Baumgart, zitiert bei: Dieter E. Zimmer: »Es geht, es geht« – aber so nicht. In: Die Zeit, 29. 10. 1982.

113 Elisabeth Endres hat keine Zustimmung zum Abdruck ihres Beitrages gegeben. Daher werden wesentliche Aussagen an dieser Stelle paraphrasiert.

114 Friedrich Hitzer (geb. 1935) lebt in Wolfratshausen; Schriftsteller und Übersetzer. Mitbegründer und Herausgeber des »kürbiskern« (1969 bis 1987 Chefredakteur), mehr als zwanzig Jahre Mitglied des bayrischen VS-Landesvorstandes und VS-Delegierter.

115 Auf dem zweiten Schriftstellerkongreß des VS 1973 in Hamburg stimmte die Mitgliederversammlung mehrheitlich für den Anschluß an die IG Druck und Papier.

116 Hannes Schwenger (Berlin) und Friedrich Hitzer (Wolfratshausen) waren Wortführer und Antipoden in den politischen Auseinandersetzungen der siebziger und achtziger Jahre im Verband deutscher Schriftsteller.

117 V. Schriftstellerkongreß 1980 in München. Bernt Engelmann nannte als Motto: »Strauß wird Flagge gezeigt.« Vgl. Bernt Engelmann: Dies ist auch unser Land! Ein Vorwort. In: Bestandsaufnahme V. Schriftstellerkongreß VS. Hrsg. B. Engelmann. München 1980, S. 17 ff.

118 Gültige Satzung der IG Medien § 26. Fachgruppen (1): Die Fachgruppen wirken bei der Vertretung der beruflichen, tariflichen, sozialen und kulturellen Interessen der Mitglieder der IG Medien mit. (Der folgende Passus wurde beim Gründungskongreß der IG Medien 1989 auf Antrag des VS eingefügt.) Die Fachgruppenvorstände können über Aufrufe und Resolutionen öffentlich Stellung zu gesellschaftlich politisch relevanten Themen beziehen. Sie sind dabei an die Satzung und Beschlüsse der IG Medien gebunden. Vgl. Geschäftsordnung des VS in der IG Druck und Papier vom 4. Dezember 1980 § 4 (1): Der VS kann als berufsspezifisch selbständige Gruppe innerhalb der IG Druck und Papier in den Belangen, welche die Autoren betreffen, von sich aus tätig werden. (2) Maßnahmen und Aktivitäten, die über diesen Bereich hinausgehen, insbesondere Fragen von allgemeiner gesellschafts- oder gewerkschaftspolitischer Bedeutung, werden – auch mit Rücksicht auf die bessere Durchsetzbarkeit gemeinsam getragener Beschlüsse – mit den satzungsgemäß zuständigen Organen der IG Druck und Papier abgestimmt.

119 Es geht um den IV. Schriftstellerkongreß vom Mai 1977 in Dortmund.

120 Dieser Teil der Diskussion bezieht sich auf die Beiträge von Andreas Kalckhoff und Elisabeth Endres.

121 Der von September 1987 bis Dezember 1988 amtierende VS-Bundesvorstand (Anna Jonas, Josef Reding, Angela Baumann, Beisitzer Günter Grass, Klaus Birkenhauer, Karlhans Frank, Johano Strasser) hatte einen 10 Punkte umfassenden Forderungskatalog erarbeitet, den sogenannten »Würzburger Kompromiß« vom 4./5. Oktober 1988. Beim 8. Schriftstellerkongreß in Stuttgart 1988 bekräftigte die Mehrheit der Delegierten nach heftigen Auseinandersetzungen aufgrund eines Kompromißvorschlags von Johano Strasser den Beitritt des VS zur IG Medien. Der Jonas-Vorstand trat zurück. Günter Grass, Anna Jonas, Leonie Ossowski verließen den VS. Da niemand für ein Vorstandsamt kandidierte, wurde ein kommissarischer Bundesvorstand aus Vertretern der Landesverbände eingesetzt.

122 Vor allem der Austritt von Günter Grass beim VIII. Schriftstellerkongreß 1988 in Stuttgart hatte Signalwirkung. In der Folgezeit verließen circa 50 Schriftsteller den Verband deutscher Schriftsteller.

123 Vgl. Geschäftsbericht Jürgen Lodemann zur außerordentlichen Bundesdelegiertenkonferenz 1984 in Saarbrücken.

124 Dieser Teil der Diskussion bezieht sich auf den Beitrag von Detlef Hensche.

125 Manfred Wilke/Hans-Hermann Hertle: Das Genossen-Kartell. Die SED und die IG Druck und Papier/IG Medien. Dokumente. Frankfurt a. M. 1992.

126 Vgl. dazu das Sonderheft »europäische ideen«. Hrsg. von Andreas W. Mytze: Das Schutzkomitee Freiheit und Sozialismus in Selbstzeugnissen, Dokumenten, Briefen und im Zerrspiegel der MfS-Akten. Redaktion und Einleitung: Hannes Schwenger. Berlin 1995.

127 Vgl. den Beitrag von Michael Schneider, S. 98

128 Das Gespräch mit Erich Loest führte J. Monika Walther am 15. Februar 1995 in Bonn. (Auszug)

129 Michel Foucault: Die Ordnung der Dinge. Frankfurt a.M. 1971, S. 365 f. Siehe dazu auch die anregende Sicht von Wolfgang Emmerich: Für eine andere Wahrnehmung der DDR-Literatur. Neue Kontexte, neue Paradigmen, ein neuer Kanon. In: Klaus Städtke/Wolfgang Emmerich: DDR-Literatur und Literaturwissenschaft in der DDR. Zwei kritische Bilanzen. Bremen 1992, S. 15–30.

130 Ulrich Beck: Risikogesellschaft. Auf dem Weg in eine andere Moderne. Frankfurt a.M. 1986, S. 25.

131 Arnhelm Neusüss: Über die Schwierigkeit beim Schreiben der Wahrheit. Gespräch mit Uwe Johnson. In: Konkret, 1/1962, S. 18 f.

132 Klaus Städtke: Vom Selbstbetrug zur Selbstauflösung. In: Kopfbahnhof. Almanach 2. Das falsche Dasein. Sowjetische Kultur im Umbruch. Leipzig 1990, S. 152.

133 Siehe dazu ausführlich Carsten Gansel: Parlament des Geistes. Literatur zwischen Hoffnung und Repression (1945–1961). BasisDruck. Berlin 1996.

134 Otto Grotewohl: Begrüßungsansprache. In: II. Deutscher Schriftstellerkongreß vom 4.–7. Juli 1950. Zitiert in: ebenda, S. 12 ff.

135 Jürgen Habermas: Die Moderne – ein unvollendetes Projekt. Philosophisch-politische Aufsätze. 1977–1990. Leipzig 1990, S. 130–158.

136 Uwe Grüning: »Ingrid Babendererde« – ein von der DDR-Literatur nicht angenommenes Paradigma. In: Carsten Gansel/Jürgen Grambow (Hrsg.): »… Biographie ist unwiderruflich …« Zu Uwe Johnson. Berlin, New York 1992, S. 47.

137 Wolfgang Hilbig: Ich. Frankfurt a. M. 1993, S. 153.

138 Wer einen »literarischen Gegendiskurs« eröffnete, wurde in der DDR mit staatlichen Repressionen belegt: Dazu gehört das Jahr 1956 mit der Verurteilung von Harich, Janka, Just, Zöger und eben Erich Loest zu Zuchthausstrafen, Gerhard Zwerenz mußte die DDR verlassen – wie später Hans Mayer oder Ernst Bloch. Mit dem 11. Plenum 1965 wiederholten sich die Vorgänge, und nach einer kurzen Phase der Öffnung führte die Biermann-Ausbürgerung zum endgültigen Bruch.

139 Peter Christian Ludz: Mechanismen der Herrschaftssicherung. München 1980, S. 58.

140 Vgl. dazu Hans-Peter Krüger: Das strukturelle Rätsel »DDR« und die protestantische Mentalität der ostdeutschen Mehrheit. In: Ders.: Demission der Helden. Kritiken von innen. 1983–1992. Berlin 1992, S. 29–63.

141 Vgl. Wolfgang Emmerich: Status melancholicus. Zur Transformation der Utopie in der DDR-Literatur. In: Literatur in der DDR. Rückblicke. Hrsg. von H. L. Arnold und F. Meyer-Gosau. München 1991, S. 238.

142 Vgl. Carsten Gansel: Mobilisierung der Phantasie oder Versuch über das Phantastische in der DDR-Prosa. In: DDR-Literatur '88 im Gespräch. Hrsg. von Siegfried Rönisch. Berlin und Weimar 1989, S. 66–98.

143 In diesem Rahmen bewegte sich auch meine Argumentation (ebenda). Siehe dazu die kritische Reflexion in: Umfrage. In: Weimarer Beiträge, 2/1991.

144 Wolfgang Schemme: Die Suche nach einem neuen Utopia: Afrika – Indien oder Oobliadooh? In: Deutschunterricht, 10/1993, S. 450–459.

145 Volker Braun: Larvenstaat. In: Ders.: Stoff zum Leben. Frankfurt a. M. 1990, S. 26.

146 Volker Braun: Das innerste Afrika, a. a. O., S. 58.

147 Ebenda, S. 60.

148 Wolfgang Hilbig: Ich, a. a. O., S. 152.

149 Siehe z. B: die Sitzungen des Politbüros in den 1950er Jahren. In: SAPMO-BArch, Sign. J IV 2/2.

150 Gerhard Henniger an Ursula Ragwitz (16. 3. 1984). In: ARch-DSV, Sign. 232.

151 Ebenda.

152 Vgl. dazu SAPMO-BArch, Sign. J IV 2/9.06, Büro Hager, 42277/2.

153 Bereits im Februar 1981 hatte es ein Treffen in Aying bei München gegeben. Auf dieses Treffen bezieht sich Friedrich Hitzer in seiner »Dokumentation zum Gesprächsforum der VS-Geschichtskommission. Springen, 11.–13. März 1984«. Es gab dann erneut ein Treffen mit dem neuen VS-Vorstand im September 1984 in Aying. Darauf weist ein späterer Bericht von Gerhard Henniger vom 30. 9. 1986 hin. Akten aus der Hauptabteilung XX/7 des MfS

zeigen inzwischen, daß es bereits am 4.8.1983 ein Gespräch Hermann Kants und Gerhard Hennigers mit Bernt Engelmann in seiner Wohnung in Rottach-Egern gegeben hat. Beide Berichte sind abgedruckt in: Karl Corino (Hrsg.): Die Akte Kant. IM »Martin«, die Stasi und die Literatur in Ost und West. Reinbek bei Hamburg 1995, S. 472–479.

154 Gerhard Henniger: Bericht über ein Gespräch mit dem Vorstand des VS. Berlin, 30.9.1986, S. 1. In: SAPMO-BArch, Sign. J IV 2/9.06/38. An dem Treffen nahmen für den DSV teil: Hermann Kant, Gerhard Holtz-Baumert, Gerhard Henniger, Karla Dyck. Der VS war vertreten durch Hans Peter Bleuel, Jochen Kelter, Angela Hoffmann.

155 Dazu gehörte der Vorschlag, »Experten zu einem Gespräch über die Folgen des SDI-Programms einzuladen«, ebenso wie der, über einen »allseitigen Atomteststop« zu beraten.

156 Ebenda, S. 2.

157 Ebenda, S. 3 f.

158 Ebenda, S. 4.

159 Ebenda.

160 Siehe Karl Corino (Hrsg.): Die Akte Kant …, a. a. O., S. 35 ff.

161 Vgl. Einlassung von Dieter Lattmann zum »Einfluß der Parteien«.

162 T. Assheuser: Wir wollen kein Bestandteil sein. In: Fankfurter Rundschau, 28.2.1994.

163 Helmut Schmitz: Wer warum mit wem gegen wen. In: Frankfurter Rundschau, 16.2.1994.

164 Brief vom 14.2.1994, in dem Lattmann trotz der inzwischen erfolgten Veröffentlichungen in der Presse zum wiederholten Mal eine Teilnahme an dem Gesprächsforum der Geschichtskommission ablehnt (»Aber im gründlicheren Nachdenken kann ich mich doch in der Abwägung zwischen zwei Solidaritäten nicht für die Teilnahme an der Tagung … entscheiden«). Dem Zitat vorangestellt: »Natürlich habe ich als Sprecher des Schriftstellerverbands und als kultur- und bildungspolitischer Sprecher der SPD-Bundestagsfraktion Gespräche mit Hermann Kant und vielen anderen geführt. Es gab zwei Motive: die Abrüstung und das Kulturabkommen, das beim Honecker-Besuch im September 1987 in Bonn durch die Regierung Kohl-Genscher bekräftigt wurde. Wenn seit 4 Jahren (seit 1989) bei der Ost-CDU und den Ost-Liberalen jedesmal dazugesetzt würde: vormals SED-Partnerpartei, sähe die Bundesrepublik anders aus.«

165 Vgl. Carsten Gansel:Dichtung im Dienst? Literatur in »geschlossenen Gesellschaften«, S. 183–195.

166 Im Redemanuskript: »Ich muß dir, lieber Andreas, widersprechen; du hast heute morgen gesagt: die DKP-Sympathisanten vernachlässige ich mangels Masse – ich sehe das anders.«

167 Kritik wurde u. a. von Bienek daran geübt, daß Engelmann in dieser wichtigen Frage das Vokabular und die Sprachregelung des DDR-Verbandes übernommen habe. In: Der Stern, 247, 1982

168 Vgl. die Dokumente 6–10, 14 und 20–23.

169 Der Brief stammt aus meinem Archiv. – Gerd Fuchs wurde zu dem Gesprächsforum eingeladen, konnte sich jedoch nicht entschließen, teilzunehmen.

170 Presseerklärung des Verbandes deutscher Schriftsteller (VS) in der IG Druck und Papier vom 8. September 1982. In: feder, 10/1982.

171 F.J. Goertz: Engelmann und die Apparatschiks. In: FAZ vom 9. 10. 82.

172 Zitiert nach Stuttgarter Zeitung vom 6.9.1982 »Weil Frieden herrschen muß. Ein Gespräch mit Günter Grass«. B. Engelmann erklärte dazu (Stuttgarter Zeitung vom 9.9.1982), es handele sich um eine »undiplomatische und unvorsichtige Formulierung«, die ihm im Eifer seiner Interviews unterlaufen sei. An Rücktritt denke er aber nicht. Laut der Zeit vom 29.10.1982 hatte Engelmann gesagt: »Wir bedauern zwar jeden Austritt, aber vor dem Hintergrund von 2.422 Mitgliedern bedeutet das nicht viel. Die Austritte werden leicht von Zugängen aufgewogen.«

173 In: Die Zeit vom 29.10.1982.

174 Guntram Vesper sagte seine Teilnahme kurzfristig ab.

175 UZ, undatiert, Buchmessen-Sonderausgabe 1982.

176 Gemeint sind Franz Xaver Kroetz, Günter Herburger, Uwe Timm, Gisela Elsner, Klaus Konjetzky u.a.

177 Bei dem ersten Treffen mit Hermann Kant und Gerhard Henniger ließ B. Engelmann sich von Friedrich Hitzer und Conrad Schuhler begleiten; den Text der Appelle entwarf F. Hitzer. Vgl. Die Biermann-Ausbürgerung ..., a.a.O., S. 163 ff. und 212 ff.

178 kürbiskern, 2/1984 und 3/1984.

179 Vgl. »Ein Dialog..« Zahlreiche Redebeiträge, von Heinz Brandt bis Günter Grass, nehmen auf die Titelseiten und die Interviews des »kürbiskern« Bezug.

180 Vgl. Wahrheitsgetreuer Bericht ... von R. Chotjewitz-Häfner, S. 290–302

181 Vgl. Peter Schütt: Noch einmal: der Schriftstellerkongreß in Saarbrücken 1984.
Die »Dokumentation zum Gesprächsforum der Geschichtskommission in Springen 1994« von F. Hitzer erwähnt diesen Punkt nicht.

182 Vgl. Dokument 30: »Bericht über die Reise der Genossen Hermann Kant und Gerhard Henniger nach München vom 6.–9.3.1984 ...«, Dokument 31: Offener Brief an die Unterzeichner des Friedensappells vom 7. März 1984.

183 Vgl. ZMA 3025 HA XX zu »Saarbrücken«.

184 Siehe Die Biermann-Ausbürgerung ..., a.a.O., S. 186 ff.

185 Düsseldorfer Debatte: Theoriestreit zwischen den »Eurokommunisten« in der DKP (die u.a. in der DVZ-Redaktion ausgemacht wurden) und denjenigen, die der DDR unbedingt die Treue halten wollten. In diesem Zusammenhang wurde von Gorbatschow-nahen »kritischen« DKP-Genossen die kulturpolitische Zeitschrift »Düsseldorfer Debatte« gegründet (1984–87), Herausgeber waren Michael Ben, Thomas Neumann, Peter Maiwald.

186 Vgl. die Erwiderung Karl Corinos, S. 241.

187 Vgl. die folgende Diskussion zum »Stalinismus-Vorwurf«, S. 239–247.

188 Siehe Uwe Friesel: Rechenschaftsbericht des Vorsitzenden. In: Komm! ins Offene Freund! ... a.a.O., S. 80.

189 Vgl. den Beitrag von Olav Münzberg, S. 54–58.

190 Jürgen Lodemann trat als Stellvertreter am 22.11.1983 zurück und löste damit den Rücktritt des gesamten VS-Bundesvorstands aus; Bernt Engelmann hatte zuvor erklärt, er werde nur dann zurücktreten, wenn die Landesvorsitzenden dies forderten. Sie waren nach Stuttgart gekommen, um ihm den Rücken zu stärken, und waren dann erstaunt, daß schon alles vorbei war.

191 Vgl. Dokument 26: Information über das Ergebnis des Gesprächs mit dem stellv. Vorsitzenden des »Verbandes Deutscher Schriftsteller« (22.9.1983).

192 Dieser Teil der Diskussion bezieht sich auf den Beitrag von Carsten Gansel.

193 Helmut Lölhöffel: Aufarbeitung, Enthüllungen, Schlammschlacht. Wie mit Akten Politik gemacht wird – am Beispiel des VS. In: Kunst & Kultur, 2/1994.

194 Friedrich Hitzer erinnert zu dem Treffen u. a. folgendes: »Mittwoch, 29.2. Oskar (Neumann): Nachricht von Gerd D(eumlich; Parteivorstand der DKP) und Karl Heinz Schröder. Hermann Kant und Gerhard Henniger kommen nächste Woche. In München: Einladung des ›kürbiskern‹. Vereinbarung zwischen Oskar und mir: Mittwoch, 7.3.84 – Mittagessen im kleinen Kreis mit Bernt Engelmann, Dieter Lattmann, Pit Bleuel, Lore Schultz-Wild. Donnerstag, 8.3. – Lesung und Diskussion. Veranstalter Libresso-Buchhandlung und ›kürbiskern‹. Leitung: F. H.«

195 Otto Schmidl war Leiter des damnitz-Verlages (DKP-Verlag in München).

196 Treffen zwischen Bernt Engelmann, Friedrich Hitzer (»kürbiskern«), Conrad Schuhler (DKP-Bezirksvorstand Südbayern), Hermann Kant und Gerhard Henniger, bei dem der »Friedensappell europäischer Schriftsteller« entworfen wurde.

197 Siehe auch: Die Biermann-Ausbürgerung ..., a.a.O., S. 191–222.

198 Die erste offizielle Begegnung der Vorstände von VS (BRD) und SV (DDR) fand am 14./15. September 1984 in Aying statt. Teilnehmer waren Bleuel, Paczensky und Loest für den VS, auf DDR-Seite Kant, Holtz-Baumert und Henniger.

199 Siehe Iris Radisch: Gekungel ... In: Die Zeit, 18.2.1994.

200 Gemeint ist das erste Treffen zwischen Vertretern der Gruppe 47 und Vertretern des DSV. Das Gespräch, das im März 1964 stattfand, ist vollständig dokumentiert in: Carsten Gansel (Hrsg.): Wenigstens in Kenntnis leben. Notate zum Werk Uwe Johnsons. Neubrandenburg 1991, S. 123–146.

201 Die Klassifizierung von Schriftstellern der BRD in den Berichten der IM des MfS der DDR über VS-Aktivitäten und -Kongresse in »linke«, »progressive«, respektive »rechte«, »feindliche«, »feindlich-negative Kräfte« erfolgte unabhängig von einer möglichen Parteizugehörigkeit.

202 Vgl. Carsten Gansel: Dichtung im Dienst? Literatur in »geschlossenen Gesellschaften«, S. 193f.

203 Angela Hoffmann war als Mitglied des Bundesvorstands 1986 in Petzow mit dabei. Über sie heißt es in einem der Geschichtskommission im April 1995

bekannt gewordenen Bericht für das MfS (ZMA XX 3025) über das Treffen: »Operativ zu beachten ist in diesem Zusammenhang, daß sich das Mitglied der BRD-Delegation Angela Hoffmann während dem Gesamtverlauf der Zusammenkunft umfassende Notizen angefertigt hat und auf Einnahme von alkoholischen Getränken verzichtete.« Angela Hoffmann führte für den Verband deutscher Schriftsteller das Protokoll.

204 Peter Schütt hat zuerst im »Spiegel«, 7/1992, dann bei der Arbeitstagung der Geschichtskommission im Frühjahr 1992 (Die Biermann-Ausbürgerung ..., a.a.O., S. 186 ff) und später in einem Erlebnisbericht für die Geschichtskommission behauptet, der Ausgang der Wahl, bei der die bis dahin favorisierte Ingeborg Drewitz unerwartet gegen den während des Wahlgangs erstmals genannten Hans Peter Bleuel unterlag, sei von der DKP/SED beeinflußt worden. Siehe Dokument 40: Peter Schütt: Noch einmal: der Kongreß in Saarbrücken.

205 Herbert Mies (geboren 1929 in Mannheim) war von 1950 bis 1956 Vorsitzender der 1951 verbotenen FDJ-Westdeutschland, 1965 bis 1968 stellvertretender Vorsitzender der KPD und von 1973 bis 1989 DKP-Bundesvorsitzender.

206 Das Gespräch ist dokumentiert in: Die Biermann-Ausbürgerung ..., a.a.O., S. 215 ff. Hans Peter Bleuel berichtet über verschiedene Treffen von Mitgliedern des VS-Bundesvorstandes mit Hermann Kant und anderen Präsidiumsmitgliedern des SV der DDR in den Jahren 1984 bis 1987.

207 Über das Zustandekommen dieser »Ersten Berliner Begegnung« und den Einladungsmodus berichteten Stephan Hermlin und Bernt Engelmann ausführlich bei der 1. Arbeitstagung der Geschichtskommission. Siehe: Ebenda, S. 165 ff.

208 Dieser Teil der Diskussion bezieht sich auf die Beiträge von Renate Chotjewitz-Häfner und Uwe Friesel.

209 Siehe: Ingeborg Drewitz an Liz Wieskerstrauch (6.4.1984), S. 363.

210 Dem deutschen Beirat des Russell-Tribunals, das 1978 »Die Situation der Menschenrechte in der Bundesrepublik Deutschland« zum Thema machte, gehörten u. a. Ingeborg Drewitz und Helmut Gollwitzer an.

211 Siehe auch: Die Biermann-Ausbürgerung ..., a. a. O., S. 182 ff.

212 Siehe Uwe Friesel, S. 211.

213 Gemeint ist die Rede von Erasmus Schöfer auf dem Mainzer Kongreß des Verbandes deutscher Schriftsteller 1983 zur Krise des VS. Sie war seinerzeit vollständig abgedruckt in der Deutschen Volkszeitung vom 24.3.1983. In: Die Biermann-Ausbürgerung ... sind jene Passagen enthalten, die besonders oft oder verkürzt zitiert wurden (S. 261–263).

214 Dieser Teil der Diskussion bezieht sich auf den Beitrag von Jürgen Lodemann.

215 Mahlein begründete sein »Nein« folgendermaßen (Brief vom 23.12.1976): »Ich habe etwas dagegen, daß man immer gegen Vorgänge in anderen Ländern protestiert, aber nicht den Mut findet, im eigenen Land mit der gleichen Intensität Stellung zu nehmen. Dies gilt z. B. für die Berufsverbote bzw. den

Radikalenerlaß, wo anscheinend kein Mensch zur Kenntnis nehmen will, welche negativen Auswirkungen diese Handhabung im Ausland über die demokratische Entwicklung in der BRD zur Folge hat.«

216 Das Gespräch führte Renate Chotjewitz-Häfner am 24.5.1995 in Berlin.

217 Gemeint ist Peter O. Chotjewitz.

218 Vgl. Das Schutzkomitee Freiheit und Sozialismus in Selbstzeugnissen, Dokumenten, Briefen und im Zerrspiegel der MfS-Akten ..., a. a. O.

219 Bernt Engelmann starb am 14.4.1994 in München. Auf Grund seiner Erkrankung kam eine Einsicht in sein Archiv nicht mehr zustande. Das Archiv wurde dem Heinrich-Heine-Institut in Düsseldorf übergeben und ist noch nicht einsehbar.

220 In der Westberliner Akademie der Künste fand am 22./23. April 1983 die »Zweite Berliner Begegnung« statt.

221 Die Rede ist von Wassil Stus, geb. 1938 in der Ukraine, gestorben 1985 im Arbeitslager 36 bei Perm in Sibirien. Heimatlyriker, nie offiziell gedruckt. 1972 wegen »antisowjetischer Agitation« zu 5 Jahren Lager und 3 Jahren Verbannung verurteilt. Nach Beschwerde wegen Beschlagnahme seiner Übersetzungen (Rilke, Benn, Goethe) beim Obersten Sowjet als »Rückfalltäter« zu Verbannung verurteilt, in der er starb.

222 Die »Flüchtlingsgespräche« fanden am 19.2.1984 im LCB statt.

223 Vgl. Dokument 36: Tonband-Erklärung des Kollegen Bartoszewski.

224 Gemeint ist der Antrag 4 des Berliner VS Landesbezirkes, Dokument 34.

225 Manès Sperber erhielt am 16.10.1983 in der Frankfurter Paulskirche den Friedenspreis des Deutschen Buchhandels. Seine Rede wurde von Alfred Grosser verlesen. Die Laudatio auf Sperber hielt Siegfried Lenz. Bernt Engelmann nahm Stellung gegen Sperbers Rede am 18.10.1983 auf dem Gewerkschaftstag der IG Druck und Papier.

226 Gemeint ist das P.E.N.-Zentrum der Bundesrepublik Deutschland (West).

227 A. Frenkin: Eigene und fremde Sorgen. In: Literaturnaja Gazeta, Nr. 31 vom 1. August 1984. Darin heißt es: »Die Westberliner Gruppe des Schriftstellerverbandes setzte in Saarbrücken alles auf eine Karte, indem sie forderte, der Verband deutscher Schriftsteller der BRD solle seine Beziehungen zu den sozialistischen Ländern ändern. Die Anhänger von Bernt Engelmann nahmen die Herausforderung an, und es gelang ihnen, die bisherige Linie des Schriftstellerverbands zu verteidigen. Doch die Beschlüsse der Konferenz sind geprägt von Versöhnlertum und Zugeständnissen, von tastendem Suchen und Kompromissen. Viele Delegierte, die offensichtlich eine Spaltung befürchteten, wurden von den Angriffen der Schriftstellergruppe aus Westberlin terrorisiert. Nachdem die Delegation aus Westberlin bei den wichtigsten Wahlen verloren und den Posten des Vorsitzenden nicht bekommen hatte, verließ sie unter Lärm und Geschrei den Saal, ohne die Wahl der Vorstandsmitglieder abzuwarten.

Die Delegierten aus Westberlin waren auf einen Skandal aus – koste es, was es wolle. Von dem Ziel, das sie verfolgten, waren auch der Stil ihrer Diskussionsbeiträge und die Art ihres Auftretens bestimmt – sie waren hysterisch, ultimativ und böse drohend. Im Grunde riefen sie dazu auf, man solle zugunsten fremder und fernliegender Probleme die Nöte der eigenen Schriftsteller links liegen lassen.« (Übersetzung von Rosemarie Tietze). Vgl. Renate Chotjewitz-Häfner: Wahrheitsgetreuer Bericht über die ordentliche Bundesdelegiertenkonferenz in Saarbrücken.

228 Bundeskongreß des Verbandes deutscher Schriftsteller vom 14.–15.3.1986 in Berlin.

229 Siehe dazu Erich Loest: Der Zorn des Schafes. Aus meinem Tagewerk. Leipzig 1990, S. 279–308.

230 Siehe Dokument 27: Polen-Telegramm (18.10.1983).

231 Siehe Dokument 35: Betr.: Antrag 4. Protest des Berliner VS Landesbezirkes.

232 Manès Sperber: Leben im Jahrhundert der Weltkriege. In: feder, 12/1983, S. 34 ff.

233 Bernt Engelmann. In: feder, 12/1983, S. 36 ff.

234 Ebenda.

235 Bernt Engelmann: Kein Romanisches Café. In: Stuttgarter Zeitung, 22.12.1982.

236 Franz Xaver Kroetz: Der Verband atmet nicht den Geist von Kunst. In: feder, 12/1982, S. 18.

237 Siehe dazu die profunden Arbeiten von Friedhelm Kröll: Die »Gruppe 47«. Soziale Lage und gesellschaftliches Bewußtsein literarischer Intelligenz in der Bundesrepublik. Stuttgart 1977; ders.: Gruppe 47. Stuttgart 1979; ders.: Die Eigengruppe als Ort sozialer Identitätsbildung. Motive des Gruppenanschlusses bei Schriftstellern. In: Deutsche Vierteljahreszeitschrift für Literaturwissenschaft und Geistesgeschichte, 52 (1978), S. 652–671.

238 Siehe dazu auch die Beiträge von Marcel Reich-Ranicki: Kritik auf den Tagungen der Gruppe 47 (1962) sowie Das Ende der Gruppe 47 (1977). In: Ders.: Nichts als Literatur. Aufsätze und Anmerkungen. Stuttgart 1995, S. 94–100 und 110–115.

239 Heinrich Böll: Ende der Bescheidenheit. In: Ders.: Essayistische Schriften und Reden II. Köln 1979 (sämtliche Hervorhebungen – C. G.).

240 Ebenda.

241 Ebenda.

242 Heinrich Böll: Einigkeit der Einzelgänger. In: Ebenda (Hervorhebung – C. G.).

243 Siehe Dieter Lattmann: Schriftsteller und ihr Verband. Zur Geschichte des VS. In: Ende der Bescheidenheit oder Neue Solidarität. Eine Zwischenbilanz des Verbandes deutscher Schriftsteller (VS) in der IG Medien. Zusammengestellt von Henning Berkefeld und Reimer Eilers. VS Rundbrief, 5–6/1993, Hamburg, S. 10–27.

244 Vgl. Dieter Lattmanns Selbstaussagen zu diesem Komplex, ebenda, S. 24.

245 Friedhelm Kröll: Die Eigengruppe als Ort sozialer Identitätsbildung …, a.a.O., S. 655.

246 Reinhard Baumgart: zitiert bei Dieter E. Zimmer: »Es geht, es geht« – aber so nicht. In: Die Zeit, 29.10.1982.

247 Friedhelm Kröll zitiert im Umfeld mit der Gruppe 47 ein Anschlußmotiv so: »Du siehst dich Herrn Sieburg gegenüber und noch im Merkur schreibt der Herr Sowieso in einer bösartigen Weise, und da bist du allein; und da mußt du irgendwo hingehen können, wo welche sind, die von dem genauso behandelt werden wie du. Das ist sehr wichtig für die ... soziale Identität.« (Ebenda, S. 669) Ein aktuelles Beispiel für diese Art der Wahrung von sozialer Identität – allerdings außerhalb einer literarischen Gruppenbildung – ist die Solidarisierung insbesondere im Osten mit Günter Grass und seinem Roman »Ein weites Feld« nach den kritischen Reaktionen im Feuilleton.

248 Siehe dazu etwa den Band: Die neue Friedensbewegung. Analysen aus der Friedensforschung. Redaktion Reiner Steinweg. Frankfurt a. M. 1982.

249 Hans Christoph Buch sprach von »zwei ganz verschiedenen Friedensbewegungen an einem Tisch«. In: 2. Berliner Begegnung. Den Frieden erklären. Protokolle des Zweiten Schriftstellertreffens am 22./23. April 1983. Darmstadt – Neuwied 1983, S. 94.

250 Ebenda, S. 134.

251 Siehe dazu die kontroversen Standpunkte in den verschiedenen Ausgaben ab »feder«, 10/1982. Siehe dazu auch die Dokumente in diesem Band.

252 Dokument 12: Günter Grass: Weil Frieden herrschen muß ... – Zum Streit im VS und in Bonn. Ein Gespräch mit Günter Grass.

253 Uwe Johnson: Jahrestage. Aus dem Leben von Gesine Cresspahl. Bände 1–4. Frankfurt a. M. 1970–1983, S. 387.

254 Der Rücktritt erfolgte am 22. 11. 1983; ARD und ZDF brachten die Meldung mit Foto. Er war durch den Rücktritt Jürgen Lodemanns ausgelöst worden. Jürgen Lodemann in seinem mündlichen Ergänzungsbericht am 1. Kongreßtag: » ... in der wie ich fürchte richtigen Erkenntnis, daß der VS-Vorstand paralysiert war. Unser Bernt aber erklärte bis zuletzt, er werde nur dann zurücktreten, wenn die Landesvorsitzenden dies von ihm wollten. Diese Landesfürsten aber – und das wußte Bernt (und in diesem Fall würde ich doch von einem alten Fuchs sprechen) – würden mehrheitlich seinen Rücktritt nicht wollen. Sie sind ja im November nach Stuttgart gekommen, um ihm den Rücken zu stärken, und waren dann erstaunt, daß alles schon vorbei war.«(gekürzt) Vgl. B. Engelmann: »Der jetzt aus dem Amt scheidende Bundesvorstand hatte ein Mandat für drei Jahre, erteilt von einer überzeugenden Mehrheit. Daß er dennoch nach acht Monaten geschlossen zurücktrat, geschah gegen den Willen der überwältigenden Mehrheit der Mitglieder. Ich selbst, ich gestehe es offen, wäre bestimmt nicht zurückgetreten.«

255 Vgl. die Rücktrittserklärung des VS-Vorstandes: »Der Bundesvorstand tritt geschlossen zurück und gibt damit den Mitgliedern des Verbandes deutscher Schriftsteller und der Öffentlichkeit ein politisches Signal, in der Absicht, so eine Spaltung des Verband deutscher Schriftsteller zu verhindern und durch einen Neubeginn die für alle Kolleginnen und Kollegen notwendige gewerkschaftliche Arbeit zu sichern.« In: feder, 12/1983, S. 41.

256 Ein vergleichbarer Vorgang hatte 1975 schon einmal stattgefunden. Laut Presseerklärung des Hauptvorstandes der IG Druck und Papier vom

2.7.1975 traten »die zwei stellvertretenden Bundesvorsitzenden Helmut M. Braem und Martin Gregor-Dellin sowie die Vorstandsmitglieder Dieter Lattmann und Johannes Poethen von ihrem Mandat mit Wirkung zum 1. Oktober 1975 zurück«. Dadurch erzwangen sie den Rücktritt des VS-Bundesvorsitzenden Horst Bingel. Im Januar 1976 wurde auf einer außerordentlichen Bundesdelegiertenkonferenz ein neuer VS-Bundesvorstand unter dem Vorsitz von Carl Amery gewählt, nachdem Ingeborg Drewitz ihre Kandidatur zurückgezogen hatte.

257 Vgl. u. a. den Antrag der Mitgliederversammlung des VS-Hamburg vom 26.1.1984, Dokument 33.

258 Tagebuch Friedrich Hitzer: Freitag, 30.3. »Nachmittags. Zuvor Fuchs im Foyer – ›Zagajewski ist in New York im Schneesturm, kann nicht kommen.‹ Stellt sich als Finte heraus. Kennt er (Fuchs) sie? Sie geben vor, Z(agajewski) sei nicht da, und erzwingen deshalb, daß er in die Bütt geht – am Samstag.« – Ähnlich Bernt Engelmann (Protokoll der MV des Verbandes deutscher Schriftsteller Bayern am 25.5.84): »Bei den Vorgängen in Saarbrücken sei es zur Anwendung »abscheulicher Tricks« gekommen. Das beträfe den bis heute nicht geklärten verspäteten Flug des aus Amerika eingeflogenen Autors Zagajewski. Das Flugzeug konnte angeblich nicht starten, so kam er erst am Samstag früh – und hielt seine, für Freitag vorgesehene Rede im Rahmen unserer Delegiertenkonferenz, mit den bekannten Folgen.« In: Friedrich Hitzer: Dokumentation zum Gesprächsforum ..., a.a.O.

259 Sämtliche Zitate in: Ein Dialog ..., a.a.O.

260 »Wenn wir weiterkommen wollen, [...] dann gibt es nur den einen Weg, einfach unsere Forderungen neu zu formulieren, daß wir [...] die Wiederzulassung des traditionellen Verbandes fordern, der allein wegen seiner Tradition in Polen seit nunmehr über sechzig Jahren in den verschiedensten Zeitläuften durchgehalten hat ...« Ebenda, S. 50.

261 Ingeborg Drewitz: »Daß wir auch die Toleranz aufbringen, die Meinung derer, die wir nicht teilen, anzuerkennen.« Ebenda, S. 51.

262 Offenbar hatte ihn Arnfried Astel in den Saal geholt, »um hier ein offenes Wort zu sagen«. Astel weiter: »[...] er soll das bitte endlich tun! Es ist unerträglich in einem Verband, wenn derartig taktiert und gemauert wird. [...] wir sind doch nicht irgendwelche Honoratioren und irgendwie Bonner Gesellschaft [...] Wir sind Schriftsteller und sollten sozusagen offen reden.« Ebenda, S. 54.

263 Ingeborg Drewitz: »Wir sind hier im Laufe dieser zwei Stunden aus bekanntem und uns alle seit Monaten beschäftigendem Anlaß in eine Art Gerichtsverhandlung geraten, wobei derjenige, der hier angeklagt wird, nämlich Bernt Engelmann, nicht im Saal ist. Ich finde das [...] (Zwischenruf: Doch) Bist du da? Aber ich finde das einfach [...] (Zwischenrufer antwortet, nicht verstehbar) Danke, daß du da bist.« Ebenda, S. 50.

264 Günter Grass in Saarbrücken: »[...] was ich so grauenhaft finde, daß dieses Wort ›fünfte Kolonne‹ von dem Dreckskerl, diesem (Heiner) Geißler, in die

Diskussion gebracht wurde, um die SPD zu diffamieren. Und nun kommt ein Gewerkschaftsfunktionär Ferlemann und benutzt dieses Dreckswort, ja, ›fünfte Kolonne‹, gegen den Berliner Landesverband der Schriftsteller.« Ebenda, S. 30.

265 Friedrich Hitzer: »VS als Plattform des Kalten Krieges?« In: kürbiskern, 2/1984.

266 FDA, Freier Deutscher Autorenverband, gegründet 1973 als konservative Reaktion auf den Eintritt des Verbandes deutscher Schriftsteller in die IG Druck und Papier.

267 Gemeint sind wohl die regelmäßigen Treffen von DDR-Dissidenten und westdeutschen Schriftstellern, zuerst beim »Marburger Literaturtag« 1982, später im Literarischen Colloquium Berlin unter dem Titel »Flüchtlingsgespräche« (vgl. Gespräch Monika Walther mit Erich Loest und Renate Chotjewitz-Häfner mit Hans Christoph Buch).

268 Der Antragskommission gehörten an: Dr. Agnes Hüfner (NRW; damals Redakteurin der Frauenseite der DVZ), Lore Schultz-Wild (LV Bayern), Peter O. Chotjewitz (Landesverband Hessen) und Irmela Brender (Baden-Württemberg; für den Bundesvorstand).

269 Die Wahlkommission setzte sich zusammen aus Dieter Lattmann, Uwe Friesel, Johann P. Tammen.

270 Am 16.10.83 wurde in der Frankfurter Paulskirche anläßlich der Verleihung des Friedenspreises des deutschen Buchhandels an Manès Sperber dessen Preisträgerrede von Alfred Grosser verlesen. Die Laudatio auf Sperber hielt Siegfried Lenz. Am 18.10.1983 nahm Bernt Engelmann beim Gewerkschaftstag der IG Druck und Papier in Nürnberg gegen Sperbers Rede »Leben im Jahrhundert der Weltkriege« Stellung und forderte Sperber zur Rückgabe des Preises auf.

271 Erwin Ferlemann: Ohne Mediengewerkschaft dividieren sie uns auseinander. Gespräch mit Friedrich Hitzer. In: kürbiskern, 2/1984. Ferlemann bezeichnet die Engelmann-Kritiker als »5. Kolonne« im Dienste des Großkapitals, das mit allen Mitteln die Gründung einer Mediengewerkschaft verhindern wolle.

272 Hannes Schwenger: »Jürgen [Lodemann], du hast eben mit Recht [...] Bernt Engelmann an dem Punkt in Schutz genommen, als du gesagt hast, daß du weißt, daß er sich nicht in der Öffentlichkeit, aber immer für die Interessen von Kollegen, auch in den sozialistischen Länder eingesetzt hat, das weiß ich. Das hat von uns auch niemand bestritten.«

273 Vgl. Günter Grass: »In mir kämpfen, hier zuhörend, Verdruß, Trauer, wenn ich dem Zerfall eines Verbandes zusehe, und Scham. Schamgefühl unserem polnischen Kollegen Zagajewski gegenüber, der sich das hier anhören muß. Auch die Rede des ehemaligen Vorsitzenden Mahlein hat anhören müssen. Wie hier ein deutscher Gewerkschafter den Kardinal Glemp als Zeugen gegen Solidarność aufruft [...] Die polnische Kirche hat in bedrohlichen Zeiten in der Regel zum Volk gehalten. Das nun anzuführen, und KOR anzuführen, eine Gruppierung, die ich zu den demokratischen Sozialisten rechnen möchte

(Applaus), finde ich schamlos, finde ich eine Aufgabe gewerkschaftlicher Positionen (Zwischenrufer), die, so hoffe ich, auch in der Gewerkschaft Druck und Papier noch auf Kritik stoßen wird.«

274 Vgl. Bartoszewski: »Für mich, wie auch für sehr viele polnische Intellektuelle, ist die Einstellung der deutschen Intellektuellen zur Freiheit eine besonders wichtige Frage. Ich muß dies wohl nicht begründen. Ehrlich gesagt hätte ich Angst, daß gewisse Äußerungen des Verbandes deutscher Schriftsteller in Polen zu Mißverständnissen führen könnten. Ich meine damit, daß in Deutschland die Hochachtung vor jedweder starken Macht und ideologisch unterbauten Autorität immer noch vorhanden ist.«

275 Vgl. Dokument 35: Betr.: Antrag 4. Protest des Berliner VS Landesbezirkes.

276 Vgl. Dokument 32: »... denen kommt es ja nicht auf Frieden an«. Interview mit Stephan Hermlin.

277 Frankfurter Rundschau, 3.4.1984.

278 Ingeborg Drewitz in ihrer Vorstellung: »Die Konfliktentwicklung in den letzten Monaten hat mich zwar beunruhigt, ich hatte allerdings bis Ende Januar die Hoffnung, daß sich ein Kandidat oder eine Kandidatin finden werde, die sich zutraut oder besser, der ihr es zutraut, daß sie die Integration der auseinanderklaffenden politischen Positionen bewerkstelligen könnte. Erst als aus etlichen Landesverbänden der Wunsch geäußert wurde, ich möge kandidieren, habe ich mich vor zwei Monaten dazu entschlossen.«

279 Bernt Engelmann wird auch später bei jedem neuen Wahlgang wieder vorgeschlagen, erklärt seine Bereitschaft, als Beisitzer zu kandidieren, die er später wieder zurücknimmt mit der Begründung, er wollte damit nur unter Beweis stellen, daß er durchaus bereit sei, auch im Beirat weiter mitzuarbeiten – »aber es gibt – aufgrund der Belastungen der letzten Monate – familiäre Gründe, die mich nun doch davon abhalten«.

280 Eine Kandidatur für das Stellvertreteramt lehnen ab Peter O. Chotjewitz, Ingeborg Drewitz, Heinrich Vormweg, Martin Buchhorn, Karlhans Frank, Jochen Kelter, Max von der Grün, Uwe Friesel, Urs Jaeggi. Nach einer »Bedenkpause« erklären sich dann Kelter, Paszensky und Vormweg bereit zu kandidieren. Chotjewitz begründet seine Nicht-Kandidatur mit einer persönlichen Erklärung.

281 Loest wird mit 28 Stimmen zum stellvertretenden Bundesvorsitzenden gewählt; als BeisitzerInnen Jochen Kelter, Karin Hempel-Soos, Martin Buchhorn, Renate Chotjewitz-Häfner.

282 Vgl. Detlef Hensche in der Diskussion zum »Kampfkongreß Saarbrücken«, S. 248–253.

283 AZ München vom 28. März 1984 »Kulturstammtisch«. Den Dichter vorm Verhungern retten. Protokoll Claudia Theurer und Carna Zacharias. Teilnehmer des Gespräches: Hans Peter Bleuel, Peter O. Chotjewitz, Carl Amery, August Kühn, Ingeborg Drewitz, Bernt Engelmann, Wolf Wondratschek und Erich Loest.

284 Vgl. Uwe Friesel: Parteieneinfluß und Parteilichkeit? S. 211 f.

285 Ingeborg Drewitz an Liz Wieskerstrauch. Brief vom 4. 4. 1984. An P. O. Chotjewitz schrieb sie am 7. 4. 1983: »Ich werde mich jedenfalls für VS-Aufgaben nicht mehr zur Verfügung stellen.«

286 Erich Loest hat das in »Der Zorn des Schafes« beschrieben.

287 Joachim Walther, Mielke und die Musen. DDR-Literatur und Staatssicherheit. Bericht vor der Enquete-Kommission des Deutschen Bundestages am 4. 5. 1993.

288 Auch Bernt Engelmann schloß eine versuchte Einflußnahme nicht aus. »Ich halte es für sehr wahrscheinlich, daß die DKP oder meinetwegen die DDR Interesse daran hatte, daß eine Wahl in irgendeiner Richtung ausgeht. Ich halte es sogar für möglich, daß sie den Parteiauftrag ausgegeben haben: Macht das! Nur, derjenige oder diejenige, der damit beauftragt gewesen ist, die kann ich nur bedauern.« In: Autorenschlachten, a. a. O.

289 Anlaufpunkt war die collectiv-Buchhandlung Lenchen Demuth.

290 Vgl. Dokument 39: Über politisch interessierende Sachverhalte im Zusammenhang mit dem Bundeskongreß des Verbandes deutscher Schriftsteller (12. 4. 1984).

291 Als »Demütigung der bedeutenden Schriftstellerin Ingeborg Drewitz durch den Racheakt einer Riege von Kanalarbeitern« hat die Berliner Landesgruppe des Verbandes deutscher Schriftsteller (VS) die Vorgänge auf der Bundesdelegiertenkonferenz in Saarbrücken bezeichnet. In: WAZ vom 3. April 1984.

292 Tagung im Februar 1986 im LCB; Anna Jonas lädt zu der Tagung im Namen von Günter Grass und Hans Christoph Buch ein: »Die Uneinigkeit der Einzelgänger. Unter diesem, von Heinrich Böll entlehnten Motto werden sich circa 35 Autoren und Autorinnen aus Berlin und der Bundesrepublik im Haus des Literarischen Colloquiums am Wannsee versammeln, um den zwei Jahre zuvor am gleichen Ort unter dem Motto ›Flüchtlingsgespräche‹ begonnenen Meinungsaustausch fortzusetzen.« Das einleitende Referat hielt Hans Joachim Schädlich.

293 Zu diesem Schwerpunkt gab es keine vorbereiteten Beiträge. Die Darstellungen von Renate Chotjewitz-Häfner, Carsten Gansel und Olav Münzberg sind bei der Arbeit der Geschichtskommission entstanden.

294 Elisabeth Endres: Die uneinigen Einzelgänger. In: Süddeutsche Zeitung, 16. 2. 1994; Brief von Hans Peter Bleuel an Elisabeth Endres vom 17. 2. 94: »Wahr ist, daß wir [der Bayrische Landesverband, die Hrsg.] Martin Gregor-Dellin und die Bundesvorstände von Amery und Engelmann immer unterstützt haben – auch als es zu Auseinandersetzungen mit den Berlinern um Hannes Schwenger kam, die wir nie als Trotzkisten (wie das?) oder rechte Friedensgegner bezeichnet haben. Als versteckte Gegner der Mediengewerkschaft schon – und für die haben wir nachhaltig und mit Erfolg gestritten.« Und an anderer Stelle: »Wahr ist, daß Günter Grass, Hannes Schwenger und Anna Jonas erst nach dem Ende Annas kurzer Vorstandschaft den Verband deutscher Schriftsteller verließen, als die Bundesdelegiertenkonferenz in Stuttgart 1988 ihrer gewerkschaftskritischen Politik nicht zu folgen bereit war.«

295 Hermann Zoller war zusammen mit Henrik Müller verantwortlicher Redakteur der »feder«; heute ist Zoller Redakteur des »forum«, Zeitschrift für Aktive der IG Medien.

296 Vgl. Rücktrittserklärung des VS-Bundesvorstandes 1983. Dort heißt es: »Der Bundesvorstand tritt geschlossen zurück und gibt damit den Mitgliedern des VS und der Öffentlichkeit ein politisches Signal, so eine Spaltung des VS zu verhindern und durch einen Neubeginn die für alle Kolleginnen und Kollegen notwendige gewerkschaftliche Arbeit zu sichern.« In: feder, 12/1983, S. 4.

297 Konstanze Radziwill bezieht sich auf Jürgen Fuchs' Rede auf dem Mainzer Schriftstellerkongreß »Diese unsere Worte – Sprache als Maßstab der politischen Kultur«, die auszugsweise zusammen mit den Reden von Erasmus Schöfer und Ulrich Schacht in der »Frankfurter Rundschau« vom 26. 3. 1983 veröffentlicht wurde.

298 Sozialistischer Hochschulbund, studentische Vereinigung, 1973 hervorgegangen aus dem Sozialdemokratischen Hochschulbund, gegründet 1960, ursprünglich der SPD nahestehend, an Aktionen der APO beteiligt.

299 Das Bild vom »guten Heinrich« hat Heinrich Böll geprägt. Siehe S. 349.

300 Ingeborg Drewitz äußerte sich während des Podiumsgespräches »Solidarität mit Polen« am 30. März (am Vorabend des Kongresses) in Saarbrücken zur Entstehungsgeschichte: »Sie wissen, daß ich an dem Telegramm in der Form, wie es rausgegangen ist, überhaupt nicht beteiligt war. Ich kann also ganz unbeteiligt und nüchtern sprechen. Ich habe die erste Formulierung mit Hanns-Werner Schwarze, dem Generalsekretär des PEN-Zentrums, durchgesprochen, da hieß es deutlich: des Schriftstellerverbandes.« Vor ihr äußerte Günter Grass: »Dieses Telegramm an Jaruzelski ist von Schriftstellern aufgesetzt worden. Man sollte von Schriftstellern erwarten, daß sie in der Lage sind, einen Text zu finden, der sich Mißdeutungen nicht aussetzt! [...] Der alte Verband ist aufgelöst worden. In klarer Sprache hätte man die Wiederzulassung des alten Verbandes fordern müssen. Es gibt eine erste Fassung, die [...] vom westdeutschen P.E.N.-Club mitformuliert worden ist, die die Wiederzulassung des alten Verbandes forderte. Der Vorsitzende unseres Schriftstellerverbandes hat an diesem Text redigiert, und es ist zu dieser windelweichen, alles ermöglichenden Formulierung gekommen, die dann rausging.«

301 Delegierte für den Landesverband Niedersachsen des VS waren neben Konstanze Radziwill Johann P. Tammen und Wolfgang Bittner.

302 In der Protokollabschrift sind weder ein Zwischenruf noch eine Antwort von Drewitz auf einen solchen registriert.

303 Siehe: feder, 2/1984; Brief von Renate Chotjewitz-Häfner an Ingeborg Drewitz vom 27. 12. 1983: »Liebe Ingeborg, beim letzten Treffen der VS-Frauengruppe im Dezember in Frankfurt wurde auch ausführlich die Krise im VS diskutiert. Dabei meinten wir, ein Teil der in der letzten Zeit aufgetretenen Widersprüche könnte aufgelöst werden, wenn eine als Integrationsfigur geltende Kandidatin für den Vorsitz des VS gefunden wird. Wir bitten

Dich deshalb herzlich, bei der nächsten Bundesdelegiertenkonferenz Ende März in Saarbrücken für das beschwerliche Amt der ersten Vorsitzenden zu kandidieren. Cornelia Arnhold, Ilse Braatz, Renate Chotjewitz-Häfner, Inga Buhmann, Gesa Esterer, Ingeborg Haberkorn, Doris Lerche, Renate Wiggershaus.«

304 Vgl. Renate Chotjewitz-Häfner: Ungehaltene Rede vor dem Bundesdelegiertenkongreß des Verbandes deutscher Schriftsteller in der IG Druck und Papier, Saarbrücken, am 1. April 1984. In: taz, 12.4.1984.

305 In der »Kandidatenliste« der VS-Landesbezirke für Saarbrücken hieß es: »Berlin: Will über Kandidaturen erst nach der Programmdebatte in Saarbrücken entscheiden«. Anschließend an die Vorschläge der Landesbezirke heißt es: »In der gemeinsamen Sitzung der Landesvorsitzenden mit dem Bundesvorstand am 6./7. Februar haben sich alle Landesvorsitzenden mit Ausnahme von Berlin für eine Kandidatur von Ingeborg Drewitz als 1. Vorsitzende ausgesprochen.«

306 Vom VI. Schriftstellerkongreß in Mainz 1983 existiert kein Protokoll. Die Protokollierung von VS-Kongressen wurde erst 1986 in Berlin auf einen Antrag zur Geschäftsordnung von Gerhard Beier eingeführt.

307 Vgl. Bernt Engelmann am 16.3.1992 beim öffentlichen Gespräch in Saarbrücken »AUTORENSCHLACHTEN? Literatur, Stasi und die Folgen«: »Vorher hatten wir [...] im Landesverband Bayern ein Zehnpunkteprogramm ausgearbeitet, was Hans Peter Bleuel damals sozusagen federführend [...] vorgelegt hatte, das einstimmig im Landesverband Bayern angenommen wurde, das wir nach Saarbrücken mitnahmen, und das in Saarbrücken ebenfalls einstimmig angenommen wurde, noch bevor die Kandidaten – oder Kandidatin sich vorgestellt hatte. Und nun kam Ingeborg Drewitz. Als erstes bin ich entsetzlich erschrocken, als ich sie sah. Denn sie war todkrank, schon damals. Hatte die Beine bandagiert und war im Gesicht – du kannst es mir bestätigen, sie war – wir haben alle Mitleid mit ihr gehabt. Und da bin ich in der Mittagspause zu ihr gegangen und hab gesagt: ›Ingeborg, hör zu: Ich mute dir das nicht zu. Ich kann es beurteilen, ich hab's getragen sieben Jahr. Wenn du an der Spitze dieses Verbandes stehst, wirst du merken, was du für Prügel bekommst. Und das kannst du dir nicht zumuten.‹ Dann hat sie mir gesagt: ›Aber ich bin den Berlinern im Wort, daß ich das mache, und ich will doch wenigstens, auch wenn ich vielleicht nicht mehr gesund bin, versuchen, die Gräben zuzuschütten.‹ Es waren lauter wirklich nette und vernünftige und ehrenwerte Motive, die sie hatte. Aber alle – und einer [...], du weißt, wen ich meine, wenn ich Wolfram als Vornamen sage [gemeint ist Wolfram Dorn, die Hrsg.] – der ganz unverdächtig ist, jemals mit der DKP etwas zu tun gehabt zu haben, [...] brachte es auf eine etwas, wie ich fand, brutale Formel, sagte: ›Die Frau ist doch todkrank, die kann doch nicht den Verband führen.‹ Schrecklich hörte sich das an, aber es war leider die Wahrheit. Und als dann die Abstimmung war, inzwischen hatte sich daraufhin [...] Hans Peter Bleuel auch als Kandidat beworben und auch vorgestellt, hat aber gesagt: ›Ich berufe mich lediglich als Programm auf

die zehn Punkte, die schon einstimmig angenommen sind.‹ Und dann gab es ein Patt. 18 zu 18 Stimmen waren es, glaube ich. Und daraufhin mußte nun noch einmal abgestimmt werden. Und dann kam ein Ergebnis mit einer Stimme Mehrheit für Hans Peter Bleuel. Es war eine sehr peinliche Geschichte, weil wir ja alle Mitleid mit der Ingeborg hatten und sie immer noch versucht hatten abzuhalten. Und dann stand ein bayrischer Delegierter, Kulturreferent der Stadt Erlangen, Wolf-Dieter Schnetz, Sozialdemokrat, auf und sagte: ›Damit hier keine Irrtümer entstehen: Ich habe vorhin für Ingeborg Drewitz gestimmt und jetzt für Hans Peter Bleuel.‹«

308 Erich Loest: Aufgebot. In: Die Woche, 18. 2. 1994: »Die Aufregung war groß im westdeutschen Schriftstellerverband, als vor zehn Jahren in Saarbrücken ein neuer Vorstand gewählt werden sollte. Ingeborg Drewitz als Vorsitzende, Heinrich Vormweg und ich als ihre Vertreter, so hatten wir uns das vorgestellt. Vor allem wollte ich meine aus der DDR fortgeekelten Kollegen zu integrieren versuchen. Als wir den Tagungsraum wechselten, hatte ich plötzlich Bernt Engelmann an meiner Seite. Der riet mir dringend von einer Kandidatur ab – ich sei doch so neu im Verband, peinlich, wenn ich durchfiele, bis zum nächsten Mal solle ich doch bitte warten. 100 Meter weiter sagte Dieter Lattmann an meiner Seite dasselbe Sprüchlein auf: Ich solle doch bitte noch ein Weilchen warten. Wie peinlich wäre es […] Daß sich die beiden abgesprochen hatten, war klar.«

309 Vgl. Bernt Engelmann in: Öffentliches Gespräch vom 6. 3. 1992 in Saarbrücken: »Da [bei der Bundesdelegiertenkonferenz – die Hrsg.] sind aus allen Landesverbänden Delegierte, […] und insgesamt waren es […] 38 oder maximal 39 Delegierte beiderlei Geschlechts.[Tatsächlich waren es 48 Stimmberechtigte – die Hrsg.] Ich würde so wahnsinnig gerne mal jemanden sehen, der die manipulieren kann. Jeder einzelne ist doch ein Individuum, ein Individualist oder eine Individualistin. Ich halte es für sehr wahrscheinlich, daß die DKP oder meinetwegen auch die DDR Interesse daran hatte, daß eine Wahl in irgendeiner Richtung ausgeht. Ich halte es sogar für möglich, daß sie den Parteiauftrag ausgegeben haben: ›Macht das!‹ Nur – derjenige oder diejenige, der damit beauftragt gewesen ist, die kann ich nur bedauern. Wenn die also versucht haben sollten, den Kongreß zu manipulieren. Alle die wir da waren – ich bin ziemlich sicher, ich kann das also sagen mindestens für den größten Landesverband Bayern und den zweitgrößten Nordrhein-Westfalen, und Uwe Friesel hat mir versichert, das gleiche sei in Hamburg gewesen, und Margarete Hannsmann hat mir versichert, das gleiche sei aus Baden-Württemberg gewesen – alle sind sie angereist – ich auch – mit der Absicht, Ingeborg Drewitz zu wählen. Wir wollten ja gar keine andere. Es war auch gar kein anderer Kandidat oder Kandidatin vorgesehen.«

310 Siehe den Diskussionsbeitrag von Heinrich Böll in Saarbrücken, S. 347–350.

311 Ihre Gegner nannten sie »Günter Drewitz«, um den Eindruck zu erwecken, sie sei die Marionette von Günter Grass.

312 Zu den Zersetzungsmaßnahmen des MfS gehörte bereits 1977 auch die Ausstreuung von Gerüchten, Hannes Schwenger, als Initiator des »Schutz-

komitee Freiheit und Sozialismus« und VS-Vorsitzender in Westberlin, werde »direkt oder indirekt geheimdienstlich gesteuert«. Vgl. »Das Schutzkomitee ...«, a.a.O., S. 1.

313 Gemeint ist Antrag 4 des VS-Landesbezirks Berlin, Dokument 34.

314 Es heißt, daß Antrag 4 mit 24 Ja-Stimmen und 22 Nein-Stimmen bei drei Enthaltungen angenommen wurde. Das ist schon deshalb falsch, weil nur 48 Delegierte abstimmen konnten. In allen Presseberichten ist die Rede davon (u.a. in Agnes Hüfners Bericht in der Deutschen Volkszeitung vom 6.4.84), Antrag 4 sei mit *einer* Stimme Mehrheit angenommen worden (23:22 Stimmen bei drei Enthaltungen).

315 Zu stellvertretenden Vorsitzenden wurden im ersten Wahlgang Gert von Paczensky mit 31, im zweiten Wahlgang Erich Loest mit 28 Stimmen gewählt.

316 Siehe: kürbiskern, 3/1984, S. 35. Der »kürbiskern« enthält einige Redeauszüge, die auf einem privaten Mitschnitt von Friedrich Hitzer beruhen. Im Textvergleich zwischen der Verschriftung nach dem Mitschnitt des Saarländischen Rundfunks und dem Hitzers gibt es Abweichungen.

317 Die für die Mehrheit der Delegierten und für Ingeborg Drewitz als bislang einzige genannte Kandidatin überraschende Kandidatur von Hans Peter Bleuel wurde von Dagmar Scherf eingebracht. Kurz zuvor hatte sie fünf Minuten Unterbrechung beantragt, was abgelehnt wurde.

In ihrem »Persönlichen Erinnerungsprotokoll« zum Schriftstellerkongreß von Saarbrücken für die Geschichtskommission schreibt Dagmar Scherf: »Die Haltung, mit der ich nach Saarbrücken fuhr, läßt sich am ehesten mit abwartender Skepsis umschreiben, d.h., ich war nicht begeistert von der Kandidatin Ingeborg Drewitz, sah jedoch keine Alternative und hoffte, daß der Ablauf des Kongresses meine Bedenken zerstreuen würde. Leider passierte das Gegenteil.« Und an anderer Stelle: »In entsprechender Stimmung saß auch in der Nacht vor der Wahl eine zufällig zusammengesetzte Delegierten-Runde in einer Saarbrücker Kneipe beisammen – u.a. waren Hans Peter Bleuel, Dieter Lattmann, Lore Schultz-Wild und ich darunter. Auf meine aus der Ratlosigkeit geborene Frage, ob Bleuel angesichts dieser Situation nicht doch gegen Ingeborg Drewitz antreten wolle, bekam ich an diesem Abend keine klare Antwort. Tendenz: eher nein. Als am nächsten Vormittag dann zu Beginn des Wahlvorgangs weitere Kandidatenvorschläge [...] aufgerufen wurden, drehte ich mich zu Hans Peter Bleuel um (die bayrischen Delegierten saßen hinter den hessischen) und fragte: ›Was ist, kandidierst du, ja oder nein?‹ Und als er nickte, schlug ich ihn vor.« D. Scherf schreibt: »Ich bleibe dabei, daß diese Namensnennung eine spontane Entscheidung war. [...] Es war die Entscheidung für einen Kollegen, dessen Arbeit im VS ich während der zwei vorangegangenen Jahre, z.B. während [...] Interlit I und bei den Treffen der Landesvorsitzenden in Stuttgart kennen- und schätzengelernt hatte. Meine Überzeugung, daß Hans Peter Bleuel in dieser prekär zugespitzten Situation der geeignetere VS-Vorsitzende sein würde, beruhte auf durchaus persönlich-politischen

Motiven: Das, was ich an ihm vor allem schätzte, sein friedenspolitisches und sein industriegewerkschaftliches Engagement, insbesondere sein entschiedenes Eintreten für die Bildung der IG Medien, entsprach damals ziemlich genau den Schwerpunkten meiner eigenen politischen Arbeit.« In einem Brief vom 5. 4. 1984 stellte Peter O. Chotjewitz an den hessischen VS-Vorstand und die Mitgliederversammlung einen Mißtrauensantrag gegen Dagmar Scherf als Vorsitzende des VS Hessen, da die Mitgliederversammlung am 19. 1. 1984 beschlossen hatte, die Kandidatur von Ingeborg Drewitz zu unterstützen. Am 14. Mai 1984 sprach die Mitgliederversammlung ihr mit 33:20 Stimmen das Mißtrauen aus, woraufhin Dagmar Scherf zurücktrat. Vgl. dazu Karl Corino: Ende der Kaderpolitik. In: Stuttgarter Zeitung, 6. 5. 1989.

318 Die Frage nach einer Einflußnahme seitens des MfS auf den Verlauf des Saarbrücker Kongresses wurde ausgelöst durch zahlreiche Aktenfunde nach Öffnung der DDR-Archive, die das hohe Interesse der politischen Führung der DDR an einer Einflußnahme auf den Schriftstellerverband der Bundesrepublik belegen, und deren sukzessive Veröffentlichung in den Jahren nach der Wende. In den letzten Jahren gab es immer wieder Vermutungen, der Wahlvorgang in Saarbrücken sei von der Stasi gesteuert worden. Jürgen Fuchs sollte nachweislich mit geheimdienstlichen Mitteln davon abgehalten werden, zum Kongreß zu fahren. In seinem Erinnerungsprotokoll für die Geschichtskommission hat Peter Schütt seine Beobachtungen und Vermutungen zusammengefaßt und u.a. von einem »Reiseauftrag« der Partei zur Beeinflussung von Delegierten des VS berichtet (siehe S. 371f.).

Karl Corino merkt in einem Brief vom 16. 3. 94 an Andreas Kalckhoff an: »Hätte ich es [das Dokument von Schütt – d. Hrsg.] vorher gekannt, hätte die Tagung wohl einen etwas anderen Verlauf genommen. [...] Die Indizien sind massiv, daß der VS-Kongreß in Saarbrücken einen ›Zentralen operativen Vorgang‹ für die Stasi bildete. Mindestens einer der von Schütt genannten DDR-Schriftsteller, die vor dem Kongreß durch die BRD reisten [Anfang Dezember 1983 besuchten Herbert Otto und Benito Wogatzki P. Schütt – die Hrsg.], war Mitarbeiter des MfS, möglicherweise sogar beide. Und ist es nicht verblüffend, daß das MfS nachweislich Überlegungen anstellte, wie man einen Berliner Autor von der Teilnahme am Saarbrücker Kongreß fernhalten könne? [gemeint ist Jürgen Fuchs – d. Hrsg.] Man regelte die Sache so: Er sei ein Familienmensch, also werde er wohl zu Hause bleiben und seine Schwägerin empfangen, wenn man sie just am ersten Tag des Kongresses – nach zweijähriger Wartezeit – aus der DDR entlasse. Dies Dokument fand der Betroffene nach der Wende in seiner Akte.«

319 Auf dem III. Schriftstellerkongreß wurde Horst Bingel (Frankfurt a. M.; FDP-Mitglied) zum Vorsitzenden gewählt; Dieter Lattmann als Beisitzer. Als Ehrengast sprach Walter Scheel (FDP), damals Bundespräsident.

320 Angemeldete Delegierte aus Nordrhein-Westfalen waren: Volker W. Degener, Wilhelm Damwerth, Agnes Hüfner, Jutta Richter-Thenior, Herbert Somplatzki, Wolfgang Schiffer.

321 Hannes Stütz, Liedermacher, DKP-Funktionär und Redakteur des »kürbiskern«, nahm laut Presseanmeldungen für die Redaktion »unsere zeit« am Kongreß teil. Peter Schütt schreibt, Deumlich und Stütz hätten ihn 14 Tage vor dem Kongreß überraschend besucht, um ihn per Parteiauftrag zu möglichst vielen VS-Delegierten zu schicken. Er sollte die Delegierten beeinflussen, Ingeborg Drewitz nicht zu wählen, statt dessen für einen Gegenkandidaten aus dem »Engelmann-Lager« zu votieren, der spätestens auf dem Kongreß aufgestellt würde.

322 Vgl. Peter O. Chotjewitz: Schlammschlachten ..., a. a. O., S. 7 ff: »Der Kongreß: war so ziemlich das Widerlichste, was ich je erlebt habe. Es gab viele kleine Dinge, wie das gehässige Titelblatt des »kürbiskern«, der auf allen Plätzen auslag. Die Angehörigen der Fraktionen vermieden es hartnäckig, sich auch nur zu begrüßen. Die Sitzordnung – man saß sonst nach Landesbezirken geordnet – geriet durcheinander.« S. 29: »Die Kandidatur Bleuels: Engelmanns Kurswechsel und damit Bleuels Gegenkandidatur wurden erst am Tag vor der Wahl definitiv. Im kleinen Kreis erörterten Engelmann und andere, daß Drewitz nicht mehr wählbar sei. Tatsächlich hatte der Verlauf der Debatten bis zu dem Punkt die völlige Spaltung des VS gezeigt. Es war nun nicht mehr nötig, auf die Opposition Rücksicht zu nehmen. Es gab etwa drei gleich starke Gruppen: a) Die bayrische Betonfraktion mit Anhängern in nahezu allen Landesverbänden, b) den Drewitz-Flügel (dazu gehörten u. a. Grass, Böll, Lenz, Schneider), c) die Unentschiedenen. Alle drei Gruppen waren etwa gleich stark, wie das Ergebnis im ersten Wahlgang zeigte. Allerdings glaube ich nicht, daß alle Delegierten überhaupt begriffen, daß eine historische Weichenstellung zur Debatte stand.« S. 30: »Vorstandsmitglieder gesucht: Die Kandidatur Bleuels war deshalb ein Vabanquespiel. [...] Bleuels Wahl hatte zur Folge, daß u. a. Vormweg und ich unsere Kandidaturen für Vorstandsämter zurückzogen. Engelmann irrte durch den Saal und suchte händeringend nach Kandidaten. Auch das zeigt, daß die Betonköpfe selber von ihrem Erfolg überrascht waren.« S. 33: »[...] Auch die Delegierten in Saarbrücken, die Bleuel gewählt haben, waren mehrheitlich keine DKP-oder DDR-Sympathisanten. Sie wollten keinen Rückfall in die Sprache des kalten Krieges, und im übrigen wollten sie endlich einmal in Ruhe ihre üblichen Verbandsinterna abhaken.« S. 34: »Ihr Fehler: war allerdings auch, daß sie sich so gut in der deutsch-deutschen Idylle eingerichtet hatten, daß ihnen die qualitativen Veränderungen im Inneren der DDR entgangen waren. Der Aufstand der Dissidenten im Westen und die zunehmenden, zugleich zunehmend kopflosen Aktivitäten der Sicherheitsbehörden im Osten waren seit etwa 1983 ein Symptom für eine neue Brüchigkeit der DDR.«

323 Aus Hamburg (Bezirk Nordmark) waren delegiert: Thomas Martin, Norbert Ney und Uwe Friesel. Die Unterstützung der Kandidatur von I. Drewitz war offenbar nicht derart sicher, wie Uwe Friesel sich erinnert. Vgl. Antrag der Mitgliederversammlung des VS-Hamburg vom 26. 1. 1984, S. 337.

324 Bernt Engelmann laut Protokoll der Mitgliederversammlung des Verbandes

deutscher Schriftsteller Bayern vom 25.5.84: »Gefragt, ob der VS von kommunistischen Kadern unterwandert sei, stellte sie diese ›unsinnige und völlig haltlose Unterstellung‹ nicht klar. Im Gegenteil, sie meinte, wenn dem so sei, dann etwa in Hamburg. Schon vor Saarbrücken habe er Ingeborg Drewitz deutlich gesagt, sie sei auf dem besten Weg, sich eine Niederlage einzuhandeln, wenn sie diese und andere Äußerungen nicht vorher klarstellte, nicht erst in Saarbrücken.«

325 Daß auch Hans Peter Bleuel für den Vorsitz kandidiert, wurde den meisten Delegierten erst durch den Zuruf von Dagmar Scherf bekannt.

326 Bleuel besuchte Beier damals, weil er seit 1983/84 von der IG Druck und Papier einen Werkauftrag hatte, die Gewerkschaftschronik fortzuschreiben. Mit dieser Aufgabe hatte die IG Druck und Papier vor ihm 1976/77 Gerhard Beier beauftragt, auf Grund seiner 1966 erschienenen Dissertation »Schwarze Kunst und Klassenkampf«. Der Vertrag mit Beier wurde 1980 aufgelöst durch außergerichtliche Einigung und das Projekt auf Eis gelegt. 1983 beschloß der Hauptvorstand, Bleuel mit der Geschichtsschreibung der IG Druck und Papier zu beauftragen, auf den sie durch seine Lassalle-Biographie (1979) aufmerksam geworden war. Bleuel war zu diesem Zeitpunkt bayrischer VS-Vorsitzender. Er wurde zu regelmäßigen Manuskriptlieferungen verpflichtet. Der Vertrag mit Bleuel wurde 1986, kurz nach dem Berliner Schriftstellerkongreß nach gerichtlichem Vergleich beendet.

327 Der Bericht von Peter Schütt für die Geschichtskommission machte im Verband deutscher Schriftsteller die Runde und gelangte auch zu Detlef Hensche.

Am 27.11.1992 schrieb Hensche an Schütt: »Auf Seite 2 schreibst Du, daß Hans Peter Bleuel u.a. ›vom Gewerkschaftsapparat der IG Druck und Papier protegiert‹ wurde. Dies ist die Unwahrheit. Im Gegenteil, ich selbst habe in mehreren Gesprächen Ende 1983 und Anfang 1984 Ingeborg Drewitz dazu überredet, sich als Kandidatin und Engelmann-Nachfolgerin zur Verfügung zu stellen. Das war durchaus nicht leicht, da Ingeborg Drewitz ursprünglich keineswegs dazu bereit war; übrigens auch im Hinblick auf ihren angeschlagenen Gesundheitszustand. Wir selbst, also der ›Apparat‹, haben Modelle einer Geschäftsverteilung entwickelt, die es ihr erleichtert hätten, den Vorsitz zu übernehmen. Schließlich hat sie sich dann ja auch bereit erklärt.

Umso mehr waren wir überrascht, als am entscheidenden Morgen Dagmar Scherf Pit Bleuel als Kandidaten vorschlug und als Pit Bleuel zur allgemeinen Überraschung die Kandidatur annahm. Hinzu kam, daß Pit Bleuel zum damaligen Zeitpunkt bereits einen Vertrag mit dem Hauptvorstand der IG Druck und Papier eingegangen war, die Verbandsgeschichte zu schreiben. Wir fanden die durch die Kandidatur und Wahl sich ergebende Interessenüberschneidung nicht gerade glücklich – obwohl rechtlich gegen sie nichts einzuwenden war.«

328 Schütt antwortete Hensche (Brief vom 2.12.1992): »[…] natürlich habe ich nichts dagegen, daß Du das Manuskript gelesen hast. Im Gegenteil. Was Du

schreibst, ist für mich ganz und gar neu und korrigiert meine Vermutungen tatsächlich in einem wesentlichen Punkt. […] Natürlich wird mit Deiner Richtigstellung die ganze Sache nicht einfacher, sondern nur noch undurchsichtiger und gewisserweise auch ›verdächtiger‹. Ich fühle mich im Gegensatz zu früher nicht mehr im Besitz der alleinigen Wahrheit, auch in dieser verzwickten und leidigen Angelegenheit nicht. Die ganze Wahrheit wird, falls nicht zufällig einschlägige Akten gefunden werden, wohl nur dann ans Licht kommen, wenn außer mir noch mindestens zwanzig andere, die in Saarbrücken aktiv oder passiv dabei waren, ihr Gedächtnis und ihr Gewissen erforschen und ihre Erinnerungen zu Papier bringen. Das anzuregen und zu bewerten, wird wohl die Aufgabe der Geschichtskommission sein, und dazu wollte ich einen kleinen Anstoß geben.«

Nachdem Peter Schütt mit einem Brief vom 8.12.1992 an Dagmar Scherf ausdrücklich erklärte, »daß ich die Behauptung, Du hättest Vorteile aus Deinem Wahlvorschlag gezogen, nicht mehr aufrechterhalte, und diese Behauptung auch nicht mehr dem Wort oder dem Sinn nach wiederholen werde«, wurde sein Erlebnisbericht für die Geschichtskommission mit entsprechenden Veränderungen im offiziellen Organ des DGB veröffentlicht. (Peter Schütt: Auf der Suche nach der verlorenen Zeit – Schriftstellerverband und Vergangenheitsbewältigung. In: Gewerkschaftliche Monatshefte, 6/1993).

329 Vgl. Bernt Engelmann in »Autorenschlachten …« 1992: »Und Margarete Hannsmann aus Stuttgart hat gesagt: ›Ich bin in der Pause von einem zum andern gegangen und habe ihm gesagt; Tut das der Ingeborg nicht an, daß ihr sie wählt. Sie steht das nicht durch.‹- So. So ist es gewesen. Und nun möchte ich gern mal wissen, wer da manipuliert hat. Ganz gewiß nicht der Peter Schütt, auf den keiner gehört hätte, weil ihn kaum noch jemand ernst nahm. Und zweitens war der gar nicht Delegierter. Der war einer von denen, die so in der Kulisse saßen als Gast. So ist das. Das sind nun mal Individualisten, alle miteinander, und ich habe oft gesagt, ich möchte lieber einen Sack Flöhe hüten als diese Kolleginnen und Kollegen mal unter einen Hut zu bekommen. Der Vorwurf der Manipulation mag berechtigt sein, was die Absicht betrifft. Die Erfolgschancen sind nach meiner Überzeugung gleich Null.«

330 Delegierte des Landesverbandes Baden-Württemberg (angemeldet waren: Johannes Poethen, Irmela Brender, Margarete Hannsmann, Jochen Kelter).

331 Die in diesem Band abgedruckten Beiträge sind nicht identisch mit der dokumentierten Fassung in: Ein Dialog …, a.a.O. Johano Strasser machte in einem Brief an die Herausgeber vom 16.2.1996 darauf aufmerksam, daß die »Bandabschrift« »besonders am Ende, offenbar voller Hörfehler« sei.

Bio-bibliographische Angaben

Klaus Behringer
Jahrgang 1958, geboren in Saarbrücken, seit 1992 freier Schriftsteller, Journalist und Lektor (Herausgeber und Autor: Einhornjagd & Grillenfang, 1992; Mitherausgeber: Ein Dialog zwischen Blinden und Taubstummen. Der VS-Kongreß in Saarbrücken, 1995), seit 1995 Vorsitzender des VS Saar.

Gerhard Beier
Jahrgang 1937, geboren in Flensburg, lebt als Historiker und freier Schriftsteller in Kronberg im Taunus, Dr. phil. habil., 1966/67 Schulungsleiter der IG Druck und Papier in Springen.

Schwarze Kunst und Klassenkampf, 1966; Geschichte und Gewerkschaft, 1981; Wir wollen freie Menschen sein!, 1993.

Heinrich Böll
1917–1985, Buchhandelslehrling, Germanistikstudium, seit 1947 Schriftsteller und politischer Publizist (Der Zug war pünktlich, 1949; Wanderer, kommst du nach Spa, 1950; Wo warst du, Adam?, 1951; Haus ohne Hüter, 1954; Das Brot der frühen Jahre, 1955; Billard um halbzehn, 1959; Ansichten eines Clowns, 1963; Aufsätze, Kritiken, Reden, 1967; Gruppenbild mit Dame, 1971; Die verlorene Ehre der Katharina Blum, 1974; Vermintes Gelände, 1982; Bild, Bonn, Boenisch, 1984; Frauen vor Flußlandschaft, 1985; u. v. a.), 1970–1972 Präsident des westdeutschen P.E.N.-Zentrums, 1971–1974 Präsident des internationalen P.E.N.-Clubs, 1972 Literatur-Nobelpreis.

Hans Christoph Buch
Jahrgang 1944, geboren in Wetzlar, Studium der Germanistik und Slawistik, Lehrauftrag an der Universität Bremen, Gastdozent für Marxistische Ästhetik an der Universität von Kalifornien, Mitglied des P.E.N., Veröffentlichungen von Erzählungen und Essays (Unerhörte Begebenheiten, 1966; Kritische Wälder, 1972; Das Hervortreten des Ichs aus den Wörtern, 1978; Die Scheidung von San Domingo, 1979; Bericht aus dem Innern der Unruhe, 1984; Die Hochzeit von Port-au-Prince, 1984; Karibische Kaltluft, 1985; Haiti Cherie, 1990; Die Nähe und die Ferne, 1990; Der Burgwart der Wartburg, 1994).

Renate Chotjewitz-Häfner
Jahrgang 1937, geboren in Halberstadt, Autorin und literarische Übersetzerin, lebt seit 1986 in Frankfurt/Main und Kruspis (Osthessen), Glasmalerlehre in Ulm, Studium der Malerei (Kassel), Kunstgeschichte, Theatergeschichte, Publizistik (Berlin), zwei Söhne, längere Zeit in Rom ansässig, 1984–1986 Mitglied im Bundesvorstand des VS u.a., Sprecherin der VS-Geschichtskommission, ab 1969 Funkfeatures, Artikel, Übersetzungen aus dem Italienischen (Komödien von Franca Rame und Dario Fo; Feminismus ist kein Pazifismus, 1977; Die mit Tränen säen, 1980; Die Juden von Rhina, 1978/1988, zusammen mit Peter O. Chotjewitz), seit 1984 Erzählungen und Lyrik.

Karl Corino
Jahrgang 1942, Literaturwissenschaftler, Journalist, Leiter der Literaturabteilung im Hessischen Rundfunk, er moderierte von 1973 bis 1990 das Magazin »Transit. Kultur in der DDR«, zahlreiche Veröffentlichungen (Intellektuelle im Bann des Nationalsozialismus, 1981; Autoren im Exil, Hg. 1981; Robert Musil. Leben und Werk in Bildern und Texten, 1988; Gefälscht, 1992; Die Akte Kant, 1995).

Anne Dorn
Geboren in Wachau bei Dresden, Erzählerin, Hörfunk-, Fernseh- und Romanautorin (hüben und drüben, 1991; Geschichten aus tausendundzwei Jahren, 1992; rübergemacht, 1993; Clara muß sterben, 1993; Damals als die Sonne schien, 1996).

Ingeborg Drewitz
1923–1986, geboren in Berlin, Essayistin, Romanciere, Hörspielautorin, Dramatikerin, Biographin (Moses, 1954; Der Anstoß, 1958; Das Karussell, 1962; Oberlicht, 1969; Bettina von Arnim, 1968; Gestern war heute, 1978; Zeitverdichtungen, 1980; Eis auf der Elbe, 1982; Eingeschlossen, 1986; u. v. a.), Vorsitzende des »Schutzverbandes Deutscher Schriftsteller« (SDS) in Berlin, 1969 Mitglied des Gründungsvorstandes des VS, Vorsitzende des VS Westberlin, Präsidiumsmitglied und Vizepräsidentin des P.E.N., 1969–1980 Mitglied des VS-Bundesvorstandes, 1976–1980 stellvertretende Bundesvorsitzende des VS.

Reimer Eilers
Jahrgang 1948, geboren auf Helgoland, lebt in Hamburg. Mitglied der Autorengruppe PENG. Literaturförderpreis der Stadt Hamburg 1985. Seit 1991 Vorsitzender des VS Landesverbandes Hamburg. Zahlreiche Veröffentlichungen, zuletzt: Die schwarze Prinzessin, 1990.

Elisabeth Endres
Jahrgang 1934, geboren in München, Publizistin, von 1967 bis 1969 Kulturkorrespondentin in London.

Jean Paul. Die Struktur seiner Einbildungskraft, 1961; Die Literatur der Adenauerzeit, 1980; Die gelbe Farbe. Die Entwicklung der Judenfeindschaft aus dem Christentum, 1989.

Uwe Friesel
Jahrgang 1939, geboren in Braunschweig, Verlagslektor, Rundfunk- und Theaterdramaturg, 1972–1977 Mitherausgeber der Autoren-Edition im Bertelsmann-Verlag, Erzähler, Romancier, Krimi- und Kinderbuchautor, Lyriker, Essayist, Übersetzer (Linien in der Zeit, 1963; Sonnenflecke, 1965; Spiegelverkehrt, 1980; Aufrecht flußabwärts, 1984; Im Schatten des Löwen, 1987; Das gelbe Gift, 1988; Von der Tücke der Widerworte, 1990; Sein erster freier Fall, 1992; u. v. a.), P.E.N.-Mitglied, 1968–1969 Villa-Massimo-Stipendium, 1989–1994 VS-Bundesvorsitzender.

Jürgen Fuchs
Jahrgang 1950, geboren in Reichenbach/Vogtland, Eisenbahnerlehre, Sozial- und Kinderpsychologe, Lyriker und Erzähler (Gedächtnisprotokolle, 1977; Tagesnotizen, 1979; Pappkameraden, 1981; Einmischung in eigene Angelegenheiten, 1984; Fassonschnitt, 1984; Das Ende der Feigheit, 1988; u. a.), 1976 Untersuchungshaft ohne Anklage, 1977 Abschiebung nach Westberlin, Mitglied des Westberliner VS-Vorstandes, 1988 Austritt aus dem VS.

Carsten Gansel
Jahrgang 1955, aufgewachsen in Güstrow (Mecklenburg), Studium der Germanistik, Slawistik, Pädagogik. Promotion und Habilitation auf dem Gebiet der neueren deutschen Literatur. Lehrtätigkeit an verschiedenen Hochschulen und Universitäten. Seit 1995 Professor am Fachbereich 09 Germanistik der Justus-Liebig-Universität Gießen. Arbeiten insbesondere zur deutschen Literatur des 19./20. Jahrhunderts, zur DDR-Literatur, Theorie und Geschichte der Kinder- und Jugendliteratur und zur Literaturdidaktik. Mitherausgeber des Internationalen Uwe-Johnson-Forums. Letzte Publikationen: Uwe Johnson zwischen Vormoderne und Postmoderne (Hrsg. gemeinsam mit N. Riedel); Parlament des Geistes. Literatur zwischen Hoffnung und Repression (1945–1961), Berlin 1996.

Jan Garéwicz
Jahrgang 1939, geboren in Lodz (Polen), lebt in Warschau, Philosoph, 1963 Promotion, 1974 Habilitation, 1956–1987 wissenschaftlicher Mitarbeiter an der Polnischen Akademie der Wissenschaften, Publizist, Übersetzer, Herausgeber, Gastprofessuren u. a. in Freiburg 1981 und Duisburg 1987, 1980–1989 Vorsitzender der zunächst legalen, später illegalen Solidarność am Institut für Philologie und Soziologie der Polnischen Akademie der Wissenschaften, 1995 Preis der Robert Bosch Stiftung für polnische Übersetzer deutschsprachiger Literatur.

Günter Grass
Jahrgang 1927, geboren in Danzig, Studium der Bildhauerei, Graphiker, Dramatiker, Lyriker, Essayist, Romancier (Die Vorzüge der Windhühner, 1956; Hochwasser, 1957; Die Blechtrommel, 1959; Katz und Maus, 1961; Hundejahre, 1963; Die Plebejer proben den Aufstand, 1966; Aus dem Tagebuch einer Schnecke, 1972; Der Butt, 1977; Kopfgeburten, 1982; Die Rättin, 1986; Zunge zeigen, 1988;

Ein weites Feld, 1995; u. v. a.), 1965 Büchner-Preis, 1983–1986 Präsident der Akademie der Künste zu Berlin, 1987–1988 stellvertretender Vorsitzender des VS.

Uwe Grüning
Jahrgang 1942, Studium der Fertigungstechnik, Assistent und Oberassistent an der Technischen Hochschule Ilmenau, Promotion, seit 1982 freischaffend, Mitglied des Landtages Sachsen, seit 1991 Mitglied des P.E.N. (Ost), lebt in Reichenbach/Vogtland, Lyriker, Erzähler, Essayist, Übersetzer, Romanautor (Fahrtmorgen im Dezember, 1977; Auf der Wyborger Seite, 1978; Spiegelungen, 1981; Hinter Gomorrha, 1981; Im Umkreis der Feuer, 1984; Das Vierstromland hinter Eden, 1987; Der Weg nach Leiningen, 1989).

Margarete Hannsmann
Jahrgang 1921, geboren in Heidenheim, lebt in Stuttgart, Lyrik und Prosa (Grob fein & göttlich, Gedichte, 1970; Der helle Tag bricht an / Ein Kind wird Nazi, Prosa, 1982; Tagebuch meines Alterns, Prosa, 1991).

Monika Helmecke
Jahrgang 1943, geboren in Berlin, Stenotypistin, Diplom-Ökonomin, Hausfrau, vier Kinder, freiberufliche Autorin seit 1978, lebt in Genthin; Kinderbücher, Erzählungen, Hörspiele (Klopfzeichen, 1979; Die seltsame Reise nach Omamuckel, 1990; Himmel und Hölle, 1990).

Detlef Hensche
Jahrgang 1938, geboren in Wuppertal, Jurist, 1971 Leiter der Abteilung Gesellschaftspolitik beim DGB-Bundesvorstand, 1975 Mitglied des geschäftsführenden Hauptvorstandes der IG Druck und Papier/IG Medien, 1992 Vorsitzender der IG Medien.

Sabine Herholz
Jahrgang 1942, geboren in Berlin, Sprachenstudium London und Paris, Studium der Soziologie, Psychologie und Amerikanistik, wissenschaftliche Assistentin, Büroleiterin (Europäisches Parlament), seit 1989 Bundesgeschäftsführerin des Verbandes deutscher Schriftsteller.

Andreas Kalckhoff
Jahrgang 1944, geboren in Saaz/Böhmen, in München aufgewachsen, Historiker, Redakteur, Fachjournalist, Sachbuchautor (Richard III, 1980; Nacio Scottorum, 1983; Karl der Große, 1987; u. a.), lebt in Stuttgart.

Dieter Lattmann
Jahrgang 1926, geboren in Potsdam, Verlagslektor in München, seit 1960 freier Schriftsteller (Die gelehrige Generation, 1957; Ein Mann mit Familie, 1962; Die Schachpartie, 1969; Die Einsamkeit des Politikers, 1977; Die lieblose Republik,

1981; Die Brüder, 1985; u. v. a.), 1968–1969 Präsident der Bundesvereinigung deutscher Schriftsteller (1969–1973 »e.V.«, seit 1974 in der IG Druck und Papier), 1972–1980 Bundestagsabgeordneter.

Jürgen Lodemann
Jahrgang 1936, geboren in Essen, Studium der Geographie und Germanistik, Redakteur bei Zeitungen (Die Welt, Welt am Sonntag) und Fernsehen (Kultur des Südwestfunks), seit 1989 Filmproduktionen für den Südwestfunk, Erzähler, Essayist, Romancier, Dramatiker, Hörspielautor (Anita Drögemöller, 1975; Lynch, 1976; Ansberch, 1980; Der Solljunge, 1982; Essen Viehofer Platz 1985; Siegfried, 1986; Der Beistrich, 1987), Mitglied des P.E.N. und des VS.

Erich Loest
Jahrgang 1926, geboren in Mittweida, Soldat, Studium am Johannes-R.-Becher-Literaturinstitut Leipzig, Journalist, freier Schriftsteller (Die Westmark fällt weiter, 1952; Das Jahr der Prüfung, 1954; Durch die Erde ein Riß, 1961; Der grüne Zettel, 1967; Schattenboxen, 1973; Ins offene Messer, 1974; Es geht seinen Gang, 1978; Durch die Erde ein Riß, 1981; Völkerschlachtdenkmal, 1984; Zwiebelmuster, 1985; Froschkonzert, 1987; Fallhöhe, 1989; Der Zorn des Schafes, 1990; u. a.), 1953 Ausschluß aus dem DDR-Schriftstellerverband, 1957–1964 politischer Gefangener (»konterrevolutionäre Gruppenbildung«), schrieb danach Kriminalromane unter Psyeudonym (»Hans Walldorf«), Vorsitzender des DDR-Schriftstellerverbandes Leipzig, 1980 Austritt aus dem SV, 1981 Ausreise in die Bundesrepublik, 1984–1986 stellvertretender Bundesvorsitzender des VS, 1994 VS-Bundesvorsitzender.

Silvia Morawetz
Jahrgang 1954, geboren in Gera, Studium der Anglistik, Amerikanistik und Germanistik, 1988 Übersiedlung in die BRD, lebt als freiberufliche Übersetzerin in Leimen.

Olav Münzberg
Jahrgang 1938, geboren in Gleiwitz, Kunst- und Kulturwissenschaftler (Rezeptivität und Spontaneität, 1974), 1974–1991 Mitherausgeber von »Ästhetik und Kommunikation«, Lyriker, Erzähler, Essayist, Drehbuchautor, Herausgeber (Eingänge und Ausgänge, 1975; Ich schließe die Tür und fange zu leben an, 1983; Bemalte Wände, SFB 1987; Vom alten Westen zum Kulturforum – Das Berliner Tiergartenviertel, 1988; Step into this world, 1991), 1989–1993 Vorsitzender des VS-Berlin West/Gesamtberlin, 1991 Honorarprofessor an der Berliner Akademie der Künste für Kunst- und Kulturwissenschaften.

Konstanze Radziwill
Jahrgang 1947, geboren in Dangast, lebt in Bremen. Schriftstellerin und Filmemacherin (Eine Art von Verwandtschaft, 1979; Warum starb Nirmala Ataie, Dokumentarfilm 1994, mit Inge Buck u. Barbara Debus); Konsequent Inkonsequent. Der Maler Franz Radziwill, Dokumentarfilm 1995, zus. mit Gerburg Rohde-Dahl).

Lutz Rathenow

Jahrgang 1952, geboren in Jena, Studium der Germanistik und Geschichte, wurde wegen »Zweifeln an Grundpositionen« kurz vor dem Examen vom Studium ausgeschlossen, Arbeit als Transporthilfsarbeiter, Beifahrer und Produktionsassistent, 1977 Umzug nach Ostberlin, lebt als freier Schriftsteller in Berlin (Mit dem Schlimmsten wurde schon gerechnet,1980 in der BRD, daraufhin Verhaftung; Sisyphos, 1995; u. v. a.).

Till Sailer

Jahrgang 1942, geboren in Weimar, Orchestermusiker (Querflöte), Musikredakteur, 1979–1980 Studium am Johannes-R.-Becher-Literaturinstitut Leipzig, Erzähler, Essayist, Hörspiel- und Drehbuchautor, politischer Publizist (Ohne das ist keine Kunst, 1974; Nachspiel eines Verhörs, 1983; Begegnung in Weimar, 1983; Windstille oder Triumph von Zeit und Wahrheit, zus. mit H. Bräunlich, 1984; Er singt für uns mit Herz und Mund, 1985; Meine Musik ist für die Welt, 1985; Der Kuckuck im Orchester, 1989; Ankunft im Supermarkt, 1993; u. v. a.), 1992 stellvertretender Vorsitzender des VS Brandenburg.

Uschi Schmidt-Fehringer

Jahrgang 1956, geboren in Saarbrücken-Scheidt, Studium der deutschen Literatur- und Sprachwissenschaft und Soziologie, Magisterabschluß, Beiträge für Zeitungen, Hörfunk und Fernsehen, Beisitzerin der Filmbewertungsstelle Wiesbaden, Vorstand des Saarländischen Filmbüros.
Ein Dialog zwischen Blinden und Taubstummen, Mitherausgeberin, 1995.

Michael Schneider

Jahrgang 1943, geboren in Königsberg, Soziologe (Neurose und Klassenkampf, 1973), Verlagslektor, Dramaturg, Literaturkritiker, Erzähler, Dramatiker, politischer Publizist (Die lange Wut zum langen Marsch, 1975; Die Wiedergutmachung oder Wie man einen verlorenen Krieg gewinnt, 1977; Das Spiegelkabinett, 1980; Den Kopf verkehrt gesetzt, 1981; Luftschloß unter Tage, 1982; Nur tote Fische schwimmen mit dem Strom, 1984; Die Traumfalle, 1987; Die abgetriebene Revolution, 1990; Das Ende des Jahrhundertmythos – eine Bilanz des Sozialismus, 1992; u. v. a.).

Peter Schneider

Jahrgang 1940, geboren in Lübeck, Studium der Germanistik, Geschichte und Philosophie, Studentenbewegung, freier Mitarbeiter bei verschiedenen Sendeanstalten, Gastdozenturen an US-amerikanischen Universitäten, freier Schriftsteller seit 1961, Erzähler, Essayist, Dramatiker, Drehbuch- und Hörspielautor (Lenz, 1973; Schon bist du ein Verfassungsfeind, 1975; Messer im Kopf, 1979; Die Botschaft des Pferdekopfs, 1981; Der Mauerspringer, 1982; Totoloque, 1985; Vati, 1987; Deutsche Ängste, 1988; Paarungen, 1994).

Erasmus Schöfer
Jahrgang 1931, geboren in Altlandsberg/Berlin, Sprachwissenschaftler (Die Sprache Heideggers, 1962), Journalist, Romancier, Drehbuch- und Hörspielautor, Essayist, Herausgeber (Bittere Pillen, DDR-Fernsehfilm, 1974; Tod in Athen, 1986; Flieg Vogel stirb, 1987; Ist die DKP noch zu retten, 1989, mit Paula Keller; u. v. a.), 1969 Mitbegründer des »Werkkreis Literatur der Arbeitswelt«, P.E.N.-Mitglied, lebt in Köln.

Lore Schultz-Wild
Jahrgang 1940, geboren in Berlin, seit 1968 Journalistin, Sachbuchautorin, Übersetzerin, lebt in München (Die zweite Befreiung – Alphabetisierung in Nicaragua, 1981; Arbeitslos leben, 1984; Industrie vor dem Quantensprung, 1996). 1984 bis 1988 bayerische VS-Vorsitzende.

Hans-Georg Soldat
Jahrgang 1935, geboren in Königsberg/Ostpreußen, Studium der Mathematik und Physik in Greifswald, kurzzeitige Festnahme wegen unerwünschten politischen Engagements für den Ungarnaufstand 1956, für einen unabhängigen deutschen Weg zum Sozialismus und Beschäftigung mit den Thesen Harichs, der Literatur der Existentialisten und George Orwells, 1958 Flucht nach Westberlin, freie Mitarbeit beim Deutschen Dienst der BBC, beim WDR und NDR, Volontariat im Feuilleton des »Tagesspiegel«, Redakteur, ab 1967 Redakteur in der Literaturabteilung des RIAS, seit 1994 im vorgezogenen Ruhestand, freier Mitarbeiter verschiedener Zeitungen.

Johano Strasser
Jahrgang 1939, geboren in Leuwarden/Niederlande, Studium der Philosophie, Lehraufträge, Professuren an verschiedenen Universitäten, führendes Mitglied der Jusos, politischer Publizist, Erzähler, Lyriker, Romancier (Bei Regen über Regen reden, 1983; Der Orwell-Kalender, 1983; Der Klang der Fanfaren, 1987; Die Wende ist machbar, 1994).

Bernd Ulbrich
Jahrgang 1943, geboren in Berlin, Chemiker, Erzähler, Hörspielautor (Alarm im Weltall, 1976; Der unsichtbare Kreis, 1977; Störgröße, 1980; Abends im Park und nachts und morgens, 1983; Wenn morgen Weltende wäre, 1994; u. v. a.), 1980 bis 1988 Vorstandsmitglied im Berliner SV-Bezirksverband, 1988 Austritt aus dem SV.

Guntram Vesper
Jahrgang 1941, geboren in Frohburg/Sachsen, Studium der Germanistik und Medizin, Mitglied des P.E.N., Poetik-Dozentur in Mainz, Gastvorlesungen, Lyriker, Hörspielautor, Romancier, Erzähler, Essayist (Fahrplan, 1964; Nördlich der Liebe und südlich des Hasses, 1979; Die Illusion des Unglücks, 1980; Nordwest-

passage, 1981; Landeinwärts, 1984; Laterna Magica, 1985; Frohburg, 1985; Dunkelkammer, 1987; Oblomowtag, 1992; Fortdauer des Augenblicks, 1995; u. v. a.).

J. Monika Walther
Jahrgang 1945, geboren in Leipzig, Studium der Publizistik, Geschichte, Psychologie und Pädagogik, Promotion, seit 1976 freie Schriftstellerin, zahlreiche Hörspiele, Erzählungen und Romane.

Liz Wieskerstrauch
Jahrgang 1955, geboren in Nürnberg, Studium der Sozialpädagogik (fakultativ Literatur und Politik), Sozialarbeiterin, seit 1982 freischaffend, lebt in Bremen, Erzählerin, Roman-, Film-, Fernseh- und Funkautorin, Publizistin, 1994 Mitglied des VS-Bundesvorstands.